Allgemeiner Teil des BGB

von
Dr. Wolfgang Brehm
o. Professor an der
Universität Bayreuth

6., überarbeitete Auflage, 2008

RICHARD BOORBERG VERLAG
STUTTGART · MÜNCHEN · HANNOVER
BERLIN · WEIMAR · DRESDEN

Bibliografische Information Der Deutschen Bibliothek

Die Deutsche Bibliothek verzeichnet diese Publikation in der Deutschen National-
bibliografie; detaillierte bibliografische Daten sind im Internet über
http://dnb.ddb.de abrufbar

6. Auflage, 2008
ISBN 978-3-415-03976-6

© Richard Boorberg Verlag GmbH & Co KG, 1991
www.boorberg.de

Satz: Dörr + Schiller GmbH, Stuttgart
Druck und Verarbeitung: Laupp & Göbel GmbH, Nehren
Papier: säurefrei, aus chlorfrei gebleichtem Zellstoff hergestellt; alterungsbeständig.

Vorwort zur 5. Auflage

Das Buch wurde für die sechste Auflage überarbeitet und aktualisiert. Die bisherige Konzeption wurde beibehalten: Die gedrängte Darstellung soll für Studienanfänger ein Vorlesungsbegleiter sein, für Fortgeschrittene Hilfsmittel bei der Wiederholung und Vertiefung des Stoffes. Die zahlreichen Beispiele veranschaulichen die systematischen Erläuterungen; sie sollen nicht dem Vorurteil Vorschub leisten, es komme im Studium der Rechtswissenschaft nur darauf an, bestimmte „Problemfälle" auswendig zu lernen. Der Schwerpunkt des Studiums muss sich auf das Verständnis dogmatischer und systematischer Zusammenhänge konzentrieren. Diesem Ziel dienen auch die rechtsvergleichenden Ausführungen. Der Vergleich der Grundstrukturen einzelner Rechtsordnungen ist ein wichtiges Mittel für ein tieferes Verständnis des Rechts. Erfahrungsgemäß fällt es Anfängern schwer, das abstrakte Wissen bei der Falllösung umzusetzen. Deshalb habe ich in einem Anhang die Methode der Falllösung dargestellt. Weitere Fälle zur Übung findet der Leser in meinem Buch „Fälle und Lösungen zum Allgemeinen Teil des BGB, 2. Aufl., 2002.

Bei der Überarbeitung des Lehrbuchs hat mir Herr Florian Günthner wertvolle Hilfe geleistet. Ihm gilt mein besonderer Dank.

Bayreuth, im Juni 2007   Wolfgang Brehm

Inhaltsverzeichnis

Vorwort zur 5. Auflage 5
Abkürzungen 19

Erster Teil

§ 1	**Privatrecht und öffentliches Recht**	25
I.	Zweiteilung der Rechtsordnung	25
II.	Die Bedeutung der Unterscheidung	26
III.	Abgrenzungstheorien	27
	1. Interessentheorie	28
	2. Subjektionstheorie	28
	3. Subjektstheorie	30
	4. Abgrenzung der Rechtsgebiete und positives Recht	30
	5. Die Verselbstständigung des öffentlichen Rechts	32
	6. Zur Rechtswegabgrenzung	33
IV.	Andere Einteilungen	36
§ 2	**Das Bürgerliche Recht**	37
I.	Bürgerliches Recht und Sonderprivatrecht	37
II.	Aufbau und Inhalt des BGB	38
	1. Der Allgemeine Teil	38
	2. Recht der Schuldverhältnisse	40
	3. Sachenrecht	41
	4. Familienrecht	41
	5. Erbrecht	41
III.	Bürgerliches Recht als materielles Recht	41
	1. Materielles Recht und Prozessrecht	41
	2. Bedeutung der Unterscheidung bei der Rechtsanwendung	43
	3. Wechselbeziehung zwischen materiellem Recht und Prozessrecht	43
	4. Besonderheiten des Prozessrechts	44
§ 3	**Grundbegriffe der Rechtsanwendung**	46
I.	Tatbestand und Rechtsfolge	47
II.	Gesetzesfassung und Beweislast	50
III.	Verweisungstechniken	51
	1. Tatbestands- und Rechtsfolgeverweisung	51
	2. Fiktionen und Vermutungen	51
IV.	Die Bedeutung juristischer Qualifikation	54
V.	Zwingendes und nachgiebiges Recht	55
VI.	Das BGB als Kodifikation	56
	1. Die Idee der Kodifikation	56
	2. Der Kodifikationsgedanke des BGB	57
	3. Rechtsquellentheoretische Tradition	57
	4. Das Lückenproblem	59
	a) Auslassung von Selbstverständlichkeiten	60
	b) Normlücken	60
	c) Regelungslücken	61

		d) Das Schließen der Lücken	61
		e) Lückenfüllung und Rechtsfortbildung	61
VII.	Richterrecht		62

§ 4 Entstehung des BGB, Wertungsgrundlagen, Europäisches Recht 66

I.	Entstehung des BGB	67
II.	Geistige Grundlagen	69
III.	Drittwirkung der Grundrechte, Diskriminierungsverbote	71
	1. Das Problem der Drittwirkung der Grundrechte	71
	2. Allgemeines Gleichbehandlungsgesetz (AGG)	75
IV.	Europarecht und Europäisches Privatrecht	77

Zweiter Teil
Rechtsgeschäftslehre

§ 5 Grundbegriffe und Grundprinzipien 81

I.	Privatautonomie	82
	1. Kennzeichnung	82
	2. Beschränkungen	83
	3. Das Konsensprinzip als immanente Schranke	84
	4. Kontrahierungszwang	85
	5. Garantie	85
II.	Rechtsgeschäft als Handlung	86
	1. Handlung als rechtliche Grundkategorie	86
	2. Besonderheit rechtsgeschäftlichen Handelns	86
III.	Einteilung der Rechtshandlungen	87
	1. Willenserklärungen	87
	2. Realakte	87
	3. Rechtsgeschäftsähnliche Handlungen	88
	4. Bedeutung der Einteilung	89
IV.	Begriff des Rechtsgeschäfts	90
V.	Wirksamkeitsvoraussetzungen	91
VI.	Einteilung der Rechtsgeschäfte	93
	1. Einseitiges Rechtsgeschäft	93
	2. Mehrseitiges Rechtsgeschäft	94
	3. Empfangsbedürftiges Rechtsgeschäft	94
	4. Verfügungs- und Verpflichtungsgeschäft	94
	5. Abstraktes und kausales Rechtsgeschäft	96
VII.	Trennungs- und Abstraktionsgrundsatz	99
	1. Trennungsgrundsatz	99
	2. Abstraktionsgrundsatz	99
	3. Wirkliche und scheinbare Ausnahmen	101
	a) Fehleridentität	101
	b) Bedingungszusammenhang	101
	c) Geschäftseinheit	103
	d) Rechtsgrundbezogene Verfügungsbeschränkungen	103

§ 6 Willenserklärung 104

I.	Willenserklärung als private Erklärung	104
II.	Der äußere Tatbestand	105
III.	Subjektiver Tatbestand	106
	1. Handlungswille	106

		2. Erklärungsbewusstsein	107
		3. Geschäftswille	108
		4. Bedeutung des subjektiven Tatbestandes	109
IV.		Schweigen	110
		1. Schweigen als konkludente Willenserklärung	110
		2. Vereinbarung über die Bedeutung	110
		3. Normiertes Schweigen	112
		4. Widerspruchspflicht nach Treu und Glauben?	112
		5. Kaufmännisches Bestätigungsschreiben	113
V.		Die arbeitsteilig erstellte Willenserklärung	114
VI.		Die maschinell erzeugte Willenserklärung	115

§ 7 Abgabe und Zugang der Willenserklärung ... 117

I.	Empfangsbedürftige und nichtempfangsbedürftige Willenserklärungen	117
II.	Die Abgabe der Willenserklärung	118
	1. Nichtempfangsbedürftige Willenserklärung	118
	2. Empfangsbedürftige Willenserklärung	118
	a) Erklärung unter Anwesenden	118
	b) Erklärung unter Abwesenden	118
	3. Bedeutung der Abgabe	120
III.	Zugang der Willenserklärung	120
	1. Gesetzliche Regelung	120
	2. Voraussetzungen des Zugangs	121
	a) Grundsatz	121
	b) Zugang eines Briefes	122
	c) Zugang elektronischer Post, Fax	123
	d) Hilfspersonen	124
	e) Erklärung unter Anwesenden	125
	3. Sprachrisiko als Zugangsproblem	126
	4. Zugangsvereitelung	126
	5. Zugang durch förmliche Zustellung	127
IV.	Widerruf der Willenserklärung	128
V.	Zugang bei nicht voll Geschäftsfähigen	129
	1. Geschäftsunfähige	129
	2. Beschränkt Geschäftsfähige	129
VI.	Amtsempfangsbedürftige Willenserklärungen	130
VII.	Vereinbarung über den Zugang	130

§ 8 Die fehlerhafte Willenserklärung ... 132

I.	Allgemeines	133
II.	Bewusste Willensmängel	134
	1. Geheimer Vorbehalt (Mentalreservation)	134
	2. Scherzerklärung	135
	3. Scheingeschäft	136
III.	Irrtum	137
	1. Übersicht	137
	2. Irrtum bei der Erklärung	138
	a) Inhaltsirrtum	138
	b) Erklärungsirrtum	139
	c) Fehlendes Erklärungsbewusstsein	140
	d) Falschübermittlung	140

		3. Eigenschaftsirrtum	141
		a) Gesetzliche Regelung	141
		b) Einordnung	142
		c) Eigenschaften einer Sache	143
		d) Verkehrswesentlichkeit bei Sachen	144
		e) Verhältnis zur Sachmängelhaftung	145
		f) Eigenschaften einer Person	146
		g) Verkehrswesentlichkeit bei Eigenschaften einer Person	146
		4. Motivirrtum	147
		5. Problemfälle	147
		a) Rechtsfolgeirrtum	147
		b) Kalkulationsirrtum	148
		c) Ungelesene Urkunde	149
		d) Erklärungsgehilfe	150
		e) Blanketterklärung	151
		f) Maschinell erzeugte Willenserklärung	152
		g) Beidseitiger Irrtum über die Geschäftsgrundlage	152
		6. Kausalität des Irrtums	153
		7. Anfechtungsfrist	154
		8. Ausschluss der Anfechtung	155
	IV.	Schadensersatzpflicht nach § 122 BGB	155
		1. Voraussetzungen	155
		2. Ersatzberechtigter	156
		3. Umfang der Haftung	156
		4. Ausschluss der Haftung	157
	V.	Arglistige Täuschung	157
		1. Anfechtungsgrund	157
		2. Täuschungshandlung	157
		3. Arglist	158
		4. Kausalität der Täuschung	159
		5. Täuschung durch Dritte	159
		6. Anfechtungsfrist	160
	VI.	Widerrechtliche Drohung	161
		1. Drohung	161
		2. Kausalität der Drohung	161
		3. Rechtswidrigkeit	162
		a) Verwerflichkeit des Mittels	162
		b) Verwerflichkeit des Zwecks	162
		c) Verwerfliche Zweck-Mittel-Relation	162
		d) Bewusstsein der Rechtswidrigkeit	163
		4. Anfechtungsfrist	163
	VII.	Konkurrenzen	163
	VIII.	Die Anfechtungserklärung	164
	IX.	Die Wirkung der Anfechtung	165
		1. Nichtigkeit nach § 142 BGB	165
		2. Umdeutung	166
§ 9		**Geschäftsfähigkeit**	167
	I.	Übersicht	168
	II.	Geschäftsunfähigkeit	
		1. Kinder unter sieben Jahren	169
		2. Dauernde Störung der Geistestätigkeit	169
	III.	Folgen der Geschäftsunfähigkeit	170
	IV.	Beschränkte Geschäftsfähigkeit	171

V.	Rechtsfolgen bei beschränkter Geschäftsfähigkeit	171
	1. Teilnahme am Rechtsverkehr	171
	2. Zustimmungsfreie Rechtsgeschäfte	172
	3. Problemfälle	174
	a) Grundstücksschenkung durch die Eltern	174
	b) Annahme einer Leistung	175
VI.	Einwilligung	176
	1. Einwilligung als technischer Begriff	176
	2. Umfang der Einwilligung	176
VII.	Der sog. Taschengeldparagraph (§ 110 BGB)	177
VIII.	Fehlende Einwilligung	179
	1. Einseitige Rechtsgeschäfte	179
	2. Vertrag	179
IX.	Teilgeschäftsfähigkeit	181
	1. Betrieb eines Erwerbsgeschäfts	181
	2. Dienst- und Arbeitsverhältnisse	181
X.	Familienrechtliche Regelungen	182
XI.	Anwendungsbereich der §§ 104 ff. BGB	183
XII.	Die Haftungsbeschränkung nach § 1629a BGB	183

§ 10	**Inhaltliche Schranken des Rechtsgeschäfts**	**185**
I.	Verstoß gegen Verbotsgesetze (§ 134 BGB)	186
	1. Gesetzliches Verbot	186
	2. Nichtigkeitssanktion	186
II.	Verstoß gegen die guten Sitten	189
	1. Begrenzung der Privatautonomie durch das Sittengesetz	189
	2. Das sittenwidrige Rechtsgeschäft	190
	a) Beurteilungsgrundlage	190
	b) Maßgeblicher Zeitpunkt	190
	3. Abstrakte Geschäfte	191
	4. Fallgruppen	192
	a) Objektiver Inhalt	192
	b) Knebelungsverträge	193
	c) Schuldknechtschaft	193
	d) Missbrauch einer Monopolstellung	194
	e) Gläubigergefährdung	194
	f) Kreditverträge und Bürgschaften	194
	g) Sexualleben	195
	5. Wucherische Geschäfte	196
	6. Rückabwicklung bei Nichtigkeit	196
	7. Geltungserhaltende Reduktion	197
	8. Konkurrenzen	197
III.	Veräußerungsverbote	198

§ 11	**Form des Rechtsgeschäfts**	**201**
I.	Der Grundsatz der Formfreiheit	201
II.	Gesetzliche und gewillkürte Formvorschriften	202
III.	Arten der Formen	202
	1. Gesetzliche Schriftform nach § 126 BGB	202
	a) Namensunterschrift	202
	b) Einheitlichkeit der Urkunde	203
	c) Vertrag	203
	2. Elektronische Form, § 126a BGB	204

		3. Textform, § 126 b BGB	205
		4. Gewillkürte Form, § 127 BGB	205
		5. Öffentliche Beglaubigung, § 129 BGB	205
		6. Notarielle Beurkundung, § 128 BGB	206
IV.		Formzwecke	207
V.		Verletzung der Formvorschriften	207
		1. Nichtigkeit nach § 125 BGB	207
		2. Heilung des Formverstoßes	208
		3. Berufung auf Formvorschriften als Verstoß gegen Treu und Glauben?	208
		4. Nichtbeachtung der vereinbarten Form	210
		5. Form und Auslegung	211

§ 12 Fehlerhafte Rechtsgeschäfte 212

I.		Rechtsfolgen	213
		1. Das nichtige Rechtsgeschäft	213
		2. Schwebend unwirksame Geschäfte	213
		3. Relative Unwirksamkeit	214
		4. Objektiv begrenzte Unwirksamkeit	215
		5. Anfechtbares Geschäft	216
II.		Teilnichtigkeit	216
		1. Gesetzliche Regelung	216
		2. Teilbarkeit	217
		3. Nichtigkeit	218
		4. Der hypothetische Parteiwille	218
		5. Einschränkungen durch § 242 BGB	219
		6. Überwindung des Abstraktionsgrundsatzes mit § 139 BGB?	219
		7. Sonderregelungen	220
III.		Umdeutung (Konversion)	220
		1. Gesetzliche Regelung	220
		2. Voraussetzungen	221
		a) Nichtiges Rechtsgeschäft	221
		b) Das andere Geschäft	221
		c) Hypothetischer Parteiwille	222
		d) Grenzen der Umdeutung	222
		e) Verhältnis zur Auslegung	222
		f) Verhältnis zu § 139 BGB	223
		g) Wirkung der Umdeutung	223
IV.		Die Bestätigung	224
		1. Nichtiges Rechtsgeschäft	224
		2. Anfechtbares Rechtsgeschäft	225

§ 13 Bedingte und befristete Rechtsgeschäfte 226

I.	Begriff und Bedeutung der Bedingung	226
II.	Einteilung der Bedingungen	227
	1. Aufschiebende und auflösende Bedingung	227
	2. Potestativ- und Wollensbedingung	228
	3. Unechte Bedingungen	229
III.	Zulässigkeit der Bedingung	229
IV.	Schutz des Geschäftspartners	230
	1. Vereitelung der Bedingung	230
	2. Schadenshaftung	231
	3. Bedingte Verfügung	232

V.	Befristung	233
§ 14	**Auslegung von Rechtsgeschäften**	**234**
I.	Bedeutung der Auslegung	234
II.	Auslegungsziele	235
III.	Gesetzliche Regelungen	235
IV.	Empfangsbedürftige Erklärungen	236
V.	Nicht empfangsbedürftige Erklärungen	238
VI.	Falsa demonstratio non nocet	239
VII.	Auslegungsgrundsätze	239
	1. Keine Grenze durch den Wortlaut	239
	2. Besonderheiten bei formbedürftigen Erklärungen	240
	3. Bedeutung der Verkehrssitte	241
VIII.	Ergänzende Vertragsauslegung	242
	1. Kennzeichnung	242
	2. Verhältnis zum dispositiven Recht	243
	3. Grenzen der ergänzenden Vertragsauslegung	245
	4. Maßgeblicher Zeitpunkt	245
IX.	Auslegung und Irrtumsanfechtung	245
§ 15	**Stellvertretung**	**247**
I.	Bedeutung	249
II.	Voraussetzungen und Wirkungen	249
	1. Handeln in fremdem Namen	249
	2. Vertretungsmacht	250
	3. Rechtsfolgen	250
III.	Das Modell der Repräsentation	251
IV.	Wissenszurechnung	253
	1. Grundsatz	253
	2. Ausnahme bei Weisung	255
V.	Verhältnis zur Botenschaft	255
VI.	Der Offenkundigkeitsgrundsatz	256
	1. Bedeutung	256
	2. Der unbenannte und unbekannte Vertretene	257
	3. Unklares Handeln	258
	4. Das betriebsbezogene Geschäft	259
VII.	Geschäft für den, den es angeht	259
VIII.	Handeln unter fremdem Namen	261
IX.	Die Vollmacht	262
	1. Begriff und Arten	262
	2. Trennungs- und Abstraktionsgrundsatz	262
	3. Grundsatz der Formfreiheit	264
	4. Erlöschen der Vollmacht	264
	a) Widerruf	264
	b) Verzicht	265
	c) Beendigung des Grundgeschäfts	265
	d) Schutz des Dritten	266
	5. Duldungs- und Anscheinsvollmacht	268
	a) Schutzbedürftigkeit des Geschäftspartners	268
	b) Duldungsvollmacht	268
	c) Anscheinsvollmacht	268

		6. Besonderheiten des Handelsrechts	269
		a) Gesetzlicher Umfang rechtsgeschäftlich begründeter Vertretungsmacht	269
		b) Schutz durch das Handelsregister	270
		7. Anfechtung der Vollmacht	270
		a) Vor Abschluss des Vertretergeschäfts	270
		b) Nach Abschluss des Vertretergeschäfts	270
X.		Missbrauch der Vertretungsmacht	271
XI.		Das Insichgeschäft	273
		1. Fallgruppen	273
		2. Rechtsfolgen	273
		3. Teleologische Reduktion des § 181 BGB	274
		4. Analoge Anwendung des § 181 BGB	275
XII.		Vertretung ohne Vertretungsmacht	276
		1. Vertragsschluss und Genehmigung	276
		2. Einseitige Rechtsgeschäfte	278
		3. Haftung des falsus procurator	278
		a) Bei Kenntnis des Vertreters	278
		b) Bei Unkenntnis des Vertreters	279
		c) Ausschluss bei Kenntnis des anderen Teils	280
		d) Analoge Anwendung des § 179 BGB	280
		e) Kein Wahlrecht bei Vollmacht kraft Rechtsscheins	280
		f) Verjährung	281
XIII.		Untervertreter	281
		1. Dogmatische Konstruktion	281
		2. Konsequenzen für die Haftung nach § 179 BGB	281

§ 16 Zustimmung

	....	282
I.	Bedeutung	282
II.	Rechtsnatur der Zustimmung	283
III.	Die Zustimmungserklärung	284
IV.	Wirkung der Zustimmung und der Verweigerung	285
V.	Verfügung des Nichtberechtigten	286
	1. Verfügungsbefugnis	286
	2. Ermächtigung	286
	3. Genehmigung	287
	4. Wirksamkeit in anderen Fällen	288
	5. Andere Arten der Ermächtigung	289

§ 17 Der Vertrag

	....	291
I.	Vertrag als zweiseitiges Rechtsgeschäft	291
II.	Der Vertragsschluss	293
	1. Gesetzliche Regelung	293
	2. Angebot (Antrag)	294
	3. Invitatio ad offerendum	295
	4. Bindung an den Antrag	296
	5. Erlöschen des Antrags	297
	6. Tod und Geschäftsunfähigkeit des Antragenden	299
	7. Annahme	301
	a) Grundsatz	301
	b) Ausnahmen vom Erfordernis des Zugangs	301
	c) Annahme durch Unterlassen	303
	d) Pflicht zur Annahme	303

	e) Vertragsschluss durch Versteigerung	304
III.	Vertragsschluss durch sozialtypisches Verhalten	304
IV.	Option und Vorvertrag	305
V.	Der Dissens	306
	1. Einigung als Einigungserklärung	306
	2. Offener Dissens	307
	3. Versteckter Dissens	308
	4. Dissens und Irrtum	309
VI.	Gefälligkeitsverhältnisse	309
VII.	Verträge zwischen Verbrauchern und Unternehmern	310
	1. Das Widerrufsrecht	310
	2. Verbraucher	311
	3. Unternehmer	313

§ 18 Allgemeine Geschäftsbedingungen 314
I.	Bedeutung	314
II.	Begriff der AGB	316
III.	Einbeziehung in den Vertrag	319
IV.	Überraschungsklauseln	320
V.	Auslegungsgrundsätze	321
	1. Generalisierende Auslegung	321
	2. Vorrang der Individualabrede	322
	3. Unklarheitenregel	323
VI.	Rechtsfolgen bei gescheiterter Einbeziehung	324
VII.	Irrtumsanfechtung	325
VIII.	Verbraucherverträge	325

Dritter Teil
Rechtsobjekte

§ 19 Rechtsgegenstände 327
I.	Der Gegenstand	327
II.	Sachen	328
	1. Begriff und Bedeutung	328
	2. Arten	330
	a) Bewegliche und unbewegliche Sachen	330
	b) Vertretbare Sachen	331
	c) Verbrauchbare Sachen	331
	d) Teilbare Sachen	332
III.	Tiere	332
IV.	Sachgesamtheit	332
V.	Bestandteile	333
	1. Zusammengesetzte Sachen	333
	2. Wesentlicher Bestandteil	333
VI.	Zubehör	335
VII.	Früchte	336
	1. Sachfrüchte	336
	2. Rechtsfrüchte	336
	3. Mittelbare Früchte	336
	4. Nutzungen	337
	5. Verteilung der Früchte	337
	6. Verteilung der Lasten	337

VIII. Das Vermögen 338

Vierter Teil
Subjektives Recht und Rechtsdurchsetzung

§ 20 **Rechtsverhältnis und subjektives Recht** 339
I. Rechtsverhältnis und Rechtsinstitut 340
   1. Rechtsverhältnis 340
   2. Begründung und Beendigung 341
   3. Rechtsinstitut 341
II. Das subjektive Recht 341
   1. Begriff 341
   2. Bedeutung des Begriffs 342
   3. Subjektives Recht und Rechtsgut 343
   4. Arten subjektiver Rechte 343
      a) Absolute Rechte 343
      b) Relative Rechte 344
      c) Gestaltungsrechte 344
      d) Mitgliedschaftsrechte 345
      e) Anwartschaftsrechte 345
      f) Aneignungsrechte 347
III. Einreden und Einwendungen 347
   1. Einrede nach materiellem Recht 347
   2. Einwendung nach materiellem Recht 347
   3. Geltendmachung 347
   4. Einreden des Prozessrechts 349
IV. Einrede der Verjährung 349
   1. Gegenstand und Rechtsfolge 349
   2. Zweck der Verjährung 350
   3. Ausnahmen 350
   4. Verjährungsfristen 351
      a) Übersicht über die Fristen 351
      b) Fristbeginn und Höchstfristen 352
   5. Verjährungshindernisse 353
      a) Neubeginn der Verjährung (Unterbrechung) 353
      b) Hemmung der Verjährung 353
      c) Ablaufhemmung 354
   6. Vereinbarungen 355

§ 21 **Rechtsdurchsetzung und Rechtsverteidigung** 356
I. Gerichtlicher Rechtsschutz 356
II. Notwehr 357
   1. Begriff und Bedeutung 357
   2. Rechtswidriger Angriff 357
   3. Erforderliche Verteidigung und Verteidigungswille 358
III. Notstand 359
   1. Verteidigungsnotstand 359
   2. Angriffsnotstand 359
IV. Selbsthilfe 360
V. Grenzen der Rechtsausübung 360

Fünfter Teil
Rechtssubjekte

§ 22 Natürliche Personen 361
I. Rechtsfähigkeit 361
II. Parteifähigkeit 362
III. Beginn der Rechtsfähigkeit 362
    1. Vollendung der Geburt 362
    2. Stellung des Ungeborenen (nasciturus) 363
IV. Ende der Rechtsfähigkeit 363
V. Der Wohnsitz 364
    1. Bedeutung 364
    2. Begründung und Beendigung 365
        a) Gewillkürter Wohnsitz 365
        b) Gesetzlicher Wohnsitz 365
VI. Namensrecht 366
    1. Bedeutung des Namens 366
    2. Schutz des Namens 366
VII. Andere Persönlichkeitsrechte, Allgemeines Persönlichkeitsrecht ... 367

§ 23 Die juristische Person 369
I. Übersicht 370
II. Zweck der Verselbstständigung 372
    1. Vereinfachung des Rechtsverkehrs 372
    2. Beschränkung der Vermögenshaftung 373
III. Theorien zur juristischen Person 374
IV. Allgemeine Entstehungsvoraussetzungen 375
V. Der rechtsfähige Verein 375
    1. Begriff des Vereins 375
    2. Gründung 376
        a) Satzung 376
        b) Rechtsnatur des Gründungsaktes 376
        c) Vorverein 377
        d) Eintragungsverfahren 378
        e) Beginn der Rechtsfähigkeit 378
    3. Mitgliedschaft 379
        a) Erwerb und Verlust 379
        b) Inhalt der Mitgliedschaft 380
        c) Disziplinargewalt 381
    4. Organisation 383
        a) Grundlage 383
        b) Organe 383
    5. Haftung des Vereins 385
        a) Zurechnung organschaftlichen Handelns 385
        b) Haftung im Schuldverhältnis 385
        c) Außervertragliche Haftung 386
    6. Ende des Vereins 387
VI. Der nichtrechtsfähige Verein 388
VII. Die Stiftung 389

Sechster Teil
Fristen, Termine und Sicherheitsleistung

§ 24 Fristen, Termine und Sicherheitsleistung 391
- I. Begriffe 391
- II. Gesetzliche Regelung 391
  - 1. Anwendungsbereich 391
  - 2. Fristbeginn 391
  - 3. Fristende 392
  - 4. Weitere Berechnungsvorschriften 393
- III. Sicherheitsleistung 393

Anhang

§ 25 Anleitung zur Falllösung 395
- I. Bedeutung 396
- II. Grundsatz 396
- III. Einzelheiten 397
  - 1. Die Fragestellung 397
  - 2. Die Anspruchsgrundlage 398
  - 3. Anspruchskonkurrenzen 398
  - 4. Umfang der Ausführungen 398
  - 5. Gutachten und Urteilsstil 399
  - 6. Es fragt sich 399
  - 7. Äußere Gliederung 399
- IV. Beispiel 400
  - 1. Vertragsschluss 400
  - 2. Nichtigkeit nach § 142 Abs. 1 BGB wegen Irrtumsanfechtung 401
    - a) Inhaltsirrtum 401
    - b) Kausalität des Irrtums 401
    - c) Anfechtung durch den Anruf bei G 401
    - d) Anfechtung durch den Brief an G 401

Gesetzesregister 403
Sachregister 411

Abkürzungen

a. A.	andere Ansicht
aaO	am angegebenen Ort
ABGB	Allgemeines Bürgerliches Gesetzbuch v. 1. Juni 1811 (Österreich)
ABlEG	Amtsblatt der Europäischen Gemeinschaften
a. E.	am Ende
a. F.	alte Fassung
Abs.	Absatz
AcP	Archiv für die civilistische Praxis
AG	Amtsgericht
AGB	Allgemeine Geschäftsbedingungen
AGG	Allgemeines Gleichbehandlungsgesetz v. 14.8.2006
AktG	Aktiengesetz
Alt.	Alternative
ALR	Allgemeines Landrecht für die preußischen Staaten
a. M.	anderer Meinung
AnfG	Gesetz betreffend die Anfechtung von Rechtshandlungen eines Schuldners außerhalb des Insolvenzverfahrens (Anfechtungsgesetz)
Anm.	Anmerkung
AöR	Archiv des öffentlichen Rechts
AP	Arbeitsrechtliche Praxis, Sammlung der Entscheidungen des Bundesarbeitsgerichts, der Landesarbeitsgerichte und Arbeitsgerichte
ArchBR	Archiv für Bürgerliches Recht
Art.	Artikel
Aufl.	Auflage
BAG	Bundesarbeitsgericht
BAGE	Entscheidungen des Bundesarbeitsgerichts
Bamberger/Roth/Bearbeiter	Kommentar zum BGB
Baumann/Brehm, Zwangsvollstreckung	Jürgen Baumann/Wolfgang Brehm, Zwangsvollstreckung, 2. Aufl., 1982
BauR	Zeitschrift für das gesamte öffentliche und zivile Baurecht
Baur/Stürner, Sachenrecht	Fritz Baur/Rolf Stürner, Lehrbuch des Sachenrechts, 17. Aufl., 1999
BayObLG	Bayerisches Oberstes Landesgericht
BayObLGZ	Entscheidungen des Bayerischen Obersten Landesgerichts in Zivilsachen
BB	Der Betriebs-Berater
Bd.	Band
BDSG	Gesetz zum Schutz vor Missbrauch personenbezogener Daten bei der Datenverarbeitung (Bundesdatenschutzgesetz)
BeurkG	Beurkundungsgesetz
BGB	Bürgerliches Gesetzbuch
BGBl.	Bundesgesetzblatt
BGH	Bundesgerichtshof

BGHZ	Entscheidungen des Bundesgerichtshofes in Zivilsachen
BJagdG	Bundesjagdgesetz
Bork	Reinhard Bork, Allgemeiner Teil des Bürgerlichen Gesetzbuches 2. Aufl., 2006
Brehm, FGG	Wolfgang Brehm, Freiwillige Gerichtsbarkeit, 3. Aufl., 2002
Brehm/Berger	Sachenrecht, 2. Aufl., 2006
Brox/Walker	Hans Brox, Wolf-D. Walker, Allgemeiner Teil des Bürgerlichen Gesetzbuchs, 30. Aufl., 2006
Brox, Handels- und Wertpapierrecht	Hans Brox, Martin Henssler, Handels- und Wertpapierrecht, 19. Aufl., 2006
BVerfG	Bundesverfassungsgericht
BVerfGE	Entscheidungen des Bundesverfassungsgerichts
BVerwG	Bundesverwaltungsgericht
Canaris, Vertrauenshaftung	Claus-Wilhelm Canaris, Die Vertrauenshaftung im deutschen Privatrecht, 1971
CC	Code Civil (Frankreich)
CC it.	Codice Civile (Italien)
cic	culpa in contrahendo
CR	Computer und Recht
DB	Der Betrieb
ders.	derselbe
DNotZ	Deutsche Notar-Zeitschrift
DVBl.	Deutsches Verwaltungsblatt
E I	Entwurf eines Bürgerlichen Gesetzbuches für das Deutsche Reich, 1888 (Entwurf)
EDV	elektronische Datenverarbeitung
EG	Europäische Gemeinschaft
EGBGB	Einführungsgesetz zum Bürgerlichen Gesetzbuch
EGZPO	Gesetz betreffend die Einführung der Zivilprozessordnung
Einl.	Einleitung
Eisenhardt	Ulrich Eisenhardt, Allgemeiner Teil des BGB, 5. Aufl., 2002
Nipperdey	Enneccerus/Ludwig Enneccerus/Hans Carl Nipperdey, Allgemeiner Teil des Bürgerlichen Rechts, 15. Aufl., 1. Halbband 1959, 2. Halbband 1960
EnWiG	Gesetz zur Förderung der Energiewirtschaft (Energie-Wirtschaftsgesetz)
ErbbaurechtsVO	Verordnung über das Erbbaurecht
Erman/Bearbeiter	Walter Erman, Handkommentar zum Bürgerlichen Gesetzbuch, 11. Aufl., 2004
EuGH	Gerichtshof der Europäischen Gemeinschaften
EuGRZ	Europäische Grundrechte – Zeitschrift
EVO	Eisenbahnverkehrsordnung
EWGV	Vertrag zur Gründung der Europäischen Wirtschaftsgemeinschaft
f.	folgende, für
FamRZ	Zeitschrift für das gesamte Familienrecht
Festschr.	Festschrift
FS	Festschrift
ff.	fortfolgende

FGG	Gesetz über die Angelegenheiten der freiwilligen Gerichtsbarkeit
Fikentscher, Methodenlehre Bd. 4	Wolfgang Fikentscher, Methoden des Rechts in vergleichender Darstellung, Band IV, Dogmatischer Teil, 1977
Flume II	Werner Flume, Allgemeiner Teil des Bürgerlichen Rechts, Band II, Das Rechtsgeschäft, 4. Aufl., 1992
Flume, Juristische Person	Werner Flume, Allgemeiner Teil des Bürgerlichen Rechts, Band I/2, Die juristische Person, 1983
Fn.	Fußnote
G	Gesetz
GBO	Grundbuchordnung
GemS OBG	Gemeinsamer Senat der obersten Gerichtshöfe des Bundes
GenG	Gesetz betreffend die Erwerbs- und Wirtschaftsgenossenschaften (Genossenschaftsgesetz)
Gernhuber/ Coester-Waltjen Bürgerliches Recht	Joachim Gernhuber/Dagmar Coester-Waltjen, Bürgerliches Recht, 7. Aufl., 2006
Gernhuber/ Coester-Waltjen Familienrecht	Joachim Gernhuber/Dagmar Coester-Waltjen, Lehrbuch des Familienrechts, 5. Aufl., 2006
GewO	Gewerbeordnung
GG	Grundgesetz für die Bundesrepublik Deutschland
GmbH	Gesellschaft mit beschränkter Haftung
GmbHG	Gesetz betreffend die Gesellschaften mit beschränkter Haftung
GVG	Gerichtsverfassungsgesetz
GWB	Gesetz gegen Wettbewerbsbeschränkungen
h. M.	herrschende Meinung
HGB	Handelsgesetzbuch Hrsg. Herausgeber
Hk-Bearbeiter	Reiner Schulze/Heinrich Dörner, Bürgerliches Gesetzbuch Handkommentar, 5. Aufl., 2007
Hübner	Heinz Hübner, Allgemeiner Teil des bürgerlichen Gesetzbuches, 2. Aufl., 1996
i. d.	in der
i. H. v.	in Höhe von
i. S.	im Sinne
i. S. d.	im Sinne des
i. V. m.	in Verbindung mit
InsO	Insolvenzordnung
IPR	Internationales Privatrecht
JA	Juristische Arbeitsblätter
Jauernig ZPR	Othmar Jauernig, Zivilprozessrecht, 29. Aufl., 2007
Jauernig/Berger ZV	Othmar Jauernig, Christian Berger, Zwangsvollstreckungs- und Insolvenzrecht, 22. Aufl., 2006
Jauernig/ Bearbeiter	Othmar Jauernig, Bürgerliches Gesetzbuch, 12. Aufl., 2007
JherJb	Jherings Jahrbücher für Dogmatik des bürgerlichen Rechts
JR	Juristische Rundschau

Abkürzungen

Jura	Juristische Ausbildung
Juris-Praxiskommentar/Bearbeiter Allgemeiner Teil, 2005	
JuS	Juristische Schulung
JuS-Entscheidungen BGB	Haimo Schack/Hans-Peter Ackmann, Höchstrichterliche Rechtsprechung zum bürgerlichen Recht, JuS-Entscheidungen, 5. Aufl., München 2004
JZ	Juristenzeitung
Kap.	Kapitel
KG	Kommanditgesellschaft
Köhler	Helmut Köhler, BGB Allgemeiner Teil, 30. Aufl., 2006
KSchG	Kündigungsschutzgesetz
KTS	Zeitschrift für Insolvenzrecht, Konkurs-, Treuhand- und Schiedsgerichtswesen
KUG	Gesetz betreffend das Urheberrecht an Werken der bildenden Künste und der Photographie (Kunsturhebergesetz)
LSchlG	Gesetz über den Ladenschluss
LAG	Landesarbeitsgericht
Larenz/Wolf	Karl Larenz/Manfred Wolf, Allgemeiner Teil des deutschen bürgerlichen Rechts, 9. Aufl., 2004
Larenz	Karl Larenz, Methodenlehre der Rechtswissenschaft, 6. Aufl., 1990 Methodenlehre
Larenz, Schuldrecht I	Karl Larenz, Lehrbuch des Schuldrechts, Band I, Allgemeiner Teil, 14. Aufl., 1987
Leipold	Dieter Leipold, BGB I: Einführung und Allgemeiner Teil 4. Aufl., 2007
LG	Landgericht
lit.	Litera
LM	Nachschlagewerk des BGH in Zivilsachen, begründet von Fritz Lindenmaier und Philipp Möhring
LuftVG	Luftverkehrsgesetz
m. E.	meines Erachtens
m. w. N.	mit weiteren Nachweisen
MDR	Monatsschrift für Deutsches Recht
Medicus	Dieter Medicus, Allgemeiner Teil des BGB, 9. Aufl., 2006
Medicus BR	Dieter Medicus, Bürgerliches Recht, 20. Aufl., 2004
Motive	Motive der 1. Kommission zu dem Entwurf eines Bürgerlichen Gesetzbuches für das Deutsche Reich
MRK	Konvention zum Schutze der Menschenrechte und Grundfreiheiten (Europäische Menschenrechtskonvention)
MuSchG	Gesetz zum Schutze der erwerbstätigen Mutter (Mutterschutzgesetz)
Musielak	Hans-Joachim Musielak, Grundkurs BGB, 9. Aufl., 2005
MünchKomm/ Bearbeiter	Münchener Kommentar zum Bürgerlichen Gesetzbuch, 4. Aufl., ab 2001, 5. Aufl., ab 2006 (Band 1 und 2)
NJW	Neue Juristische Wochenschrift
NJW-RR	NJW-Rechtsprechungs-Report Zivilrecht
Nr.	Nummer
NZA	Neue Zeitschrift für Arbeits- und Sozialrecht
OHG	Offene Handelsgesellschaft

OLG	Oberlandesgericht
OLGZ	(Sammlung der) Entscheidungen der Oberlandesgerichte in Zivilsachen
Palandt/ Bearbeiter	Otto Palandt, Bürgerliches Gesetzbuch, 66. Aufl., 2007
PartG	Gesetz über die politischen Parteien (Parteiengesetz)
PatG	Patentgesetz
Pawlowski	Hans-Martin Pawlowski, Allgemeiner Teil des BGB, 7. Aufl., 2003
Pawlowski, Methodenlehre	Hans-Martin Pawlowski, Methodenlehre für Juristen, 3. Aufl., 1999
PBefG	Personenbeförderungsgesetz
Plank/Bearbeiter	Plank's Kommentar zum Bürgerlichen Gesetzbuch nebst Einführungsgesetz, I. Band, Allgemeiner Teil, 4. Aufl., 1913
PostG	Gesetz über das Postwesen (Postgesetz)
ProdHaftG	Gesetz über die Haftung für fehlerhafte Produkte (Produkthaftungsgesetz)
Prütting/Wegen/ Weinreich	Kommentar zum BGB, 2. Aufl., 2007
PStG	Personenstandsgesetz
RdNr.	Randnummer
RdNrn.	Randnummern
RG	Reichsgericht
RGR-Kommentar zum HGB	Handelsgesetzbuch, Großkommentar, begründet von H. Staub, weitergeführt von Mitgliedern des RG, 4. Aufl., 1995
RGZ	Entscheidungen des Reichsgerichts in Zivilsachen
Rosenberg/ Schwab/Gottwald, Zivilprozessrecht	Leo Rosenberg/Karl Heinz Schwab/Peter Gottwald, Zivilprozeßrecht, 16. Aufl., 2004
Rpfleger	Der Deutsche Rechtspfleger
Rüthers/Stadler	Bernd Rüthers/Astrid Stadler, Allgemeiner Teil des BGB, 14. Aufl., 2006
S.	Satz, Seite
s.	siehe
Schmidt K., Gesellschaftsrecht	Karsten Schmidt, Gesellschaftsrecht, 4. Aufl., 2002
Schmidt K., Handelsrecht	Karsten Schmidt, Handelsrecht, 5. Aufl., 1999
Schreiber	Klaus Schreiber, Sachenrecht, 4. Aufl., 2003
Schwab	Dieter Schwab, Einführung in das Zivilrecht, 16. Aufl., 2005
Soergel/ Bearbeiter	Hans-Theodor Soergel/Wolfgang Siebert, Bürgerliches Gesetzbuch, 12. Aufl., ab 1988, 13. Aufl., ab 1999 (Band 1 und 2)
sog.	sogenannt(e, en)
Staudinger/ Bearbeiter	Julius von Staudingers Kommentar zum Bürgerlichen Gesetzbuch, 13. Aufl., 2004 §§ 1–14; 13. Aufl. 1995 §§ 21–103; 13. Aufl. 2005 §§ 21–79; 13. Aufl. 2003 §§ 134–163; 13. Aufl. 2004 §§ 164–240
Stein/Jonas/ Bearbeiter	Friedrich Stein/Martin Jonas, Kommentar zur Zivilprozeßordnung, 22. Aufl. ab 2003

StGB	Strafgesetzbuch
str.	streitig
StVG	Straßenverkehrsgesetz
u. U.	unter Umständen
Ulmer/Brandner/ Hensen	Peter Ulmer/Hans Erich Brandner/Horst-Diether Hensen/ Harry Schmidt, AGB – Recht Kommentar, 10. Aufl., 2006
UrhG	Gesetz über Urheberrecht und verwandte Schutzrechte (Urheberrechtsgesetz)
UKlaG	Gesetz über Unterlassungsklagen bei Verbraucherrechts- und anderen Verstößen vom 26. 11. 2001 (BGBl. I 2001, 3138, 3173)
UWG	Gesetz gegen den unlauteren Wettbewerb
VAG	Gesetz über die Beaufsichtigung der privaten Versicherungsunternehmungen und Bausparkassen
Verh. d. Dt. Juristentages	Verhandlungen des Deutschen Juristentages
VerlG	Gesetz über das Verlagsrecht
VerschG	Verschollenheitsgesetz
VerwArch	Verwaltungsarchiv
vgl.	vergleiche
Vorbem.	Vorbemerkung
VwGO	Verwaltungsgerichtsordnung
VwVfG	Verwaltungsverfahrensgesetz
WEG	Gesetz über das Wohnungseigentum und das Dauerwohnrecht (Wohnungseigentumsgesetz)
WiStrG	Gesetz zur weiteren Vereinfachung des Wirtschaftsstrafrechts (Wirtschaftsstrafgesetz)
WM	Zeitschrift für Wirtschafts- und Bankrecht, Wertpapier-Mitteilungen
Wolf, Ernst	Ernst Wolf, Allgemeiner Teil des bürgerlichen Rechts, 3. Aufl., 1982
Wolf M., Sachenrecht	Manfred Wolf, Sachenrecht, 22. Aufl., 2006
Wolff/Bachof/ Stober	Hans J. Wolff/Otto Bachof/Rolf Stober, Verwaltungsrecht. Ein Studienbuch, Band I, 11. Aufl., 2000
z. B.	zum Beispiel
ZEuP	Zeitschrift für Europäisches Privatrecht
ZGB	Zivilgesetzbuch der Deutschen Demokratischen Republik
ZGR	Zeitschrift für Unternehmens- und Gesellschaftsrecht
ZHR	Zeitschrift für das gesamte Handelsrecht und Wirtschaftsrecht
Ziff.	Ziffer
ZIP	Zeitschrift für Wirtschaftsrecht
Zippelius	Reinhold Zippelius, Juristische Methodenlehre. Eine Einführung, 9. Aufl., 2005
ZPO	Zivilprozessordnung
zust.	zustimmend
ZVG	Gesetz über die Zwangsversteigerung und die Zwangsverwaltung
ZZP	Zeitschrift für Zivilprozess

Erster Teil

§ 1 Privatrecht und öffentliches Recht

Literatur: *Boehmer*, Einführung in das Bürgerliche Recht, 2. Aufl., 1965, § 4 III; *Bullinger, M.*, Öffentliches Recht und Privatrecht, 1968; *Eichenhofer*, Die sozialpolitische Inpflichtnahme von Privatrecht, JuS 1996, 857; *Geiger, H.*, Zum Verhältnis zwischen öffentlichem und privatem Nachbarrecht, JA 1989, 454; *Gerlach*, Privatrecht und Umweltschutz im System des Umweltrechts, 1989; *Ipsen/Thorsten*, Öffentliches und privates Recht – Abgrenzungsprobleme bei der Benutzung öffentlicher Einrichtungen, JuS 1992, 809; *Kelsen*, Zur Lehre vom öffentlichen Rechtsgeschäft, AöR 31 (1913), 53 ff., 190 ff.; *Lange*, Die Abgrenzung von öffentlich-rechtlichem und privatrechtlichem Vertrag, JuS 1982, 500; *Laubinger*, Der öffentlich-rechtliche Unterlassungsanspruch, VerwArch 1989, 261; *Menger*, Zum Stand der Meinungen über die Unterscheidung von öffentlichem und privatem Recht, Festschr. f. Wolff, H.J., 1973, 149; *Molitor*, Über Öffentliches Recht und Privatrecht. Eine rechtssystematische Studie, 1949; *Peine*, Öffentliches und privates Nachbarrecht, JuS 1987, 169; *Renck*, Über die Unterscheidung zwischen öffentlichem und privatem Recht, JuS 1986, 268; *Scherer*, Realakte mit Doppelnatur, NJW 1989, 2724; *Schmidt, Detlef*, Die Unterscheidung von privatem und öffentlichem Recht, 1985; *Wolff, H.J.*, Der Unterschied zwischen öffentlichem und privatem Recht, AöR 76 (1950), 205; *Zöllner*, Die politische Rolle des Privatrechts, JuS 1988, 329; *Zuleeg*, Öffentlich-rechtliche Bürgschaften? (zu BGH NJW 1984, 1622), JuS 1985, 106.

I. Zweiteilung der Rechtsordnung

Die Rechtsordnung wird herkömmlich in zwei Bereiche eingeteilt: das Privatrecht und das öffentliche Recht. Zum Privatrecht werden diejenigen Rechtsgebiete gerechnet, welche Rechtsverhältnisse zwischen Privatpersonen regeln, während das öffentliche Recht die Rechtsbeziehung zwischen Bürger und Staat sowie die Staatsorganisation zum Gegenstand hat. Das im BGB und seinen Nebengesetzen geregelte Bürgerliche Recht ist der Kernbereich des Privatrechts. Nach den Vorschriften des BGB entscheidet der Richter z.B., wenn Vertragsparteien darüber streiten, ob ein Kaufvertrag wirksam zustande gekommen ist, vertragliche Pflichten erfüllt oder verletzt wurden, wenn der Eigentümer unbefugte Eingriffe in sein Eigentum abwehren will oder wenn Schadensersatz wegen Verletzung des Eigentums oder des Körpers geltend gemacht wird. Zum öffentlichen Recht gehören dagegen das Verfassungsrecht, das allgemeine Verwaltungsrecht, das Polizeirecht, das Strafrecht und nach h.M. das Prozessrecht. Zur Sonderstellung des Prozessrechts s. unten RdNrn. 27 f.

Beispiel Verkehrsunfall: Bei einem Verkehrsunfall wird der Pkw des S leicht beschädigt. Zur Spurensicherung ruft er die Polizei, weil der Unfallgegner seine

1

Schuld bestreitet und nicht bereit ist, den Schaden zu ersetzen. Die Beamten erklären zum Erstaunen des S., dass sie wegen des Bagatellschadens nichts unternehmen werden. Es sei ohnehin nicht Aufgabe der Polizei, Schadensersatzansprüche durchzusetzen.

Der Schadensersatzanspruch des S hat seine Grundlage in § 823 Abs. 1 BGB. Es handelt sich um einen privatrechtlichen Anspruch, den S selbst durchsetzen muss. Die Beamten waren deshalb nicht verpflichtet, den Unfall aufzunehmen. Wenn sich der Schädiger weigert, Schadensersatz zu leisten, muss S Klage beim Amts- oder Landgericht erheben. In dem Verfahren wird nur über den privatrechtlichen Schadensersatzanspruch des S entschieden. Ob gegen den Schädiger auch ein Bußgeld oder eine Strafe zu verhängen ist, interessiert die Richter im Zivilprozess nicht.

II. Die Bedeutung der Unterscheidung

2 Mit begrifflichen Unterscheidungen und Systematisierungen verfolgt der Jurist stets einen Zweck. Bei der Einteilung der Rechtsordnung in privates und öffentliches Recht geht es nicht um eine Klassifikation, die lediglich einen ersten Überblick verschaffen soll. Die Unterscheidung zwischen Privatrecht und öffentlichem Recht ist vielmehr von erheblichem theoretischem Interesse, und sie spielt eine wichtige Rolle bei der Rechtsanwendung. Die Frage, ob ein privatrechtliches oder ein öffentlich-rechtliches Rechtsverhältnis vorliegt, ist zunächst von Bedeutung für die **Rechtswegzuständigkeit**. Nach § 13 GVG entscheiden die ordentlichen Gerichte über bürgerliche Rechtsstreitigkeiten, während öffentlich-rechtliche Streitigkeiten grundsätzlich den Verwaltungsgerichten zugewiesen sind (§ 40 VwGO). Sachlich geht es bei einem Streit um die Rechtswegzuständigkeit nicht nur um prozessuale Förmlichkeiten. Mit der Einordnung eines Rechtsproblems als privatrechtlich oder öffentlich-rechtlich fällt die Entscheidung über die anzuwendenden Rechtssätze. Selbst wenn der Tatbestand einer privatrechtlichen Norm formal erfüllt ist, wendet die h.M. privatrechtliche Rechtssätze nicht an, wenn ein privates Recht durch hoheitliches Handeln verletzt wurde. Siehe dazu unten RdNr. 12. Die Einteilung ist ferner wichtig bei der **Gesetzgebungskompetenz.** Nach Art. 74 Nr. 1 GG erstreckt sich die konkurrierende Gesetzgebung auf das bürgerliche Recht. Schließlich kann nach h.M. die Anwendbarkeit einzelner Bestimmungen des BGB davon abhängen, ob Pflichten dem Privatrecht oder dem öffentlichen Recht zuzurechnen sind.

Beispiel Zuständigkeit[1]: Eine Gemeinde richtete auf einem Grundstück einen öffentlichen Spielplatz ein. Der Grundstücksnachbar fühlte sich durch den Lärm belästigt und verlangte Verhinderung der Lärmbelästigung nach § 1004 BGB. Der

---
1 BGH NJW 1976, 570.

BGH nahm an, es liege eine öffentlich-rechtliche Streitigkeit vor, für die das Verwaltungsgericht zuständig sei, weil das Grundstück im Bebauungsplan für den Spielplatz vorgesehen war und die Einrichtung des Spielplatzes in Vollzug dieser Planung erfolgte. Eine unmittelbare Anwendung des § 1004 BGB war damit ausgeschlossen.

Beispiel Verkehrssicherungspflicht[2]: Auf einer Gemeindestraße in einem Ort in Niedersachsen ereignete sich ein Verkehrsunfall, bei dem drei Bundeswehrsoldaten, die nebeneinander auf der Straße gingen, getötet wurden. Der Unfall war darauf zurückzuführen, dass die Straße nachts nur unzulänglich beleuchtet war. Die Gemeinde wurde wegen Verletzung der Verkehrssicherungspflicht auf Schadensersatz in Anspruch genommen. Sie verteidigte sich mit der Subsidiarität der Haftung nach § 839 Abs. 1 Satz 2 BGB. Ob dieser Einwand begründet war, hing davon ab, ob es sich bei der verletzten Pflicht um eine Amtspflicht oder privatrechtliche Pflicht handelte. Bei fahrlässiger Verletzung einer öffentlich-rechtlichen Pflicht haftet die Gemeinde nach Art. 34 GG i. V. m. § 839 BGB nur, soweit der Verletzte nicht auf andere Weise Ersatz zu erlangen vermag. Ordnet man die Verkehrssicherungspflicht dagegen privatrechtlich ein, besteht keine subsidiäre Haftung, weil sich die Schadensersatzpflicht aus §§ 31, 823 BGB ergibt. Nach der Rechtsprechung ist die Verkehrssicherungspflicht auch bei öffentlichen Straßen grundsätzlich privatrechtlicher Natur[3]. Im Niedersächsischen StraßenG ist aber ausdrücklich bestimmt, dass die Unterhaltung der Straßen und die Überwachung ihrer Verkehrssicherheit den zuständigen Organen als Amtspflicht „in Ausübung öffentlicher Gewalt" übertragen ist. Mit dieser Regelung versuchte der Landesgesetzgeber die Haftung für Pflichtverletzungen dem § 839 BGB zu unterstellen, weil der Staat danach bei fahrlässigem Verhalten nur subsidiär haftet. Die Rechtsprechung reagierte auf die Versuche, die Verkehrssicherungspflicht durch Gesetz als Amtspflicht zu qualifizieren mit einer restriktiven Auslegung des § 839 Abs. 1 Satz 2 BGB. Nur wenn die wahrzunehmenden Amtspflichten ausschließlich dem hoheitlichen Pflichtenkreis entlehnt sind, alle Merkmale hoheitlichen Handelns aufweisen und sich aus diesem Bereich auch nicht ausgliedern lassen, bleibt es bei der subsidiären Haftung[4]. Da diese Voraussetzungen bei der Verkehrssicherungspflicht nicht vorliegen, kann sich der Staat nicht auf die Subsidiarität der Haftung berufen. Das Beispiel zeigt, dass es bei der Zuordnung einer Pflicht zum öffentlichen Recht vielfach um Interessen und nicht um nur rechtssystematische Folgerichtigkeit geht.

III. Abgrenzungstheorien

Zur Abgrenzung des Privatrechts vom öffentlichen Recht wurden verschiedene Theorien entwickelt, die allerdings in Zweifelsfällen kaum hilfreich sind. Oft wird noch nicht einmal deutlich, was eigentlich durch das Gegensatzpaar öffentlich-rechtlich – privatrechtlich geschieden werden soll. Handelt es sich bei der Zweiteilung der Rechtsordnung lediglich um eine Einteilung nach Sachgebieten oder soll sie zum Ausdruck bringen, dass die Rechtssätze des Privatrechts und des öffentlichen Rechts unabhängig von ihrem Inhalt qualitative Unterschiede aufweisen? *Kelsen*

3

---

[2] BGH NJW 1973, 460.
[3] BGH NJW 1973, 460 (461); BGH NJW 1973, 463; BGHZ 86, 152 (Wasserstraßen).
[4] BGHZ 123, 102.

schrieb im Jahre 1913: „Wenn irgend etwas den beispiellosen Tiefstand der heutigen Rechtstheorie bezeichnen kann, ist es der Zustand, in dem sich die für die gesamte Rechtswissenschaft grundlegende Lehre vom Gegensatz zwischen Privat- und öffentlichem Recht befindet[5]." Leider hat sich an dem von *Kelsen* beklagten Zustand bis heute kaum etwas geändert.

1. Interessentheorie

4 Die Unterscheidung zwischen Privatrecht und öffentlichem Recht geht auf das römische Recht zurück; Unterscheidungskriterium war das betroffene Interesse: publicum ius est quod ad statum rei Romanae spectat, privatum quod ad singulorum utilitatem[6]. Abgrenzungslehren, die der römischen Tradition folgend danach unterscheiden, ob es um private oder öffentliche Interessen geht, werden als Interessentheorien bezeichnet. Sie sind unbrauchbar, weil die Rechtsordnung insgesamt öffentlichen Belangen dient[7]. Meist sind Privatinteressen und öffentliches Interesse keine Gegensätze, sondern nur verschiedene Aspekte der Betrachtungsweise von Rechtsnormen. Das Eigentum dient sicher dem Privatinteresse. Nach § 903 BGB kann der Eigentümer nach Belieben mit der Sache verfahren. Aber die Eigentumsordnung ist nicht im Interesse eines einzelnen Rechtssubjekts geschaffen. Ein friedliches Zusammenleben der Menschen setzt voraus, dass die Rechtsordnung Regeln für die Zuordnung der Sachen enthält. Deshalb wird die Verletzung des Eigentums durch Diebstahl selbst dann bestraft, wenn der Eigentümer keinen Strafantrag stellt. Der Schutz privater Rechte durch das Strafrecht kommt dem Einzelnen zugute und dennoch besteht Einigkeit darüber, dass das Strafrecht dem öffentlichen Recht zuzurechnen ist.

2. Subjektionstheorie

5 Nach der Subjektionstheorie (Subordinationstheorie) sind der Staat und andere Träger hoheitlicher Gewalt dem Bürger im Bereich des öffentlichen Rechts übergeordnet. Sie sind berechtigt, durch einseitige Verfügung (Verwaltungsakt) Verpflichtungen aufzuerlegen oder gar Rechte zu entziehen. So kann etwa der widerspenstige Grundstückseigentümer, der sein Grundstück zum Bau einer Straße nicht verkaufen will, enteignet werden. Daraus leitet die Subjektionstheorie das Dogma ab, der Staat stehe im Bereich des öffentlichen Rechts gegenüber dem Bürger in einem Überordnungsverhältnis. Diese Überordnung besteht nicht, soweit ein Hoheitsträger seine Ziele

---
5 *Kelsen* AöR 31 (1913), 76.
6 *Ulpian*, Digesten, 1.1.1.2.
7 Vgl. *Kelsen* AöR 31 (1913), 78 mit dem Hinweis, dass dies zum Überdruss oft ausgesprochen wurde; vgl. auch *Heck*, Der Allgemeine Teil des Privatrechts, AcP 146 (1941), 1 ff. (nach Fn. 9).

mit den Mitteln des Privatrechts verfolgt. Kauft der Staat für seine Beamte Bleistifte, schließt er einen privatrechtlichen Vertrag ab und muss den Preis aushandeln. Er kann nicht einseitig verfügen, der Verkäufer habe eine bestimmte Menge Bleistifte zu liefern.

Im **Zivilrecht** gilt das **Konsensprinzip**. Wenn jemand durch Rechtsgeschäft Rechtsfolgen erzeugen will, die in die Rechtssphäre eines anderen eingreifen, benötigt er dessen Zustimmung. Dabei kommt es nicht darauf an, ob die Rechtsfolgen günstig sind oder nicht (Schenkung, Erlass); dazu unten RdNr. 84. Während Regelungen im Zivilrecht grundsätzlich durch Vertrag zu treffen sind (§ 311 BGB), kann die Verwaltung Rechtsfolgen durch einseitige Anordnung, durch Verwaltungsakt, in Geltung setzen. Der Unterschied zwischen Privatrecht und öffentlichem Recht, den die Subordinationstheorie im Blickfeld hat, betrifft die Rechtsgestaltung durch Rechtsgeschäft bzw. Verwaltungsakt. Die Theorie gehört deshalb zur Rechtsgeschäftslehre im weiteren Sinne.

Die ursprüngliche Fragestellung war dabei nicht nur vordergründig und formal darauf gerichtet, ob ein einseitiger Akt oder ein Vertrag zur Erzeugung der Rechtsfolgen erforderlich ist. Die sog. Mehrwerttheorie (eine Vorläuferin der Subordinationstheorie) versuchte zu erklären, weshalb der Staat einseitig konkrete Regelungen in Geltung setzen kann. Man erklärte dies mit einem Mehrwert des Staates. Der Staat als Rechtssubjekt hatte eine besondere Rechtsmacht, die anderen Rechtssubjekten nicht zukam. Die Subordinationstheorie in Gestalt der Mehrwerttheorie entspricht für den Bereich des Verwaltungshandelns nicht mehr der heutigen Verfassungslage[8]. Der Staat darf nicht in die Rechte der Bürger durch Verwaltungsakte eingreifen, weil er einen Mehrwert hat. Eine Eingriffsbefugnis besteht nur dann, wenn eine gesetzliche Ermächtigungsgrundlage besteht. Wenn die einseitige Regelungsbefugnis auf einer gesetzlichen Ermächtigung beruht, entsteht das Über-Unterordnungsverhältnis nicht schon dadurch, dass sich ein Träger öffentlicher Gewalt auf dem Gebiet des öffentlichen Rechts bewegt. Das Subordinationsverhältnis wird durch die jeweilige Ermächtigungsnorm begründet. Zur Abgrenzung der Rechtsgebiete wäre die Subordinationstheorie nur tauglich, wenn es im Privatrecht keine Ermächtigungsnormen gäbe. Aber dem ist nicht so. Man denke nur an die elterliche Sorge (§ 1626 BGB), die z.B. das Recht der Eltern umfasst, den Aufenthalt des Kindes einseitig zu bestimmen. Auf der anderen Seite gibt es auch im Bereich des öffentlichen Rechts Gleichordnung, z.B. beim Abschluss eines öffentlich-rechtlichen Vertrags.

---

8 Lesenswert *Kelsen* AöR 31 (1913), 87 ff.

3. Subjektstheorie

6 In der Literatur wird überwiegend die modifizierte Subjektstheorie (Zuordnungstheorie) vertreten[9]. Danach gehören zum öffentlichen Recht diejenigen Rechtssätze, deren Zuordnungssubjekt ausschließlich ein Träger hoheitlicher Gewalt ist. Der Staat, der ein Grundstück verkauft hat und den Käufer anschließend auf Zahlung des Kaufpreises in Anspruch nimmt, stützt sich auf § 433 Abs. 2 BGB, eine Norm, aus der auch ein Privatmann Rechte herleiten kann, wenn er einen Kaufvertrag geschlossen hat. Andere Vorschriften sind auf den Staat zugeschnitten und berechtigen oder verpflichten nur den Träger hoheitlicher Gewalt, wie z. B. Rechtssätze, die den Schusswaffengebrauch der Polizei regeln. Allerdings genügt es nicht, dass eine Norm ausschließlich einen Hoheitsträger berechtigt und verpflichtet. Es kommt nach der Subjektstheorie darauf an, dass der Staat gerade in seiner Eigenschaft als Hoheitsträger an einem Rechtsverhältnis beteiligt ist. Auf die Frage, wann dies der Fall ist, kann die Subjektstheorie freilich keine verbindliche Antwort geben. Als Abgrenzungslehre, welche eine abstrakte Beschreibung des Gegenstandsbereichs der beiden Rechtsgebiete leisten soll, versagt die Subjektstheorie wie alle anderen Theorien. Die Subjektstheorie ist aber brauchbar, wenn sie nicht den Anspruch erhebt, für jeden Fall genaue Abgrenzungskriterien zu liefern, sondern sich darauf beschränkt, den Kernbereich des öffentlichen Rechts zu charakterisieren. Nach der Subjektstheorie ist das öffentliche Recht das Sonderrecht des Staates im Bereich hoheitlichen Handelns. Aus dieser Definition folgt, dass die Rechtssätze des öffentlichen Rechts keine andere Qualität haben als die des Privatrechts. Die Einteilung knüpft nämlich an den geregelten Lebenssachverhalt und nicht an eine formale Struktur oder besondere Qualität der Rechtssätze[10] an.

4. Abgrenzung der Rechtsgebiete und positives Recht

7 Generationen von Juristen haben sich um eine begriffliche Abgrenzung zwischen öffentlichem Recht und Privatrecht bemüht, und das Resultat all dieser Bemühungen sind unhaltbare Theorien. Dass die Abgrenzungsversuche gescheitert sind, liegt daran, dass eine rein begriffliche Grenzziehung zwischen öffentlichem Recht und Privatrecht unmöglich ist, wenn der gesamte Gegenstandsbereich der jeweiligen Rechtsgebiete erfasst werden soll. Das Recht ist geschichtlich gewachsen, und die Zuordnung eines Bereichs zum öffentlichen Recht oder zum Privatrecht ist vielfach histo-

---

9 *Wolff/Bachof/Stober* § 22 II c Rdnr. 25 ff; *Wolff* AöR 76 (1950), 205. Vgl. auch BGHZ 102, 283, wo neben der Subordinationstheorie die Zuordnungstheorie zur Abgrenzung der Rechtsgebiete herangezogen wird.
10 Vgl. auch *Heck* AcP 146 (1941), 1 ff. bei Fn. 12; der von Ordnungsbegriffen spricht, die an Inhalte anknüpfen.

risch bedingt[11]. Die Vorstellung, was originäre Staatsaufgaben sind, unterliegt dem Wandel. Hinzu kommt, dass bei der Grenzziehung zwischen den beiden Rechtsgebieten auch Interessen im Spiel sind, wie das Beispiel Verkehrssicherungspflicht oben RdNr. 2 gezeigt hat.

Anschauliches Beispiel für die historische Zufälligkeit der Zuweisung war früher die Regelung von Bahn und Post[12]. Die Post war öffentlich-rechtlich geregelt, während die Bahn von Anfang an dem Privatrecht unterworfen war. Das liegt daran, dass die Post Gegenstand eines Rechts des Kaisers war (Regal), das der Staatsfinanzierung diente, während die Bahn im Zeitalter des Frühkapitalismus entstanden ist und von Aktiengesellschaften betrieben wurde. Allerdings konnte vor diesem geschichtlichen Hintergrund nur verständlich gemacht werden, weshalb die Organisation der Post dem öffentlichen Recht unterliegt. Dass sich deutsche Juristen zu der Behauptung verstiegen, der Briefträger übe hoheitliche Gewalt aus, wenn er einen Liebesbrief zustellt, konnte mit den Regalien des Kaisers nicht erklärt werden. Das Reichsgericht ordnete ursprünglich den Dienstleistungsbetrieb der Post privatrechtlich ein. Erst im „Dritten Reich" vollzog die Rechtsprechung eine Wende[13]. Sie lässt sich am ehesten mit der damaligen staatsautoritären Gesinnung erklären. Natürlich waren auch Interessen im Spiel. Die Post strebte die Zuordnung ihrer Tätigkeit zum öffentlichen Recht an, weil dieses Recht wegen der Subsidiarität der Amtshaftung nach § 893 Abs. 1 Satz 2 BGB für sie günstiger war[14]. Seit 1989 sind die Rechtsbeziehungen der Post zu ihren Kunden durch Gesetz dem Privatrecht unterstellt (vgl. § 7 PostG)[15].

Man kann das öffentliche Recht als Sonderrecht des hoheitlich handelnden Staates umschreiben. Aber wann der Staat gerade in seiner Eigenschaft als Hoheitsträger tätig wird, bestimmt das geschichtlich gewachsene positive Recht. Wo die Abgrenzung zwischen öffentlichem Recht und Privatrecht bei der Rechtsanwendung eine Rolle spielt, sind rechtstheoretische und rechtsdogmatische Begriffe ohnehin nur Hilfsmittel bei der Auslegung. Entscheidend ist, was der Gesetzgeber in der jeweiligen Bestimmung mit dem Begriff öffentlich-rechtlich oder privatrechtlich gemeint hat[16].

8

Nach Art. 74 Nr. 1 GG erstreckt sich die konkurrierende Gesetzgebung auf das „bürgerliche Recht". Dazu gehören auch Vorschriften, die hoheitliches Handeln des Staates regeln und systematisch dem öffentlichen Recht zugerechnet werden könnten. So ist z.B. das Familiengericht nach § 1666 BGB befugt, den Eltern die elterliche Sorge zu entziehen, wenn sie das Wohl des Kindes durch Missbrauch ihres Elternrechts gefährden. Für die Auslegung des Art. 74 GG kommt es aber nicht darauf an, wie die Regelung des § 1666 BGB richtig einzuordnen wäre, sondern was der Verfassungsgeber mit dem Ausdruck „bürgerliches Recht" gemeint hat.

---

11 Vgl. *Medicus* RdNr. 10; *Renck* JuS 1986, 268.
12 Vgl. *Medicus* RdNr. 10.
13 Vgl. RGZ 158, 83; 161, 174 (177).
14 Siehe dazu *Jauernig* NJW 1972, 1 (4f.).
15 Vgl. dazu OLG Frankfurt NJW 1993, 2946.
16 Vgl. RGZ 92, 310 (313); bei der Auslegung des § 13 GVG sei nicht nur auf die Qualifikation abzustellen, sondern auch auf den Standpunkt des historischen Gesetzgebers.

Der Hinweis darauf, dass die Grenzziehung der Rechtsgebiete vielfach historisch bedingt ist, darf nicht in dem Sinne missverstanden werden, die Zuordnung einer Regelung zum öffentlichen Recht oder zum Privatrecht sei beliebig und stehe zur freien Verfügung des Gesetzgebers. Beide Rechtsgebiete regeln unterschiedliche Lebensbereiche und sind von unterschiedlichen Prinzipien beherrscht. Im Privatrecht gilt der Grundsatz der Privatautonomie. Danach unterliegt es der freien Entscheidung des Bürgers ob und welche Verträge er abschließt. Der Staat, der im Rahmen der Eingriffsverwaltung in die Rechte der Bürger eingreift, kann sich nicht wie das Privatrechtssubjekt auf Willkür berufen, sondern benötigt eine Legitimation durch Gesetz. Auch wo das Gesetz dem Hoheitsträger Handlungsspielräume eröffnet, dürfen Entscheidungen nicht willkürlich, sondern nur nach pflichtgemäßem Ermessen getroffen werden.

5. Die Verselbstständigung des öffentlichen Rechts

9 Begreift man das öffentliche Recht als Sonderrecht, wäre es eigentlich folgerichtig, in den Vorschriften des öffentlichen Rechts lediglich Spezialvorschriften zu sehen, die den Besonderheiten des geregelten Lebenssachverhalts Rechnung tragen, neben denen die allgemeinen Vorschriften des BGB unmittelbar anzuwenden wären. Auch das Privatrecht kennt Sonderrechte. So enthält das HGB besondere Vorschriften für Rechtsgeschäfte zwischen Kaufleuten. Soweit keine Sonderregelungen bestehen, gelten unmittelbar die Vorschriften des BGB. Nach herkömmlichem Verständnis enthalten die Gesetze des öffentlichen Rechts aber nicht nur Spezialvorschriften, die allgemeine Rechtsgrundsätze modifizieren oder ergänzen. Durch die Unterwerfung eines Bereichs unter das öffentliche Recht wird die allgemeine Rechtsordnung (Privatrechtsordnung) vollständig verdrängt. Diese Verselbstständigung des öffentlichen Rechts, die zu einer Zweiteilung der Rechtsordnung führt, ist nur historisch zu verstehen[17]. Die Zuordnung zum ius publicum bedeutete ursprünglich, den betreffenden Bereich der Beurteilung durch die Gerichte zu entziehen[18]. Neben den Bestrebungen, die ständische Ordnung zu überwinden, war es vor allem die Staatsdoktrin des Absolutismus, die zur Befreiung der Staatsgewalt von der Gerichtskontrolle führte[19]. Eine Änderung brachte erst die Entwicklung zum Rechtsstaat, in dem auch hoheitliches Handeln der Rechtsordnung unterworfen ist. Aber wir erweisen dem Geist des Absolutismus eine letzte Ehrerbietung, indem wir den Bereich hoheitlichen Handelns

---

[17] *Ernst Wolf* § 5 A II a kommt zu diesem Ergebnis, indem er die Begriffe bürgerlich-rechtlich und öffentlich-rechtlich als „kontradiktorisches Begriffspaar" auffasst.
[18] Vgl. *Kelsen* AöR 31 (1913), 58 f.
[19] Zu den verschiedenen geschichtlichen Strömungen vgl. *Bullinger*, Öffentliches Recht und Privatrecht, S. 51: „rechtspolitische Zufallsgemeinschaft".

insgesamt aus dem Anwendungsbereich der allgemeinen Rechtsordnung ausklammern, um ihn einem Sonderrecht zu unterstellen.

Die Verselbstständigung des öffentlichen Rechts lässt sich an der Regelung des öffentlich-rechtlichen Vertrags in den §§ 54 ff. VwVfG verdeutlichen. Das Gesetz enthält besondere Vorschriften für Verträge auf dem Gebiete des öffentlichen Rechts, z. B. über die Schriftform (§ 57 VwVfG) und das Zustimmungserfordernis Dritter (§ 58 VwVfG). Wie ein Vertrag zustande kommt, welche Rechte bestehen, wenn sich eine Partei über den Inhalt ihrer Erklärung beim Vertragsabschluss irrte, ist im VwVfG nicht geregelt. Wäre das öffentliche Recht Sonderrecht wie das Handelsrecht, dann könnten für diese Fragen die Bestimmungen des BGB unmittelbar herangezogen werden. Das war aber nicht der Standpunkt des Gesetzgebers, denn nach § 62 VwVfG gelten die Vorschriften des BGB nur entsprechend und kraft ausdrücklicher Verweisung.

Es gibt Normen, die sowohl im Privatrecht als auch im öffentlichen Recht gelten. So weisen die Voraussetzungen des Vertragsabschlusses in beiden Rechtsgebieten keine Unterschiede auf. Gleiches gilt für die Vorschriften über die Rechtsfähigkeit, Volljährigkeit, den Wohnsitz und die Namensführung (§ 1355 BGB)[20]. Für die Normen, deren Geltung nicht auf ein Gebiet beschränkt ist, wurde der Ausdruck **Gemeinrecht** vorgeschlagen[21]. Die Vorstellungen darüber, wie dieses Gemeinrecht systematisch einzuordnen ist, gehen freilich auseinander. So hält *Bettermann* trotz der Erkenntnis, dass es gemeinsame Normen für beide Bereiche gibt, an dem Dogma fest, die Rechtsordnung zerfalle durchgehend in zwei Teile. Das zwingt zu der eigenwilligen Vorstellung, dass die Normen des Gemeinrechts für jedes Rechtsgebiet gesondert, wenn auch inhaltsgleich „existieren". Das ist verfehlt, weil sich aus den beiden Rechtssätzen mit Geltungsbeschränkung auf das Privatrecht bzw. öffentliche Recht nach den Regeln der Logik ein Rechtssatz ableiten lässt, der für alle Bereiche gilt.

6. Zur Rechtswegabgrenzung

Die größten Probleme bereitet die Abgrenzung des öffentlichen Rechts vom Privatrecht bei der Rechtswegzuständigkeit, weil Besonderheiten des Prozessrechts zu berücksichtigen sind. Die Rechtsprechung lässt sich bei der Abgrenzung nicht nur von dogmatischen Erkenntnissen leiten, oft sind Zweckmäßigkeitsgesichtspunkte[22] ausschlaggebend oder es werden die materiell-rechtlichen Konsequenzen bedacht, welche die Einordnung zum einen oder anderen Rechtsgebiet nach sich zieht. Vereinzelt findet man spitzfindige Abgrenzungen, die nur noch schwer nachvollziehbar sind. So nahm der BGH in einer Entscheidung aus dem Jahr 1979 an, bei der Verlegung von Versorgungsleitungen im Rahmen von Straßenbaumaßnahmen

---

20 *Bettermann* NJW 1977, 515.
21 *Bettermann* NJW 1977, 515; *Bullinger*, Öffentliches Recht und Privatrecht, S. 81 ff.; *Bachof*, Festgabe für das Bundesverwaltungsgericht, S. 11 f., 17.
22 Vgl. BGHZ 103, 255 (Sachnähe).

einer Stadt liege teils hoheitliches, teils privatrechtliches Handeln vor[23]. Soweit die Stadt Arbeiten mit eigenen Leuten ausführe, liege schlicht hoheitliches Handeln vor, das nach öffentlichem Recht zu beurteilen sei, während Arbeiten, mit denen private Baufirmen beauftragt wurden, als privatrechtliches Handeln der Stadt zu werten sei. Dabei verkannte der BGH nicht, dass der Bürger bei derart gemischtem Handeln eines Hoheitsträgers kaum noch feststellen kann, welches Gericht anzurufen ist.

Bei der Beurteilung der Rechtswegfrage ist Ausgangspunkt der vom Kläger erhobene Anspruch (Streitgegenstand). Einwendungen des Beklagten bleiben grundsätzlich unbeachtet. Es kommt nicht darauf an, ob für die Entscheidung des Rechtsstreits auch Normen des öffentlichen Rechts heranzuziehen sind. Wenn ein Arbeitnehmer gegen seinen Arbeitgeber beim Arbeitsgericht rückständigen Lohn einklagt, liegt eine privatrechtliche Streitigkeit vor, weil ein Anspruch aus einem Arbeitsverhältnis (§ 611 Abs. 1 BGB) geltend gemacht wird. Daran ändert sich auch nichts, wenn im Prozess nur die steuerrechtliche Frage streitig ist, welchen Betrag der Arbeitgeber an das Finanzamt abzuführen hatte. Die steuerrechtlichen Fragen sind bei einer auf Lohnzahlung gerichteten Klage nur Vorfragen und sind bei der Qualifikation des Streitgegenstands nicht zu berücksichtigen. Die Rechtsprechung erkennt dies im Grundsatz an[24]. Nach einer in vielen Entscheidungen wiederkehrenden Formel kommt es bei der Rechtswegzuständigkeit auf die Natur des Rechtsverhältnisses an, aus dem der Klageanspruch hergeleitet wird[25]. Bei der Anwendung dieser Formel entstehen aber Schwierigkeiten, wenn ein Bürger ein Privatrecht gegen Eingriffe eines Hoheitsträgers verteidigt.

12 Besonders zweifelhaft ist die Einordnung von Unterlassungsklagen, die sich gegen schlicht hoheitliches Handeln[26] richten. Die Rechtsprechung[27] verneint die direkte Anwendbarkeit des § 1004 BGB, wenn sich ein Eigentümer gegen einen Hoheitsträger wegen Lärmbelästigung wendet, die z.B. von einem öffentlichen Spiel- oder Sportplatz ausgehen. Die Ansicht beruht auf der Vorstellung, von § 1004 BGB seien nur „privatrechtliche Störungen" erfasst[28], weil auch schlicht hoheitliches Handeln der Beurteilung durch das Privatrecht entzogen sei. Da das öffentliche Recht keine Vorschrift über den Abwehranspruch des Eigentümers enthält (das Eigentum ist nun mal im BGB geregelt), wenden die Gerichte § 1004 BGB analog an oder sie leiten aus Art. 2, 14 GG unmittelbar Abwehransprüche ab, die

---

23 NJW 1979, 164.
24 BGHZ 102, 280 (283).
25 BGHZ 97, 312.
26 Mit schlicht hoheitlichem Handeln bezeichnet man Verwaltungshandeln, bei dem nicht durch Verwaltungsakt eine Regelung in Geltung gesetzt wird.
27 BVerwG NJW 1989, 1291 = JZ 1989, 951 (Anm. *Peine*); vgl. ferner BVerwG NJW 1988, 2396 = JZ 1989, 237 (Anm. *Murswiek*). S. dazu die Übersicht bei *Laubinger* VerwArch. 1989, 261 ff.
28 *Laubinger* VerwArch 1989, 263.

freilich nach Voraussetzung und Folge mit dem privatrechtlichen Unterlassungsanspruch übereinstimmen. Dies ist eine Fehlentwicklung. Ein Eigentümer, der auf Unterlassung klagt, verteidigt sein privates Eigentumsrecht. Selbst wenn aus einer öffentlich-rechtlichen Vorschrift eine Duldungspflicht folgt, ändert das an der Natur des geltend gemachten Anspruchs nichts. Auch die Zuständigkeit der Zivilgerichte müsste eigentlich bejaht werden, weil der vom Kläger bestimmte Streitgegenstand bei der Anknüpfung maßgebend ist und nicht etwaige Einwendungen des Beklagten. Über öffentlich-rechtliche Duldungspflichten entscheiden die Zivilgerichte kraft ihrer Vorfragenkompetenz.

Das Reichsgericht ordnete Abwehransprüche nach § 1004 BGB gegen öffentliche Sportanlagen ursprünglich dem Privatrecht zu[29]. Dass die Rechtsstellung des Bürgers, der sein Eigentum verteidigt, nach Privatrecht zu beurteilen ist, war dem Reichsgericht so klar, dass es dafür noch nicht einmal eine Begründung gab. In einer Zeit, in der es noch keine allgemeine Verwaltungsgerichtsbarkeit gab, wurden Fälle, die heute dem schlicht hoheitlichen Handeln zugerechnet werden, ohne Zögern dem Privatrecht zugeordnet. Der Staat hatte wie jedes andere Rechtssubjekt die privaten Rechte der Bürger zu respektieren und konnte keine ungeschriebenen öffentlich-rechtlichen Duldungspflichten für sich reklamieren. Später wurde bei der Qualifikation des Anspruchs geprüft, ob sich eine Unterlassungsklage gegen einen hoheitlichen Eingriff richtet. In diesen Fällen sei die öffentlich-rechtliche Befugnis keine Vorfrage, sondern Streitgegenstand[30]. Mit dem herrschenden Streitgegenstandsbegriff war dies nur schwer zu vereinbaren. In der weiteren Entwicklung wurde der dogmatische Bruch dadurch beseitigt, dass man bei Unterlassungsklagen gegen hoheitliches Handeln von der Unanwendbarkeit des § 1004 BGB ausging und einen eigenständigen öffentlich-rechtlichen Unterlassungsanspruch postulierte. Es ist eine gewisse Ironie der Rechtsgeschichte, dass die Ausbildung einer allgemeinen Verwaltungsgerichtsbarkeit mit dazu führte, dass der Anwendungsbereich des bürgerlichen Rechts eingeschränkt wurde zugunsten eines Sonderrechts des Staates.

Aber die Rechtsprechung unterwirft schlicht hoheitliches Handeln nicht stets dem öffentlichen Recht. Bei wettbewerbsrechtlichen Klagen gegen Sozialversicherungsträger ging der BGH von privatrechtlichen Streitigkeiten aus. Dass diese als Körperschaften des öffentlichen Rechts schlicht hoheitlich handelten, hielt er für unerheblich[31].

---

29 RGZ 76, 130, Urt. v. 8.4.1911.
30 BGHZ 5, 76, Urt. v. 8.2.1952.
31 Vgl. BGH NJW 1993, 2680; anders jetzt BGH WRP 2006, 747; dazu Oehler FS Priester (2007), 557.

IV. Andere Einteilungen

13 *Pawlowski*[32] geht im Anschluss an ältere Lehren[33] von einer Dreiteilung der Rechtsordnung aus. Zwischen Privatrecht und öffentlichem Recht siedelt er das sogenannte Sozialrecht an. Gemeint ist nicht das Recht der sozialen Sicherheit, das im modernen Sprachgebrauch als Sozialrecht bezeichnet wird, sondern ein Bereich des Privatrechts, in dem Entscheidungen nicht frei getroffen werden können, sondern gebunden sind und einem Begründungszwang unterliegen. Das Privatrecht wird beherrscht von dem Grundsatz der Privatautonomie. Die Bürger sind befugt, ihre Rechtsverhältnisse nach eigenem Gutdünken zu regeln, und sie schulden niemandem Rechenschaft. Wer vor dem Standesbeamten erscheint, muss nicht begründen, weshalb er gerade diesen Partner wählte. Es gibt allerdings Bereiche des Privatrechts, in denen die Freiheit der Entscheidung eingeschränkt ist. So darf der Arbeitgeber nach dem AGG einen Arbeitnehmer nicht wegen seines Geschlechts benachteiligen. Nach § 1 KSchG ist eine Kündigung unwirksam, wenn sie sozial ungerechtfertigt ist. Die Ausgrenzung des Sozialrechts weist zutreffend auf die soziale Dimension weiter Teile des Privatrechts hin. Freilich gibt es keine klare Trennungslinie zwischen Sozialrecht und allgemeinem Privatrecht. Auch im Kernbereich des bürgerlichen Rechts gewährt das Gesetz keine schrankenlose Freiheit[34]. Wer z. B. Frau und Kinder mit der Folge enterben will, dass die ungeliebten Angehörigen nichts aus dem Nachlass bekommen, muss bestimmte Gründe haben, die zur Entziehung des Pflichtteils berechtigen (§§ 2333, 2334 BGB).

---

32 AT RdNr. 17.
33 *Nawiasky*, Allgemeine Rechtslehre als System der rechtlichen Grundbegriffe, 2. Aufl., 1948, § 22. Zum „sozialen" Privatrecht Eigenhofer JuS 1996, 857 m.w. N.
34 Vgl. auch *Medicus* RdNr. 6.

§ 2 Das Bürgerliche Recht

Literatur: *Arens* AcP 173 (1973), 250; *Binder, J.*, Prozeß und Recht, 1927; *Bötticher*, Prozeßrecht und materielles Recht, ZZP 85 (1972), 17; *Gamillscheg*, Zivilrechtliche Denkformen und die Entwicklung des Individualarbeitsrechts, AcP 176 (1976), 197; *Häsemeyer*, Prozeßrechtliche Rahmenbedingungen für die Entwicklung des materiellen Privatrechts – zur Unvertauschbarkeit materieller und formeller Rechtssätze, AcP 188 (1988), 140; *Henckel*, Prozeßrecht und materielles Recht, 1970; *Jauernig* JuS 1971, 329; *Kelsen*, Reine Rechtslehre, 1967, S. 236 ff.; *Martens*, Die Einheit des Privatrechts und das Arbeitsrecht, JuS 1987, 337; *Richardi*, Arbeitsrecht und Zivilrecht, ZfA 1974, 3; *Schaper*, Studien zur Theorie und Soziologie des gerichtlichen Verfahrens, 1985; *Stein/Jonas/Brehm*, Zivilprozeßordnung, 22. Aufl., 2004, vor § 1 Rdnr. 31 ff.; *Zöllner*, Materielles Recht und Prozeßrecht, AcP 190 (1990), 471; *ders.* Zivilrechtswissenschaft und Zivilrecht im ausgehenden 20. Jahrhundert, AcP 188 (1988), 85.

I. Bürgerliches Recht und Sonderprivatrecht

Das im BGB geregelte bürgerliche Recht bildet den Kernbereich des Privatrechts. Andere Gesetze, die besondere Gebiete des Privatrechts regeln, setzen das BGB voraus. So gibt es im HGB keine allgemeinen Vorschriften über den Abschluss von Verträgen. Ist streitig, ob ein nach HGB zu beurteilender Handelskauf wirksam geworden ist, sind zunächst die Bestimmungen des BGB heranzuziehen, die freilich durch besondere Rechtssätze des Handelsrechts ergänzt werden. Die Spezialgebiete werden oft als **Sonderprivatrechte** bezeichnet. Zu ihnen rechnet man insbesondere das Handelsrecht, Bank- und Börsenrecht, Wertpapierrecht, Wettbewerbsrecht, Kartellrecht, Arbeitsrecht, Privatversicherungsrecht und das Immaterialgüterrecht. Zum bürgerlichen Recht werden diejenigen Gebiete gerechnet, die Regelungen für alle Bürger enthalten, während Sonderprivatrechte meist auf besondere Personengruppen zugeschnitten sind (Kaufleute, Arbeitnehmer). Freilich ist damit kein Kriterium genannt, das eine eindeutige Zuordnung eines Gebietes zum bürgerlichen Recht oder zu einem Sonderprivatrecht erlaubt[1]. Man sollte auch keine allzu weitreichenden Folgerungen aus der Klassifikation ableiten, zumal das BGB zahlreiche Sondervorschriften enthält, die nur für Verbraucher (§ 13 BGB) gelten; z.B. die Bestimmungen über den Verbrauchsgüterkauf (§§ 474–479 BGB).

14

Gegen die Ausbildung von Sonderprivatrechten, die mit einer zunehmenden Spezialisierung der Privatrechtswissenschaft einhergeht, wurden kritische Stimmen laut[2]. Unbestritten ist, dass der Gesetzgeber besonderen Problemlagen Rechnung tragen muss. Die Kritik richtet sich gegen Tendenzen, ganze Bereiche vom allge-

15

---

1 *Medicus* RdNrn. 14, 15.
2 Vgl. *Zöllner* AcP 188 (1988), 90 f.

meinen Privatrecht abzukoppeln[3]. Verantwortlich für diese Entwicklung ist nicht allein der Gesetzgeber, sondern auch eine Wissenschaft, die ihren Fleiß darauf verwendet, ein Gebiet durch Schaffung eigenständiger Begriffe und Denkfiguren zu verselbstständigen. Aufgabe der Rechtswissenschaft sollte es sein, besondere Regelungen in das allgemeine System des Privatrechts zu integrieren, Gemeinsamkeiten und Verbindungslinien aufzuzeigen und Ausnahmeregelungen zu allgemeinen Rechtsgrundsätzen in Beziehung zu setzen. Ein Sonderprivatrecht sollte sich darauf beschränken, Regelungen und Grundsätze zu schaffen, die den Besonderheiten des zu regelnden Lebensbereichs Rechnungen tragen. Es sollten nicht Grundentscheidungen des BGB gegenständlich begrenzt korrigiert werden[4].

16 Die entscheidende Frage bei der Rechtsanwendung ist, ob ein Sonderrecht lediglich ergänzende Vorschriften zum BGB enthält oder ob die allgemeinen Vorschriften in weiterem Umfang verdrängt werden. So sollte nach dem Entwurf zu einem Arbeitsgesetzbuch das BGB nicht nur unanwendbar sein, wenn eine Sondervorschrift bestand, sondern auch dann, wenn die „Eigenart des Arbeitsverhältnisses" dies gebietet. In letzter Zuspitzung bedeutet die Loslösung eines Rechtsgebiets von den allgemeinen Vorschriften des Zivilrechts die vollkommene Verselbstständigung nach dem Vorbild des öffentlichen Rechts.

II. Aufbau und Inhalt des BGB

1. Der Allgemeine Teil

17 Das BGB ist in fünf Bücher untergliedert. Diese Einteilung des Rechtsstoffs geht auf die Pandektistik[5] des 19. Jahrhunderts zurück. Der **Allgemeine Teil** enthält Vorschriften über Rechtssubjekte (natürliche und juristische Personen), Sachen als Rechtsobjekte, Rechtsgeschäfte, ferner sind geregelt Fristen und Termine, die Verjährung, die Selbsthilfe und das Recht der Sicherheitsleistung.

Der kurze Überblick mag einen Eindruck von der Verschiedenartigkeit der Regelung geben, die im Allgemeinen Teil zu finden sind. Das Gebiet des Allgemeinen Teils ist nicht auf einen einheitlichen Lebensbereich bezogen. In den Allgemeinen Teil wurden elementare Grundbestimmungen aufgenommen, wie etwa die Vorschriften des Personenrechts (§§ 1 ff. BGB). Daneben gibt es Normenkomplexe, die für andere Rechtsgebiete für ausdrückliche oder stillschweigende Verweisungen zur Verfügung gestellt werden. So enthalten die §§ 187 ff. BGB Auslegungsvorschriften für Frist-

---

[3] Für eine Loslösung des Arbeitsrechts vom Privatrecht *Gamillscheg* AcP 176 (1976), 197 ff.; dagegen *Zöllner* Privatautonomie und Arbeitsverhältnis AcP 176 (1976), 221 ff.; vgl. ferner *Martens* JuS 1987, 337.
[4] Zu solchen Tendenzen vgl. *Mayer-Maly* NJW 1978, 1569.
[5] Die auf römischen Rechtsquellen (Pandekten) aufbauende Rechtswissenschaft des 19. Jahrhunderts.

und Terminbestimmungen. Die §§ 232 ff. BGB regeln, wie eine Sicherheitsleistung zu bewirken ist. Dagegen ergibt sich aus diesen Vorschriften nicht, unter welchen Voraussetzungen jemand Sicherheit zu leisten hat. Die §§ 232 ff. BGB sind lediglich als Ergänzung zu Vorschriften zu verstehen, in denen als Rechtsfolge die Sicherheitsleistung angeordnet ist.

Nach § 775 Abs. 2 BGB kann der Bürge verlangen, dass der Schuldner, für den der Bürge einzustehen hat, Sicherheit leistet, wenn sich die Vermögensverhältnisse des Schuldners wesentlich verschlechtert haben. Auf welche Weise der Bürge zu sichern ist, ergibt sich nicht aus § 775 BGB, sondern aus den Bestimmungen des Allgemeinen Teils. Die Technik des BGB, Regelungen im Allgemeinen Teil für andere Rechtsgebiete bereitzustellen, spart Wiederholungen und trägt zur Übersichtlichkeit des Gesetzes bei.

Daneben gibt es Vorschriften, die nicht den Charakter von Ergänzungsnormen haben. Bei ihnen handelt es sich vielmehr um Grundnormen, die immer dann anzuwenden sind, wenn in einem besonderen Gebiet keine abweichende Regelung getroffen wurde. So enthalten die §§ 145 ff. BGB Vorschriften über den Vertragsschluss, die §§ 119 ff. BGB regeln die Anfechtung rechtsgeschäftlicher Erklärungen. Bei der Anwendung des Gesetzes darf man nie vergessen, dass diese allgemeinen Vorschriften u. U. von speziellen Regelungen überlagert oder ergänzt werden. **18**

Beispiel Eheschließung: A und B haben geheiratet. Vor der Eheschließung hat A der B vorgespiegelt, er sei ein reicher Mann. Nun stellt sich heraus, dass A nur über ein mäßiges Einkommen verfügt. Die B ficht die Eheschließung an und beruft sich auf § 123 BGB. Der Tatbestand des § 123 BGB liegt vor, aber dennoch ist die Bestimmung des Allgemeinen Teils nicht anzuwenden. Die arglistige Täuschung ist für die Eheschließung in § 1314 Abs. 2 Nr. 3 BGB geregelt. Tatbestand und Rechtsfolge weichen von den Bestimmungen des Allgemeinen Teils ab. Rechtsfolge ist die Befugnis, die Ehe aufzuheben. Die Aufhebung wird wie die Scheidung (§ 1313 BGB) durch gerichtliches Urteil ausgesprochen. Bei den Voraussetzungen (Tatbestand) ist zu prüfen, ob über solche Umstände getäuscht wurde, die den Getäuschten bei richtiger Würdigung des Wesens der Ehe von der Eingehung der Ehe abgehalten hätten. Die Prüfung der heiklen Frage, ob man sich bei der Eingehung der Ehe von Vermögensinteressen leiten lassen darf, nimmt uns das Gesetz zum Glück ab. Nach § 1314 Abs. 2 Nr. 3 BGB kann die Aufhebung der Ehe nicht auf eine Täuschung über die Vermögensverhältnisse gestützt werden.

Beispiel Clubkameraden: Aufgrund der Bitte des Clubkameraden F führt Schreiner S eine kleine Reparatur an einem Schaukelstuhl aus. Über eine Vergütung wurde zwischen F und S nicht gesprochen. S will wissen, ob er berechtigt ist, ein Entgelt für seine Arbeit zu fordern.
Als Grundlage eines Anspruchs des S kommt ein Werkvertrag in Betracht. Nach § 631 Abs. 1 BGB ist der Besteller verpflichtet, die vereinbarte Vergütung zu entrichten. Allerdings wurde über die Vergütung keine Vereinbarung getroffen. Die Frage ist deshalb, ob überhaupt ein wirksamer Vertrag zustande gekommen ist. Der Vertragsschluss ist im Werkvertragsrecht nicht geregelt. Man muss deshalb auf die Vorschriften und Grundsätze des Allgemeinen Teils zurückgreifen. Danach setzt der Vertrag eine Einigung über die wesentlichen Pflichten voraus. Nach dieser Grundregel könnte man zu dem Ergebnis kommen, ein Vertrag sei nicht zustande gekommen, weil noch nicht einmal eine Einigung darüber getrof-

fen wurde, ob die Reparatur gegen Entgelt durchgeführt werden sollte. Zu beachten ist aber, dass nach § 632 Abs. 1 BGB eine Vergütung als vereinbart gilt, wenn die Herstellung des Werkes den Umständen nach nur gegen eine Vergütung zu erwarten ist. Üblicherweise arbeiten Schreiner nicht unentgeltlich. Deshalb ist S berechtigt, eine Vergütung zu fordern. Weil die allgemeinen Vorschriften zu dem Ergebnis führen würden, es liege ein Einigungsmangel vor, fingiert § 632 Abs. 1 BGB die fehlende Vereinbarung, wenn über die Vergütung nicht gesprochen wurde. Es handelt sich bei § 632 Abs. 1 BGB deshalb um eine besondere Bestimmung über das Zustandekommen des Werkvertrags. Interessant ist, dass die Sondervorschrift des § 632 Abs. 1 BGB die allgemeine Regel nicht durchbricht. Es wird eine Einigung fingiert, damit die allgemeinen Grundsätze zu dem Ergebnis führen, es liege ein Vertrag vor.

2. Recht der Schuldverhältnisse

19 Das zweite Buch des BGB regelt das Recht der Schuldverhältnisse (Schuldrecht) (§§ 241 ff. BGB). Auch das Schuldrecht knüpft nicht an einen einheitlichen Lebensbereich an. Ausgangspunkt ist vielmehr eine abstrakte rechtliche Grundfigur, das Schuldverhältnis. Schuldverhältnisse sind Rechtsverhältnisse, bei denen eine Person (Gläubiger) von einer anderen Person (Schuldner) eine Leistung fordern kann (vgl. § 241 Abs. 1 BGB). Im Allgemeinen Schuldrecht werden zunächst die wichtigsten Probleme einer Gläubiger-Schuldner-Beziehung normiert. Es folgen speziellere Normen in §§ 320 ff. BGB für gegenseitige Verträge, die jedoch nur anwendbar sind, wenn für den in Frage stehenden Vertrag im Abschnitt über die einzelnen Schuldverhältnisse (§§ 433 ff. BGB) keine abweichende Regelung getroffen wurde.

Beispiel Tennisschläger: Der Verkäufer eines Tennisschlägers liefert nicht, obwohl ihm der Käufer bereits einen bitterbösen Brief geschrieben hat, in dem er sich über das Ausbleiben der Leistung beklagt. Der Käufer verlangt nun außer der Lieferung des Tennisschlägers Schadensersatz mit der Begründung, er habe für die Clubmeisterschaften einen gleichartigen Schläger für 30.- Euro gemietet.
Bei der Lösung des Falles ist zunächst zu prüfen, ob das Begehren des Käufers auf eine Vorschrift des Kaufrechts (§§ 433 ff. BGB) gestützt werden kann. Das Kaufrecht enthält keine spezielle Vorschrift über Schadensersatz wegen verspäteter Leistung. Deshalb sind die Vorschriften des allgemeinen Schuldrechts zu Rate zu ziehen. Nach §§ 280 Abs. 1, Abs. 2, 286 BGB haftet der Schuldner (im Beispiel der Verkäufer) wegen des Verzögerungsschadens auf Schadensersatz.

20 Das Besondere Schuldrecht enthält neben den verschiedenen Vertragstypen das Bereicherungsrecht (§§ 812 ff. BGB) und das Recht der unerlaubten Handlung (§ 823 ff. BGB). § 812 Abs. 1 BGB ist vor allem für die Korrektur von Leistungen von Bedeutung, die fehlgeschlagen sind, weil dem Empfänger z. B. wegen Nichtigkeit des Vertrags kein Anspruch zustand. Die Vorschriften des Deliktsrechts (§§ 823 ff. BGB) sind Grundlage für Schadensersatzansprüche bei rechtswidriger und schuldhafter Schädigung.

3. Sachenrecht

Das Sachenrecht (§§ 854 ff. BGB) regelt die Berechtigung an Sachen, die verschiedene Aspekte aufweist. Das Eigentum als umfassendes dingliches Recht (Sachenrecht) gibt dem Eigentümer bestimmte Befugnisse: Er kann mit der Sache nach Belieben verfahren (§ 903 BGB); er kann auf Unterlassung klagen, wenn sein Eigentum gestört wird (§ 1004 BGB). Darüber hinaus sind sachenrechtliche Zuordnungen zugleich vermögensrechtliche Zuordnungen. Der vermögensrechtliche Aspekt wird von Bedeutung, wenn es um die Verwirklichung der Vermögenshaftung geht. Der Gläubiger darf in der Zwangsvollstreckung auf das Vermögen des Schuldners zugreifen. Der Bezug zur Vermögenshaftung wird vor allem bei den Sicherungsrechten sichtbar. Pfandrechte an beweglichen Sachen, Hypotheken und Grundschulden geben dem Gläubiger das dingliche Recht, sich aus einer bestimmten Sache vor anderen ungesicherten Gläubigern zu befriedigen. Man nennt diese Rechte, die dem Berechtigten einen Ausschnitt aus den Eigentümerbefugnissen zuweisen, beschränkte dingliche Rechte. Zu ihnen gehören neben den Pfandrechten (Verwertungsrechten) die Nutzungsrechte (Nießbrauch und Dienstbarkeiten), §§ 1038, 1018 BGB.

21

4. Familienrecht

Das Familienrecht (§§ 1297 ff. BGB) knüpft nicht wie das Schuld- und Sachenrecht an einen abstrakten dogmatischen Begriff, sondern an einen Lebensbereich, die Familie, an. Geregelt sind die Rechtsfolgen der Ehe, die Scheidung, die rechtliche Beziehung zwischen Eltern und Kindern, Unterhaltsansprüche, Adoption, Vormundschaft, Betreuung und Pflegschaft.

5. Erbrecht

Das Erbrecht (§§ 1922 ff. BGB) regelt die vermögensrechtlichen Folgen des Todes eines Menschen. Das Gesetz bestimmt, wem der Nachlass (Vermögen des Erblassers) als Erbe zufällt, wie der Erblasser die Erbfolge regeln kann (Testament, Erbvertrag) und welche Rechte den Gläubigern des Verstorbenen zustehen.

III. Bürgerliches Recht als materielles Recht

1. Materielles Recht und Prozessrecht

Bürgerliches Recht ist materielles Recht und vom formellen Recht (Prozessrecht, Verfahrensrecht) zu unterscheiden. Die Rechtssätze des materiellen Rechts regeln die Frage, wer im Recht ist, während das Prozessrecht

22

die gerichtsförmige Erkenntnis und Durchsetzung des Rechts zum Gegenstand hat.

Beispiel Kunstwerk: A einigt sich mit B über den Verkauf eines wertvollen Bildes. A will sich später an den Handel nicht mehr erinnern. Er meint, ein schriftlicher Kaufvertrag sei nicht geschlossen worden, deshalb sehe er der Klage des B auf Übereignung und Übergabe des Bildes mit Gelassenheit entgegen.
Zwischen A und B ist ein wirksamer Kaufvertrag zustande gekommen. Kaufverträge über bewegliche Sachen sind auch dann wirksam, wenn sie nur mündlich abgeschlossen sind. Trotzdem wird ein Anwalt, der den B berät, u. U. von einem Prozess abraten. Den Abschluss des Vertrags hat B als Kläger zu beweisen. Wie ein Beweis zu führen ist, ergibt sich aus den Vorschriften des Prozessrechts. Wenn es keine Zeugen gibt, könnte B nur eine Parteivernehmung des Gegners beantragen; er selbst kann nicht in eigener Sache vernommen werden; vgl. § 445 Abs. 1 ZPO. Dass A, der sich an den Kauf nicht mehr erinnern will, im Prozess zugunsten des B aussagen wird, ist unwahrscheinlich. Deshalb muss der Anwalt dem B vom Prozess abraten, obwohl B nach materiellem Recht ein Anspruch gegen A zusteht.

Beispiel Schenkungsversprechen: A hat dem B die Schenkung eines Geldbetrags versprochen, damit B endlich wieder aus den roten Zahlen kommt. Später will sich A daran nicht mehr erinnern. Das Versprechen wurde nicht schriftlich festgehalten, und Zeugen waren nicht zugegen. Dennoch klagt B auf Erfüllung des Schenkungsversprechens.
B verliert den Prozess, weil er über keine Urkunde verfügt, aus der sich das Schenkungsversprechen des A ergibt. Aber die Klage wird anders als im Beispiel „Kunstwerk" nicht abgewiesen, weil kein Beweis vorhanden ist, sondern weil das materielle Recht bestimmt, dass ein Schenkungsversprechen nur bei notarieller Beurkundung wirksam ist (§§ 518, 125 BGB). Da die Beurkundung materiellrechtliche Wirksamkeitsvoraussetzung ist, würde B den Prozess selbst dann verlieren, wenn er Zeugen für das Versprechen des A benennen könnte.

23 Das für bürgerlich-rechtliche Rechtsverhältnisse maßgebliche Verfahrensrecht ist in der ZPO, dem GVG und im FGG geregelt. Für die Zuordnung einer Rechtsnorm zum materiellen Recht oder zum Verfahrensrecht ist aber nicht entscheidend, in welches Gesetz die Bestimmungen aufgenommen wurden. Auch im BGB gibt es eine Reihe von Verfahrensvorschriften. So bestimmt § 29 BGB, welches Gericht für die Notbestellung des Vereinsvorstandes zuständig ist; § 407 Abs. 2 BGB enthält eine besondere Vorschrift über den Umfang der Rechtskraft eines Urteils. Daneben gibt es Bestimmungen, die zwar dem materiellen Recht zuzurechnen sind, aber in ihrem Tatbestand prozessrechtliche Voraussetzungen enthalten. Nach § 818 Abs. 4 BGB haftet der Bereicherungsschuldner ab Rechtshängigkeit nach den allgemeinen (strengeren) Vorschriften. Ab wann Rechtshängigkeit eintritt, bestimmen die §§ 261, 253 Abs. 1 ZPO. § 262 ZPO stellt klar, dass die prozessrechtlichen Vorschriften auch für materiellrechtliche Wirkungen der Rechtshängigkeit gelten.

2. Bedeutung der Unterscheidung bei der Rechtsanwendung

Die Unterscheidung zwischen materiellem Recht und Prozessrecht ist vor allem von Bedeutung in Fällen mit Auslandsberührung. Das Gericht wendet grundsätzlich deutsches Prozessrecht an, während bei der materiellrechtlichen Prüfung ausländisches Recht heranzuziehen ist, wenn dies die Normen des Internationalen Privatrechts (Art. 3 ff. EGBGB) bestimmen. Die Unterscheidung zwischen materiellem Recht und Prozessrecht spielt ferner eine Rolle, wenn die Fortgeltung landesrechtlicher Vorschriften in Frage steht. Für das materielle Recht ist das Verhältnis zwischen Bundes- und Landesrecht in Art. 55 ff. EGBGB geregelt, während für das Zivilprozessrecht § 14 EGZPO maßgeblich ist. Von Bedeutung ist die Einordnung eines Rechtssatzes schließlich im Revisionsrecht. Nach § 557 Abs. 3 Satz 2 ZPO überprüft das Revisionsgericht bestimmte Verfahrensmängel nur, wenn sie gerügt wurden, während die Verletzung des materiellen Rechts stets von Amts wegen geprüft wird.

24

3. Wechselbeziehung zwischen materiellem Recht und Prozessrecht

Materielles Recht und Prozessrecht weisen Unterschiede, aber auch enge Verbindungslinien auf. Das materielle Recht besteht unabhängig vom Prozess und wird nicht erst durch Richterspruch geschaffen. Aber es gibt materiellrechtliche Befugnisse, die nur durch Erhebung einer Klage ausgeübt werden können, wie z.B. das Scheidungsrecht. Nach unserem Rechtsverständnis ist das Recht auf Auflösung einer Ehe eine Berechtigung, die gegenüber dem anderen Ehegatten besteht. Dieses Recht kann aber nur im Prozess ausgeübt werden. Wer die Scheidung begehrt, muss deshalb beim Familiengericht einen Scheidungsantrag stellen. Die begehrte materielle Rechtsfolge (Auflösung der Ehe) tritt mit der Rechtskraft des Urteils ein, das die Scheidung ausspricht (§ 1564 Satz 2 BGB). Das Urteil wirkt auf die materielle Rechtslage ein und wird deshalb Gestaltungsurteil genannt. Andere Urteile verändern zwar nicht die materielle Rechtslage, aber aufgrund der materiellen Rechtskraft stellen sie eine Rechtsfolge für die Parteien verbindlich fest und entziehen die entschiedene Frage weiteren Diskussionen. Trotz prozessualer Einordnung der materiellen Rechtskraft liegt deren Wirkung insofern auf materiellrechtlichem Gebiet, als sie den Inhalt einer Entscheidung in einem späteren Prozess bestimmt[6].

25

Beispiel Rechtskraft: Die Klage des K gegen B auf Zahlung eines bestimmten Geldbetrags wird abgewiesen, weil er die Entstehung seines Anspruchs nicht beweisen kann. Aufgrund des Urteils erlischt der nach materiellem Recht bestehende Anspruch zwar nicht, aber die rechtskräftige Entscheidung ist verbindlich. Würde in einem späteren Prozess die Frage aufgeworfen, ob K ein Anspruch gegen B zusteht, würde das Gericht ohne Prüfung der „wahren" materiellen

26

---

6 Vgl. dazu *Stein/Jonas/Leipold* § 322 RdNr. 35.

Rechtslage davon ausgehen, K stehe kein Anspruch zu, weil dies aufgrund des rechtskräftigen Urteils verbindlich feststeht. Die durch das rechtskräftige Urteil verdeckte materielle Rechtslage kann von Bedeutung werden, wenn in einem Wiederaufnahmeverfahren der Streit erneut verhandelt werden muss.

Enge Wechselbeziehungen zwischen materiellem Recht und Prozessrecht gibt es nicht nur bei den Gestaltungsklagerechten, die im Prozess ausgeübt werden. Auch der Anspruch, der seit *Windscheid* als rein materiellrechtliche Berechtigung und nicht mehr als Klagerecht gedacht wird, hat noch eine prozessuale Komponente. Aus einem Rechtsverhältnis ergeben sich verschiedenartige Rechte und Pflichten. Aber nicht jeder Pflicht steht eine klagbare Berechtigung, ein Anspruch, gegenüber. So ist der Verkäufer beim Gattungskauf in der Regel zwar verpflichtet, die Sache zu beschaffen, aber dieser Pflicht korrespondiert kein klagbarer Anspruch. Auch Anspruchsinhalte lassen sich manchmal nicht ohne Seitenblick auf die Rechtsdurchsetzung bestimmen. Das gilt vor allem für die Abgrenzung zwischen Handlungs- und Unterlassungsansprüchen, die auf unterschiedliche Weise in der Zwangsvollstreckung durchgesetzt werden (vgl. §§ 887 ff. ZPO)[7]. Bei einer vom Prozess vollständig losgelösten Beschreibung der Pflichtanlage lassen sich aus der Handlungspflicht immer auch Unterlassungspflichten ableiten. Wer aufgrund eines Arbeitsvertrags zur Dienstleistung bei einem bestimmten Arbeitgeber verpflichtet ist, hat es zu unterlassen, die Arbeit bei einem anderen Arbeitgeber aufzunehmen, weil beides unvereinbar ist. Ein Unterlassungsanspruch besteht in diesen Fällen trotzdem nur ausnahmsweise, wenn z. B. ein Wettbewerbsverbot vereinbart wurde.

4. Besonderheiten des Prozessrechts

27 Die Einteilung des Rechts in materielles Recht und Prozessrecht erfolgt nach Sachgebieten. Prozessuale Normen unterscheiden sich inhaltlich, aber es gibt keinen „qualitativen" Unterschied zwischen Rechtssätzen des materiellen Rechts und des Prozessrechts[8]. Freilich gibt es bei der Regelung eines gerichtlichen Verfahrens, das der Rechtserkenntnis dient, besondere Aspekte zu berücksichtigen. Verfahrensrecht muss ergebnisoffen sein. Das gerichtliche Verfahren soll die Rechtslage klären; deshalb können prozessuale Vorschriften nicht an bestehende Rechte anknüpfen, sondern an behauptete Rechtspositionen. Es ist das Verdienst von *Häsemeyer*, die Rechtsungewissheit als Bezugspunkt prozessualer Regelungen hervorgehoben zu haben[9]. Bei der Anwendung prozessualer Vorschriften ist zu berücksichtigen, dass ein ergebnisoffenes Verfahren die Ungewissheit bewältigen soll. Nach § 3 EGZPO findet die ZPO in bürgerlichen

---

7 Dazu *Brehm* ZZP 89 (1976), 178.
8 *J. Schaper*, Studien zur Theorie und Soziologie des gerichtlichen Verfahrens, 1985, S. 73. ff.; a.M. *Häsemeyer* AcP 188 (1988), 140ff.
9 AcP 188 (1988), S. 140ff.; s. auch *Stein/Jonas/Brehm*, ZPO, 22. Aufl., vor § 1 Rdnr. 103.

Rechtsstreitigkeiten Anwendung, welche vor die ordentlichen Gerichte gehören. Streiten die Parteien beim Zivilgericht, ob es sich um eine bürgerlich-rechtliche Streitigkeit handelt, wird dieser Streit nach den Regeln der ZPO ausgetragen, obwohl die buchstäbliche Auslegung des § 3 EGZPO zu dem Ergebnis führen würde, es sei noch ungeklärt, ob die Voraussetzungen vorliegen, unter denen die ZPO Anwendung findet. Auch beim Streit um die Parteifähigkeit wird eine Partei zunächst als parteifähig behandelt[10], obwohl die Voraussetzungen des § 50 ZPO noch nicht festgestellt sind.

In einem weiteren Punkt weist das Prozessrecht Besonderheiten auf. **28** Rechtsprechung und Rechtsdurchsetzung sind zentrale Aufgaben des Staates, und deshalb wird das Prozessrecht üblicherweise dem öffentlichen Recht zugeordnet. Aber das Handeln des Staates im Prozess ist nicht mit Verwaltungshandeln zu vergleichen. Den Parteien werden im Prozess weitgehende Dispositionsbefugnisse eingeräumt. Der Kläger entscheidet mit der Klageerhebung darüber, ob sich das Gericht mit einem Fall zu beschäftigen hat, und der Beklagte trifft die Entscheidung über die Verteidigung. Er kann den Klaganspruch anerkennen, obwohl die Klage unbegründet ist (§ 307 ZPO). Der Richter darf ein Anerkenntnisurteil nicht mit der Begründung verweigern, die Klage sei nicht schlüssig. Wegen dieser Besonderheiten hat *Larenz* vorgeschlagen, das Prozessrecht weder dem öffentlichen Recht noch dem Privatrecht zuzuordnen, sondern als eigenständiges Rechtsgebiet zu qualifizieren[11]. Diese Einteilung hebt zutreffend hervor, dass allgemeine Rechtssätze des öffentlichen Rechts, insbesondere des Verwaltungsrechts, nicht ohne Weiteres auf das Prozessrecht übertragen werden dürfen[12]

---

10 *Jauernig*, ZPR, § 19 III.
11 *Larenz*, AT, 7. Aufl., § 1 I a; kritisch zur Einordnung des Prozessrechts zum öffentlichen Recht *Zöllner* AcP 190 (1990), 485 m. w. N.
12 Dies wurde in der Diskussion um den Grundsatz der Verhältnismäßigkeit in der Zwangsvollstreckung bisweilen übersehen; zutreffend *Jauernig/Berger*, ZV, § 1 X; *Gerhardt* ZZP 95 (1982), 482 ff.

§ 3 Grundbegriffe der Rechtsanwendung

Literatur: *Bartholomeyczik*, Die Kunst der Gesetzesauslegung, 4. Aufl., 1967; *Basedow*, Das BGB im künftigen europäischen Privatrecht – der hybride Kodex, AcP 200 (2000), 445; *Benöhr*, JuS 1977, 79 ff.; *Beater*, Generalklauseln und Fallgruppen, AcP 194 (1994), 82; *Böhmer*, Gustav, Grundlagen der bürgerlichen Rechtsordnung, II. 2. Praxis der richterlichen Rechtsschöpfung, 1952; *Brehm*, Rechtsfortbildungszweck des Zivilprozesses, FS Schumann, 2001, S. 57; *Bydlinski*, Hauptpositionen zum Richterrecht, JZ 1985, 149; *ders.*, Juristische Methodenlehre und Rechtsbegriff, 2. Aufl., 1991; *ders.*, Unentbehrlichkeit und Grenzen methodischen Rechtsdenkens, AcP 1988 (1988), 447; *ders.*, Gegen die „Zeitzündertheorien" bei der Rechtsprechungsänderung nach staatlichem und europäischem Recht, JBl 2001, 1; *Canaris*, Die Feststellung von Lücken im Gesetz, 2. Aufl., 1983; *Christensen*, Richterrecht – rechtsstaatlich oder pragmatisch? NJW 1989, 3194; *Engisch*, Einführung in das juristische Denken, 9. Aufl., 1997; *Esser*, Grundsatz und Norm in der richterlichen Fortbildung des Privatrechts, 3. Aufl., 1975; *ders.*, Vorverständnis und Methodenwahl in der Rechtsfindung, 2. Aufl., 1972; *Fezer*, Die Pluralität des Rechts, JZ 1985, 762; *Fischer, Ch.*, Topoi verdeckter Rechtsfortbildung im Zivilrecht, 2007; *Frühauf*, Zur Legitimation von Gewohnheitsrecht im Zivilrecht unter besonderer Berücksichtigung des Richterrechts, 2006; *Gern*, Die Rangfolge der Auslegungsmethoden von Rechtsnormen, Verw. Arch. 1989, 415; *Gröschner*, Theorie und Praxis der juristischen Argumentation, JZ 1985, 170; *Heck*, Gesetzesauslegung und Interessenjurisprudenz, AcP 112 (1914), 1; *Henke*, Alte Jurisprudenz und neue Wissenschaft, JZ 1987, 685; *Ipsen, J.*, Richterrecht und Verfassung, 1975; *Kaufmann, Arthur*, Analogie und Natur der Sache, 1982; *Kirchhof*, Richterliche Rechtsfindung, gebunden an „Gesetz und Recht", NJW 1986, 2275; *Koch/Rüßmann*, Juristische Begründungslehre, 1982; *Köhler*, Gesetzesauslegung und „gefestigte höchstrichterliche Rechtsprechung", JR 1984, 45; *Kriele*, Gesetzestreue und Gerechtigkeit in der richterlichen Rechtsfindung, DRiZ 1984, 226; *Kübler*, Kodifikation und Demokratie, JZ 1969, 645; *Larenz*, Methodenlehre der Rechtswissenschaft, 6. Aufl., 1990; *Leenen*, Typus und Rechtsfindung, 1971; *Lieb*, Schutzbedürftigkeit oder Eigenverantwortlichkeit, DNotZ 1989, 274; *Mayer-Maly*, Über die der Rechtswissenschaft und der richterlichen Rechtsfortbildung gezogenen Grenzen, JZ 1986, 557; *Müller, Friedrich*, Richterrecht. Elemente einer Verfassungstheorie IV, 1986; *ders.*, Juristische Methodik, 1989; *Olzen*, Die Rechtswirkungen geänderter höchstrichterlicher Rechtsprechung in Zivilsachen, JZ 1985, 155; *Orrù*, Das Problem des Richterrechts als Rechtsquelle, ZRP 1989, 441; *Pawlowski*, Methodenlehre für Juristen, 2. Aufl. 1991; *Penski*, Rechtsgrundsätze und Rechtsregeln, JZ 1989, 105; *Perleman*, Juristische Logik als Argumentationslehre, 1979; *Picker*, Richterrecht oder Rechtsdogmatik – Alternativen der Rechtsgewinnung? JZ 1988, 1, 62; zur Geschichte der Kodifikation *Planck/Knocke* Einl. II; *Raisch*, Zur Abgrenzung von Gewohnheitsrecht und Richterrecht im Zivil- und Handelsrecht, ZHR 150 (1986), 117; *Picker*, Rechtsdogmatik und Rechtsgeschichte, AcP 201 (2001), 763; *Rückert*, v. Savignys Einfluß auf die Jurisprudenz in Deutschland nach 1900, JuS 1991, 624; *Rüthers*, Die unbegrenzte Auslegung, 4. Aufl., 1991; *ders.*, Richterrecht – rechtswidrig oder notwendig? AöR 1988, 268; *v. Savigny*, Juristische Methodenlehre, 1951; *Schmalz*, Methodenlehre für das juristische Studium, 2. Aufl., 1990; *Schmidt, K.* (Hrsg.), Rechtsdogmatik und Rechtspolitik, 1990; *Schröder, Jan*, Gesetzesauslegung und Gesetzesumgehung, 1985; *Sosnitza*, Interpretation von Gesetz und Rechtsgeschäft, JA 2000, 708; *Wieacker*, Gesetz und Richterkunst: zum Problem der außergesetzlichen Rechtsordnung, 1958; *Zeller, E.*, Auslegung von Gesetz und Vertrag. Methodenlehre für die juristische Praxis, 1989; *Zippelius*, Einführung in die Juristische Methodenlehre, 9. Aufl., 2005; *ders.*, Recht und Gerechtigkeit in der offenen Gesellschaft, 2. Aufl., 1996; *ders.*, Das Wesen des Rechts, 5. Aufl., 1997; *ders.*, Über die rationale Strukturierung rechtlicher Erwägungen, JZ 1999, 112.

Bei der Anwendung des Gesetzes prüft der Jurist, ob ein Lebenssachverhalt von den in Betracht kommenden Gesetzesbestimmungen erfasst ist. Das setzt zweierlei voraus: Man muss den Sachverhalt (die Geschichte) kennen, und es dürfen keine Zweifel über die Bedeutung des Gesetzes bestehen. Das Problem der Sachverhaltsfeststellung wird im Studium weitgehend ausgeklammert. Der Sachverhalt besteht aus einer Geschichte, die sich so und nicht anders zugetragen hat. Student(inn)en sollen im ersten Ausbildungsabschnitt lernen, das Gesetz auf einen unstreitigen oder festgestellten Sachverhalt anzuwenden. Der Richter findet in der Regel keinen unstreitigen Sachverhalt vor; er wird mit unterschiedlichen Behauptungen konfrontiert, und seine Aufgabe ist es, in der Beweisaufnahme den Sachverhalt aufzuklären.

29

Bei der Anwendung und Auslegung des Gesetzes benötigt der Jurist ein Hintergrundwissen über die logische Struktur der Rechtssätze und über die Regelungstechniken, deren sich der Gesetzgeber bedient.

I. Tatbestand und Rechtsfolge

Rechtsnormen ordnen rechtliche Folgen an für den Fall, dass bestimmte Voraussetzungen vorliegen. Wenn jemand vorsätzlich oder fahrlässig das Eigentum eines anderen widerrechtlich verletzt, dann ist er dem anderen zum Ersatz des daraus entstehenden Schadens verpflichtet (§ 823 Abs. 1 BGB). Die im Wenn-Teil des Satzes formulierten Voraussetzungen nennt man *Tatbestand*, die rechtliche Anordnung *Rechtsfolge*. Zu beachten ist, dass in der juristischen Fachsprache der Ausdruck „Tatbestand" mit unterschiedlicher Bedeutung verwendet wird. Vom Gesetzestatbestand als Summe der Voraussetzungen für eine Rechtsfolge ist der Tatbestand im Sinne der strafrechtlichen Tatbestandslehre zu trennen. Wenn im Folgenden von Tatbestand die Rede ist, ist jeweils der Gesetzestatbestand gemeint. Da Rechtsfolgen eintreten, wenn ein Tatbestand verwirklicht ist, lassen sich die Rechtssätze als Konditionalsätze formulieren: Wenn die Voraussetzungen der Norm vorliegen, dann tritt eine bestimmte Rechtsfolge ein. Das Gesetz verwendet meist andere sprachliche Formulierungen, aber das ändert nichts daran, dass der Rechtssatz nach seiner logischen Struktur als Konditionalsatz zu begreifen ist.

30

Die Wenn-dann-Struktur gilt für alle Rechtssätze, weil diese Struktur rein formal ist und vom Inhalt abstrahiert. Inhaltliche und formale Ebenen werden freilich manchmal vermengt, wenn den Rechtssätzen mit einer „Konditionalprogrammie-

31

rung" solche mit einer „Zweckprogrammierung" gegenübergestellt werden[1]. Zu Letzteren werden Normen gerechnet, die Behörden ein Ermessen einräumen. Die Behörde soll entsprechend dem Zweck der Ermächtigungsnorm entscheiden und handeln. Aber das betrifft die Frage, wie die Rechtsfolge (die Befugnis, Ermessen auszuüben) inhaltlich ausgestaltet ist, und nicht die formale Struktur des Rechtssatzes.

32 Im einfachsten Fall umschreibt der Tatbestand ein Ereignis mit allgemeinen Begriffen und knüpft daran die Rechtsfolge. Die Rechtsanwendung erschöpft sich hier in der Feststellung, dass die allgemeine Tatbestandsbeschreibung den konkreten Fall erfasst und deshalb die Rechtsfolge eingetreten ist. In aller Regel sind die Rechtssätze im Zivilrecht aber nicht so einfach strukturiert. Manche Normen enthalten Tatbestandsmerkmale, die in anderen Normen näher erläutert sind. So bestimmt § 280 Abs. 1 BGB: *„Verletzt der Schuldner eine Pflicht aus dem Schuldverhältnis, so kann der Gläubiger Ersatz des hierdurch entstehenden Schadens verlangen. Dies gilt nicht, wenn der Schuldner die Pflichtverletzung nicht zu vertreten hat."* Die Pflichten, die das Schuldverhältnis umfasst, sind in § 241 BGB bestimmt. Das Tatbestandsmerkmal *„zu vertreten"* wird in § 276 BGB näher geregelt. Wer § 280 Abs. 1 BGB prüft, muss dabei den Zusammenhang mit anderen Normen (§§ 241, 276 BGB) beachten, die Tatbestandsmerkmale des § 280 BGB näher ausfüllen.

33 **Beispiel Verzug:** Weil der Käufer nicht rechtzeitig zahlt, schickt der Verkäufer eine Zahlungsaufforderung. Später verlangt er Ersatz des Schadens, der dadurch entstanden ist, dass der Käufer seiner Zahlungspflicht zu spät nachkam.

Bei der Lösung des Falles ist von der Fragestellung auszugehen, die auf eine Rechtsfolge bezogen ist. Im Beispiel geht es um einen Schadensersatzanspruch wegen verspäteter Leistung. Dieser Anspruch ist als Rechtsfolge in § 280 Abs. 2 BGB enthalten. Die Voraussetzungen des Anspruchs sind in § 280 Abs. 1 BGB bestimmt, zu denen die weiteren Voraussetzungen des § 286 BGB hinzukommen müssen. Der Tatbestand des § 280 Abs. 1 BGB setzt einen Gläubiger und einen Schuldner voraus. Dass zwischen Verkäufer und Käufer ein Schuldverhältnis begründet wird, ergibt sich aus § 433 BGB[2]. Nach § 433 Abs. 2 BGB ist der Käufer zur Zahlung des Kaufpreises verpflichtet. Das gilt natürlich nur, wenn ein Kaufvertrag zustande gekommen ist. Ob dies der Fall ist, muss nach den §§ 145 ff. BGB beurteilt werden. Nach § 280 Abs. 2 BGB ist zu prüfen, ob der Schuldner in Verzug gekommen ist. Verzug tritt nach § 286 Abs. 1 BGB ein, wenn der Schuldner auf eine Mahnung des Gläubigers, die nach Fälligkeit erfolgt, nicht leistet. Der Begriff der Mahnung ist in keiner anderen Bestimmung näher definiert. Nach dem Sprachgebrauch der Juristen bedeutet Mahnung eine ernsthafte Aufforderung zur Leistung, die in unserem Beispiel vorliegt. Ob die Mahnung nach Fälligkeit erfolgte, lässt sich dem § 286 BGB nicht entnehmen. Wann die Fälligkeit eintritt, regelt allgemein § 271 BGB. Danach ist die Leistung sofort fällig, wenn nichts anderes vereinbart ist. Dass der Schuldner nicht geleistet hat, ist in unserem Bei-

---

1 *Koch/Rüßmann*, Juristische Begründungslehre, § 10 (S. 79). *Larenz*, Methodenlehre, Kap. 3, 2 a.
2 Eigentlich ist Entstehungstatbestand der Vertragsschluss. § 433 BGB stellt nur klar, welche Hauptleistungspflichten bei dem Vertrag, den das Gesetz als Kaufvertrag bezeichnet, bestehen; vgl. *Larenz*, Methodenlehre, Kap. 3, 2 a.

spiel leicht festzustellen. Die in § 286 BGB vorausgesetzte Nichtleistung kann im Einzelfall problematisch sein, wenn die Parteien z. B. darüber streiten, ob eine Zahlung dem vereinbarten Kaufpreis entspricht. Dann ist notfalls durch Auslegung (§§ 133, 157 BGB) oder aufgrund ergänzender Normen (z. B. § 316 BGB) der Inhalt der Leistungspflicht zu bestimmen. Nach § 286 Abs. 4 BGB kommt der Schuldner ausnahmsweise nicht in Verzug, solange die Leistung infolge des Umstandes unterbleibt, den er nicht zu vertreten hat. Das Merkmal „zu vertreten" wird durch § 276 BGB ausgefüllt. Nach § 276 BGB hat der Schuldner Vorsatz und Fahrlässigkeit zu vertreten, wenn nichts anderes bestimmt ist und auch aus dem Inhalt des Schuldverhältnisses kein anderer Haftungsmaßstab abzuleiten ist. Aus § 276 BGB ergibt sich, dass das Merkmal „zu vertreten" mit unterschiedlichen Werten belegt werden kann. Man kann das Tatbestandsmerkmal mit einer Variablen vergleichen, der ein Wert zugewiesen wird.

Die bisherigen Überlegungen zeigen, dass man sich als junger Jurist zunächst von dem Vorurteil befreien sollte, man müsse bei der Lösung des Falles nur den passenden Paragraphen finden. Die einzelnen Gesetzesbestimmungen des BGB regeln jeweils nur einen kleinen Aspekt, und die Lösung des Falles ergibt sich aus dem Zusammenspiel verschiedener Normen.

34 In der juristischen Methodenlehre werden Rechtssätze, die nur Tatbestandsmerkmale anderer Normen erläutern, unvollständige Rechtssätze genannt. Ein Beispiel ist die Legaldefinition des § 90 BGB. Danach ist grundsätzlich[3] ein körperlicher Gegenstand gemeint, wenn das Gesetz den Ausdruck Sache verwendet. Der Begriff des unvollständigen Rechtssatzes ist aber insofern missverständlich, als er den Gedanken nahe legt, dass es Rechtssätze gibt, die bei der Rechtsanwendung nicht durch andere zu ergänzen sind. Streitet der Verkäufer mit dem Käufer über die Frage, ob der Kaufpreis zu bezahlen ist, dann scheint es einen vollständigen Rechtssatz zu geben, nach dem sich der Streit entscheiden lässt: Wenn ein Kaufvertrag geschlossen wurde, dann hat der Käufer den vereinbarten Kaufpreis zu bezahlen (§ 433 Abs. 2 BGB). Aber dieser Rechtssatz kann sich als unvollständig erweisen. Es genügt nämlich nicht, dass ein Kaufvertrag geschlossen wurde; der Vertrag muss auch wirksam sein. Unwirksam kann ein Vertrag aus unterschiedlichen Gründen sein, z. B. weil ein Vertragspartner geschäftsunfähig war (§ 104 BGB) oder weil das Geschäft sittenwidrig ist (§ 138 BGB). Wollte man versuchen, einen Rechtssatz zu formulieren, in dessen Tatbestand sämtliche Unwirksamkeitsgründe aufgeführt sind, entstünde ein sprachliches Monster. Es würde sich nicht lohnen, einen solchen Rechtssatz zu bilden, weil auch er sich schon beim nächsten Fall als unzureichend erweisen würde, z. B. wenn der Käufer nicht die Unwirksamkeit des Vertrags einwendet, sondern geltend macht, er habe schon bezahlt.

---

3 Beispiel für eine Ausnahme ist § 119 Abs. 2 BGB.

II. Gesetzesfassung und Beweislast

35 Bei der Fassung der Gesetzestatbestände, die jeweils einen Teilaspekt regeln, lässt sich der Gesetzgeber zunächst von systematischen Gesichtspunkten und Zweckmäßigkeitsüberlegungen leiten. In manchen Fällen hat man allerdings den Eindruck, der Gesetzgeber habe ohne Not einen Regelungskomplex auf mehrere Vorschriften oder Absätze verteilt. So bestimmt § 286 Abs. 1 BGB, dass der Schuldner in Verzug kommt, wenn er auf eine Mahnung des Gläubigers, die nach Fälligkeit erfolgt, nicht leistet. Aus welchem Grunde der Schuldner nicht rechtzeitig geleistet hat, spielt bei § 286 Abs. 1 BGB keine Rolle. Bedeutet dies, dass auch ein Schuldner in Verzug kommt, der leistungsfähig und leistungswillig war, aber wegen eines unverschuldeten Unfalls nicht rechtzeitig erfüllen konnte? Der Grund des Leistungshindernisses ist in § 286 Abs. 4 BGB geregelt. Danach kommt der Schuldner nicht in Verzug, solange die Leistung infolge eines Umstandes unterbleibt, den er nicht zu vertreten hat. Die Aufteilung der im Einzelfall zu prüfenden Gesamtvoraussetzungen auf zwei Tatbestände mit gegenläufigen Rechtsfolgen hat einen Hintergrund: Der Gesetzgeber regelt auf diese Weise zugleich, wer im Prozess die Beweislast trägt. Es ist denkbar, dass trotz aller Aufklärungsbemühungen am Ende der Beweisaufnahme im Prozess ungeklärt ist, ob der Schuldner die Leistungsverzögerung verschuldet hat. In solchen Fällen muss der Richter wissen, wer den Nachteil der Unaufklärbarkeit des Sachverhalts trägt. Jede Partei hat die Voraussetzungen der ihr günstigen Norm zu beweisen[4]. Danach hat der Gläubiger die Voraussetzungen des § 286 Abs. 1 BGB zu beweisen, und der Schuldner muss dartun, dass er nach § 286 Abs. 4 BGB nicht in Verzug gekommen ist, weil er die Verzögerung der Leistung nicht zu vertreten hat. In anderen Fällen verteilt der Gesetzgeber die Beweislast dadurch, dass er die Voraussetzungen einer Rechtsfolge in ein Regel-Ausnahmeverhältnis setzt (es sei denn, dass…).

36 Die Aufteilung der Gesamtvoraussetzungen einer Rechtsfolge auf zwei Rechtssätze, von denen der eine die Rechtsfolge anordnet, der andere bestimmt, unter welchen Voraussetzungen die Rechtsfolge nicht eintritt, hat auch unabhängig von der Beweislast Bedeutung. Ausnahmen, die an mehrere Voraussetzungen geknüpft sind, lassen sich klarer formulieren, wenn der Grundregel eine Ausnahmebestimmung an die Seite gestellt wird.

---

4 Zur Beweislast *Musielak/Stadler*, Grundfragen des Beweisrechts, 1984, § 13.

III. Verweisungstechniken

1. Tatbestands- und Rechtsfolgeverweisung

Zur Vermeidung von Wiederholungen bedient sich das Gesetz der Verweisungstechnik. Ein Beispiel ist die Regelung des Tausches. Nach § 480 BGB sind auf Tauschverträge die Vorschriften des Kaufes entsprechend anwendbar. Aufgrund dieser Verweisung auf das Kaufrecht konnte die Regelung des Tauschvertrags in einer einzigen Bestimmung untergebracht werden. Bei den Verweisungen sind verschiedene Arten zu unterscheiden. Die *Rechtsfolgeverweisung* bezieht sich nur auf die Rechtsfolge der Norm, auf die verwiesen wird, während sich die *Tatbestands-* oder *Rechtsgrundverweisung* auch auf die Voraussetzungen der Norm bezieht. Das bedeutet, dass die Rechtsfolge der verweisenden Norm erst dann bejaht werden darf, wenn auch die Tatbestandsvoraussetzungen der angeführten Norm festgestellt sind. Reine Tatbestandsverweisungen sind im Grunde genommen überflüssig, weil man die Norm, auf die verwiesen wird, ohnehin anzuwenden hätte, wenn ihre Voraussetzungen vorliegen. **37**

Tatbestandsverweisungen enthalten § 437 Nr. 2 und 3 BGB, für die Rechtsbehelfe, die der Käufer bei der Lieferung einer mangelhaften Sache geltend machen kann. Macht der Käufer Schadensersatz statt der Leistung geltend, sind die Voraussetzungen der §§ 280, 281, 283 oder 311a BGB zu prüfen. **38**

Nicht alle Verweisungen lassen sich als Rechtsgrund- oder Rechtsfolgeverweisung einordnen. In vielen Verweisungsnormen ist angeordnet, dass eine andere Bestimmung entsprechend anzuwenden ist. So bestimmt § 163 BGB, dass für Rechtsgeschäfte, deren Wirkung von einem Anfangs- oder Endtermin abhängt, die §§ 158, 160, 161 BGB entsprechend anzuwenden sind. Bei der Anwendung des Gesetzes ist die Norm, auf die verwiesen wird, gedanklich umzuformen. Das Tatbestandsmerkmal „aufschiebende Bedingung" in § 160 BGB ist bei entsprechender Anwendung nach § 163 BGB zu ersetzen durch „aufschiebende Befristung". **39**

Manche Verweisungsnormen nennen die Bestimmungen, die anzuwenden sind, ausdrücklich. Es gibt aber auch Verweisungen, in denen ein Begriff auf andere Normen hinweist. So ordnet § 823 BGB als Rechtsfolge die Schadensersatzpflicht an. Was darunter genau zu verstehen ist, ergibt sich aus § 823 BGB nicht. Die Rechtsfolge Schadensersatz ist für alle Haftungsnormen in den §§ 249 ff. BGB geregelt. **40**

2. Fiktionen und Vermutungen

Eine ähnliche Aufgabe wie Verweisungen haben die Fiktionen. Durch die Fiktion werden wir bei der Anwendung des Gesetzes angewiesen, so zu **41** tun, als sei das Tatbestandsmerkmal einer anderen Norm erfüllt. Nach § 119 Abs. 1 BGB ist eine Willenserklärung anfechtbar, wenn der Erklärende über die Bedeutung der Erklärung im Irrtum war (Inhaltsirrtum). Das Anfechtungsrecht besteht nach § 119 Abs. 2 BGB auch bei einem Irrtum über verkehrswesentliche Eigenschaften einer Sache oder einer Person. Diese Rechtsfolge ist in § 119 Abs. 2 BGB allerdings nur mittelbar enthalten. Der Irrtum über die Person oder Sache wird dem in § 119 Abs. 1 BGB geregelten Inhaltsirrtum durch eine Fiktion gleichgestellt. Dadurch wird im Ergebnis eine analoge Anwendung des § 119 Abs. 1 BGB angeordnet, die zu einer gedanklichen Umformung der Bestimmung zwingt. In § 119 Abs. 1 BGB ist der Tatbestandsteil, der den Inhaltsirrtum beschreibt, zu ersetzen durch den in § 119 Abs. 2 BGB normierten Irrtum.

42 Manchmal greift der Gesetzgeber zur Fiktion, um eine Ausnahme formal der Regel anzupassen. Der Vertragsschluss setzt eine Einigung über die wesentlichen Punkte voraus. Eine Ausnahme besteht beim Werkvertrag. Nach § 632 Abs. 1 BGB ist ein Werkvertrag auch dann wirksam, wenn sich die Parteien nicht darüber geeinigt haben, ob die Herstellung des Werkes gegen eine Vergütung erfolgen soll. Die Bestimmung ist aber nicht als Ausnahmeregelung formuliert. Weil die fehlende Einigung fingiert wird, werden die allgemeinen Grundsätze formal nicht durchbrochen. Siehe dazu das Beispiel *Clubkameraden* oben RdNr. 18.

43 Zu einem ähnlichen Zweck wie Fiktionen werden unwiderlegliche Vermutungen eingesetzt. Nach § 1565 Abs. 1 BGB kann eine Ehe geschieden werden, wenn sie gescheitert ist. Einen anderen Scheidungsgrund kennt das Gesetz nicht. Trotzdem kann der Richter eine Scheidung aussprechen, ohne das Scheitern der Ehe festzustellen. Wenn die Ehegatten drei Jahre getrennt leben, wird unwiderlegbar vermutet, dass die Ehe gescheitert ist (§ 1566 Abs. 2 BGB). Sachlich würde sich nichts ändern, wenn in § 1566 Abs. 2 BGB bestimmt wäre, eine Ehe könne unabhängig davon, ob sie gescheitert ist oder nicht, nach dreijähriger Trennung geschieden werden. Durch die unwiderlegliche Vermutung soll das Dogma aufrechterhalten werden, die auf Lebenszeit geschlossene Ehe dürfe nur geschieden werden, wenn sie gescheitert ist.

44 Eine andere Bedeutung haben widerlegliche Vermutungen[5]. Sie sind von Bedeutung für die Beweislast im Prozess und mit den Beweislastregeln verwandt. Grundsätzlich hat jede Partei die Tatbestandsvoraussetzungen der Norm zu beweisen, aus der sie günstige Rechtsfolgen ableitet[6]. Wer einen Anspruch aus unerlaubter Handlung nach § 823 Abs. 1 BGB geltend macht, hat nachzuweisen, dass der Beklagte rechtswidrig und schuldhaft den Deliktstatbestand verwirklicht hat. Gelingt dies nicht, wird die Klage

---

5 Vermutungen sind grundsätzlich widerleglich, § 292 ZPO.
6 Siehe oben RdNr. 35.

abgewiesen. In manchen Fällen wird durch eine Beweislastregel bestimmt, dass entgegen der allgemeinen Regel ein Tatbestandsmerkmal nicht von demjenigen zu beweisen ist, der sich auf die Norm beruft, sondern vom Gegner, der die in Frage stehende Rechtsfolge leugnet. Auch widerlegliche Vermutungen bewirken eine Beweislastverteilung. Bei der Vermutung darf sich der Richter mit der Feststellung einer tatbestandsfremden Tatsache begnügen, wenn der Gegner das fragliche Tatbestandsmerkmal nicht widerlegt. Nach § 1253 Abs. 1 BGB führt die Rückgabe der Pfandsache zum Erlöschen des Pfandrechts. Wenn der Verpfänder die Sache im Besitz hat, wird nach § 1253 Abs. 2 BGB vermutet, dass die Rückgabe erfolgt ist. An die Stelle des Tatbestandsmerkmals „Rückgabe" tritt das tatbestandsfremde Merkmal Besitz als Vermutungsbasis. Wenn der Besitz des Verpfänders festgestellt ist, geht der Richter von der Rückgabe aus, sofern der Pfandgläubiger nicht beweist, dass keine Rückgabe vorliegt. Eine Sonderstellung nehmen Rechtsvermutungen ein (z.B. § 1006 BGB), bei denen der Richter nicht nur vom Vorliegen eines Tatbestandsmerkmals ausgehen darf, sondern vom Bestehen eines Rechts, bis der Beweis des Gegenteils geführt ist.

Von der Vermutung sind die *Rechtsscheinstatbestände* zu unterscheiden. Die wahre Rechtslage ist in vielen Fällen nur schwer erkennbar. Dem trägt das Gesetz durch Vorschriften Rechnung, die den Gutgläubigen schützen. Beispiele sind der gutgläubige Erwerb nach §§ 929, 932 BGB und die Wirkung der Vollmachtsurkunde nach § 172 BGB. Die Tatbestände sind in der Regel zweigliedrig aufgebaut: Neben dem guten Glauben verlangen sie eine Rechtsscheinsbasis. Das ist bei § 172 BGB die Aushändigung der Urkunde, bei § 932 BGB die Besitzübertragung. Die Rechtsscheinsbasis ist keine im Rahmen der Redlichkeit zu prüfende Erkenntnisregel, sie ist kein Indiz für das scheinbare Recht und sie ist auch keine Vertrauensgrundlage[7], sie hat vielmehr die Aufgabe, den Berechtigten zu schützen, dessen Interessen durch Verkehrsschutzvorschriften aufgeopfert werden. Die Rechtsscheinstatbestände verlangen neben dem guten Glauben ein Merkmal, das vom Berechtigten beherrschbar ist, damit er das Risiko, durch Gutglaubensvorschriften einen Nachteil zu erleiden, steuern kann. Die Wirkungsweise des Rechtsscheinstatbestandes lässt sich beim gutgläubigen Erwerb nach §§ 929, 932 BGB veranschaulichen: Der Erwerber wird Eigentümer, wenn er gutgläubig war. Dabei sind alle Umstände des Einzelfalles zu prüfen. Konnte der Erwerber auf handfeste Indizien bauen, die für das Eigentum des Veräußerers sprachen, wird er nicht Eigentümer, wenn der Veräußerer nicht im Besitz der Sache war und keine Übergabe stattfand. Das gilt selbst dann, wenn dem Besitz im konkreten Fall kaum Indizwert für das Eigentum zukommt. Den guten Glauben des Erwerbers kann

---

[7] Das wird vielfach verkannt, vgl. zum gutgläubigen Erwerb *Hager*, Verkehrsschutz durch redlichen Erwerb, 1990, S. 225 ff.

der Eigentümer in der Regel nicht beeinflussen. Aber er kann durch die Entscheidung, die Sache nicht aus der Hand zu geben, verhindern, dass er sein Eigentum aufgrund von Verkehrsschutzvorschriften verliert.

IV. Die Bedeutung juristischer Qualifikation

45 Die Regelungen des BGB weisen einen hohen Abstraktionsgrad auf und verwenden technische Begriffe. So enthalten die §§ 116 ff. BGB Bestimmungen über Willenserklärungen. Darunter sind alle Erklärungen zu verstehen, die auf eine Rechtsfolge zielen, welche nach dem Gesetz deshalb eintritt, weil ein entsprechender Wille geäußert wurde. Das kann die Annahme eines Vertrages sein, die Kündigung eines Arbeitsverhältnisses oder die Errichtung eines Testaments. Damit man erkennt, dass die §§ 116 ff. BGB in einem konkreten Fall anzuwenden sind, muss der Vorgang rechtlich eingeordnet werden. Wenn sich eine Erklärung oder ein Verhalten als Willenserklärung qualifizieren lässt, dann sind die Vorschriften über Willenserklärungen heranzuziehen.

46 **Beispiel Tippfehler:** In einem Kaufvertrag wurde bestimmt, dass der Verkäufer die Höhe des Kaufpreises zu bestimmen hat (vgl. § 315 BGB). Der Verkäufer übt sein Bestimmungsrecht aus und schreibt dem Käufer einen Brief, in dem er sich vertippt. Er wollte 8 000.– Euro festsetzen, aber in dem Brief ist irrtümlich von 6 000.– Euro die Rede. Der Käufer ist darüber sehr erfreut und stellt sich auf den Standpunkt, er habe nur 6 000.– Euro zu bezahlen. Der Verkäufer dagegen ist der Ansicht, der Käufer versuche, das Versehen schamlos auszunutzen. Die Frage ist, ob trotz des Schreibfehlers die Leistungsbestimmung des Verkäufers wirksam war. Die Vorschriften über die Leistungsbestimmung durch eine Vertragspartei enthalten keine Regelung für den Fall des Irrtums. Der Irrtum ist aber für Willenserklärungen in den §§ 119 ff. BGB geregelt. Also ist zu untersuchen, ob die Erklärung, mit der die Leistungsbestimmung getroffen wurde, als Willenserklärung zu qualifizieren ist. Das ist der Fall, weil die Erklärung auf eine Rechtsfolge zielt. Nach § 119 Abs. 1 BGB kann der Verkäufer die Erklärung anfechten. Solange er sein Anfechtungsrecht nicht ausgeübt hat, schuldet der Käufer nur 6 000.– Euro.

47 Rechtsfortbildung, die auf den Schein der Gesetzestreue nicht verzichten will, vollzieht sich oft über Qualifikationen. Nach § 823 Abs. 1 BGB ist zum Schadensersatz verpflichtet, wer das Eigentum oder ein sonstiges Recht rechtswidrig und schuldhaft verletzt. Sonstige Rechte i. S. d. § 823 Abs. 1 BGB sind absolute Rechte, die jedermann gegenüber wirken. Der Anwendungsbereich des § 823 Abs. 1 BGB wurde dadurch ausgeweitet, dass man schützenswerte Positionen als absolute Rechte qualifizierte, wie den eingerichteten und ausgeübten Gewerbebetrieb oder das allgemeine Persönlichkeitsrecht.

V. Zwingendes und nachgiebiges Recht

Nach dem Grundsatz der Privatautonomie können die Parteien ihre Rechtsverhältnisse frei gestalten. Wenn es Sache der Parteien ist, durch Vereinbarung Regeln in Kraft zu setzen, nach denen sich ihre Rechte und Pflichten bestimmen, dann könnte sich der Gesetzgeber eigentlich auf den Standpunkt stellen, gesetzliche Regelungen seien überflüssig, soweit die Privatautonomie reicht. Diese extreme Haltung nahmen die Verfasser des BGB nicht ein. Im Gesetz sind wichtige Vertragstypen geregelt, obwohl die Parteien das Recht haben, ihre Verträge frei zu gestalten. Aber die gesetzlichen Bestimmungen sind nur anzuwenden, wenn keine vertragliche Regelung getroffen wurde. Wo die Bestimmungen des Gesetzes zur Disposition der Parteien stehen, spricht man von dispositivem Recht. Dem steht das zwingende Recht (ius cogens) gegenüber, das sich gegenüber Parteivereinbarungen durchsetzt.

Beispiel Haftungsausschluss: K kauft den gebrauchten Wagen des V. In dem Vertrag ist eine Klausel enthalten, nach der V keine Gewährleistung übernimmt. Bald stellt K fest, dass das Fahrzeug an einigen Mängeln leidet und will deshalb gegen V vorgehen. Um sich über seine Rechte zu informieren, kauft er sich ein BGB und stellt befriedigt fest, dass der Verkäufer nach § 437 BGB haftet. Dabei handelt es sich aber um dispositives Recht; deshalb hätte sich K die Lektüre des BGB ersparen können. Weil die Haftung vertraglich ausgeschlossen wurde, kann sich K nicht auf die Vorschriften des BGB berufen. Etwas anderes gilt, wenn ein Verbrauchsgüterkauf vorliegt, bei dem die Rechte des Käufers nicht vertraglich ausgeschlossen oder verkürzt werden können, vgl. § 475 Abs. 1 BGB.

Insbesondere die Vorschriften über vertragliche Schuldverhältnisse haben grundsätzlich dispositiven Charakter. Ausnahmen sind im Gesetz zum Teil ausdrücklich bestimmt. So ist nach § 555 BGB eine Vereinbarung unwirksam, durch die sich der Vermieter von Wohnraum eine Vertragsstrafe versprechen lässt. Auch bei Regelungen des Allgemeinen Teils ergibt sich aus dem Gesetz, dass abweichende Parteivereinbarungen wirksam sind. So können die Parteien kürzere Verjährungsfristen als im Gesetz vorgesehen vereinbaren. Aber nicht bei allen Vorschriften wird klargestellt, ob und mit welchem Inhalt abweichende vertragliche Regelungen getroffen werden können. Die Verfasser des BGB waren der Ansicht, dass die Schwerfälligkeit und Umständlichkeit, welche die Gesetzessprache durch die Kennzeichnung der Rechtssätze als zwingend oder dispositiv erleiden müsste, in keinem Verhältnis zu dem erstrebten Gewinn stünde. Deshalb wird nur in Zweifelsfällen klargestellt, dass abweichende Vereinbarungen unzulässig sind, oder es wird daran erinnert, dass die Bestimmung nur anzuwenden ist, „sofern nicht durch Rechtsgeschäft etwas anderes bestimmt ist"[8]. In anderen Fällen ist durch Auslegung festzustellen, ob eine Bestimmung dispositiven Charakter hat. Zwingend sind insbesondere Vorschriften,

---
8 Vgl. *Motive* I, S. 17.

welche die inhaltliche Gestaltungsfreiheit beschränken (§§ 134, 138 BGB). Auch die grundlegenden Vorschriften über die Rechts- und Geschäftsfähigkeit sind der Parteidisposition entzogen. Gleiches gilt für gesetzliche Formvorschriften. Im Sachenrecht gilt der Grundsatz des Typenzwangs. Die Parteien können nicht durch Vereinbarung neue Sachenrechte begründen. Will der Eigentümer sein Grundstück als Sicherheit für Gläubiger verwenden, muss er eines der im BGB geregelten Grundpfandrechte bestellen.

51 Mit den dispositiven Regelungen eng verwandt sind die Auslegungsregeln, nach denen der Inhalt unklarer rechtsgeschäftlicher Regelungen zu bestimmen ist. So bestimmt § 127 Satz 1 BGB, dass bei Vereinbarung der Schriftform „im Zweifel" die Form des § 126 BGB gemeint ist. Auch die Bestimmungen über Fristen und Termine sind Auslegungsvorschriften (vgl. § 186 BGB). Dabei ist bemerkenswert, dass diese Regeln nicht nur für Rechtsgeschäfte, sondern auch für gerichtliche Verfügungen und Gesetze gelten.

VI. Das BGB als Kodifikation

1. Die Idee der Kodifikation

52 Bei der Auslegung des Gesetzes sind nicht nur Wortlaut und Normzweck einer Regelung von Bedeutung. Es ist auch zu berücksichtigen, welche Konzeption oder legislative Philosophie und Rechtsquellenlehre einem Gesetzeswerk zugrunde liegen. Mit dem BGB sollte eine Kodifikation geschaffen werden. Unter einer Kodifikation versteht man ein Gesetz, das ein Rechtsgebiet möglichst erschöpfend in einem Gesetzbuch zusammenfasst. Die Kodifikationsidee ist ein Kind der Aufklärung. Angestrebt wurde eine Transparenz des Rechts, die jedermann Zugang zur Rechtserkenntnis durch Gesetzeslektüre verschaffen sollte. Deshalb war es nur folgerichtig, dass das Preußische Allgemeine Landrecht von 1794 eine Kommentierung verbot und in der Gerichtsordnung die Advokaten abgeschafft wurden. Der aufklärerische „Aufbruch aus der Unmündigkeit" (*Kant*) wollte auch Abhängigkeiten beseitigen, die durch das „Herrschaftswissen" des Juristenstandes bedingt waren.

Mit der Kodifikationsidee ist eine bestimmte Rechtsquellenlehre verbunden. Die umfassende Darstellung eines Rechtsgebiets in einem Gesetzbuch würde das Ziel der Rechtsklarheit kaum fördern, wenn neben diesem Gesetz althergebrachte Rechtsgrundsätze Geltung beanspruchen könnten und wenn das im Gesetz niedergelegte Recht durch neu entstehendes Gewohnheitsrecht überlagert würde. Deshalb entspricht es der Idee der Kodifikation, neben dem Gesetzbuch andere Rechtsquellen möglichst auszuschließen, insbesondere dem Gewohnheitsrecht die Anerkennung zu versagen[9].

2. Der Kodifikationsgedanke des BGB

Die Ideale der Aufklärung waren nicht die Triebfeder, die zur Schaffung des BGB führten. Man verfolgte pragmatischere Ziele. Im Vordergrund stand das Streben nach Rechtsvereinheitlichung für das Deutsche Reich auf dem Gebiete des bürgerlichen Rechts. Es sollte zwar eine Kodifikation mit einer umfassenden Regelung des bürgerlichen Rechts geschaffen werden. Aber die Verfasser des BGB waren sich bewusst, dass auch eine auf Vollständigkeit bedachte Kodifikation niemals lückenlos sein kann. In den Motiven zum BGB wird festgestellt, es sei ein Irrtum, anzunehmen, „dass die angestrebte Formulierung des Rechts eine für die Zukunft oder auch nur für die Gegenwart erschöpfende sein könne oder solle"[10]. Lücken des Gesetzes sollte der Richter durch Gesetzes- oder Rechtsanalogie ausfüllen[11]. Eine wichtige Rolle bei der Fortentwicklung des Rechts wurde der Jurisprudenz zugeschrieben. Sie sollte in ihre Rechte treten, wenn das Gesetz mit der Entwicklung der Lebensverhältnisse nicht Schritt hält[12]. Trotz dieser Einsichten wurde in den ersten Entwurf zum BGB eine Bestimmung aufgenommen, nach der dem Gewohnheitsrecht die Kraft, das Gesetz aufzuheben, zu ändern oder zu ergänzen, abgesprochen wurde. Im zweiten Entwurf wurde die Vorschrift zwar gestrichen, weil man Rechtsfortbildung durch Wissenschaft und Rechtsprechung nicht verbieten wollte. Aber man ging nicht so weit, dem Gerichtsgebrauch eine bindende Kraft beizulegen.

3. Rechtsquellentheoretische Tradition

Wie Recht entsteht, ist eine verfassungsrechtliche Frage. Trotzdem findet man in jedem Lehrbuch zum Allgemeinen Teil des Bürgerlichen Rechts Ausführungen zur Rechtsquellenlehre. Das hängt einmal mit der Kodifikationsidee zusammen. Bei Schaffung einer Kodifikation muss der Gesetzgeber die grundlegende Entscheidung treffen, ob das Gesetzbuch die einzige Rechtsquelle sein soll oder ob daneben andere Rechtsquellen, insbesondere das Gewohnheitsrecht, anerkannt werden. Das ist aber nicht der einzige Grund, weshalb das verfassungsrechtliche Problem der Entstehung und Änderung des Rechts in Lehrbüchern und Kommentaren des Privatrechts aufgegriffen wird. Im 19. Jahrhundert war die Frage nach der Entstehung des Privatrechts ein Problem der Privatrechtswissenschaft. Für die

---

9 Dazu *Brehm*, Festschr. E. Schumann, 2001, S. 57 ff., 62.
10 Motive I, S. 7.
11 Motive I, S. 8.
12 Motive I, S. 7.

historische Rechtsschule des 19. Jahrhunderts, deren prominentester Vertreter *von Savigny* war, hatte das Gesetz für die Entstehung des Rechts nur eine untergeordnete Bedeutung. *Von Savigny* war der Überzeugung, dass „der in allen Einzelnen gemeinschaftlich lebende und wirkende Volksgeist"[13] das positive Recht erzeugt. Der Gesetzgebung wurde eine bescheidene Rolle zugewiesen. Inhalt des Gesetzes war nach *von Savigny* das schon vorhandene Volksrecht[14]; es war nicht Aufgabe des Gesetzgebers, völlig neues Recht zu schaffen. Das Gesetz sollte nur ergänzend und unterstützend an die Seite des Volksrechts treten; es war Organ des Volksrechts. Daneben trat die Rechtswissenschaft als zweites Organ. Das Recht wurde zwar auf das Volk und den Volksgeist zurückgeführt, aber das bedeutete nicht, dass bei jedem einfachen Mitglied dieses Volkes auch Kenntnis des Rechts unterstellt wurde. *Von Savigny* war der Meinung, dass sich die rechtserzeugende Tätigkeit des Volkes großenteils in den Juristenstand, die Repräsentanten des Volkes, „zurückzieht"[15].

55 Die Ideen der historischen Rechtsschule zeigten bei Schaffung des BGB ihre Nachwirkungen. Die in den Motiven zum BGB vertretene Ansicht, die Jurisprudenz trete „in ihre Rechte", wenn die Gesetzgebung auf veränderte Lebensverhältnisse nicht reagiere, spiegelt die Auffassung der historischen Rechtsschule wider, die dem Juristenstande eine besondere Rolle bei der Entstehung und Fortbildung des Rechts zuwies. Dass die Frage nach der Legitimation dabei nicht gestellt wurde, liegt an dem überkommenen Verständnis juristischer Tätigkeit, bei dem Rechtsanwendung und Rechtsfortbildung nicht klar geschieden waren[16]. Diese Tradition wirkt bis heute fort. So schrieb *Larenz* in seiner Methodenlehre der Rechtswissenschaft[17]: „Gesetzesauslegung und richterliche Rechtsfortbildung dürfen nicht als wesensverschieden angesehen werden, sondern nur als voneinander verschiedene Stufen desselben gedanklichen Verfahrens".

56 Auch in der Rechtsprechung des Bundesverfassungsgerichts wird diese Tradition deutlich sichtbar. In einer viel beachteten Entscheidung[18] musste das BVerfG zu der Frage Stellung nehmen, ob die Rechtsprechung der Zivilgerichte, wonach bei Verletzung des allgemeinen Persönlichkeitsrechts ein Schmerzensgeldanspruch begründet ist, mit dem Grundgesetz vereinbar ist. Nach § 253 Abs. 1 BGB kann wegen eines Schadens, der

---

13 Friedrich *Carl v. Savigny*, System des heutigen Römischen Rechts, Bd. 1, auszugsweise abgedruckt in: *Maihofer* (Hrsg.), Begriff und Wesen des Rechts, 1973, S. 26 ff.; (31). Eine kritische Skizze der historischen Rechtsschule gibt *Rudolph v. Jhering*, Geist des römischen Rechts, 2. Theil, 1. Abteilung, 4. Aufl., 1881, § 25.
14 *v. Savigny* aaO S. 39.
15 *v. Savigny* aaO.
16 Zur Vermengung von interpretierender und rechtsfortbildender Tätigkeit durch die historische Rechtsschule vgl. *MünchKomm/Säcker* Einl. RdNr. 70.
17 Studienausgabe, Kap. 6 I, S. 241; ähnlich *Esser*, Grundsatz und Norm, S. 255.
18 BVerfGE 34, 269 = JZ 1973, 662 (Anm. *Kübler*).

Nichtvermögensschaden ist, Entschädigung in Geld nur in den durch das Gesetz bestimmten Fällen gefordert werden. Für die Verletzung der Ehre und des allgemeinen Persönlichkeitsrechts gab es nach der damaligen Fassung des § 253 BGB für den Richter keine Ermächtigung, zu einem Schmerzensgeld zu verurteilen. Trotzdem wurde vom BGH ein Schmerzensgeldanspruch bei Verletzung des Persönlichkeitsrechts anerkannt. Das Bundesverfassungsgericht hatte darüber zu entscheiden, ob diese Rechtsprechung mit der Bindung des Richters an Gesetz und Recht (Art. 20 Abs. 3 GG) vereinbar ist. Es verneinte mit bemerkenswerten Gründen einen Verstoß gegen das Grundgesetz: Der Richter sei nicht nur an das Gesetz gebunden, sondern auch an das Recht, das mit dem Gesetz nicht identisch sei. Als Maßstab für die „schöpferische Rechtsfindung" wurden u. a. die „fundierten allgemeinen Gerechtigkeitsvorstellungen der Gemeinschaft" genannt. Auch die Rechtswissenschaft findet bei den Überlegungen zur Frage legitimer Rechtsfortbildung ihren angestammten Platz. Das BVerfG stellt fest, dass „gewichtige" Stimmen des juristischen Schrifttums die Rechtsprechung des BGH bestärkten. Darin komme zum Ausdruck, dass die Rechtsprechung den allgemeinen Gerechtigkeitsvorstellungen entsprochen habe.

Die unzureichende Trennung zwischen auslegender und „rechtsschöpferischer" Tätigkeit erschwert Anfängern den Zugang zum Verständnis juristischer Argumentation. Oft wird der Anschein erweckt, eine vertretene Ansicht oder Theorie sei aus dem Gesetz abgeleitet, obwohl die Tugend intellektueller Redlichkeit das Eingeständnis nahe legen würde, es sei bestenfalls der Nachweis möglich, dass der Entscheidungsvorschlag dem Gesetz nicht widerspricht.

4. Das Lückenproblem

In der juristischen Methodenlehre wird dem Problem der Gesetzeslücke besondere Aufmerksamkeit gewidmet[19]. Diese Akzentuierung des Lückenproblems hängt eng mit der Kodifikationsidee zusammen. Nur wenn ein Gesetz darauf angelegt ist, ein Rechtsgebiet umfassend und möglichst vollständig zu regeln, ist es überhaupt sinnvoll, von einer Lücke zu sprechen[20]. Versteht man unter Lücke eine Unvollständigkeit des Gesetzes, dann sind verschiedene Arten von Lücken zu unterscheiden, die bei der Rechtsanwendung von Bedeutung sind.

---

19 Vgl. *Larenz*, Methodenlehre, 6. Kap. 2; *Canaris*, Die Feststellung von Lücken im Gesetz, 1983; *Zippelius*, Juristische Methodenlehre, S. 73.
20 Ähnlich *Larenz*, Methodenlehre, 6. Kap. 2; *Fikentscher*, Methodenlehre Bd. 4, S. 161.

a) Auslassung von Selbstverständlichkeiten

59 Das BGB ist nach Stil und Sprache für den wissenschaftlich ausgebildeten Juristen geschrieben. Es war nicht der Ehrgeiz der Redaktoren des BGB, das Recht für jeden Laien verständlich darzustellen. Deshalb werden manche Regeln oder Begriffe einfach vorausgesetzt, weil sie für den Juristen nicht erläuterungsbedürftig sind. So bestimmt § 1 BGB, die Rechtsfähigkeit beginne mit der Vollendung der Geburt des Menschen. Geregelt ist eigentlich nur, wann die Rechtsfähigkeit beginnt. Es wird vorausgesetzt, dass die Bedeutung des Begriffs bekannt ist. Es wird auch nicht ausdrücklich betont, dass die Rechtsfähigkeit allen Menschen in gleicher Weise zukommt, obwohl dieser Grundsatz früheren Rechtsordnungen durchaus fremd war. Auch bei der Regelung des Vertragsschlusses fehlt der grundlegende Rechtssatz, dass ein Vertrag durch korrespondierende Erklärungen zustande kommt (anders das Schweizer Recht, das in Art. 1 OR ausdrücklich bestimmt, ein Vertrag komme durch übereinstimmende gegenseitige Willensäußerungen zustande). Diese Auslassungen sind keine echten Lücken. Die Regelungen knüpfen an Rechtsgrundsätze an, die so selbstverständlich sind, dass sie nicht ausdrücklich ausgesprochen werden mussten.

b) Normlücken

60 Von Normlücken[21] oder Formulierungslücken[22] spricht man, wenn eine gesetzliche Regelung so unvollständig ist, dass sie ohne Ergänzung nicht sinnvoll angewandt werden kann. Als Beispiel wird oft § 904 Satz 2 BGB genannt[23]. Nach § 904 Satz 1 BGB darf fremdes Eigentum im Falle der Güterkollision beeinträchtigt werden, wenn andernfalls ein unverhältnismäßig großer Schaden entstünde. Der Eigentümer darf in dieser Konfliktsituation die Einwirkung eines anderen nicht verbieten, aber das Gesetz gewährt ihm zum Ausgleich einen Schadensersatzanspruch (§ 904 Satz 2 BGB). Im Gesetz ist nicht ausdrücklich bestimmt, von wem der Eigentümer Ersatz verlangen kann. Ist darauf abzustellen, wer durch seine Handlung die Sache beschädigt hat, oder ist derjenige verpflichtet, den Schaden zu ersetzen, zu dessen Gunsten der Eingriff erfolgte? Das Beispiel zeigt, dass auch die Feststellung einer Normlücke voraussetzt, dass bestimmte Wertungen an das Gesetz herangetragen werden. Bei unbefangener Lektüre des § 904 BGB bestehen keine Zweifel, dass der „andere", der auf das Eigentum einwirkt, ersatzpflichtig sein soll. Erst die Überlegung, dass Handlungen in einer arbeitsteiligen Gesellschaft oft für andere vorgenommen wer-

---

21 *Larenz* 6. Kap. 2, S. 246.
22 *Zippelius*, S, 64.
23 Vgl. *Larenz*, Methodenlehre, 6. Kap. 2a (S. 246 f.); *Pawlowski*, Methodenlehre, RdNr. 464. BVerfG JZ 1973, 662 (666).

den, führt zu der Frage, ob nicht das Handeln des Eingreifenden dem Begünstigten zugerechnet werden muss mit der Folge, dass ihn die Ersatzpflicht trifft.

Begreift man die Unvollständigkeit des § 904 Satz 2 BGB als Zurechnungsproblem, kann man mit Fug und Recht bestreiten, dass eine Normlücke gerade bei § 904 Satz 2 BGB vorliegt. Man könnte auch die Auffassung vertreten, es fehle eine allgemeine Vorschrift über die Zurechnung von Handlungen, wie sie für rechtsgeschäftliche Erklärungen im Stellvertretungsrecht enthalten ist.

c) Regelungslücken

Von Regelungslücken spricht man, wenn nicht eine Bestimmung unvollständig ist, sondern wenn Fragen ungeregelt sind, die nach der Regelungsabsicht des Gesetzes regelungsbedürftig waren. Ob eine solche Lücke vorliegt, lässt sich nur durch Wertung und Analyse des Gesetzes entscheiden. Oft beruhen „Lücken" darauf, dass der Gesetzgeber bei der Fassung eines allgemeinen Tatbestandes von einem typischen Fall ausging, ohne den atypischen Fall, für den eine Ausnahmeregelung bereitzustellen wäre, genügend zu bedenken. Umgekehrt kann es sich erweisen, dass der Fall, den der Gesetzgeber vor Augen hatte, nicht der einzige ist, bei dem die Frage, auf die das Gesetz eine Antwort geben wollte, eine Rolle spielt.

61

d) Das Schließen der Lücken

Es ist unbestritten, dass der Richter Norm- und Regelungslücken schließen darf. Er darf dabei aber nicht willkürlich verfahren, sondern hat eine gesetzesimmanente Lösung zu suchen. Erweist sich ein Tatbestand als zu eng, ist der Richter befugt, die Bestimmung auf gleichartige Fälle analog anzuwenden. Fehlt eine Ausnahmeregelung, darf das Gesetz restriktiv angewandt werden mit der Folge, dass bestimmte Fälle vom Anwendungsbereich ausgenommen sind. Grundlage der Normergänzung ist das Gleichheitsgebot. Analogie und restriktive Auslegung wollen verhindern, dass gleichartige Fälle unterschiedlich behandelt werden. Wo keine unmittelbare Analogie zur Schließung einer Lücke möglich ist, sind allgemeine Rechtsgrundsätze heranzuziehen, die im Gesetz ihren Niederschlag gefunden haben.

62

e) Lückenfüllung und Rechtsfortbildung

Lückenfüllung und Rechtsfortbildung werden meist in engem Zusammenhang gesehen. Selbst wo Rechtsfortbildung nur ein höfliches Wort für Missachtung des Gesetzes ist, wird manchmal eine Lücke konstruiert,

63

damit der Anschein erweckt wird, es bleibe angesichts der unvollständigen Regelung des Gesetzes gar kein anderer Ausweg. So unterstellte das BVerfG in seiner Entscheidung über die Rechtsprechung zum Schmerzensgeld bei Verletzung des allgemeinen Persönlichkeitsrechts eine Lücke, die von den Zivilgerichten geschlossen worden sei[24]. Wenn eine zur Rechtsfortbildung legitimierende Lücke schon dann vorliegt, wenn das rechtspolitisch Wünschenswerte nicht im Gesetz steht, wird dem Gesetz in letzter Konsequenz die Verbindlichkeit abgesprochen. Man mag Lückenschließung als Rechtsfortbildung oder als „schöpferische Rechtsfindung" bezeichnen. Aber man muss sich dabei im Klaren sein, in welchem Sinn der Ausdruck Recht verstanden wird. Wenn der Richter in einem konkreten Rechtsstreit seiner Entscheidung die Ansicht zugrunde legt, nach § 904 Satz 2 BGB sei der Handelnde ersatzpflichtig, dann entsteht dadurch kein neuer Rechtssatz, dem Verbindlichkeit zukommt. Der Richter kann schon im nächsten Fall seine Ansicht korrigieren. Die Entscheidung eines Einzelfalls ohne ausreichende gesetzliche Grundlage und die Schaffung einer verbindlichen Rechtsregel sind völlig verschiedene Dinge. Das Gesetz kann den Richter anweisen, eine durch Rechtsnormen nicht zwingend vorgegebene Entscheidung auszulosen[25], um dem Zufall die Entscheidung zu überlassen. Auch in diesem Grenzfall wird der Rechtssatz ergänzt; der Richter spricht „Recht", aber er stellt keinen neuen Rechtssatz auf, indem er würfelt.

VII. Richterrecht

64 In vielen Bereichen entwickelt die Rechtsprechung Rechtsgrundsätze, die ein Anwalt, der die Aussichten einer Klage beurteilen will, ebenso in Rechnung stellen wird wie gesetzliche Entscheidungsregeln. Bei der Entscheidungsprognose des Anwalts wird das Recht von einem externen Standpunkt aus betrachtet, weil nur die Tatsache interessiert, dass bestimmte Regeln befolgt werden[26]. Wie diese Rechtsregeln entstehen, ob sie eine gesetzliche Grundlage haben, ob sie durch Auslegung oder Rechtsfortbildung gewonnen wurden, ist bei dieser Sicht nicht von Interesse. Wer aber als Richter einen Rechtsfall auf der Grundlage des geltenden Rechts zu entscheiden hat, darf sich nicht auf den Standpunkt des externen Betrachters zurückziehen. Für ihn stellt sich die Frage, welche der vom externen Beobachter festgestellten Regeln verbindlich sind. Nach Art. 20

---

24 BVerfG JZ 1973, 662 (666)
25 Eine Entscheidung durch Los schreibt § 752 Satz 2 BGB vor; allerdings ist das Losverfahren von den Parteien durchzuführen und nicht vom Richter bei der Urteilsberatung.
26 Zur Unterscheidung der externen und internen Betrachtungsweise einer Normenordnung vgl. *H. L. A. Hart*, Der Begriff des Rechts, 1973, S. 128; auch bei *v. Savigny* ist der externe Aspekt bereits angedeutet, vgl. *v. Savigny* aaO S. 38.

§ 3 Grundbegriffe der Rechtsanwendung

GG, § 25 DRiG ist der Richter an das Gesetz gebunden. Das schließt es aber nicht aus, dass Richter bei der Anwendung des Gesetzes eine bestehende Rechtspraxis zu beachten haben. Die h.M. verneint eine Bindung an Präjudizien. Die überragende Bedeutung der Rechtsprechung für unser Rechtssystem wird damit erklärt, dass die höchstrichterliche Rechtsprechung eine faktische Bindungswirkung entfaltet[27]. Zum Teil wird die Rechtsprechung als Rechtserkenntnisquelle[28] (im Gegensatz zur Rechtsquelle) bezeichnet. Gemeint ist damit, dass der Richter bei der Suche nach der richtigen Entscheidung und bei Auslegung des Gesetzes auf die Vorarbeiten der Rechtsprechung zurückgreift. Die bisher ergangenen Einzelfallentscheidungen können vor allem bei generalklauselartigen Tatbestandsmerkmalen eine Hilfe sein. Aber durch die Einordnung als Erkenntnisquelle hebt sich die Rechtsprechung von anderen Hilfsmitteln nicht ab. Ein prinzipieller Unterschied zu einem Kommentar, Lehr- oder Handbuch lässt sich nicht nachweisen. Das wird der Bedeutung höchstrichterlicher Entscheidungen nicht gerecht.

Die herrschende Rechtsquellenlehre ist ein Kind der Aufklärung. Im Gegensatz zu den späteren Gesetzeswerken[29] haben die Kodifikationen der früheren Aufklärung die Bindung an die Tradition und Spruchpraxis der Gerichte abgelehnt[30]. So heißt es in § 6 Einl ALR: *„Auf die Meinung der Rechtslehrer, oder ältere Aussprüche der Richter, soll bey künftigen Entscheidungen, keine Rücksicht genommen werden"*. Das österreichische ABGB weist den Richter in zweifelhaften Fällen an, nach den *„natürlichen Rechtsgrundsätzen"* zu entscheiden. § 12 ABGB stellt ausdrücklich klar: *„Die von Richterstühlen in besonderen Rechtsstreitigkeiten gefällten Urteile haben nie die Kraft eines Gesetzes; sie können auf andere Fälle oder auf andere Personen nicht ausgedehnt werden"*[31]. Unsere Rechtsquellenlehre verharrt auf dem Geist der frühen Aufklärung und ist sich ihrer geschichtlichen Herkunft kaum bewusst. Das Zeitalter der Aufklärung war

65

---

27 So z.B. *Larenz*, Methodenlehre, 6. Aufl., 1991, Kap. 5 Nr. 5.
28 Z. B. *Larenz*, FS Schima, 1969, 247 ff. (262). Nach der von *Fikentscher* entwickelten Theorie der Fallnorm ist im Grunde auch das Gesetz nur eine Erkenntnisquelle, dazu *Fikentscher*, Methoden des Rechts, Band IV, 1977, 233 ff.
29 Vgl. Art. 1 Schweizer Zivilgesetzbuch v. 10. Dezember 1907. Der erste Entwurf des BGB, der die Rechtsquellenlehre noch in das Gesetzbuch aufnehmen wollte, hatte einen zwiespältigen Standpunkt eingenommen. Gewohnheitsrecht wurde abgelehnt und auch ein bindender Gerichtsgebrauch, aber bei Untätigkeit des Gesetzgebers sollte die Jurisprudenz in ihre Rechte treten. Hierzu heißt es in den Motiven Band 1, S. 7: „Der Einfluß, welchen die in theoretischer und praktischer Arbeit sich betätigende Wissenschaft auf die Fortbildung des Rechts zu üben vermag, muß unumwunden und rückhaltlos als ein vollberechtigter anerkannt werden".
30 Auch unter der Geltung des Code Napoléon wurde die überkommene Rechtstradition noch anerkannt. So wird in einer für das Großherzogtum Baden erschienenen Kommentierung zu Art. 4 bemerkt, dass bei Lücken das römische Recht vergleichend heranzuziehen sei.
31 Der Codex Maximilianeus Bavaricus Civilis kannte noch die Rechtsgelehrten als Erkenntnisquelle (§ 9) und den Gerichtsgebrauch als Grundlage des Gewohnheitsrechts.

eine Zeit des Umbruchs und der Modernisierung, in der es galt, überkommene Zöpfe abzuschneiden, um das mit den Kodifikationen angestrebte Ziel der Rechtsbereinigung nicht zu gefährden. In dieser Zeit hatte die Rechtsquellenlehre, die den Richter von Traditionen und Präjudizien befreite[32], eine wichtige politische Funktion, die ihr heute nicht mehr zukommt. Das BGB hat im Gegensatz zu den naturrechtlichen Kodifikationen keinen Abschnitt über die Rechtsquellenlehre aufgenommen. Um den Standort der gerichtliche Praxis zu klären ist zunächst das Verfahrensrecht heranzuziehen. Das deutsche Recht kennt zwar keine Präjudizienbindung wie das englische Recht, aber die Einheitlichkeit der Rechtsprechung wird durch verfahrensrechtliche Vorschriften gewährleistet. Ein Zivilsenat des BGH darf nicht von der Rechtsprechung eines anderen Senats abweichen. Das bedeutet keine strenge Bindung an die frühere Entscheidung, es entsteht lediglich die Pflicht, den Großen Senat anzurufen (§ 132 Abs. 2 GVG). Weicht eine untere Instanz von der höchstrichterlichen Rechtsprechung ab, ist immer ein Rechtsmittel statthaft. Das gilt seit der am 1. 1. 2002 in Kraft getretenen ZPO-Novelle selbst für kleine Streitwerte, die beim Amtsgericht anhängig gemacht wurden. Das Rechtsmittelsystem ist ein funktionales Äquivalent zur Präjudizienbindung. Der Richter darf grundsätzlich von der Rechtsprechung der oberen Instanz abweichen, die Partei kann aber durch Einlegung eines Rechtsmittels die Entscheidung der höheren Instanz herbeiführen. Die entscheidende Frage ist aber, ob der Richter jederzeit von einer bisherigen Rechtspraxis abweichen darf oder ob seine Entscheidung, von der bisherigen Praxis abzuweichen, einer Ermessensbindung unterliegt. Vielfach wird die Ansicht vertreten, der Richter sei bei der Entscheidung, wie er das Gesetz auslege, nur seinem Gewissen verantwortlich. Diese Ansicht ist abzulehnen[33]. Die Befugnis, von einer bestehenden Rechtspraxis abzuweichen, wird dem Richter zu einem bestimmten Zweck verliehen. Das Rechtssystem soll zur Selbstkorrektur fähig sein, bei der Rechtsanwendung sollen gewandelte Anschauungen Berücksichtigung finden, ohne dass der Gesetzgeber eingreift. Deshalb darf der Richter der bisherigen Rechtsprechung die Gefolgschaft nur dann versagen, wenn zwingende Gründe gegen diese sprechen. Es genügt nicht, dass der Richter persönlich der Ansicht ist, eine vom BGH verworfene Mindermeinung entspreche eher dem Gesetz.

Die Theorien, die eine beschränkte Bindung des Richters an Präjudizien verneinen, spiegeln das Selbstverständnis unserer Gerichte nicht zutreffend wider. Der Bundesgerichtshof hat wiederholt ausgesprochen, dass

---

32 Nicht alle Gesetzgebungen gingen dabei von einem mündigen Richter aus, der nach seinem Gewissen zu entscheiden hat und kraft seiner Vernunft entscheiden kann. In Preußen hatte der Richter Zweifelsfälle einer Gesetzeskommission vorzulegen, der die Entscheidung vorbehalten war (§ 47 Einl. ALR). Die abgeschaffte Bindung an die Tradition wurde durch Unterwerfung unter die Obrigkeit ersetzt.
33 Siehe dazu *Brehm*, FS Schumann, 2002, S. 57.

von einer bestehenden Gerichtspraxis nur aus besonderen Gründen abgewichen werden darf. Der BGH führt in einem Beschluss vom 4. 10. 1982 aus: „ *Ein Abgehen von der Kontinuität der Rechtsprechung kann nur ausnahmsweise hingenommen werden*"[34]. Dieser Bindung an die Rechtspraxis unterwirft sich selbst der Große Senat, der nach dem Gesetz befugt ist, die Rechtsprechung des BGH zu ändern.

---

34 BGHZ 85, 64; bestätigt in BGHZ 106, 37.

§ 4 Entstehung des BGB, Wertungsgrundlagen, Europäisches Recht

Literatur: *Armbrüster*, Kontrahierungszwang im Allgemeinen Gleichbehandlungsgesetz?, NJW 2007, 1494; *Auer*, Neues zu Umfang und Grenzen der richtlinienkonformen Auslegung, NJW 2007, 1106; *Benöhr*, Die Grundlage des BGB – Das Gutachten der Vorkommission von 1874, JuS 1977, 79 ff.; *Böhmer*, Einführung in das Bürgerliche Recht, 2. Aufl., S. 56 ff.; *Bröhmer*, Die Weiterentwicklung des europäischen Staatshaftungsrechts, JuS 1997, 117; *Canaris*, Grundrechte und Privatrecht, AcP 184 (1984), 201; *ders.*, Grundrechtswirkungen und Verhältnismäßigkeitsprinzip in der richterlichen Anwendung und Fortbildung des Privatrechts, JuS 1989, 161; *Classen*, Die Drittwirkung der Grundrechte in der Rechtsprechung des Bundesverfassungsgerichts, AöR 122 (1997), 65; *Dammann*, Die Grenzen zulässiger Diskriminierung im allgemeinen Zivilrecht, 2005; *Depenheuer*, *Otto*, Der Mieter als Eigentümer? NJW 1993, 2561; *Erichsen*, Die Drittwirkung der Grundrechte, Jura 1996, 527; *Eisenschmid*, Allgemeines Gleichbehandlungsgesetz (AGG), WuM 2006, 475; *Fastrich*, Richterliche Inhaltskontrolle im Privatrecht, 1992; *Gaier*, Allgemeines Gleichbehandlungsgesetz: Eine Einführung in das Zivilrecht, 2006; *Gamillscheg*, Die Grundrechte im Arbeitsrecht, 1989; *Gassner*, Horizontale Direktwirkung von EG-Richtlinien – EuGH, Slg. I 1994, 3325, JuS 1996, 303; *v. Gierke*, *Otto*, Der Entwurf eines bürgerlichen Gesetzbuchs und das deutsche Recht, 1889; *Gostomzyk*, Grundrechte als objektiv-rechtliche Ordnungsidee, JuS 2004, 949; *Guckelberger*, Die Drittwirkung der Grundrechte, JuS 2003, 1151; *Hattenhauer*, Die geistesgeschichtlichen Grundlagen des deutschen Rechts, 3. Aufl., 1983; *Hermes*, Grundrechtsschutz durch Privatrecht auf neuer Grundlage? NJW 1990, 1764; *Hommelhoff*, Zivilrecht unter dem Einfluß der europäischen Rechtsangleichung, AcP 192 (1992), 71; *Horst*, Mietrechtliche Auswirkungen des Allgemeinen Gleichbehandlungsgesetzes, MDR 2006, 1266; *Krause*, Der deutschrechtliche Anteil an der heutigen Privatrechtsordnung, JuS 1970, 313; *Laufs*, Die Begründung der Reichskompetenz für das gesamte bürgerliche Recht, JuS 1973, 740; *Leisner*, Grundrechte und Privatrecht, 1960; *Limbach*, Das Rechtsverständnis in der Vertragslehre, JuS 1985, 10; *Lingelbach*, Anton Friedrich Justus Thibaut und der Kodifikationsstreit in der Rechtswissenschaft, FS Leser, 1998, S. 62; *Lücke*, Die Drittwirkung der Grundrechte anhand des Art. 19 Abs. 3 GG, JZ 1999, 377; *Lüderitz*, Kodifikation des bürgerlichen Rechts in Deutschland, 1873–1977: Entwicklung und Aufgabe, Festschr. „Vom Reichsjustizamt zum Bundesministerium der Justiz", 1977, S. 213; *Medicus*, Die Entwicklung des bürgerlichen Rechts seit 1900, JA 1971, 343; *ders.*, Schutzbedürfnis (insbesondere Verbraucherschutz) und das Privatrecht, JuS 1996, 761; *Oeter*, Drittwirkung der Grundrechte und die Autonomie des Privatrechts, AöR 119 (1994), 529; *Papier*, Der verfassungsrechtliche Rahmen für Privatautonomie im Arbeitsrecht, RdA 1989, 137; *Pédamon*, Michel, Le Centenaire du BGB, ZEuP 1997, 1; *Preis*, Grundfragen der Vertragsgestaltung im Arbeitsrecht, 1993, S. 216 ff.; *Raiser*, Ludwig, Grundgesetz und Privatrechtsordnung, Verh. d. 46. Dt. Juristentages, 1966, Bd. 2, Teil B; *ders.*, Vertragsfreiheit heute, JZ 1958, 1; *Ramm*, Die Freiheit und Willensbildung – Zur Lehre von der Drittwirkung der Grundrechte und der Rechtsstruktur der Vereinigung, 1960; *ders.*, Grundrechte im Arbeitsrecht, JZ 1991, 1; *Remien*, Illusion und Realität eines europäischen Privatrechts, JZ 1992, 277; *Rath/Rütz*, Ende der „Ladies Night", der „Ü-30-Parties" und der Partnervermittlung im Internet? Risiken und Nebenwirkungen des allgemeinen zivilrechtlichen Diskriminierungsverbots der §§ 19, 20 AGG, NJW 2007, 1498; *Reuter*, Die ethischen Grundlagen des Privatrechts – formale Freiheitsethik oder materiale Verantwortungsethik? AcP 189 (1989), 199; *Rolfs*, Allgemeine Gleichbehandlung im

§ 4 Entstehung des BGB, Wertungsgrundlagen, Europäisches Recht

Mietrecht, NJW 2007, 1489; *Rückert*, Das Bürgerliche Gesetzbuch – ein Gesetz ohne Chance?, JZ 2003, 760; *Sandrock*, Das Privatrecht am Ausgang des 20. Jahrhunderts: Deutschland – Europa – und die Welt, JZ 1996, 1; *v. Savigny, Friedrich Carl*, Vom Beruf unserer Zeit für Gesetzgebung und Rechtswissenschaft, 1814; *Schmoeckel*, 100 Jahre BGB. Erbe und Aufgabe, NJW 1996, 1697; *Singer*, Vertragsfreiheit, Grundrechte und der Schutz der Menschen vor sich selbst, JZ 1995, 1133; *Schmidt, E.*, Von der Privat- zur Sozialautonomie, JZ 1980, 153; *Schubert*, Die Entstehungsgeschichte der Vorschriften des BGB über Besitz und Eigentumsübertragung, 1966; *Schreiber*, Das AGG in der zivilrechtlichen Fallbearbeitung, JuS 2007, 308; *Schwabe*, Die sog. Drittwirkung der Grundrechte, 1971; *ders.*, Grundrechte und Privatrecht, AcP 185 (1985), 1; *Schwartz*, Die Geschichte der privatrechtlichen Kodifikationsbestrebungen in Deutschland und die Entstehungsgeschichte des Entwurfs eines Bürgerlichen Gesetzbuchs für das Deutsche Reich, ArchBR 1 (1889), 1 ff.; *Sendler*, Unmittelbare Drittwirkung der Grundrechte durch die Hintertür?, NJW 1994, 709; *Siehr, Kurt*, Grundrechte und Privatrecht – Einschränkung privatrechtlichen Handelns durch Grundrechte?, Festschr. f. Hans Giger, 1989, S. 627; *Söllner*, Der verfassungsrechtliche Rahmen für Privatautonomie im Arbeitsrecht, RdA 1989, 144; *Stürner*, Der hundertste Jahrestag des BGB – nationale Kodifikation im Greisenalter?, JZ 1996, 741; *Taupitz/Wille*, Die Entwicklung des BGB unter europäischem Einfluss, JA 2005, 385; *Thibaut, Anton Friedrich Justus*, Über die Notwendigkeit eines allgemeinen bürgerlichen Rechts für Deutschland, 1814; *Tonner*, Die Rolle des Verbraucherrechts bei der Entwicklung eines europäischen Zivilrechts, JZ 1996, 533 ff.; dazu *Heiss*, JZ 1997, 83; *Ulmer, Peter*, Vom deutschen zum europäischen Privatrecht?, JZ 1992, 1; *Unberath*, Die richtlinienkonforme Auslegung am Beispiel der Kaufrechtsrichtlinie, ZEuP 2005, 5; *Vierhaus*, Die Entstehungsgeschichte des Entwurfs eines Bürgerlichen Gesetzbuchs für das Deutsche Reich, 1888; *Weyers* (Hrsg.), Menschenrechte und Zivilrecht, 1999; *Wieacker*, Industriegesellschaft und Privatrechtsordnung, 1974; *ders.*, Privatrechtsgeschichte der Neuzeit, 2. Aufl., 1967, S. 468 ff.; *ders.*, Das Sozialmodell der klassischen Privatrechtsgesetzbücher und die Entwicklung der modernen Gesellschaft, 1953; *Zimmermann*, Das römisch-kanonische ius commune als Grundlage der europäischen Rechtseinheit, JZ 1992, 8.

I. Entstehung des BGB

Die verfassungsrechtlichen Voraussetzungen für ein Bürgerliches Gesetzbuch schuf das Gesetz vom 13. 12. 1873 (Lex Lasker), durch das Art. 4 Nr. 13 der Reichsverfassung geändert und die Gesetzgebungskompetenz für das bürgerliche Recht auf das Reich übertragen wurde. Im Jahre 1874 wurde zunächst eine Vorkommission eingesetzt, die wichtige Weichen für die Konzeption der zu schaffenden Kodifikation stellte[1]. Auf die Vorkommission geht insbesondere die an der Pandektenwissenschaft orientierte Gliederung des Gesetzes in fünf Bücher zurück. Am 2. 7. 1874 wurde die erste Kommission eingesetzt, die einen Gesetzesentwurf ausarbeiten sollte. Sie setzte sich vor allem aus Richtern und Beamten der Justizbürokratie zusammen. Lediglich zwei Professoren (*Windscheid*[2] und *Roth*) gehörten

66

---

1 Dazu *Benöhr* JuS 1977, 79 ff.
2 Zu *Windscheids* Jurisprudenz *Rückert* JuS 1992, 902; *Fezer* JuS 1993, 103.

der Kommission an, während Anwälte und Vertreter der Wirtschaft überhaupt nicht vertreten waren. Die Beratung der 1. Kommission dauerte 13 Jahre und schloss mit dem ersten Entwurf zum BGB ab. Er wurde zusammen mit den „Motiven", einem fünfbändigen Erläuterungswerk, im Jahre 1888 veröffentlicht. In der anschließenden Diskussion wurden kritische Stimmen laut. Der Kathedersozialist *Anton Menger* tadelte in seiner Abhandlung „Das Bürgerliche Gesetzbuch und die besitzlosen Volksklassen" vor allem das Ausklammern der sozialen Frage. Ein prominenter Kritiker war daneben *Otto von Gierke*, dessen Auseinandersetzung mit dem Entwurf von der deutschrechtlichen Tradition geprägt war[3]. Im Jahre 1890 setzte der Bundesrat eine zweite Kommission ein, die den Entwurf überarbeiten sollte. Ihr gehörten nicht nur Juristen, sondern auch Vertreter der Wirtschaft und Gutsbesitzer an. Nicht vertreten war dagegen die Arbeitnehmerschaft. Die zweite Kommission erarbeitete den zweiten Entwurf, der in einem Ausschuss des Bundesrats überarbeitet wurde (3. Entwurf). Der Reichstag nahm die Gesetzesvorlage am 1. 7. 1896 mit 222 gegen 48 Stimmen an; 18 Abgeordnete enthielten sich der Stimme.

67 In der politischen Diskussion wurde das Vereinsrecht kritisiert, weil es ein „verkapptes Konzessionssystem" enthielt. Das katholische Zentrum konnte sich nur schwer mit der obligatorischen Zivilehe abfinden, die freilich nicht erst durch das BGB, sondern im Verlauf des „Kulturkampfes" durch das PStG vom 6. 2. 1875 eingeführt wurde[4]. Um die Bedenken zu zerstreuen, wurde in § 1588 BGB ausdrücklich bestimmt, dass die kirchlichen Verpflichtungen in Ansehung der Ehe durch die Vorschriften über die Ehe nicht berührt werden. Die Sozialdemokraten waren der Meinung, der wirtschaftlich Schwache sei im BGB nicht genügend geschützt.

Die damals angesprochenen Themen sind noch heute, freilich in anderem Kontext und mit veränderter Fragestellung, aktuell. Die weitgehende Anwendung der Vorschriften des Vereinsrechts auf den nichtrechtsfähigen Verein ist auch vor dem Hintergrund der rechtspolitisch umstrittenen Regelung des Vereinsrechts zu verstehen. Die weltanschauliche Kontroverse um die bürgerliche Ehe hat ihre Aktualität verloren, soweit es um das Verhältnis zwischen Kirche und Staat geht. Die schon gegen den ersten Entwurf erhobene Kritik, das BGB habe die soziale Frage vernachlässigt, führte zu einer weitgehenden Verselbstständigung des Arbeitsrechts, dessen Entwicklung vor allem durch die Rechtsprechung geprägt wurde.

Das Bürgerliche Gesetzbuch wurde in seinen Kernbereichen über hundert Jahre nur gering verändert. Einschneidende Änderungen erfuhr nur das Familienrecht, das in der Urfassung des BGB von einem patriarchalischen Geist durchdrungen war. Das durch den Gesetzgeber wenig angetastete allgemeine Schuldrecht und das Verjährungsrecht wurden durch das am 1. 1. 2002 in Kraft getretene Gesetz zur Modernisierung des Schuldrechts erheblich umgestaltet. Anlass war die Umsetzung einer EG-Richtlinie zum Verbrauchsgüterkauf. Die Neugestaltung des Schuldrechts wurde teils

---

3 *Gierke*, Der Entwurf eines bürgerlichen Gesetzbuchs und das deutsche Recht, 1889.
4 Siehe dazu *Otte*, Zur Legitimationskrise der staatlichen Eheschließung, JuS 1989, 599.

befürwortet, teils aber heftig kritisiert, weil die Reform unter Zeitdruck durchgeführt wurde.

In der ehemaligen DDR wurde das BGB am 1. 1. 1976 außer Kraft gesetzt und durch das Zivilgesetzbuch der Deutschen Demokratischen Republik (ZGB) ersetzt[5]. Das Gesetz war auf die Verhältnisse in einem sozialistischen Staat zugeschnitten, in dem das Zivilrecht nur eine untergeordnete Rolle spielt. Mit der Wiederherstellung der staatlichen Einheit Deutschlands am 3. Oktober 1990 wurde das ZGB abgeschafft und wieder durch das BGB ersetzt, soweit Art. 8 des Vertrags über die Herstellung der Einheit Deutschlands keine Einschränkung enthält. Überleitungsvorschriften zum Allgemeinen Teil finden sich in Anlage I des Einigungsvertrags, die Änderungen und Ergänzungen des EGBGB enthält. Sie betreffen die Entmündigung, Vereine, Stiftungen, die Organhaftung nach § 31 BGB, Bestandteile von Grundstücken und die Verjährung. **68**

II. Geistige Grundlagen[6]

Der Kernbereich des Bürgerlichen Gesetzbuchs ist geprägt von der Philosophie des Liberalismus. Gewährung von Freiheit bedeutet, den Willen des Einzelnen zu respektieren. Der Staat soll nicht das Recht haben, sich wie ein Vormund über den Willen des Bürgers hinwegzusetzen, denn Missachtung des Willens bedeutet nach liberaler Auffassung Missachtung der Person. Das vom Grundsatz der Privatautonomie beherrschte Gesetz stellt Instrumente zur Verfügung, mit denen die Bürger ihre Rechtsverhältnisse frei und eigenverantwortlich gestalten können. Geltungsgrund des Vertrags ist der erklärte Wille der Vertragsparteien. Das bedeutet, dass im Regelfall nicht geprüft wird, ob eine vertragliche Regelung angemessen oder fair ist. Einer Vertragspartei, die einwendet, die Vereinbarung sei unausgewogen oder ungerecht, wird entgegengehalten, sie habe diese Regelung gewollt und deshalb sei es unangebracht, Klage darüber zu führen. Jeder ist für seine auf der Grundlage der Privatautonomie in Kraft gesetzten Regelungen selbst verantwortlich. Vertragsgerechtigkeit wird dadurch hergestellt, dass beide Parteien ihre Interessen bei den Vertragsverhandlungen ins Spiel bringen und durchsetzen. **69**

Freilich liegt dem BGB nicht der naive Glaube zugrunde, alle Menschen seien in jeder Situation in der Lage, vernünftige Regelungen zu treffen. So werden bestimmte Personen (Minderjährige, Geisteskranke) dem Willen des gesetzlichen Vertreters unterstellt. Bei einschneidenden Rechtsge- **70**

---

5   Dazu *Ramm*, Das Zivilgesetzbuch der DDR – damals und heute, JZ 1996, 456; Kommentar zum ZGB, Hrsg. Ministerium der Justiz der DDR.
6   Dazu den ausführlichen Überblick bei *D. Schwab*, Einführung in das Zivilrecht, RdNr. 59.

schäften sollen Formvorschriften vor unbedachten Verträgen schützen. Wo notarielle Beurkundung vorgeschrieben ist, kommt dem Notar die Aufgabe zu, die Parteien über die Tragweite ihres Handelns zu belehren und darauf zu achten, dass ungewandte Beteiligte nicht benachteiligt werden (vgl. § 17 Abs. 1 BeurkG). Wird die Zwangslage, die Unerfahrenheit, der Mangel an Urteilsvermögen oder eine erhebliche Willensschwäche eines Geschäftspartners ausgenutzt, ist das Rechtsgeschäft nach § 138 Abs. 2 BGB nichtig, wenn Leistung und Gegenleistung in einem auffälligen Missverhältnis stehen.

Vertragsverhandlungen, bei denen jede Partei ihre Interessen verfolgt, können zu keiner ausgewogenen Regelung führen, wenn die Beteiligten ungleiche Verhandlungspositionen haben. Deshalb wird die Vertragsfreiheit in manchen Bereichen (z.B. Mietrecht[7]) durch zwingende Rechtsvorschriften eingeschränkt.

Das Bürgerliche Gesetzbuch berücksichtigt in stärkerem Maße als ältere Kodifikationen Verkehrsinteressen und trägt dem Bedürfnis des Handelnden an verlässlichen Entscheidungsgrundlagen Rechnung. Dem dient im Sachenrecht der Typenzwang, der nur in beschränktem Umfang eine Modellierung der Sachenrechte durch Parteivereinbarung zulässt, damit die Rechtslage leicht erkennbar ist. Auch die Rechtsscheinstatbestände, die den Gutgläubigen schützen, dienen dem Verkehrsschutz (z.B. gutgläubiger Erwerb nach den §§ 929, 932 BGB, Wirkung der Vollmachtsurkunde, § 172 BGB). Zum Abstraktionsgrundsatz siehe unten RdNr. 119.

71 Das BGB war dem Liberalismus oder einem normativen Individualismus[8] durchaus nicht in allen Bereichen verpflichtet. Insbesondere das Familienrecht war geprägt von autoritären, patriarchalischen Wertvorstellungen. Die verheiratete Frau wurde zwar nicht mehr wie in früheren Rechtsordnungen als geschäftsunfähig behandelt, aber ihre Stellung glich in verschiedener Hinsicht der eines minderjährigen Kindes: Nach § 1354 Abs. 1 a.F. BGB hatte allein der Mann die Entscheidung in allen das eheliche Leben betreffenden Angelegenheiten. Er konnte sogar ein Dienstverhältnis, das die Ehefrau einging, aus eigenem Recht ohne Einhaltung einer Frist kündigen (§ 1358 Abs. 1 a.F. BGB). Nach § 1363 Abs. 1 a.F. BGB wurde bei gesetzlichem Güterstand das Vermögen der Frau durch die Eheschließung der Verwaltung und Nutznießung des Mannes unterstellt, und der Mann konnte ohne Zustimmung der Frau über deren Geld verfügen (§ 1376 Nr. 1 a.F. BGB). Von autoritärem Geist waren auch die Verfahrensregeln der freiwilligen Gerichtsbarkeit geprägt, die vor allem im Vormundschaftsrecht bedeutend sind. Wie ambivalent die Wertvorstellungen gegen Ende des 19. Jahrhunderts waren, wird deutlich, wenn man bedenkt, dass bei Strei-

---

7 Dazu *H. Honsell*, Privatautonomie und Wohnungsmiete, AcP 186 (1986), 115.
8 *Von der Pfordten* JZ 2005, 1096.

tigkeiten um geringfügige Geldbeträge bessere Verfahrensgarantien gewährt wurden als bei Verfahren, die ein minderjähriges Kind vor Vernachlässigung und Verwahrlosung schützen sollten.

III. Drittwirkung der Grundrechte, Diskriminierungsverbote

1. Das Problem der Drittwirkung der Grundrechte

72 Das Grundgesetz enthält grundlegende Wertentscheidungen, die auch für das Privatrecht von Bedeutung sind. Nach Art. 3 Abs. 2 GG sind Männer und Frauen gleichberechtigt. Mit diesem Grundsatz waren weite Teile des Familienrechts unvereinbar und mussten der neuen Rechtslage angepasst werden. Eine ausdrückliche Anweisung an den Gesetzgeber, das BGB zu ändern, wurde in Art. 6 Abs. 5 GG aufgenommen. Danach mussten die „unehelichen"[9] Kinder den ehelichen gleichgestellt werden.

73 Dass die Grundrechte auch für das Privatrecht von Bedeutung sind, ist unbestritten. Dennoch besteht keine Einigkeit darüber, auf welche Weise die Grundrechte auf das Privatrecht einwirken[10]. Obwohl Art. 1 Abs. 3 GG unmissverständlich klarstellt, dass die Grundrechte Gesetzgebung, vollziehende Gewalt und Rechtsprechung als unmittelbar geltendes Recht binden, wird die Meinung vertreten, eine Grundrechtsbindung bestehe für den Gesetzgeber auf dem Gebiete des Privatrechts nicht, lediglich die Wertentscheidungen der Verfassung seien zu berücksichtigen[11]. Diese Ansicht ist verfehlt.

74 Die Zurückhaltung, die von manchen bei Anerkennung der Geltung der Grundrechte auf dem Gebiete des Privatrechts geübt wird, ist von der Befürchtung getragen, die Freiheit könne ausgehöhlt werden, wenn die Grundrechte bei der Vertragsgestaltung zu beachten wären[12].

Beispiel Ordenssekretärin: Bei einem katholischen Orden soll eine Sekretärin eingestellt werden. Unter den Bewerberinnen befinden sich eine Katholikin und eine militante Atheistin, die aber bessere Zeugnisse vorzuweisen hat als die religiöse Konkurrentin. Soll der Orden gezwungen sein, die Atheistin einzustellen, weil nach Art. 3 Abs. 3 GG niemand wegen seiner religiösen Überzeugung benachteiligt oder bevorzugt werden darf?

Beispiel Freizügigkeit: Ein Arbeitgeber vereinbart mit einem leitenden Angestellten, dass dieser seinen Wohnsitz am Ort des Betriebes nehmen soll, damit er die Firma im gesellschaftlichen Leben der Stadt repräsentieren kann. Verstößt der

---

9 Bei der Reform des BGB wurden die unehelichen Kinder in nichteheliche umbenannt. Im Grundgesetz wurde der alte Ausdruck jedoch nicht geändert.
10 Vielfach handelt es sich bei der Auseinandersetzung um die Wirkung der Grundrechte im Privatrecht um ein Formulierungsproblem; vgl. in *MünchKomm/Säcker* Einl. RdNr. 56.
11 *Kopp*, 2. Festschrift f. Wilburg, 1975, S. 149.
12 Vgl. *Flume* II § 1, 10 b; *Eisenhardt* RdNr. 33.

Vertrag gegen Art. 11 GG, der die Freizügigkeit im ganzen Bundesgebiet gewährleistet?

75 Das Problem der Drittwirkung der Grundrechte ist vornehmlich ein Problem der Privatautonomie. Die Freiheit, Verträge nach Belieben abzuschließen, wird durch Art. 2 Abs. 1 GG garantiert. Diese Freiheit würde eingeschränkt oder aufgehoben, wenn es den Parteien nicht erlaubt wäre, über grundrechtlich geschützte Positionen vertraglich zu verfügen. Mit der Zuweisung einer Rechtsposition wird für den Rechtsträger ein Entscheidungsmonopol geschaffen, das bei disponiblen Rechten Tauschgeschäfte erst ermöglicht. Am deutlichsten lässt sich dies beim Eigentum veranschaulichen. Das Eigentum wird garantiert und geschützt, damit der Eigentümer die Eigentümerrechte ausüben kann. Dazu gehört auch, dass der Eigentümer auf seine Befugnis, einen anderen vom Gebrauch auszuschließen, gegen Entgelt verzichten kann.

76 Bei allen veräußerlichen Rechtspositionen ist die Verfügungsmöglichkeit Bestandteil des Rechts, und deshalb wäre es verfehlt, einen Vertrag, durch den über eine verfassungsrechtlich geschützte Position verfügt wird, als unvereinbar mit dem Grundgesetz anzusehen. Diese Überlegungen zeigen, dass bei richtigem inhaltlichen Verständnis der Grundrechte nicht die Gefahr besteht, eine Anerkennung der Grundrechte auf dem Gebiete des Privatrechts könne die Freiheit aushöhlen. Nicht alle grundrechtlich geschützten Positionen unterliegen freilich der Verfügung des Grundrechtsträgers. Wenn Art. 1 GG bestimmt, die Würde des Menschen sei unantastbar, dann ist damit kein Wert zugewiesen, der Tauschgeschäften zugänglich sein soll. Ein privatrechtlicher Vertrag, der die Menschenwürde verletzt, ist nichtig. Die Frage ist allerdings, ob die Nichtigkeit mit Art. 1 GG zu begründen ist oder ob sich die Nichtigkeitsfolge aus § 138 BGB ergibt. Ein Rückgriff auf das Grundgesetz ist überflüssig, wo die Anwendung der Privatrechtsnormen für die Entscheidung eines Rechtsstreits ausreicht.

77 **Im Beispiel** „Freizügigkeit" (oben Rdnr. 74) verstößt der Vertrag nicht gegen Art. 11 GG. Das ergibt sich daraus, dass die Freiheit, den Wohnsitz frei zu wählen, konstitutiv für die Befugnis ist, eine Vereinbarung über den Wohnsitz zu schließen. Nur wenn eine Vereinbarung auf eine Selbstentrechtung hinausliefe (lebenslängliche Bindung ohne Kündigungsmöglichkeit), wäre der Vertrag nach § 138 BGB nichtig[13]

78 Nach traditionellem Verständnis handelt es sich bei den Grundrechten um Freiheitsrechte gegenüber dem Staat, die nicht unmittelbar im Verhältnis zwischen Privatpersonen wirken. Deshalb wird eine unmittelbare Drittwirkung der Grundrechte in der Lehre überwiegend abgelehnt[14]. Eine Aus-

---

13 Zu einem sittenwidrigen Verzicht auf die Freizügigkeit vgl. BGH NJW 1972, 1414.
14 Dazu *Canaris* AcP 184 (1984), 201 m.w.N.; *Raiser*, Grundgesetz und Privatrechtsordnung, Verh. d. Dt. Juristentages 1966, Bd. 2 Teil B; *Leisner*, Grundrechte und Privatrecht, 1960,

nahme wird lediglich für Art. 9 GG anerkannt, da Abs. 3 ausdrücklich bestimmt, dass Vereinbarungen nichtig sind, die das Recht, Koalitionen zu bilden, ausschließen. Nach der Theorie von der mittelbaren Drittwirkung der Grundrechte sind nicht die Privatrechtssubjekte Adressaten der Grundrechtsnormen, sondern der Staat und die Rechtsprechungsorgane. Bei der Auslegung der Privatrechtsnormen, insbesondere den Generalklauseln, sind danach die Grundrechte zu beachten[15]. Begreift man die Selbstbindung durch Vertrag als Ausübung der Freiheitsrechte, verliert der Streit um die unmittelbare oder mittelbare Wirkung der Grundrechte im Vertragsrecht an Bedeutung. Die Grenzen der Vertragsfreiheit beginnen nicht dort, wo ein Rechtsgeschäft in eine grundgesetzlich geschützte Position eingreift. Entscheidend ist, dass es sich bei dem Rechtsgeschäft um einen Akt der Selbstbestimmung handelt. Davon kann nicht die Rede sein, wenn ein Vertragspartner ein faktisches Übergewicht hat, das es ihm erlaubt, den Vertrag zu diktieren. Wo das Gesetz keine Schutzvorschriften enthält, muss der Zivilrichter die Grenzen der Vertragsfreiheit mit Hilfe der Generalklauseln (§§ 138, 242 BGB) bestimmen[16].

Das Grundgesetz ist nicht nur bei der Auslegung von Generalklauseln zu beachten. Oft lässt eine Bestimmung mehrere Deutungsmöglichkeit zu. Der Richter hat das Auslegungsergebnis zu wählen, das dem Grundgesetz an nächsten und mit ihm vereinbar ist (**verfassungskonforme Auslegung**).

Canaris führte in die Diskussion um die Drittwirkung der Grundrechte den Gedanken ein, Grundrechten könne eine Schutzfunktion zukommen[17]. Der Sache nach beruht die Rechtsprechung zum Schmerzensgeld bei Persönlichkeitsverletzungen auf der Vorstellung, die Gerichte seien gehalten, die Grundrechte zu schützen, und notfalls sei ein Sanktionsdefizit rechtsfortbildend auszugleichen[18]. Diese Überlegungen können vor allem bei der Auslegung des § 823 Abs. 1 BGB fruchtbar gemacht werden. Weshalb sollen z. B. Eingriffe in die Gewissensfreiheit oder Lehrfreiheit nicht den absolut geschützten Positionen gleichgestellt werden? 79

Eine Sonderstellung nimmt Art. 3 GG ein. Der Gleichheitsgrundsatz gewährt keine geschützte Position, die einer Person zugewiesen wird, wie Kunst- und Religionsfreiheit. Beim Gleichbehandlungsgebot handelt es sich um ein allgemeines Rechtsprinzip. Die entscheidende Frage ist, ob 80

S. 285. Die Rechtsprechung des BAG folgt der Lehre von der unmittelbaren Drittwirkung, vgl. BAGE 4, 274; viele Entscheidungen betreffen aber Art. 3 GG, dem eine Sonderstellung zukommt: BAG AP Nr. 4, 6, 77, 87, 110 zu Art. 3 GG; NJW 1990, 65. Nach BGH NJW 2003, 1658 sind Sparkassen als Anstalten öffentlichen Rechts unmittelbar an die Grundrechte gebunden.
15 Instruktiv BVerfG NJW 1991, 2413.
16 Lesenswert BVerfG NJW 1990, 1469, 1470.
17 *Canaris* AcP 184 (1984), 225.
18 Vgl. BGHZ 35, 363 = NJW 1961, 2059 (Ginseng). Zur Schutzwirkung der Grundrechte BVerfG NJW 2006, 595.

nicht nur staatliche Gesetze am Maßstab des Art. 3 GG zu messen sind, sondern auch rechtsgeschäftliche Regelungen. Nach der Lehre von der Drittwirkung der Grundrechte dürfen Verträge keine Differenzierungen enthalten, die Art. 3 GG ausschließt. Zum gleichen Ergebnis kommt *Canaris*, der aus Art. 3 GG ein ungeschriebenes Verbot i. S. d. § 134 BGB ableitet. Diese Ansicht ist abzulehnen. Privatrechtssubjekte sind grundsätzlich nicht an Art. 3 GG gebunden[19]. Auch ein Richter, der von der Wirksamkeit eines Vertrags ausgeht, in dem nach den Maßstäben des Art. 3 GG unsachliche Differenzierungen enthalten sind, verletzt Art. 3 GG nicht. Denn Art. 3 GG verbietet lediglich ungerechtfertigte Differenzierungen. Bei Rechtsgeschäften ist der Wille Rechtfertigung der inhaltlichen Gestaltung, und dieser Wille unterliegt keiner staatlichen Kontrolle, soweit er die Grenzen der allgemeinen Handlungsfreiheit nicht überschreitet und gesetzliche Benachteiligungsverbote (AGG) nicht verletzt. Die unmittelbare Anwendung des Art. 3 GG, die im Willen keinen Differenzierungsgrund sieht, führte zu Ergebnissen, die niemand ernsthaft vertreten würde. Soll die Braut aus Oberbayern, die zwischen einem protestantischen sozialdemokratischen Preußen und einem christlichsozialen bayerischen Katholiken schwankt, nicht berechtigt sein, bei ihrer Entscheidung der Sprache, der Heimat und Herkunft, dem Glauben, religiösen und politischen Anschauungen ausschlaggebende Bedeutung beizumessen, obwohl alle diese Kriterien nach Art. 3 Abs. 3 GG als Differenzierungsgründe ausscheiden? Auch wenn eine unmittelbare Anwendung des Art. 3 GG bei der Inhaltskontrolle eines Rechtsgeschäfts ausscheidet, kann doch im Einzelfall zu prüfen sein, ob die Ungleichbehandlung zur Sittenwidrigkeit nach § 138 BGB führt.

Beispiel Frauenfeindliches Testament: In einem Testament verfügt der Inhaber eines Betriebes, dass nur männliche Nachkommen Erben sein sollen. Die weiblichen Abkömmlinge fühlen sich benachteiligt und vertreten die Ansicht, das Testament sei nichtig. Der BGH[20] hat in einem ähnlichen Fall (es handelte sich um eine Stiftung) § 138 BGB geprüft und die Ansicht vertreten, das Rechtsgeschäft sei nicht sittenwidrig. Auf das AGG können sich die weiblichen Nachkommen nicht berufen, da nach § 19 Abs. 4 AGG die Vorschriften über den Schutz vor Benachteiligung im Zivilrechtsverkehr bei erbrechtlichen „Schuldverhältnisses" nicht anwendbar ist. Dazu gehört entgegen dem schiefen Wortlaut des Gesetzes auch die Erbeinsetzung[21].

Der Rückgriff auf Art. 3 GG führt zu einer Rechtsausübungskontrolle, wenn der freie Wille nicht als Differenzierungsgrund beachtet wird. Anschauliches Beispiel ist die Diskussion um die Voraussetzungen, unter denen ein Ladeninhaber ein Hausverbot aussprechen kann. Für die Ansicht, das Hausverbot bedürfe einer sachlichen Rechtfertigung, wurde die Lehre von

---

19 *Wernsmann* JZ 2005, 231 m. w. N.
20 BGHZ 70, 313 = NJW 1978, 943. Siehe auch BGH JuS 1999, 606 („Hohenzollerntestament").
21 *Jauernig* AGG § 19 RdNr. 10.

§ 4 Entstehung des BGB, Wertungsgrundlagen, Europäisches Recht

der mittelbaren Drittwirkung der Grundrechte bemüht[22]. Der BGH hatte sich mit der Frage zu befassen, ob die Weigerung eines Kunden, Taschenkontrollen über sich ergehen zu lassen, ein Hausverbot rechtfertigt[23]. Bei dem Rechtsstreit war schon der Klagantrag bemerkenswert. Die vom Hausverbot betroffene Kundin hatte einen Anspruch auf Aufhebung des Hausverbots geltend gemacht. Dem lag wohl die Vorstellung zugrunde, die freie Ausübung der Eigentümerbefugnisse sei zwar wirksam, aber es bestehe ein schuldrechtlicher Anspruch, dass der Eigentümer seine Entscheidung korrigiert.

2. Allgemeines Gleichbehandlungsgesetz (AGG)

Zur Beseitigung von Diskriminierungen im Privatrechtsverkehr wurde im Jahre 2006 das Allgemeine Gleichbehandlungsgesetz (AGG) erlassen, mit dem vier Antidiskriminierungsrichtlinien der EG umgesetzt wurden[24]. Ziel des Gesetzes ist es, Benachteiligungen aus Gründen der Rasse oder wegen der ethnischen Herkunft, des Geschlechts, der Religion, der Weltanschauung, einer Behinderung, des Alters oder der sexuellen Identität zu verhindern oder zu beseitigen (§ 1 AGG). Der Hauptanwendungsbereich des Gesetzes liegt im Arbeitsrecht (vgl. § 2 Abs. 1 Nr. 1 bis 4 AGG), wo schon bisher Antidiskriminierungsverbote galten. Eine Beschränkung der Privatautonomie zur Gleichstellung von Mann und Frau enthielt § 611 a BGB für das Arbeitsrecht. Danach durfte kein Arbeitnehmer wegen seines Geschlechts benachteiligt werden[25]. Schon vor dieser ausdrücklichen gesetzlichen Regelung wurden vom BAG geschlechtsspezifische Differenzierungen in Tarifverträgen für unzulässig erklärt[26]. Ein Verbot unsachlicher Ungleichbehandlung von Männern und Frauen im Arbeitsverhältnis ergab sich unmittelbar aus Art. 141 EG, den das nationale Gericht anzuwenden hatte[27]. Das AGG beschränkt die Diskriminierungsverbote jedoch nicht auf Arbeitsverhältnisse. Für zivilrechtliche Rechtsverhältnisse von Bedeutung ist § 2 Abs. 1 Nr. 8 AGG. Danach ist eine Benachteiligung in Bezug auf den Zugang zu und die Versorgung mit Gütern und Dienstleistungen, die der Öffentlichkeit zur Verfügung stehen, einschließlich von Wohnraum, verboten. Die allgemeine Bestimmung wird ergänzt durch § 19

81

---

22 *Christensen* JuS 1996, 873 zu BGHZ 124, 39.
23 BGHZ 124, 39.
24 Richtlinie 2000/43/EG des Rates vom 29. Juni 2000 (Abl EG Nr. L 180 S. 22); 2000/78/EG des Rates vom 27. Nov. 2000 (Abl. EG Nr. L 303 S. 16) und 2002/73/EG des Europäischen Parlaments und des Rates vom 23. September 2002; Richtline 2004/113/EG vom 13.12.2004. Zur Bindung Privater an Diskriminierungsverbote durch Gemeinschaftsrecht siehe auch *Wernsmann* JZ 2005, 224.
25 Zum Schmerzensgeldanspruch wegen Diskriminierung vgl. BAG NJW 1990, 65; s. auch *Abele* EuR 1990, 371.
26 Vgl. BAGE 1, 258.
27 EuGH NZA 1990, 775; NJW 2000, 647 (auch zur Richtlinie 76/207/EWG); vgl. auch BAG NZA 1992, 259 (zum Lohnfortzahlungsgesetz).

AGG, der das zivilrechtliche Benachteiligungsverbot näher umschreibt. Nach § 19 Abs. 1 AGG ist eine Benachteiligung unzulässig aus Gründen der Rasse oder wegen der ethnischen Herkunft, wegen des Geschlechts, der Religion, einer Behinderung, des Alters oder der sexuellen Identität bei der Begründung und Beendigung zivilrechtlicher Schuldverhältnisse, die typischerweise ohne Ansehung der Person zu vergleichbaren Bedingungen in einer Vielzahl von Fällen zustande kommen (**Massengeschäfte**) oder bei denen das Ansehen der Person nach Art des Schuldverhältnisses eine nachrangige Bedeutung hat und zu vergleichbaren Bedingungen zustande kommen. Außer bei Massengeschäften verbietet § 19 Abs. 1 Nr. 2 AGG Diskriminierungen bei privaten Versicherungen. Eine Benachteiligung wegen der Rasse oder wegen der ethnischen Herkunft ist darüber hinaus auch bei der Begründung, Durchführung und Beendigung sonstiger Schuldverhältnisse im Sinne des § 2 Abs. 1 Nr. 5 bis 8 AGG unzulässig. Das Benachteiligungsverbot gilt nicht schlechthin, denn in § 20 AGG sind Rechtfertigungsgründe für eine Unleichbehandlung aufgeführt.

Bei Verstößen gegen zivilrechtliche[28] Diskriminierungsverbote des AGG sind für den Benachteiligten nach § 21 Abs. 1 und 2 BGB Unterlassungs-, Beseitigungs- und Schadensersatzansprüche begründet. Auszugleichen ist nicht nur ein etwaiger Vermögensschaden, sondern auch immaterielle Schäden (§ 21 Abs. 2 Satz 3 AGG). Die Ansprüche müssen innerhalb einer Frist von zwei Monaten geltend gemacht werden. Nach Ablauf der Frist kann der Anspruch nur geltend gemacht werden, wenn der Benachteiligte ohne Verschulden an der Einhaltung der Frist verhindert war. Nach § 22 AGG besteht für den Kläger als Anspruchsteller im Prozess eine Beweiserleichterung. Es genügt, wenn er Indizien einer Diskriminierung nachweist. Gelingt dies, trägt der Gegner die Beweislast dafür, dass kein Verstoß gegen Bestimmungen zum Schutz vor Benachteiligungen vorgelegen hat.

Im Falle der diskriminierenden Verweigerung eines Vertragsschlusses würde umfassender Rechtsschutz durch einen Kontrahierungszwang gewährt. Das AGG enthält jedoch keinen Anspruch auf Abschluss eines Vertrags. In § 15 Abs. 5 AGG wird für den Bereich des Arbeitsrechts ausdrücklich klargestellt, das ein Anspruch auf Begründung eines Beschäftigungsverhältnisses nicht besteht. Ob auch für zivilrechtliche Verträge ein Kontrahierungszwang abzulehnen ist, ist streitig[29]. Konstruktiv ließe sich ein Kontrahierungszwang schadensersatzrechtlich begründen. Nach § 249 Abs. 1 BGB schuldet der Ersatzpflichtige Herstellung in Natur. Die Herstellung in Natur könnte dadurch geleistet werden, dass der bisher verweigerte Vertrag geschlossen wird. Allerdings enthält § 21 AGG keine Pflicht

---

[28] Für das Arbeitsrecht enthält § 15 AGG eine Sonderregelung.
[29] Dagegen *Armbrüster* NJW 2007, 1494; *ders.* VersR 2006, 1289; *Leible/Schlachter*, Diskriminierungsschutz durch Privatrecht, 2006; für einen Kontrahierungszwang *Maier-Reimer* NJW 2006, 2577; *Schwab* DNotZ 2006, 667; *MünchKomm/Thüsing*, § 21 AGG RdNr. 22.

zur Naturalrestitution. Zu beseitigen ist lediglich der Schaden, der durch die Verletzung des Verbots eingetreten ist[30].

Beispiel: Ein Frisör bietet für Männer und Frauen unterschiedliche Preise für den Haarschnitt an. Eine Frau, die einen Kurzhaarschnitt trägt, weigert sich, den teureren Preis für Frauen zu zahlen. Sie verlangt von dem Friseur einen Haarschnitt zum Männertarif. Der Vertrag fällt unter § 19 Abs. 1 Nr. 1 AGG (Massengeschäft). Somit ist eine Differenzierung wegen des Geschlechts eigentlich verboten. In Betracht käme nur ein Rechtfertigungsgrund nach § 20 AGG. Da die speziellen Rechtfertigungsgründe ausscheiden, kann sich der Friseur allenfalls auf die Generalklausel des § 20 Abs. 1 AGG berufen. Danach ist eine Verletzung des Benachteiligungsverbots nicht gegeben, wenn für eine unterschiedliche Behandlung wegen des Geschlechts ein sachlicher Grund vorliegt. Der Friseur könnte darauf abstellen, dass Frauenhaarschnitte typischerweise aufwändiger seien[31].

IV. Europarecht und Europäisches Privatrecht[32]

Der Einfluss des europäischen Integrationsprozesses auf das Privatrecht ist schon heute unübersehbar und wird sich in Zukunft noch verstärken. Die von den Mitgliedsstaaten abgeschlossenen EG-Verträge[33] bilden als sog. primäres Gemeinschaftsrecht die konstituierenden Bestimmungen für die europäischen Gemeinschaften, etwa vergleichbar mit der Verfassung eines Staates. Aufgrund von Ermächtigungen im primären Gemeinschaftsrecht erlassen der EG-Rat, die EG-Kommission und das Parlament[34] sog. sekundäres Gemeinschaftsrecht. Die Formen sekundären Gemeinschaftsrechts sind Verordnungen und Richtlinien.

81a

Das primäre Gemeinschaftsrecht und die Verordnungen finden in den Staaten der Europäischen Gemeinschaft unmittelbar Anwendung. Sie sind nach der Rechtsprechung des EuGH zudem mit einem Anwendungsvorrang gegenüber nationalem Recht ausgestattet[35]. Ein Beispiel für die unmittelbare Geltung von Primärrecht im Privatrecht bildet der bereits erwähnte Art. 141 EGV (Rdnr. 81). Eine Verordnung mit privatrechtlichem Inhalt ist ergangen zur Europäischen Wirtschaftlichen Interessenvereinigung[36], die damit einen besonderen „europäischen" Gesellschaftstyp zur Verfolgung wirtschaftlicher Zwecke zur Verfügung stellt.

---

30 *Jauernig* AGG § 21 RdNr. 8.
31 Nach *Rath/Rütz* NJW 2007, 1498 ist der Vertrag wegen Verstoßes gegen das AGG nach § 134 BGB nichtig.
32 Dazu *Grundmann* JZ 2005, 860; *Basedow* JuS 2004, 89; *Blaurock* JZ 1994, 270; *Veelken* JuS 1993, 265 (269); *Hilt/Willms* JuS 1992, 368 (Arbeitsrecht); *Sandrock* JZ 1969, 1; *Roth* ZEuP 1994, 5; ders., EG-Richtlinien und Bürgerliches Recht, JZ 1999, 529; weitere Lit. vor RdNr. 66.
33 EG-Vertrag, EGKS-Vertrag, abgedruckt in Sartorius II, Nr. 150, 195 u. 200.
34 Vgl. *Rabe* NJW 1993, 1, 3 ff.
35 Zur Bedeutung vgl. *Veelken* JuS 1993, 265, 267.
36 ABlEG Nr. L 199 v. 31. 7. 1985, S. 1. Näher *K. Schmidt*, Gesellschaftsrecht, S. 1901 ff. (§ 66).

Im Mittelpunkt privatrechtlicher Rechtssetzung stehen jedoch die Richtlinien. Richtlinien sind nach Art. 249 Abs. 3 EGV dadurch gekennzeichnet, dass sie dem Mitgliedsstaat nur ein Regelungsziel bindend vorgeben, den innerstaatlichen Organen jedoch die Mittel und Wege zur Zielerreichung überlassen. Richtlinien sind in zahlreichen Rechtsgebieten (z. B. Arbeitsrecht, Verbraucherschutzrecht, Urheberrecht, Versicherungsvertragsrecht, Handelsvertreterrecht) ergangen. Eine Richtlinie bedarf als bloße Zielvorgabe der Umsetzung in nationales Recht.

Gleichwohl kann sie bei unzureichender Umsetzung in das nationale Recht unmittelbare Wirkung entfalten. Voraussetzung dafür ist, dass die Richtlinie die Beziehung zwischen öffentlicher Hand und Privaten regelt und ihre Regelungen für die Anwendung auf den Einzelfall hinreichend bestimmt sind. Dagegen wird die unmittelbare Wirkung im Verhältnis zwischen Privatpersonen auch bei unterlassener oder fehlerhafter Umsetzung von der h. M. abgelehnt[37]. Wird eine Richtlinie, die zum Ziel hat, dem einzelnen Bürger Rechte zu verleihen, nicht innerhalb der vorgegebenen Frist umgesetzt, so kann dieser von dem säumigen Mitgliedsstaat Schadensersatz verlangen[38]. Der auf dem Gemeinschaftsrecht beruhende[39] Staatshaftungsanspruch scheidet aus, wenn kein qualifizierter Verstoß gegen das Gemeinschaftsrecht vorliegt. Das wird etwa angenommen, wenn dem Staat bei der Umsetzung ein Rechtsirrtum unterlief und auch andere Staaten diese Rechtsauffassung teilen[40]. Bedeutung hat eine Richtlinie ferner für die Auslegung. Das auf ihr beruhende nationale Recht ist „richtlinienkonform" zu interpretieren[41]. Lässt der Gesetzeswortlaut mehrere Auslegungsmöglichkeiten zu, so ist diejenige zu wählen, die den Intentionen der Richtlinie entspricht[42]. Unzulässig ist jedoch eine richtlinienkonforme Auslegung contra legem[43]. Ist die Auslegung einer Richtlinie zweifelhaft, hat das letztinstanzliche Gericht den Prozess auszusetzen, um die Frage dem EuGH vorzulegen, der mit bindender Wirkung für das nationale Gericht entscheidet[44]. Andere Gerichte können eine Vorlage beschließen. Neben der richtlinienkonformen Auslegung gibt es die gemeinschaftsrechtskonforme Auslegung, bei der die Grundfreiheiten des EG-Vertrags als Maßstab herangezogen werden. Streitig ist, inwieweit den Grundfreiheiten unmittelbare Wirkung im Privatrechtsverkehr zukommt[45]. Für die

---

37 Siehe dazu *Callies/Ruffert*, Art. 249 Rdnr. 69 ff.
38 EuGH, NJW 1992, 165, 167; vgl. *Rabe* NJW 1993, 1, 3.
39 Vgl. EuGH NJW 1992, 165; BGHZ 134, 30.
40 EuGH EuZW 1996, 654.
41 *Breckmann*, Die richtlinienkonforme Auslegung, 1994; *Hommelhoff* AcP 192 (1992) 91 f.; *Schmidt*, RabelsZ 59 (1995), 569; *Rabe* NJW 1993, 1, 3; *Grundmann* JZ 1996, 274, 281 m. w. N.; *ders.* ZEuP 1996, 399.
42 Beispiel bei *Veelken* JuS 1993, 265, 271 f.
43 EuGH NJW 2006, 2467; *Canaris*, Festschr. F. Byslinski, 2002, S. 95; *Auer* NJW 2007, 1106.
44 Art. 234 EGV; zum Vorlageverfahren *Haller* JuS 1996, 209.
45 Dazu *Streinz/Leible* EuZW 2000, 459 m. w. N.; *Guckelberger* JuS 2003, 1156.

Freizügigkeit der Arbeitnehmer hat der EuGH eine unmittelbare Wirkung angenommen[46].

Neben der Rechtsvereinheitlichung, die über Richtlinien angestrebt wird, wurden in einzelnen Bereichen vom EuGH gemeineuropäische Rechtsgrundsätze entwickelt. Dabei knüpft der Gerichtshof an das ius commune an, das bis in das 18. Jahrhundert Grundlage einer einheitlichen Rechtskultur in Kontinentaleuropa war[47]. Die Kodifikationen vermochten diese zwar nicht zu zerstören, aber sie haben der Nationalisierung des Rechts und der Rechtswissenschaft[48] Vorschub geleistet.

Die Bemühungen um ein einheitliches Zivilrecht in Europa führten zu einer Reihe von Regelwerken: die Grundsätze des Europäischen Vertragsrechts (Principles of European Cotract Law – PECL), die Unidroit-Grundsätze, der Gandolfi-Codex, die Vorschläge der Study Group on a European Civil Code und der Acquis Group sowie der von der Europäischen Kommission initiierte Gemeinsame Referenzrahmen (Common Frame of Reference)[49].

---

[46] EuGH EuZW 2000, 468; ferner EuGH JZ 1996, 248 – Bosman -.
[47] Dazu *Knüttel* JuS 1966, 768; *Rittner* JZ 1995, 853.
[48] Schon *R. v. Jhering* beklagte die Entwicklung zur „Landesjurisprudenz"; Der Geist des römischen Rechts auf den verschiedenen Stufen seiner Entwicklung, Bd. 1, 1852, S. 15.
[49] Dazu *Flessner*, Der Gemeinsame Referenzrahmen im Verhältnis zu anderen Regelwerken, ZEuP 2007, 112.

Zweiter Teil
Rechtsgeschäftslehre

§ 5 Grundbegriffe und Grundprinzipien

Literatur: *Becker*, Vertragsfreiheit, Vertragsgerechtigkeit und Inhaltskontrolle, WM 1999, 709; *Boemke*, Kontrahierungszwang im Arbeitsrecht wegen Grundrechtsverletzung?, NJW 1993, 2083; *Brox*, Fragen der rechtsgeschäftlichen Privatautonomie, JZ 1966, 761; *Bydlinski*, Privatautonomie und objektive Grundlagen des verpflichtenden Geschäfts, 1967; *Canaris*, Die Vertrauenshaftung im deutschen Privatrecht, 1971; *Eichenhofer*, Die sozialpolitische Inpflichtnahme von Privatrecht, JuS 1996, 857; *Flume*, Das Rechtsgeschäft und das rechtlich relevante Verhalten, AcP 161 (1962), 52; *ders.*, Rechtsgeschäft und Privatautonomie, Festschr. zum 43. Dt. Juristentag, 1960, I, 135; *Frenz*, Die Verfassungsmäßigkeit lebenslanger Zahlungspflicht, JR 1994, 92; *Fuchs*, Schuldrecht und Verfassungsrecht, FS Hans F. Zacher, 1998, 169; *Gernhuber*, Ruinöse Bürgschaften als Folge familiärer Verbundenheit, JZ 1995, 1086; *Habersack*, Vertragsfreiheit und Drittinteressen,1992; *Heck*, Das abstrakte dingliche Rechtsgeschäft, 1937; *Hillgruber*, Abschied von der Privatautonomie (zur Rechtsprechung des BVerfG) ZRP 1995, 6; *v. Hippel, Fritz*, Das Problem der rechtsgeschäftlichen Privatautonomie, 1936; *Hönn*, Zur Problematik der Privatautonomie, Jura 1984, 57; *ders.*, Entwicklungslinien des Vertragsrechts, JuS 1990, 953; *Honsell*, Privatautonomie und Wohnungsmiete, AcP 186 (1986), 115; *Huber, Hans*, Die verfassungsrechtliche Bedeutung der Vertragsfreiheit, 1966; *Jauernig*, Trennungsprinzip und Abstraktionsprinzip, JuS 1994, 721; *Kegel*, Verpflichtung und Verfügung – Sollen Verpflichtungen abstrakt oder kausal sein? Festschr. f. F. A. Mann, 1977, 57; *Köhler/Gröner*, Verbraucherschutzrecht in der Marktwirtschaft, 1987; *Kohte*, Die rechtfertigende Einwilligung, AcP 185 (1985), 105; *Kramer, E. A.*, Die „Krise" des liberalen Vertragsdenkens, 1974; *Lammel*, Vertragsfreiheit oder Wirtschaftsfreiheit – Zur Teilnichtigkeit von Wettbewerbsabreden, AcP 189 (1989), 244; *Manigk*, Das System der juristischen Handlungen im neuesten Schrifttum, JherJb 83 (1933), 1; *ders.*, Willenserklärung und Willensgeschäft, 1907; *Merz*, Privatautonomie heute – Grundsatz und Rechtswirklichkeit, 1970; *Nipperdey*, Kontrahierungszwang und diktierter Vertrag, 1920; *Peters, F.*, Kauf und Übereignung – Zum sog. Abstraktionsprinzip, Jura 1986, 449; *Petersen*, Einseitige Rechtsgeschäfte, Jura 2005, 248; *Picker*, Vertragsfreiheit und Schuldrechtsreform, JZ 1988, 339; *Preiss*, Gestörte Vertragsparität und Inhaltskontrolle, DB 1994, 261; *Raiser, L.*, Vertragsfunktion und Vertragsfreiheit, Festschr. zum 43. Dt. Juristentag, 1960, I, 101; *Rebe*, Privatrecht und Wirtschaftsordnung, 1978; *Richter*, Privatautonomie und Verbraucherschutz im Lichte der Pläne zur Schaffung eines Europäischen Zivilgesetzbuchs, AcP 206 (2006), 3; *Schapp*, Über die Freiheit im Recht, AcP 192 (1992), 355; *ders.*,Über Freiheit, Moral und Recht, JZ 1995, 15; *Schimansky*, Bankvertragsrecht und Privatautonomie, WM 1995, 461; *Singer*, Selbstbestimmung und Verkehrsschutz im Recht der Willenserklärungen, 1995; *ders.*, Vertragsfreiheit, Grundrechte und der Schutz des Menschen vor sich selbst, JZ 1995, 1133; *Schreiber/Kreutz*, Der Abstraktionsgrundsatz, Jura 1989, 617; *v. Tuhr*, Zum Begriff der Verfügung nach BGB, AcP 117 (1919), 193*; Westermann, H.P.*, Die causa im französischen und deutschen Zivilrecht, 1967; *Wolf, M.*, Rechtsgeschäftliche Entscheidungsfreiheit und vertraglicher Interessenausgleich, 1970; *Wilmowsky*, EG-Freiheiten und Vertragsrecht, JZ 1996, 590.

I. Privatautonomie

1. Kennzeichnung

82 Das BGB, das dem Grundsatz der Privatautonomie verpflichtet ist, stellt Institute zur Verfügung, die es den Bürgern erlauben, ihre Angelegenheiten nach eigenem Gutdünken zu regeln. Mittel der Rechtsgestaltung sind vor allem Verträge, Satzungen und letztwillige Verfügungen (z.B. Testament). Die Privatautonomie tritt deshalb als **Vertragsfreiheit, Satzungsautonomie** und **Testierfreiheit** in Erscheinung. Bei der Vertragsfreiheit unterscheidet man die Abschluss- und die Inhaltsfreiheit. Die Parteien sollen frei darüber entscheiden, ob sie einen Vertrag abschließen (Abschlussfreiheit), und sie bestimmen dessen Inhalt (Inhaltsfreiheit). Der Grundsatz der Privatautonomie ist wie andere Grundsätze im BGB nicht ausdrücklich normiert, weil es nicht Aufgabe des Gesetzes ist, Bekenntnisse zu Grundsätzen abzulegen[1]. Aus den Gesetzesmaterialien ergibt sich aber, dass vor allem im Schuldrecht überlieferten Beschränkungen der Vertragsfreiheit eine klare Absage erteilt werden sollte[2]. Im älteren Recht setzte ein Schuldverhältnis ein vermögensrechtliches Interesse voraus, ein Rechtsgrundsatz, den das italienische Recht beibehalten hat (vgl. Art. 1147 ital. CC). Das französische Recht verlangt beim Vertragsschluss eine Vereinbarung über eine „cause licite" (Art. 1108 CC). Im englischen Recht wird die Freiheit des Vertragsschlusses durch die consideration-Doktrin beschränkt[3]. Danach sind vertragliche Versprechen, bei denen keine besondere Form (deed) eingehalten wurde, nur rechtsverbindlich, wenn sie wegen einer Leistung, eines Leistungsversprechens oder eines Opfers des Vertragspartners abgegeben wurden. Gemeinsam ist diesen Rechtsordnungen, dass der rechtsgeschäftliche Tatbestand neben dem Konsens der Parteien über die Rechtsfolgen weitere Elemente enthält. Nach deutschem Recht ist nur entscheidend, ob die Parteien eine Regelung durch ihren übereinstimmend erklärten Willen in Geltung gesetzt haben. Das Korrektiv bilden die Generalklauseln der §§ 134, 138 BGB. Die Grenze zum rechtlich Unverbindlichen wird mit Hilfe der Auslegung bestimmt.

Formaler **Geltungsgrund** rechtsgeschäftlicher Regelungen ist das Gesetz. Rechtsgeschäfte entfalten Wirkungen, weil das Gesetz die private Rechtsgestaltung anerkennt; sie sind keine originären Rechtsquellen[4]. Aber von

---

1 Das Schweizer Obligationenrecht enthält den Grundsatz der Inhaltsfreiheit ausdrücklich in Art. 19 Abs. 1 OR.
2 Dazu *Motive* II, S. 3. Die alte Doktrin scheint noch durch die Schadensersatzregelung der §§ 249 ff. BGB durch: Geldersatz ist nach § 253 BGB bei immateriellen Interessen grundsätzlich ausgeschlossen.
3 Dazu *Kötz/Flessner*, Europäisches Vertragsrecht, § 4 II. Auch im deutschen Recht setzt das Schenkungsversprechen eine besondere Form voraus, vgl. § 518 BGB. – Die consideration-Doktrin wird eingeschränkt durch die doctrine of promissory estoppel.
4 Das gilt auch für die Satzungen juristischer Personen. Dazu unten RdNr. 670.

einem praktischen Standpunkt aus kann man einen Vertrag bildhaft als das Gesetz bezeichnen, unter das sich die Vertragsparteien stellen. Die innere Rechtfertigung der Geltung privatautonomer Regelungen beruht auf der Anerkennung der Person als Träger eines Willens, der nicht als psychische Tatsache, sondern als rechtsethische Kategorie zu verstehen ist. Der Verweis auf den Willen einer Person verbietet die Frage nach inhaltlicher Rechtfertigung. Die Geltung eines Vertrags hängt nicht davon ab, ob er eine sachgerechte Regelungen enthält, entscheidend ist, dass er von den Parteien in Geltung gesetzt wurde. Die Frage nach inhaltlicher Rechtfertigung wird im Bereich privatautonomen Handelns abgelöst durch die Frage nach der Zurechnung. Sehr anschaulich schreibt der französische Jurist *Carbonnier* über die Privatautonomie: „*C'est une théorie de philosophie juridique, suivant laquelle la volonté humaine est à elle-mème sa propre loi*". Die Privatautonomie ist ein grundlegendes Prinzip, das aber wie jedes Prinzip durch andere Grundsätze und Gesichtspunkte begrenzt wird.

2. Beschränkungen

Zahlreihe Regelungen des BGB lassen sich als Beschränkung der Privatautonomie deuten. **Allgemeine Inhaltsschranken** enthalten die §§ 134, 138 BGB. Rechtsgeschäfte, die gegen ein Gesetz oder die guten Sitten verstoßen, sind nichtig. Daneben gibt es Vorschriften, die dem Umstand Rechnung tragen, dass Parteien in manchen Fällen nicht in der Lage sind, ihre Interessen wahrzunehmen, weil ein Vertragspartner wirtschaftlich oder intellektuell unterlegen ist. Dem **Schutz des Unterlegenen** dienen zwingende Vorschriften, die den Grundsatz der Privatautonomie begrenzen. Hierher gehören vor allem die zahlreichen Vorschriften des *Verbraucherschutzes*. Zur Begrenzung der Privatautonomie bei *Allgemeinen Geschäftsbedingungen* siehe unten RdNrn. 547 ff. Auch Formvorschriften haben den Zweck, Parteien vor Benachteiligungen zu schützen. Wenn das Gesetz notarielle Beurkundung vorschreibt, soll damit die Beratung durch einen Notar sichergestellt werden. Die Privatautonomie wird ferner im Interesse des **Verkehrsschutzes** beschränkt. So gibt es im Sachenrecht den Typenzwang und einen numerus clausus der Sachenrechte. Im Schuldrecht steht es den Parteien frei, neuartige Verträge zu erfinden, sie sind nicht an die Vertragstypen des BGB gebunden. Diese Freiheit besteht im Sachenrecht nicht. Das Gesetz stellt bestimmte Sachenrechte (Eigentum, Pfandrecht usw.) zur Verfügung. Neue Typen können rechtsgeschäftlich nicht wirksam begründet werden. Es soll verhindert werden, dass die dingliche Rechtslage durch individuelle Vereinbarungen undurchschaubar wird und Eigentumsbeschränkungen für alle Zeiten festgeschrieben werden. Im Interesse der Rechtssicherheit sind Verfügungen über das Eigentum an Grundstücken bedingungsfeindlich ausgestaltet (§ 925 Abs. 2 BGB), und das Gesetz erkennt Vereinbarungen, durch welche die Rechtslage mit dingli-

83

cher Wirkung rückwirkend geändert werden soll, nicht an. Deshalb gilt die Bestätigung eines Rechtsgeschäfts als Neuvornahme (§ 141 Abs. 1 BGB, siehe dazu RdNr. 383). **Volkswirtschaftliche Gesichtspunkte** sind beim generellen Verbot von Indexklauseln (Preisangaben- und Preisklauselgesetz) und im Wettbewerbsrecht für die Beschränkung der Privatautonomie ausschlaggebend (z. B. § 20 GWB). Zum **Schutze gegen Diskriminierungen** wird die Privatautonomie durch das Allgemeine Gleichbehandlungsgesetz (AGG) beschränkt. Siehe dazu oben § 4 RdNr. 81.

3. Das Konsensprinzip als immanente Schranke

84 Als positivrechtliche Grundlage der Privatautonomie wird vielfach § 311 Abs. 1 BGB genannt. Das ist ungenau, weil § 311 Abs. 1 BGB für die rechtsgeschäftliche Begründung von Schuldverhältnissen einen Vertrag voraussetzt und damit die Wahl des Rechtsgeschäftstyps beschränkt. Einseitige Versprechen genügen nach § 311 Abs. 1 BGB grundsätzlich nicht, um Verbindlichkeiten zu erzeugen. Das **Vertragsprinzip** wurde nach dem Vorbild älterer Kodifikationen festgeschrieben, obwohl es in der Theorie Bestrebungen gab, diesen Standpunkt zu überwinden[5]. § 311 Abs. 1 BGB ist Ausdruck des allgemeinen Grundsatzes, **wonach die rechtsgeschäftliche Rechtsfolge die Zustimmung aller Personen voraussetzt, die unmittelbar in ihrer Rechtsstellung durch die Regelung betroffen sind (Konsensprinzip)**. Ob die Rechtsfolge günstig oder ungünstig ist, spielt keine Rolle. Auch die Schenkung und der Rechtserwerb setzen die Zustimmung des Begünstigten und damit einen Vertrag voraus (vgl. die §§ 518, 929 BGB). Das Vertragsprinzip, das eine bestimmte rechtsgeschäftliche Handlungsform vorschreibt, enthält eine Begrenzung der Willkür des Einzelnen, die dem Schutze der Freiheit dient, die als Freiheit aller gedacht werden muss. Von dieser immanenten Schranke[6] sind Einschränkungen der Privatautonomie mit sozialer oder volkswirtschaftlicher Zielsetzung, wie z. B. Kündigungsschutz- oder Preisbindungsvorschriften, zu unterscheiden.

85 Das Konsensprinzip wird rechtstechnisch auf unterschiedliche Weise verwirklicht. In der Regel ist zwischen allen Personen, die von der Rechtsfolge betroffen sind, ein Vertrag erforderlich. Die Rechtsfolge kann aber auch auf einem Rechtsgeschäft beruhen, an dem ein Betroffener nicht beteiligt war. Geltung erlangt sie in diesen Fällen durch die Zustimmung des Betroffenen. So wird die Übereignung eines Nichtberechtigten wirksam, wenn der Eigentümer zustimmt, § 185 Abs. 1 BGB. Auch bei der Stell-

---
[5] Dazu *Motive* II, S. 175.
[6] Vgl. zu diesem Aspekt BVerfGE 89, 214 („Bei der Ausgestaltung der Privatrechtsordnung stellt sich für den Gesetzgeber ein Problem praktischer Konkordanz"). Gegen diese Entscheidung *Zöllner* AcP 196 (1969), 1, der übersieht, dass Probleme nicht dadurch gelöst werden, dass man sie leugnet.

vertretung ist der Vertretene an dem Vertretergeschäft nicht beteiligt. Die Rechtsfolgen werden auf ihn durch Zustimmung (Vollmacht oder Genehmigung) verlagert (§§ 164 ff. BGB). Verwandt mit dieser Delegation rechtsgeschäftlichen Handelns ist die Vereinbarung eines Leistungsbestimmungsrechts (z. B. § 317 BGB) und die auf der Satzung eines Personenverbandes beruhende Ermächtigung, durch Mehrheitsbeschluss Regelungen zu treffen.

Das Gesetz enthält Durchbrechungen des Grundsatzes, wonach rechtsgeschäftliche Rechtsfolgen der Zustimmung aller Betroffenen bedürfen. So kann der Gläubiger einer Forderung sein Recht ohne Mitwirkung des Schuldners abtreten (§ 398 BGB). Bei allen einseitigen Rechtsgeschäften besteht eine einseitige Regelungsbefugnis. Dabei handelt es sich um Ausnahmen, die jeweils besonderer Rechtfertigung bedürfen.

4. Kontrahierungszwang

In besonderen Fällen ordnet das Gesetz einen Abschlusszwang (Kontrahierungszwang) an, weil ein Anbieter im Bereich der Daseinsvorsorge eine Monopolstellung innehat. Abschlusszwang besteht nach § 36 Abs. 1 Gesetz über Elektrizitäts- und Gaslieferung, § 22 PBefG, § 3 EVO, § 21 LuftVG. Die Rechtsprechung hat darüber hinaus einen Kontrahierungszwang als Schadensersatzpflicht entwickelt. Ein Monopolist, der den Vertragsschluss über lebenswichtige Güter verweigert, handelt sittenwidrig. Er hat nach § 826 BGB Schadensersatz zu leisten, der nach dem Grundsatz der Naturalrestitution (§ 249 BGB) einen Anspruch auf Abschluss des Vertrags begründet. Was zu den lebenswichtigen Gütern zu rechnen ist, wird unterschiedlich beurteilt; zum Teil wird die Bedarfsdeckung zur gewöhnlichen Lebensführung darunter gefasst. Auch bei einem Verstoß gegen das kartellrechtliche Diskriminierungsverbot nach § 20 Abs. 1 und 2 GWB entsteht ein Anspruch auf Abschluss eines Vertrags als Schadensersatzanspruch (§ 33 Satz 1 GWB, § 249 BGB). Ein Sonderfall des Kontrahierungszwangs ist der Aufnahmezwang bei Monopolverbänden (dazu unten RdNr. 677). Zum Diskriminierungsverbot siehe oben Rdnr. 81.

86

5. Garantie

Die Privatautonomie ist **verfassungsrechtlich** durch Art. 2 Abs. 1 GG **gewährleistet**. Sie ist aber begrenzt durch die Freiheit anderer, das Sittengesetz sowie durch das Rechtsstaats- und Sozialstaatsprinzip. Siehe dazu oben RdNr. 78.

87

II. Rechtsgeschäft als Handlung

1. Handlung als rechtliche Grundkategorie

88 Das Gesetz knüpft Rechtsfolgen an unterschiedliche Tatsachen. So genießt Besitzschutz, wer die tatsächliche Gewalt über eine Sache ausübt (§§ 854 ff. BGB). Nach § 948 BGB entsteht Miteigentum, wenn bewegliche Sachen miteinander untrennbar vermischt werden. Dabei kommt es nicht darauf an, worauf diese Vermischung beruht, auch ein Naturereignis kann zur Vermischung i. S. d. § 948 BGB führen. Die meisten Bestimmungen knüpfen allerdings nicht lediglich an rein äußerliche Vorgänge an, sondern setzen eine Handlung voraus. So ist derjenige nach § 823 Abs. 1 BGB zum Schadensersatz verpflichtet, der durch seine Handlung das absolute Recht oder Rechtsgut eines anderen widerrechtlich und schuldhaft verletzt. Auch beim Vertrag sind die Rechtsfolgen an ein Verhalten, nämlich die Erklärungen der Parteien, eine bestimmte Regelung gelten zu lassen, geknüpft. Die Handlung ist Anknüpfungspunkt rechtlicher Regelungen, weil sie eine elementare Zurechnungskategorie ist: Wer behauptet, er habe eine Handlung vollzogen, bringt damit zum Ausdruck, dass das Ergebnis der Handlung ohne sein Zutun nicht eingetreten wäre; er schreibt sich den Erfolg oder das Missgeschick zu.

2. Besonderheit rechtsgeschäftlichen Handelns

89 Rechtsgeschäftliches Handeln zeichnet sich dadurch aus, dass Rechtsfolgen deshalb eintreten, weil sie gewollt sind. Wer einen Vertrag schließt, will die vereinbarten Regelungen in Geltung setzen. Das Handeln der Parteien ist beim Vertragsschluss darauf gerichtet, Rechtsfolgen zu erzeugen. Ganz anders verhält es sich, wenn Handlungen unter dem Aspekt der unerlaubten Handlung betrachtet werden. Der Deliktstäter (z. B. der an einem Verkehrsunfall Schuldige) wird haftbar gemacht, weil das Gesetz dem schuldhaft Handelnden die Schadensersatzpflicht auferlegt, nicht weil der Täter mit seiner Handlung diese rechtliche Konsequenz herbeiführen wollte. Rechtsgeschäftliches Handeln unterliegt eigenen Regeln und wird deshalb von anderen Handlungen begrifflich geschieden.

90 Zu beachten ist, dass eine Handlung gleichzeitig verschiedenen Kategorien zugerechnet werden kann. Es kommt immer darauf an, unter welchem Aspekt eine Handlung betrachtet wird. Bei einem betrügerischen Vertrag ist der Vertragsabschluss rechtsgeschäftliches Handeln. Gleichzeitig wird ein Deliktstatbestand (§ 823 Abs. 2 BGB i. V. m. § 263 StGB) verwirklicht. Den verschiedenen Aspekten entsprechen unterschiedliche Fragestellungen: Man kann sich für die Wirksamkeit des Vertrags interessieren oder dafür, welche deliktsrechtlichen Folgen an den betrügerischen Vertrag geknüpft sind.

Durch rechtsgeschäftliches Handeln machen die Parteien von der Freiheit zur privatautonomen Gestaltung ihrer Rechtsverhältnisse Gebrauch. Wichtigstes Gestaltungsinstrument ist der Vertrag (zum Vertragsprinzip siehe oben RdNr. 84). Aber auch einseitige, auf eine Rechtsfolge gerichtete Erklärungen können die Rechtslage verändern, wie bei der Auflösung eines Rechtsverhältnisses durch Kündigung.

III. Einteilung der Rechtshandlungen

1. Willenserklärungen

Rechtsgeschäftliche Handlungen werden Willenserklärungen genannt. Die Willenserklärung ist eine private Willensäußerung, gerichtet auf die Herbeiführung einer Rechtsfolge, welche deshalb eintritt, weil sie gewollt ist. Der Begriff der Willenserklärung ist ein für das deutsche Recht typischer Abstraktionsbegriff. Rechtsfolgen beruhen auf dem erklärten Willen beim Abschluss eines schuldrechtlichen Vertrags (z.B. Kauf, Miete), bei der Übertragung oder Begründung eines dinglichen Rechts (z.B. Übereignung, Hypothekenbestellung, § 873 BGB), bei der Errichtung eines Testaments (§ 1937 BGB), beim Abschluss eines Erbvertrags (§ 1941 BGB), bei der Kündigung eines Mietverhältnisses. Selbst das in romantischer Stunde abgegebene Heiratsversprechen (Verlöbnis) besteht für den Juristen nur aus Willenserklärungen. Der abstrakte Begriff der Willenserklärung wurde im 18. Jahrhundert herausgebildet[7], um diejenigen Handlungen, die auf Verwirklichung privatautonomer Rechtsgestaltung zielen, unter einem Oberbegriff zusammenzufassen. Die Bildung des abstrakten Begriffs erleichtert die Erkenntnis, dass bei den unterschiedlichen Erscheinungsformen rechtsgeschäftlichen Handelns gleichartige Probleme auftreten. So taucht bei allen Erklärungen, mit denen eine Rechtsfolge in Geltung gesetzt werden soll, die Frage auf, wie sich ein Irrtum bei der Abgabe der Erklärung auswirkt. Die Willenserklärung ist in den §§ 116 ff. BGB geregelt. Um rechtsgeschäftliches Handeln geht es aber auch bei der Regelung des Vertrags (§§ 145 ff. BGB), der Stellvertretung (§§ 164 ff. BGB), der Zustimmung (§§ 182 ff. BGB) und vor allem bei der Geschäftsfähigkeit (§§ 104 ff. BGB).

91

2. Realakte

Realakte (Tathandlungen) sind Handlungen, die nicht auf die Herbeiführung einer Rechtsfolge gerichtet sind, sondern Rechtsfolgen kraft Gesetzes

92

---
7 Zur Geschichte s. *Flume* II § 4.

auslösen. Das bedeutet aber nicht, dass der Wille keinerlei Bedeutung hat. Es gibt Realakte, die einen bestimmten Handlungswillen voraussetzen. Ein Beispiel ist die Besitzbegründung. Besitz wird durch die Erlangung der tatsächlichen Gewalt über eine Sache begründet (§ 854 BGB). Voraussetzung ist ein Besitzbegründungswille[8], der freilich nicht auf eine einzelne Sache bezogen sein muss.

Beispiel Briefkasten: Der Briefträger wirft einen Brief in den Briefkasten. Dadurch erlangt der Empfänger Besitz an dem Brief, selbst wenn er noch nicht weiß, dass Post angekommen ist. Der generelle Besitzbegründungswille, der mit der Einrichtung des Briefkastens nach außen erkennbar wurde, genügt.

93 Zu den Realakten werden neben der Besitzbegründung (§ 854 Abs. 1 BGB) die Besitzaufgabe (§ 856 BGB), Verbindung, Vermischung, Verarbeitung (§§ 946 ff. BGB) und der Fund (§ 965 BGB) gerechnet. Ob auch die Wohnsitzbegründung (§ 7 Abs. 1 BGB) hierher gehört, ist streitig; dazu unten RdNr. 652. Die Einwilligung, die den Eingriff in ein Recht rechtfertigt, wird zum Teil zu den Realakten gerechnet[9]. Soweit der Realakt einen finalen Handlungswillen voraussetzt, genügt ein natürlicher Wille. Geschäftsfähigkeit ist nicht Voraussetzung. Auch die Bestimmungen über die Anfechtung (§§ 119 ff. BGB) sind nicht anwendbar, weil sie rechtsgeschäftliches Handeln voraussetzen.

94 **Beispiel Abrüstung:** Der sechsjährige S wirft sein Kriegsspielzeug in die Mülltonne, um einen Beitrag zur Abrüstung zu leisten. Konnte er Besitz und Eigentum wirksam aufgeben?

Der Besitz wird nach § 856 BGB dadurch beendigt, dass der Besitzer die tatsächliche Gewalt über die Sache aufgibt. Der erforderliche Besitzaufgabewille liegt hier vor. Dass S geschäftsunfähig ist (§ 104 Nr. 1 BGB) und durch rechtsgeschäftliches Handeln nicht die gewollten Rechtsfolgen erzeugen könnte (§ 105 Abs. 1 BGB), ist nach h. M. unerheblich, weil die Besitzaufgabehandlung nur von einem „natürlichen" Willen begleitet sein muss.

Von der Besitzaufgabe zu unterscheiden ist die Aufgabe des Eigentums. Sie setzt nach § 959 BGB voraus, dass der Eigentümer, in der Absicht, auf das Eigentum zu verzichten, den Besitz aufgibt. Bei dem Willen, das Eigentum aufzugeben, handelt es sich nach h. M. um einen rechtsgeschäftlichen Willen, der Geschäftsfähigkeit voraussetzt (§ 105 Abs. 1 BGB). Deshalb verlor S durch seine Abrüstungsmaßnahme zwar den Besitz, aber nicht das Eigentum.

3. Rechtsgeschäftsähnliche Handlungen

95 Rechtsgeschäftsähnliche Handlungen lösen wie Realakte Rechtswirkungen unabhängig davon aus, ob sie gewollt sind oder nicht. Sie sind insofern mit den Willenserklärungen verwandt, als sie in einer Erklärung bestehen, die freilich nicht auf eine angestrebte Rechtsfolge gerichtet ist.

---

8 BGHZ 27, 362; *Brehm/Berger* § 3 RdNr. 10.
9 *Staudinger/Dilcher*, 12. Aufl., Einl. zu §§ 104–185 RdNr. 22; a. M. OLG München OLGZ 90, 97 (Einwilligung zur Veröffentlichung eines Nacktfotos als rechtsgeschäftliche Erklärung).

Oft wird die Erklärung aber in dem Bewusstsein abgegeben, dass bestimmte Rechtsfolgen eintreten[10].

Beispiele für rechtsgeschäftsähnliche Handlungen sind die Mahnung (§ 286 BGB), Fristsetzung (§ 281 Abs. 1 BGB), Aufforderung, über die Genehmigung zu entscheiden (§§ 108 Abs. 2, 177 Abs. 2 BGB), Mitteilungen und Anzeigen nach §§ 171, 409, 415 Abs. 1 Satz 2, 416 Abs. 1 Satz 1, 510, 1280 BGB sowie Mängelrügen (§ 377 HGB).

Das Gesetz enthält für rechtsgeschäftsähnliche Handlungen keine allgemeinen Vorschriften. Eine generelle Gleichstellung mit den Willenserklärungen durch analoge Anwendung der Vorschriften über die Rechtsgeschäfte scheidet wegen der Verschiedenheit aus. Die analoge Anwendung ist aber dort geboten, wo die Interessenlage vergleichbar ist, z.B. bei der Auslegung der Erklärung oder bei der Zurechnung einer Hilfsperson. **96**

Beispiel Mahnung: G hat von S 1 000,– Euro zu fordern. Er beauftragt einen Anwalt, der das Geld beitreiben soll. Der Anwalt schickt S eine Zahlungsaufforderung. Die Zahlungsaufforderung ist die einseitige empfangsbedürftige Aufforderung an den Schuldner, die Leistung zu erbringen. Sie ist Voraussetzung für den Verzug (§ 286 Abs. 1 BGB). Grundsätzlich muss die Aufforderung vom Gläubiger ausgehen. Deshalb liegt Verzug nur vor, wenn das Handeln des Anwalts dem G zugerechnet werden kann. Dass die Zahlungsaufforderung des Anwalts rechtlich als Aufforderung des Gläubigers zu werten ist, ist mit einer analogen Anwendung des § 164 BGB zu begründen. Eine unmittelbare Anwendung scheidet aus, weil die Zahlungsaufforderung keine Willenserklärung ist.

4. Bedeutung der Einteilung

Die Einteilung der Rechtshandlungen in Willenserklärungen, Realakte und rechtsgeschäftsähnliche Handlungen soll eine systematische Ordnung schaffen, die der besseren Orientierung und Handhabung des Gesetzes dient. Von der Einordnung einer Handlung als Willenserklärung hängt es ab, ob die Vorschriften über Rechtsgeschäfte anzuwenden sind. Die Untergliederung der nicht rechtsgeschäftlichen Handlungen ist weniger bedeutsam, weil es keine allgemeinen Regeln für Realakte und geschäftsähnliche Handlungen gibt[11]. Die Frage, ob eine Erklärung als Willenserklärung einzuordnen ist, lässt sich manchmal nicht allein aufgrund begrifflicher Qualifikation entscheiden. Bei der Einteilung schielt der Jurist auch auf das Ergebnis. Er ordnet eine Erklärung nicht der Willenserklärung zu, wenn er der Meinung ist, die Bestimmungen über Rechtsgeschäfte seien für die in Frage stehende Fallgestaltung nicht sachgerecht. So ließe sich die rechtfertigende Einwilligung ohne Weiteres unter den Begriff der Willenserklärung subsumieren. Wenn die h.M. einen Realakt oder eine rechtsgeschäftsähnliche Handlung annimmt, dann deshalb, weil sie das Ergebnis **97**

---

10 *Larenz/Wolf* § 22 RdNr. 14.
11 Die Motive unterscheiden nur danach, ob eine Rechtsfolge gewollt ist oder nicht; vgl. I, S. 126 f.

wünscht, das aus dieser Einteilung folgt. Das führt allerdings zu der Frage, welche Bedeutung systematische Einordnungen eigentlich haben, wenn sie mit einem Seitenblick auf das gewünschte Ergebnis vorgenommen werden. Man wird an das Wort des Philosophen *Bertrand Russell* erinnert, der in seiner Einführung in die mathematische Philosophie schrieb: „Die Methode, das zu postulieren, was man braucht, hat viele Vorteile. Es sind dieselben wie die Vorteile des Diebstahls gegenüber ehrlicher Arbeit." Manche juristische Begründung ist von dieser bequemen Art. In Zweifelsfällen sollte die systematische Einordnung, von der rechtliche Konsequenzen abhängen, mit sachlichen Gründen untermauert werden. Das vorgegebene System hat hier in erster Linie die (wichtige) Aufgabe, Fragestellungen zu strukturieren[12]. Wo sich ein Konsens gebildet hat, ist es durchaus legitim, bei der Begründung auf die systematische Einordnung zu verweisen. Man muss sich nur dabei bewusst sein, dass damit eine verkürzte Begründung geliefert wird, die darauf verzichtet, sämtliche Wertungsgesichtspunkte neu zu diskutieren.

IV. Begriff des Rechtsgeschäfts

98 Die Verfasser des BGB verwendeten den Ausdruck Rechtsgeschäft weitgehend synonym mit dem der Willenserklärung. Die Definition des Rechtsgeschäfts, die sich in den *Motiven* findet[13], ist nichts anderes als eine Definition der Willenserklärung: „*Rechtsgeschäft im Sinne des Entwurfes ist eine Privatwillenserklärung, gerichtet auf die Hervorbringung eines rechtlichen Erfolgs, welcher nach der Rechtsordnung deshalb eintritt, weil er gewollt ist.*" Die Gleichsetzung von Rechtsgeschäft und Willenserklärung blieb den Verfassern nicht verborgen. Die Motive weisen ausdrücklich darauf hin, dass die Ausdrücke Willenserklärung und Rechtsgeschäft in der Regel gleichbedeutend verwendet werden.

99 Ein Blick auf die Gliederung des BGB zeigt jedoch, dass der Begriff des Rechtsgeschäfts neben dem der Willenserklärung eine eigenständige Bedeutung hat. Sonst wäre es unverständlich, dass der Dritte Abschnitt die Überschrift „Rechtsgeschäfte" trägt und ein Unterabschnitt, der Zweite Titel, mit „Willenserklärungen" überschrieben ist. Vom Rechtsgeschäft im Sinne der einzelnen Willenserklärung ist das Rechtsgeschäft im Sinne des rechtsgeschäftlichen Tatbestandes zu unterscheiden[14]. Jeder rechtsgeschäftliche Tatbestand enthält mindestens eine Willenserklärung. Es gibt aber auch Tatbestände, die erst vollendet sind, wenn mehrere Willenserklärungen abgegeben wurden oder neben der Willenserklärung ein Voll-

---

12 Vgl. *Zippelius*, JZ 1999, 112.
13 *Motive* Band 1, S. 126.
14 Vgl. BGH NJW 1996, 1064.

zugsakt verwirklicht wurde. Der rechtsgeschäftliche Tatbestand des Vertrags enthält zwei Willenserklärungen, die man bei Distanzgeschäften Antrag und Annahme nennt. Erst wenn beide Erklärungen vorliegen, ist der Vertrag geschlossen. Angebot und Annahme sind zwar Willenserklärungen, aber keine selbstständigen Rechtsgeschäfte; sie sind lediglich Bestandteile eines rechtsgeschäftlichen Tatbestandes. Wird eine bewegliche Sache nach § 929 BGB übereignet, muss der bisherige Eigentümer mit dem Erwerber darüber einig sein, dass das Eigentum übergeht. Diese Einigung ist ein Vertrag, der aus zwei Willenserklärungen besteht. Zu der Einigung muss die Übergabe hinzutreten, damit das Eigentum übergeht. Dieser Vollzugsakt[15] ist Bestandteil des Übereignungstatbestandes und somit des Rechtsgeschäfts, aber bei der Übergabe handeln die Parteien nach h.M. nicht rechtsgeschäftlich. Die Besitzverschaffung ist vielmehr Realakt. Wenn ein rechtsgeschäftlicher Tatbestand außer Willenserklärungen weitere Merkmale enthält, dann ist zu beachten, dass die allgemeinen Bestimmungen über die Rechtsgeschäfte nur auf den Tatbestandsteil anzuwenden sind, der rechtsgeschäftliches Handeln (die Willenserklärung) betrifft.

Beispiel Besitzdiener: Der in einem Buchladen angestellte A übereignet ein Buch an K. Eigentümer des Buches ist der Inhaber E. Da E nicht selbst den rechtsgeschäftlichen Tatbestand des § 929 BGB verwirklicht, muss ihm das Handeln des A zurechenbar sein. Bei der Einigung handelt A als Stellvertreter des E. Deshalb kommt eine Einigung zwischen E und K zustande (§ 164 Abs. 1 BGB). Die von § 929 BGB vorausgesetzte Übergabe durch den bisherigen Eigentümer lässt sich aber nicht mit der Vertreterstellung des A begründen, weil die Vorschriften über die Stellvertretung nur auf Willenserklärungen anzuwenden sind. Für die Besitzverschaffung ist darauf abzustellen, dass A Besitzdiener des E ist. Die Innehabung des Besitzdieners gilt nach § 855 BGB als Besitz des Besitzherrn. Damit der Besitzerwerb zum Besitzerwerb durch Übergabe wird (im Gegensatz zur einseitigen Besitzergreifung), muss der bisherige Besitzer mit dem Besitzwechsel einverstanden sein. Hierbei kommt es nicht auf den Besitzdiener, sondern auf den Besitzherrn an. Das Einverständnis kann der Besitzdiener als Vertreter erklären (str.).

V. Wirksamkeitsvoraussetzungen

Nicht alle rechtlichen Voraussetzungen der Rechtsfolge gehören zum Tatbestand des Rechtsgeschäfts. Der Gesamttatbestand, der die Summe aller Voraussetzungen für die Rechtsfolge umfasst, wird in zwei Teile gegliedert: das **Rechtsgeschäft** und die **Wirksamkeitsvoraussetzungen**. So wird ein Vertrag, den ein beschränkt Geschäftsfähiger ohne die erforderliche Genehmigung des gesetzlichen Vertreters geschlossen hat, erst mit Zustimmung des Vertreters wirksam (§ 108 Abs. 1 BGB). Der vom Vertreter geschlossene Vertrag wirkt nur für und gegen den Vertretenen, wenn der

---

15 An dem Ausdruck Vollzugsakt wurde zu Recht bemängelt, dass er ungenau ist, weil die Übergabe nicht die Einigung vollzieht.

Stellvertreter Vertretungsmacht hatte oder wenn der Vertretene genehmigt (§§ 164, 177 Abs. 1 BGB). Nach dem Gesetz ist die Vollmachtserteilung ein selbstständiges Rechtsgeschäft, das nicht Bestandteil des Vertretergeschäfts ist, sondern Wirksamkeitsvoraussetzung. Das ergibt sich aus § 167 Abs. 2 BGB. Danach bedarf die Vollmachtserteilung nicht der Form, welche für das Rechtsgeschäft bestimmt ist, auf das sich die Vollmacht bezieht. Wo die Grenze zwischen den Tatbestandselementen des Rechtsgeschäfts und den Wirksamkeitsvoraussetzungen liegt, ist streitig. Überwiegend werden sog. Vollzugsakte wie die Übergabe bei § 929 BGB zum Tatbestand des Rechtsgeschäfts gerechnet, obwohl die Übergabe Realakt und kein rechtsgeschäftliches Handeln ist[16]. Oft bleibt undeutlich, welcher praktische Zweck mit der Unterscheidung zwischen Tatbestandselementen des Rechtsgeschäfts und Wirksamkeitsvoraussetzungen verfolgt wird[17]. Nach *Larenz* hat die Unterscheidung lediglich den Sinn, innerhalb des Gesamttatbestandes das finale Handeln der Parteien als seinen „Sinnkern" deutlicher in Erscheinung treten zu lassen[18]. Weil die Einordnung nur als Darstellungsproblem begriffen wird, werden keine praktischen Folgerungen daraus gezogen. Die Unterscheidung zwischen Wirksamkeitsvoraussetzung und rechtsgeschäftlichem Tatbestand ist nur sinnvoll, wenn sie auf die Normen des materiellen Rechts bezogen wird. Zum rechtsgeschäftlichen Tatbestand zählen alle Voraussetzungen, die im Regelfall vorliegen müssen, damit die Rechtsfolgen des betreffenden Geschäfts eintreten. So gehören zum Vertrag zwei korrespondierende Willenserklärungen, zur Übereignung nach § 929 BGB die Einigung und Übergabe. Alle weiteren Voraussetzungen (Geschäftsfähigkeit, Genehmigung, Vertretungsmacht) sind Wirksamkeitsvoraussetzungen oder Wirksamkeitshindernisse, wenn sie auf eine Einwendung bezogen sind.

Die Unterscheidung zwischen Wirksamkeitsvoraussetzung und Rechtsgeschäft ist vor allem von Bedeutung, wenn die Wirksamkeit eines Rechtsgeschäfts vom Vorliegen eines anderen Rechtsgeschäfts abhängt, wie das beim Handeln des Bevollmächtigten der Fall ist. Würde man die erforderliche Vollmachtserteilung zum Tatbestand des Vertretergeschäfts rechnen, könnte der ohne Vertretungsmacht geschlossene Vertrag nicht schwebend unwirksam sein, wie es § 177 Abs. 1 BGB bestimmt. Der Tatbestand des Rechtsgeschäfts wäre vielmehr unvollständig, bis der Vertretene seine Zustimmung erteilt. Weil das Vertretergeschäft konstruktiv als selbstständiges Rechtsgeschäft geregelt ist, konnte das Gesetz der Genehmigung rückwirkende Kraft verleihen (§ 184 Abs. 1 BGB), ohne den Grundsatz zu verletzen, dass die Rechtsfolgen eines Rechtsgeschäfts erst entstehen,

---

[16] Vgl. *Larenz/Wolf* § 22 RdNr. 21; *Flume* II § 2/3 c. Streitig ist, ob die Einigung über die Besitzübertragung rechtsgeschäftlichen Charakter hat, dazu *Brehm/Berger*, Sachenrecht, 2. Aufl, 2006, § 3 RdNr. 8.

[17] Dazu *Thiele*, Die Zustimmung in der Lehre vom Rechtsgeschäft, 1966, S. 88 ff.

[18] Vgl. *Larenz/Wolf* § 22 RdNr. 12.

wenn der rechtsgeschäftliche Tatbestand vollendet ist. Rechtsgeschäft und Wirksamkeitsvoraussetzung sind keine Gegensätze, die sich ausschließen. Die Vollmacht ist ein Rechtsgeschäft und zugleich Wirksamkeitsvoraussetzung des Vertretergeschäfts.

VI. Einteilung der Rechtsgeschäfte

102 Rechtsgeschäfte werden nach verschiedenen Gesichtspunkten eingeteilt. Teils steht der Tatbestand im Vordergrund (einseitiges, mehrseitiges Rechtsgeschäft), teils die Rechtsfolge (Verfügungs-, Verpflichtungsgeschäft).

1. Einseitiges Rechtsgeschäft

103 Das **einseitige Rechtsgeschäft** zeichnet sich dadurch aus, dass eine Rechtsfolge einseitig, d.h. ohne Mitwirkung oder Zustimmung eines Betroffenen, in Geltung gesetzt wird. In der Regel besteht das einseitige Rechtsgeschäft lediglich aus einer Willenserklärung. Einseitige Rechtsgeschäfte, die in die Rechtsstellung anderer Personen eingreifen, können wirksam nur vorgenommen werden, wenn das Gesetz oder ein Rechtsgeschäft eine einseitige Regelungsbefugnis verleiht.

Beispiele für einseitige Rechtsgeschäfte sind die Erklärungen, durch die Gestaltungsrechte ausgeübt werden (Anfechtung, § 143 BGB, Rücktritt, § 349 BGB, und Kündigung), ferner Auslobung (§ 657 BGB), Testamentserrichtung (§§ 2229 ff. BGB), Aufgabe des Eigentums (§ 928 BGB).

Soweit die Befugnis zur einseitigen Gestaltung der Rechtslage mehreren Personen zusteht, haben alle Berechtigten eine Willenserklärung abzugeben; z.B. beim Rücktrittsrecht, das mehrere Personen zusammen ausüben können (§ 351 Satz 1 BGB).

104 Für einseitige Rechtsgeschäfte enthält das Gesetz verschiedene Sonderregelungen, die dem Umstand Rechnung tragen, dass ein Geschäftspartner, sofern ein solcher überhaupt beteiligt ist, nicht mitwirkt, sondern lediglich betroffen wird. Ihm soll vor allem keine rechtliche Schwebelage aufgedrängt werden. Deshalb ist das einseitige Rechtsgeschäft, das der Minderjährige ohne Einwilligung des gesetzlichen Vertreters vornimmt, unwirksam (§ 111 Satz 1 BGB), während der Vertrag nur schwebend unwirksam ist (vgl. ferner die §§ 180, 182 Abs. 3, 1831, 1832 BGB). Nach § 388 Satz 2 BGB kann die Aufrechnungserklärung nicht unter einer Bedingung erklärt werden. Auch in dieser Bestimmung kommt der allgemeine Gedanke zum Ausdruck, dem durch das einseitige Rechtsgeschäft Betroffenen sei eine unklare Schwebelage nicht zuzumuten. Die Vorschrift ist deshalb bei der Kündigungs- und Anfechtungserklärung entsprechend anzuwenden[19].

2. Mehrseitiges Rechtsgeschäft

105 Der **Vertrag** ist der wichtigste Fall des **mehrseitigen Rechtsgeschäfts**[20]. Beteiligt sind mindestens zwei Personen, die korrespondierende Willenserklärungen abgeben, die Angebot (Antrag) und Annahme genannt werden, wenn die Erklärungen sukzessiv erfolgen.

Neben dem Vertrag gehört der **Beschluss** zu den mehrseitigen Rechtsgeschäften. Beim Beschluss werden von den Abstimmungsberechtigten gleichgerichtete Willenserklärungen abgegeben. Anders als beim Vertrag muss nicht jeder Beteiligte mit der erzeugten Rechtsfolge einverstanden sein, sofern das Mehrheitsprinzip gilt; vgl. § 32 Satz 3 BGB. Der Beschluss stellt keine Durchbrechung des Vertragsprinzips (dazu oben RdNr. 84) dar. Es wird die konkrete Rechtsfolge nur durch eine Mehrheit festgesetzt. Die Befugnis zur Setzung von Rechtsfolgen leitet die Mehrheit aus der Satzung ab, deren Geltung auf einem Vertrag beruht (siehe unten RdNr. 676).

Gleichgerichtete, übereinstimmende Willenserklärungen von mindestens zwei Personen werden zum Teil als **Gesamtakt** bezeichnet. Wenn mehrere Personen ein Gestaltungsrecht ausüben, handelt es sich um ein einseitiges Rechtsgeschäft, weil die Erklärungen nicht auf eine andere Willenserklärung bezogen sind.

3. Empfangsbedürftiges Rechtsgeschäft

106 Ein empfangsbedürftiges Rechtsgeschäft liegt vor, wenn die Erklärung einem anderen gegenüber abzugeben ist. Ist eine Behörde Adressat, spricht man von amtsempfangsbedürftigen Willenserklärungen. Empfangsbedürftige Erklärungen werden erst mit Zugang wirksam (§ 130 Abs. 1 BGB), während nichtempfangsbedürftige Rechtsgeschäfte ohne Zugang wirksam werden. Zu Einzelheiten siehe unten RdNrn. 152 ff.

Beispiele für nichtempfangsbedürftige Erklärungen sind die Annahme des Vertrags in den besonderen Fällen der §§ 151, 152 BGB, die Aufgabe des Eigentums (§ 959 BGB) und das Testament (§ 2247 Abs. 1 BGB).

4. Verfügungs- und Verpflichtungsgeschäft

107 Bei der Unterscheidung zwischen Verfügungs- und Verpflichtungsgeschäft handelt es sich um eine grundlegende Einteilung der Rechtsgeschäfte nach den Rechtsfolgen. Die meisten Verträge erzeugen Verpflichtungen für die Vertragsparteien. So wird der Verkäufer verpflichtet, Eigentum und Besitz

---

19 *Flume* II § 11, 4.
20 Nach *Medicus* RdNr. 203 ist der Vertrag zweiseitiges Rechtsgeschäft und vom mehrseitigen zu unterscheiden.

auf den Käufer zu übertragen, der Käufer verpflichtet sich durch den Kaufvertrag, den Kaufpreis zu bezahlen (§ 433 BGB), der Arbeitnehmer wird durch den Arbeitsvertrag zur Arbeitsleistung verpflichtet, und der Arbeitgeber hat den vereinbarten Lohn zu zahlen (§ 611 BGB); beim Werkvertrag verspricht der Werkunternehmer die Herstellung eines Werkes, der Besteller verspricht, die Vergütung zu entrichten (§ 631 BGB). Rechtsgeschäfte, die lediglich Verpflichtungen erzeugen, nennt man Verpflichtungsgeschäfte. Sie bedürfen der Erfüllung oder des Vollzugs. Denn dadurch, dass mir jemand verspricht, auf ein unbebautes Grundstück ein Haus zu bauen, ändert sich an der Beschaffenheit des Grundstücks noch nichts. Dass der Besteller beim Werkvertrag und der Berechtigte beim Dienstvertrag durch den Vertragsschluss noch nicht in den Genuss der Leistung kommen, sondern erst durch die Erfüllung der vertraglich erzeugten Verpflichtung, leuchtet unmittelbar ein. Beim Kaufvertrag ist die Trennung zwischen Verpflichtungsebene und Vollzug nicht so selbstverständlich, weil die Umgangssprache mit dem Ausdruck Kauf den gesamten Erwerbsvorgang bezeichnet. Aber nach dem BGB ist der Kauf ein reines Verpflichtungsgeschäft (vgl. die Rechtsfolgen in § 433 BGB). Das bedeutet, dass der Käufer durch den Kauf allein noch nicht Eigentümer wird. Erst wenn der Verkäufer seine Pflicht zur Übereignung erfüllt, geht das Eigentum auf den Käufer über. Die Begrenzung der Wirkungen eines Kaufvertrags auf die Verpflichtungsebene ist, wie ausländische Rechtsordnungen zeigen, keine Denknotwendigkeit. Nach Art. 1138 Code Civil[21] wird der Käufer mit Abschluss des Kaufvertrags Eigentümer.

Verfügungen sind Rechtsgeschäfte, die unmittelbar auf ein Recht durch Übertragung, Belastung, Inhaltsänderung oder Aufhebung einwirken[22]. Der wichtigste Fall ist die Übertragung des Rechts (§§ 398, 413, 873 Abs. 1, 929 BGB), die einen Inhaberwechsel herbeiführt. **108**

Beispiel Schmuck: V verkauft an K ein Schmuckstück. Es wird vereinbart, dass V die Kaufsache am nächsten Tag bei K vorbeibringt. Zum vereinbarten Termin erscheint V bei K und übergibt den Schmuck. Bei der rechtlichen Analyse des Falles sind zwei Fragen zu trennen: (1) Wann entstanden Verpflichtungen durch den Kaufvertrag, und (2) wann wurde der Käufer Eigentümer? Der Kaufvertrag wurde nicht erst bei Übergabe der Kaufsache geschlossen, vielmehr verpflichtete sich V schon vorher, die Sache zu übereignen und zu übergeben. Aber mit dem Kaufvertrag als Verpflichtungsvertrag wurden nur Verpflichtungen begründet. Eigentümer wurde K nicht durch Abschluss des Kaufvertrags, sondern erst durch dessen Erfüllung. Um dem K das Eigentum an der Sache zu verschaffen, war ein Verfügungsgeschäft erforderlich. Zwischen V und K musste zusätzlich zum Kaufvertrag ein Rechtsgeschäft abgeschlossen werden, durch das der Eigentumswechsel unmittelbar herbeigeführt wurde. Dieses Rechtsgeschäft ist in § 929 BGB geregelt. **109**

---

21 L'obligation de livrer la chose est parfaite par le seul consentement des parties contractantes. Elle rend le créancier propriétaire. Ebenso das englische Recht, vgl. Sale of Goods Act, Part III.
22 BGHZ 75, 221 (226) = NJW 1980, 175 (176).

Wenn sich der bisherige Eigentümer mit dem Erwerber über den Eigentumswechsel einigt und die Sache übergibt, geht das Eigentum auf den Erwerber über. Durch das Verfügungsgeschäft nach § 929 BGB erfüllte V seine Verpflichtung aus dem Kaufvertrag.

110 **Beispiel Rechtskauf:** G ist Inhaber einer Forderung gegen S. G verkauft die Forderung an Z. Durch den Kaufvertrag entsteht lediglich die Verpflichtung, die Forderung zu übertragen. Zur Übertragung ist ein eigenständiger Vertrag nach § 398 BGB erforderlich, der den Übergang der Forderung auf Z bewirkt.

Auch Rechtsgeschäfte, die unmittelbar auf bestehende Rechtsverhältnisse einwirken, werden zu den Verfügungen gerechnet. Deshalb handelt es sich bei der Ausübung von Gestaltungsrechten (Anfechtung, Kündigung, Rücktritt) um Verfügungen[23].

111 Für Verfügungen gelten wichtige **Besonderheiten**. Die Verfügung setzt voraus, dass der Verfügende **verfügungsbefugt** ist. Diese Befugnis ist Bestandteil eines Rechts und steht grundsätzlich dem jeweiligen Inhaber zu. Man kann eine fremde Sache zwar verkaufen, weil das Verpflichtungsgeschäft auch dann wirksam ist, wenn der Verkäufer nicht Eigentümer ist. Eine Erfüllung des Kaufvertrags scheitert aber daran, dass der Verkäufer die Sache mangels Verfügungsbefugnis nicht übereignen kann, außer der Eigentümer stimmt zu (§ 185 BGB) oder es liegen die Voraussetzungen des gutgläubigen Erwerbs vor (§§ 932 ff BGB). Auch wenn der Verkäufer nicht leisten kann, ist der Kaufvertrag von Bedeutung, weil er Voraussetzung für Schadensersatzansprüche nach § 311a BGB ist.

112 Da die Verfügung Verfügungsbefugnis voraussetzt, gilt bei mehrfacher Verfügung über den selben Gegenstand der Prioritätsgrundsatz. Übereignet der Eigentümer eine Sache, verliert er mit dem Eigentum die Verfügungsbefugnis, die Bestandteil des Eigentumsrechts ist. Deshalb ist eine spätere Verfügung unwirksam, sofern nicht ein Ausnahmetatbestand (§§ 185, 932 BGB) eingreift.

Verfügungen unterliegen dem **Bestimmtheits-** und dem **Spezialitätsgrundsatz**[24]. Sie müssen sich stets auf ein bestimmtes Recht beziehen. Man kann sich zwar durch einen Kaufvertrag verpflichten, eine ganze Bibliothek zu übereignen, aber bei der Erfüllung des Vertrags muss jedes einzelne Buch gesondert nach §§ 929 ff. BGB übereignet werden.

5. Abstraktes und kausales Rechtsgeschäft

113 Mit dem Begriffspaar abstraktes und kausales Rechtsgeschäft[25] werden Geschäfte unterteilt, die eine Zuwendung (Leistung) zum Gegenstand

---
23 *Jauernig* vor § 104 RdNr. 10.
24 Dazu *M. Wolf*, Sachenrecht, RdNrn. 26, 29; *Schreiber*, Sachenrecht, RdNr. 19; *Brehm/Berger* § 1 RdNr. 42.
25 Dazu *Schreiber/Kreutz* Jura 1989, 617.

haben. Kausale Geschäfte enthalten als notwendigen Bestandteil eine Abrede über den Grund (causa) der Zuwendung, während abstrakte Rechtsgeschäfte keine Einigung darüber enthalten, aus welchem Grund die Zuwendung erfolgt und welchem Zweck sie dient. Die nicht einfach zu verstehende Unterscheidung wird nachvollziehbar, wenn man einen Erwerbsvorgang in einzelne Bestandteile zerlegt. Übereignet jemand einen Geldschein, wird der Erwerber Eigentümer, falls die Voraussetzungen des § 929 BGB (Einigung und Übergabe) vorliegen. Dass der Übereignungstatbestand ein abstraktes Rechtsgeschäft ist, wird deutlich, wenn man die von § 929 BGB geforderte Einigung näher betrachtet. Die Beteiligten müssen nur Einigung darüber erzielen, dass das Eigentum übergehen soll. Ob sie über den Zweck der Zahlung einig sind, spielt bei der Übereignung keine Rolle. Die wortlose Übereignung eines Gegenstandes kann zwischen den Beteiligten freilich leicht zum Streit führen, wenn nur der von § 929 BGB geforderte Minimalkonsens vorliegt. So ist es denkbar, dass der Zuwendende ein Darlehen geben wollte, während der Empfänger von einer Schenkung ausging[26]. Es besteht kein Zweifel darüber, dass der Leistende sein Geld zurückfordern darf, wenn keine Einigung darüber zustande gekommen ist, ob die Zahlung Kreditgewährung oder Schenkung sein soll. Der Gesetzgeber könnte dieses Ergebnis dadurch erreichen, dass er vorschreibt, ein Erwerbsvorgang sei nur dann wirksam, wenn über alle Punkte, auch über den Grund des Erwerbs, Einigkeit erzielt wurde. Diesen Weg geht das BGB jedoch nicht. Es zerlegt den Erwerbsvorgang in zwei selbstständige Bestandteile. Die Übereignung bewirkt den Übergang des Eigentums. Da sich § 929 BGB mit einem Minimalkonsens begnügt – auf die Einigung über den Grund kommt es nicht an –, ist neben dem abstrakten Verfügungsgeschäft ein weiterer Vertrag zu schließen, der den Rechtsgrund der Zuwendung enthält. Besteht keine Vereinbarung über den Leistungszweck, kann die Leistung nach § 812 Abs. 1 Satz 1, 1. Alt. BGB zurückgefordert werden.

Beispiel Forderungsabtretung: G ist Inhaber einer Forderung gegen S. Er tritt die Forderung zur Sicherung eines Darlehens an seine Bank ab. Die Übertragung der Forderung erfolgt nach § 398 BGB durch Abtretungsvertrag, der wie die Einigung nach § 929 BGB lediglich die Rechtsübertragung zum Gegenstand hat. Der Zweck der Übertragung wird in einem eigenständigen Rechtsgeschäft, der Sicherungsabrede, vereinbart, aus der sich ergibt, dass die Forderung sicherungshalber abgetreten sein soll. Danach ist die Bank berechtigt, die Forderung geltend zu machen, wenn G seinen Kredit nicht zurückbezahlt. **114**

Das Gesetz hat die Verfügungsgeschäfte als abstrakte Rechtsgeschäfte ausgestaltet[27]. Aber nicht nur Verfügungen kommen als abstrakte Geschäfte **115**

---

[26] Nach *Medicus* RdNr. 225 ist die Lösung dieses Falles streitig. Man kann darüber aber nur streiten, wenn man den Trennungs- und Abstraktionsgrundsatz nicht zu Ende denkt.
[27] Eine Ausnahme bildet nach h.M. § 9 VerlG; vgl. BGHZ 27, 90 = NJW 1958, 1583 (1584). Diese Deutung ist aber nicht zwingend.

vor. Es gibt auch abstrakte Verpflichtungsgeschäfte. Durch das Verpflichtungsgeschäft wird für den Gläubiger eine Forderung begründet. Auch die Begründung einer Forderung ist eine Zuwendung, die von einer Zweckabrede gedeckt sein muss. Fehlt die causa, kann der Schuldner seine Leistung nach § 812 Abs. 1 Satz 1 BGB zurückverlangen. Das bedeutet, dass der Gläubiger, der die Forderung ohne Rechtsgrund erlangt hat, auf das Recht verzichten muss. Dies setzt einen Erlassvertrag nach § 397 Abs. 1 BGB voraus. Auch hierbei handelt es sich um ein abstraktes Verfügungsgeschäft, dessen Rechtsgrund in dem bereicherungsrechtlichen Anspruch liegt.

Dass abstrakte Rechtsgeschäfte durch die Rechtsordnung anerkannt werden, ist nicht selbstverständlich. Im Grunde genommen handelt es sich beim inhaltlich abstrakten Geschäft um eine unvollständige Regelung: Der Schuldner des abstrakten Schuldversprechens verpflichtet sich zu einer Leistung, über deren Zweck das Rechtsgeschäft keine Regelung trifft. Art. 1108 franz. CC nennt bei den vier Grundvoraussetzungen für den Schuldvertrag die Vereinbarung über eine cause licite. Das deutsche Recht erlaubt es den Parteien, die Zweckabrede aus einem Schuldvertrag auszuklammern, um eine abstrakte Verbindlichkeit[28] zu schaffen. § 780 BGB verlangt für solche Verträge Schriftform. Deshalb sind mündlich abgeschlossene Schuldverträge auch nach deutschem Recht nur wirksam, wenn sie eine Zweckvereinbarung enthalten[29].

116 In der Regel sind Schuldverträge kausale Rechtsgeschäfte. Wenn ein Kaufvertrag geschlossen wird, erwerben die Parteien Forderungen gegeneinander. Der Verkäufer erwirbt einen Zahlungsanspruch, der Käufer den Anspruch auf Übereignung und Übergabe der Sache. Der Grund der Zahlungsverpflichtung ist Bestandteil der Vereinbarung im Kaufvertrag: Die Forderung soll als Kaufpreisforderung Gegenleistung sein.

Um abstrakte Verpflichtungsgeschäfte handelt es sich beim abstrakten Schuldversprechen, abstrakten Schuldanerkenntnis (§§ 780, 781 BGB), beim Schuldversprechen auf den Inhaber (§ 793 BGB) und bei der Wechsel- und Scheckverbindlichkeit.

117 Die Verfügung, mit der eine bestehende Schuld erfüllt werden soll, ist begleitet von einer **Leistungszweckbestimmung**, durch die der Leistungsvorgang einem bestimmten Schuldverhältnis zugeordnet wird (vgl. § 366 Abs. 1 BGB). Die Leistung erfolgt in der Regel zur Erfüllung einer Verpflichtung (solvendi causa), die durch den kausalen Schuldvertrag begründet wurde. Bestand die Forderung nicht, auf welche die Leistung bezogen war, kann der Schuldner seine Leistung nach § 812 Abs. 1 Satz 1, 1. Alt.

---

28 Eigentlich ist nicht die Verbindlichkeit abstrakt, sondern der sie erzeugende Vertrag.
29 Die Zweckvereinbarung ist aber nur teilweise deckungsgleich mit der cause des französischen Rechts, über deren Bedeutung wenig Klarheit herrscht.

BGB zurückfordern. Die Leistungszweckbestimmung darf nicht mit dem Verpflichtungsgeschäft verwechselt werden. Sie wird einseitig durch den Leistenden getroffen, während die Rechtsgrundabrede einen Vertrag voraussetzt.

VII. Trennungs- und Abstraktionsgrundsatz

1. Trennungsgrundsatz

Nach dem Trennungsprinzip sind Verpflichtungsgeschäft und Verfügungsgeschäft auch dann zu trennen, wenn beide praktisch eine Einheit bilden wie beim Handkauf. Soweit das Trennungsprinzip lediglich die unterschiedlichen Rechtsfolgen (Verpflichtung zur Übereignung und Übertragung des Eigentums) betont, enthält es einen selbstverständlichen Grundsatz. Nach dem Trennungsprinzip sind aber nicht nur verschiedene Rechtsfolgen zu trennen, sondern auch die Rechtsgeschäfte, welche diese Rechtsfolgen erzeugen. Dass Verfügungs- und Verpflichtungswirkung durch gesonderte Rechtsgeschäfte erzeugt werden, ist deshalb nicht selbstverständlich, weil ein Rechtsgeschäft durchaus mehrere Rechtsfolgen begründen kann[30].

118

Ob eine Rechtsordnung auf dem Trennungsgrundsatz aufbaut oder auf dem Einheitsgrundsatz, wie etwa das französische und italienische Recht, ist vor allem für die Vertragsgestaltung von Bedeutung. Unter der Geltung des Trennungsgrundsatzes kann eine Partei bei der Gestaltung eines schuldrechtlichen Vertrags sicher sein, dass keine Verfügungswirkungen, sondern nur Verpflichtungen entstehen. Bei der Veräußerung von Sachen wird die Trennung zwischen Verfügungs- und Verpflichtungsgeschäft noch dadurch unterstrichen, dass der Verfügungstatbestand neben der Einigung ein weiteres Element (Übergabe oder Eintragung, §§ 929, 873 BGB) verlangt.

2. Abstraktionsgrundsatz

Der Abstraktionsgrundsatz[31] ist mit dem Trennungsgrundsatz eng verwandt, er darf aber nicht mit diesem gleichgesetzt werden. Nach dem Abstraktionsgrundsatz ist die Wirksamkeit des Verfügungsgeschäfts unabhängig von dem Bestand der Kausalabrede. Das Verfügungsgeschäft ist nicht nur inhaltlich abstrakt, weil die causa nicht zu seinen Bestandteilen gehört, sondern auch äußerlich abstrakt, denn die Nichtigkeit oder das

119

---
30 Vgl. Art. 1138 CC.
31 Dazu *Brehm/Berger* § 1 Rdnr. 20; *Jauernig* vor § 854 RdNr. 13; *Jahr* AcP 168 (1968), 16; *Weitnauer*, Festschr. f. Larenz, 1983, S. 703; *Jauernig* JuS 1994, 721; *Stadler*, Gestaltungsfreiheit und Verkehrsschutz durch Abstraktion, 1996.

Fehlen eines Kausalgeschäfts zieht nicht die Nichtigkeit der Verfügung nach sich. Aus der Trennung der beiden Geschäfte folgt die äußere Abstraktion noch nicht. Der Gesetzgeber könnte ohne Weiteres anordnen, dass eine Übereignung unwirksam ist, wenn die zugrunde liegende Zweckabrede oder das Verpflichtungsgeschäft nichtig ist. Von dieser Verknüpfung hat das Gesetz aber gerade im Interesse des Rechtsverkehrs abgesehen. Wenn zweifelhaft ist, ob jemand durch Rechtsgeschäft Eigentümer geworden ist, dann ist nur der Minimalkonsens, die Einigung über den Übergang des Eigentums, zu prüfen. Etwaige Missverständnisse über den Grund der Übereignung oder sonstige Fehler des Verpflichtungsgeschäfts wirken sich auf die Eigentumsfrage nicht aus. Sie führen allenfalls zu schuldrechtlichen Rückgewähransprüchen. Das Abstraktionsprinzip soll sicherstellen, dass die Zuordnung eines Rechts leicht feststellbar ist.

120 **Beispiel Streit ums Buch:** A übereignet ein Buch nach § 929 BGB an B. Es besteht Streit, ob der Übereignung überhaupt ein wirksamer Schuldvertrag zugrunde liegt. In einem Prozess soll die Rechtslage geklärt werden. A benennt 5 Zeugen, die bestätigen sollen, dass man keinen endgültigen Vertrag abgeschlossen hat. B benennt für seine Behauptung, A habe ihm das Buch geschenkt, ebenfalls 5 Zeugen. Zur Klärung der Eigentumsfrage muss der Richter keinen Zeugen vernehmen, wenn die Parteien den Minimalkonsens, die Einigung nach § 929 BGB, einräumen. Er kann sofort entscheiden. Wäre die Wirksamkeit der Übereignung abhängig von dem Bestand des Verpflichtungsgeschäfts, könnte die Eigentumsfrage erst nach einer umfangreichen Beweisaufnahme geklärt werden. Durch das Abstraktionsprinzip werden Streitpunkte als unerheblich ausgeklammert (es wird von ihnen abstrahiert), damit die dingliche Rechtslage rasch geklärt werden kann.

Auch außerhalb eines Rechtsstreits ist es von Bedeutung, wenn bei der Beurteilung der dinglichen Rechtslage schuldrechtliche Fragen ausgeklammert werden können. Vorschriften über den gutgläubigen Erwerb (z.B. § 932 BGB), die wie der Abstraktionsgrundsatz dem Verkehrsschutz dienen, schützen den Rechtsverkehr nachhaltiger, wenn sich der Erwerber um Schuldverträge nicht kümmern muss und selbst dann gutgläubig erwirbt, wenn er weiß, dass der Veräußerer den Gegenstand ohne wirksamen Schuldvertrag erworben hat.

Der Abstraktionsgrundsatz hat den Vorzug, dass sich die Zuordnung eines Rechts rasch klären lässt. Er hat aber auch die Konsequenz, dass wegen der Loslösung der Verfügung vom Kausalgeschäft u.U. ein Gläubiger auf Gegenstände zugreifen kann, die sich zwar im Vermögen des Schuldners befinden, diesem aber eigentlich nicht gebühren[32].

121 **Beispiel Pfändung beim Bereicherungsschuldner:** A will seine Schulden bezahlen. Er übergibt das Geld dem X, den er irrtümlich für seinen Gläubiger hält. Kurz darauf erscheint der Gerichtsvollzieher und pfändet das Geld bei X für einen

---

32 Zur Problemtik des Bereicherungsanspruchs im Insolvenzverfahren, *Brehm*, Festschr. f. Jelinek, 2002, 15 ff.

Gläubiger des X. Durch die wirksame Übereignung wurde das Geld Eigentum des X, und somit konnte der Gläubiger des X darauf zugreifen. Einen Bereicherungsanspruch kann A nicht gegen den Gläubiger, sondern nur gegen X geltend machen (§ 812 Abs. 1 Satz 1, 1. Alt. BGB).

Erläuterungen des Abstraktionsgrundsatzes sind meist nur auf das Verhältnis zwischen Verpflichtungs- und Verfügungsgeschäft bezogen. Die Abstraktion ist jedoch eine allgemeine Regelungstechnik, die auch in anderen Bereichen anzutreffen ist. So ist die Vollmacht als Rechtsgeschäft grundsätzlich unabhängig von dem schuldrechtlichen Geschäftsbesorgungsvertrag oder Auftrag zu beurteilen. Einen speziellen Fall der Abstraktion enthält § 1040 Abs. 1 Satz 2 ZPO, der vorschreibt, dass bei der Beurteilung der Zuständigkeit des Schiedsgerichts eine Schiedsklausel als eine von den übrigen Vertragsbedingungen unabhängige Vereinbarung zu behandeln ist.

3. Wirkliche und scheinbare Ausnahmen

a) Fehleridentität

Verfügungs- und Verpflichtungsgeschäft können unwirksam sein, weil sich ein Fehler auf beide Geschäfte auswirkt. Bei der Fehleridentität liegt keine Ausnahme vom Abstraktionsgrundsatz vor, weil die Wirksamkeit beider Geschäfte auch hier getrennt zu prüfen ist. Lediglich das Ergebnis der Prüfung fällt gleich aus.

Beispiel Gebrauchtwagen: Beim Verkauf seines Gebrauchtwagens täuscht der Verkäufer den Käufer. Dieser erklärt nach der Übereignung des Fahrzeugs die Anfechtung wegen arglistiger Täuschung (§ 123 BGB). Wird lediglich der Kaufvertrag angefochten, bleibt der Käufer Eigentümer und muss das Eigentum am Fahrzeug nach § 812 BGB auf den Verkäufer zurückübertragen. Ficht der Käufer auch die dingliche Einigung (§ 929 BGB) nach § 123 BGB an, wird auch das Verfügungsgeschäft nichtig (§ 142 BGB), und der Verkäufer kann einen Herausgabeanspruch auf § 985 BGB stützen. Ob eine Anfechtung auf das Kausal- und Verfügungsgeschäft bezogen ist, ist durch Auslegung zu bestimmen. Im Zweifel ist anzunehmen, dass beide Geschäfte angefochten wurden.

Auch die Anwendung des § 138 Abs. 1 BGB auf Verfügungsgeschäfte führt nicht zu einer Durchbrechung des Abstraktionsgrundsatzes. Siehe dazu unten RdNr. 326.

b) Bedingungszusammenhang

Nach h.M.[33] kann die Verfügung durch eine Bedingung mit dem Kausalgeschäft verknüpft werden. Dabei sind zwei Fälle zu unterscheiden, die

---

[33] Vgl. *Baur/Stürner*, Sachenrecht, § 5 RdNr. 53; a. M. *Breyhahn*, Abstrakte Übereignung und Parteiwille in der Rechtsprechung, 1929, S. 79 ff. Die Rechtsprechung konstruiert mit dem Bedingungszusammenhang einen Akzessorietätsersatz bei der Sicherungszession, BGH NJW 1982, 275.

echte und unechte Bedingung. Bei der echten Bedingung wird der Bestand oder Fortbestand des Verfügungsgeschäfts von einem ungewissen Ereignis abhängig gemacht. Man kann den Kauf unter Eigentumsvorbehalt (§ 449 BGB) hierher rechnen. Dabei ist Bedingung zwar nicht das Bestehen des Kaufvertrags, sondern in der Regel die Zahlung der letzten Kaufpreisrate. Der Käufer wird nicht Eigentümer, wenn er wegen der Nichtigkeit des Kaufvertrags den Kaufpreis nicht bezahlt. Die Nichtigkeit des Verpflichtungsgeschäfts führt aber nicht zur Unwirksamkeit der Verfügung[34]. Zahlt der Käufer, obwohl der Kaufvertrag unwirksam war, tritt die Bedingung ein und das Eigentum geht auf ihn über[35]. Eine unechte Bedingung liegt vor, wenn die Parteien vereinbaren, dass die Verfügung nur gelten soll, falls auch das Verpflichtungsgeschäft wirksam ist. Die Wirksamkeit eines bereits abgeschlossenen Rechtsgeschäfts ist kein ungewisses Ereignis und somit keine Bedingung i. S. d. § 158 BGB. Daraus folgt aber nicht die Unzulässigkeit der Vereinbarung. Kraft der Privatautonomie können die Parteien Rechtsfolgen an beliebige Voraussetzungen knüpfen. Nur soweit ein Rechtsgeschäft bedingungsfeindlich ausgestaltet ist, gilt dies regelmäßig auch für sog. unechte Bedingungen. Die Frage ist aber, ob durch die Anerkennung eines Bedingungszusammenhangs, bei dem die Verfügung von der Wirksamkeit des Verpflichtungsgeschäfts abhängig gemacht wird, der dem Gesetz zugrunde liegende Abstraktionsgrundsatz in unzulässiger Weise der Parteidisposition unterworfen wird. Im Vorentwurf zum BGB wurde der Abstraktionsgrundsatz folgerichtiger durchgeführt, weil auch die Übereignung beweglicher Sachen bedingungsfeindlich ausgestaltet war. Die heutige Gesetzeslage beruht auf einem Kompromiss zugunsten größerer Freiheit der Vertragsgestaltung. Die Zulassung des Bedingungszusammenhangs führt zu einem schwierigen Problem: Da die Parteien Kauf und Übereignung selten trennen, müsste nach den Grundsätzen der Auslegung in fast allen Fällen ein Bedingungszusammenhang angenommen werden. Damit wäre das dem Verkehrsschutz dienende Abstraktionsprinzip wirkungslos. Überwiegend behilft man sich aus dieser Verlegenheit dadurch, dass man den Bedingungszusammenhang nur anerkennt, wenn eine ausdrückliche Vereinbarung vorliegt. Überzeugend ist dies nicht. Entweder steht der Abstraktionsgrundsatz zur Disposition der Parteien, dann kann es keine Rolle spielen, ob diese ausdrücklich oder konkludent von ihrer Dispositionsbefugnis Gebrauch machen, oder die Privatautonomie wird durch übergeordnete Verkehrsschutzinteressen begrenzt, dann können auch ausdrückliche Vereinbarungen über die Abhängigkeit des Verfügungsgeschäfts vom Verpflichtungsgeschäft keine Anerkennung finden.

---

[34] Unzutreffend *Jauernig* JuS 1994, 723. Unwirksam ist das Rechtsgeschäft, bei dem die Bedingung ausfällt, deshalb nicht, weil die im Rechtsgeschäft enthaltene Rechtsfolgeanordnung von der Rechtsordnung anerkannt wird.
[35] Str.; a. M. z. B. *Jauernig* JuS 1994, 723. Letztlich kommt es darauf an, ob zur Bedingung die Zahlung oder auch die Wirksamkeit des Kaufvertrags erhoben ist.

Angebot äußerte sich die Beklagte auch auf weitere Anfrage nicht. Der BGH (BGHZ 1, 353) war der Meinung, die Beklagte sei nach Treu und Glauben zum Widerspruch verpflichtet gewesen und wertete das Schweigen als Zustimmung. Die Entscheidung wurde zu Recht kritisiert. Selbst wenn die Beklagte zu einer Äußerung verpflichtet war, entstand als Sanktion für die Pflichtverletzung allenfalls ein Schadensersatzanspruch aus cic, falls die Klägerin einen Schaden erlitten hat.

5. Kaufmännisches Bestätigungsschreiben

Kaufleute handeln Verträge oft mündlich aus und bestätigen das Ergebnis der Vertragsverhandlung später schriftlich. Der Inhalt der Vereinbarung wird nicht nur zu Beweiszwecken schriftlich festgehalten. Auch Mitarbeiter, die an den Vertragsverhandlungen nicht beteiligt waren, sollen anhand der Unterlagen feststellen können, welche Absprachen getroffen wurden. Das Bestätigungsschreiben informiert den Geschäftspartner darüber, welcher Vertragsinhalt den weiteren Dispositionen zugrunde gelegt wird. Nach einem gewohnheitsrechtlich anerkannten Rechtssatz ist im kaufmännischen Verkehr[24] der bestätigte Vertragsinhalt maßgeblich, falls der Adressat des Bestätigungsschreibens nicht unverzüglich widerspricht und darauf hinweist, dass seiner Ansicht nach etwas anderes vereinbart wurde oder ein Vertrag nicht zustande gekommen ist. Das Schweigen kann danach ebenso wie bei § 362 HGB konstitutiv für ein Vertragsschuldverhältnis sein. Dennoch sollte es nicht als Willenserklärung eingeordnet werden. Denn der Vertrag kommt nicht durch die Annahme eines Angebots zur Abänderung der ursprünglichen Vereinbarung zustande, vielmehr wird das Vertrauen des Bestätigenden geschützt, wenn der Geschäftspartner nicht widerspricht. Deshalb kann der Empfänger der Bestätigung nicht geltend machen, ihm habe beim „Schweigen" das Erklärungsbewusstsein gefehlt. Nach h. M. ist eine Anfechtung des Schweigens analog § 119 Abs. 1 BGB zulässig, wenn der Empfänger über den Inhalt der Bestätigung irrte[25]. Ein Irrtum über die Rechtserheblichkeit des Schweigens berechtigt dagegen nicht zur Anfechtung[26]. Der Bestätigende kann sich auf sein Schreiben nicht berufen, wenn er weiß, dass das Ergebnis der Vertragsverhandlungen nicht richtig wiedergegeben ist. Das Bestätigungsschreiben darf auch keine Abweichungen enthalten, bei denen nicht mehr mit Zustimmung des Empfängers gerechnet werden kann[27]. Die Grundsätze über das kaufmännische Bestätigungsschreiben gelten für Kaufleute und Teilnehmer am

147

---

24 Zum Begriff des Kaufmanns siehe die §§ 1 ff. HGB. Die Beteiligten müssen nicht Kaufleute im formellen Sinne sein; vgl. BGH NJW 1987, 1940 (Insolvenzverwalter eines Kaufmanns).
25 *MünchKomm/Kramer* § 119 RdNrn. 64 ff.
26 BGHZ 11, 1, 5.
27 BGH NJW 1987, 1842.

Rechtsverkehr, die wie Kaufleute in größerem Umfang am Wirtschaftsleben teilnehmen[28].

Die dogmatische Einordnung des kaufmännischen Bestätigungsschreibens bereitet Schwierigkeiten. Sicher kann die Haftung auf das Erfüllungsinteresse und etwaige Verfügungswirkungen nicht damit gerechtfertigt werden, der Adressat habe eine Obliegenheit verletzt. Die Einordnung als Rechtsscheinhaftung[29] macht deutlich, dass der die Rechtsfolge rechtfertigende Tatbestand (Vertrag) durch ein tatbestandsfremdes Element ersetzt wird, sofern ein schutzwürdiges Vertrauen bestand. Zur Struktur der Rechtsscheinstatbestände siehe oben RdNr. 44. Die Bedeutung dieser Einordnung darf nicht überschätzt werden; insbesondere beantwortet sie nicht die Frage, unter welchen Voraussetzungen der Absender des Bestätigungsschreibens „bösgläubig" ist[30].

148 Das kaufmännische Bestätigungsschreiben darf nicht mit der Auftragsbestätigung verwechselt werden. Die Auftragsbestätigung soll in der Regel den Vertrag erst zustande bringen[31]. Im Zweifel ist durch Auslegung zu ermitteln, ob die Erklärung als Auftragsbestätigung oder als Bestätigungsschreiben zu verstehen ist[32]. Wenn der Bestätigung keine Vertragsverhandlungen vorausgegangen sind, finden die Grundsätze über das kaufmännische Bestätigungsschreiben keine Anwendung[33].

V. Die arbeitsteilig erstellte Willenserklärung

149 Bedient sich der Erklärende bei der Herstellung oder Abgabe einer Willenserklärung unselbstständiger Hilfspersonen (**Erklärungsgehilfen**), kann fraglich sein, auf welche Handlung abzustellen ist, wenn der Tatbestand der Willenserklärung zu prüfen ist. Wird die Hilfsperson z.B. angewiesen, Angebotsschreiben mit einem bestimmten Inhalt an Kunden zu versenden, zerfällt das rechtsgeschäftlich erhebliche Verhalten in die Weisung und die Ausführung. Das Verhalten der Hilfsperson wird dem Geschäftsherrn zugerechnet. Das Erklärungsbewusstsein muss bei der Weisung vorliegen. Hat die Hilfsperson nach vorgegebenen Kriterien (z.B. Preistabellen) eine Vielzahl von Erklärungen anzufertigen und abzusenden, fehlt es bei der Weisung am konkreten Geschäftswillen des Geschäftsherrn. Für die Wirksamkeit der Erklärung ist dies unerheblich. Zur Anfechtung s. unten RdNr. 226. Ein Sonderfall der arbeitsteiligen Willenserklärung ist die Blan-

---

28 BGH NJW 1987, 1841.
29 Vgl. *Köhler* § 8 RdNr. 31.
30 Vgl. aber *Canaris*, Handelsrecht, § 23 II 6 b, der andere Rechtsscheinstatbestände (§ 173 BGB; § 54 HGB) heranzieht, um den Maßstab zu gewinnen.
31 Vgl. BGH JZ 1977, 602 (603).
32 BGH NJW 1991, 38.
33 BGH NJW 1990, 386.

ketterklärung, bei der eine unvollständige Urkunde über die Erklärung angefertigt wird, die später von dem Adressaten oder einem Dritten ausgefüllt wird. Rechtsprechung und h. M.[34] erkennen die Blanketterklärung an. Ungeklärt ist, ob die Vervollständigung der Erklärung auf den Zeitpunkt der Unterzeichnung der Urkunde zurückwirkt, oder ob nur eine ex-nunc-Wirkung eintritt[35]. Der Zeitpunkt des Wirkungseintritts ist vor allem bei Verfügungen von Bedeutung, weil nach dem Prioritätsgrundsatz bei widersprechenden Verfügungen die frühere wirksam ist. Nach allgemeinen Grundsätzen kommt eine Rückwirkung nicht in Betracht, weil vor der Vervollständigung der Blanketturkunde noch kein Inhalt der Willenserklärung feststeht. Gegen eine Rückwirkung spricht zudem, dass durch Rechtsgeschäft rückwirkende Folgen nur mit schuldrechtlicher Wirkung vereinbart werden können; vgl. RdNr. 83 a. E. Zur abredewidrigen Ausfüllung des Blanketts und zur Form der Ermächtigung siehe unten RdNr. 227.

VI. Die maschinell erzeugte Willenserklärung[36]

150 Auch Erklärungen, die mittels einer EDV-Anlage erzeugt werden, sind Willenserklärungen. Soweit der Computer lediglich als intelligentes Schreibwerkzeug benutzt wird, bestehen keine Besonderheiten. Ob bei der Erklärung ein Formular verwendet oder ob von einer Textverarbeitungsanlage ein Text zusammengesetzt wird, ist rechtlich unerheblich. Auf Computer können aber auch „Entscheidungen"[37] verlagert werden. Die EDV-Anlage kann z. B. aufgrund bestimmter Daten einen Preis errechnen und ein Angebotsschreiben ausdrucken oder per E-Mail eine automatisierte Annahmeerklärung versenden[38]. Es sollte keinem Zweifel unterliegen, dass Erklärungen, die auf diese Weise hergestellt wurden, Willenserklärungen sind.

151 Die Frage ist, wer bei maschineller Erstellung der Erklärung als Erklärender anzusehen ist. Keine Probleme bestehen, wenn der Text nach dem Ausdruck unterzeichnet und abgesandt wurde: Nach allgemeinen Grundsätzen wurde die Erklärung von demjenigen abgegeben, der das Schriftstück unterschrieben hat. Wurde eine unselbstständige Hilfskraft angewiesen, die Erklärung mit Hilfe des Computers anzufertigen und zur Post zu bringen, ist Erklärender der Geschäftsherr. Fehler bei der Herstellung der

---

34 BGHZ 132, 119.
35 Dazu *Fischer*, Die Blanketterklärung, 1975, S. 42.
36 *Köhler* AcP 182 (1982), 126; *Heun* CR 1994, 595; *Clemens* NJW 1985, 1998; *Eisenhardt* JZ 1986, 875; *R. Schmidt* AcP 166 (1966), 1; *Brehm*, Festschr. f. Niederländer, S. 233. Zur rechtspolitischen Diskussion *Mellius* MDR 1994, 109.
37 Ob man von einer autonomen Entscheidung sprechen kann (dagegen *Köhler* AcP 182 [1982], 126 [133 f.]), ist eine philosophische Frage, von der rechtliche Beurteilungen nicht abhängen sollten. Verfehlt ist jedenfalls die Vorstellung, dass Computer nur vorhersehbare Ergebnisse erzeugen können; so offenbar *Medicus* RdNr. 256.
38 Beispiel: BGH JZ 2005, 791 = NJW 2005, 976.

Erklärung führen grundsätzlich nicht zur Nichtigkeit der Erklärung unabhängig davon, ob dem Erklärungsgehilfen ein Irrtum unterläuft oder ob der Computer eine Erklärung erzeugt, die nicht vom generellen Geschäftswillen des Erklärenden gedeckt ist. Hat der Geschäftspartner selbst Zugang zu der Rechenanlage, um Angebote abzurufen, liegt die Erklärungshandlung im Bereitstellen der EDV-Anlage für den Zugangsberechtigten. In diesem Zeitpunkt muss das Erklärungsbewusstsein vorliegen. Zum Geschäftswillen und zur Anfechtung s. unten RdNr. 228.

Zum Schutze des Verbrauchers werden dem Unternehmer in § 312e BGB besondere Pflichten beim Vertragsschluss im elektronischen Geschäftsverkehr auferlegt. Ein Verstoß gegen diese Pflichten führt aber nicht zur Unwirksamkeit des Rechtsgeschäfts.

V. Zugang bei nicht voll Geschäftsfähigen

1. Geschäftsunfähige

Eine Willenserklärung, die gegenüber einem Geschäftsunfähigen (§ 104 BGB) abgegeben wird, muss dem gesetzlichen Vertreter zugehen (§ 131 Abs. 1 BGB). Der Geschäftsunfähige kann aber die Erklärung als Empfangsbote weiterleiten, oder er kann Erklärungsbote sein. Dem Geschäftsunfähigen ist der Bewusstlose (Vollrausch) nicht gleichzustellen. Dieser kann zwar keine wirksame Erklärung abgeben (§ 105 Abs. 2 BGB), aber der Zugang nach § 130 Abs. 1 BGB setzt lediglich die generelle Möglichkeit zur Kenntnisnahme voraus. Deshalb schadet es nicht, wenn der Empfänger zu der Zeit, in der gewöhnlich der Briefkasten geleert wird, betrunken ist.

181

2. Beschränkt Geschäftsfähige

Nach § 131 Abs. 2 BGB müssen Erklärungen auch bei beschränkt Geschäftsfähigen dem gesetzlichen Vertreter zugehen. Von diesem Grundsatz gibt es jedoch Ausnahmen: Wenn die Erklärung dem beschränkt Geschäftsfähigen lediglich einen rechtlichen Vorteil bringt oder wenn der gesetzliche Vertreter seine Einwilligung erteilt hat, genügt der Zugang beim beschränkt Geschäftsfähigen (§ 131 Abs. 2 Satz 2 BGB).

182

Nach § 108 BGB ist ein Vertrag, den ein Minderjähriger ohne die erforderliche Genehmigung schließt, schwebend unwirksam. § 108 Abs. 1 BGB setzt voraus, dass durch das Handeln des Minderjährigen der rechtsgeschäftliche Tatbestand des Vertragsschlusses verwirklicht wurde. Dies setzt den Zugang der Erklärung (Angebot oder Annahme) des Vertragspartners voraus. Nach § 131 Abs. 2 BGB kann dem beschränkt Geschäftsfähigen ein **Vertragsangebot** zugehen, weil dadurch noch keine rechtlichen Verpflichtungen entstehen; es wird nur die Möglichkeit der Annahme eröffnet. Die Willenserklärung bringt somit lediglich einen rechtlichen Vorteil. Auch eine **Annahmeerklärung** wird durch Zugang gegenüber dem Minderjährigen wirksam, weil ein Vertrag, der rechtliche Nachteile erzeugt, nach § 108 Abs. 1 BGB schwebend unwirksam ist. Das bedeutet, dass beim Vertragsschluss die Erklärung des Vertragspartners nach § 131 Abs. 2 BGB stets dem Minderjährigen zugehen kann. Zum gleichen Ergebnis kommt, wer davon ausgeht, § 108 Abs. 1 BGB sei gegenüber § 131 Abs. 2 BGB eine Sondervorschrift[49], weil § 108 Abs. 1 BGB voraussetze, dass der Minderjährige selbst den rechtsgeschäftlichen Tatbestand verwirkliche.

183

---

49 *Jauernig* § 131 RdNr. 3; *Brauer* JuS 2004, 472.

Kann eine Willenserklärung ausnahmsweise dem Minderjährigen selbst zugehen, genügt für den Widerruf regelmäßig der Zugang an den Minderjährigen.

VI. Amtsempfangsbedürftige Willenserklärungen

184 Es gibt private Willenserklärungen, die gegenüber einer Behörde abzugeben sind, Sie werden als amtsempfangsbedürftige Willenserklärungen bezeichnet. Auch sie werden nach § 130 Abs. 3 BGB erst mit Zugang wirksam. Davon zu unterscheiden sind Erklärungen, die *vor* einer Behörde abzugeben sind.

Beispiele: Erklärungen gegenüber der Hinterlegungsstelle nach § 376 BGB[50]; die gegenüber dem Grundbuchamt abgegebene Erklärung, auf das Eigentum zu verzichten (§ 928 BGB); die Ausschlagung der Erbschaft gegenüber dem Nachlassgericht nach § 1945 BGB. Vgl. dagegen § 1310 Abs. 1 BGB: Die Verlobten erklären vor dem Standesbeamten, die Ehe miteinander eingehen zu wollen.

185 Probleme entstehen, wenn eine amtsempfangsbedürftige Erklärung gegenüber der **unzuständigen** Behörde abgegeben wurde. Für die Organe der freiwilligen Gerichtsbarkeit (z. B. Nachlass- und Vormundschaftsgericht) ist § 11 FGG zu beachten. Danach können Erklärungen und Anträge zu Protokoll der Geschäftsstelle eines jeden – auch des unzuständigen – Amtsgerichts erfolgen. Aber § 11 FGG regelt nur die Abgabe der Erklärung[51]. Der Zugang ist erst bewirkt, wenn die Erklärung an das zuständige Gericht weitergeleitet wurde. Wird das Gericht aber tätig, weil es sich irrtümlich für zuständig hält, darf dieser Irrtum nach dem Grundgedanken des § 7 FGG nicht zu Lasten des Betroffenen gehen. Deshalb ist die Erklärung in diesen Fällen wirksam[52].

VII. Vereinbarung über den Zugang

186 Parteien können vereinbaren, dass eine Willenserklärung auch ohne Zugang wirksam wird, und sie können die Voraussetzungen für den Zugang näher regeln[53]. Nach § 151 BGB genügt sogar der einseitige Verzicht, um vom Zugangserfordernis zu befreien. Auch Vereinbarungen über besondere Zugangsformen sind zulässig. Zu beachten ist aber, dass in Allgemeinen Geschäftsbedingungen für Anzeigen und Erklärungen keine

---

50 Sie werden als Willenserklärungen eingeordnet; vgl. *Soergel/Hefermehl* § 130 RdNr. 32; eigentlich läge es näher, von Verfahrenshandlungen auszugehen.
51 *Brehm*, FGG, RdNr. 135.
52 RGZ 71, 380 (384); BGH FamRZ 1977, 786 (787); *Brehm*, FGG, RdNr. 134.
53 BGH NJW 1995, 2217.

besonderen Zugangserfordernisse aufgestellt werden dürfen (§ 309 Nr. 13 BGB). Unzulässig sind nach § 308 Nr. 6 BGB ferner Klauseln, die für Erklärungen von besonderer Bedeutung eine Zugangsfiktion enthalten.

§ 8 Die fehlerhafte Willenserklärung

Literatur: *Adams*, Irrtümer und Offenbarungspflichten im Vertragsrecht, AcP 186 (1986), 453; *Becker*, Gestaltungsrecht und Gestaltungsgrund, AcP 188 (1988), 24; *Binder*, Gesetzliche Form, Formnichtigkeit und Blankett im bürgerlichen Recht, AcP 207 (2007), 156; *Brehm*, Zur automatisierten Willenserklärung, Festschr. f. Niederländer, 1991, 233; *Betti*, Teoria del negozio giuridico, 2. Aufl., 1952; *Brox*, Die Einschränkung der Irrtumsanfechtung, 1960; *Coester-Waltjen*, Die fehlerhafte Willenserklärung, Jura 1990, 362; *Ehricke*, Die Anfechtung einer Tilgungsbestimmung gem. § 366 BGB wegen Irrtums, JZ 1999, 1075; *Flad*, Der Geschäftsirrtum in der neueren Rechtsprechung des Reichsgerichts, Festschr. f. Bumke, 1939, 233; *Flume*, Eigenschaftsirrtum und Kauf, 1948 (Neudruck 1975); *Giesen*, Grundsätze der Konfliktlösung bei fehlerhaften Rechtsgeschäften, Jura 1984, 505; 1985, 1, 57; *Goltz*, Motivirrtum und Geschäftsgrundlage im Schuldvertrag, 1973; *Grigoleit*, Abstraktionen und Willensmängel – Die Anfechtbarkeit des Verfügungsgeschäfts, AcP 199 (1999), 379; *Grundmann*, Zur Anfechtbarkeit des Verfügungsgeschäfts, JA 1985, 80; *Habersack*, Fehlendes Erklärungsbewusstsein mit Wirkung, JuS 1996, 585; *Heiermann*, Der Kalkulationsirrtum des Bieters beim Bauvertrag, BB 1984, 1836 ff.; *Henrich*, Die Unterschrift unter einer nichtgelesenen Urkunde, RabelsZ 35 (1971), 55 ff.; *Hönn*, Grundfälle zur Konkurrenz zwischen Sachmängelhaftung bei Stückkauf und Anfechtung wegen Willensmängeln, JZ 1989, 293 ff.; *Honsell*, Entscheidungsrezension „Der defekte Mähdrescher" – BGHZ 78, 216, JuS 1982, 810; *Hopt*, Schadensersatz aus unberechtigter Verfahrenseinleitung, 1968, 134 ff., 231; *Immenga*, Der Begriff des „Dritten" nach § 123 Abs. 2 BGB beim finanzierten Beitritt zu einer Abschreibungsgesellschaft, BB 1984, 5; *Jahr*, Geltung des Gewollten und Geltung des Nicht-Gewollten – Zu Grundfragen des Rechts empfangsbedürftiger Willenserklärungen, JuS 1989, 249; *John*, Auslegung, Anfechtung, Verschulden beim Vertragsschluss und Geschäftsgrundlage bei sog. Kalkulationsirrtum – BGH NJW 1981, 1551, JuS 1983, 176; *Kallimopoulos*, Die Simulation im bürgerlichen Recht, 1966; *Kindl*, Der Kalkulationsirrtum im Spannungsfeld von Auslegung, Irrtum und unzulässiger Rechtsausübung – Zugleich Besprechung der Entscheidung des BGH vom 7. 7. 1998, WM 1999, 2189; *Koch*, Grundprobleme der Abstandnahme vom Vertrag, JuS 1983, 489; *Kocher*, Anfechtung bei falscher Kaufpreisauszeichnung im Internet, JA, 144; *Köhler*, Die Problematik automatisierter Rechtsvorgänge, insbesondere von Willenserklärungen, AcP 182 (1982), 126; *Köhler/Fritzsche*, Anfechtung des Verkäufers wegen Eigenschaftsirrtum – zu BGH NJW 1988, 2597, JuS 1990, 16; *Kornblum*, Die überzähligen Klorollen – LG Hanau NJW 1979, 721, JuS 1980, 258; *Kramer*, Das Scheingeschäft des Strohmanns – BGH NJW 1982, 569, JuS 1983, 423; *Lange, H.*, Die Neugestaltung der Anfechtung und das Vertragsverhältnis, JherJb 1989, 277; *Larenz*, Die Methode der Auslegung des Rechtsgeschäfts, 1930; *Lenel*, Der Irrtum über wesentliche Eigenschaften, AcP 123 (1925), 161; *Leßmann*, Irrtumsanfechtung nach § 119 BGB, JuS 1969, 478, 525; *Lobinger*, Irrtumsanfechtung und Reuerechtsausschluss, AcP 195 (1995), 274; *Loewenheim*, Irrtumsanfechtung bei Allgemeinen Geschäftsbedingungen, AcP 180 (1980), 433; *v. Lübtow*, Zur Anfechtung von Willenserklärungen wegen arglistiger Täuschung, Festschr. f. Bartholomeyczik, 1973, 249; *Marburger*, Absichtliche Falschübermittlung und Zurechnung von Willenserklärungen, AcP 173 (1973), 137; *Martens*, Wer ist „Dritter"? – Zur Abgrenzung des §§ 123 I und II 1 BGB, JuS 2005, 887; *Mayer, J.*, Der Rechtsirrtum und seine Folgen im bürgerlichen Recht, 1989; *Mayer-Maly*, Rechtsirrtum und Rechtsunkenntnis als Probleme des Privatrechts, AcP 170 (1970), 133; *ders.*, Error calculi, Festschr. f. Niederländer, 1991, S. 97; *Michaelis*, Scheingeschäft, verdecktes Geschäft und verkleidetes Geschäft im Gesetz und in der Rechtspraxis,

Festschr. f. Wieacker, 1978, 444; *Müller, G.*, Zur Beachtlichkeit des einseitigen Eigenschaftsirrtums beim Spezieskauf, JZ 1988, 381 ff.; *Neumann-Duesberg*, Rechtswidrigkeitserfordernis und Rechtswidrigkeitsausschluss (Notwehr) im Täuschungstatbestand des § 123 BGB, JR 1967, 1; *Nipperdey*, Grenzlinien der Erpressung durch Drohung, 1917; *Pawlowski*, Die Kalkulationsirrtümer: Fehler zwischen Motiv und Erklärung, JZ 1997, 741; *Peters*, Die Rechtsfolgen der widerrechtlichen Drohung, JR 2006, 133; *Probst*, Zur „Eindeutigkeit" von Anfechtungserklärungen, JZ 1989, 878; *Raape*, Sachmängelhaftung und Irrtum beim Kauf, AcP 150 (1949), 481; *Rothoeft*, System der Irrtumslehre als Methodenfrage der Rechtsvergleichung, 1968; *Säcker, A.*, Irrtum über den Erklärungsinhalt, 1985; *Schloßmann*, Der Irrtum über wesentliche Eigenschaften der Person und der Sache nach dem Bürgerlichen Gesetzbuch, 1903; *Schmidt-Rimpler*, Eigenschaftsirrtum und Erklärungsirrtum, Festschr. f. Lehmann, Bd. I, 1956, 213; *Schmiedel*, Der allseitige Irrtum über die Rechtslage bei der Neuregelung eines Rechtsverhältnisses, Festschr. f. v. Caemmerer, 1978, 231; *Schubert*, Unredliches Verhalten Dritter bei Vertragsabschluss, AcP 168 (1968), 470; *Schur*, Eigenschaftsirrtum und Neuregelung des Kaufrechts, AcP 205 (2005), 803; *Schwung*, Die Verfälschung von Willenserklärungen durch Boten, JA 1983, 12; *Singer*, Geltungsgrund und Rechtsfolgen der fehlerhaften Willenserklärung, JZ 1989, 1030; *ders.*, Der Kalkulationsirrtum – ein Fall für Treu und Glauben?, JZ 1999, 342; *Spieß*, Zur Einschränkung der Irrtumsanfechtung, JZ 1985, 593; *Titze*, Die Lehre vom Missverständnis, 1910; *Tscherwinka*, Die Schmerzerklärung gem. § 118 BGB, NJW 1995, 308; *Waas*, Der Kalkulationsirrtum zwischen Anfechtung und unzulässiger Rechtsausübung, JuS 2001, 14; *Weiler*, Wider die Schmerzerklärung (gegen *Tscherwinka*), NJW 1995, 2608; *Werba*, Die Willenserklärung ohne Willen, 2005; *Westermann, H.*, Einheit und Vielfalt der Wertungen in der Irrtumslehre, JuS 1964, 169; *Wieacker, F.*, Die Methode der Auslegung des Rechtsgeschäfts, JZ 1967, 385; *Wiegand*, Vertragliche Beschränkungen der Berufung auf Willensmängel, 2000; *Wieser*, Der Kalkulationsirrtum, NJW 1972, 708; *Windel*, Welche Willenserklärungen unterliegen der Einschränkung der Täuschungsanfechtung gem. § 123 Abs. 2 BGB?, AcP 199 (1999), 421; *Wolff, K.*, Mentalreservation, JherJb 1981, 53; *Wurm*, Blanketterklärung und Rechtsscheinhaftung, JA 1986, 577; *Zitelmann*, Irrtum und Rechtsgeschäft, 1879.

I. Allgemeines

187 Durch die Willenserklärung wird ein rechtsgeschäftlicher Wille kundgetan, der nach der Idee der Privatautonomie Geltungsgrund rechtsgeschäftlich begründeter Rechtsfolgen ist. Bei der fehlerfreien Willenserklärung will der Erklärende genau die Rechtsfolge, die nach der Bedeutung des äußeren Erklärungsaktes eintreten soll. Von einem Willensmangel spricht man, wenn der Wille nicht mit der geäußerten Rechtsfolge übereinstimmt oder wenn die Willensbildung fehlerhaft war. Der wichtigste Fall ist der Irrtum, bei dem die objektive Bedeutung der Willenserklärung nicht mit dem übereinstimmt, was der Erklärende gemeint hat. Enthält z. B. ein Vertragsangebot aufgrund eines Tippfehlers einen „falschen" Preis, liegt eine Diskrepanz zwischen Wille und Erklärung vor. Die Frage ist, ob eine Willenserklärung in solchen Fällen überhaupt wirksam ist. Würde man allein darauf abstellen, dass rechtsgeschäftliche Rechtsfolgen nach dem Gesetz deshalb eintreten, weil sie gewollt sind (s. oben RdNr. 125 zur Definition der Willenserklärung), müsste man der Erklärung, die nicht von einem Willen gedeckt ist, eigentlich die Wirksamkeit absprechen. Die Privatautonomie ist aber nicht das einzige Prinzip, das unserer Privatrechtsordnung zugrunde liegt. Der Vertrauensgrundsatz fordert einen Schutz desjenigen, der darauf vertraut, dass der Erklärende auch das wollte, was er mit seiner Erklärung objektiv zum Ausdruck brachte.

188 Die Frage, welchem Grundsatz bei Willensmängeln der Vorrang einzuräumen sei, war im 19. Jahrhundert Gegenstand eines Theorienstreits. Nach der Willenstheorie, wie sie von *von Savigny* entwickelt wurde[1], ist die Willenserklärung nichtig, wenn infolge eines Irrtums der falsche Schein eines Willens entsteht. *Von Savigny* war darüber hinaus der Ansicht, der Irrende dürfe nicht mit einer Schadensersatzpflicht belastet werden. Während die Willenstheorie einseitig an den Interessen des Erklärenden orientiert war, stellte die Erklärungstheorie[2] auf den Adressaten der Willenserklärung ab. Nach der Erklärungstheorie sollte der Irrtum grundsätzlich unbeachtlich sein. Willens- und Erklärungstheorie markieren gegensätzliche Positionen, die auf unterschiedlichen Interessenwertungen beruhen. Ein Ausgleich der Interessen wurde durch die Lehre von der culpa in contrahendo[3] angestrebt. Danach sollte der Erklärende, der sich auf einen erheblichen Irrtum berufen konnte, zum Schadensersatz verpflichtet sein.

189 Das BGB enthält für Willensmängel keine Einheitslösung. Zum Teil wird Nichtigkeit der Erklärung angeordnet (§§ 116 Satz 2, 117 Abs. 1, 118 BGB), zum Teil ist die Willenserklärung anfechtbar (§§ 119, 123 BGB). Personen, die auf die Erklärung vertrauen durften, werden bei der Anfechtung wegen Irrtums und bei der nicht ernstlich gemeinten Willenserklärung (§ 118 BGB) durch einen Ersatzanspruch geschützt (§ 122 BGB).

II. Bewusste Willensmängel

1. Geheimer Vorbehalt (Mentalreservation)

190 Nach § 116 Satz 1 BGB ist eine Willenserklärung nicht deshalb unwirksam, weil sich der Erklärende insgeheim vorbehält, das Erklärte nicht zu wollen. Kennt der Adressat der Willenserklärung den Vorbehalt, ist die Erklärung unwirksam (§ 116 Satz 2 BGB). Die Kenntnis eines am Geschäft nicht beteiligten Dritten und des Beamten bei der amtsempfangsbedürftigen Willenserklärung ist unerheblich[4].

Beispiel Vorbehalt bei Erteilung der Vollmacht: A bestellt V zu seinem Bevollmächtigten. Aus den Umständen erkennt V, dass A die Wirkungen der Vertretung

---
1 *v. Savigny*, System des heutigen römischen Rechts, Bd. 3, 98 ff., 325 ff.; siehe auch die Darstellung bei *Flume* II § 22/2.
2 Eine Spielart der Willenstheorie ist die Geltungstheorie, dazu *Larenz/Wolf* § 24 RdNr. 29 ff.; *Wieacker* JZ 1967, 385. Ihre Anhänger betonen die Einheit zwischen Wille und Erklärung.
3 *R. v. Jhering* JherJb 4, 1 ff.
4 *Soergel/Hefermehl* § 116 RdNr. 5; *Staudinger/Singer* § 116 RdNr. 9.

nicht will. Dennoch schließt V namens des A einen Vertrag mit D, der von dem Vorbehalt des A nichts weiß. Geht man vom Wortlaut des § 116 BGB aus, ist der Vertrag nach § 177 Abs. 1 BGB schwebend unwirksam. Bei der Vollmachtserteilung war V Adressat der Erklärung. Da er den Vorbehalt kannte, wurde keine Vertretungsmacht begründet, und V handelte beim Vertragsschluss als Vertreter ohne Vertretungsmacht. Nach Ansicht des BGH kommt es bei der Vollmacht nicht nur auf die Kenntnis des Adressaten an. Wenn der Geschäftspartner D, mit dem der Bevollmächtigte kontrahiert, den Vorbehalt bei der Innenvollmacht nicht kennt, ist die Vollmachtserteilung danach wirksam[5].

Zweifelhaft ist das Verhältnis des § 116 Satz 2 BGB zu der Regelung des § 123 Abs. 1 BGB, wonach die Willenserklärung, die unter dem Einfluss einer Drohung abgegeben wurde, anfechtbar ist. Der Drohende weiß regelmäßig, dass der Erklärende das Erklärte „eigentlich" nicht will. Nach h.M. geht § 116 Satz 2 BGB vor[6]. Das bedeutet, dass eine Anfechtung nicht erforderlich ist.

2. Scherzerklärung

Eine nicht ernstlich gemeinte Willenserklärung, die in der Erwartung abgegeben wird, der Mangel der Ernstlichkeit werde nicht verkannt (Scherzerklärung), ist nichtig (§ 118 BGB). Scherzerklärung und geheimer Vorbehalt unterscheiden sich durch die Erwartung des Erklärenden. Ein unbeachtlicher geheimer Vorbehalt nach § 116 Satz 1 BGB und keine Scherzerklärung liegt vor, wenn der Erklärende davon ausgeht, der Empfänger werde die Erklärung ernst nehmen (sog. böser Scherz). Zu beachten ist, dass § 118 BGB auch dann anwendbar ist, wenn der Empfänger der Erklärung nicht erkannte, dass die Erklärung nicht ernst gemeint war. Der Scherzbold ist aber nach § 122 BGB zum Schadensersatz verpflichtet, wenn der Partner den Mangel der Ernstlichkeit nicht erkannt hat. Wird dem Erklärenden nachträglich bewusst, dass der Empfänger den mangelnden Ernst verkannte, entsteht eine Pflicht zur Aufklärung. Die Erklärung ist nach h.M. als von Anfang an wirksam anzusehen, wenn die Aufklärungspflicht verletzt wird[7]. Von § 118 BGB ist auch das missglückte Scheingeschäft erfasst, bei dem der Erklärende glaubte, der Vertragspartner habe erkannt, dass die Erklärung nur zum Schein abgegeben werden sollte[8]. § 118 BGB gilt auch für notariell beurkundete[9] und nicht empfangsbedürftige[10] Erklärungen (Testament).

191

---

5 BGH NJW 1966, 1915 (1916); a. M. *Köhler* § 7 RdNr. 8.
6 *Jauernig* § 116 RdNr. 4; *Hk-BGB/Dörner* § 116 RdNr. 4.
7 *Flume* II § 20/3; *Soergel/Hefermehl* § 118 RdNr. 6. Die Begründung ist uneinheitlich.
8 BGHZ 144, 334.
9 BGHZ 144, 334; dazu *Thiesen* NJW 2001, 3026.
10 RGZ 104, 322.

3. Scheingeschäft

192 Wird eine empfangsbedürftige Willenserklärung mit tatsächlichem Einverständnis[11] des Adressaten nur zum Schein abgegeben, so ist sie nach § 117 Abs. 1 BGB nichtig[12]. Zum missglückten Scheingeschäft siehe oben Rdnr. 191. Aus welchem Grund der äußere Tatbestand eines Rechtsgeschäfts simuliert wird, spielt keine Rolle. § 117 Abs. 1 BGB setzt nicht voraus, dass die Beteiligten in Täuschungsabsicht handeln. Kein Scheingeschäft liegt beim Umgehungsgeschäft vor. Hier wollen die Parteien den Erfolg des Geschäfts; sie wählen aber eine rechtliche Gestaltung, durch die Gesetzesvorschriften umgangen werden. Auch beim Einschalten eines Strohmannes[13] und bei Treuhandgeschäften liegt kein Scheingeschäft vor.

Beispiel Umgehungsgeschäft: V verkauft sein Grundstück an K, ohne die Form des § 311b Abs. 1 BGB einzuhalten. K wird zugleich eine unwiderrufliche Vollmacht erteilt, auch im Namen des V die Auflassung (§ 925 BGB) zu erklären, damit der unwirksame Vertrag geheilt werden kann (§ 311b Abs. 1 Satz 2 BGB). Der Kaufvertrag ist nicht als Scheingeschäft unwirksam. Obwohl die Rechtsprechung bei unwirksamem Kaufvertrag in der Regel davon ausgeht, die gleichzeitig erteilte Auflassungsvollmacht sei nach § 139 BGB unwirksam, wird bei dieser Konstruktion Wirksamkeit der Vollmacht angenommen, weil nach dem Willen der Parteien Vertretungsmacht begründet werden soll, damit der Käufer die Wirksamkeit des Kaufvertrags herbeiführen kann[14].

193 Manchmal wird ein Scheingeschäft vorgenommen, um ein anderes Geschäft, das die Parteien wollen, zu verdecken. Nach § 117 Abs. 2 BGB ist das verdeckte Geschäft wirksam, wenn dessen Wirksamkeitsvoraussetzungen vorliegen.

Beispiel Schwarzkauf: V und K schließen einen Grundstückskaufvertrag. Sie sind sich einig, dass der Kaufpreis 500 000 Euro betragen soll. Um Notargebühren und Steuern zu sparen, geben sie beim Notar als Kaufpreis 100 000 Euro an. Der vom Notar beurkundete Kaufvertrag ist von den Parteien nicht gewollt. Er ist deshalb nach § 117 Abs. 1 BGB unwirksam. Das verdeckte Geschäft ist trotz der an sich unschädlichen Falschbezeichnung unwirksam, weil die Formvorschrift des § 311b Abs. 1 BGB nicht eingehalten wurde (§ 125 BGB). Nur wenn die unrichtige Beurkundung auf einem Versehen beruht, ist die Form nach h.M. gewahrt. Wird K in das Grundbuch eingetragen und liegt auch die Auflassung vor, wird das verdeckte Geschäft nach § 311b Abs. 1 Satz 2 BGB wirksam. Selbstverständlich haben sich die Beteiligten wegen Steuerhinterziehung zu verantworten.

Wurde ein Schwarzkauf nicht vollzogen und hat ein Teil eine Vorleistung in der Erwartung erbracht, der andere werde seine Leistung auch erbringen, kann die Leistung nach § 812 Abs. 1 Satz 2 Alt. 2 BGB kondiziert werden[15]. Voraussetzung ist, dass feststeht, der mit der Leistung erstrebte Erfolg werde nicht eintreten.

---

11 Vgl. BGH NJW 1999, 2882.
12 Beispielsfall: BGH NJW 1993, 2435.
13 OLG Köln NJW 1993, 2623.
14 Vgl. BGH NJW-RR 1989, 1099.
15 Dazu *Keim* JuS 2001, 636.

Die Regelung des verdeckten Geschäfts (§ 117 Abs. 2 BGB) entspricht im Ergebnis dem allgemeinen Grundsatz, dass es nicht auf die objektive Bedeutung einer Erklärung ankommt, wenn die Parteien übereinstimmend von einer anderen Bedeutung ausgegangen sind (falsa demonstratio non nocet). Freilich liegt bei der Falschbezeichnung nur ein Rechtsgeschäft vor, während nach dem Wortlaut des § 117 BGB neben dem dissimulierten wirksamen Geschäft ein nichtiges Scheingeschäft vorliegt. Richtiger Ansicht nach ist § 117 Abs. 1 BGB aber korrigierend auszulegen. Das Scheingeschäft ist nicht nichtig, es handelt sich vielmehr um ein Nichtrechtsgeschäft, weil keine Erklärung vorliegt, die auf einen rechtlich erheblichen Willen gerichtet ist[16]. Man kann aus der Fassung des § 117 BGB aber den Grundsatz ableiten, dass derjenige, der sich auf ein Scheingeschäft beruft, zu beweisen hat, dass das Erklärte übereinstimmend nicht gewollt war[17].

Ein Schuldner kann sich bei Abtretung einer Forderung gegenüber dem neuen Gläubiger nicht auf § 117 BGB berufen, wenn er eine Schuldurkunde ausgestellt hat und die Forderung unter Vorlage der Urkunde abgetreten wurde, außer der Zessionar (Abtretungsempfänger) kannte den Sachverhalt oder er musste ihn kennen (§ 405 BGB).

III. Irrtum

1. Übersicht

Während die §§ 116 bis 118 BGB ein bewusstes Abweichen von Wille und objektiver Erklärung voraussetzen, liegt beim Irrtum eine unbeabsichtigte Diskrepanz zwischen subjektivem Tatbestand und objektivem Geltungsgehalt der Willenserklärung vor, oder die Willensbildung weist Fehler auf. Nach der Idee der Privatautonomie soll die rechtsgeschäftliche Erklärung in freier Selbstbestimmung getroffen werden. Daraus folgt aber nicht, dass jeder Irrtum beachtlich sein muss. Wer Aktien in der sicheren Erwartung kauft, der Kurs werde steigen, kann sich vom Kaufvertrag nicht später mit der Begründung lösen, er habe sich über die Kursentwicklung geirrt. Beachtlich ist ein Irrtum beim Akt der Willensäußerung (§ 119 Abs. 1 BGB). Dagegen werden falsche Vorstellungen und Erwartungen bei der Entscheidung, ein Rechtsgeschäft abzuschließen, nur in engen Grenzen berücksichtigt (§ 119 Abs. 2 BGB). Für die Frage, ob ein Irrtum erheblich

---

16 *Soergel/Hefermehl* § 117 RdNr. 1.
17 Vgl. BGH NJW 1999, 3481; BGH JuS 1991, 862 (K. *Schmidt*); BAG NJW 2003, 2931; Die Anordnung der Nichtigkeit hat zudem die Folge, dass eine Umdeutung in Betracht kommt, die beim Nichtrechtsgeschäft ausscheidet; zur Umdeutung bei §§ 116, 117 BGB *Mühlhaus* NJW 1994, 1049.

ist, spielt das Verschulden keine Rolle[18]. Deshalb kann sich der Erklärende auf den erheblichen Irrtum auch dann berufen, wenn er ihn verschuldet hat.

2. Irrtum bei der Erklärung

a) Inhaltsirrtum

195 Nach § 119 Abs. 1, 1. Alt. BGB ist eine Willenserklärung anfechtbar, wenn der Erklärende bei der Abgabe über deren Inhalt im Irrtum war und wenn er bei verständiger Würdigung des Falles die Erklärung nicht abgegeben haben würde. Ob das Anfechtungsrecht besteht, hängt danach nicht nur vom Vorliegen eines Irrtums ab. Weitere Voraussetzung ist die Kausalität des Irrtums. Beim Inhaltsirrtum stimmt der objektive Erklärungsgehalt der Willenserklärung nicht mit den Vorstellungen und dem Willen des Erklärenden überein. Eine Diskrepanz zwischen Geschäftswille und objektiver Bedeutung der Erklärung kann nur entstehen, wenn der maßgebliche Sinn der Willenserklärung nicht einseitig danach bestimmt wird, was der Erklärende gemeint hat. Nach § 133 BGB ist bei der Auslegung der Willenserklärung der wirkliche Wille zu erforschen und nicht am buchstäblichen Sinn des Ausdrucks zu haften. Dabei sind auch Umstände heranzuziehen, die außerhalb des eigentlichen Erklärungsaktes liegen. Die Forderung, nach dem wahren Willen zu forschen, soll gerade vermeiden, dass das Auslegungsergebnis vom Willen des Erklärenden abweicht. Folgt man diesem Auslegungsgrundsatz, scheint ein Inhaltsirrtum praktisch ausgeschlossen zu sein, weil die Auslegung zur Ermittlung des wahren Willens führt. Zu beachten ist aber, dass auch bei der Auslegung das Prinzip der Selbstbestimmung vom Vertrauensgrundsatz begrenzt wird. Bei empfangsbedürftigen Willenserklärungen dürfen im Rahmen der Auslegung nur solche Umstände herangezogen werden, die für den Empfänger erkennbar waren. Für den objektiven Sinn der Willenserklärung kommt es darauf an, wie der Empfänger die Erklärung verstehen musste.

196 Da beim Inhaltsirrtum die Bedeutung der Erklärung von der subjektiven Vorstellung des Erklärenden abweicht, sind bei der Anwendung des § 119 Abs. 1 BGB stets objektive Bedeutung und subjektive Vorstellung festzustellen. Ergibt die Auslegung, dass die Willenserklärung so verstanden werden musste, wie die Äußerung vom Erklärenden gemeint war, liegt kein Irrtum des Erklärenden vor. In Betracht kommt allenfalls ein Irrtum des Empfängers, der aber von § 119 Abs. 1 BGB nicht erfasst ist.

---

18 Anders der Wortlaut des § 871 österr. ABGB; beim Eigenschaftsirrtum wird auch im belgischen, spanischen und französischen Recht eine Berufung auf den verschuldeten Irrtum ausgeschlossen; dazu *Kötz/Flessner*, Europäisches Vertragsrecht, § 10 A 6, die eine Übernahme der in diesen Rechtsordnungen entwickelten Grundsätze befürworten.

Beispiel Australische Dollar: V, ein Amerikaner, bietet dem Australier K in New York ein Bild zum Preis von 1 000 Dollar ohne nähere Angabe der Währung an. K meint, der freundliche Amerikaner habe den Preis für ihn in australische Dollar umgerechnet. Er nimmt das Angebot mit der Erklärung an, er kaufe zum angebotenen Preis. Ein Inhaltsirrtum beim Angebot des V würde voraussetzen, dass die maßgebliche Bedeutung der Erklärung von der subjektiven Vorstellung des Erklärenden abweicht. V meinte US-Dollar. In diesem Sinn musste K das Angebot des Amerikaners auch verstehen. Die Auslegung führt nicht zu einer Diskrepanz zwischen Wille und objektiver Erklärung. Ein Inhaltsirrtum liegt somit nicht vor. Freilich hat sich K über den Inhalt geirrt. Aber der Irrtum des Adressaten berechtigt nicht zur Anfechtung. Zu beachten ist aber, dass K selbst eine Erklärung abgibt, indem er das Angebot annimmt. Wenn bei dieser Erklärung ein Inhaltsirrtum vorliegt, kann K nach § 119 Abs. 1, 1. Alt. BGB anfechten. Auch hier ist zunächst durch Auslegung der objektive Sinn der Erklärung zu ermitteln. Der Amerikaner durfte davon ausgehen, dass K ihn richtig versteht. Die Annahmeerklärung bezieht sich deshalb objektiv auf US-Dollar. Da K eine andere Währung meinte, weicht seine Vorstellung vom maßgeblichen Inhalt der Erklärung ab. Er kann deshalb wegen eines Inhaltsirrtums anfechten.

b) Erklärungsirrtum

Eine Willenserklärung ist nach § 119 Abs. 1, 2. Alt. BGB auch dann anfechtbar, wenn der Erklärende „eine Erklärung dieses Inhalts überhaupt nicht abgeben wollte". Dieser Fall wird Erklärungsirrtum oder Irrung genannt. Wer diese zweite Tatbestandsvariante unbefangen liest, fragt sich, worin eigentlich der Unterschied zum Inhaltsirrtum liegen soll. Auch bei § 119 Abs. 1, 1. Alt. BGB wird doch vorausgesetzt, dass der Erklärende die Erklärung mit diesem Inhalt nicht wollte. Liest man das Gesetz genau, wird der Unterschied der beiden Fälle deutlich. Bei der ersten Alternative (Inhaltsirrtum) bezieht sich der Irrtum unmittelbar auf die Bedeutung der Erklärung, während beim Erklärungsirrtum ein Irrtum bei der Erklärungshandlung vorliegt. Man kann sich den Unterschied einfach an der in einem Schriftstück verkörperten Willenserklärung klarmachen. Beim Inhaltsirrtum kannte der Erklärende die wahre Bedeutung des Schreibens nicht, aber er wollte dieses Stück Papier mit den darauf befindlichen Schriftzeichen absenden. Beim Erklärungsirrtum steckt der Erklärende versehentlich das falsche Schreiben in den Umschlag. Auch dies führt natürlich zu einem Irrtum über die Bedeutung der Erklärung. Allgemein lässt sich der Erklärungsirrtum als ein Irrtum über das Erklärungszeichen oder Erklärungsmedium beschreiben. Ein Erklärungsirrtum liegt insbesondere beim Versprechen und nach h.M. beim Verschreiben vor.

197

Beispiel Tippfehler: V will dem K ein schriftliches Angebot zum Abschluss eines Kaufvertrags machen. Er vertippt sich und schreibt 200 Euro, obwohl er 300 Euro schreiben wollte. Die Bedeutung der Zeichen „200" sind dem V bekannt. Er meint aber, er habe andere Erklärungszeichen gesetzt. Nach h.M. liegt ein Erklärungsirrtum vor. M.E. ist bei schriftlichen Erklärungen von einem Inhaltsirrtum auszugehen. Das gilt jedenfalls dann, wenn Anfertigung des Schriftstücks und

Abgabe der Erklärung zeitlich auseinander fallen. Das Verschreiben führt zu einer falschen Vorstellung über den Inhalt der Erklärung im Zeitpunkt der Abgabe.

c) Fehlendes Erklärungsbewusstsein

198 Beim Inhaltsirrtum kennt der Erklärende die Bedeutung seiner Willenserklärung nicht. Aber er weiß, dass er eine rechtsgeschäftlich erhebliche Erklärung abgibt. Es fehlt lediglich der konkrete Geschäftswille, während das Erklärungsbewusstsein vorhanden ist. Weiß der Erklärende noch nicht einmal, dass er eine rechtsgeschäftlich erhebliche Erklärung abgibt, ist die Willenserklärung nach h. M. wirksam, aber gem. § 119 Abs. 1 BGB anfechtbar, wenn er bei der gebotenen Sorgfalt erkennen konnte, dass dem Verhalten rechtsgeschäftliche Bedeutung beigemessen wird und wenn der Empfänger von einer Willenserklärung ausging[19]. Früher wurde bei fehlendem Erklärungsbewusstsein die Wirksamkeit der Willenserklärung oder deren Tatbestand verneint. S. dazu oben RdNr. 131.

d) Falschübermittlung

199 Eine empfangsbedürftige Willenserklärung muss dem Adressaten übermittelt werden. Dabei können auf der Seite des Erklärenden und auf der Seite des Empfängers Hilfspersonen tätig werden. Die Hilfsperson des Erklärenden wird **Erklärungsbote** genannt. Übermittelt der Erklärungsbote die mündliche Erklärung **versehentlich** unrichtig, wird die Willenserklärung mit dem veränderten Inhalt wirksam. Der Erklärende kann aber nach § 120 BGB anfechten. Eine falsche Weiterleitung durch den **Empfangsboten** geht dagegen zu Lasten des Empfängers. Die Willenserklärung behält in diesem Fall ihren ursprünglichen Inhalt, der nach dem Zugang keine Veränderung mehr erfährt.

Beispiel Bote: A schickt den Angestellten F zu B, mit dem Auftrag, B mitzuteilen, dass A zum Preis von 500 Euro verkaufen wolle. Der Angestellte wird von der Sekretärin des B empfangen, der er das Angebot übermittelt. Die Sekretärin richtet B aus, A wolle zum Preis von 400 Euro verkaufen. Darauf schreibt B an A „Ich nehme Ihr Angebot an".

Bei der Abgabe der Willenserklärung durch A sind keine Fehler unterlaufen. Dennoch kam bei B nicht die Nachricht an, die ihm A übermitteln wollte, weil eine Hilfsperson den Inhalt unrichtig weitergab. Mit welchem Inhalt die Erklärung wirksam wurde, hängt zunächst davon ab, wann sie zugegangen ist. Wenn die Willenserklärung durch Erklärung gegenüber der Sekretärin zuging, konnte ihr Inhalt nach diesem Zeitpunkt nicht mehr durch Falschübermittlung verändert werden. Zugegangen ist die Erklärung durch die mündliche Erklärung gegenüber der Sekretärin, weil diese Empfangsbotin ist. Deshalb findet § 120 BGB keine Anwendung. Aber B kann seine Annahme anfechten, weil er aufgrund der Falschübermittlung seiner Hilfsperson eine Erklärung abgab, über deren Inhalt er irrte.

---

19 BGHZ 91, 324; siehe auch BGH NJW 1995, 953. *Larenz/Wolf* § 36 RdNr. 25 rechnet diesen Fall zum Inhaltsirrtum.

Hätte der Angestellte F im Beispiel „Bote" das Angebot einer zur Übermittlung ungeeigneten Hilfsperson des B gegenüber mitgeteilt, wäre die Erklärung dadurch nicht zugegangen. Die ungeeignete Hilfsperson ist Erklärungsbote und wird dem Erklärenden zugerechnet. Zu beachten ist aber, dass der weitere Bote nicht durch A selbst, sondern durch dessen Boten F eingeschaltet wurde. Aber das hindert die Anwendung des § 120 BGB jedenfalls dann nicht, wenn der Bote auch den Auftrag hatte, eine als Empfangsbote geeignete Person auszuwählen. Eine fehlerhafte Entscheidung des Boten bei der Auswahl ist dem Erklärenden zuzurechnen.

§ 120 BGB ist nicht nur auf Erklärungsboten anwendbar, sondern auch auf **Einrichtungen**, die lediglich Leitungen oder andere technische Voraussetzungen für die Kommunikation bereitstellen (z.B. Telekom, Post).

200 Das Anfechtungsrecht nach § 120 BGB besteht auch dann, wenn die Erklärung mit richtigem Inhalt dem falschen Empfänger übermittelt wird. Keine Anwendung findet § 120 BGB dagegen bei der **absichtlichen Falschübermittlung**[20]. Der Bote haftet in diesem Fall analog § 179 Abs. 1 BGB[21]. Darüber hinaus wird bei absichtlicher Falschübermittlung eines beauftragten Boten eine Haftung des Geschäftsherrn analog § 122 BGB befürwortet[22]. § 120 BGB ist nicht anzuwenden, wenn eine verkörperte Erklärung zu übermitteln war.

Zu beachten ist, dass der Geschäftsherr bei Einschalten eines Erklärungsboten ein größeres Risiko zu tragen hat als bei Handeln eines Stellvertreters mit eng umrissener Vollmacht. Überschreitet der Vertreter seine Vollmacht, gilt § 120 BGB nicht. Die Willenserklärung erzeugt keine Wirkungen für den Vertretenen, weil die Wirkungsverlagerung nach § 164 BGB Vertretungsmacht voraussetzt.

3. Eigenschaftsirrtum

a) Gesetzliche Regelung

201 Nach § 119 Abs. 2 BGB gilt als Irrtum über den Inhalt der Erklärung auch der Irrtum über solche Eigenschaften der Person oder der Sache, die im Verkehr als wesentlich angesehen werden. Das bedeutet, dass der Eigenschaftsirrtum nach § 119 Abs. 2 BGB zur Anfechtung berechtigt, wenn die Kausalität des Irrtums, die § 119 Abs. 1 BGB als weitere Voraussetzung neben dem Irrtum nennt, vorliegt.

Beispiel Ring[23]: Es kauft jemand beim Juwelier einen Ring, indem er auf ein bestimmtes Stück zeigt, das er für golden hält. In Wirklichkeit ist der Ring nur vergoldet.

---

20 *Soergel/Hefermehl* § 120 RdNr. 4; *Jauernig* § 120 RdNr. 4; *MünchKomm/Kramer* § 120 RdNr. 4; a. M. *Marburger* AcP 173 (1973), 137 ff.; *Medicus* RdNr. 748; *Pawlowski* RdNr. 699.
21 OLG Oldenburg NJW 1978, 951.
22 *MünchKomm/Kramer* § 120 RdNr. 4; a. M. *Schwung* JA 1983, 15.
23 *Soergel/Hefermehl* § 119 RdNr. 35.

b) Einordnung

202 Die Einordnung des Eigenschaftsirrtums ist streitig. Nach h.M. handelt es sich bei § 119 Abs. 2 BGB um eine Sonderregelung für den sonst unbeachtlichen Motivirrtum[24]. Andere gehen davon aus, es liege ein Erklärungsirrtum vor[25]. Danach wollte der Käufer im Beispiel „Ring" eigentlich erklären, er kaufe den Ring als goldenen Ring, aber nach dem maßgeblichen durch Auslegung zu ermittelnden Sinn bezieht sich die Erklärung auf die wirkliche Eigenschaft.

203 Die Willenserklärung richtet sich auf eine Rechtsfolge, die eintreten soll. Die Eigenschaft einer Sache kann nur dann zum Inhalt der Erklärung gerechnet werden, wenn die Eigenschaftsbeschreibung konstitutiv für die Rechtsfolge ist, die nach der Vorstellung des Erklärenden eintreten soll. Eigenschaften können bei einem Vertrag ausdrücklich vorausgesetzt werden und insofern Gegenstand einer Vereinbarung sein. Man kann über einen bestimmten Ring einen Kaufvertrag mit dem Inhalt schließen, dass der Ring als vergoldet verkauft sein soll. Rechnet man den Irrtum nach § 119 Abs. 2 BGB zum Erklärungsirrtum (richtiger Inhaltsirrtum), dann wird der Anwendungsbereich der Bestimmung eingeengt[26]. Im Beispiel „Ring" kann der Käufer nur anfechten, wenn die objektive Auslegung seiner Erklärung bedeutet, er wolle einen vergoldeten Ring kaufen, während er subjektiv meinte, einen goldenen Ring zu kaufen.

204 Nach *Flume* handelt es sich beim Eigenschaftsirrtum weder um einen Erklärungsirrtum noch um einen Motivirrtum. Seiner Ansicht nach bezieht sich der Irrtum auf die nach dem Rechtsgeschäft vorausgesetzte Sollbeschaffenheit[27]. Der Irrtum ist danach nur beachtlich, wenn die Vorstellung dem anderen Teil erkennbar beim Vertragsschluss zugrunde gelegt wird und Vertragsinhalt wurde[28].

205 Bei dinglichen Geschäften (Auflassung nach § 925 BGB, Einigung nach § 929 BGB)[29] scheidet eine Anfechtung nach § 119 Abs. 2 BGB aus, wenn man den Eigenschaftsirrtum als Erklärungsirrtum deutet oder eine Vereinbarung über die fragliche Eigenschaft verlangt[30]. Die dingliche Einigung hat lediglich die Verfügung (z.B. Übereignung) zum Gegenstand. Der Zusatz, ein Gegenstand solle als rote Sache übereignet werden, ist für das

---

24 *Larenz/Wolf* § 36 RdNr. 35 ff.
25 *Soergel/Hefermehl* § 119 RdNr. 35; *Schmidt-Rimpler*, Festschr. f. Lehmann, 1956, 213.
26 A. M. *Soergel/Hefermehl* § 119 RdNr. 36.
27 *Flume* II § 24/2 b; dieser Lehre folgen u. a. *Medicus* RdNr. 770; *Pawlowski* RdNr. 543.
28 Auf die Erkennbarkeit stellte schon das Reichsgericht ab; vgl. RGZ 64, 266 (269).
29 Zum früheren § 32 EheG vgl. *Flume* II § 24/2 c.
30 A. M. *Flume* II § 24/2 b a. E.

Verfügungsgeschäft unerheblich[31]. Deshalb gehen manche davon aus, ein dingliches Rechtsgeschäft könne nicht nach § 119 Abs. 2 BGB angefochten werden[32]. Diese Ansicht ist abzulehnen, da sie den Irrenden auf einen Bereicherungsanspruch verweist, der im Insolvenzfall meist wertlos ist. Im Falle wirksamer Anfechtung entsteht für den Veräußerer ein Aussonderungsrecht (§ 47 InsO), d. h. er bekommt den veräußerten Gegenstand zurück.

c) Eigenschaften einer Sache

Zur Anfechtung berechtigt nicht jeder einseitige Irrtum über die Eigenschaft einer Sache oder Person. Das Anfechtungsrecht soll der Privatautonomie Rechnung tragen. Nach der Idee der Privatautonomie ist zwar der Wille Geltungsgrund der durch Rechtsgeschäft herbeigeführten Rechtsfolgen. Aber dies bedeutet nicht, dass einer Vertragspartei das Recht zustehen muss, sich vom Vertrag zu lösen, wenn sich das Rechtsgeschäft später als nachteilig erweist. Wer Rechtsgeschäfte in freier Selbstbestimmung abschließt, muss die Verantwortung für seine Entscheidung übernehmen. Die Irrtumsanfechtung soll für den Erklärenden kein Instrument sein, sich dieser Verantwortung nachträglich durch Korrektur einer Fehlentscheidung zu entziehen. Deshalb muss das Recht, wegen eines Eigenschaftsirrtums anzufechten, sachgerecht begrenzt werden. Der Gefahr einer unangemessenen Ausweitung des Anfechtungsrechts wird bei der Definition der Eigenschaft i. S. d. § 119 Abs. 2 BGB Rechnung getragen. Eine weitere Einschränkung des Anfechtungsrechts ergibt sich aus dem Tatbestandsmerkmal „verkehrswesentlich". 206

Eigenschaften einer Sache sind nach h. M. alle **tatsächlichen** und **rechtlichen** Verhältnisse, die infolge ihrer Beschaffenheit und Dauer auf die Brauchbarkeit und den Wert der Sache Einfluss haben (**wertbildende Faktoren**)[33]. Dabei sind nicht nur die natürlichen Eigenschaften zu berücksichtigen, sondern auch die Beziehung der Sache zur Umwelt. Dieser weite Begriff wird begrenzt durch das Kriterium der Unmittelbarkeit. Nur solche Merkmale sind Eigenschaften i. S. d. § 119 Abs. 2 BGB, die sich unmittelbar auf die Bewertung auswirken. Das Unmittelbarkeitskriterium setzt voraus, dass Beziehungen zur Umwelt in der Sache selbst ihren Grund haben, von ihr ausgehen und den Gegenstand kennzeichnen oder näher beschreiben[34]. 207

---

31 Deshalb ist der Streit um die Einordnung des Eigenschaftsirrtums nicht nur von theoretischem Interesse; a. M. *G. Müller* JZ 1988, 383.
32 So *Grigoleit* AcP 199 (1999) 379, 396; *Köhler* § 7 RdNr. 21; *Leipold*, Allgemeiner Teil, § 18 RdNr. 57.
33 BGH NJW 1979, 160 (161).
34 BGHZ 70, 48.

Eigenschaften einer Sache sind z. B. Echtheit eines Bildes[35], Alter eines Fahrzeugs, Lage und Bebaubarkeit eines Grundstücks. **Nicht** zu den Eigenschaften zu rechnen sind nach h. M. der Preis oder Marktwert[36].

208 Zu den **Sachen** im Sinne des § 119 Abs. 2 BGB rechnet die h. M. nicht nur körperliche Gegenstände (vgl. § 90 BGB), sondern jeden Geschäftsgegenstand. Deshalb besteht ein Anfechtungsrecht auch dann, wenn sich jemand über die Höhe einer gekauften Forderung irrt.

d) Verkehrswesentlichkeit bei Sachen

209 Der Irrtum über die Eigenschaft einer Sache berechtigt nur dann zur Anfechtung, wenn es sich um eine verkehrswesentliche Eigenschaft handelt. Die Anfechtung scheidet danach aus, wenn sich die irrige Vorstellung auf eine Eigenschaft bezieht, die nach der Verkehrsanschauung für den Entschluss zum Abschluss des Rechtsgeschäfts unerheblich ist.

Die h. M. verlagert das Merkmal der Verkehrswesentlichkeit zum Teil in die Definition des Eigenschaftsbegriffs, der nur wertbildende Faktoren umfasst. Hat der Käufer eines Fahrzeugs eine falsche Vorstellung über die Fahrgestellnummer, bezieht sich der Irrtum auf ein Merkmal, das den Wert oder die Brauchbarkeit nicht beeinflusst. Deshalb liegt nach der gängigen Eigenschaftsdefinition kein Irrtum über eine Eigenschaft i. S. d. § 119 Abs. 2 BGB vor, und die Frage der Verkehrswesentlichkeit stellt sich nicht. Es dient aber nicht der Klarheit, wenn man den Eigenschaftsbegriff mit dem Merkmal der Verkehrswesentlichkeit vermengt.

210 Die Frage ist, welche Bedeutung der konkreten Vereinbarung für die Bestimmung der Verkehrswesentlichkeit zukommt. Ganz sicher muss der Gegenstand im Kontext des jeweiligen Vertrags betrachtet werden. Das bedeutet, dass eine Eigenschaft jedenfalls dann nicht verkehrswesentlich ist, wenn bei dem konkreten Geschäft, das mit seiner Zielsetzung auch gewollt ist, die fraglichen Merkmale nach der Verkehrsanschauung unerheblich sind.

Beispiel Papier: Es kauft jemand einen Stapel Zeitschriften. Wenn es sich bei dem Kauf um einen Altpapierkauf handelt und ein Vertrag mit diesem Inhalt auch gewollt war, kann der Käufer sicher nicht mit der Begründung anfechten, er habe sich über das Alter der Zeitschriften geirrt.

211 Nach *Flume* sind nur solche Eigenschaften zu berücksichtigen, auf die im Vertrag Bezug genommen wurde. Er nimmt das Rechtsgeschäft als feste Größe zum Ausgangspunkt und prüft, ob der Gegenstand hinsichtlich

---

35 OLG Düsseldorf NJW 1992, 1326.
36 Anders *Flume* II § 24/2 d. Er kommt jedoch zum selben Ergebnis, weil sich das Rechtsgeschäft nicht auf den Wert beziehe. Vgl. den lesenswerten Fall AG Coburg NJW 1993, 938 (Mozartnoten), der aber falsch entschieden wurde.

einer Eigenschaft nicht dem Rechtsgeschäft entspricht[37]. Sieht man einmal davon ab, dass die Irrtumsregelung durch die §§ 434 ff. BGB verdrängt werden kann (dazu unten RdNr. 214), bestünde danach im Beispiel „Papier" ein Anfechtungsrecht, wenn die als Brennmaterial gekauften Zeitschriften nicht zu diesem Zweck tauglich wären. Dagegen könnte der Käufer nicht nach § 119 Abs. 2 BGB anfechten, wenn er irrtümlich davon ausging, der Kauf betreffe Informationsmaterial. Diese einschränkende Auslegung des § 119 Abs. 2 BGB läuft auf eine Korrektur des Gesetzes hinaus.

212 Die Lehre von den geschäftswesentlichen Eigenschaften verengt die Sicht auf den Schuldvertrag. Das Gesetz hat die Willenserklärung zum Gegenstand der Regelung gemacht. Diesem abstrakten Ansatz muss die Auslegung Rechnung tragen, auch wenn es bei Schuldverträgen Besonderheiten zu berücksichtigen gilt. Bei zahlreichen Willenserklärungen ist eine geschäftswesentliche Eigenschaft gar nicht denkbar.

Beispiel Kündigung: M kündigt das Mietverhältnis über seine Wohnung, weil er irrig annimmt, dass Wasser eindringt. Er will seine Kündigungserklärung nach § 119 Abs. 2 BGB anfechten. Die Kündigung ist eine einseitige rechtsgestaltende Erklärung. Eine Beschränkung der verkehrswesentlichen Eigenschaften auf geschäftswesentliche Eigenschaften führte zur Unanwendbarkeit des § 119 Abs. 2 BGB, weil die ordentliche Kündigung nicht auf Eigenschaften einer Sache bezogen werden kann. Der Kündigende bringt nur zum Ausdruck, dass er das Schuldverhältnis beenden will.

213 Die Rechtsprechung vertritt einen ähnlichen Standpunkt wie *Flume*. Verkehrswesentlich sind nach ihr nur solche Eigenschaften, die von dem Erklärenden in irgendeiner Weise erkennbar dem Vertrag zugrunde gelegt wurden, ohne dass er sie gerade zum Inhalt seiner Erklärung gemacht haben muss[38]. Danach wäre auch im Beispiel „Ring" eine Anfechtung ausgeschlossen, weil der Verkäufer nicht wissen konnte, dass der Käufer davon ausgeht, der Ring sei golden. Diese enge Auslegung ist nicht geboten, weil der Geschäftspartner im Falle der Anfechtung Ersatz des Vertrauensschadens geltend machen kann (§ 122 BGB).

e) Verhältnis zur Sachmängelhaftung

214 Der Käufer kann Nacherfüllung, Schadensersatz und Minderung geltend machen oder vom Vertrag zurücktreten, wenn eine mangelhafte Sache geliefert wurde, § 437 BGB. Diese Rechte bestehen nach § 442 Abs. 1 Satz 2 BGB nicht, wenn der Käufer den Mangel beim Abschluss des Vertrags gekannt hat. Bei Unkenntnis liegt regelmäßig ein Irrtum vor. Die h.M. sah bisher in den Bestimmungen über die Sachmängelhaftung beim Kauf Son-

---

[37] *Flume* II § 24/2b.
[38] RGZ 64, 266 (269); BGH NJW 2001, 226, 227; BGHZ 88, 246 = NJW 1984, 231 (zur Eigenschaft einer Person).

derregelungen, die § 119 Abs. 2 BGB verdrängen. Begründet wurde dies damit, dass die kurze Verjährung der Käuferrechte praktisch aufgehoben würde, wenn der Käufer nach § 119 Abs. 2 anfechten könnte[39]. Das Anfechtungsrecht sollte aber nur dann verdrängt sein, wenn die Voraussetzungen der Sachmängelgewährleistung vorliegen. Die Rechte des Käufers wegen Lieferung einer fehlerhaften Sache setzen Gefahrübergang voraus. Daraus wurde gefolgert, dass ein Anfechtungsrecht nach § 119 Abs. 2 BGB bis zum Übergang der Gefahr bestehen kann[40].

Auch nach der Neugestaltung des Kaufrechts bleibt es beim grundsätzlichen Vorrang des Kaufrechts gegenüber dem Anfechtungsrecht nach § 119 Abs. 2 BGB. Es wird aber die Ansicht vertreten, eine Anfechtung scheide auch vor Gefahrübergang aus[41].

f) Eigenschaften einer Person

215 Auch ein Irrtum über die Eigenschaft einer Person berechtigt zur Anfechtung. Die Person, auf die sich der Irrtum bezieht, muss nicht notwendig der Geschäftspartner sein. Auch ein Irrtum über Dritte oder eigene Eigenschaften des Erklärenden kann erheblich sein[42]. Keine Eigenschaft einer Person ist deren Identität. Beim Identitätsirrtum kommt eine Anfechtung wegen Inhaltsirrtums in Betracht.

Beispiel Identitätsirrtum: A gibt der vor ihm stehenden B, die er wegen der Dunkelheit für seine Freundin F hält, ein Geschenk. Die Schenkungsabrede ist wegen eines Inhaltsirrtums anfechtbar. Würde man hier versuchen, § 119 Abs. 2 BGB anzuwenden, müsste man zu der eigentümlichen Frage Stellung nehmen, ob es eine verkehrswesentliche Eigenschaft der B ist, nicht die F zu sein.

g) Verkehrswesentlichkeit bei Eigenschaften einer Person

216 Auch beim Irrtum über die Person muss die Eigenschaft, auf die sich der Irrtum bezieht, verkehrswesentlich sein. Ob eine Eigenschaft verkehrswesentlich ist, hängt vom Vertragszweck ab. So ist bei einem Kreditvertrag die Zahlungsfähigkeit des Kreditnehmers verkehrswesentliche Eigenschaft. Ob eine Kreditnehmerin schwanger ist, spielt dagegen keine Rolle.

---

39 BGHZ 78, 216 (218); *Flume* II § 24/3 a; *Soergel/Hefermehl* § 119 RdNr. 78; vgl. ferner *Köhler* JA 1982, 158; a. M. *Wasmuth*, Festschr. Piper, 1996, S. 1083.
40 Wenn dem Käufer ausnahmsweise vor Gefahrübergang Gewährleistungsrechte zustehen, wird § 119 Abs. 2 BGB nicht ausgeschlossen: BGHZ 34, 32 = NJW 1961, 772; zur Begrenzung des Anfechtungsrechts des Verkäufers BGH NJW 1988, 2597; dazu *Honsell* JZ 1989, 44.
41 *Huber/Faust*, Schuldrechtsmodernisierung, 2002, § 14 RdNr. 6.
42 *MünchKomm/Kramer* § 119 RdNr. 127.

Dagegen kann beim Arbeitsvertrag die Schwangerschaft verkehrswesentliche Eigenschaft sein[43], wenn eine befristete Einstellung vereinbart wurde.

4. Motivirrtum

Ein Irrtum über die einem Rechtsgeschäft zugrunde liegende Motive berechtigt grundsätzlich nicht zur Anfechtung. Zum Motivirrtum sind alle Fehler zu rechnen, die nicht den Erklärungsakt betreffen. **217**

Beispiel Motivirrtum: V will Rundholz verkaufen. Er erkundigt sich bei einem Fachmann nach dem Marktpreis. Weil die Auskunft unrichtig ist, bietet V das Holz zu einem Preis an, der weit unter dem Marktpreis liegt. Hier liegt weder ein Inhalts- noch ein Erklärungsirrtum vor. V kannte die Bedeutung seiner Erklärungszeichen, und er wollte diese setzen. Auch eine Anfechtung nach § 119 Abs. 2 BGB scheidet aus, weil der Marktpreis keine Eigenschaft einer Sache ist.

5. Problemfälle

a) Rechtsfolgeirrtum

Ein Rechtsfolgeirrtum ist als Inhaltsirrtum erheblich, wenn der Erklärende eine falsche Vorstellung über die Geschäftsart hatte. Will jemand eine Sache vermieten, so kann er anfechten, wenn die Auslegung ergibt, dass in Wahrheit ein Leihvertrag abgeschlossen wurde. Aber nur der Irrtum über die **wesentlichen Rechtsfolgen** ist als Inhaltsirrtum zu werten. Insbesondere scheidet eine Anfechtung aus, wenn jemand falsche Vorstellungen über dispositive Rechtsnormen hat, der Irrtum auf Rechtsfolgen bezogen ist, die mit ergänzender Vertragsauslegung zu begründen sind oder wenn die Rechtslage beim Abschluss des Rechtsgeschäfts fehlerhaft beurteilt wurde. **218**

Beispiel Rechtsfolgeirrtum: A bietet der bei ihm angestellten Serviererin S eine einverständliche Auflösung des Arbeitsverhältnisses an, weil es zu Missstimmigkeiten zwischen A und S gekommen ist. S unterzeichnet den Auflösungsvertrag. Wenige Tage später teilt sie dem A mit, sie fechte den Vertrag wegen Irrtums an. Sie habe den Vertrag nur geschlossen, um eine Kündigung abzuwenden. Inzwischen habe sie erfahren, dass dem A kein Kündigungsrecht zustand, weil sie vom Gesetz als Schwangere geschützt sei (§ 9 Abs. 1 MuSchG). Der Irrtum ist als einfacher Rechtsfolgeirrtum unbeachtlich[44].

Wird ein Vertragstext ausformuliert und irrt ein Vertragspartner über die Bedeutung einer Klausel, liegt ein Inhaltsirrtum vor, der zur Anfechtung berechtigt, wenn die weiteren Voraussetzungen des § 119 Abs. 1 BGB vorliegen. **219**

---

43 Das BAG verneint die Eigenschaft, weil die Schwangerschaft vorübergehend ist, BAG NJW 1992, 2174; zur befristeten Einstellung *Westenberg* NJW 1995, 761. S. auch EuGH NJW 1994, 2077 und NJW 2001, 124 ff.
44 BAG NJW 1983, 2959.

b) Kalkulationsirrtum

220 Von Kalkulationsirrtum spricht man, wenn jemand über die Berechnungsgrundlage irrt. Wird die Grundlage der Berechnung dem Geschäftspartner nicht mitgeteilt (interner Kalkulationsirrtum), scheidet eine Anfechtung aus[45]. Streitig ist, wie der Kalkulationsirrtum zu bewerten ist, wenn der Gegner erkennen konnte, auf welcher Basis der Preis ermittelt werden sollte. Das Reichsgericht nahm in dem berühmten Rubelfall einen Inhaltsirrtum an.

> **Beispiel Rubel**[46]: G gewährte S in Moskau ein Darlehen über 30000 Rubel, das in Reichsmark zurückbezahlt werden sollte. Zu diesem Zweck stellte S einen Schuldschein über 7500,– Reichsmark aus. Der Betrag im Schuldschein war weit überhöht, weil die Parteien irrig von einem Kurswert des Rubels von 25 Pfennigen ausgingen, während der Rubel in Wahrheit zum Preis von einem Pfennig gehandelt wurde. Das Reichsgericht ging von einem Inhaltsirrtum aus. Wenn sich die Parteien darüber einig waren, dass die Schuldscheine lediglich den Darlehensbetrag aufnehmen sollten, dann handelte es sich um eine Falschbezeichnung[47], und zwar unabhängig davon, ob es sich um abstrakte oder kausale Schuldversprechen handelte[48].

221 Die Anwendung des § 119 Abs. 1 BGB bei Erkennbarkeit der Kalkulationsgrundlage wird heute überwiegend kritisiert. Wird bei einer einfachen Berechnung die Grundlage der Berechnung mitgeteilt, dann ist das falsche Rechenergebnis unschädlich, weil bei der Auslegung nicht am buchstäblichen Sinn zu haften ist. Der Adressat musste erkennen, was in Wahrheit gemeint ist, und mit diesem Inhalt wird die Willenserklärung wirksam. Die Auslegung kann aber auch ergeben, dass es dem Erklärenden nur auf das mitgeteilte Endergebnis ankommt. Dann ist der Kalkulationsirrtum unbeachtlich. Führt die Auslegung zu Zweifeln, fehlt es am Tatbestand einer Willenserklärung, weil sich aus der Erklärung kein eindeutiger Rechtsfolgewille ermitteln lässt. Wenn beide Parteien von falschen Voraussetzungen ausgehen, sind die Grundsätze über den beidseitigen Motivirrtum anzuwenden (s. dazu unten RdNr. 229). Der BGH geht davon aus, dass ein einseitiger interner Kalkulationsirrtum auch dann nicht zur Anfechtung berechtigt, wenn der Adressat den Irrtum erkannt hat[49]. Ausschlaggebend für eine Ablehnung des Anfechtungsrechts waren Gründe der Rechtssicherheit: Wenn die Kenntnis des Anfechtungsgegners Anfechtungsvoraussetzung wäre, komme es zu einer Häufung subjektiver Merkmale, was zu einer Beeinträchtigung der Rechtssicherheit führte. Zu prüfen ist nach Ansicht des BGH, ob der Irrende gegen den Vertragspartner Ansprüche aus c.i.c. geltend machen kann oder ob die Annahme des Ange-

---
45 BGH NJW-RR 1987, 1307.
46 RGZ 105, 406; dazu *Wieser* NJW 1972, 708.
47 *Medicus* RdNr. 758.
48 Insoweit unklar *Flume* II § 26/4 a.
49 BGHZ 139, 177 = NJW 1998, 3192 = JuS 1999, 78 = LM Nr. 36 zu § 119 BGB mit Anm. *Berger*.

bots trotz Erkennbarkeit des Kalkulationsirrtums als unzulässige Rechtsausübung zu werten ist. Eine unzulässige Rechtsausübung kommt dann in Betracht, wenn der Vertragspartner den Kalkulationsirrtum erkannt hat. Zum Kalkulationsirrtum bei Computerfehlern siehe unten RdNr. 228.

c) Ungelesene Urkunde

222 Wird eine Urkunde ungelesen unterschrieben, scheidet eine Anfechtung aus, wenn sich der Erklärende keine Vorstellung über den Inhalt des Schriftstücks gemacht hat. Die Anfechtung nach § 119 Abs. 1, 1. Alt. BGB setzt eine positive Vorstellung über die Bedeutung der Erklärung voraus, die freilich nicht auf eine konkrete Rechtsfolge bezogen sein muss. Es genügt das Bewusstsein, dass die Urkunde eine Erklärung bestimmter Art enthält. Der Erklärende kann z. B. meinen, er unterschreibe einen Kaufvertrag mit beliebigem Inhalt; er kann sich aber auch konkretere Vorstellungen machen und davon ausgehen, er kaufe irgendein Fahrzeug. Je konkreter der Geschäftswille ist, desto eher kommt bei Unterzeichnung ungelesener Urkunden eine Anfechtung wegen Inhaltsirrtums in Betracht. War für den Erklärenden nicht erkennbar, dass die Urkunde einen rechtsgeschäftlichen Inhalt hat, ist die Willenserklärung wegen fehlendem Erklärungsbewusstsein unwirksam. S. dazu oben RdNr. 131. Im Übrigen kommt es nicht darauf an, ob der Erklärende mit dem Inhalt der Urkunde rechnen musste[50]. Entscheidend ist, womit er gerechnet hat.

Beispiel Ausgleichsquittung: Ein Arbeitnehmer unterzeichnet ungelesen eine Ausgleichsquittung, in der ein Verzicht auf rückständige Lohnforderungen enthalten ist. Es kommt nicht darauf an, ob der Arbeitnehmer mit der Verzichtsklausel rechnen musste. Wenn er positiv die Vorstellung hatte, das Schriftstück enthalte nur die Verpflichtung, bestimmte Gegenstände herauszugeben, liegt ein Inhaltsirrtum vor. Die Frage der Erkennbarkeit hat freilich Bedeutung bei der Sachverhaltsfeststellung im Prozess. Der Richter wird ohne besondere Anhaltspunkte davon ausgehen, dass der Erklärende das Erkennbare in seine Vorstellung aufgenommen hat.

223 Keine Besonderheit gilt für Personen, die der deutschen Sprache nicht mächtig sind oder nicht lesen können[51].

224 Hat ein Beteiligter bei notarieller Beurkundung der Erklärung eine Vertragsklausel nicht zur Kenntnis genommen, kann er nach h.M. wie bei Unterzeichnung einer ungelesenen Urkunde nur anfechten, wenn er eine andere Vorstellung von dem Vertragsinhalt hatte.

Beispiel Notar[52]: A und B schließen einen notariell beurkundeten Vertrag, in den der Notar eine Klausel aufnimmt, nach der A die persönliche Haftung für eine Schuld übernimmt. A behauptet später, er habe bei der hastigen Verlesung des

---
50 A. M. *Soergel/Hefermehl* § 119 RdNr. 13.
51 *Palandt/Heinrichs* § 119 RdNr. 9; zum Analphabeten LG Köln WM 1986, 821.
52 Nach BGHZ 71, 260 = NJW 1978, 1480.

Vertragstextes durch den Notar überhört, dass diese Klausel aufgenommen wurde, da man über diesen Punkt vorher nicht gesprochen habe. Bei notarieller Beurkundung einer Erklärung wird eine Niederschrift über die Verhandlungen aufgenommen (§ 8 BeurkG), in welcher die Erklärungen enthalten sind (§ 9 Abs. 1 Nr. 2 BeurkG). Diese Niederschrift wird vorgelesen, von den Beteiligten genehmigt und unterzeichnet (§ 13 Abs. 1 BeurkG). Geht man davon aus, dass die Willenserklärung schon bei den Verhandlungen abgegeben wird und alle späteren Erklärungen nur noch Bedeutung für das Verfahren vor dem Notar haben, dann liegt eine fehlerhafte Beurkundung vor, wenn die Niederschrift eine Erklärung enthält, von der nicht die Rede war. Eine Erklärung mit diesem Inhalt wäre nicht einmal abgegeben. Der BGH hat unter Aufgabe der früheren Rechtsprechung[53] die zutreffende Ansicht vertreten, durch Genehmigung und Unterschrift nach § 13 Abs. 1 BeurkG werde die Zustimmung zum Vertragstext erteilt und damit die Willenserklärung abgegeben. Danach kommt nur eine Anfechtung in Betracht.

225 Eine Anfechtung scheidet aus, wenn sich der maßgebliche Inhalt der Willenserklärung ausnahmsweise nach der subjektiven Vorstellung des Erklärenden richtet. Das übereinstimmend Gemeinte ist nach dem Grundsatz falsa demonstratio non nocet maßgeblich, wenn beide Parteien die gleiche Vorstellung von der Erklärung hatten. Haben die Parteien mündlich einen Kaufvertrag verabredet, aber ungelesen einen Mietvertrag unterzeichnet, kam ein Kaufvertrag zustande[54].

d) Erklärungsgehilfe

226 Wird eine Hilfsperson beim Zugang tätig, ist § 120 BGB anzuwenden, falls die Erklärung versehentlich falsch übermittelt wurde; s. dazu oben RdNr. 169. Keine Regelung enthält das Gesetz für den Erklärungsgehilfen, der bei der Herstellung oder Abgabe der Willenserklärung eingeschaltet wird, ohne Vertreter zu sein. Erschöpft sich die Handlung des Geschäftsherrn (Erklärenden) in der Weisung, eine Willenserklärung anzufertigen und wegzuschicken, ist ihm das Verhalten der Hilfsperson zuzurechnen. Es kommt deshalb darauf an, ob ein Anfechtungsrecht bestünde, wenn der Erklärende die Handlung selbst vorgenommen hätte[55]. Wird das vom Erklärungsgehilfen angefertigte Schriftstück dem Geschäftsherrn zur Unterschrift vorgelegt, kommt es darauf an, ob dieser bei der Unterzeichnung eine falsche Vorstellung über den Inhalt des Schriftstücks hatte.

Beispiel Erklärungsgehilfe: Der Angestellte A einer Bauunternehmung soll ein Angebot aufgrund von Plänen und einer Preisliste ausarbeiten. Bei der internen Preisberechnung unterläuft A ein Fehler. Der Unternehmer unterzeichnet das von A vorbereitete Angebot, weil er darauf vertraut, dass die Berechnungen in Ordnung sind. Hier besteht kein Anfechtungsrecht, weil der Unternehmer nicht über den Inhalt der Erklärung irrte. Auch ein Erklärungsirrtum scheidet aus, weil bei

---

53 RGZ 50, 420.
54 Siehe dazu *Flume* II § 23/2 b. Im Ergebnis ändert sich nichts, wenn eine Partei weiß, dass der Vertragstext nicht der Verabredung entspricht.
55 Vgl. *Flume* II § 23/2 b.

der Erklärungshandlung, die vom Unternehmer vorgenommen wurde, kein Fehler unterlief.

Wäre A beauftragt, das Angebot selbst wegzuschicken, ohne dabei als Bevollmächtigter zu handeln, könnte der Unternehmer nicht anfechten, weil ein verdeckter Kalkulationsirrtum des Gehilfen ebenso wenig wie der eigene ein Anfechtungsrecht des Geschäftsherrn begründet.

e) Blanketterklärung

Um einen Sonderfall der arbeitsteilig erstellten Willenserklärung handelt es sich bei der Blanketterklärung, die von einem dazu Ermächtigten ausgefüllt werden soll. Wird die blanko unterschriebene Urkunde weisungswidrig oder ohne wirksame Ermächtigung ausgefüllt, ist nach h.M. § 172 Abs. 2 BGB analog anzuwenden. Der Aussteller des Blanketts kann dem redlichen Dritten gegenüber nicht einwenden, der Inhalt der Urkunde entspreche nicht seinem Willen[56]. Eine Anfechtung wegen Irrtums scheidet grundsätzlich aus; sie kommt nur in Betracht, wenn dem zur Ausfüllung Ermächtigten ein Irrtum bei der Vervollständigung der Erklärung unterlief (analog § 166 Abs. 1 BGB). Die Ermächtigung ist formfrei (analog § 167 Abs. 2 BGB), sofern der Normzweck einer Formvorschrift nicht entgegensteht. Bei der Bürgschaft verlangt der BGH[57] schriftliche Erteilung der Ermächtigung wegen der Warnfunktion der Form nach § 766 Satz 1 BGB.

Zu beachten ist, dass die weisungswidrige Ausfüllung einer Urkunde bei unterschiedlichen Fallgestaltungen auftreten kann[58]. Deshalb ist im Einzelfall genau zu prüfen, ob der Rechtsgedanke des § 172 Abs. 2 BGB herangezogen werden kann. Wenn ein Vertrag mündlich mit der Abrede geschlossen wurde, dass eine Vertragspartei das Vertragsformular später ausfüllt, ist eine abredewidrige Ausfüllung unerheblich. Maßgeblich ist das Vereinbarte; der Vertragstext enthält eine unschädliche Falschbezeichnung (dazu RdNrn. 408 ff.). Fraglich ist, ob § 172 Abs. 2 BGB anzuwenden ist, wenn eine Blanketturkunde einem Gehilfen übergeben wird, der sie in Gegenwart des Dritten ausfüllt. Es liegt nahe, die Blanketterklärung in diesen Fällen als Vollmacht zu deuten. Dann ergibt sich aus der Urkunde zwar die Ermächtigung zur Ausfüllung, aber der Umfang dieser Befugnis bleibt zweifelhaft. Mit dem Gedanken der Rechtsscheinshaftung lässt sich in diesen Fällen allenfalls die Zurechnung einer Erklärung rechtfertigen, die sich im Rahmen des Üblichen hält[59]. Nach der Rechtsprechung des BGH ist schutzbedürftig nur derjenige, der eine Urkunde erhält und

---

56 BGHZ 40, 65 = NJW 1963, 1971; BGHZ 132, 119; *Flume* II § 23/2; *Canaris*, Die Vertrauenshaftung im Deutschen Recht, 1971, S. 54 ff.
57 BGHZ 132, 119.
58 Es sind entgegen *Brox/Walker* RdNr. 422 nicht nur zwei Fälle zu unterscheiden.
59 So *Canaris* aaO S. 59.

annehmen darf, die Erklärung stamme vom Erklärenden selbst, weil der Urkunde nicht anzusehen ist, dass ein Dritter die Urkunde ergänzt hat[60].

Die Grundsätze über den Schutz des Gutgläubigen bei abredewidriger Ausfüllung einer Blanketterklärung werden von der Rechtsprechung außerdem nur angewandt, wenn die Unterschrift des Ausstellers die Erklärung räumlich abschließt[61].

f) Maschinell erzeugte Willenserklärung

228 Auch bei maschinell erzeugten Willenserklärungen ist zunächst von der Unterscheidung auszugehen, ob der Fehler bei der Abgabe oder bei der Vorbereitung der Erklärung unterlief[62]. Wurde der Preis mit dem Computer falsch errechnet, liegt ein interner Kalkulationsirrtum vor, der als Motivirrtum nicht zur Anfechtung berechtigt. Abgabe und Vorbereitung der Erklärung sind aber bei maschinellen Erklärungen vielfach nicht so eindeutig zu trennen, wie bei sonstigen Willenserklärungen. Der BGH[63] geht deshalb von einem Nachwirken des Irrtums aus, wenn der Fehler vor der Abgabe durch eine fehlerhafte Software entstanden ist.

Beispiel[64]**:** V verkauft über eine Website Computer. Der zuständige Mitarbeiter legte den Preis für Notebooks einer bestimmten Ausstattung auf 2300 Euro fest und gab diesen Preis in das Warenwirtschaftssystem ein. Durch eine spezielle Software wurden die Daten automatisch in die Produktdatenbank der Internetseite des V übertragen. Bei dieser Übertragung unterlief dem System ein Fehler. Die Datenbank enthielt nicht den vorgesehenen Preis in Höhe von 2300 Euro, sondern einen Verkaufspreis in Höhe von 245 Euro. K bestellte ein Notebook, das mit 245 Euro ausgezeichnet war. V bestätigte die Bestellung mit einer automatischen E-Mail zu dem Preis von 245 Euro. Nachdem das Notebook ausgeliefert war, erkannte V den Irrtum und erklärte die Anfechtung des Kaufvertrags. Im Zeitpunkt der Abgabe der Annahmeerklärung durch die automatische E-Mail hatte V keine Vorstellung über den Inhalt der Erklärung. Der BGH nahm aber an, dass sich V im Zeitpunkt der Präsentation des Notebooks auf der Internetseite (bei der Abgabe der invitatio ad offerendum) im Irrtum befunden habe, der bei der Annahmeerklärung nachgewirkt habe. Weiter stellt der BGH darauf ab, dass der zunächst richtig errechnete und ermittelte Betrag durch das Computersystem lediglich falsch übermittelt wurde. Bei einer Falschübermittlung sei nach § 120 BGB das Anfechtungsrecht begründet.

g) Beidseitiger Irrtum über die Geschäftsgrundlage

229 Bei einem Vertragsschluss gehen die Parteien regelmäßig von bestimmten gegenwärtigen und zu erwartenden künftigen Umständen aus. Beim Kauf nehmen sie z.B. an, dass der Kaufgegenstand existiert, gewisse Eigenschaf-

---

60 BGHZ 132, 119, 127 (zur Bürgschaftsurkunde); dazu *Fischer* JuS 1998.
61 BGHZ 113, 48.
62 *Köhler* AcP 182 (1982), 135 f.; *Brehm*, Festschr. f. Niederländer, S. 233 ff.
63 BGH JZ 2005, 791 (Anm. *Spindler*) = NJW 2005, 976 = JuS 2005, 560 (*Emmerich*).
64 Nach BGH (Fn. 63).

zehn Jahren ist die Anfechtung ausgeschlossen (§ 124 Abs. 3 BGB). Eine Sonderregelung enthält § 318 Abs. 2 BGB.

VI. Widerrechtliche Drohung

1. Drohung

Wer zur Abgabe einer Willenserklärung durch widerrechtliche Drohung bestimmt wurde, kann die Erklärung anfechten (§ 123 Abs. 1 BGB). Drohung bedeutet das Inaussichtstellen eines Übels, das aus der Sicht des Bedrohten vom Willen des Drohenden abhängt. Da § 123 Abs. 1 BGB die freie Entscheidung schützen will, ist nur auf die Sicht des Bedrohten abzustellen und nicht darauf, ob der Drohende die Absicht hatte, die Drohung wahrzumachen[89]. Der Nachteil muss nicht schwerwiegend sein und braucht den Bedrohten nicht persönlich zu betreffen. Es kommt auch nicht darauf an, wer die Drohung ausspricht. Eine Drohung muss vorsätzlich begangen worden sein. Ob der Täter verschuldensfähig (§§ 827, 828 BGB) war, ist unerheblich. **252**

Bei unwiderstehlicher physischer Gewalt (vis absoluta) ist § 123 BGB nicht anzuwenden. Eine körperliche Überwältigung und nicht nur eine Beeinträchtigung der Entscheidungsfreiheit liegt z.B. vor, wenn bei einer Unterschrift die Hand mit Gewalt geführt wird. Bei vis absoluta liegt keine Handlung des Gezwungenen vor. Deshalb fehlt es am Tatbestand der Willenserklärung[90]. Keine Anwendung findet § 123 BGB auch beim bloßen *Ausnutzen* einer psychischen Zwangslage[91]. **253**

Wer irrig meint, er sei in einer Zwangslage, kann die Willenserklärung analog § 123 BGB anfechten. Er hat aber entsprechend § 122 BGB den Vertrauensschaden zu ersetzen. Eine analoge Anwendung des § 123 BGB kommt aber nicht in Betracht, wenn jemand nur die Rechtswidrigkeit irrig beurteilt. **254**

2. Kausalität der Drohung

Die Drohung berechtigt nur dann zur Anfechtung, wenn unter ihrem Eindruck die Willenserklärung abgegeben wurde. Entscheidend ist, dass der Bedrohte tatsächlich in seiner Entscheidung beeinflusst wurde. Er muss sich nicht entgegenhalten lassen, er hätte sich nicht so leicht einschüchtern lassen dürfen. **255**

---

[89] BGH NJW 1982, 2301 (2302).
[90] Die *Motive* I, S. 204 sprechen von nichtiger Willenserklärung.
[91] BGH NJW 1988, 2599; *Soergel/Hefermehl* § 123 RdNr. 41.

3. Rechtswidrigkeit

256 Zur Anfechtung berechtigt nur die widerrechtliche Drohung. Nicht alle Drohgebärden und Versuche, den Geschäftspartner zu beeinflussen, sind verboten. Wer bei Vertragsverhandlungen damit droht, er werde Geschäftsbeziehungen zur Konkurrenz aufnehmen, wenn ihm kein Preisnachlass gewährt werde, kündigt sicher ein Übel an. Rechtswidrig ist diese Drohung jedoch nicht. Die Drohung kann wegen der Verwerflichkeit des Mittels, des Zwecks oder der Zweck-Mittel-Relation rechtswidrig sein.

a) Verwerflichkeit des Mittels

257 Eine Drohung ist rechtswidrig, wenn mit einer widerrechtlichen Handlung gedroht wird.

> **Beispiel Verwerfliches Mittel**[92]**:** Der Gläubiger sucht seinen säumigen Schuldner auf und fordert ihn mit vorgehaltener Pistole auf, die Schulden zu bezahlen. Die Drohung ist schon deshalb rechtswidrig, weil die angedrohte Handlung verboten ist. Das Ziel, eine bestehende Forderung zu realisieren, ist für sich genommen nicht verwerflich.
>
> Bei einer Drohung mit einer Berichterstattung in der Presse ist die Drohung nicht rechtswidrig, wenn der Pressebericht selbst nicht rechtswidrig wäre[93].

b) Verwerflichkeit des Zwecks

258 Rechtswidrig ist die Drohung, wenn der Drohende ein Ziel erstrebt, das von der Rechtsordnung missbilligt wird. So liegt eine widerrechtliche Drohung vor, wenn der Bedrohte zur Mitwirkung bei der Steuerhinterziehung veranlasst werden soll[94].

c) Verwerfliche Zweck-Mittel-Relation

259 Eine widerrechtliche Drohung kann vorliegen, obwohl das Mittel und der Zweck für sich betrachtet nicht zu beanstanden sind, sondern die Zweck-Mittel-Relation. Vor allem bei der Drohung mit Strafanzeigen[95] ist zu prüfen, ob es zulässig war, die Entscheidung des Erklärenden auf diese Weise zu beeinflussen. Wenn die Straftat keinen Zusammenhang mit dem Rechtsgeschäft aufweist, ist die Zweck-Mittel-Relation verwerflich und die Drohung widerrechtlich.

---

92 *Enneccerus/Nipperdey* § 173 II 1.
93 BGH NJW 2005, 2766.
94 *Staudinger/Singer/v.Finkenstein* § 123 RdNr. 69.
95 Zur Beurteilung der Rechtswidrigkeit bei Einleitung eines Verfahrens s. *Hopt*, Schadensersatz aus unberechtigter Verfahrenseinleitung, 1968, 134 ff., 231. Zur Drohung, ein Mandat zu kündigen, BGH NJW 2002, 2774, 2775.

Beispiel Strafanzeige: A kommt nur schleppend seiner Unterhaltspflicht nach. Der Unterhaltsgläubiger verlangt, dass sich A wegen der Unterhaltsschuld in einer notariellen Urkunde der sofortigen Zwangsvollstreckung unterwirft, sonst werde er Strafanzeige wegen Verletzung der Unterhaltspflicht erstatten. Die Rechtswidrigkeit ergibt sich nicht daraus, dass der Unterhaltsgläubiger keinen Rechtsanspruch auf eine vollstreckbare Urkunde hat. Auch die Drohung mit einer Strafanzeige wegen Verletzung der Unterhaltspflicht ist nicht rechtswidrig, wenn der Erfüllung dieser Pflicht Nachdruck verliehen werden soll. Anders wäre zu entscheiden, wenn mit der Anzeige wegen eines Diebstahls gedroht würde.

d) Bewusstsein der Rechtswidrigkeit

Ein Bewusstsein der Rechtswidrigkeit wird von § 123 BGB nicht vorausgesetzt. Der Bedrohte ist auch dann schutzwürdig, wenn der Drohende irrtümlich von der Rechtmäßigkeit seines Verhaltens ausging. Beruht die fehlerhafte Beurteilung der Rechtmäßigkeit auf einem unverschuldeten Sachverhaltsirrtum, scheidet nach der Rechtsprechung[96] die Anwendung des § 123 BGB aus. In der Literatur wurde diese Ansicht zu Recht kritisiert[97], weil es bei § 123 BGB um die Selbstbestimmung bei rechtsgeschäftlichen Entscheidungen geht.

260

4. Anfechtungsfrist

Die Anfechtungsfrist beträgt ein Jahr (§ 124 Abs. 1 BGB). Sie beginnt nach § 124 Abs. 2 BGB mit dem Zeitpunkt, in welchem die Zwangslage aufhört. Zehn Jahre nach Abgabe der Willenserklärung ist die Anfechtung ausgeschlossen (§ 124 Abs. 3 BGB).

261

VII. Konkurrenzen

Sind verschiedene Anfechtungstatbestände verwirklicht, kann der Erklärende entscheiden, worauf er die Anfechtung stützt. Es ist auch möglich, nach einer Irrtumsanfechtung eine zweite Anfechtung auf arglistige Täuschung zu stützen. Problematisch ist das Verhältnis zwischen Täuschung und Drohung. Liegt auch eine Täuschung vor, wenn der Drohende die Drohung in Wahrheit nicht verwirklichen kann oder will? Das kann für die Anfechtungsfrist von Bedeutung sein. Erfährt der mit einer Pistole Bedrohte erst nach Jahren, dass die Pistole nicht geladen war, könnte er wegen arglistiger Täuschung anfechten, weil er erst jetzt Kenntnis von der Täuschung erlangt. Der BGH nahm in der Tat an, eine Anfechtung wegen

262

---

96 BGHZ 25, 224.
97 *Enneccerus/Nipperdey* § 173 II 3; *Soergel/Hefermehl* § 123 RdNr. 51.

Drohung schließe die Anfechtung wegen arglistiger Täuschung nicht aus[98]. Im Prozess sollten wegen der Präklusion nach § 767 Abs. 2 ZPO vorsorglich alle konkurrierenden Anfechtungsrechte ausgeübt werden.

Beispiel Gestaltungsrechte: Gegen die Erfüllungsklage verteidigt sich der Beklagte mit der Anfechtung, die er auf § 119 Abs. 2 BGB stützt. Obwohl er weiß, dass auch eine arglistige Täuschung vorliegt, ficht er nicht nach § 123 BGB an. Nachdem der Prozess verloren ist, erhebt der Beklagte Vollstreckungsgegenklage, die er damit begründet, er habe nunmehr nach § 123 BGB angefochten. Nach der früheren Rechtsprechung erfasste die Präklusion nach § 767 Abs. 2 ZPO Gestaltungsrechte, die nicht ausgeübt sind, aber bis zum Schluss der mündlichen Verhandlung ausgeübt werden konnten[99]. Danach wäre die Vollstreckungsgegenklage nicht erfolgreich. Inzwischen ist die Rechtsprechung uneinheitlich[100].

263 Das Anfechtungsrecht kann mit Schadensersatzansprüchen (§ 823 Abs. 2 BGB i.V.m. § 263 StGB, § 826 BGB und §§ 280, 311 Abs. 2 BGB) konkurrieren, die der Geschädigte auch nach Ablauf der Anfechtungsfrist geltend machen kann[101]. Auch das Recht zum Rücktritt[102] kann mit dem Anfechtungsrecht konkurrieren. Wurde der Rücktritt erklärt und angefochten, ist allerdings zunächst zu prüfen, ob die Anfechtung wirksam ist, weil sie vertraglichen Rechten den Boden entzieht.

264 Aus § 123 BGB ergibt sich, dass ein Rechtsgeschäft, das durch arglistige Täuschung oder Drohung zustande kam, nur anfechtbar und nicht nichtig ist. Deshalb ist § 123 BGB gegenüber § 138 BGB als Sonderregelung anzusehen. Nur wenn weitere Umstände hinzukommen, aus denen sich die Sittenwidrigkeit ergibt, ist das Rechtsgeschäft nach § 138 BGB nichtig, obwohl der Tatbestand des § 123 BGB vorliegt.

Eine Sonderregelung für täuschende und irreführende Werbeangaben enthält § 13a UWG, der aber kein Anfechtungsrecht gewährt, sondern ein Rücktrittsrecht[103].

VIII. Die Anfechtungserklärung

265 Die Anfechtung erfolgt durch einseitige, empfangsbedürftige Willenserklärung (§ 143 Abs. 1 BGB). Anfechtungsgegner ist bei einem Vertrag der Ver-

---

[98] BGH NJW-RR 1996, 1281. Das OLG Frankfurt (Außensenat Darmstadt) vertrat als Vorinstanz zutreffend die Gegenansicht. – Die Ehefrau hatte im Rahmen eines Scheidungsverfahrens mit Selbstmord gedroht, ohne ernsthafte Absicht, die Drohung in die Tat umzusetzen.
[99] BGHZ 42, 37; kritisch dazu *Stein/Jonas/Münzberg* § 767 Rdnr. 37; *Baumann/Brehm*, Zwangsvollstreckung, § 13 III 2c; *Rosenberg/Gaul/Schilken*, Zwangsvollstreckungsrecht, 11. Aufl., 1997, § 40 V 2b.
[100] Vgl. BGHZ 94, 34; BGHZ 103, 366. Siehe auch *Wolf/Lange* JZ 2004, 416.
[101] Anders für einen Anspruch auf Vertragsaufhebung OLG Hamm NJW-RR 1995, 205 gegen BGH NJW 1962, 1196.
[102] Kritisch gegen die h.M. *Honsell* JuS 1982, 813.
[103] *Köhler* JZ 1989, 262.

tragspartner. Sind mehrere Personen Vertragspartner, ist allen gegenüber die Anfechtung zu erklären. Im Falle des § 123 Abs. 2 Satz 2 BGB ist der durch das Rechtsgeschäft Begünstigte richtiger Adressat der Anfechtungserklärung. Auch bei nichtempfangsbedürftigen Willenserklärungen ist derjenige Anfechtungsgegner, der aufgrund des Rechtsgeschäfts unmittelbar einen rechtlichen Vorteil erlangt hat (§ 143 Abs. 4 BGB). Zur Anfechtung amtsempfangsbedürftiger Willenserklärungen vgl. § 143 Abs. 3 und 4 BGB. Zur Anfechtung der Vollmacht siehe RdNr. 472 ff.

Aus der Erklärung muss hervorgehen, dass das Rechtsgeschäft wegen des Willensmangels beseitigt werden soll. Es ist nicht erforderlich, dass die Bezeichnung „Anfechtung" verwendet wird, aber die Erklärung muss unzweideutig sein und muss erkennen lassen, weshalb die Anfechtung erfolgt[104]. Die Anfechtung darf nicht unter einer Bedingung erklärt werden[105], weil sie ein einseitiges Rechtsgeschäft ist; siehe RdNr. 391. **266**

IX. Die Wirkung der Anfechtung

1. Nichtigkeit nach § 142 BGB

Das Anfechtungsrecht ist ein Gestaltungsrecht, bei dessen Ausübung die materielle Rechtslage verändert wird. Nach § 142 Abs. 1 BGB tritt die Änderung der Rechtslage mit rückwirkender Kraft ein. Das Rechtsgeschäft ist als von Anfang an (ex tunc) nichtig anzusehen. **267**

Beispiel Eigentumserwerb: E übereignet an B ein Buch nach § 929 BGB. Wegen widerrechtlicher Drohung ficht E die Einigung an. Zunächst wurde B zwar Eigentümer nach § 929 BGB, aber die Anfechtung beseitigte den rechtsgeschäftlichen Verfügungstatbestand rückwirkend. D.h., es ist davon auszugehen, dass E Eigentümer geblieben ist und B nie Eigentümer war.

Voraussetzung und Wirkung der Anfechtung sind für das Verfügungs- und Verpflichtungsgeschäft getrennt zu beurteilen. Wurde lediglich das Verpflichtungsgeschäft angefochten, bleibt das Verfügungsgeschäft wirksam. Zum Abstraktions- und Trennungsgrundsatz s. oben RdNrn. 118 ff. Wurde das Kausalgeschäft angefochten, sind die Leistungen nach § 812 Abs. 1 Satz 1, 1. Alt. BGB zurückzugewähren[106]. **268**

Der Gesetzgeber hat berücksichtigt, dass die Fiktion des § 142 Abs. 1 BGB bei der Anwendung des Gesetzes zu Schwierigkeiten führen kann. Hat B im Beispiel „Eigentumserwerb" das Buch weiterveräußert, ist fraglich, ob das Eigentum auf den Erwerber übergehen konnte. Durch die Anfechtung wurde B rückwirkend zum Nichtberechtigten, und deshalb kommt nur ein **269**

---

[104] Zur Begründungspflicht bei Gestaltungsrechten *Becker* AcP 188 (1988), 24.
[105] *Staudinger/Roth* § 143 RdNr. 8; *Soergel/Hefermehl* § 143 RdNr. 3.
[106] Str., a. M. *Palandt/Sprau* § 812 RdNr. 77: § 812 Abs. 1 Satz 2, 1. Alt BGB.

gutgläubiger Erwerb nach § 932 BGB in Betracht. Aber bei der Anwendung des § 932 BGB stößt man auf Probleme. Kann man überhaupt sinnvoll die Frage stellen, ob der Erwerber wusste, dass B nicht Eigentümer war, wenn im Zeitpunkt der Verfügung noch nicht angefochten war? Das Gesetz hat diesen Schwierigkeiten in § 142 Abs. 2 BGB Rechnung getragen. Wer die Anfechtbarkeit kannte oder kennen musste, wird im Falle der Anfechtung so behandelt, wie wenn er die Nichtigkeit des Rechtsgeschäfts gekannt hätte. Beim gutgläubigen Erwerb nach § 932 BGB kommt es darauf an, ob der Erwerber wusste oder grob fahrlässig verkannte, dass der Veräußerer das Eigentum anfechtbar erworben hatte.

270 Bei Dauerschuldverhältnissen kann die Rückwirkungsfiktion zu erheblichen Problemen bei der Rückabwicklung führen. Deshalb wird die Meinung vertreten, die Anfechtung wirke nicht zurück, wenn das Dauerschuldverhältnis in Vollzug gesetzt worden sei[107].

2. Umdeutung

271 Wenn das Gesetz Nichtigkeit eines Rechtsgeschäfts anordnet, bedeutet das nicht notwendig, dass keine rechtsgeschäftlich begründeten Rechtsfolgen eintreten. Das nichtige Rechtsgeschäft ist nach § 140 BGB in ein anderes Rechtsgeschäft umzudeuten, wenn es dessen Erfordernissen entspricht und wenn anzunehmen ist, dass die Parteien bei Kenntnis der Nichtigkeit das andere Rechtsgeschäft gewollt hätten. Richtiger Ansicht nach kann auch ein angefochtenes Geschäft umgedeutet werden[108]. Hätte der Vertragspartner den Vertrag so geschlossen, wie er vom Anfechtenden gemeint war, ist das Rechtsgeschäft umzudeuten und mit dem Inhalt aufrechtzuerhalten, der den subjektiven Vorstellungen des Anfechtenden entsprach. Die Nichtigkeitsfolge des § 142 BGB wird in diesen Fällen durch § 140 BGB überlagert.

---

107 *MünchKomm/Kramer* § 119 RdNr. 19 ff.; *Brox*, Die Einschränkung der Irrtumsanfechtung, 1960.
108 *Soergel/Hefermehl* § 140 RdNr. 3; *Jauernig* § 140 RdNr 2; *Staudinger/Roth* § 140 RdNr. 15; a. M. *Flume* II § 32/9 c mit der wenig tragfähigen Begründung, die Willenserklärung werde durch die Anfechtung „storniert".

§ 9 Geschäftsfähigkeit

Literatur: *Behnke*, Das neue Minderjährigenhaftungsbeschränkungsgesetz, NJW 1998, 3078; *ders.*, Minderjährige als Gesellschafter – Minderjährigenhaftungsbeschränkungsgesetz und Beratungspraxis, ZGS 1999, 244; *Bittner*, Die Einrede der beschränkten Haftung auf das Volljährigkeitsvermögen aus § 1629a BBG, FamRZ 2000, 325; *Böttcher*, Abschied von der „Gesamtbetrachtung", Sieg des Abstraktionsprinzips, Rpfleger 2006, 293; *Bosch*, Teil-Unmündigkeit trotz Volljährigkeit? Festschr. f. Schiedermair 1976, S. 51; *Brox*, Der Minderjährigenschutz beim Rechtsgeschäft, JA 1989, 441; *Casper*, Geschäfte des täglichen Lebens – eine kritische Anmerkung zum neuen § 105a BGB, NJW 2002, 3425; *Canaris*, Verstöße gegen das verfassungsrechtliche Übermaßverbot im Recht der Geschäftsfähigkeit und Schadensersatzrecht, JZ 1987, 993; *Christmann*, Die Geltendmachung der Haftungsbeschränkung zugunsten Minderjähriger, ZEV 1999, 416; *Coester-Waltjen*, Nicht zustimmungsbedürftige Rechtsgeschäfte beschränkt geschäftsfähiger Minderjähriger, Jura 1994, 668; *Eckebrecht*, Praktische Folgen des Minderjährigenhaftungsbeschränkungsgesetzes, MDR 1999, 1248; *Gebauer*, Die Lehre von der Teilgeschäftsunfähigkeit und ihre Folgen, AcP 153 (1954), 332; *Gilles/Westphal*, Ein problematischer Gewerkschaftsbeitritt, JuS 1981, 899; *Gitter/Schmitt*, Die geschenkte Eigentumswohnung – zu BGHZ 78, 29, JuS 1982, 253; *Glöckner*, Die Haftung des Minderjährigen, FamRZ 2000, 1397; *Großfeld/Hülper*, Analphabetismus im Zivilrecht, JZ 1999, 430; *Grunewald*, Haftungsbeschränkungs- und Kündigungsmöglichkeiten für volljährig gewordene Personengesellschafter, ZIP 1999, 597; *Habersack*, Das neue Gesetz zur Beschränkung der Haftung Minderjähriger, 1999, 1; *Harder*, Die Erfüllungsannahme durch den Minderjährigen – lediglich ein rechtlicher Vorteil, JuS 1977, 149; *ders.*, Minderjährige Schwarzfahrer, NJW 1990, 817; *Jauernig*, Anstaltsnutzung und Minderjährigenrecht, NJW 1972, 1; *ders.*, Noch einmal: Die geschenkte Eigentumswohnung – BGHZ 78, 28, JuS 1982, 576; *Knieper*, Geschäfte von Geschäftsunfähigen, 1999; *Köbler*, Das Minderjährigenrecht, JuS 1979, 789; *Köhler*, Grundstücksschenkung an Minderjährige – ein „lediglich rechtlicher Vorteil"?, JZ 1983, 225; *Kohte*, Die rechtfertigende Einwilligung, AcP 185 (1985), 105; *Konz*, Die Möglichkeit der Haftungsbeschränkung volljährig Gewordener gemäß § 1629a in Verbindung mit §§ 1990, 1991 BGB, 2006; *Lange, H.*, Schenkung an beschränkt Geschäftsfähige und § 107 BGB, NJW 1955, 1339; *Leenen*, Die Heilung fehlender Zustimmung gemäß § 108 BGB, FamRZ 2000, 863; *Lindacher*, Überlegungen zu § 110 BGB, Festschr. f. Bosch 1976 S. 533; *Löwisch*, Beschränkung der Minderjährigenhaftung und gegenseitiger Vertrag, NJW 1999, 1002; *Mautzsch*, Die „fehlerhafte Gesellschaft": Rechtsnatur und Minderjährigenschutz, JuS 2003, 544; *v. Mohrenfels*, Der minderjährige Schwarzfahrer – AG Hamburg, NJW 1987, 448 und AG Köln, NJW 1987, 447, JuS 1987, 692; *Nierwetberg*, Der „Taschengeldparagraph" (§ 110 BGB) im System des Minderjährigenrechts, Jura 1984, 127; *Pawlowski*, Die Ansprüche des Vermieters eines Kraftfahrzeuges gegen den minderjährigen Mieter – OLG Hamm, NJW 1966, 2357, JuS 1967, 302; *ders.*, Willenserklärungen und Einwilligung in personenbezogene Eingriffe, JuS 2003, 66; *Ramm*, Die gesetzliche Vertretung durch die Eltern – überholt und verfassungswidrig, NJW 1989, 1708; *ders.*, Drittwirkung und Übermaßverbot, JZ 1988, 493; *Preuß*, Das für den Minderjährigen lediglich vorteilhafte Geschäft, JuS 2006, 305; *Scherner*, Generaleinwilligung und Vertretungsnotstand im Minderjährigenrecht, FamRZ 1976, 673; *Schmidt, K.*, Grenzen des Minderjährigenschutzes im Handels- und Gesellschaftsrecht, JuS 1990, 517; *ders.*, Minderjährigen-Haftungsbeschränkung im Unternehmensrecht: Funktioniert das? – Eine Analyse des § 1629a BGB mit Rückblick auf BGHZ 92, 259 = NJW 1985, 136; *Schmitt*, Der Begriff der lediglich rechtlich vorteilhaften Willenserklärung i. S. d.

§ 107 BGB, NJW 2005, 1090; *Schreiber,* Neutrale Geschäfte Minderjähriger, Jura 1987, 221; *Schreieder,* Ist § 1903 BGB eine Spezialvorschrift zu § 105 BGB?, BtPrax 1996, 96; *Stürner,* Der lediglich rechtliche Vorteil, AcP 1973 (1973), S. 402; *Thiel, Katrin,* Das Gesetz zur Beschränkung der Haftung Minderjähriger, 2002; *Wacke,* Nochmals: Die Erfüllungsannahme durch den Minderjährigen – lediglich ein rechtlicher Vorteil?, JuS 1978, 80; *Wieser,* Verstößt § 105 BGB gegen das verfassungsrechtliche Übermaßverbot?, JZ 1988, 493; *Wilhelm,* Das Merkmal „lediglich rechtlich vorteilhaft" bei Verfügungen über Grundstücksrechte, NJW 2006, 2353.

I. Übersicht

272 Wenn der Wille Geltungsgrund für rechtsgeschäftlich erzeugte Rechtsfolgen sein soll, müssen die Beteiligten fähig sein, selbstverantwortlich zu entscheiden. Die Kompetenz zu eigenverantwortlichem Handeln und zum Vernunftgebrauch muss das Gesetz in einer freiheitlichen Rechtsordnung grundsätzlich unterstellen. Nur für besondere Personengruppen, die aufgrund ihres Alters oder Geisteszustandes nicht in der Lage sind, die Tragweite ihres Handelns zu ermessen, muss der Gesetzgeber besondere Regelungen über die Geschäftsfähigkeit treffen, um die Betroffenen vor Nachteilen zu schützen.

Unter Geschäftsfähigkeit ist die Fähigkeit zu verstehen, selbstständig wirksame Willenserklärungen abzugeben oder zu empfangen. Geschäftsunfähige werden vom Gesetz dadurch geschützt, dass ihnen generell die Fähigkeit abgesprochen wird, wirksame Rechtsgeschäfte vorzunehmen (§ 105 Abs. 1 BGB). Beschränkt Geschäftsfähige können nur solche Rechtsgeschäfte selbstständig vornehmen, durch die sie einen rechtlichen Vorteil erlangen (§ 107 BGB).

273 Die Geschäftsfähigkeit ist ein besonderer Fall der **Handlungsfähigkeit**[1]. Handlungsfähig ist, wer rechtlich erhebliche Handlungen vornehmen kann. Während die Geschäftsfähigkeit rechtsgeschäftliches Handeln betrifft, geht es bei der Deliktsfähigkeit (§§ 827, 828 BGB) um die Verantwortlichkeit für deliktisches Verhalten. Von der Geschäftsfähigkeit zu unterscheiden ist die Rechtsfähigkeit, die nicht auf Handlungen bezogen ist. **Rechtsfähigkeit** bedeutet die Fähigkeit eines Rechtssubjektes, Träger von Rechten und Pflichten zu sein. S. dazu unten RdNr. 644. Die juristische Person (z. B. eine Aktiengesellschaft) kann selbst nicht handeln, aber sie kann Eigentümerin eines Grundstücks oder Inhaberin von Forderungen sein. Unterarten der Geschäftsfähigkeit sind die Ehefähigkeit (§§ 1303 ff. BGB) und die Testierfähigkeit (§ 2229 Abs. 1 BGB). Der Geschäftsfähigkeit entspricht auf dem Gebiete des Prozessrechts die Prozessfähigkeit, die für den Zivilprozess in § 52 ZPO geregelt ist.

---

[1] *Motive* I, S. 129.

II. Geschäftsunfähigkeit 1. Kinder unter sieben Jahren

Geschäftsunfähig sind Personen, die das siebente Lebensjahr nicht vollendet haben (§ 104 Nr. 1 BGB). Nach § 187 Abs. 2 Satz 2 BGB dauert die Geschäftsunfähigkeit bis zu dem Beginn des Geburtstages (0.00 Uhr), an dem das Kind sieben Jahre alt wird. **274**

2. Dauernde Störung der Geistestätigkeit

Nach § 104 Nr. 2 BGB ist geschäftsunfähig, wer sich in einem die freie Willensbestimmung ausschließenden Zustande krankhafter Störung der Geistestätigkeit befindet. Voraussetzung ist jedoch, dass es sich nicht nur um einen vorübergehenden Zustand handelt. Bei nur vorübergehender Störung der Geistestätigkeit und bei „Bewusstlosigkeit" ist die Willenserklärung nach § 105 Abs. 2 BGB nichtig. **275**

Wer sich in einem vorübergehenden Zustande der Verwirrung befindet (Rausch), wird durch § 105 Abs. 2 BGB geschützt. Seine Willenserklärung ist unwirksam, aber er ist nicht geschäftsunfähig.

Nach dem Wortlaut des Gesetzes bezieht sich die Geschäftsunfähigkeit auf alle Rechtshandlungen. Es gibt aber Personen, die nur in bestimmten Lebensbereichen unfähig sind, die Vernunft zu gebrauchen. Um diesen Fällen gerecht zu werden, wurde die Figur der **partiellen** oder **gegenständlichen** Geschäftsunfähigkeit entwickelt. Der gegenständlich Geschäftsunfähige kann auf einem bestimmten, fest umrissenen Gebiet keine Rechtsgeschäfte vornehmen. Beispiele sind krankhaft Eifersüchtige und Personen, die vom Querulantenwahn besessen sind. Dagegen gibt es grundsätzlich keine Geschäftsunfähigkeit, die auf schwierige Geschäfte wie etwa Grundstücksgeschäfte beschränkt ist (**relative Geschäftsfähigkeit**). Das Gesetz kennt aber bei Geschäftsunfähigen eine Bereichsausnahme für Alltagsgeschäfte. Tätigt ein volljähriger Geschäftsunfähiger ein Geschäft des täglichen Lebens, das mit geringwertigen Mitteln bewirkt werden kann, so *gilt* der Vertrag nach § 105a BGB als wirksam, sobald Leistung und Gegenleistung bewirkt sind. Diese Wirksamkeitsfiktion gilt nicht bei erheblicher Gefahr für die Person oder das Vermögen des Geschäftsunfähigen. Die Regelung des § 105a BGB hat keine nennenswerte Bedeutung, weil bei den Alltagsgeschäften regelmäßig von einem lichten Moment ausgegangen werden kann, in dem auch der Geschäftsunfähige wirksam handeln kann[2]. Auch bei der Betreuung mit Einwilligungsvorbehalt (§ 1903 BGB) wird nach dem Schwierigkeitsgrad unterschieden: Der Betreute kann Rechtsgeschäfte, die geringfügige Angelegenheiten des täglichen Lebens betreffen, **276**

---

[2] Vgl. dazu *Jauernig* § 105a RdNr. 3 gegen *Lipp* FamRZ 2003, 721; vgl. ferner *Casper* NJW 2002, 3425; *Heim* JuS 2003, 141.

selbstständig vornehmen, soweit das Vormundschaftsgericht keine andere Anordnung trifft (§ 1903 Abs. 3 Satz 2 BGB).

Während lichter Augenblicke (lucida intervalla) kann der nach § 104 Nr. 2 BGB Geschäftsunfähige wirksame Willenserklärungen abgeben.

277 Wenn der nach § 104 Nr. 2 BGB Geschäftsunfähige im Einzelfall doch wirksame Geschäfte abschließen kann, drängt sich die Frage auf, welchen zusätzlichen Schutz § 104 Nr. 2 BGB gegenüber § 105 Abs. 2 BGB gewährt. Wer sich auf § 104 Nr. 2 BGB i. V. m. § 105 Abs. 1 BGB beruft, muss nachweisen, dass die Störung der Geistestätigkeit krankhaft und von Dauer ist, während bei § 105 Abs. 2 BGB nur nachzuweisen ist, dass im Zeitpunkt der Abgabe der Willenserklärung eine Störung der Geistestätigkeit vorlag. Der Vorteil, den § 104 Nr. 2 BGB gegenüber § 105 Abs. 2 BGB für den Geschäftsunfähigen schafft, liegt bei der Beweislast. Wenn ein bestimmtes Krankheitsbild vorliegt, ist von Geschäftsunfähigkeit auszugehen. Der schwierige Beweis, dass die Geisteskräfte gerade bei Abgabe der Willenserklärung versagten, muss nicht geführt werden. Für das Vorliegen eines lichten Moments ist derjenige beweispflichtig, der sich darauf beruft. Ein weiterer Unterschied besteht beim Zugang von Erklärungen. Vorübergehende geistige Abwesenheit hindert den Zugang nicht, während für Geschäftsunfähige § 131 Abs. 1 BGB gilt.

III. Folgen der Geschäftsunfähigkeit

278 Die Willenserklärung des Geschäftsunfähigen ist nichtig (§ 105 Abs. 1 BGB). Das bedeutet nicht, dass er vom Rechtsverkehr ausgeschlossen ist. Weil seine eigenen Handlungen keine Rechtswirkungen erzeugen, handelt für ihn der gesetzliche Vertreter (Eltern, Vormund, Pfleger; §§ 1629 Abs. 1, 1793, 1915 Abs. 1 BGB), der für wichtige, im Gesetz ausdrücklich genannte Geschäfte die Genehmigung des Familiengerichts einholen muss (vgl. §§ 1643, 1819 ff. BGB). Empfangsbedürftige Willenserklärungen werden erst wirksam, wenn sie dem gesetzlichen Vertreter zugehen (§ 131 Abs. 1 BGB).

279 Für Verfahren, in denen über Maßnahmen wegen des Geisteszustandes einer Person entschieden wird, hat die Rechtsprechung aus Art. 1 GG den Grundsatz abgeleitet, dass der Betroffene unabhängig von der Geschäftsfähigkeit wirksame Verfahrenshandlungen vornehmen kann[3]. Dieser Grundsatz ist auf materiellrechtliche Erklärungen zu übertragen, ohne die das Verfahren nicht durchgeführt werden kann[4].

280 § 105 Abs. 1 BGB will die geschäftsunfähigen Personen schützen. Die Frage ist, ob es dieser Schutzzweck gebietet, die Nichtigkeit der Willenserklärung anzuordnen. Ein nichtiges Rechtsgeschäft ist endgültig unwirksam und kann auch nicht durch spätere Zustimmung des gesetzlichen Vertreters wirksam werden. *Canaris* hat gegen diese Regelung zu Recht

---

3 BVerfGE 10, 302; *Brehm*, FGG, RdNr. 219; vgl. § 66 FGG.
4 Vgl. OLG Hamburg NJW 1971, 199.

verfassungsrechtliche Bedenken vorgetragen[5], die seine Kritiker[6] nicht überzeugend widerlegen konnten. Die Anordnung der Nichtigkeit selbst bei rechtlich vorteilhaften Geschäften verstößt gegen das Übermaßverbot. Folgt man dieser Ansicht, sind auf Geschäftsunfähige die Bestimmungen über beschränkt Geschäftsfähige entsprechend anzuwenden.

IV. Beschränkte Geschäftsfähigkeit

Beschränkt geschäftsfähig sind nach § 106 BGB Minderjährige, die das siebente Lebensjahr vollendet haben. Die Minderjährigkeit endet mit der Vollendung des achtzehnten Lebensjahres (§ 2 BGB). Betreute stehen den beschränkt Geschäftsfähigen weitgehend gleich, wenn das Vormundschaftsgericht einen Einwilligungsvorbehalt angeordnet hat (§ 1903 Abs. 3 BGB); s. aber oben RdNr. 276 a. E., unten RdNr. 284. Der Betreute kann aber auch bei Anordnung eines Einwilligungsvorbehalts geltend machen, er sei geschäftsunfähig[7]. **281**

V. Rechtsfolgen bei beschränkter Geschäftsfähigkeit

1. Teilnahme am Rechtsverkehr

Beschränkt Geschäftsfähige sind von der Teilnahme am Rechtsverkehr so wenig ausgeschlossen wie Geschäftsunfähige. Rechtsgeschäftliche Handlungen können mit Wirkung für und gegen sie vom gesetzlichen Vertreter vorgenommen werden. Handelt der gesetzliche Vertreter, tritt der beschränkt Geschäftsfähige bei der Verwirklichung eines rechtsgeschäftlichen Tatbestandes nicht in Erscheinung. Beschränkt Geschäftsfähige können aber auch selbst rechtsgeschäftlich handeln. Willenserklärungen sind wirksam, wenn der gesetzliche Vertreter einwilligt oder wenn der beschränkt Geschäftsfähige durch das Rechtsgeschäft lediglich einen rechtlichen Vorteil erlangt (§ 107 BGB). **283**

Beispiel Beteiligung des beschränkt Geschäftsfähigen: Es soll ein Vertrag geschlossen werden, an dem der beschränkt Geschäftsfähige M beteiligt ist. Dafür kommen zwei Wege in Betracht: (1) Der gesetzliche Vertreter handelt und schließt den Vertrag namens des M ab. (2) Der gesetzliche Vertreter erklärt gegenüber M oder gegenüber dem Geschäftspartner die Zustimmung zum Vertrag, und M schließt den Vertrag selbst ab. Wenn das Geschäft keinen rechtlichen Nachteil bringt, kann M ohne Zustimmung des gesetzlichen Vertreters wirksam handeln.

---

5 *Canaris* JZ 1987, 993.
6 *Ramm* JZ 1988, 489; *Wieser* JZ 1988, 493; dazu *Canaris* JZ 1988, 494.
7 Einzelheiten sind streitig, insbesondere, ob im Rahmen des Betreuungsverfahrens die Geschäftsfähigkeit zu prüfen ist.

284 Den beschränkt Geschäftsfähigen weitgehend gleichgestellt sind Betreute, bei denen ein Einwilligungsvorbehalt angeordnet wurde, vgl. § 1903 Abs. 1 BGB mit einer Verweisung auf die §§ 108 bis 113, 131 Abs. 2 und 210 BGB. Trotz des Einwilligungsvorbehalts kann der Betreute ohne Zustimmung des Betreuers handeln, wenn ihm die Willenserklärung lediglich einen rechtlichen Vorteil bringt. Auch geringfügige Alltagsgeschäfte kann der Betreute selbst vornehmen, falls keine abweichende Anordnung erging (§ 1903 Abs. 3 BGB).

2. Zustimmungsfreie Rechtsgeschäfte

285 Zustimmungsfrei sind Rechtsgeschäfte nach § 107 BGB, wenn der beschränkt Geschäftsfähige lediglich einen **rechtlichen** Vorteil erlangt. Nach h. M. genügt es, wenn das Geschäft mit keinem rechtlichen Nachteil verbunden ist. Nicht zu prüfen ist, ob ein wirtschaftlicher Erfolg erzielt wurde. Es ist allein auf die rechtlichen Folgen des Geschäfts abzustellen. Bei einem gegenseitigen Vertrag (z. B. Kauf) entstehen stets Verpflichtungen für beide Teile. Deshalb sind diese Verträge immer mit einem rechtlichen Nachteil (Verpflichtung) verbunden, selbst dann, wenn ein ungewöhnlich günstiger Preis ausgehandelt wurde.

Beispiel Stereoanlage: Der beschränkt geschäftsfähige M kauft eine Stereoanlage im Wert von 2000 Euro für 80 Euro. Der Kaufvertrag ist trotz der Geschäftstüchtigkeit des M nicht ohne Zustimmung des gesetzlichen Vertreters wirksam. Bei der Frage, ob ein rechtlicher Nachteil vorliegt, ist allein entscheidend, dass M den Kaufpreis bezahlen muss. Das Entstehen der Forderung ist ein rechtlicher Nachteil.

286 Auch unvollkommen zweiseitig verpflichtende Verträge, bei denen für einen Vertragspartner Verpflichtungen nur unter bestimmten Voraussetzungen entstehen (z. B. Verwahrungsvertrag; §§ 688, 693 BGB), sind mit rechtlichen Nachteilen verbunden. Die Zustimmung des gesetzlichen Vertreters ist nicht erforderlich bei Schenkungsversprechen (§ 518 BGB), sofern damit keine Auflagen verbunden sind[8].

287 Verfügungen sind wirksam, wenn der beschränkt Geschäftsfähige ein Recht erwirbt und an den Erwerb keine nachteiligen Rechtsfolgen geknüpft sind. Grundsätzlich ist ein auf Erwerb eines Rechts gerichtetes Rechtsgeschäft nicht lediglich rechtlich vorteilhaft, wenn der Erwerb zu Verpflichtungen führt, für die der Minderjährige mit seinem ganzen Vermögen haftet[9]. Freilich ist es immer denkbar, dass durch den Erwerb ein rechtlicher (nicht nur wirtschaftlicher) Nachteil entstehen kann. So ist der Besitzer eines Gebäudes u. U. nach § 836 Abs. 1 BGB schadensersatzpflich-

---

[8] Bei Auflagen entsteht ein Anspruch auf Vollziehung nach § 525 Abs. 1 BGB.
[9] BGH JZ 2006, 147, 148. Deshalb schadet die Belastung eines Grundstücks nicht, weil sie nur zur dinglichen, nicht zur persönlichen Haftung führt.

tig, wenn einem Passanten ein Ziegel auf den Kopf fällt. Auch wird der reich Beschenkte wie alle reichen Leute darüber klagen, dass er Steuern zahlen muss. Wenn für § 107 BGB neben steuerfreien Schenkungsabreden ein Anwendungsbereich bleiben soll, dürfen nicht alle rechtlichen Nachteile berücksichtigt werden, die in irgendeiner Weise durch das Rechtsgeschäft kausal verursacht werden. Nach h.M. kommt es nur auf solche rechtlichen Nachteile an, die unmittelbare Folge des Rechtsgeschäfts sind[10]. Dazu gehören aber nicht nur Nachteile, die sich aus dem Inhalt des Rechtsgeschäfts ergeben. Es genügt, wenn nachteilige Rechtsfolgen kraft Gesetzes eintreten wie die gesetzliche Vertragsübernahme nach § 566 BGB[11]. Dagegen bleiben Verpflichtungen unberücksichtigt, die dadurch entstehen, dass aufgrund weiterer Umstände ein selbstständiger Verpflichtungsgrund geschaffen wird (z.B. Haftung des Gebäudebesitzers nach § 836 BGB).

288 Dass bestimmte Nachteile wertend auszugrenzen sind, ist unstreitig. Keine Einigkeit besteht aber darüber, ob das Kriterium der Unmittelbarkeit zur Abgrenzung der erheblichen von den unerheblichen Nachteilen taugt. Nach *Stürner* ist aufgrund einer wirtschaftlichen Betrachtungsweise zu prüfen, ob das Vermögen des Minderjährigen gefährdet ist[12]. Dem hat sich der BGH angeschlossen[13]. Er nimmt rechtliche Nachteile, die *typischerweise* ganz unerhebliche Gefährdungspotenziale aufweisen, vom Anwendungsbereich des § 107 BGB aus.

Köhler hat eine „sorgerechtliche Betrachtungsweise" vorgeschlagen[14]. Dabei geht er von der Überlegung aus, dass die Erweiterung des Kreises der zustimmungsfreien Geschäfte die elterliche Sorge begrenzt. Im Zweifel sei Zustimmungsbedürftigkeit anzunehmen, weil es gerade Aufgabe der Eltern sei, über die Nützlichkeit des Geschäfts zu urteilen. Deshalb sei ein Rechtsgeschäft (auch) dann zustimmungsbedürftig, wenn nach Art und Umfang der damit verbundenen Nachteile eine Kontrolle durch den gesetzlichen Vertreter geboten sei. Die Ansicht von *Köhler* führt aber im Ergebnis dazu, dass in den praktisch wichtigen Fällen, bei Rechtsgeschäften zwischen Eltern und Minderjährigem, wegen § 181 BGB ein Ergänzungspfleger (§ 1909 BGB) zu bestellen ist, der an Stelle der Eltern entscheidet.

---

10 *Palandt/Heinrichs* § 107 RdNr. 3; *Staudinger/Knother* § 107 RdNr. 9, 11; *Soergel/Hefermehl* § 107 RdNr. 1.
11 Vgl. BGH NJW 2005, 1430, 1431.
12 *Stürner* AcP 173 (1973), 402.
13 BGH JZ 2006, 147, 149.
14 *Köhler* JZ 1983, 225 ff.

3. Problemfälle

a) Grundstücksschenkung durch die Eltern

289 Der Erwerb von Grund- oder Wohnungseigentum ist grundsätzlich vorteilhaft[15]. Deshalb kann der Minderjährige selbst wirksam rechtsgeschäftlich handeln. Es gibt aber Ausnahmen. Der Erwerb eines Grundstücks ist mit rechtlichen Nachteilen verbunden, wenn der Erwerber nach § 566 BGB Partei eines bestehenden Mietverhältnisses wird[16]. Beim Erwerb von Wohnungseigentum liegt ein Nachteil vor, wenn der Minderjährige in eine Gemeinschaftsordnung eintritt, die gegenüber den gesetzlichen Vorschriften des WEG verschärfte Verpflichtungen enthält[17]. Schließen die Eltern das Geschäft als Vertreter des Minderjährigen ab, steht der Wirksamkeit des Vertrags § 181 BGB entgegen. Sie benötigen deshalb einen Ergänzungspfleger (§ 1909 BGB), der das Kind vertritt. Um diesen umständlichen Weg zu vermeiden, könnte man folgende Konstruktion wählen: Die Eltern schließen mit dem Minderjährigen einen Vertrag, der ein Schenkungsversprechen zum Inhalt hat (§ 518 BGB). Dieses Rechtsgeschäft ist für den Minderjährigen rechtlich vorteilhaft, weil etwaige Verpflichtungen (z.B. nach § 566 BGB) erst mit dem Erwerb des Eigentums entstehen. Der Minderjährige kann deshalb den Vertrag selbst abschließen. Anschließend wird der durch das Schenkungsversprechen begründete Anspruch auf Übertragung des Eigentums erfüllt. Bei der Erfüllung einer Verbindlichkeit gilt das sog. Verbot des Insichgeschäfts (§ 181 BGB) nicht, und die Eltern können das Kind wirksam vertreten. Nach der Rechtsprechung des BGH[18] ist dieser Weg jedoch nicht gangbar. Die Frage, ob das Geschäft lediglich einen rechtlichen Vorteil bringt, ist nach Ansicht des BGH aus einer Gesamtschau heraus zu beurteilen, die das Verpflichtungs- und das Erfüllungsgeschäft einschließt. Bei der Gesamtschau ist das Verpflichtungsgeschäft nachteilig, weil die Wirkungen der Verfügung bereits mitberücksichtigt werden. Deshalb ist schon der obligatorische Schenkungsvertrag, bei dem der Minderjährige nicht vertreten wurde, unwirksam und bei der Übereignung handeln die Eltern nicht in Erfüllung einer Verbindlichkeit.

290 Die Begründung des BGH wurde von *Jauernig* scharf kritisiert[19]. Er wendet sich vor allem gegen eine Gesamtbetrachtung, die dogmatisch unhaltbar ist, weil sie gegen den Abstraktionsgrundsatz verstößt und zudem über-

---

15 H. M., vgl. *Palandt/Heinrichs* § 107 RdNr. 4; *Jauernig* § 107 RdNr. 5; a. M. *Köhler* JZ 1983, 225; *Jahnke* NJW 1977, 960 (zum Wohnungseigentum).
16 Vgl. OLG Oldenburg NJW-RR 1988, 839.
17 BGHZ 78, 30 = NJW 1981, 109; offen lassend, ob dies auch ohne Verschärfung der Pflichten gilt.
18 BGHZ 78, 30 = NJW 1981, 109; dazu *Gitter/Schmitt* JuS 1982, 253.
19 JuS 1982, 576. Ebenso *Feller* DNotZ 1989, 66, 74; *Kern* JA 1990, 281; *Ultsch* JURA 1998, 524, 528.

flüssig ist. Das Ergebnis, zu dem der BGH kommt, ist mit einer teleologischen Reduktion des § 181 letzter Halbsatz BGB zu begründen[20]. Wenn das Erfüllungsgeschäft für den Minderjährigen nachteilig ist, sind die Eltern nicht vom Verbot des § 181 BGB befreit. Deshalb ist ein Ergänzungspfleger zu bestellen.

Der BGH[21] hat sich mit dieser Kritik auseinandergesetzt, ohne dazu abschließend Stellung zu nehmen. Er stellte aber klar, dass eine Gesamtschau jedenfalls dann nicht in Betracht kommt, wenn bereits das Grundgeschäft mit rechtlichen Nachteilen verbunden ist und deshalb nach den §§ 107, 108 BGB schwebend unwirksam ist. In diesen Fällen fehlt es von vornherein an einer Verpflichtung, die der gesetzliche Vertreter im Wege des Insichgeschäfts gemäß § 181 letzter Halbsatz BGB erfüllen könnte. Somit scheidet auch eine Umgehung des Schutzes, den § 107 BGB bezweckt, aus.

b) Annahme einer Leistung

Ein Leistungsgeschäft (z.B. Übereignung nach § 929 BGB), das mit dem beschränkt Geschäftsfähigen zum Zwecke der Erfüllung eines Schuldverhältnisses abgeschlossen wird, ist wirksam, wenn keine Nachteile damit verbunden sind. Führte die Annahme der Leistung zum Verlust der Forderung, könnte das Erfüllungsgeschäft vom Minderjährigen nicht wirksam vorgenommen werden. Nach h.M. hat die Leistung an den beschränkt Geschäftsfähigen jedoch keine schuldtilgende Wirkung, weil ihm die Empfangszuständigkeit fehlt[22]. Der Schuldner wird nur frei, wenn der Leistungsgegenstand an den gesetzlichen Vertreter gelangt. Deshalb ist ein vom Minderjährigen vorgenommenes Erfüllungsgeschäft (z.B. der Erwerb von Geld) wirksam. Der Schuldner, der ohne befreiende Wirkung geleistet hat, kann das Geleistete nach § 812 Abs. 1 Satz 2, 2. Alt. BGB zurückfordern.

291

Beispiel Empfangszuständigkeit: Der siebzehnjährige M ist Gläubiger einer Darlehensforderung über 20 000 Euro. Nach Fälligkeit des Darlehens händigt der Schuldner M eine Plastiktüte aus, in der sich 20 000 Euro befinden. M unternimmt mit dem Geld eine Reise nach Südfrankreich, zu der er alle Freunde einlädt. M ist Eigentümer des Geldes nach § 929 BGB geworden[23]. Nach h.M. blieb die Forderung des M bestehen, weil ihm die Empfangszuständigkeit fehlte.

Die Empfangszuständigkeit ist im Gesetz nicht geregelt. Begreift man die Erfüllung nach der Vertragstheorie als Rechtsgeschäft[24], ist ein Rückgriff auf die fehlende Empfangszuständigkeit nicht erforderlich. Ein Erfüllungsvertrag (zu unterscheiden vom Erfüllungsgeschäft) ist nach der Vertrags-

---

20 *Jauernig* JuS 1982, 576; *Larenz/Wolf* § 46 RdNr. 129 f.; *Soergel/Hefermehl* § 107 RdNr. 5.
21 BGH JZ 2006, 147 (Anm. *Müßig* geb. *Seif*).
22 *Köhler* § 10 RdNr. 18; *Bork* RdNr. 1006; *Leipold* § 11 RdNr. 35.
23 A. M. *Wacke* JuS 1978, 84.
24 Dazu *Ehmann* JZ 1968, 550; *ders.* NJW 1969, 1833.

theorie unwirksam, weil die erforderliche Genehmigung fehlt. Die Figur der Empfangszuständigkeit wurde von den Anhängern der Theorie der realen Leistungsbewirkung erfunden. Sie sehen in der Erfüllung kein Rechtsgeschäft und können deshalb den gewünschten Schutz des Minderjährigen nicht mit § 107 BGB begründen. Der angestrebte Schutz wird dem Minderjährigen freilich nur zuteil, wenn man davon ausgeht, dass er sich gegenüber einem Bereicherungsanspruch des Schuldners auf § 818 Abs. 3 BGB berufen kann, obwohl er Kenntnis von der Zweckverfehlung der Leistung hatte.

VI. Einwilligung

1. Einwilligung als technischer Begriff

292 Nach § 107 BGB ist für Willenserklärungen des beschränkt Geschäftsfähigen, durch die er nicht lediglich einen rechtlichen Vorteil erlangt, die Einwilligung des gesetzlichen Vertreters erforderlich. Der Begriff der Einwilligung ist ein technischer Begriff, der auf die §§ 182 ff. BGB verweist. Nach der Legaldefinition des § 183 BGB bedeutet Einwilligung die vorherige Zustimmung zu dem Rechtsgeschäft. Sie ist bis zur Vornahme des Rechtsgeschäfts frei widerruflich. Einwilligung und Widerruf sind empfangsbedürftige Willenserklärungen. Nach § 182 BGB kann die Zustimmung zu einem Vertrag dem einen oder anderen Teil gegenüber erklärt werden. Die dem beschränkt Geschäftsfähigen gegenüber erklärte Einwilligung geht diesem nach § 131 Abs. 2 Satz 2 BGB zu. Wird die Einwilligung gegenüber dem Geschäftspartner erklärt, der Widerruf dagegen nur gegenüber dem beschränkt Geschäftsfähigen, sind die §§ 170 bis 173 BGB analog anzuwenden[25].

2. Umfang der Einwilligung

293 Die Einwilligung ist als selbstständiges Rechtsgeschäft Wirksamkeitsvoraussetzung für die Willenserklärung des beschränkt Geschäftsfähigen. Sie kann als sog. Generaleinwilligung mehrere Geschäfte umfassen, die nicht individualisiert sein müssen. Erteilt der Vertreter z. B. die Zustimmung zum Halten eines Fahrzeugs, sind alle Rechtsgeschäfte, die damit verbunden sind, von der Einwilligung umfasst[26]. Das bedeutet freilich nicht, dass der gesetzliche Vertreter in solchen Fällen notwendig eine generelle Einwilligung geben muss. Wie weit die Einwilligung geht, ist durch Auslegung zu entscheiden. Die „Generaleinwilligung" darf aber nach der Recht-

---

25 *Jauernig* § 183 RdNr. 3; *Staudinger/Gursky* § 183 RdNr. 17.
26 *Soergel/Hefermehl* § 107 RdNr. 14.

sprechung[27] nicht über die Ausnahmetatbestände der §§ 112, 113 BGB hinaus im Ergebnis zu einer partiellen Geschäftsfähigkeit führen. Unklar ist allerdings, wann die zulässige Grenze überschritten ist. Stellt man nur formal darauf ab, dass der Minderjährige in einem bestimmten Bereich wirksam handeln kann, wäre es eigentlich folgerichtig, jeder Generaleinwilligung die Wirksamkeit zu versagen, ein Ergebnis, das den Erfordernissen des praktischen Lebens wohl nicht gerecht wird.

Beispiel Schwarzfahrt: Die minderjährige M fährt mit Zustimmung der Eltern regelmäßig mit der U-Bahn in die Schule. Weil sie sparsam ist, kauft sie keinen Fahrausweis. Der Betreiber der U-Bahn verlangt von M den Fahrpreis und die in den Beförderungsbedingungen vorgesehene Vertragsstrafe für Schwarzfahrer. 294

Wenn man den Vertragsschluss nicht nach der verfehlten Lehre vom faktischen Vertrag (dazu unten RdNr. 534) beurteilt, sondern nach dem Gesetz, kommt es darauf an, ob die Einwilligung der Eltern den bei der Schwarzfahrt abgeschlossenen Beförderungsvertrag umfasst. Ein Vertrag wurde von M geschlossen, denn der geheime Vorbehalt, als blinder Fahrgast mitzufahren, ist unbeachtlich (§ 116 BGB). Um eine Haftung des Minderjährigen für die Vertragsstrafe zu verneinen, muss man keine Einwilligung annehmen, die unter der Bedingung steht, dass der Minderjährige eine Fahrkarte kauft[28]. Die Zustimmung der Eltern ist vielmehr auf die Verfügung der überlassenen Mittel zu beschränken, sodass ein Beförderungsvertrag nach § 110 BGB nur zustande kommt, wenn der Minderjährige erfüllt[29]. S. dazu unten RdNr. 295. Hieran ändert sich auch dann nichts, wenn die Beförderungsbedingungen aufgrund einer Rechtsverordnung (z.B. Eisenbahn-Verkehrsordnung) gelten[30].

VII. Der sog. Taschengeldparagraph (§ 110 BGB)

Ein von dem Minderjährigen ohne Zustimmung des gesetzlichen Vertreters geschlossener Vertrag gilt als von Anfang an wirksam, wenn der Minderjährige die vertragsmäßige Leistung mit Mitteln bewirkt, die ihm zu diesem Zwecke oder zur freien Verfügung von dem Vertreter oder mit dessen Zustimmung von einem Dritten überlassen sind (§ 110 BGB). In der Regel handelt es sich bei den Mitteln um Taschengeld. Dies ist aber nicht Voraussetzung für die Anwendbarkeit des § 110 BGB. 295

Überlässt der gesetzliche Vertreter dem Minderjährigen zu einem bestimmten Zweck Mittel, kann darin die Zustimmung zu dem beabsichtigten Geschäft liegen. Wenn die Einwilligung erklärt wurde, sind die vom beschränkt Geschäftsfähigen vorgenommenen Rechtsgeschäfte wirksam, auch wenn die Voraussetzungen des § 110 BGB nicht vorliegen. Die Frage ist deshalb, ob § 110 BGB überhaupt einen eigenständigen Anwendungs- 296

---

27 BGHZ 47, 352 = NJW 1967, 1800.
28 So aber *Harder* NJW 1990, 857 (858); ähnlich *Winkler v. Mohrenfels* JuS 1987, 692; s. auch AG Bergheim NJW-RR 2000, 202.
29 Ähnlich *Harder* NJW 1990, 860.
30 Vgl. AG Wolfsburg NJW-RR 1990, 1142; AG Mülheim NJW-RR 1989, 175.

bereich hat. In der Literatur wird die Ansicht vertreten, § 110 BGB sei nur ein besonderer Fall der Generaleinwilligung[31]. Das widerspricht aber dem klaren Wortlaut des § 110 BGB, der ein Handeln ohne Zustimmung des gesetzlichen Vertreters voraussetzt. Auch die durch § 110 BGB angeordnete Rechtsfolge wäre nicht recht verständlich, wenn es sich bei § 110 BGB um einen Fall der Einwilligung handeln würde. Nach § 110 BGB wird der Vertrag erst wirksam, wenn der Minderjährige mit den ihm überlassenen Mitteln die Leistungspflicht erfüllt. Es ist nicht einzusehen, weshalb bei Überlassung von Mitteln die Wirksamkeit des Rechtsgeschäfts anders als sonst beurteilt werden soll. Die Gegenmeinung[32] geht davon aus, § 110 BGB sei eine Auslegungsregel, die klarstelle, dass im Zweifel keine Generaleinwilligung anzunehmen ist, wenn dem Minderjährigen Mittel überlassen wurden. Es sei nur eine Zustimmung zu den Kausalgeschäften anzunehmen, die der Minderjährige mit den Mitteln tatsächlich erfülle. Auch diese Ansicht ist abzulehnen, soweit sie davon ausgeht, bei § 110 BGB liege eine Zustimmung zu dem vom Minderjährigen abgeschlossenen und später erfüllten Vertrag vor. Das Gesetz geht vielmehr davon aus, dass der gesetzliche Vertreter nur in die Verfügung über die dem Minderjährigen überlassenen Mittel einwilligt, nicht aber in das Kausalgeschäft[33]. Die Wirksamkeit des Verpflichtungsvertrags ergibt sich aus § 110 BGB und nicht aus einer Einwilligung, die unter dem Vorbehalt der Erfüllung mit dem überlassenen Geld steht[34]. Richtig ist aber, dass § 110 BGB bei der Auslegung der Einwilligung von Bedeutung ist. Weil bei einer Zustimmung zur Verfügung über Mittel, die dem Minderjährigen überlassen wurden, das Kausalgeschäft im Falle der Erfüllung nach § 110 BGB wirksam wird, hat der gesetzliche Vertreter regelmäßig keinen Grund, die Zustimmung auf Kausalgeschäfte zu erstrecken. Deshalb ist im Zweifel anzunehmen, dass sich die Einwilligung nur auf das Verfügungsgeschäft bezieht.

Beispiel Radiokauf[35]**:** Der Minderjährige M bekommt von den Eltern 200 Euro zum Kauf eines Radios. Da im Geschäft des A das Gerät nicht vorrätig ist, bestellt M das Gerät. Später entdeckt er das gesuchte Radio in einem anderen Geschäft. M kauft das Gerät und zahlt mit den ihm überlassenen 200 Euro. Nach Köhler bezieht sich die Einwilligung der Eltern auf den Schuldvertrag, den der Minderjährige real erfüllt. Die Konstruktion einer derartigen Einwilligung ist überflüssig, weil sich die gewünschte Rechtsfolge auch ohne Einwilligung aus § 110 BGB ergibt.

---

31 *Brox/Walker* RdNr. 280.
32 *Köhler* § 10 RdNr. 25.
33 *Motive* I, S. 147.; anders *Leipold* § 11 RdNr. 53, der auch die Wirksamkeit des Erfüllungsgeschäfts auf § 110 BGB stützt.
34 Wie hier auch *Leenen*, FamRZ 2000, 863 ff.; nach *Lindacher* stellt § 110 BGB klar, dass die Wirksamkeit des Geschäfts von der Erfüllung abhängig gemacht werden kann; Festschr. f. Bosch, 1976, S. 533 ff.; ebenso *Soergel/Hefermehl* § 110 RdNr. 1.
35 Nach *Köhler* § 10 RdNr. 25.

VIII. Fehlende Einwilligung

1. Einseitige Rechtsgeschäfte

Welche Rechtsfolgen an die fehlende Einwilligung geknüpft sind, hängt davon ab, ob der beschränkt Geschäftsfähige einen Vertrag geschlossen oder ein einseitiges Rechtsgeschäft vorgenommen hat. Das einseitige Rechtsgeschäft ist ohne die erforderliche Einwilligung unwirksam (§ 111 Satz 1 BGB). Eine Genehmigung durch den gesetzlichen Vertreter scheidet grundsätzlich aus. Die Vorschrift will verhindern, dass eine unklare Rechtslage entsteht. War der Adressat der Erklärung damit einverstanden, dass das Rechtsgeschäft ohne Zustimmung des gesetzlichen Vertreters vorgenommen wird, sind die Vorschriften über den Vertragsschluss durch den Minderjährigen anzuwenden (§§ 108 f. BGB), nach denen das Geschäft durch Genehmigung wirksam werden kann. Das folgt aus einer analogen Anwendung des § 180 Satz 2, 2. Alt. BGB[36].

297

Der Adressat kann die Erklärung des Minderjährigen zurückweisen, damit er nicht der Ungewissheit ausgesetzt ist, ob die erforderliche Einwilligung tatsächlich vorliegt. Die Zurückweisung muss unverzüglich erfolgen. Legt der beschränkt Geschäftsfähige die ihm gegenüber erteilte Einwilligung schriftlich vor, hat die Zurückweisung keine Wirkung (§ 111 Satz 2 BGB). Gleiches gilt, wenn der gesetzliche Vertreter den anderen von der Einwilligung in Kenntnis gesetzt hatte (§ 111 Satz 3 BGB).

298

Beispiel Kündigung: Der Minderjährige M spricht gegenüber einem Mieter die Kündigung aus. Der Mieter nimmt die Erklärung wortlos entgegen. Handelte M ohne Einwilligung des gesetzlichen Vertreters, ist die Kündigung unwirksam, auch wenn der Mieter die Erklärung nicht zurückweist. Lediglich schwebend unwirksam ist die Kündigung, wenn der Mieter irgendwie zum Ausdruck bringt, dass er damit einverstanden ist, dass M auch ohne Einwilligung des gesetzlichen Vertreters handelt (§ 180 Satz 2, 2. Alt. BGB analog). Weist der Mieter die Erklärung nach § 111 Satz 2 BGB unverzüglich zurück, ist die Kündigung unabhängig vom Vorliegen einer Einwilligung unwirksam, wenn sie weder schriftlich vorgelegt noch mitgeteilt wurde.

2. Vertrag

Schließt der beschränkt Geschäftsfähige ohne die erforderliche Einwilligung des gesetzlichen Vertreters einen Vertrag, so hängt die Wirksamkeit von der Genehmigung des Vertreters ab (§ 108 Abs. 1 BGB)[37]. Bis zur Genehmigung oder Verweigerung der Genehmigung ist der Vertrag schwebend unwirksam. Das bedeutet, dass er zunächst keine Wirkungen entfaltet, aber wirksam werden kann.

299

---

36 BGHZ 110, 370; *Jauernig* § 111 RdNr. 4.
37 Das gilt auch, wenn sich der Minderjährige an einer Gesellschaft beteiligt hat; dazu *Mautzsch* JuS 2003, 544.

300 Genehmigung bedeutet nach § 184 BGB nachträgliche Zustimmung. Sie kann gegenüber dem einen oder anderen Teil erklärt werden (§ 182 Abs. 1 BGB). Das Gleiche gilt für die Verweigerung der Genehmigung. Der Vertragspartner kann aber erreichen, dass die Erklärung nur noch ihm gegenüber wirksam erfolgen kann, indem er den gesetzlichen Vertreter zur Erklärung über die Genehmigung auffordert. Eine vor der Aufforderung dem Minderjährigen gegenüber erklärte Genehmigung oder Verweigerung der Genehmigung wird durch die Aufforderung unwirksam. Die Genehmigung kann nur bis zum Ablauf von zwei Wochen nach dem Empfang der Aufforderung erklärt werden. Wird die Genehmigung nicht erklärt, gilt sie als verweigert. Wenn man vom Wortlaut des § 108 Abs. 2 BGB ausgeht, kann der Geschäftspartner den gesetzlichen Vertreter nur zur Erklärung über die *Genehmigung* auffordern. Für die Einwilligung fehlt eine dem § 108 Abs. 2 BGB vergleichbare Vorschrift. Aber auch bei der Einwilligung besteht ein Interesse des Geschäftspartners daran, eine Klärung darüber herbeizuführen, ob die Einwilligung vorliegt oder nicht. Deshalb ist § 108 Abs. 2 BGB auf die Einwilligung analog anzuwenden[38]. Durch die Aufforderung kann deshalb ein zunächst wirksamer Vertrag unwirksam werden. Das ist sachlich eine Ausnahme von § 183 BGB.

301 Genehmigt der gesetzliche Vertreter, wird der Vertrag rückwirkend wirksam (§ 184 BGB). Die Verweigerung der Genehmigung führt zur endgültigen Unwirksamkeit. Eine Besonderheit gilt für Verfügungen, die zwischen Abschluss des Rechtsgeschäfts und Genehmigung getroffen wurden. Sie bleiben nach § 184 Abs. 2 BGB wirksam.

Beispiel Verfügung des Minderjährigen: Der Minderjährige M übereignet ohne Einwilligung der Eltern sein Fahrrad an X. Kurz darauf verkaufen und übereignen die Eltern das Rad an Y. Obwohl Genehmigungen grundsätzlich zurückwirken, bleibt die Übereignung an Y nach § 184 Abs. 2 BGB wirksam, wenn die Eltern das Geschäft des M genehmigen.

302 Vor der Genehmigung kann der Vertragspartner den Vertrag gegenüber dem Minderjährigen oder gegenüber dem gesetzlichen Vertreter widerrufen (§ 109 Abs. 1 BGB). Hat er die Minderjährigkeit gekannt, besteht das Widerrufsrecht nur, wenn der Minderjährige wahrheitswidrig die Einwilligung des gesetzlichen Vertreters behauptet hat (§ 109 Abs. 2 BGB). Streitig ist, ob der Vertragspartner trotz der Aufforderung nach § 108 Abs. 2 BGB uneingeschränkt zum Widerruf berechtigt ist, oder ob er eine angemessene Zeit mit der Erklärung des Widerrufs warten muss[39].

Der Minderjährige kann sein Geschäft selbst genehmigen, wenn er unbeschränkt geschäftsfähig geworden ist (§ 108 Abs. 3 BGB). Die Aufforde-

---

[38] *Palandt/Heinrichs* § 108 RdNr. 7; *Jauernig* § 108 RdNr. 3; a. M. *Kohler* Jura 1984, 349; *Wilhelm* NJW 1992, 1666, 1667.
[39] So *MünchKomm/Schmitt* § 109 RdNr. 9; dagegen zutreffend *Wilhelm* NJW 1992, 1666.

rung, sich über die Genehmigung zu erklären (§ 108 Abs. 2 Satz 2 BGB), ist an ihn zu richten.

IX. Teilgeschäftsfähigkeit

1. Betrieb eines Erwerbsgeschäfts

303 Ermächtigt der gesetzliche Vertreter den Minderjährigen zum selbstständigen Betrieb eines Erwerbsgeschäfts, so ist der Minderjährige für solche Rechtsgeschäfte unbeschränkt geschäftsfähig, die der Geschäftsbetrieb mit sich bringt (§ 112 Abs. 1 BGB). Davon ausgenommen sind lediglich Geschäfte, zu denen der Vertreter der Genehmigung des Vormundschaftsgerichts bedarf (§ 112 Abs. 1 Satz 2 BGB). Die Genehmigung kann nur mit Genehmigung des Vormundschaftsgerichts zurückgenommen werden (§ 112 Abs. 2 BGB).

304 Zu beachten ist, dass § 112 Abs. 1 BGB nicht nur die Wirksamkeit der vom Minderjährigen abgeschlossenen Geschäfte anordnet. Nach § 112 Abs. 1 BGB ist der Minderjährige für den Bereich des Erwerbsbetriebs „unbeschränkt geschäftsfähig". Das bedeutet, dass der gesetzliche Vertreter in dem durch § 112 BGB umrissenen Bereich nicht mehr wirksam für den Minderjährigen handeln kann. Der Unterschied zur Generaleinwilligung wirkt sich auch im Prozess aus. Prozessfähig ist, wer unbeschränkt geschäftsfähig ist (§ 52 ZPO). Der Minderjährige kann deshalb selbst Prozesse führen, wenn die Voraussetzungen des § 112 Abs. 1 BGB vorliegen. Die Prozesshandlungen müssen nicht vom gesetzlichen Vertreter vorgenommen werden. Liegt dagegen nur eine Generaleinwilligung vor, ist der Minderjährige nicht prozessfähig.

2. Dienst- und Arbeitsverhältnisse

305 Ermächtigt der gesetzliche Vertreter den Minderjährigen, in Dienst oder Arbeit zu treten, so ist der Minderjährige für solche Rechtsgeschäfte unbeschränkt geschäftsfähig, welche die Eingehung oder Aufhebung des Dienst- oder Arbeitsverhältnisses betreffen. Gleiches gilt für Rechtsgeschäfte, die zur Erfüllung des Dienst- oder Arbeitsverhältnisses erforderlich sind (§ 113 Abs. 1 BGB)[40]. Ausgenommen sind Verträge, die der vormundschaftsgerichtlichen Genehmigung bedürfen (§ 113 Abs. 1 Satz 2 BGB). Die Ermächtigung kann vom Vertreter zurückgenommen oder eingeschränkt werden. Anders als beim Betrieb eines Erwerbsgeschäfts ist eine Mitwirkung des Vormundschaftsgerichts bei der Erteilung und Rücknahme der Genehmigung nicht erforderlich. Zur Entscheidung des Vor-

---

40 Zum Umfang BAG NZA 2000, 34.

mundschaftsgerichts, wenn die Genehmigung von einem Vormund verweigert wird, vgl. § 113 Abs. 3 BGB. Die für den Einzelfall erteilte Ermächtigung gilt im Zweifel als allgemeine Ermächtigung zur Eingehung von Arbeits- oder Dienstverhältnissen derselben Art (§ 113 Abs. 4 BGB). Nicht unter § 113 BGB fallen Ausbildungsverhältnisse[41].

306 Durch Ermächtigung zur Eingehung eines Dienst- oder Arbeitsverhältnisses wird der Minderjährige teilgeschäftsfähig wie im Falle des § 112 BGB. Zur selbstständigen Bedeutung dieser Rechtsfolge gegenüber der Generaleinwilligung siehe oben RdNr. 293.

Beispiel Junggewerkschafter: Ein Verbandsvertreter einer Arbeitgebervereinigung und dessen Ehefrau ermächtigen den minderjährigen Sohn, ein Arbeitsverhältnis zu begründen. Zu ihrem Verdruss stellen sie fest, dass der Sohn Mitglied der Gewerkschaft geworden ist. Sie sind der Meinung, der Gewerkschaftsbeitritt sei nicht wirksam.

Nach h.M. wird auch der Beitritt zu einer Gewerkschaft von § 113 BGB erfasst[42]. Da die Handlungskompetenz der Eltern durch § 113 BGB verdrängt wird, können sie auch nicht ohne Weiteres namens des Sohnes den Austritt aus der Gewerkschaft erklären.

X. Familienrechtliche Regelungen

307 Die Vorschriften über die Geschäftsfähigkeit regeln nur, ob und unter welchen Voraussetzungen der Minderjährige selbst rechtsgeschäftlich handeln kann. Die Stellung des gesetzlichen Vertreters ist im Familienrecht geregelt. Nach § 1629 Abs. 1 BGB sind die Eltern befugt, das Kind zu vertreten. S. dazu unten RdNr. 434. Obwohl die Vorschriften des Allgemeinen Teils von „dem" gesetzlichen Vertreter reden, genügt es nicht, wenn ein Elternteil allein für den Minderjährigen handelt, weil die Vertretungsbefugnis den Eltern grundsätzlich gemeinschaftlich zusteht. Auch die nach § 107 BGB erforderliche Einwilligung müssen beide Elternteile erklären.

308 Die Eltern sind in bestimmten Fällen von der Vertretung ausgeschlossen, weil eine Interessenkollision droht (§ 1629 Abs. 2 i.V.m. § 1795 BGB)[43]. Für den Minderjährigen handelt bei Verhinderung der gesetzlichen Vertreter ein Ergänzungspfleger, der vom Vormundschaftsgericht bestellt wird (§ 1909 BGB). In den Fällen des § 1643 BGB können die Eltern das Rechtsgeschäft zwar abschließen, aber sie bedürfen der vormundschaftsgerichtlichen Genehmigung. Die erforderliche Genehmigung ist Wirksamkeitsvoraussetzung des Rechtsgeschäfts. Die nach Abschluss des Rechtsgeschäfts erteilte Genehmigung wird erst wirksam, wenn sie von den Eltern dem

---

41 *MünchKomm/Schmitt* § 113 RdNr. 14.
42 Siehe dazu *MünchKomm/Schmitt* § 113 RdNr. 24; *Gilles/Westphal* JuS 1981, 901.
43 Zur Einschränkung des § 1629 Abs. 1 BGB aufgrund des Art. 2 GG vgl. BVerfG JZ 1986, 632.

Vertragspartner mitgeteilt wird (§ 1829 Abs. 1 BGB). Eine Verpflichtung, von der Genehmigung Gebrauch zu machen, besteht nicht. Deshalb können die Eltern ein Geschäft dadurch zu Fall bringen, dass sie die Mitteilung nach § 1829 Abs. 1 BGB unterlassen[44].

XI. Anwendungsbereich der §§ 104 ff. BGB

Die Vorschriften über die Geschäftsfähigkeit sind auf rechtsgeschäftsähnliche Handlungen entsprechend anzuwenden[45]. Die Mahnung eines beschränkt Geschäftsfähigen ist wirksam, weil sie die rechtlich vorteilhaften Verzugsfolgen auslöst.

309

Auf die Einwilligung in eine Rechtsgutsverletzung sind die §§ 104ff. BGB nach h. M.[46] nicht anzuwenden. Ob die Einwilligung (z.B. in eine Operation) wirksam erteilt wurde, hängt von der Einsichtsfähigkeit ab. Auch bei der Frage, ob Besitz freiwillig aufgegeben wurde, kommt es nach h.M. darauf an, ob sich der Minderjährige der Tragweite seines Handelns bewusst war[47]. Für die Wohnsitzbegründung ist Geschäftsfähigkeit erforderlich (§ 8 BGB).

XII. Die Haftungsbeschränkung nach § 1629 a BGB

Die Befugnis der Eltern, Rechtsgeschäfte im Namen des Minderjährigen zu schließen, kann dazu führen, dass der Minderjährige bei Eintritt in das Erwachsenenleben überschuldet ist. Nach Ansicht des BVerfG verstößt eine so weitreichende Verpflichtungsmacht der gesetzlichen Vertreter gegen das allgemeine Persönlichkeitsrecht des Minderjährigen[48]. Der Gesetzgeber hat dem Rechnung getragen und in § 1629a BGB die Möglichkeit vorgesehen, dass der Minderjährige seine Haftung auf das bei Eintritt der Volljährigkeit vorhandene Vermögen beschränkt[49]. Die Haftungsbeschränkung tritt für Verbindlichkeiten ein, welche die Eltern als gesetzliche Vertreter, auch mit Genehmigung des Familiengerichts (§ 1643 Abs. 1 BGB), oder andere Vertreter eingegangen sind und für Verbindlichkeiten, die mit Zustimmung der Eltern nach §§ 107, 108 oder § 111 BGB begründet

309a

---

44 Vgl. dazu *Brehm*, FGG, RdNr. 354.
45 BGH JZ 1987, 51 (zur Mahnung).
46 BGHZ 29, 36; *Jauernig* vor § 104 RdNr. 24; a. M. *Soergel/Hefermehl* § 107 RdNr. 19; *Kohte* AcP 185 (1985), 105 und obiter BGHZ 90, 96 (101); vgl. auch OLG München OLGZ 90, 97 (Einwilligung in Aktfoto als Rechtsgeschäft).
47 *Baur/Stürner*, Sachenrecht, § 7 RdNr. 26; *Soergel/Hefermehl* vor § 104 RdNr. 19; a. M. *Brehm/Berger* § 3 RdNr. 8.
48 BVerfG NJW 1996, 1859.
49 Dazu grundlegend *Katrin Thiel*, Gesetz zur Beschränkung der Haftung Minderjähriger, 2002.

wurden. § 1629a Abs. 1 Satz 1 1. HS. BGB erfasst auch Verbindlichkeiten, die auf Grund Erwerbs von Todes wegen entstanden sind. Rechtstechnisch wird die Haftungsbeschränkung durch eine im Prozess zu erhebende (§ 786 ZPO) Einrede nach §§ 1990, 1991 BGB geltend gemacht.

Von der Haftungsbeschränkung ausgenommen sind gemäß § 1629a Abs. 2 BGB Verbindlichkeiten aus Geschäften des Minderjährigen nach § 112 BGB und aus Rechtsgeschäften, die allein der Befriedigung seiner persönlichen Bedürfnisse dienten, wozu nicht nur Geschäfte des täglichen Bedarfs, sondern auch die für Minderjährige der entsprechenden Altersstufe typischen oder zumindest nicht ungewöhnlichen Geschäfte (wie z.B. der Kauf eines Computers) gehören. Unter den Voraussetzungen des § 112 BGB ist der Minderjährige voll geschäftsfähig. Rechtsgeschäfte, die nach § 112 BGB wirksam sind, unterfallen nicht § 1629a Abs. 1 BGB, weil dort nur Fälle genannt sind, in denen der Minderjährige nicht selbstständig rechtsgeschäftlich handeln kann. Deshalb ist es irritierend, dass das Gesetz die Rechtsgeschäfte nach § 112 BGB vom Anwendungsbereich des eigentlich gar nicht anwendbaren § 1629a Abs. 1 BGB ausnimmt.

Hat das volljährig gewordene Mitglied einer Erbengemeinschaft oder Gesellschaft nicht binnen drei Monaten nach Eintritt der Volljährigkeit die Auseinandersetzung des Nachlasses verlangt oder die Kündigung der Gesellschaft erklärt (§ 723 Abs. 1 Satz 3 Nr. 2 BGB), ist im Zweifel anzunehmen, dass die aus einem solchen Verhältnis herrührende Verbindlichkeit nach dem Eintritt der Volljährigkeit entstanden ist. Entsprechendes gilt für den volljährig gewordenen Inhaber eines Handelsgeschäfts, der dieses nicht binnen drei Monaten nach Eintritt der Volljährigkeit einstellt (§ 1629a Abs. 4 Satz 1 BGB). In diesen Fällen wird außerdem vermutet, dass das gegenwärtige Vermögen des volljährig Gewordenen bereits bei Eintritt der Volljährigkeit vorhanden war.

§ 10 Inhaltliche Schranken des Rechtsgeschäfts

Literatur: *Beater*, Der Gesetzesbegriff von § 134 BGB, AcP 197 (1997), 505; *Berger*, Rechtsgeschäftliche Verfügungsbeschränkungen, 1998; *Bunte*, Rechtsfindungsprobleme im Bereich des Konsumentenkredits, ZIP 1985, 1; *Canaris*, Gesetzliches Verbot und Rechtsgeschäft, 1983; *Coester-Waltjen*, Die Inhaltskontrolle von Verträgen außerhalb des AGBG, AcP 190 (1990), 1; *Damm*, Kontrolle von Vertragsgerechtigkeit durch Rechtsfolgenbestimmung, JZ 1986, 913; *Dilcher, H.*, Rechtsgeschäfte auf verfassungswidriger Grundlage, AcP 163 (1964), 193; *Dieterich*, Bundesverfassungsgericht und Bürgschaftsrecht, WM 2000, 11; *Eckert*, Übermäßige Verschuldung bei Bürgschafts- und Kreditaufnahme, WM 1990, 85; *ders.*, Sittenwidrigkeit und Wertewandel, AcP 199 (1999), 337; *Fastrich*, Richterliche Inhaltskontrolle im Privatrecht, 1992; *Frank, Michael*, Sittenwidrigkeit als Folge „strukturell ungleicher Verhandlungsstärke" – BVerfG – NJW 1994, 2749 – JuS 1996, 389; *Gaßner*, Sittenwidrigkeit eines Ratenkreditvertrags durch Verstoß gegen die ZPO?, NJW 1988, 1131; *Gernhuber*, Ruinöse Bürgschaften als Folge familiärer Verbundenheit, JZ 1995, 1086; *Hager, J.*, Gesetzes- und sittenkonforme Auslegung und Aufrechterhaltung von Rechtsgeschäften, 1983; *Honsell, H.*, Die zivilrechtliche Sanktion der Sittenwidrigkeit, JA 1986, 573; *ders.*, Die Mithaftung mitteloser Angehöriger, JuS 1993, 817; *Köhler*, Schwarzarbeitsverträge: Wirksamkeit, Vergütung, Schadensersatz, JZ 1990, 466; *Koller*, Sittenwidrigkeit der Gläubigergefährdung und Gläubigerbenachteiligung, JZ 1985, 1013; *Koziol*, Sonderprivatrecht für Konsumentenkredite?, AcP 188 (1988), 183; *Kreft*, Privatautonomie und persönliche Verschuldung, WM 1992, 1425; *Lindacher*, Grundsätzliches zu § 138 BGB, AcP 173 (1973), 124; *Mayer-Maly*, Das Bewusstsein der Sittenwidrigkeit, 1971; *ders.*, Die guten Sitten als Maßstab des Rechts, JuS 1986, 596; *ders.*, Was leisten die guten Sitten?, AcP 194 (1994), 105; *Martinek*, Der Maklervertrag als sittenwidriges Geschäft?, JZ 1994, 1084, *Medicus*, Leistungsfähigkeit und Rechtsgeschäft, ZIP 1989, 817; *Merren*, Sicherung vertraglicher Verfügungsverbote, JR 1993, 53; *Nieder*, Das Behindertentestament (zu BGH NJW 1994, 248), NJW 1994, 1264; *Otte*, Die Nichtigkeit letztwilliger Verfügungen wegen Gesetzes- oder Sittenwidrigkeit, JA 1985, 192; *Paal*, Sittenwidrigkeit im Erbrecht JZ 2005, 436; *Petersen*, Gesetzliches Verbot und Rechtsgeschäft, Jura 2003, 532; *Pieroth*, Grundgesetzliche Testierfreiheit, sozialhilferechtliches Nachrangprinzip und das sog. Behindertentestament, NJW 1993, 173; *Reinicke/Tiedtke*, Teilnichtigkeit eines sittenwidrigen Rechtsgeschäfts (zugleich eine Besprechung des Urteils des BGH vom 15. 1. 1987), ZIP 1987, 1089; *ders.*, Zur Sittenwidrigkeit hoher Verpflichtungen vermögens- und einkommensloser oder einkommensschwacher Bürgen, ZIP 1989, 613; *Riem*, Aktuelle Fälle zum Bürgschaftsrecht, JuS 2000, 241; *Sack*, Das Anstandsgefühl aller billig und gerecht Denkenden und die Moral als Bestimmungsfaktor der guten Sitten, NJW 1985, 761; *Sandkühler*, Konsumentenratenkredite in der gerichtlichen Praxis, JA 1988, 1; *Schmoekel*, Der maßgebliche Zeitpunkt zur Bestimmung der Sittenwidrigkeit nach § 138 BGB, AcP 197 (1997), 1; *Schulze*, Das Geschäft mit der Stimme – zur Sittenwidrigkeit von Verträgen über sog. Telefonsex – BGH, NJW 1998, 2895; *Schurig*, Die Gesetzesumgehung im Privatrecht – Eine Studie mit kollisionsrechtlichen und rechtsvergleichenden Aspekten, Festschr. f. Ferid, 1988, 375; *Seiler*, Über verbotswidrige Rechtsgeschäfte (§ 134 BGB), Gedächtnisschrift f. W. Martens, 1987, 719; *Simitis, K.*, Gute Sitten und ordre public, 1960; *Smid*, Rechtliche Schranken der Testierfreiheit, NJW 1990, 409; *Taupitz*, Berufsständische Satzungen als Verbotsgesetze im Sinne des § 134 BGB, JZ 1994, 221; *Teichmann, A.*, Die Gesetzesumgehung, 1962; *Teubner*, Standards und Direktiven in Generalklauseln, 1971; *ders.*, Ein Fall von struktureller Korruption?, KritV 2000, 388; *Timm*, Außenwirkungen vertraglicher Verfügungsverbote, JZ 1989, 13; *Tonner*, Neues zur Sittenwidrigkeit von Ehebürgschaften – BGHZ 151, 34 und BGH NJW 2002, 2230, JuS 2003, 325; *Wagner*, Rechtsgeschäftliche Übertragbarkeit und § 137 Satz 1 BGB – zur Teleologie einer Fundamentalnorm, AcP 194 (1994), 451; *de With/Nack*, Der moderne Schuldturm, ZRP 1984, 1; *Wochner*, Die neue Schuldknechtschaft, BB 1989, 1354; *Woschnak*, Zum Begriff der Sitte. Überlegungen zum Verhältnis von Sitte, moralischer Autonomie und Rechtsordnung, 1988; *Zimmermann*, Sittenwidrigkeit und Abstraktion, JR 1985, 48.

I. Verstoß gegen Verbotsgesetze (§ 134 BGB)

310 Nach § 134 BGB ist ein Rechtsgeschäft, das gegen ein **gesetzliches** Verbot verstößt, nichtig, wenn sich nicht aus dem Gesetz ein anderes ergibt. Mit dieser Bestimmung wollte der Gesetzgeber die Streitfrage des gemeinen Rechts entscheiden, ob ein Rechtsgeschäft, das entgegen einem gesetzlichen Verbot vorgenommen wurde, nichtig ist, auch wenn das Verbotsgesetz die zivilrechtliche Nichtigkeitssanktion nicht ausspricht. Wenn die Unwirksamkeit in einer Bestimmung ausdrücklich angeordnet ist, bedarf es keines Rückgriffs auf § 134 BGB. Von Bedeutung ist § 134 BGB vor allem für Rechtsgeschäfte, die einen Straftatbestand erfüllen.

1. Gesetzliches Verbot

311 Die Nichtigkeit nach § 134 BGB setzt einen Verstoß gegen ein gesetzliches Verbot voraus. Durch Vertrag, Verwaltungsakt[1] oder gerichtliche Verfügung begründete Verbote fallen nicht unter § 134 BGB. Die Verbotsnorm muss kein Gesetz im formellen Sinne sein. Nach Art. 2 EGBGB ist Gesetz im Sinne des BGB jede Rechtsnorm. Dazu gehören auch Rechtsverordnungen, autonome Satzungen und Tarifverträge[2]. Wenn ein Rechtsgeschäft nach den Bestimmungen des IPR nach deutschem Recht zu beurteilen ist, führen Verstöße gegen ausländische Verbotsgesetze nicht zur Nichtigkeit.

2. Nichtigkeitssanktion

312 Nichtigkeit nach § 134 BGB tritt nur ein, „wenn sich nicht aus dem Gesetz ein anderes ergibt". Ob der Gesetzesverstoß Nichtigkeit zur Folge hat, ist nach dem Zweck der jeweiligen Verbotsnorm zu bestimmen. Da § 134 BGB vor allem auf solche Vorschriften gemünzt ist, die keine privatrechtlichen Rechtsfolgen anordnen, ergeben sich aus dem Wortlaut des Gesetzes meist keine Anhaltspunkte über privatrechtliche Folgen des Gesetzesverstoßes. Es ist deshalb nicht verwunderlich, dass sich eine reiche Kasuistik zu § 134 BGB entwickelt hat.

---

[1] *Soergel/Hefermehl* § 134 RdNr. 5.
[2] *Soergel/Hefermehl* § 134 RdNr. 7; *Stach* NJW 1988, 943, 945.

Die Nichtigkeitssanktion des § 134 BGB ist nicht mit der Widerspruchsfreiheit der Rechtsordnung[3] zu begründen. Widersprüchlich wäre es lediglich, wenn nach dem Gesetz vertragliche Primärleistungsansprüche entstünden. Dagegen ist es kein Widerspruch, wenn gegen einen Schuldner, der sich zu verbotenem Verhalten verpflichtet hat, vertragliche Schadensersatzansprüche begründet sind. Wann ein Selbstwiderspruch der Rechtsordnung vorliegt, ist eine ohnehin schwer zu entscheidende Frage. Hat z. B. ein Schwarzarbeiter bei Dachdeckerarbeiten einen Ziegel nicht ordnungsgemäß befestigt, wird seine Haftung damit begründet, dass er bestimmte sichernde Maßnahmen unterlassen hat. Im Rahmen des § 823 Abs. 1 BGB kann der Dachdecker nicht einwenden, das sichere Anbringen der Ziegel wäre verbotene Schwarzarbeit gewesen.

313

Die Blankettbestimmung des § 134 BGB ist wie eine Auslegungsregel formuliert. Danach müsste im Zweifel Nichtigkeit angenommen werden. Es wäre nur zu prüfen, ob das Verbotsgesetz Anhaltspunkte dafür bietet, dass entgegen der Regel keine Nichtigkeit eintreten soll. Die wohl h. M. lehnt die Deutung des § 134 BGB als Auslegungsregel zu Recht ab und fordert eine positive Begründung für die Angemessenheit der Nichtigkeitssanktion[4], bei der oft rechtspolitische Erwägungen den Ausschlag geben.

314

Die Rechtsprechung stellt auf den Sinn und Zweck des Verbotsgesetzes ab. Eine für alle Beteiligten geltende Straf- oder Bußgeldandrohung ist ein wichtiges Indiz dafür, dass die Rechtsordnung dem Rechtsgeschäft die Wirksamkeit versagen will[5]. Nichtigkeit ist anzunehmen, wenn ein Gesetz den Inhalt oder den wirtschaftlichen Erfolg des Rechtsgeschäfts betrifft[6]. Dagegen ist bei der Verletzung von Ordnungsvorschriften im Zweifel keine Nichtigkeit anzunehmen.

315

Beispiele: Ein Werkvertrag ist nicht deshalb nichtig, weil der Werkunternehmer nicht in die Handwerksrolle eingetragen ist[7]. Auch Verträge, die gegen gewerbepolizeiliche Vorschriften oder das LSchlG verstoßen, sind nicht stets nichtig. Die Rechtsprechung nimmt bei Verstoß gegen das Gesetz zur Bekämpfung der Schwarzarbeit Nichtigkeit an, wenn beide Parteien gegen das Gesetz verstoßen haben[8]. Nach der Rechtsprechung ist der Vertrag wirksam, wenn nur der Unternehmer gegen das Gesetz verstößt und der Gesetzesverstoß vom Auftraggeber nicht bewusst zum eigenen Vorteil ausgenutzt wird[9]. Bei Nichtigkeit des Vertrags wendet die Rechtsprechung die §§ 677 ff. BGB an[10].

---

3 So aber *Medicus* RdNr. 647.
4 Vgl. *Flume* II § 17/1; a. M. *Canaris*, Gesetzliches Verbot und Rechtsgeschäft, S. 14 ff.; *Medicus* RdNr. 646; wohl auch *Soergel/Hefermehl* § 134 RdNr. 1. Nach *Schwab*, RdNr. 661, ist das Rechtsgeschäft im Zweifel wirksam.
5 BGHZ 118, 182 (188) m. w. N. Siehe dort S. 191 zur Frage, ob die Berufung auf die Nichtigkeit gegen Treu und Glauben verstoßen kann oder eine Vertrauenshaftung begründet ist.
6 BGHZ 89, 372.
7 BGHZ 88, 242.
8 BGHZ 111, 308, 311.
9 BGHZ 89, 369 (374 f.) = NJW 1984, 1175; *Köhler* JR 1983, 106 gründet Ansprüche gegen den Schwarzarbeiter auf cic; dagegen *Medicus* RdNr. 651. *Canaris* NJW 1985, 2404 nimmt halbseitige Teilnichtigkeit an; dagegen *Kern* FS Gernhuber 1993, 191.
10 BGH NJW 1988, 132; dazu *Köhler* JZ 1990, 466 (470).

Nichtig kann auch ein Verfügungsgeschäft sein; nach der Rechtsprechung verstößt eine Abtretung von Honorarforderungen bei einem Arzt gegen § 134 BGB, weil diese wegen der Auskunftspflicht nach § 402 BGB zu einer Verletzung der Schweigepflicht (§ 203 Abs. 1 Nr. 3 StGB) führe[11]. Das ist deshalb bedenklich, weil damit die Honorarforderungen auch der Pfändung entzogen werden (§ 851 Abs. 1 ZPO). Richtiger wäre es, nur die Auskunftspflicht nach § 402 BGB zu verneinen.

316 Bei Verstößen gegen das Verbot, Darlehensverträge im Reisegewerbe (ohne Bestellung) zu vermitteln (§ 56 Abs. 1 Nr. 6 GewO) nahm der BGH in ständiger Rechtsprechung Nichtigkeit des Darlehensvertrages an[12]. In einer vereinzelt gebliebenen Entscheidung, bei der es um ein steuerersparendes Kapitalanlagemodell ging, prüfte der BGH die Schutzbedürftigkeit des Darlehensnehmers[13]. Bei Verbotsgesetzen, die wie abstrakte Gefährdungsdelikte ausgestaltet sind, ist eine differenzierende Einzelfallbetrachtung abzulehnen, weil sie zu kaum tragbarer Rechtsunsicherheit führt. Neben § 56 Abs. 1 Nr. 6 GewO, der als Verbraucherschutzvorschrift gedacht war, wird der Darlehensnehmer heute durch die Regelungen §§ 312, 491 ff. BGB geschützt; dennoch ist § 56 Abs. 1 Nr. 6 GewO weiterhin als Schutzgesetz heranzuziehen[14].

Streitig ist, ob auch die Grundrechtsartikel des Grundgesetzes zu den Verbotsnormen i. S. d. § 134 BGB gehören. Das ist zu verneinen, wenn man mit der h. M. eine Drittwirkung der Grundrechte ablehnt[15]. S. dazu oben RdNr. 78.

317 Vom Normzweck des Verbotsgesetzes hängt es auch ab, in welchem Umfang Nichtigkeit eintritt. So wird bei einem Verstoß gegen Höchstpreisvorschriften nur Nichtigkeit der Preisabrede angenommen. Der Vertrag gilt mit dem noch zulässigen Preis[16]. Hat eine Partei vorgeleistet, scheidet ein Bereicherungsanspruch nach § 817 Satz 2 BGB aus, wenn auch dem Leistenden ein Verstoß gegen das gesetzliche Verbot zur Last fällt (BGHZ 118, 192).

---

11 Vgl. BGH NJW 1996, 775; BGH NJW 1993, 1912 m. w. N.; NJW 1993, 1638; dazu *Berger* NJW 1995, 1584; für Forderungen der Anwälte gilt jetzt § 48 a Abs. 4 BRAO, Honoraransprüche des Anwalts sind ohne Einwilligung des Mandanten abtretbar, BGH NJW 2007, 1196.
12 BGH NJW 1992, 426 m. w. N.; zum Darlehensvermittlungsvertrag BGH NJW 1999, 1636; anders beim Darlehensvertrag mit Widerrufsrecht BGHZ 131, 385.
13 BGHZ 93, 264 = NJW 1985, 1020.
14 Offen gelassen von BGH NJW 1992, 426.
15 A. M. *MünchKomm/Armbrüster* § 134 RdNr. 33 ff., der ohne Drittwirkung Grundrechtsnormen zu den Verbotsnormen zählt; s. aber BGHZ 116, 268 (informationelles Selbstbestimmungsrecht).
16 Vgl. BGHZ 89, 316 = NJW 1984, 722 (str.); bestätigt durch BVerfG NJW 1994, 993.

Umgehungsgeschäfte, mit denen die Parteien versuchen, den rechtlich missbilligten Erfolg auf andere Weise herbeizuführen, sind unwirksam, auch wenn dies nicht ausdrücklich bestimmt ist wie in § 312 f. Satz 2 BGB. Auch bei der Beurteilung des Umgehungsgeschäfts ist auf den Normzweck des gesetzlichen Verbots abzustellen[17].

318

II. Verstoß gegen die guten Sitten

1. Begrenzung der Privatautonomie durch das Sittengesetz

Ein Rechtsgeschäft, das gegen die guten Sitten verstößt, ist nach § 138 BGB nichtig. Die Generalklausel verweist auf ungeschriebene Normen, nach denen die Grenzen der Privatautonomie zu bestimmen sind. Auch nach Art. 2 Abs. 1 GG wird die allgemeine Handlungsfreiheit, zu der die Freiheit rechtsgeschäftlicher Betätigung gehört, begrenzt durch das Sittengesetz und die verfassungsmäßige Ordnung. Auf die guten Sitten verweisen ferner § 826 BGB, § 1 UWG, § 2 Nr. 1 PatG, § 13 KSchG, § 765a ZPO.

319

Nach einer Formel der Rechtsprechung[18] ist Maßstab für die guten Sitten das „Rechts- und Anstandsgefühl aller billig und gerecht Denkenden". Dass mit dieser Umschreibung nur eine vage Formulierung durch eine andere ersetzt wird, ist oft genug betont worden[19].

Das Gesetz verweist in § 138 Abs. 1 BGB nicht auf eine Sitte im Sinne eines tatsächlich geübten Brauchs, sondern auf normative Maßstäbe. Was „man" üblicherweise tut, ist nicht entscheidend. Eine Bindung des Richters an tatsächliche Gewohnheiten wäre verfassungswidrig, weil das Bestehen von Bräuchen und Gewohnheiten allein noch kein Grund ist, die allgemeine Handlungsfreiheit zu beschränken. Freiheitsrechte gelten nicht nur in den Grenzen, die eine Mehrheit zu tolerieren bereit ist. Der Richter wird bei seiner Urteilsbildung die Anschauung der beteiligten Kreise zwar berücksichtigen, er ist aber nicht an deren Vorstellung von Recht und Unrecht gebunden[20]. Bei der Konkretisierung der Generalklausel des § 138 BGB ist vor allem zu berücksichtigen, dass es um die Grenzen der Privatautonomie geht. Dem nicht mehr Tragbaren soll die rechtliche Verbindlichkeit versagt werden. Die Rechtsprechung wird durch § 138 BGB nicht ermächtigt, für Zucht und Ordnung zu sorgen oder gar religiöse oder politische Weltanschauungen durchzusetzen.

320

---

17 *Soergel/Hefermehl* § 134 RdNr. 37; a. M. *MünchKomm/Armbrüster* § 134 RdNrn. 12 ff., 17.
18 RGZ 48, 114; 80, 219; BGHZ 10, 228 (232); 52, 20.
19 Vgl. *Rüthers/Stadler* § 26 RdNr. 31; *Sack* NJW 1985, 761.
20 Anders wohl *Soergel/Hefermehl* § 138 RdNrn. 3 und 5, der auf die herrschende Sozialmoral verweist.

321 Während der Herrschaft des Nationalsozialismus haben Gerichte der Versuchung nicht widerstanden, die guten Sitten mit der damals herrschenden Ideologie gleichzusetzen. Man glaubte, was als recht und billig zu erachten sei, werde durch das nationalsozialistisch ausgerichtete Rechtsempfinden des deutschen Volkes bestimmt[21]. Aber auch noch unter der Geltung des Grundgesetzes wurde § 138 BGB eingesetzt, um bestimmte Gesinnungswerte durchzusetzen. So hat die Rechtsprechung lange Zeit das sog. Geliebtentestament als sittenwidrig beurteilt, weil man bis zum Beweis des Gegenteils unterstellte, die Zuwendung sei Entlohnung für „geschlechtliche Beziehungen"[22]. Inzwischen ist die Rechtsprechung etwas großzügiger geworden[23]. Bedenklich an der früheren Rechtsprechung war vor allem die Käuflichkeitsvermutung, durch die eine Anwendung des § 138 BGB erst möglich wurde.

322 Durch § 138 BGB wird für den Richter keine **Normsetzungsbefugnis** geschaffen. Die Generalklausel verweist zwar auf außerrechtliche Normen und fordert vom Richter ein sozialethisches Urteil. Um Normsetzung handelt es sich dabei aber nicht, weil die Entscheidung des Gerichts für andere Gerichte nicht verbindlich ist. Siehe dazu oben RdNr. 64.

2. Das sittenwidrige Rechtsgeschäft

a) Beurteilungsgrundlage

323 Ob ein Rechtsgeschäft gegen die guten Sitten verstößt, hängt zunächst von seinem Inhalt ab. Bei Austauschverträgen kommt es vor allem auf die Ausgewogenheit von Leistung und Gegenleistung an[24]. Neben dem Inhalt können Begleitumstände, unter denen das Geschäft abgeschlossen wurde, Motive und Absichten der Beteiligten von Bedeutung sein. Ob sich der Handelnde bewusst war, dass sein Verhalten sittenwidrig ist, spielt keine Rolle. Er muss aber die Tatsachen kennen, auf die das Urteil der Sittenwidrigkeit gegründet wird[25]. Das Unwerturteil muss nicht beide Parteien betreffen, weil § 138 BGB auch Schutz vor unlauteren Geschäftspraktiken bieten soll.

b) Maßgeblicher Zeitpunkt

324 Nach h.M. bestimmt sich die Sittenwidrigkeit eines Rechtsgeschäfts nach den im Zeitpunkt seiner Vornahme gegebenen Umständen und Wertanschauungen[26]. Danach kann ein nichtiges Rechtsgeschäft nicht später wirksam werden, weil sich die Anschauungen ändern, und ein wirksames Geschäft wird von einer veränderten Auffassung über die Sittenwidrigkeit

---

21 Vgl. RG JW 1943, 610.
22 Vgl. BGH NJW 1964, 764.
23 Vgl. BGH NJW 1969, 1343; 1984, 2150.
24 BGH NJW 1988, 1374.
25 BGH NJW 1988, 1374.
26 BGH NJW 1983, 2692.

nicht berührt. Ist ein Vertrag noch nicht erfüllt und im Zeitpunkt der Erfüllung als sittenwidrig anzusehen, besteht nach der Rechtsprechung ein Leistungsverweigerungsrecht, das auf § 242 BGB gestützt wird. Zu beachten ist aber, dass eine Änderung der Wertvorstellungen nicht mit einer Änderung der Rechtsprechung gleichzusetzen ist. Wenn der BGH seine bisherige Rechtsprechung aufgibt, dann mag das Ausdruck veränderter Wertvorstellungen sein, aber die Änderung ist nicht durch die neue Rechtsprechung eingetreten, vielmehr wurde die Rechtsprechung an den schon vorher vollzogenen Wandel der Grundanschauungen angepasst[27].

Beispiel Ratenkredit: Im Jahre 1979 nahm der BGH erstmals eingehend zu der Frage Stellung, unter welchen Voraussetzungen ein Ratenkreditvertrag sittenwidrig ist[28]. Der BGH leitete mit seinem Urteil eine verbraucherfreundliche Rechtsprechung ein, deren Grundsätze auch auf solche Verträge angewandt werden, die vor der Grundsatzentscheidung des BGH abgeschlossen wurden. Das ist kein Verstoß gegen den Grundsatz, dass es für die Beurteilung der Sittenwidrigkeit auf den Zeitpunkt der Vornahme des Rechtsgeschäfts ankommt, weil sich die Beurteilungsgrundlagen schon vor dem Wandel der Rechtsprechung geändert hatten. Die Verfassungsbeschwerde der Teilzahlungsbanken gegen die Entscheidung des BGH wurde vom BVerfG zu Recht wegen mangelnder Aussicht auf Erfolg nicht angenommen[29].

325 Der Grundsatz der Rechtsprechung, wonach die Anschauungen im Zeitpunkt der Vornahme der Handlung maßgeblich sind, berücksichtigt das Interesse an Rechtssicherheit. Trotzdem bestehen Bedenken gegen diesen Grundsatz, weil sich elementare Grundwerte auch gegen eine „herrschende Sozialmoral" durchsetzen müssen. Andernfalls müsste der Richter auch heute noch das nationalsozialistische Weltbild zum Maßstab der guten Sitten nehmen, wenn um ein Rechtsgeschäft gestritten wird, das während der Herrschaft des Nationalsozialismus vorgenommen wurde. Ändern sich die tatsächlichen Verhältnisse nach Abschluss eines sittenwidrigen Rechtsgeschäfts, bleibt das Geschäft nichtig. Eine Heilung sieht das Gesetz nicht vor.

3. Abstrakte Geschäfte

326 Zweckabreden gehören nicht zum Inhalt abstrakter Geschäfte (Grundsatz der inhaltlichen Abstraktion, s. oben RdNr. 119). So enthält eine Einigung nach § 929 BGB nur den übereinstimmenden Willen der Beteiligten, dass das Eigentum übergehen soll. Die Frage ist, ob Geschäfte, die vom Gesetz abstrakt ausgestaltet sind und deshalb keine Zweckabreden enthalten, nach § 138 BGB nichtig sein können. Die h.M. geht davon aus, dass auch auf Verfügungen § 138 Abs. 1 BGB anzuwenden ist, wenn der Sittenverstoß

---
27 BGH NJW 1983, 2692.
28 BGH NJW 1979, 805.
29 BVerfG NJW 1984, 2345.

gerade in der veränderten Güterzuordnung liegt[30]. Dem ist zuzustimmen. Die Anwendung des § 138 BGB auf Verfügungsgeschäfte verstößt nicht gegen den Abstraktionsgrundsatz, wenn das dingliche Rechtsgeschäft selbstständig beurteilt wird und Nichtigkeit nicht schon deshalb angenommen wird, weil das Kausalgeschäft unwirksam ist. Auch mit dem Grundsatz der inhaltlichen Abstraktion ist es vereinbar, ein abstraktes Rechtsgeschäft nach den Maßstäben des § 138 BGB zu prüfen. Etwas anderes würde nur dann gelten, wenn Beurteilungsgrundlage bei § 138 BGB ausschließlich der Inhalt des Rechtsgeschäfts wäre. Der Inhalt ist aber nicht der einzige Gesichtspunkt, der im Rahmen des § 138 Abs. 1 BGB zu berücksichtigen ist (s. oben RdNr. 323). Die h.M. engt den Anwendungsbereich des § 138 Abs. 1 BGB bei dinglichen Geschäften ein, weil sie darauf abstellt, ob die Unsittlichkeit gerade im Vollzug der Leistung liegt oder mit der Erfüllung sittenwidrige Zwecke verfolgt werden[31]. Zur Unwirksamkeit des Verfügungsgeschäfts im Falle des § 138 Abs. 2 BGB siehe unten RdNr. 335.

4. Fallgruppen

Die Rechtsprechung orientiert sich bei der Beurteilung der Frage, ob ein Rechtsgeschäft sittenwidrig ist, an Fallgruppen[32], die im Laufe der Zeit herausgearbeitet wurden.

a) Objektiver Inhalt

327 Bestimmte Rechtsgeschäfte sind allein aufgrund des Inhalts sittenwidrig, ohne dass weitere Umstände hinzutreten müssen. Es handelt sich vor allem um Verträge, die mit der Menschenwürde unvereinbar sind oder gegen grundlegende Werte der Verfassung verstoßen oder die Freiheit unangemessen beschränken. Nichtig sind Rechtsgeschäfte, die den Rechtszwang dysfunktional einsetzen und Verhalten zu erzwingen suchen, das seiner Natur nach freiwillig sein muss.

Beispiel Nichteheliche Lebensgemeinschaft[33]: A lebt mit B in einer nichtehelichen Lebensgemeinschaft. Sie schließen einen notariellen Vertrag, nach dem im Falle des Scheiterns der Gemeinschaft A eine Abfindung i. H. v. 40 000 Euro zahlen muss. Wenn es sich bei dem Leistungsversprechen praktisch um eine Vertragsstrafe handelt, ist der Vertrag sittenwidrig. Auch bei Eheleuten wird eine Ver-

---

30 BGH NJW 1985, 3007; *Soergel/Hefermehl* § 138 RdNr. 52.
31 BGH NJW 1985, 3007.
32 Gegen die Bildung von Fallgruppen *Weber* AcP 192 (1992), 516; dagegen *Beater* AcP 194 (1994), 82. Die im Text aufgeführten Fallgruppen sind exemplarisch. Wie rechtsgestalterische Raffinesse an die Grenze des § 138 BGB führt, zeigt das sog. Behindertentestament, BGHZ 123, 368 (dazu abl. *Raiser* NJW 1995, 237).
33 Vgl. OLG Hamm NJW 1988, 2474; dazu *Finger* JZ 1988, 250; *Lieb* DNotZ 1988, 714; s. auch BGH NJW 1991, 1046 (Abkauf einer Strafanzeige).

tragsstrafe für den Fall der Scheidung in der Rechtsprechung für sittenwidrig erachtet[34].

b) Knebelungsverträge

Um einen Fall des Missbrauchs der Machtstellung handelt es sich bei den Knebelungsverträgen. Sie zeichnen sich dadurch aus, dass der Vertragspartner praktisch seiner wirtschaftlichen Betätigungsfreiheit beraubt wird, sodass er in eine zu missbilligende Abhängigkeit gerät[35]. Bei Knebelungsverträgen ist regelmäßig der Inhalt zur Feststellung der Sittenwidrigkeit ausreichend[36].

328

Beispiele sind Sicherungsverträge, bei denen der Sicherungsgeber ausgesaugt und in den Konkurs getrieben oder zum Strohmann erniedrigt wird. Als Knebelungsverträge wurden Bierlieferungsverträge gewertet mit einer Laufzeit über mehr als 20 Jahre und einer Alleinbezugsvereinbarung[37].

c) Schuldknechtschaft

Nach der Rechtsprechung kann ein Vertrag sittenwidrig sein, wenn ein Vertragspartner aufgrund seiner wirtschaftlichen Verhältnisse die Verpflichtung voraussichtlich niemals wird erfüllen können und hinzukommt, dass dem unerfahrenen Schuldner dies nicht hinreichend bewusst war[38]. Nicht als sittenwidrig wurde vom BGH ein Bürgschaftsvertrag gewertet, in dem Söhne im Alter von 20 und 21 Jahren eine Bürgschaft für den Vater übernommen hatten, obwohl für die Bank erkennbar war, dass sie damit praktisch ihr künftiges Einkommen „verpfändeten"[39]. Heute nimmt die Rechtsprechung bei krasser finanzieller Überforderung von Angehörigen regelmäßig Sittenwidrigkeit an. Siehe dazu unten RdNr. 333.

329

Die Zurückhaltung bei der Annahme der Sittenwidrigkeit bei finanzieller Überforderung sollte nicht damit begründet werden, dass Schuldner Pfändungsschutz genießen[40]. Es widerspricht der nicht veräußerlichen Men-

330

---

34 OLG Oldenburg FamRZ 1994, 1454.
35 Fraglich ist, ob auch ein Habenichts geknebelt werden kann, dazu OLG Hamm NJW-RR 1988, 117.
36 *Flume* II § 18/3; *Soergel/Hefermehl* § 138 RdNr. 117; a. M. *Mayer-Maly*, Bewusstsein der Sittenwidrigkeit, S. 25 ff.
37 BGH NJW 1985, 2695; zur Anwendung des Art. 85 EWGV und dazu ergangener Verordnungen der EG auf solche Verträge siehe *Wahl* NJW 1988, 1431.
38 BGH NJW 1994, 1278; dazu *Grün* NJW 1994, 2935; BGH NJW 1994, 1726; BGH JZ 1989, 744 und 1989, 741 = NJW 1989, 1276; dazu *Gröner/Köhler*, Verbraucherschutzrecht in der Marktwirtschaft, 1987, 129; *Reinicke/Tiedtke* ZIP 1989, 613; *Westermann* JZ 1989, 746; *Wochner* BB 1989, 1354; *Medicus* ZIP 1989, 817; *Rehbein* JR 1989, 468. Zur Ehegattenbürgschaft BGH NJW 1999, 58.
39 BGH NJW 1989, 830; abl. Anm. *Honsell* JZ 1989, 495; siehe dagegen BGH NJW 1994, 1341 (Verstoß der Eltern gegen § 1618a BGB wurde der Bank zugerechnet).
40 Dazu *Gröner/Köhler*, Verbraucherschutzrecht in der Marktwirtschaft, 1987, S. 129; *Westermann* JZ 1989, 746.

schenwürde, wenn ein Rechtsgeschäft darauf hinausläuft, dass sich der Schuldner zur Befriedigung von Konsumwünschen oder zur Sicherung eines Gläubigers in eine Art Schuldknechtschaft begibt, indem er verspricht, über Jahre hinweg seine Arbeit praktisch nur noch für den Gläubiger einzusetzen. Weil es um die Grenze der Privatautonomie geht, kann dem Schuldner auch nicht vorgehalten werden, er habe frei entschieden und er müsse eben die Folgen seines Handelns tragen[41]. Dieses Argument verweist auf den Grundsatz der Privatautonomie und ist nicht geeignet, deren Grenzen zu bestimmen. Freilich müssen die Gesamtumstände des Rechtsgeschäfts berücksichtigt werden, und es kommt entscheidend darauf an, ob der Vertragspartner wusste, dass der Schuldner in eine hoffnungslose Lage gebracht wird. Eine unmittelbare Anwendung des § 311b Abs. 2 BGB scheidet in den Fällen der finanziellen Überforderung aus[42]. Aber die Wertung, die § 311b Abs. 2 BGB zugrunde liegt, ist im Rahmen des § 138 Abs. 1 BGB zu berücksichtigen.

d) Missbrauch einer Monopolstellung

331 Nichtig sind Rechtsgeschäfte, bei denen eine Partei eine Monopolstellung ausnutzt. Dass die Kartellbehörde nach dem GWB einschreiten und ein Verhalten untersagen kann, schließt die Anwendung des § 138 Abs. 1 BGB nicht aus.

e) Gläubigergefährdung

332 Ein Sicherungsvertrag kann wegen Gefährdung anderer Gläubiger sittenwidrig sein[43]. Zweck des Sicherungsvertrages ist es, Vermögenswerte dem Zugriff anderer Gläubiger zu entziehen und für den Sicherungsnehmer zu „reservieren". Dieser Vertragszweck kann für das Urteil der Sittenwidrigkeit allein nicht ausreichen. Es müssen besondere Umstände hinzukommen, aus denen sich eine besondere Gefährdung anderer Gläubiger ergibt (z.B. Täuschung über die Kreditwürdigkeit des Schuldners)[44].

f) Kreditverträge und Bürgschaften

333 Nach der Rechtsprechung kann ein Ratenkreditvertrag nach § 138 Abs. 1 BGB nichtig sein, weil Leistung und Gegenleistung in einem auffälligen Missverhältnis stehen[45]. Die Rechtsprechung begründet die Nichtigkeit

---

41 Gegen eine formale Betrachtung der Vertragsfreiheit BVerfG NJW 1994, 36ff.
42 Insoweit richtig BGH JZ 1989, 744.
43 Dazu *Koller* JZ 1985, 1013.
44 BGHZ 10, 228; zur Freigaberechtsprechung BGH (GS) NJW 1998, 671.
45 BGH NJW 1985, 3006; weitere Nachweise zur umfangreichen Rechtsprechung bei *Palandt/Heinrichs* § 138 RdNr. 25 ff.

mit § 138 Abs. 1 BGB, weil der Wuchertatbestand (§ 138 Abs. 2 BGB) weitere Voraussetzungen als das Missverhältnis von Leistung und Gegenleistung erfordert. Ob und unter welchen Voraussetzungen die Mithaft oder Bürgschaft des vermögens- und einkommenslosen Ehegatten oder sonstiger Angehöriger unter § 138 Abs. 1 BGB fällt, war lange streitig[46] und auch die Rechtsprechung war uneinheitlich[47]. Das BVerfG[48] verwarf das vordergründige Argument „Vertrag ist Vertrag" und sprach sich für eine materiale Betrachtung aus. Die Entscheidung ist von grundlegender Bedeutung für die Schranken und den Schutz der Privatautonomie; nach ihr müssen die Gerichte klären, ob ungewöhnlich belastende vertragliche Regelungen eine Folge strukturell ungleicher Verhandlungsstärke sind, und gegebenenfalls im Rahmen der Generalklauseln korrigierend eingreifen. Die Rechtsprechung des BGH entwickelte die Voraussetzungen, unter denen Bürgschaften naher Angehöriger wirksam sind, zunächst fallweise. In seiner grundlegenden Entscheidung vom 8. 10. 1998 stellte der BGH klar, dass Bürgschaften von Angehörigen sittenwidrig sind, wenn sie wegen krasser finanzieller Überforderung[49] des Bürgen als reines Sicherungsmittel für den Kreditgeber keinen wirtschaftlichen Wert besitzen. Soll die Bürgschaft späteren Erwerb, insbesondere Erbschaften, erfassen oder will sich der Kreditgeber vor Vermögensverschiebungen zwischen Ehegatten schützen, muss dieser Zweck als inhaltliche Beschränkung in den Bürgschaftsvertrag aufgenommen werden[50]. Neben der krassen Überforderung ist materielle Voraussetzung für die Sittenwidrigkeit, dass der Angehörige aus emotionaler Verbundenheit die Bürgschaft übernommen hat. Diese Voraussetzung wird aber von der Rechtsprechung vermutet[51]. Zur Bürgschaft siehe auch oben RdNr. 329.

g) Sexualleben

Verträge, die das Sexualleben betreffen, werden vielfach als sittenwidrig beurteilt. So wurde nach früher h.M. der Vertrag, den ein Freier mit der

334

---

46 Siehe dazu *Honsell* JuS 1993, 817 m. w. N.
47 Vgl. einerseits BGH NJW 1993, 322, andererseits BGH NJW 1992, 896. Auch in England und Frankreich setzten sich die Gerichte mit derartigen Verträgen auseinander, vgl. dazu *Kötz/Flessner*, Europäisches Vertragsrecht, § 8 III.
48 BVerfG NJW 1994, 36; dazu *Gröschke* BB 1994, 724; v. *Westphalen* MDR 1994, 5; *Heinrichsmeier* FamRZ 1994, 129; *Kohte* ZBB 1994, 172; *Honsell* NJW 1994, 565; *Adomeit* NJW 1994, 2467; *Wiedemann* JZ 1994, 413; dazu Entgegnung von *Rittner* NJW 1994, 3330; *Hesse/Kauffmann* JZ 1995, 219; *Rehbein* JR 1995, 45; BVerfG NJW 1994, 2749 (dazu M. *Frank* JuS 1996, 389); vgl. auch BVerfG NJW 1990, 1496 (Handelsvertreter). Siehe auch die Literaturhinweise bei § 5.
49 Zur Berücksichtigung des pfändbaren Vermögens des Bürgen BGH NJW 2002, 2634 (2635).
50 BGH NJW 1999, 58 = JuS 1999, 294 dargestellt von *Emmerich* mit einem guten Überblick über die bisherige Rechtsprechung. Zur Beilegung der Kontroverse zwischen dem IX. und XI. Senat *Tonner* JuS 2003, 325 (zu BGHZ 151, 34 und BGH NJW 2002, 2230).
51 BGH NJW 2002, 744.

Prostituierten schließt, als sittenwidrig bewertet[52]. Von der Rechtsprechung wurden als nichtig angesehen Arbeitsverträge, die sexuelle Darbietungen zum Gegenstand haben und Verträge, die darauf gerichtet sind, durch den Verkauf von Telefonkarten den Telefonsex zu fördern[53]. Dagegen wurde der Vertrag über eine diskrete Kontaktanzeige vom LG Frankfurt nicht missbilligt[54]. Seit Inkrafttreten des ProstG[55] sind Verträge nicht mehr allein deshalb sittenwidrig, weil sie sexuelle Handlungen zum Gegenstand haben. Nach § 1 Satz 1 ProstG besteht für die Prostituierte eine Entgeltforderung, wenn sie sexuelle Handlungen gegen ein vorher vereinbartes Entgelt vorgenommen hat.

5. Wucherische Geschäfte

335 Nach § 138 Abs. 2 BGB sind Rechtsgeschäfte nichtig, in denen jemand unter Ausbeutung der Zwangslage, der Unerfahrenheit, des Mangels an Urteilsvermögen oder der erheblichen Willensschwäche eines anderen sich oder einem Dritten für eine Leistung Vermögensvorteile versprechen lässt, die in einem auffälligen Missverhältnis zu der Leistung stehen. Liegen die Voraussetzungen des § 138 Abs. 2 BGB vor, ist nicht nur das Kausalgeschäft nichtig, sondern auch das Erfüllungsgeschäft des Bewucherten. Dies folgt aus dem Tatbestandsmerkmal „gewähren", das alternativ neben dem Merkmal „versprechen" genannt ist.

Bei einem Missverhältnis von Leistung und Gegenleistung kann ein **wucherähnliches Geschäft** vorliegen, wenn die Voraussetzungen des § 138 Abs. 2 BGB nicht vorliegen, aber sonstige Umstände, die den Vorwurf der Sittenwidrigkeit begründen. Dabei geht die Rechtsprechung bei besonders krassem Missverhältnis zwischen Leistung und Gegenleistung von der Vermutung aus, es habe eine verwerfliche Gesinnung vorgelegen[56].

6. Rückabwicklung bei Nichtigkeit

335a Bei nichtigem Verpflichtungsgeschäft sind erbrachte Leistungen nach § 812 Abs. 1 Satz 1 Alt. 1 BGB zurückzugewähren. Fällt dem Leistenden ein Sittenverstoß zur Last, ist die Rückforderung nach § 817 S. 2 ausgeschlossen, wenn er vorsätzlich begangen wurde[57]. Der Ausschluss des Rückforderungsanspruchs darf aber nicht dazu führen, dass ein missbilligter Zustand aufrechterhalten wird[58]. Ist ein Kreditvertrag nach § 138

---

52 Vgl. BGHZ 67, 119 (122).
53 Dazu BGH NJW 2002, 361; zum Arbeitsvertrag BAG JZ 1976, 688.
54 LG Frankfurt NJW 1985, 1639 (1641).
55 Gesetz zur Regelung der Rechtsverhältnisse der Prostituierten v. 20.12.2001.
56 BGHZ 145, 304.
57 BGH NJW 1983, 1420, 1423.
58 BGHZ 41, 341.

Abs. 1 oder Abs. 2 BGB nichtig, kann der Gläubiger den Kreditbetrag nach § 812 Abs. 1 Satz 1 1. Alt. BGB zurückfordern. Der Anspruch wird nicht durch § 817 Satz 2 BGB ausgeschlossen, weil beim Kreditvertrag das Kapital nur auf Zeit überlassen wird. Allerdings darf der Gläubiger das Geld erst nach Ablauf der vereinbarten Zeit zurückverlangen[59].

7. Geltungserhaltende Reduktion

335b Rechtsfolge des § 138 BGB ist die Nichtigkeit des Rechtsgeschäfts. Wo das Gesetz Nichtigkeit eines Rechtsgeschäfts anordnet, ist stets zu prüfen, ob dem Rechtsgeschäft durch Umdeutung (§ 140 BGB) zur Geltung verholfen werden kann. Bei wucherischen oder wucherähnlichen Geschäften, könnte man daran denken, das Ausmaß der überhöhten Leistung im Wege der Umdeutung herabzusetzen (geltungserhaltende Reduktion); siehe dazu unten RdNr. 379. Die Rechtsprechung lehnt jedoch eine geltungserhaltende Reduktion ab[60]; oft bleibt es aber bei dem Bekenntnis zu diesem Grundsatz. In zahlreichen Entscheidungen wurde der Sache nach eine geltungserhaltende Reduktion vorgenommen. So wurde bei einem Bierlieferungsvertrag mit überlanger Bindung die Zeit herabgesetzt und das Geschäft aufrechterhalten[61]. Ein in einem Nachtlokal abgegebenes Schuldanerkenntnis wurde herabgesetzt und bei einem sittenwidrigen Testament wurde die Zuwendung reduziert, um dem Testament zur Geltung zu verhelfen[62]. Zulässig ist die Aufrechterhaltung des Geschäfts nach § 139 BGB, wenn nach § 138 BGB nur Teilnichtigkeit vorliegt und die Parteien den wirksamen Teil auch ohne den nichtigen vorgenommen hätten.

8. Konkurrenzen

336 Wird ein Geschäftspartner durch arglistige Täuschung zur Abgabe einer Willenserklärung veranlasst, kommt i. d. Regel nur eine Anfechtung nach § 123 BGB in Betracht. Der Getäuschte soll über den Bestand des Geschäfts entscheiden. Wenn weitere Umstände zu der Täuschung hinzukommen, die einen Sittenverstoß ergeben, ist Nichtigkeit nach § 138 Abs. 1 BGB anzunehmen[63]. Bei der Fallgruppe der Gläubigergefährdung sind die Sondervorschriften über die Anfechtung nach dem AnfG und der InsO zu berücksichtigen, die § 138 Abs. 1 BGB verdrängen[64]. Streitig ist, in welchem Verhältnis § 138 Abs. 1 BGB zur Inhaltskontrolle Allgemeiner

---

59 Zum Umfang des Bereicherungsanspruchs vgl. BGH NJW 1983, 1420. Die Rechtsprechung gewährt dem Wucherer auch keinen marktüblichen Zins für die Zeit der Kapitalüberlassung.
60 Vgl. BGHZ 68, 204, 207. Zur parallelen Problematik bei Allgemeinen Geschäftsbedingungen siehe unten RdNr. 567.
61 BGH NJW 1992, 2145.
62 BGH NJW 1987, 2014, 2015 (Nachtbar); BGHZ 52, 23 (Testament).
63 Vgl. BAG BB 1981, 121.
64 BGH NJW 1993, 1640 (1641) m.w.N.; BGHZ 53, 174 = NJW 1970, 752 (753).

Geschäftsbedingungen nach den §§ 307 ff. BGB steht. Die Rechtsprechung berücksichtigt im Rahmen des § 138 Abs. 1 BGB bei einer Gesamtwürdigung des Vertrags auch unangemessene Klauseln[65]. Wenn nur die Angemessenheit der Geschäftsbedingungen infrage steht, haben die §§ 307 ff. BGB als spezielle Normen Vorrang vor § 138 Abs. 1 BGB.

III. Veräußerungsverbote

336a Eine bemerkenswerte Beschränkung der Privatautonomie enthält § 137 Satz 1 BGB. Danach kann die Befugnis zur Verfügung über ein veräußerliches Recht durch Rechtsgeschäft nicht ausgeschlossen oder eingeschränkt werden. Die Vorschrift will die Verkehrsfähigkeit der Rechte, insbesondere des Eigentums, sicherstellen.

Sinn und Bedeutung dieser eher technisch anmutenden Vorschrift sind nur richtig zu erfassen, wenn man den geschichtlichen Hintergrund berücksichtigt. Im Zeitalter des Feudalismus gab es Adelsgüter, die dem Rechtsverkehr entzogen waren (Fideikommisse). Der „ewige Besitz" über Grundeigentum war nicht nur die materielle Voraussetzung für die Herrschaft von Familien; er war auch Rechtstitel für die Herrschaft über Bauern, die das Gut nicht ohne Einwilligung ihrer Herren verlassen durften[66]. Diese feudalistischen Strukturen widersprachen im Zeitalter der Industrialisierung den Bedürfnissen der Industrie nach Mobilität von Menschen und Gütern und dem von der Aufklärung geprägten liberalen Gedankengut des 19. Jahrhunderts. Die Abschaffung unveräußerlicher Güter war deshalb ein zentrales Anliegen der bürgerlichen Revolution. Die Verfassung der Paulskirche vom 28. 3. 1849 enthielt in ihrem Grundrechtsteil eine Bestimmung, wonach „jeder Grundeigenthümer... seinen Grundbesitz unter Lebenden und von Thodes wegen ganz oder theilweise veräußern" kann. Dieses bürgerliche Grundrecht hat in § 137 Satz 1 BGB seinen Niederschlag gefunden und wird noch heute zum ordre public, den unverzichtbaren Wertvorstellungen unserer Rechtsordnung, gezählt[67]. Dabei werden § 137 Satz 1 BGB allerdings ganz unterschiedliche Zwecke untergeschoben. Das Anliegen, feudale Strukturen zu verhindern, wird durch den numerus clausus der Sachenrechte erreicht, der durch § 137 Satz 1 BGB abgesichert wird. Das Gesetz erlaubt es nicht, durch dingliche Verfügungsbeschränkungen unterschiedliche Eigentumsformen (Unter- und Obereigentum) zu schaffen. Darüber hinaus hat § 137 Satz 1 BGB nicht den

---

65 BGHZ 136, 347 (355 f.); BGH NJW 1987, 185; dagegen *Bunte* ZIP 1985, 9.
66 Vgl. dazu die bei *Ebel/Thielmann*, Rechtsgeschichte, Band 1, RdNr. 338 abgedruckten Quellen.
67 *MünchKomm/Armbrüster* § 137 RdNr. 7.

§ 10 Inhaltliche Schranken des Rechtsgeschäfts

Zweck, die individuelle Freiheit zu schützen; im Vordergrund stehen Verkehrsschutzinteressen[68].

Eine vom Grundgedanken des § 137 Satz 1 BGB abweichende Bestimmung enthält § 399 Alt. 2 BGB[69]. Danach können Gläubiger und Schuldner die Unübertragbarkeit einer Forderung vereinbaren. Obgleich auch Forderungen Kreditunterlagen bilden können und daher ein erhebliches Interesse an ihrer Verkehrsfähigkeit besteht, lässt das BGB eine Beschränkung der Verfügungsfreiheit zu. Der Schuldner kann durch Vereinbarung eines Abtretungsverbots verhindern, dass ihm der Gläubiger durch Abtretung, die nach § 398 Satz 1 BGB ohne Schuldnerzustimmung wirksam wird, einen neuen Forderungsinhaber aufdrängt. Nach dem Vertragsprinzip (dazu oben RdNr. 84) haben alle Personen, die von einer rechtsgeschäftlichen Regelung betroffen sind, zuzustimmen. Davon wird im Interesse der Verkehrsfähigkeit der Forderungen bei der Forderungsabtretung eine Ausnahme gemacht: Die Abtretung verlangt nicht die Mitwirkung des Schuldners; der Gläubiger gilt als ermächtigt, die Verfügung vorzunehmen. Der Ausschluss der Abtretung nach § 399 Satz 2 BGB kehrt die dispositive gesetzliche Regel um und setzt das Vertragsprinzip in Geltung. Deshalb kann die nach § 399 Satz 2 BGB unabtretbare Forderung mit Zustimmung des Schuldners abgetreten werden[70]. Im Gegensatz zu § 137 Satz 1 BGB wird die Verfügungsbeschränkung bei den unter § 399 Satz 2 BGB fallenden Rechten durch die am Rechtsverhältnis Beteiligten vereinbart[71].

336b

Beispiel Verfügungsverbot: Die Eigentümer benachbarter Grundstücke G und S vereinbaren, dass G über sein Grundstück nicht verfügen werde. S, der eine Tankstelle betreibt, befürchtet nämlich, dass das Konkurrenzunternehmen LARA dort ebenfalls eine Tankstelle eröffnen möchte. Veräußert G sein Grundstück gleichwohl an LARA, so ist die Verfügung trotz der Vereinbarung mit S wirksam; allerdings muss G dem S Schadensersatz leisten, weil nach § 137 Satz 2 BGB die Verpflichtung, nicht zu verfügen, im Verhältnis G und S wirksam ist.

Beispiel Nichtabtretbarkeit: Hat G eine Forderung gegen S, so können beide deren Unabtretbarkeit vereinbaren. Dies kann auch nachträglich erfolgen. Überträgt G die Forderung an Z, so ist diese Verfügung unwirksam. G ist Gläubiger geblieben[72]. Allerdings kann S die Zession genehmigen. Die Genehmigung wirkt nach der Rechtsprechung nicht zurück[73]. Das ist unzutreffend, weil die §§ 182ff. BGB unmittelbar anwendbar sind[74].

---

68 BGH NJW 1997, 862 = JZ 1997, 516 mit Anm. *Berger*; grundlegend *Berger*, Rechtsgeschäftliche Verfügungsbeschränkungen, 1998, 60ff.
69 Zum Verhältnis beider Normen W. *Lüke* JuS 1992, 114.
70 Dazu *Berger* aaO § 15.
71 *Berger* aaO.
72 Nach h.M. ist die Verfügung absolut unwirksam, nicht nur dem Schuldner gegenüber, vgl. *MünchKomm/Roth* § 399 RdNr. 45.
73 BGHZ 108, 172, 175ff.
74 Überzeugend *Berger* aaO § 18 III.

Die Wirkungen eines Abtretungsausschlusses bei Geldforderungen, die ihre Grundlage in Handelsgeschäften haben, werden durch § 354a HGB begrenzt[75]. Die Abtretung ist trotz der vereinbarten Unabtretbarkeit wirksam. Der Schuldner kann jedoch mit befreiender Wirkung an den bisherigen Gläubiger leisten. Entgegenstehende Vereinbarungen sind unwirksam.

Auch bei Forderungen ist ein rechtsgeschäftliches Verfügungsverbot, das nicht mit dem Schuldner geschlossen wird, nach § 137 Satz 1 BGB unwirksam. Würde also im Beispiel „Nichtabtretbarkeit" G mit einem Dritten D, der nicht Schuldner ist, einen Abtretungsausschluss vereinbaren, so wäre dieser nach § 137 Satz 1 BGB nichtig[76].

§ 137 Satz 1 BGB erfasst nur Vereinbarungen, die unmittelbar eine Verfügungsbeschränkung herbeiführen und das rechtliche Können betreffen. Ein schuldrechtlicher Vertrag, durch den jemand die Verpflichtung eingeht, nicht über ein Recht zu verfügen, ist nach § 137 Satz 2 BGB wirksam[77].

---

[75] Dazu *Berger* aaO § 17 III.
[76] Vgl. BGH NJW 1993, 1640 (Sicherungsabtretung).
[77] Zur Sicherung solcher Versprechen *Merren* JR 1993, 53.

§ 11 Form des Rechtsgeschäfts

Literatur: *Bernard, K.-H.*, Formbedürftige Rechtsgeschäfte, 1979; *Binder*, Gesetzliche Form, Formnichtigkeit und Blankett im bürgerlichen Recht, AcP 207 (2007), 156; *Blaurock, Adam*, Elektronische Signatur und europäisches Privatrecht, ZEuP 2001, 93; *Böhm*, Das Abgehen von rechtsgeschäftlichen Formgeboten, AcP 179 (1979), 425; *Boente/Riem*, Das BGB im Zeitalter digitaler Kommunikation – Neue Formvorschriften, Jura 2001, 793; *Ebbing*, Schriftform und E-Mail, CR 1996, 271; *Eckert*, Formwahrung durch Telefax, DStR 1996, 1608; *Einsele*, Formerfordernisse bei mehraktigen Rechtsgeschäften, DNotZ 1996, 835; *Eisner*, Die Schriftformklausel in der Praxis, NJW 1969, 118; *Fischer-Dieskau/Rossnagel*, MMR 2004, 133; *Gernhuber*, Formnichtigkeit und Treu und Glauben, Festschr. f. Schmidt-Rimpler, 1957, 151; *Hähnchen*, Das Gesetz zur Anpassung der Formvorschriften des Privatrechts und anderer Vorschriften an den modernen Rechtsgeschäftsverkehr, NJW 2001, 2831; *Häsemeyer*, Die Bedeutung der Form im Privatrecht, JuS 1980, 1; *ders.*, Die gesetzliche Form der Rechtsgeschäfte, 1971; *Heun*, Elektronisch erstellte oder übermittelte Dokumente und Schriftform, CR 1995, 2; *Köbl*, Die Bedeutung der Form im heutigen Recht, DNotZ 1983, 207; *Köhler*, Die Problematik automatisierter Rechtsvorgänge, insbesondere von Willenserklärungen, AcP 182 (1982), 126; *Lorenz*, Das Problem der Aufrechterhaltung formnichtiger Schuldverträge AcP 156 (1957) 381; *Lorenz*, Rechtsfolgen formnichtiger Schuldverträge – BGH NJW 1965, 812, JuS 1966, 429; *Malzer* (Zum elektronischen Vertragsschluss), DNotZ 1995, 3; *ders.*, Zivilrechtliche Form und prozessuale Qualität der digitalen Signatur nach dem Signaturgesetz, DNotZ 1998, 96; *Müller-Michaels*, Formfreie Aufhebung eines Grundstückskaufvertrags trotz Bestehens eines Anwartschaftsrechts?, NJW 1994, 2742; *Oertel*, Elektronische Form und notarielle Aufgaben im elektronischen Rechtsverkehr, MMR 2001, 419; *Reinicke*, Rechtsfolgen formwidrig abgeschlossener Verträge (1969); *Rossnagel*, MMR 2002, 215; *Schmidt-Salzer*, Rechtsprobleme der Schriftformklauseln, NJW 1968, 1257; *Schumacher*, Digitale Signaturen in Deutschland, Europa und den U.S.A., CR 1998, 758; *Westerhoff*, Wie begründen wir Formnichtigkeit?, AcP 184 (1984), 341; *Wolf*, Rechtsgeschäfte im Vorfeld von Grundstücksübertragungen und ihre eingeschränkte Beurkundungsbedürftigkeit, DNotZ 1995, 179.

I. Der Grundsatz der Formfreiheit

Rechtsgeschäfte können grundsätzlich formfrei abgeschlossen werden. Dieser Grundsatz ist im BGB nirgends ausdrücklich ausgesprochen. Er folgt daraus, dass Ausnahmevorschriften für bestimmte Rechtsgeschäfte Formvorschriften enthalten. Wo keine Sonderregelung besteht, kann jedes Verhalten, das auf einen Rechtsbindungswillen schließen lässt, rechtsgeschäftliche Rechtsfolgen erzeugen. **337**

Beispiel Mietvertrag: Ein Student sucht eine Wohnung und verhandelt mit einem Vermieter, der ihm schließlich erklärt: „Sie können die Wohnung haben". Darauf entfernt sich der Student. Zu seinem Verdruss stellt sich der Vermieter später auf den Standpunkt, ein Mietvertrag sei nicht abgeschlossen worden, weil kein Mietvertrag unterzeichnet worden sei.

Mietverträge können grundsätzlich formfrei abgeschlossen werden. Selbst bei langfristigen Verträgen führt eine Verletzung der Form des § 550 BGB nicht zur

Unwirksamkeit. Ob die Parteien im Beispiel „Mietvertrag" einen Vertrag geschlossen haben, hängt davon ab, ob vereinbart war, dass der Vertrag schriftlich abgeschlossen werden soll. Dann ist der Vertrag vor Unterzeichnung des Mietvertrags nicht zustande gekommen (§ 154 Abs. 2 BGB). Es fehlt am Tatbestand des Vertrags, nicht an einem formgültigen Abschluss. In unserem Beispiel ergeben sich allerdings keine Anhaltspunkte für eine Schriftformvereinbarung.

II. Gesetzliche und gewillkürte Formvorschriften

338 Man unterscheidet *gesetzliche* und *gewillkürte* Formvorschriften. Auch Geschäfte, für die das Gesetz keine Form vorschreibt, können durch Vereinbarung der Parteien einem Formzwang unterworfen werden. Dabei können die Parteien unterschiedliche Zwecke verfolgen. Es kann ihnen um Beweissicherung gehen oder um die zeitliche Fixierung des Vertragsabschlusses, damit sich unverbindliche Abreden, die während der Vertragsverhandlungen getroffen wurden, vom eigentlichen Vertragsabschluss klar unterscheiden lassen.

III. Arten der Formen

1. Gesetzliche Schriftform nach § 126 BGB

a) Namensunterschrift

339 Ist durch Gesetz schriftliche Form vorgeschrieben, so muss die Urkunde von dem Aussteller eigenhändig durch Namensunterschrift oder mittels notariell beglaubigten Handzeichens (z.B. drei Kreuze) unterzeichnet werden. Ein Namensstempel, ein Druck oder Telefax[1] genügt dieser Anforderung nicht. (Zu Erleichterungen bei der Textform siehe unten RdNr. 341b). Die Unterschrift muss zur Kennzeichnung des Ausstellers geeignet sein. In der Regel genügt die Unterschrift mit dem Familiennamen[2]. Bei hinreichender Bestimmtheit ist auch die Unterschrift mit einem Pseudonym zulässig. Der Vorname allein genügt grundsätzlich nicht. Eine Ausnahme wird von der h.M. für „Fürstlichkeiten" und Bischöfe gemacht, sofern sie unter ihrem Vornamen allgemein bekannt sind[3]. Entscheidend ist, dass sich die Identität des Unterzeichners aus der Urkunde ergibt. Deshalb genügt der Vorname bei Geschäften unter nahen Angehörigen[4]. Der Kaufmann gibt die Unterschrift mit seiner Firma ab (vgl. § 17 Abs. 1 HGB). Die

---

[1] BAG NJW 2003, 844. Zu beachten ist, dass im Prozessrecht die Anforderungen weniger streng sind, so ist das Telefax für einen vorbereitenden Schriftsatz ausreichend, vgl. *Thomas/Putzo*, ZPO, § 129 RdNr. 13.
[2] *Palandt/Heinrichs* § 126 RdNr. 9; *MünchKomm/Einsele* § 126 RdNr. 16.
[3] Vgl. *Palandt/Heinrichs* § 126 RdNr. 9.
[4] *Palandt/Heinrichs* § 126 RdNr. 9.

Voraussetzung der eigenhändigen Unterschrift ist gewahrt, wenn ein Stellvertreter unterschreibt. Damit die Wirkungen der Stellvertretung eintreten, muss der Vertreter deutlich machen, dass er in fremdem Namen handelt[5]. Auf seine Vertreterstellung kann er durch den Zusatz „i. V." oder durch Verwendung des Namens des Vertretenen hinweisen. Nicht gewahrt ist die Schriftform, wenn das unterzeichnete Schriftstück bei dem Erklärenden verbleibt und dem Empfänger nur eine Telekopie zugesandt wird[6].

b) Einheitlichkeit der Urkunde

Die Unterschrift muss eine einheitliche Urkunde *abschließen*[7]. Sie deckt auch spätere Änderungen oder Zusätze[8]. Allerdings ist dafür Sorge zu tragen, dass sich die Einheitlichkeit des Textes entweder durch eine körperliche Verbindung, einheitliche grafische Gestaltung *oder* fortlaufende Paginierung ergibt. Die körperliche Verbindung ist damit nicht der einzige Weg, die Einheitlichkeit der Urkunde herzustellen[9]. In einem Verlängerungsvertrag kann auf den Hauptvertrag Bezug genommen werden, wenn der neue Vertrag die wesentlichen Geschäftsbestandteile enthält[10]. Die Urkunde muss nach h. M. im Zeitpunkt der Unterschrift noch nicht erstellt sein. Wirksam ist danach auch die Blankounterschrift[11]. Eine Willenserklärung entsteht aber erst mit der Ausfüllung des Blanketts. Zur abredewidrigen Ausfüllung siehe oben RdNr. 227.

340

Eine Sonderregelung enthält § 2247 Abs. 1 BGB für das eigenhändige Testament. Der Erblasser muss das Testament nicht nur eigenhändig unterschreiben, er muss auch die Urkunde handschriftlich anfertigen. Bei der Schriftform des § 126 BGB ist es unerheblich, wie der Urkundstext angefertigt wurde. Abweichend von § 127 BGB fordert § 2247 Abs. 3 BGB keine Unterzeichnung mit dem *Namen*. Es genügt eine andere Bezeichnung, durch die der Aussteller erkennbar wird („Euer Vater").

c) Vertrag

Bei einem Vertrag muss die Unterzeichnung der Parteien auf derselben Urkunde erfolgen (§ 126 Abs. 2 BGB). Werden mehrere gleich lautende Urkunden aufgenommen, genügt es, wenn jede Partei die für die andere Partei bestimmte Urkunde unterschreibt.

341

---

5 BGH NJW 2003, 3054.
6 Vgl. BGH NJW 1993, 1126; *Cordes* NJW 1993, 2427.
7 Ein Schriftzug über dem Text genügt nicht, vgl. BGHZ 113, 53; dagegen *Köhler*, Festschr. F. Schippel, 1996, 219.
8 *Jauernig* § 126 RdNr. 5.
9 Seit BGHZ 136, 357 (Loseblattentscheidung) = BGH NJW 1998, 58 (zu § 566 BGB). Dies gilt auch bei Bezugnahmen BGH NJW 1999, 2591.
10 Vgl. BGHZ 52, 25 = NJW 1969, 1063.
11 BGHZ 132, 119; BGHZ 22, 132; BGH NJW 1994, 2300; vgl. auch § 40 Abs. 5 BeurkG.

2. Elektronische Form, § 126a BGB

341a Durch Gesetz zur Anpassung der Formvorschriften des Privatrechts und anderer Vorschriften vom 30. Juli 2001, das am 1. August 2001 in Kraft getreten ist[12], wurden die Formvorschriften den modernen Kommunikationstechniken angepasst. Eingeführt wurde die elektronische Form nach § 126a BGB. Die elektronische Form hat die Aufgabe, die Schriftform zu ersetzen, wo diese aus technischen Gründen ungeeignet erscheint. Deshalb bestimmt § 126 Abs. 3 BGB, dass die Schriftform durch die elektronische Form ersetzt werden kann, sofern sich aus dem Gesetz nichts anderes ergibt. In vielen Fällen wurde die elektronische Form ausgeschlossen, z.B. in den §§ 623, 630, 761, 766, 780, 781 BGB, § 73 HGB.

Die elektronische Form setzt ein elektronisches Dokument voraus (E-Mail, Dokument einer Textverarbeitung), das drei Bestandteile aufweisen muss: die Erklärung, den Namen des Ausstellers und die qualifizierte elektronische Signatur nach dem Signaturgesetz[13]. Der Name muss das Dokument nicht abschließen, weil die Namensangabe nicht die Aufgabe hat, nachträgliche Veränderungen erkennbar zu machen. Es soll lediglich der Aussteller identifiziert werden. Die qualifizierte elektronische Signatur muss aufgrund eines qualifizierten Zertifikats ausschließlich einer identifizierbaren Person zugeordnet sein und sie muss mit Mitteln erzeugt sein, welche diese Person unter ihrer alleinigen Kontrolle halten kann. Weiter muss sichergestellt sein, dass eine nachträgliche Veränderung des Dokuments erkennbar ist (§ 2 SigG). Zu den weiteren technischen Einzelheiten siehe §§ 2ff. SigG. Eine Formerleichterung enthält § 126a Abs. 2 BGB für den Vertragsschluss. Danach genügt es, wenn gleichlautende Dokumente elektronisch signiert werden.

Beweisrechtlich wird die elektronische Urkunde anders als die herkömmliche Privaturkunde behandelt. Bei der Privaturkunde ist die Echtheit zu beweisen, wenn sie vom Prozessgegner nicht anerkannt ist (§ 440 Abs. 1 ZPO). Bei unterzeichneten Urkunden ist zunächst die Echtheit der Unterschrift festzustellen. Steht diese fest, wird die Echtheit des über der Unterschrift stehenden Textes vermutet (§ 440 Abs. 2 ZPO). Bei einer Urkunde mit elektronischer Signatur ist zunächst nach den Vorschriften des SigG zu prüfen, ob der Anschein der Echtheit besteht. Dieser Anschein kann nur durch Tatsachen erschüttert werden, die ernstliche Zweifel daran begründen, dass die Erklärung mit dem Willen des Signaturschlüssel-Inhabers abgegeben worden ist (§ 292a ZPO). Verlangt wird nicht wie bei der Vermutung ein Beweis des Gegenteils, der erst erfolgreich ist, wenn der Richter überzeugt ist, sondern eine Erschütterung des Anscheins. Das bedeutet, dass der Richter nicht davon überzeugt sein muss, dass die Urkunde nicht echt ist.

---

12 Dazu *Boente/Riehm*, Jura 2001, 793; *Roßnagel* NJW 2001, 1817; *Hähnchen* NJW 2001, 2031.
13 Zur Signatur nach dem Signaturgesetz siehe jurisPK-BGB/*Junker* § 126a RdNr. 32ff. mit einem guten Überblick.

3. Textform, § 126b BGB

Die Textform stellt eine Vereinfachung gegenüber der Schriftform dar. Ihr Hauptanwendungsbereich sind Erklärungen per Telefax und automatisierte Erklärungen im Massenverkehr. Die Textform muss im Gesetz ausdrücklich vorgesehen sein (Beispiele: §§ 312c Abs. 2, 355 Abs. 1 und 2, 356 Abs. 1 Nr. 3, 357 Abs. 3 BGB).

341b

Voraussetzung für die Textform ist eine Verkörperung der Erklärung in einer Urkunde oder in anderer zur dauerhaften Wiedergabe in Schriftzeichen geeigneten Weise. Die Person des Erklärenden muss genannt und der Abschluss der Erklärung muss durch eine Nachbildung der Namensunterschrift oder anders erkennbar gemacht sein.

Im Prozess sind die Regeln des Urkundsbeweises heranzuziehen, falls die Erklärung in einer Urkunde enthalten ist. Für elektronische Dokumente gilt § 371 Abs. 1 Satz 2 ZPO.

4. Gewillkürte Form, § 127 BGB

Wenn die Parteien Schriftform, elektronische Form oder Textform vereinbart haben, ist im Zweifel anzunehmen, dass die Form des § 126, des § 126a oder des § 126b BGB einzuhalten ist (§ 127 BGB). Die Parteien können aber die Anforderungen an die Form selbstständig bestimmen, denn auch für Formvereinbarungen gilt der Grundsatz der Privatautonomie. Die Auslegungsregel des § 127 Abs. 2 BGB enthält für die gewillkürte Schriftform Erleichterungen. Im Zweifel genügt telekommunikative Übermittlung. Bei einem Vertrag muss die Unterschrift nicht den ganzen Vertragstext umfassen. Die Form wird durch Schriftwechsel gewahrt; dies gilt auch bei elektronischer Form, § 127 Abs. 3 Satz 1 BGB. Die Parteien können aber nachträglich eine dem § 126 BGB entsprechende Beurkundung verlangen (§ 127 Satz 2 BGB). Auch für die elektronische Form enthält § 127 Abs. 3 BGB Erleichterungen. Danach ist die durch Rechtsgeschäft bestimmte Form gewahrt, wenn eine andere als eine qualifizierte elektronische Signatur verwendet wurde. Vereinfachte Signaturverfahren ermöglichen die PGP und GnuPG-Software[14]. Wird die vereinfachte Form gewählt, kann nachträglich eine dem § 126a BGB entsprechende elektronische Signatur verlangt werden (§ 127 Abs. 3 Satz 2 BGB).

342

5. Öffentliche Beglaubigung, § 129 BGB

Ist durch Gesetz für eine Erklärung öffentliche Beglaubigung vorgeschrieben, so muss die Erklärung schriftlich abgefasst und die Unterschrift des Erklärenden von einem Notar (§ 56 Abs. 4 BeurkG) beglaubigt werden. Die

343

---

14 http://www.pgpi.org und http://www.gnupg.de.

Beglaubigung bezieht sich nur auf die Unterschrift. Der Notar bestätigt mit seiner Beglaubigung, dass die Unterschrift von demjenigen stammt, der die Erklärung abgegeben hat. Deshalb soll die Unterschrift nach § 40 Abs. 1 BeurkG nur beglaubigt werden, wenn die Unterschrift in Gegenwart des Notars vollzogen oder anerkannt wird. Im Beglaubigungsvermerk ist die Person anzugeben, welche die Unterschrift vollzogen oder anerkannt hat (§ 40 Abs. 3 BeurkG).

Die öffentliche Beglaubigung ist z.B. vorgeschrieben für die Abtretungserklärung nach § 403 BGB, für Erklärungen im Grundbuchverfahren (§ 29 GBO) und für Anmeldungen zur Eintragung in das Handels- und Vereinsregister (§§ 12 HGB, 77 BGB).

6. Notarielle Beurkundung, § 128 BGB

344 Die notarielle Beurkundung richtet sich nach den §§ 6 ff. BeurkG. Nach § 8 BeurkG hat der Notar mit den Beteiligten eine Verhandlung durchzuführen, bei der dem Notar die Aufgabe zukommt, den Willen der Beteiligten zu erforschen und sie auf die rechtliche Tragweite des Geschäfts hinzuweisen (§ 17 Abs. 1 BeurkG). Über diese Verhandlung wird eine Niederschrift angefertigt, die in Gegenwart des Notars den Beteiligten vorgelesen, von ihnen genehmigt und eigenhändig unterschrieben wird (§ 13 Abs. 1 BeurkG).

345 Nach § 128 BGB genügt es, wenn bei einem Vertrag zunächst der Antrag und dann die Annahme beurkundet wird. Nur ausnahmsweise verlangt das Gesetz die gleichzeitige Anwesenheit der Parteien (§§ 1410, 2276 BGB). Eine Sonderregelung enthält § 925 BGB für die Auflassung. Danach muss die Erklärung bei gleichzeitiger Anwesenheit beider Teile vor einem Notar abgegeben werden. Dabei genügt nach materiellem Recht eine mündliche Erklärung, die freilich wegen § 20 GBO für die Grundbucheintragung nicht ausreicht. Der Ausschluss der Sukzessivbeurkundung hat nicht zur Folge, dass auch Stellvertretung ausgeschlossen ist, sofern nicht die persönliche Anwesenheit vorgeschrieben ist.

Notarielle Beurkundung ist z.B. vorgeschrieben für Verträge über die Veräußerung eines Grundstücks (§ 311 b Abs. 1 BGB) oder des Vermögens (§ 311 b Abs. 2 BGB), für Schenkungsversprechen (§ 518 Abs. 1 BGB); vgl. ferner die §§ 1746, 1750, 2282, 2296, 2348, 2371 BGB.

Die Formvorschriften sind miteinander „kompatibel". Die strengere Form ersetzt alle milderen Formen. Wird z.B. eine Forderungsabtretung nicht nur beglaubigt (§ 403 BGB), sondern notariell beurkundet, schadet es nicht, dass des Guten zuviel getan wurde (§§ 126 Abs. 3, 129 Abs. 2 BGB). Die notarielle Beurkundung kann bei einem gerichtlichen Vergleich durch Aufnahme der Erklärungen in das Protokoll ersetzt werden (§ 127 a BGB).

IV. Formzwecke

Das Gesetz verfolgt mit Formvorschriften unterschiedliche Zwecke, die bei der Auslegung zu berücksichtigen sind. Eine wichtige Aufgabe ist die Beweissicherung. Wenn das Gesetz die Parteien zwingt, ein Rechtsgeschäft schriftlich festzuhalten, lässt sich der Inhalt im Streitfall zuverlässig feststellen. Das ist nicht nur für den Prozess bedeutend. Oft wird ein Rechtsstreit vermieden, wenn über die Absprachen schriftliche Unterlagen vorhanden sind.

346

Eine Partei, die ihre Behauptungen durch Urkunden nachweisen kann, wird vom Gesetz privilegiert. Für die Beweiskraft der Urkunden enthalten die §§ 415 ff. ZPO besondere Beweisregeln, durch die das richterliche Ermessen bei der freien Beweiswürdigung (§ 286 ZPO) eingeschränkt wird. Ergänzt werden diese Beweisregeln durch Echtheitsvermutungen (vgl. z.B. § 440 Abs. 2 ZPO).

Neben der Beweisfunktion kommt Formvorschriften eine Schutz- und Warnfunktion zu. Der Notar hat die Beteiligten nach § 17 BeurkG zu beraten und er hat darauf zu achten, dass ungewandte Beteiligte keine Nachteile erleiden. Nach dem Grundsatz der Privatautonomie hat jeder Geschäftsfähige die Verantwortung für seine rechtsgeschäftlichen Handlungen zu übernehmen. Diese Zuweisung von Verantwortung setzt aber voraus, dass der Handelnde in der Lage ist, Tragweite und Folgen seines Handelns zu überschauen. Deshalb wird für wichtige Geschäfte notarielle Beurkundung vorgeschrieben.

347

Manche Formvorschriften bezwecken den Schutz Dritter, die u.U. von dem Geschäft betroffen sein können. So soll die Schriftform des § 550 Satz 1 BGB vor allem den Grundstückserwerber, der nach § 566 Abs. 1 BGB in das Mietverhältnis eintreten muss, in die Lage versetzen, den genauen Inhalt des Vertrags festzustellen.

V. Verletzung der Formvorschriften

1. Nichtigkeit nach § 125 BGB

Ein Rechtsgeschäft, das der gesetzlich vorgeschriebenen Form ermangelt, ist nichtig (§ 125 Satz 1 BGB). Die Form muss für die Erklärungen der Parteien, die den Inhalt der Rechte und Pflichten festlegen, eingehalten sein[15]. Auch Nebenabreden unterliegen grundsätzlich dem Formzwang[16]. Wird ein formbedürftiger Vertrag später abgeändert, gilt die Formvorschrift auch für den Abänderungsvertrag, sofern der neue Vertrag nicht nur eine Pflicht des durch die Form Geschützten begrenzt. Bei Aufhebungsverträgen

348

---
15 BGH NJW 1980, 1529 zu § 34 GWB.
16 Zu Vereinbarungen, die nicht zum Grundstücksgeschäft gehören, BGH NJW-RR 1989, 198.

kommt es darauf an, ob das Gesetz die Form vorsieht. Wird ein Grundstückskaufvertrag aufgehoben, nachdem der Erwerber bereits ein Anwartschaftsrecht erlangt hat, ist die Form des § 311b Abs. 1 BGB einzuhalten[17]. Bei teilweiser Formnichtigkeit tritt in der Regel Totalnichtigkeit ein (§ 139 BGB).

2. Heilung des Formverstoßes

349 In besonderen Fällen bestimmt das Gesetz, dass der Verstoß gegen die Form unbeachtlich wird, wenn der Schuldner die versprochene Leistung erbringt. Man spricht von einer Heilung des Formmangels. Die wichtigsten Beispiele sind die §§ 311b Abs. 1 Satz 2, 518 Abs. 2 und 766 Satz 2 BGB. Nach h.M. dürfen die Vorschriften über die Heilung nicht im Wege einer Gesamtanalogie verallgemeinert werden[18]. Einen Sonderfall der Heilung enthält § 494 Abs. 2. Insbesondere durch Empfang des Darlehens kommt der nach § 494 Abs. 1 unwirksame Kreditvertrag zustande, freilich mit einem anderen als dem zunächst vereinbarten Inhalt.

3. Berufung auf Formvorschriften als Verstoß gegen Treu und Glauben?

350 Die bei Verletzung von Formvorschriften angeordnete Nichtigkeitssanktion kann im Einzelfall zu erheblichen Härten führen. Man denke an ein privatschriftliches Testament (§ 2247 Abs. 1 BGB), das nur deshalb unwirksam ist, weil es vom Erblasser mit der Schreibmaschine geschrieben wurde. Es liegt auf der Hand, dass der als Erbe Eingesetzte mit seinem Schicksal hadert, wenn er erfährt, dass ihm der Reichtum nur wegen eines Formfehlers vorenthalten wird. Er wird geltend machen, die Nichtigkeitssanktion stehe unter dem Vorbehalt von Treu und Glauben (§ 242 BGB).

351 Grundsätzlich dürfen im Interesse der Rechtssicherheit Formvorschriften nicht einfach mit dem Grundsatz von Treu und Glauben überspielt werden. Nur wenn das Ergebnis nicht nur hart, sondern „schlechthin untragbar wäre"[19], ist nach der Rechtsprechung[20] eine Berufung auf den Formmangel bei schuldrechtlichen Verträgen ausnahmsweise als treuwidrig unbeachtlich. Die Berufung auf die Nichtigkeit nach § 125 BGB wird vor allem der Partei versagt, die den Vertragspartner absichtlich an der Einhaltung der Form (z.B. durch Täuschung über das Formerfordernis) gehindert

---

17 Dazu BGH NJW 1994, 3346; BGHZ 83, 399.
18 BGH NJW 1967, 1128; für vorsichtige Analogie *Medicus* RdNr. 635; *Schlüter* JuS 1969, 10.
19 BGHZ 149, 331; BGH NJW 1998, 2352; gegen eine Relativierung der Formvorschriften *Häsemeyer*, Die gesetzliche Form der Rechtsgeschäfte, 1971, S. 47 ff.
20 Zur Entwicklung der Rechtsprechung siehe den Überblick bei *Medicus* RdNr. 628; vgl. ferner BGH NJW 1996, 1960.

oder schuldhaft einen Irrtum über die Formbedürftigkeit verursacht hat[21]. Wirksamkeit trotz eines Formmangels wird in der Rechtsprechung ferner angenommen, wenn eine Vertragspartei auf das Versprechen des anderen Teils ihre Existenz aufgegeben oder eine Existenz gegründet hat, die sie bei Nichtigkeit des Vertrags verlieren würde (**Existenzgefährdung**[22]), wenn ein besonderes Treueverhältnis vorliegt (**Treuepflichtverletzungen**) oder wenn ein Verkäufer den Kaufpreis verbraucht hat und zur Rückgabe nicht in der Lage ist[23].

Haben **beide Parteien** den Formmangel **gekannt**, besteht regelmäßig kein Grund, entgegen § 125 BGB von der Wirksamkeit des Geschäfts auszugehen. Das gilt auch, wenn sich eine Partei auf das Ehrenwort oder „Edelmannswort" des anderen Teils verlässt[24].   **352**

Beispiel Ehrenhafter Kaufmann[25]: K schließt mit seinem früheren Arbeitgeber A einen Grundstückskaufvertrag ab. Er gibt zu bedenken, dass wegen § 311 b Abs. 1 BGB wohl die Zuziehung eines Notars erforderlich sei. A ist darüber empört und erklärt, als „ehrenhafter Kaufmann" habe er Verträge immer eingehalten und ohne Beachtung einer gesetzlichen Form erfüllt. Der BGH ging von einem Erfüllungsanspruch aus, weil A durch Einsatz seines Ansehens so nachdrücklich die Erfüllung in Aussicht gestellt habe, dass er sich nicht ohne Verstoß gegen Treu und Glauben lossagen könne.

Beispiel Eigenheim: Ein Ehepaar schließt mit einem Wohnungsbauunternehmen einen Vertrag über den Erwerb eines Grundstücks, auf dem das Unternehmen ein Haus errichten soll. Die notarielle Beurkundung unterbleibt zunächst wegen Terminschwierigkeiten. Nach Fertigstellung des Hauses rügen die Käufer zahlreiche Mängel und behalten die letzte Kaufpreisrate zurück. Das Unternehmen beruft sich nun auf die Nichtigkeit des Vertrags, um die Käufer zur Zahlung und Preisgabe der Mängelrügen zu bewegen.

Da beide Parteien wussten, dass eine Form einzuhalten ist und kein Vertragspartner für den anderen Teil eine Betreuungspflicht übernommen hatte, stellt die Berufung auf die Nichtigkeit nach § 125 BGB keinen Verstoß gegen Treu und Glauben dar[26]. Bei Prüfung der Frage, ob das Ergebnis „schlechthin untragbar" wäre, sind bereicherungsrechtliche Ansprüche (§§ 812 ff. BGB) und etwaige Ersatzansprüche zu berücksichtigen.

Die Rechtsprechung hat in der Literatur Kritik erfahren. Es wurde eingewandt, die Unterscheidung zwischen einem harten und einem schlechthin untragbaren Ergebnis sei rational nicht nachzuvollziehen[27]. Auch die dogmatische Begründung wurde kritisiert. Die Rechtsprechung versagt den Nichtigkeitseinwand und stützt damit den Erfüllungsanspruch auf den Vertrag. Die Gegenmeinung nimmt eine gesetzliche Rechtsfolge an, die an   **353**

---

21 RGZ 107, 357 (360 ff.); 117, 121 (124).
22 Vgl. BGH NJW 2004, 3330, 3331.
23 Vgl. BGHZ 26, 142.
24 RGZ 117, 121; *Medicus* RdNr. 632; *Flume* II § 15 III 4c bb; anders BGHZ 48, 396.
25 Nach BGHZ 48, 396 („königlicher Kaufmann").
26 Anders, wenn besondere Umstände vorliegen wie bei BGH NJW 1972, 1189.
27 *Köhler* § 12 RdNr. 18.

den nichtigen Vertragsabschluss geknüpft sei[28]. Sachlich wird der gesetzliche Erfüllungsanspruch auf die Vertrauenshaftung gestützt[29].

354 Bei **Verfügungen** lehnt die h. M. eine Einschränkung der Nichtigkeitssanktion nach § 242 BGB im Interesse der Verkehrssicherheit ab[30]. Dieses billigenswerte Ergebnis sollte aber nicht mit dem Hinweis begründet werden, bei Verfügungen seien soziale Härten kaum denkbar, weil die Verfügung formgerecht nachgeholt werden könne[31]. Die Verfügung lässt sich nämlich nicht nachholen, wenn eine weitere Verfügung getroffen worden ist oder ein Gläubiger im Wege der Zwangsvollstreckung auf den betreffenden Gegenstand zugegriffen hat. Auch bei den Formvorschriften des Erb- und Familienrechts verstößt es nicht gegen Treu und Glauben, wenn die Nichtigkeit nach § 125 BGB geltend gemacht wird[32].

355 Wird der Formverstoß von einer Partei verschuldet, kommt ein **Schadensersatzanspruch** wegen Verschuldens beim Vertragsschluss oder nach den §§ 823 Abs. 2, 826 BGB in Betracht. Zu ersetzen ist der Schaden, den eine Vertragspartei durch das Vertrauen auf die Wirksamkeit des Rechtsgeschäfts erlitten hat. Das Erfüllungsinteresse kann regelmäßig nicht verlangt werden. Das gilt nach einer verbreiteten Meinung selbst dann, wenn der Vertrag formwirksam abgeschlossen worden wäre[33], weil sonst die Formvorschrift schon bei fahrlässiger Irreführung unbeachtlich sei. Der Bundesgerichtshof gewährt mit dieser Erwägung bei einem Schadensersatzanspruch aus culpa in contrahendo (§§ 311 Abs. 2, 280 Abs. 1 BGB) das Erfüllungsinteresse nur in Geld, aber nicht als Realleistung (§ 249 BGB)[34].

4. Nichtbeachtung der vereinbarten Form

356 Nach der Auslegungsregel des § 125 Satz 2 BGB ist im Zweifel Nichtigkeit anzunehmen, wenn die vereinbarte Form nicht eingehalten wurde. Zu prüfen ist, ob die Form Wirksamkeitsvoraussetzung des Rechtsgeschäfts sein sollte oder ob es den Parteien um eine Sicherung des Beweises ging. Soll die Form lediglich die Beweisbarkeit der Abreden sicherstellen, besteht ein Anspruch auf Nachholung der Form und das Geschäft ist nicht nichtig.

Zu beachten ist, dass für Verträge eine besondere Regelung gilt, wenn die Parteien die Beurkundung vor Abschluss des Vertrags vereinbart haben.

---

28 *Soergel/Hefermehl* § 125 RdNr. 41.
29 *Köhler* § 12 RdNr. 19; *Canaris*, Vertrauenshaftung, S. 289 Fn. 4 und 531 Fn. 33.
30 *Köhler* § 12 RdNr. 20; a. M. *Flume* II § 15 III 4c aa. Eine Ausnahme bildet die frühere Rechtsprechung zu den Hofübergabeverträgen, vgl. BGHZ 12, 286.
31 *Köhler* § 12 RdNr. 20.
32 *Jauernig* § 125 RdNr. 16.
33 *Soergel/Hefermehl* § 125 RdNr. 42; *Medicus* RdNr. 633.
34 BGH NJW 1965, 812; dazu *Häsemeyer*, aaO, S. 64.

Nach § 154 Abs. 2 BGB ist der Vertrag im Zweifel nicht geschlossen, bis die Beurkundung erfolgt ist. Es liegt kein nichtiger Vertrag vor, sondern ein unvollendeter rechtsgeschäftlicher Tatbestand. Der Unterschied zwischen Nichtrechtsgeschäft und nichtigem Rechtsgeschäft ist von Bedeutung bei der Beweislast im Prozess[35]: Wer sich auf einen Vertrag beruft, hat den Tatbestand des Vertrags zu beweisen, Zweifel, ob der Tatbestand des Vertrags vollendet war, gehen zu seinen Lasten.

Oft enthalten Verträge die Klausel, dass spätere Abänderungen der Schriftform bedürfen. Eine Vereinbarung, die gegen diese Klausel verstößt, ist nach h.M. wirksam, wenn die Parteien das Vereinbarte gewollt haben[36], wovon regelmäßig auszugehen ist. Schriftformklauseln für Vertragsänderungen werden dadurch weitgehend ausgehöhlt. Um dies zu vermeiden, wurde in Verträge die Klausel aufgenommen, auch ein Verzicht auf die Schriftform könne nur schriftlich erklärt werden. Nach der Rechtsprechung des BGH[37] bestehen gegen diese Vereinbarung keine Bedenken, wenn sie von Kaufleuten in einem Individualvertrag getroffen wird. Dabei wird das Interesse an Sicherheit im geschäftlichen Verkehr anerkannt. In der Literatur wurde eingewandt, Verträge dieser Art bedeuteten einen unzulässigen Verzicht auf die Vertragsfreiheit für die Zukunft[38]. Ob Bindungen, die in Ausübung der Vertragsfreiheit entstehen, der Idee der Vertragsfreiheit zuwiderlaufen, sollte nicht doktrinär entschieden werden, sondern aufgrund einer Inhaltskontrolle der jeweiligen Vereinbarung. Deshalb ist der Rechtsprechung zuzustimmen.

357

5. Form und Auslegung

Die Formvorschriften regeln nur die Form. Bevor geklärt wird, ob ein Rechtsgeschäft der vorgeschriebenen Form entspricht, ist es auszulegen. Dabei dürfen auch Umstände herangezogen werden, die außerhalb der Urkunde liegen. Bei der Frage, ob die Form eingehalten wurde, geht die Rechtsprechung von der Andeutungstheorie aus. Danach muss der Wille einen, wenn auch unvollkommenen, Niederschlag in der Urkunde gefunden haben. Siehe dazu unten RdNr. 411.

357a

---

35 Verkannt von *MünchKomm/Kramer* § 154 RdNr. 18; unklar auch *Soergel/Wolf* § 154 RdNr. 11.
36 BGHZ 49, 364; BAG NJW 1989, 2149; *Soergel/Hefermehl* § 125 RdNr. 33.
37 Vgl. BGHZ 66, 378 = NJW 1976, 1395.
38 *Soergel/Hefermehl* § 125 RdNr. 33.

§ 12 Fehlerhafte Rechtsgeschäfte

Literatur: *Barth*, Bürgerlich-rechtlich unwirksam gewordene Rechtsgeschäfte in steuerlicher Sicht, BB 1987, 1397; *Beer*, H., Die relative Unwirksamkeit, 1975; *Brück*, Umdeutung eines Vertrags bei Ausfall einer Vertragsbedingung – BGH NJW 1971, 420, JuS 1971, 571; *ders.*, Zur Umdeutung von Rechtsgeschäften nach § 140 BGB, SchlHAnz. 1973, 37; *Bülow*, Grundfragen der Verfügungsverbote, JuS 1994, 1; *Cahn*, Zum Begriff der Nichtigkeit im Bürgerlichen Recht, JZ 1997, 8; *Canaris*, Gesamtunwirksamkeit und Teilgültigkeit rechtsgeschäftlicher Regelungen, Festschr. f. Steindorff, 1990, 519; *Coester-Waltjen*, Inhaltskontrolle von AGB – geltungserhaltende Reduktion – ergänzende Vertragsauslegung, Jura 1988, 113; *Eisenhardt*, Die Einheitlichkeit des Rechtsgeschäfts und die Überwindung des Abstraktionsprinzips, JZ 1991, 271; *Foerste*, Grenzen der Durchsetzung von Verfügungsbeschränkungen und Erwerbsverbot im Grundstücksrecht, 1986; *Gandolfi, Guiseppe*, La conversione dell'atto invalido. Il modello germanico, 1983; 1981, 505 ff., 561 ff.; 1984, 505 ff.; 1985, 1 ff., 57 ff.; 1989, 57 ff.; 1990, 169 ff.; *Hager*, Gesetzes- und sittenkonforme Auslegung und Aufrechterhaltung von Rechtsgeschäften, 1983; *ders.*, Die gesetzeskonforme Aufrechterhaltung übermäßiger Vertragspflichten – BGHZ 89, 316 und 90, 69, JuS 1985, 264; *ders.*, Die Umdeutung der außerordentlichen in eine ordentliche Kündigung, BB 1989, 693; *Hübner*, H., Zum Abbau von Nichtigkeitsvorschriften, Festschr. f. Wieacker, 1978, 399; *Keim*, Keine Anwendung des § 139 BGB bei Kenntnis der Parteien von der Teilnichtigkeit, NJW 1999, 2866; *Krampe*, Die Konversion des Rechtgeschäfts, 1980; *ders.*, Aufrechterhaltung von Verträgen und Vertragsklauseln, AcP 194 (1994), 1; *Lammel*, Vertragsfreiheit oder Wirtschaftsfreiheit – Zur Teilnichtigkeit von Wettbewerbsabreden, AcP 189 (1989), 244; *Mayer-Maly*, Über die Teilnichtigkeit, Gedenkschr. f. Gschnitzer, 1969, 265; *ders.*, Die Bedeutung des tatsächlichen Parteiwillens für das hypothetischen, Festschr. f. Flume, Bd. I, 1978, 621; *Medicus*, Rechtsfolgen für den Vertrag bei Unwirksamkeit von AGB, in: H. Heinrichs (Hrsg.), Zehn Jahre AGBG, 1987, 83; *Molkenbur/Krasshöfer-Pidde*, Zur Umdeutung im Arbeitsrecht, RdA 1989, 7; *Paulus*, Schranken des Gläubigerschutzes aus relativer Unwirksamkeit, Festschr. f. H.C. Nipperdey, Bd. I, 1965, 909; *Pawlowski*, Rechtsgeschäftliche Folgen nichtiger Willenserklärungen, 1966; *Pierer v. Esch*, Teilnichtige Rechtsgeschäfte, 1968; *Roth*, H., Geltungserhaltende Reduktion im Privatrecht, JZ 1989, 411; *Ruhwedel*, Grundlagen und Rechtswirkungen sogenannter relativer Verfügungsverbote, JuS 1980, 161; *Sandrock*, Subjektive und objektive Gestaltungskräfte bei der Teilnichtigkeit von Rechtsgeschäften, AcP 159 (1960/61), 481; *Schlachter*, Folgen der Unwirksamkeit Allgemeiner Geschäftsbedingungen für den Restvertrag, JuS 1989, 811; *Schlüter*, Durchbrechung des Abstraktionsprinzips über § 139 BGB und Heilung eines formnichtigen Erbteilkaufs durch Erfüllung – BGH NJW 1967, 1128, JuS 1969, 10; *Schmidt, K.*, Die Umdeutung der außerordentlichen Kündigung im Spannungsverhältnis zwischen materiellem und Prozessrecht, NZA 1989, 661; *Schmidt, E.*, Teil- oder Totalnichtigkeit angreifbarer AGB-Klauseln?, JA 1980, 401; *Siller*, Die Konversion (§ 140 BGB), AcP 138 (1934), 144; *Steindorff*, Teilnichtigkeit kartellrechtswidriger Vereinbarungen in der Rechtsprechung des Bundesgerichtshofs, Festschr. f. W. Hefermehl, 1971, 177; *Tiedtke*, Teilnichtigkeit eines sittenwidrigen Rechtsgeschäfts, ZIP 1987, 1089; *Ulmer*, Offene Fragen zu § 139 BGB – Vorteilsregel und „Politik des Gesetzes", Festschr. f. Steindorff, 1990, 779; *ders.*, Teilunwirksamkeit von teilweise unangemessenen AGB-Klauseln?, NJW 1981, 2025; *Weyreuther*, Zur richterlichen Umdeutung von Verwaltungsakten, DÖV 1985, 126; *Wieacker*, Zur Theorie der Konversion nichtiger Rechtsgeschäfte, Festschr. f. H. Lange, 1992, S. 1017; *Zeiss*, Die Umdeutung einer formnichtigen Bürgschaft in einen Kreditauftrag,

WPM 1963, 906; *Zimmermann*, R., Richterliches Moderationsrecht oder Totalnichtigkeit, 1979; *Zimmermann* (Hrsg.), Störungen der Willensbildung bei Vertragsabschluss, 2007.

I. Rechtsfolgen

Die Rechtsfolgen, die das Gesetz an ein fehlerhaftes Rechtsgeschäft knüpft, sind unterschiedlich. Neben der **Anfechtbarkeit** gibt es verschiedene Arten der **Unwirksamkeit**. 358

1. Das nichtige Rechtsgeschäft

Die Nichtigkeit ist ein Unterfall der Unwirksamkeit und darf mit dieser nicht gleichgesetzt werden. Von Nichtigkeit spricht man, wenn ein Rechtsgeschäft **endgültig unwirksam** ist[1]. Zum Teil werden nur solche Rechtsgeschäfte als nichtig bezeichnet, die von Anfang an unwirksam sind[2]. Das Gesetz verwendet die Ausdrücke Nichtigkeit und Unwirksamkeit allerdings nicht einheitlich. Wenn das Gesetz Unwirksamkeit als Rechtsfolge anordnet, darf daraus nicht geschlossen werden, es liege keine Nichtigkeit im Sinne endgültiger Unwirksamkeit vor. So bestimmt § 111 Satz 1 BGB, dass das von einem Minderjährigen ohne die Einwilligung des gesetzlichen Vertreters vorgenommene einseitige Rechtsgeschäft unwirksam ist. Dabei bedeutet Unwirksamkeit Nichtigkeit.

Das nichtige Rechtsgeschäft entfaltet nicht die bestimmungsgemäßen **rechtsgeschäftlichen** Rechtsfolgen. Andere Folgen können durch Vornahme eines nichtigen Rechtsgeschäfts eintreten. 359

Das nichtige Rechtsgeschäft ist zu unterscheiden vom **Nichtrechtsgeschäft**. Beim Nichtrechtsgeschäft fehlen die Tatbestandsvoraussetzungen des Rechtsgeschäfts. So ist das Angebot zum Abschluss eines Vertrags, das nicht angenommen wurde, kein nichtiges Rechtsgeschäft. Es liegt schon tatbestandsmäßig kein Rechtsgeschäft (Vertrag) vor. Zur Bedeutung der Unterscheidung siehe oben RdNr. 130. 360

2. Schwebend unwirksame Geschäfte

Ein Rechtsgeschäft ist schweben unwirksam, wenn es vorerst keine rechtsgeschäftlichen Wirkungen entfaltet, aber wirksam werden kann. So ist der Vertrag, den der Minderjährige ohne die erforderliche Einwilligung des gesetzlichen Vertreters schließt, nach § 108 Abs. 1 BGB zunächst unwirk- 361

---

1 Vgl. *Flume* II § 30/2; anders *Jauernig* vor § 104 RdNr. 18, der auch heilbare Geschäfte (§§ 313 Satz 2, 518 Abs. 2, 766 Satz 2 BGB) als nichtig bezeichnet.
2 *Jauernig* (Fn.529); *Soergel/Hefermehl* vor § 116 RdNr. 76; anders *Flume* II aaO.

sam. Genehmigt der Vertreter, wird der Vertrag rückwirkend (§ 184 Abs. 1 BGB) wirksam. Die Genehmigung ist nur Wirksamkeitsvoraussetzung und nicht Bestandteil des Geschäfts[3]. Ein Rechtsgeschäft kann auch schwebend unwirksam sein, weil eine behördliche Genehmigung fehlt.

362 Vom schwebend unwirksamen Rechtsgeschäft ist das **aufschiebend bedingte** Geschäft zu unterscheiden. Wird das Rechtsgeschäft unter einer aufschiebenden Bedingung abgeschlossen, sind bestimmte Wirkungen bis zum Eintritt der Bedingung nach dem Willen der Parteien aufgeschoben[4]. Dagegen treten beim schwebend unwirksamen Geschäft Rechtswirkungen, die von den Parteien angestrebt sind, vorerst nicht ein. Die Rechtsfolgen der Bedingung sind in den §§ 158 ff. BGB geregelt. S. dazu unten RdNrn. 386 ff.

3. Relative Unwirksamkeit

363 Relativ unwirksam ist ein Rechtsgeschäft, wenn die Unwirksamkeit nur gegenüber bestimmten Personen besteht[5]. Es handelt sich um eine subjektive Begrenzung der Unwirksamkeit. Die Vorstellung einer relativen Unwirksamkeit bereitet Schwierigkeiten, und es verwundert nicht, dass die Ansichten, wie diese Rechtsfolge konstruktiv zu erfassen ist, auseinandergehen[6]. Man muss die relative Unwirksamkeit von ihrem Zweck her erfassen. Relative Unwirksamkeit wird bei *Verfügungen* angeordnet, damit der Rechtsinhaber zugunsten der geschützten Person verfügungsbefugt bleibt, selbst wenn er den Gegenstand an einen Dritten veräußert und dadurch eigentlich die Verfügungsbefugnis verlieren würde. Der Gesetzgeber hätte statt der relativen Unwirksamkeit auch anordnen könne, dass der Rechtsinhaber zugunsten des Geschützten die Verfügungsbefugnis behält, auch wenn er den Gegenstand an einen Dritten veräußert. Macht der Geschützte von seinem Schutz Gebrauch und erwirbt er das Recht, wird er Rechtsinhaber und die bisher relativ unwirksame Verfügung wird unwirksam.

Beispiel: V ist Eigentümer eines Grundstücks, das er an K verkauft. Durch den Kaufvertrag verliert V sein Eigentum noch nicht. Deshalb könnte V das Grundstück an einen Dritten übereignen. Wenn der Dritte nicht bereit ist, das Grundstück wieder herauszugeben, ist V nicht in der Lage, den Kaufvertrag zu erfüllen und der Anspruch des Käufers aus dem Kaufvertrag auf Übereignung erlischt nach § 275 Abs. 1 BGB. Dass V nicht mehr erfüllen kann, liegt daran, dass er nach

---

3 *Soergel/Leptien* § 184 RdNr. 4; a. M. *Jauernig* vor § 104 RdNr. 20.
4 Nach *Jauernig* vor § 104 RdNr. 21, liegt der Unterschied zur schwebenden Unwirksamkeit darin, dass bei der Bedingung das Geschäft schon beim Abschluss vollendet ist.
5 Dazu *Bülow* JuS 1994, 1 ff.
6 Zum Meinungsstand *MünchKomm/Armbrüster* § 135 RdNrn. 31 ff.; *Foerste*, Grenzen der Durchsetzung von Verfügungsbeschränkungen usw., 1986, S. 22 ff.; *E. Wolf* vertrat gar die Ansicht, eine relative Unwirksamkeit sei logisch unmöglich und könne vom Gesetzgeber nicht angeordnet werden, AT § 10 B II.

Veräußerung an den Dritten seine Verfügungsbefugnis verloren hat. Wäre die Übereignung an den Dritten zugunsten des K relativ unwirksam (z.B. weil eine Vormerkung eingetragen wurde, § 883 BGB), könnte V den Kaufvertrag erfüllen. Durch die Übereignung an K (Auflassung und Eintragung §§ 873, 925 BGB) würde K jedermann gegenüber Eigentümer und der Dritte verlöre sein Eigentum.

Relative Unwirksamkeit ist angeordnet in den §§ 883, 1124 Abs. 2 und 1126 Satz 3 BGB. Relativ unwirksam sind ferner Verfügungen, die entgegen einem gesetzlichen oder behördlichen Veräußerungsverbot vorgenommen werden, wenn das Veräußerungsverbot nur den Schutz bestimmter Personen bezweckt (§§ 135, 136 BGB). Nach h.M. gibt es für gesetzliche Verfügungsbeschränkungen i.S.d. § 135 BGB jedenfalls im BGB keine Beispiele[7]. Behördliche Verfügungsbeschränkungen sind die Beschlagnahme in der Zwangsvollstreckung (Verstrickung), vgl. § 829 Abs. 1 Satz 1 ZPO und einstweilige Verfügungen.

Beispiel Einstweilige Verfügung: V verkauft an K ein Gemälde. Bevor der Kaufvertrag erfüllt wird, tritt V in Vertragsverhandlungen mit X, der das Bild ebenfalls erwerben will. Auf Antrag des K erlässt das Gericht eine einstweilige Verfügung, durch die es dem V verboten wird, das Bild an X zu übereignen. Wenn V das Bild dennoch an X übereignet, ist diese Übereignung dem K gegenüber unwirksam, d.h., K darf sich zu Recht auf den Standpunkt stellen, V sei noch Eigentümer. K kann deshalb das Eigentum nach § 929 BGB von V erwerben[8]. Dagegen können Personen, die durch das Verbot nicht geschützt sind, die Unwirksamkeit der Verfügung nicht einwenden. So wäre einer Schadensersatzklage des X wegen Eigentumsverletzung gegen einen Schädiger stattzugeben.

Im Interesse des Verkehrsschutzes finden die Vorschriften zugunsten derjenigen, welche Rechte von einem Nichtberechtigten herleiten, entsprechende Anwendung. Bei der Übereignung einer beweglichen Sache ist die verbotswidrige Verfügung voll wirksam, wenn die Voraussetzungen der §§ 932ff. BGB vorliegen. Der redliche Erwerber ist nur bei einem Verstoß gegen ein relatives Veräußerungsverbot geschützt. Bei absoluten Veräußerungsverboten gibt es keinen gutgläubigen Erwerb.

4. Objektiv begrenzte Unwirksamkeit

Von der relativen Unwirksamkeit zu unterscheiden ist die objektive Begrenzung der Unwirksamkeit. Sie begrenzt die Unwirksamkeit nicht auf bestimmte Personen, sondern nach dem Zweck der Norm. Objektiv begrenzte Unwirksamkeit ist in § 161 BGB als Rechtsfolge angeordnet. Eine Kombination von objektiver und subjektiver (relativer) Unwirksamkeit enthält § 883 BGB.

---

7 *Jauernig* §§ 135, 136 RdNr. 4; *Larenz/Wolf* § 44 RdNr. 59.
8 Vgl. BGHZ 111, 386. Wie der Geschützte seine Position geltend zu machen hat, ist streitig. Einen Überblick über den Meinungsstand gibt BGH aaO.

Beispiel Objektiv begrenzte Unwirksamkeit: V verkauft eine Sache an K unter Eigentumsvorbehalt. Die Sache wird K übergeben und beide sind sich darüber einig, dass K Eigentümer werden soll, sobald er alle Kaufpreisraten bezahlt hat. Darin liegt eine aufschiebend bedingte Übereignung (§ 449 Abs. 1 BGB). Wegen der aufschiebenden Bedingung bleibt V vorerst Eigentümer. Verfügt er erneut über die Sache durch Übereignung an X, wird X Eigentümer. Nach § 161 Abs. 1 BGB wird diese zweite Verfügung aber unwirksam, soweit das Recht des K vereitelt würde. Um eine objektive Begrenzung der Unwirksamkeit handelt es sich deshalb, weil die Unwirksamkeit nur eintritt, wenn die von der Bedingung abhängige Wirkung beeinträchtigt würde. Da bei (endgültigem) Eigentumserwerb durch X der Eigentumserwerb des K vereitelt würde, tritt volle Unwirksamkeit ein, wenn K durch Zahlung der letzten Kaufpreisrate die Bedingung herbeiführt. Es handelt sich um eine absolute Unwirksamkeit, weil sich jeder auf diese Rechtsfolge berufen kann.

5. Anfechtbares Geschäft

365 Das anfechtbare Geschäft ist zunächst wirksam. Wird das Anfechtungsrecht ausgeübt, so ist das Geschäft als von Anfang an nichtig anzusehen (§ 142 Abs. 1 BGB). S. dazu oben RdNr. 267. Obwohl die Anfechtung die Unwirksamkeit erst herbeiführen soll, setzen die Tatbestände, die ein Anfechtungsrecht gewähren, nicht voraus, dass das Rechtsgeschäft wirksam ist. Es kann deshalb auch ein nichtiges Rechtsgeschäft angefochten werden.

II. Teilnichtigkeit

1. Gesetzliche Regelung

366 Das Rechtsgeschäft im Sinne einer Regelung setzt sich oft aus einer Vielzahl von Einzelbestimmungen zusammen. Viele Verträge enthalten neben Bestimmungen über Hauptleistungspflichten Klauseln über den Haftungsmaßstab, Verzugsfolgen oder den Erfüllungsort. Gesetzliche Nichtigkeitsgründe müssen nicht notwendig das ganze Rechtsgeschäft erfassen. Es ist denkbar, dass der Nichtigkeitsgrund nur eine Klausel erfasst. Dann steht fest, dass jedenfalls die betreffende Vereinbarung keine Wirksamkeit entfaltet. Aber wie soll der übrige Vertrag beurteilt werden? Das Gesetz enthält für die Teilunwirksamkeit in § 139 BGB eine allgemeine Regelung. Danach ist im Falle der Teilnichtigkeit das ganze Rechtsgeschäft nichtig, wenn nicht anzunehmen ist, dass es auch ohne den nichtigen Teil vorgenommen sein würde. Die Vorschrift enthält eine Auslegungsregel[9], die nicht anzuwenden ist, wenn die Parteien eine Bestimmung über die Folgen einer etwaigen Teilnichtigkeit getroffen haben.

---

9 Einschränkend *Soergel/Hefermehl* § 139 RdNr. 1: keine reine Auslegungsregel, weil neben dem hypothetischen Parteiwillen andere Wertungen maßgeblich sind.

2. Teilbarkeit

Voraussetzung für die Anwendbarkeit des 139 BGB ist die Teilbarkeit des Rechtsgeschäfts, d. h., der an sich gültige Teil muss als selbstständiges Rechtsgeschäft bestehen können. Ein Rechtsgeschäft ist nicht nur dann teilbar, wenn es mehrere Regelungen umfasst, die für sich bestehen können. Teilbarkeit kann auch deshalb gegeben sein, weil auf einer Seite mehrere Personen beteiligt sind. Liegt Nichtigkeit nur im Hinblick auf einen Beteiligten vor, ist nach § 139 BGB zu beurteilen, ob auch im Übrigen Nichtigkeit anzunehmen ist[10].

367

Nach dem Wortlaut des § 139 BGB muss ein bestimmtes Rechtsgeschäft teilweise nichtig sein. Die h. M.[11] wendet § 139 BGB auch dann an, wenn mehrere selbstständige Geschäfte eine wirtschaftliche Einheit bilden und ein Geschäft nichtig ist. Man spricht bei der Zusammenfassung mehrerer rechtlich selbstständiger Geschäfte von **Geschäftseinheit**.

368

Fraglich ist, ob § 139 BGB auch bei sog. quantitativer Teilnichtigkeit[12] anzuwenden ist[13]. Bei Bierbezugsverträgen, die wegen überlanger Laufzeit gegen die guten Sitten verstoßen, nimmt die Rechtsprechung aufgrund des hypothetischen Parteiwillens an, der Vertrag sei mit einer kürzeren Laufzeit aufrechtzuerhalten[14]. Dabei darf aber nicht zugleich die Gegenleistung gekürzt werden[15]. Bei wucherischen Geschäften kommt eine Teilaufrechterhaltung nicht infrage. Solche Geschäfte dürfen nicht mit einer Leistung, die der Höhe nach gerade noch zulässig ist, aufrechterhalten werden, weil sonst der Wucherer ohne Risiko eine überhöhte Leistung vereinbaren könnte[16]. Auch bei allgemeinen Geschäftsbedingungen dürfen unzulässige Klauseln nicht mit einem noch angemessenen Inhalt aufrechterhalten werden (Verbot der geltungserhaltenden Reduktion)[17]. An die Stelle der nichtigen Klausel tritt das dispositive Recht; falls dispositive Regeln fehlen,

369

---

10 BGHZ 53, 179.
11 *Staudinger/Roth* § 139 RdNr. 37; *Larenz/Wolf* § 45 RdNr. 4.
12 Dieser Begriff wird mit unterschiedlicher Bedeutung verwendet. *Flume* verwendet ihn zur Charakterisierung aller Fälle des § 139 BGB im Gegensatz zur qualitativen Teilnichtigkeit nach § 140 BGB; vgl. *Flume* II § 32/9 b.
13 Dazu *Pierer v. Esch*, Teilnichtige Rechtsgeschäfte, 1968, 56 ff.
14 BGH NJW 1985, 2695; *Soergel/Hefermehl* § 139 RdNr. 31; anders für Wettbewerbsverbot BGH NJW 1997, 3089.
15 BGH NJW 1992, 2145; dazu auch *Krampe* AcP 194 (1994), 1 ff., 4 ff. Zum Verstoß gegen Art. 85 Abs. 1 EWG-Vertrag EuGH RiW 1991, 504 (*Paulusch*).
16 Vgl. BGH NJW 2001, 815; anders beim Verstoß gegen das Verbot, überhöhte Mietzinsen zu vereinbaren (§ 3 WiStrG), BGHZ 89, 316 = NJW 1984, 722; zur gesellschaftsvertraglichen Ausschließungsklausel BGH NJW 1989, 2681; dazu *Grunewald* JZ 1989, 958.
17 BGHZ 84, 109 (114) = NJW 1982, 2309; *Ulmer/Brandner/Hensen* § 305 c RdNr. 102 und § 306 RdNr. 14 ff.; kritisch *Pawlowski* AT RdNr. 462 ff.; *Roth*, Vertragsänderung bei fehlgeschlagener Verwendung von AGB, 1994, S. 33.

kommt eine ergänzende Vertragsauslegung zur Schließung der Lücke in Betracht[18]; siehe auch unten RdNr. 567 und oben RdNr. 335b.

Die Aufrechterhaltung eines „quantitativ teilnichtigen" Geschäfts lässt sich nicht mit § 139 BGB begründen, weil keine Teilnichtigkeit vorliegt. Vielmehr ist auf die Umdeutung nach § 140 BGB abzustellen, wenn ein Geschäft mit vermindertem Leistungsumfang aufrechterhalten wird.

3. Nichtigkeit

370 § 139 BGB setzt voraus, dass ein Teil eines Rechtsgeschäfts nichtig ist. Worauf die Nichtigkeit beruht, ist unerheblich. Bei einem Widerruf nach § 355 Abs. 1 BGB ist § 139 BGB nicht anzuwenden. Die Rückabwicklung richtet sich nach den §§ 355, 359[19]. Bei schwebender Unwirksamkeit ist § 139 BGB analog anzuwenden.

4. Der hypothetische Parteiwille

371 Ob Teilnichtigkeit zur Nichtigkeit des ganzen Geschäfts führt, hängt vom hypothetischen Parteiwillen ab. Es ist zunächst zu prüfen, welche Regelung die Parteien getroffen hätten, wenn sie an die Teilnichtigkeit gedacht hätten. Anhaltspunkte können sich aus den Vertragsverhandlungen ergeben. Wenn nur eine Partei mit der Geltung des Geschäfts ohne den nichtigen Teil nicht einverstanden war, ist Totalnichtigkeit anzunehmen[20]. Lassen sich keine konkreten Anhaltspunkte für den hypothetischen Parteiwillen finden, ist auf die objektive Interessenlage abzustellen[21]. Maßgeblicher Zeitpunkt ist der Vertragsschluss[22]. Deshalb sind nachträgliche Umstände, die von den Parteien nicht berücksichtigt werden konnten, unbeachtlich[23].

Neben dem hypothetischen Parteiwillen ist der Normzweck der Vorschrift zu berücksichtigen, welche die Nichtigkeit anordnet. Ergibt die Auslegung, dass die Nichtigkeitssanktion nicht den Rest des Geschäfts erfassen soll, ist das Rechtsgeschäft unabhängig vom hypothetischen Parteiwillen aufrechtzuerhalten[24].

---

18 BGHZ 90, 69; dazu *E. Schmidt* JuS 1987, 843 ff.; *Rüßmann* BB 1987, 843 ff.
19 *Jauernig* § 139 Rdnr. 1.
20 *Ulmer*, Festschr. f. Steindorff, 1990, S. 799, 867.
21 *Larenz/Wolf* § 45 RdNr. 26.
22 Dieser Grundsatz wird freilich im Ergebnis abgeschwächt, wenn im Rahmen des § 242 BGB geprüft wird, ob eine Klausel bei der Abwicklung des Geschäfts eine Bedeutung erlangt hat, s. unten RdNr. 372.
23 *Rüthers/Stadler* § 27 RdNr. 5.
24 Vgl. BGHZ 89, 316 (319) = NJW 1984, 722 (zur quantitativen Teilnichtigkeit). Zur Frage, ob bei § 139 BGB generalpräventive Erwägungen angestellt werden dürfen, *Ulmer*, Festschr. f. Steindorff, 1990, 799, 807; *Steindorff*, Festschr. f. Hefermehl, 1971, 135 ff.

5. Einschränkungen durch § 242 BGB

Die Regelung des § 139 BGB soll der Privatautonomie Rechnung tragen und nicht Parteien einen Vorwand liefern, sich von einem Rechtsgeschäft loszusagen, das sich als unvorteilhaft erwiesen hat. Deshalb wird eine Berufung auf § 139 BGB wegen Verstoßes gegen § 242 BGB versagt, wenn die nichtige Klausel bei der Abwicklung des Vertrags keine Bedeutung erlangt hat oder wenn sie ausschließlich dem Vorteil der anderen Vertragspartei diente[25].

372

6. Überwindung des Abstraktionsgrundsatzes mit § 139 BGB?

Da § 139 BGB auch anzuwenden ist, wenn mehrere Rechtsgeschäfte eine wirtschaftliche Einheit bilden, liegt es nahe, das Kausal- und Verfügungsgeschäft zu einer Geschäftseinheit zusammenzufassen mit der Folge, dass bei Nichtigkeit des Kausalgeschäfts regelmäßig Nichtigkeit des Verfügungsgeschäfts anzunehmen wäre. Die Frage ist aber, ob dies mit dem Abstraktionsgrundsatz (oben RdNr. 119) vereinbar ist[26]. Ob das Verfügungsgeschäft mit dem Verpflichtungsgeschäft zu einer Geschäftseinheit zusammengefasst werden kann mit der Folge, dass der mutmaßliche Wille der Parteien darüber entscheidet, ob die Unwirksamkeit des Verpflichtungsgeschäfts nach § 139 BGB zur Nichtigkeit der Verfügung führt, hängt vom Verständnis des Abstraktionsgrundsatzes ab. Bei rein rechtstechnischer Betrachtung führt die Anwendung des § 139 BGB nicht zu einer Durchbrechung des Grundsatzes, dass dingliches und obligatorisches Geschäft gesondert zu prüfen sind. Gegenstand der Beurteilung ist bei Anwendung des § 139 BGB allein das dingliche Rechtsgeschäft[27]. Die Frage nach der Wirksamkeit des Verpflichtungsgeschäfts ist nur eine Vorfrage bei der Prüfung des dinglichen Rechtsgeschäfts. Die dem BGB zugrunde liegende Verselbstständigung der Verfügungen zwingt aber zu der Annahme, dass das Gesetz im Interesse des Verkehrsschutzes von der dispositiven Regel ausgeht, dingliche Rechtsgeschäfte seien als selbstständige Rechtsgeschäfte gewollt[28]. Dadurch wird die Regel des § 139 BGB, wonach im Zweifel die Teilnichtigkeit zur Gesamtnichtigkeit führt, umgekehrt. Im Verhältnis zwischen Verpflichtungs- und Verfügungsgeschäft ist im Zweifel anzunehmen, dass die Verfügung auch ohne wirksames Verpflichtungsgeschäft gewollt ist[29]. Die Rechtsprechung verneint eine Geschäftseinheit jedenfalls bei Kaufvertrag und Auflassung (§ 925 BGB), da die Auflassung bedin-

373

---

25 Siehe dazu *Ulmer*, Festschr. f. Steindorff, 1990, 799, 811 ff.
26 Dazu *Stadler*, Gestaltungsfreiheit und Verkehrsschutz durch Abstraktion, 1996; *Schäfer*, Abstraktionsprinzip und Vergleich, 1992; *Eisenhardt* JZ 1991, 217.
27 *Heck*, Grundriss, § 30, 8.
28 Das abstrakte Rechtsgeschäft zeichnet sich dadurch aus, dass es selbstständig gewollt ist.
29 Vgl. auch *Brehm/Berger* § 1 RdNr. 25 f.

gungsfeindlich ist[30]. Dagegen nimmt sie bei der Sicherungsabtretung an, die Abhängigkeit des Verfügungsgeschäfts vom Kausalgeschäft sei gewollt, auch wenn keine ausdrückliche Vereinbarung vorliege[31].

Kein Verstoß gegen den Abstraktionsgrundsatz liegt dagegen vor, wenn die Parteien zur Bedingung machen, dass auch die Gegenleistung erbracht wird. Dies soll nach *Flume* bei Bargeschäften des Alltags anzunehmen sein[32].

7. Sonderregelungen

374 Eine von § 139 BGB abweichende Regelung enthält § 306 Abs. 1 BGB. Danach bleibt ein Vertrag wirksam, wenn Allgemeine Geschäftsbedingungen ganz oder teilweise nicht Vertragsbestandteil geworden oder unwirksam sind. An die Stelle der unwirksamen Klauseln treten die dispositiven Gesetzesvorschriften (§ 306 Abs. 2 BGB). Der Vertrag ist nur dann unwirksam, wenn das Festhalten an ihm für eine Vertragspartei eine unzumutbare Härte bedeuten würde (§ 306 Abs. 3 BGB). Eine Sonderregelung enthält auch § 475 Abs. 1 Satz 1 BGB, wonach sich der Verkäufer auf eine nach § 474 Abs. 1 verbotene Klausel „nicht berufen kann". Neben dieser Regelung ist § 139 BGB unanwendbar[33]. Erbrechtliche Sondervorschriften enthalten die §§ 2085, 2195, 2298 Abs. 1 BGB.

III. Umdeutung (Konversion)

1. Gesetzliche Regelung

375 Wenn ein Tatbestand als Rechtsfolge die Nichtigkeit eines Rechtsgeschäfts anordnet, so steht damit noch nicht endgültig fest, ob ein Rechtsgeschäft, das von dem Tatbestand erfasst ist, unwirksam ist. Zu prüfen ist stets, ob eine Umdeutung nach § 140 BGB in Betracht kommt. Entspricht das nichtige Rechtsgeschäft den Erfordernissen eines anderen Rechtsgeschäfts, so gilt das Letztere, wenn anzunehmen ist, dass dessen Geltung bei Kenntnis der Nichtigkeit gewollt sein würde.

Beispiel Nießbrauch: A schließt mit B einen Vertrag, in dem er sich verpflichtet, den Nießbrauch an einem Grundstück auf B zu übertragen. Nach § 1059 Satz 1 BGB ist der Nießbrauch nicht übertragbar. Das beabsichtigte Rechtsgeschäft ist deshalb nicht wirksam. Zulässig sind Verträge, durch die einer Partei das obligatorische Recht auf Ausübung der Rechte des Nießbrauchers eingeräumt werden (Überlassung des Nießbrauchs zur Ausübung; § 1059 Satz 2 BGB). Da der Vertrag

---

30 BGH NJW 1985, 3006 (3007). Siehe aber BGH LM BNotO § 19 Nr. 24.
31 BGH NJW 1982, 275 (276); kritisch *Jauernig* NJW 1982, 268.
32 *Flume* II § 12 III 4.
33 *Jauernig/Berger* § 475 RdNr. 5.

dem B im Ergebnis die Nutzungsbefugnis einräumen sollte, ist die Übertragung des Nießbrauchs in eine Vereinbarung über die Überlassung des Nießbrauchs zur Ausübung umzudeuten.

Beispiel Kündigung: Der Vermieter des Studenten S kündigt das Mietverhältnis fristlos, weil dieser nachts eine Studentin beherbergte. Im Prozess gelingt es dem Studenten, den Richter davon zu überzeugen, dass die Grundrechte über die Generalklausel des § 242 BGB (Treu und Glauben) zu berücksichtigen sind und dass sein nächtliches Tun freie Entfaltung der Persönlichkeit bedeutet. Der Vermieter ist der Ansicht, die Kündigung müsse in eine ordentliche umgedeutet werden, falls sie als außerordentliche unwirksam sei. Wenn sich aus dem Inhalt der Erklärung eindeutig ergibt, dass das Vertragsverhältnis auf jeden Fall beendet werden sollte, ist nach der Rechtsprechung des BGH eine Umdeutung der außerordentlichen Kündigung in die ordentliche möglich[34].

Weitere Beispiele aus der Rechtsprechung: Eine nichtige Abtretung wurde in eine Einziehungsermächtigung umgedeutet[35], Erbvertrag in Schenkung unter Lebenden[36], ein OHG-Vertrag in einen BGB-Gesellschaftsvertrag[37].

2. Voraussetzungen

a) Nichtiges Rechtsgeschäft

Die Umdeutung setzt ein nichtiges Rechtsgeschäft voraus. Anders als bei § 139 BGB genügt schwebende Unwirksamkeit nicht[38]; d. h. es muss feststehen, dass das Geschäft nichtig ist. Worauf die Nichtigkeit beruht, ist unerheblich. Auch ein angefochtenes Rechtsgeschäft kann umgedeutet werden (str.)[39].

376

b) Das andere Geschäft

§ 140 BGB setzt voraus, dass das nichtige Rechtsgeschäft den Erfordernissen eines anderen Rechtsgeschäfts entspricht. Der Wortlaut verlangt lediglich eine Entsprechung, d. h. Ähnlichkeit, aber keine Teilidentität der Geschäfte. Deshalb ist es ungenau, wenn gefordert wird, das Ersatzgeschäft müsse in dem ursprünglichen Geschäft enthalten sein[40]. Würde man Teilidentität fordern, hätte § 140 BGB neben § 139 BGB keine selbstständige Bedeutung[41]. Die Übertragung eines Nießbrauchs enthält nicht die Begründung eines schuldrechtlichen Anspruchs auf Ausübung des Rechts des Nießbrauchers; trotzdem besteht Einigkeit darüber, dass die unwirksame

377

---

34 BGH NJW 2003, 3045.; BAG 2002, 2972.
35 BGH NJW-RR 2003, 51; BGH NJW 1987, 3122.
36 BGH NJW 1978, 423; dazu *Schubert* JR 1978, 289.
37 BGHZ 19, 275.
38 *Medicus* RdNr. 518.
39 *Staudinger/Roth* § 140 RdNr. 15; *Jauernig* § 140 RdNr. 2; a. M. *Medicus* RdNr. 518; *Flume* II § 32/9 c.
40 So aber *Flume* II § 32/9 c.
41 *Medicus* RdNr. 519.

Übertragung in einen Verpflichtungsvertrag umzudeuten ist[42]. Nach h. M. kommt eine Umdeutung nicht in Betracht, wenn das Ersatzgeschäft weiterreichende Rechtsfolgen als das ursprüngliche Geschäft hat. Deshalb wird die Umdeutung der unwirksamen Bestellung eines Mobiliarpfandrechts in eine Sicherungsübereignung abgelehnt[43]. Anerkannt ist die Umdeutung einer außerordentlichen Kündigung in eine ordentliche (siehe oben RdNr. 375). Ist das Ersatzgeschäft formbedürftig, so ist eine Umdeutung nur zulässig, wenn bei Abschluss des nichtigen Geschäfts die Form des Ersatzgeschäfts gewahrt wurde.

c) Hypothetischer Parteiwille

378 Das Ersatzgeschäft gilt nur dann, wenn es dem **hypothetischen Parteiwillen** entspricht. Zu prüfen ist, was die Parteien gewollt hätten, wenn sie gewusst hätten, dass das ursprüngliche Rechtsgeschäft nichtig ist. Die Umdeutung ist an den angestrebten rechtlichen Folgen zu orientieren und darf nicht zu einer Bevormundung der Parteien führen[44].

d) Grenzen der Umdeutung

379 Eine Umdeutung scheidet aus, wenn dies dem **Zweck der Norm** widersprechen würde, welche die Nichtigkeitssanktion anordnet. Deshalb darf ein sittenwidriges Geschäft grundsätzlich nicht durch Herabsetzung der überhöhten Leistung nach § 140 BGB aufrechterhalten werden[45]. Wegen des Verbots der geltungserhaltenden Reduktion scheidet eine Umdeutung unangemessener AGB-Klauseln in einen noch zulässigen Inhalt aus[46]. S. dazu unten RdNr. 567. Auch bei Nichtigkeit wegen eines Formfehlers ist zu prüfen, ob durch eine Umdeutung der Formzweck vereitelt würde[47].

e) Verhältnis zur Auslegung

380 Streitig ist, in welchem Verhältnis die Umdeutung zur Vertragsauslegung nach § 157 BGB steht. Es wird die Ansicht vertreten, bei der Umdeutung handle es sich um einen Spezialfall der ergänzenden Vertragsauslegung[48];

---

42 In den Motiven I, S. 218 wird als Beispiel die Bestellung eines unwirksamen Nießbrauchs an einem Gesellschaftsanteil erwähnt. Hier kommt eine Umdeutung in einen Vertrag, nach dem die Gewinnansprüche überlassen werden, in Betracht.
43 *Medicus* RdNr. 519.
44 BGHZ 19, 269 (273).
45 BGHZ 68, 204 (207) = NJW 1977, 1233; NJW 1986, 2944. Die Rechtsprechung ist uneinheitlich, s. oben RdNr. 369.
46 *Ulmer/Brandner/Hensen*, AGBG, § 306 RdNr. 14 ff.
47 BGH NJW 1980, 2517.
48 *Erman/Palm* § 140 RdNr. 7.

andere[49] betonen, zwischen Auslegung und Umdeutung bestehe ein Unterschied. Die ergänzende Vertragsauslegung hat die Aufgabe, Lücken eines Vertrags zu schließen. Dabei ist wie bei § 140 BGB auf den hypothetischen Parteiwillen abzustellen; siehe unten RdNr. 417. Als besonderer Fall der ergänzenden Vertragsauslegung erscheint die Umdeutung, wenn man darauf abstellt, dass die Parteien für den Fall der Nichtigkeit des Rechtsgeschäfts keine Regelung getroffen haben[50]. Dennoch sollte man bei der Rechtsanwendung die Auslegung im engeren Sinne und die Auslegung zur Ergänzung einer Regelung unterscheiden. Zuerst ist die Bedeutung der rechtsgeschäftlichen Regelung, die in erster Linie von den Parteien gewollt war, durch Auslegung zu ermitteln. Nur so lässt sich feststellen, ob ein nichtiges Rechtsgeschäft vorliegt. Auch bei der ergänzenden Vertragsauslegung, die der Lückenschließung dient, muss zunächst durch einfache Auslegung festgestellt werden, dass überhaupt eine Lücke vorliegt. Wenn bereits die Grundsätze über die Auslegung von Willenserklärungen zu dem Ergebnis führen, dass das andere Geschäft gewollt war, ist für eine Umdeutung kein Raum.

f) Verhältnis zu § 139 BGB

Bei einem teilnichtigen Rechtsgeschäft kommt es nach § 139 BGB darauf an, ob das Geschäft auch ohne den nichtigen Teil vorgenommen sein würde. Ist dies zu verneinen, so ist das Rechtsgeschäft insgesamt nichtig. Zu prüfen ist dann, ob eine Umdeutung des ganzen Rechtsgeschäfts in Betracht kommt. Wenn keine Totalnichtigkeit nach § 139 BGB eintritt, ist zu prüfen, ob der nichtige Teil in eine andere Regelung umgedeutet werden kann. In beiden Fällen kommen die §§ 139, 140 BGB dabei nacheinander zur Anwendung[51]. **381**

g) Wirkung der Umdeutung

Liegen die Voraussetzungen des § 140 BGB vor, gilt von vornherein das Ersatzgeschäft. Die Umdeutung durch den Richter hat keine konstitutive Wirkung[52]. Im Prozess ist von der Nichtigkeit als endgültiger Rechtsfolge auszugehen, wenn die Parteien keine Tatsachen für die Voraussetzungen einer Umdeutung vortragen. So scheidet die Umdeutung einer außerordentlichen Kündigung in eine ordentliche aus, wenn der Arbeitgeber nicht behauptet, dass die Kündigung zumindest als ordentliche ausgesprochen werden sollte[53]. **382**

---

49 *Larenz/Wolf* § 44 RdNr. 90; *Siller* AcP 138 (1934), 149.
50 *Palm* aaO.
51 Vgl. *Soergel/Hefermehl* § 140 RdNr. 28.
52 *Jauernig* § 140 RdNr. 1; anders BGHZ 19, 269 (273).
53 BAG NZA 1988, 129.

Durch die Umdeutung entfallen **gesetzliche Rechtsfolgen**, die an das nichtige Rechtsgeschäft anknüpfen, nicht.

IV. Die Bestätigung

1. Nichtiges Rechtsgeschäft

383 Nach § 141 Abs. 1 BGB ist die Bestätigung eines nichtigen Rechtsgeschäfts als Neuvornahme zu beurteilen. Der Sinn dieser Regelung wird nicht auf Anhieb klar. Das Gesetz knüpft an eine Redewendung (Bestätigung) an, die suggeriert, das nichtige Geschäft könne dadurch von Anfang an wirksam werden, dass die Parteien nachträglich ausdrücklich oder konkludent erklären, das Geschäft solle gelten. Durch § 141 BGB wird klargestellt, dass die Bestätigung keine Rückwirkung entfaltet, vielmehr ist sie als Neuvornahme zu deuten. Daraus folgt, dass die Bestätigung allen Erfordernissen des Rechtsgeschäfts entsprechen muss; insbesondere bedarf es der Beachtung der Formvorschriften, selbst wenn bei dem nichtigen Geschäft die Form eingehalten wurde und die Nichtigkeit aus anderen Gründen folgte[54]. Die Rechtsprechung verlangt allerdings bei der Bestätigung keine vollständige Neuvornahme. Es genügt nach Ansicht des BGH, wenn sich die Parteien in Kenntnis der bisherigen Abreden auf den Boden des bisherigen Vertrags stellen. Deshalb genügt es nach der Rechtsprechung, wenn bei einem formbedürftigen Vertrag die Bestätigungsurkunde auf die Urkunde des zu bestätigenden Geschäfts verweist[55].

Nach § 141 Abs. 2 BGB sind die Parteien im Zweifel aufgrund der Bestätigung verpflichtet, einander zu gewähren, was sie haben würden, wenn der Vertrag von Anfang an gültig gewesen wäre.

Beispiel Bestätigung: A und B schließen einen privatschriftlichen Kaufvertrag über ein Grundstück. In dem Vertrag wird vereinbart, dass der Kaufpreis vom Zeitpunkt des Abschlusses des Vertrags an verzinst wird. Nachdem sie feststellen, dass der Vertrag der notariellen Beurkundung bedarf, holen sie die Form nach. Zwischen A und B entsteht Streit, welcher Zeitpunkt für die Zinsberechnung maßgebend ist. Wenn eine Bestätigung vorliegt, dann ist auf den Zeitpunkt des unwirksamen Vertrags abzustellen. Das bedeutet nicht, dass dieser Vertrag rückwirkend wirksam wird. Der Anspruch auf Verzinsung ab dem Zeitpunkt des ersten Vertragsschlusses entstand erst durch den zweiten Vertrag. Hätte A seinen Anspruch vorher abgetreten, wäre die Abtretung unwirksam gewesen, weil das abgetretene Recht nicht existierte. § 185 Abs. 2 Fall 2 BGB greift nicht ein, da der Anspruch aus dem unwirksamen Vertrag einen anderen Gegenstand bildet als die Kaufpreisforderung des beurkundeten Vertrags; im Übrigen wirkt beim späteren Rechtserwerb die Verfügung nicht zurück (siehe RdNr. 506).

---

54 *Flume* II § 30/6; a. M. *Medicus* RdNr. 532.
55 BGH NJW 1999, 3705.

Nach dem Gesetz tritt die Verpflichtung, dem anderen das zu gewähren, **384** was er erlangt hätte, wenn der Vertrag von Anfang an wirksam gewesen wäre, im Zweifel ein. Das bedeutet, dass eine andere Rechtsfolge nur anzunehmen ist, wenn ein anderer Wille der Parteien erkennbar ist. Zu beachten ist aber, dass § 141 BGB an eine bestimmte „Redeweise" anknüpft. Der Ausdruck Bestätigung bedeutet nach dem vom Gesetzgeber vorausgesetzten Sprachgebrauch die Erklärung, ein nichtiges Geschäft als von Anfang an wirksam gelten zu lassen[56]. Da dieses Ziel der Rückwirkung nicht erreichbar ist, sollen die Parteien schuldrechtlich so gestellt werden, wie sie stünden, wenn das Rechtsgeschäft „Bestätigung" in seinem ursprünglichen Sinn wirksam wäre. Aus diesen Überlegungen wird deutlich, dass § 141 Abs. 2 BGB nichts anderes als ein gesetzlicher Fall der Umdeutung ist.

2. Anfechtbares Rechtsgeschäft

Wird ein anfechtbares Rechtsgeschäft vom Anfechtungsberechtigten bestätigt, so scheidet eine Anfechtung aus (§ 144 Abs. 1 BGB). Die Bestätigung ist sachlich als Verzicht auf das Anfechtungsrecht zu werten. Die Bestätigung des anfechtbaren Rechtsgeschäfts bedarf nicht der für das Rechtsgeschäft bestimmten Form (§ 144 Abs. 2) und erfolgt durch einseitige empfangsbedürftige Willenserklärung[57]. **385**

---

56 Siehe *Motive* I, S. 217.
57 *Medicus* RdNr. 534; *Larenz/Wolf* § 44 RdNr. 28; a. M. *Flume* II § 31/7 (nicht empfangsbedürftig); vgl. auch *Windel* AcP 199 (1999), 442 f.

§ 13 Bedingte und befristete Rechtsgeschäfte

Literatur: *Berger*, Rechtsgeschäftliche Verfügungsbeschränkungen, 1998; *Brox*, Das Anwartschaftsrecht des Vorbehaltskäufers, JuS 1984, 657; *Egert*, Die Rechtsbedingung im System des Bürgerlichen Rechts, 1974; *Eichenhofer*, Anwartschaftslehre und Pendenztheorie, AcP 185 (1985), 162; *Gernhuber*, Freiheit und Bindung des Vorbehaltskäufers, Festschr. f. Baur, 1981, S. 31; *Jahr*, Auflösende Bedingung und Befristung im klassischen römischen Recht, Festschr. f. Niederländer, 1991, S. 27; *Raiser*, Dingliche Anwartschaften, 1961; *Schiemann*, Tendenz und Rückwirkung der Bedingung, 1973; *Schreiber*, Die bedingte Übereignung, NJW 1966, 2333; *Timm*, Außenwirkungen vertraglicher Verfügungsverbote? JZ 1989, 13.

I. Begriff und Bedeutung der Bedingung

386 Ob eine rechtsgeschäftliche Regelung auch in einem späteren Zeitpunkt sachgerecht ist, lässt sich beim Abschluss oft nicht mit hinreichender Sicherheit vorhersagen. Will z. B. ein Rechtsanwalt seine juristische Bibliothek testamentarisch einem Neffen zuwenden, der Rechtswissenschaft studiert, wird er die Bestimmung im Testament unter die Bedingung stellen, dass der Neffe das Assessorexamen besteht, wenn es sein Wunsch ist, dass ein Angehöriger später mit den Büchern arbeitet. Bei der Bedingung wird die im Rechtsgeschäft angeordnete Rechtsfolge eingeschränkt[1] und von der Bedingung abhängig gemacht. Der rechtsgeschäftliche Tatbestand ist bereits mit Abschluss des bedingten Rechtsgeschäfts vollendet. Deshalb sind Handlungsvoraussetzungen (z. B. Geschäftsfähigkeit) nach dem Zeitpunkt der Vornahme des Rechtsgeschäfts und nicht nach dem Zeitpunkt des Bedingungseintritts zu beurteilen. Solange ungewiss ist, ob eine aufschiebende Bedingung eintritt, entsteht die Rechtsfolge nicht. Dennoch liegt kein Fall der schwebenden Unwirksamkeit vor, weil sich diese dadurch auszeichnet, dass die Rechtsfolgeanordnung von der Rechtsordnung nicht anerkannt wird. Bei der Bedingung entspricht die Schwebelage dem Willen der Partei. Ist streitig, ob ein Rechtsgeschäft bedingt abgeschlossen wurde, trägt derjenige die Beweislast, der aus dem (behaupteten) unbedingten Rechtsgeschäft Rechte für sich herleitet.

Die Bedingung ist ein **ungewisses künftiges Ereignis**. Manchmal wird auch die Nebenabrede, welche die Bedingung enthält, Bedingung genannt. In einem ganz anderen Sinne wird der Ausdruck Bedingung verwendet, wenn von Vertragsbedingungen oder allgemeinen Geschäftsbedingungen die Rede ist. Die Vertragsbedingung ist eine Vertragsklausel, die mit der Bedingung i. S. d. §§ 158 ff. BGB nichts zu tun hat.

---

[1] *Motive* I, S. 248: Selbstbeschränkung der rechtsgeschäftlichen Wirkung.

II. Einteilung der Bedingungen

1. Aufschiebende und auflösende Bedingung

Man unterscheidet aufschiebende und auflösende Bedingung. Bei der **aufschiebenden** Bedingung (Suspensivbedingung) tritt die Rechtsfolge erst ein, wenn das zur Bedingung erhobene Ereignis eintritt. Die Wirkung des Rechtsgeschäfts ist bis zu diesem Zeitpunkt aufgeschoben (§ 158 Abs. 1 BGB). Dem Eintritt der Bedingung steht es nach h.M.[2] gleich, wenn der Begünstigte einseitig auf den Eintritt der Bedingung **verzichtet**. So wird der Vorbehaltskäufer trotz der aufschiebend bedingten Übereignung Eigentümer, wenn der Verkäufer darauf verzichtet, dass das Eigentum erst mit Zahlung des Kaufpreises übergehen soll.

387

Bei der **auflösenden** Bedingung (Resolutivbedingung) tritt die Wirkung des Rechtsgeschäfts sofort ein. Bei Eintritt der Bedingung endigt die Wirkung des Rechtsgeschäfts und es tritt der frühere Zustand wieder ein (§ 158 Abs. 2 BGB).

Beispiel Tennis: A schließt mit einem Tennislehrer einen Vertrag über Trainerstunden. Sie vereinbaren, dass der Trainer die Stunden nur geben soll, wenn A die zweite Runde bei der Clubmeisterschaft erreicht. Da eine aufschiebende Bedingung vorliegt, entstehen aus dem Vertrag zunächst keine Rechtsfolgen. Erst wenn die Bedingung (Erreichen der zweiten Runde) eintritt, werden Rechte und Pflichten begründet.

Beispiel Sicherung: A überträgt eine Forderung zur Sicherung an den Gläubiger G. Das bedeutet, dass G Forderungsinhaber wird, aber die Forderung nur einziehen darf, falls A seine Schuld nicht begleicht. Wenn die Schuld gegenüber G durch A erfüllt ist, soll die zur Sicherheit abgetretene Forderung wieder A zustehen. Die Parteien können vereinbaren, dass G verpflichtet ist, die Forderung auf A zurückzuübertragen, wenn der Sicherungszweck weggefallen ist. Der Vertrag kann aber auch so gestaltet werden, dass A automatisch wieder Forderungsinhaber wird. Tritt A die Forderung unter der auflösenden Bedingung der Erfüllung seiner Verpflichtung an G ab, enden die Rechtsfolgen der Abtretung (§ 398 BGB), durch die G Rechtsinhaber wurde. Der alte Zustand tritt ohne weiteres Zutun der Parteien wieder ein, d.h., mit Eintritt der Bedingung wird A wieder Inhaber der zur Sicherung abgetretenen Forderung.

Ist zweifelhaft, ob das Rechtsgeschäft eine auflösende oder aufschiebende Bedingung enthält, muss durch Auslegung geklärt werden, welche Rechtsfolgen gewollt sind. Wichtige Auslegungsregeln enthalten die §§ 449 Abs. 1, 454 Abs. 1 Satz 2 BGB.

388

Beispiel Eigentumsvorbehalt: V verkauft eine Maschine an K unter Eigentumsvorbehalt. Nach § 449 Abs. 1 BGB ist anzunehmen, dass die Übertragung des Eigentums nach § 929 BGB unter der aufschiebenden Bedingung der Kaufpreiszahlung erfolgt. Bedingt wird die dingliche Einigung nach § 929 BGB erklärt. Die Übergabe kann als Realakt nicht mit einer Bedingung versehen werden. Auch der

---

2 BGH NJW 1994, 3227, 3228.

Kaufvertrag ist nicht bedingt abgeschlossen; aus ihm folgt die Pflicht zur bedingten Übereignung.

Die Rechtswirkungen, die von der Bedingung abhängig sind, treten bei der aufschiebenden und auflösenden Bedingung mit Wirkung ex nunc ein (vgl. § 158 BGB). Eine Rückwirkung ordnet das Gesetz nicht an.

Beispiel Zustimmung: M verkauft seine Stereoanlage an K mit der Bestimmung, dass der Vertrag nur wirksam sein soll, wenn seine Lebensgefährtin L das Geschäft genehmigt. Wenn L nachträglich zustimmt, treten die Wirkungen des Rechtsgeschäfts ein. Die Vorschriften über die Genehmigung, die eine Rückwirkung vorsehen, sind nicht anzuwenden, weil eine Bedingung vorliegt. Die §§ 182 ff. BGB setzen voraus, dass die Genehmigungsbedürftigkeit gesetzlich begründet ist[3]. Wäre M mit L verheiratet, könnte er die Stereoanlage nicht ohne Zustimmung der Frau veräußern (§ 1369 BGB). Die Genehmigung der L wäre Genehmigung nach §§ 1366 Abs. 1, 184 BGB und wirkte auf den Zeitpunkt der Vornahme des Geschäfts zurück.

Vereinbaren die Parteien, dass die Rechtswirkungen auf einen früheren Zeitpunkt bezogen sind, so sind sie im Falle des Eintritts der Bedingung verpflichtet, einander zu gewähren, was sie haben würden, wenn die Folgen in dem früheren Zeitpunkt eingetreten wären (§ 159 BGB). Daraus ergibt sich, dass nur eine schuldrechtliche Rückwirkung in Betracht kommt.

2. Potestativ- und Wollensbedingung

389 Unter **Potestativbedingung** versteht man eine Bedingung, die an ein Verhalten knüpft, das von der Willkür der Partei abhängt, sich aber nicht auf das Rechtsgeschäft bezieht wie bei § 449 Abs. 1 BGB. Bei der **Wollensbedingung** sollen die Wirkungen des Rechtsgeschäfts nur eintreten, wenn die Partei erklärt, dass dies gewollt ist. Keine Wollensbedingung liegt vor, wenn wie im Beispiel „Zustimmung" (oben RdNr. 388) ein Dritter sein Einverständnis erklären soll. Durch die auflösende Wollensbedingung wird bei Schuldverträgen eine ähnliche Wirkung wie beim Rücktritt erreicht. Bei Verfügungen ist eine auflösende Wollensbedingung unzulässig[4].

Es ist streitig, ob ein Rechtsgeschäft unter einer aufschiebenden Wollensbedingung vorgenommen werden kann. Zweifelhaft ist, ob ein Vertrag zustande kommt, wenn eine Partei beim Vertragsschluss erklärt, das Rechtsgeschäft solle nur gelten, wenn später erklärt werde, dass es gewollt sei. Gegen die Wirksamkeit des Vertrags mit aufschiebender Wollensbedingung wird eingewandt, es fehle am Rechtsbindungswillen, der für das Rechtsgeschäft wesentlich sei[5]. Die Gegenansicht kann auf die Bestimmung des § 454 Abs. 1 Satz 2 BGB verweisen, die eine Wollensbedingung

---

3 BGHZ 108, 172 (177); dagegen W. *Lüke* JuS 1992, 116.
4 *Staudinger/Bork* Vorbem. zu §§ 158 ff. RdNr. 18; *Soergel/Wolf* vor § 158 RdNr. 26.
5 Vgl. *Jauernig* § 158 RdNr. 4.

enthält. Die Ansicht, eine aufschiebende Wollensbedingung sei „unzulässig", ist doktrinär und verfehlt. Weshalb soll eine Vereinbarung nicht unter dem Vorbehalt getroffen werden können, dass die Rechtsfolgen zu einem späteren Zeitpunkt noch gewollt sind? Nur wenn schon beim Abschluss keine Rechtsfolgen gewollt sind, fehlt es am Rechtsbindungswillen. Der Streit hat freilich keine große praktische Bedeutung. Wenn man die Wollensbedingung anerkennt, darf jedenfalls keine Pflicht oder Obliegenheit angenommen werden, später die Zustimmung zu erklären. Zum Ausschluss des § 162 BGB siehe unten RdNr. 392.

3. Unechte Bedingungen

Eine echte Bedingung liegt nur vor, wenn das Entstehen oder Fortbestehen der Wirkungen des Rechtsgeschäfts von einem künftigen objektiv ungewissen Ereignis abhängig gemacht wird. Ist der Eintritt des künftigen Ereignisses gewiss, liegt eine Befristung vor, auch wenn der Zeitpunkt des Eintritts unbekannt ist. Gegenwärtige oder vergangene Ereignisse können für die Parteien ungewiss sein. Werden die Rechtsfolgen an das Vorliegen solcher Ereignisse geknüpft, sind die §§ 158 ff. BGB entsprechend anzuwenden. **390**

Auch die **Rechtsbedingung** ist keine echte Bedingung. Vereinbaren die Parteien, ein Geschäft solle wirksam sein, wenn eine erforderliche Genehmigung erteilt wird, dann liegt eine Rechtsbedingung vor, die oft überflüssig ist.

Beispiel Bedingte Auflassung: Die Eheleute V verkaufen namens des Kindes ein Grundstück und erklären die Auflassung unter der Bedingung, dass das Familiengericht die Genehmigung erteilt (vgl. §§ 1643 Abs. 1, 1821 Abs. 1 Nr. 1 BGB). Die Auflassung als dingliche Einigung bei der Übertragung des Eigentums an einem Grundstück ist nach § 925 Abs. 2 BGB bedingungsfeindlich. Dennoch ist die Auflassung der Eheleute V wirksam, weil es sich bei der Genehmigung des Familiengerichts nur um eine Rechtsbedingung handelt.

Keine Bedingung ist die **Auflage** (§§ 525 ff.; 2193 ff. BGB), die den Beschwerten zu einer Leistung verpflichtet. Die Wirkungen des Rechtsgeschäfts bleiben von der Auflage unberührt.

III. Zulässigkeit der Bedingung

Grundsätzlich können Rechtsgeschäfte bedingt abgeschlossen werden. In Einzelfällen bestimmt das Gesetz aber ausdrücklich, dass das Geschäft nicht unter einer Bedingung vorgenommen werden kann. Beispiele sind die Auflassung (§ 925 Abs. 2 BGB) und die Eheschließung (§ 1311 BGB). **391**

Nach h. M.[6] ist die Ausübung eines Gestaltungsrechts (Kündigung, Anfechtung, Rücktritt) bedingungsfeindlich, weil dem Gegner eine unsichere Schwebelage nicht aufgedrängt werden darf. Auf dieser Erwägung beruht die Bestimmung des § 388 Satz 2 BGB, nach der die Aufrechnung nicht bedingt oder befristet erklärt werden kann. Ausnahmsweise zulässig ist eine Bedingung bei der Ausübung von Gestaltungsrechten, wenn der Gegner auf den Schutz vor ungewisser Rechtslage verzichtet hat oder wenn er nicht schutzbedürftig ist, weil sein Handeln zur Bedingung erhoben ist. Ein Beispiel ist die Änderungskündigung, bei der die Kündigung für den Fall erklärt wird, dass der Vertragspartner nicht damit einverstanden ist, das Vertragsverhältnis zu geänderten Bedingungen fortzusetzen[7]. Auch die auflösend bedingte Bestellung zum Geschäftsführer einer GmbH wurde vom BGH für zulässig erachtet[8].

Das bedingte Rechtsgeschäft ist nichtig, wenn die Bedingung sittenwidrig oder gesetzeswidrig ist (§§ 134, 138 BGB). Gleiches gilt, wenn eine aufschiebende Bedingung von Anfang an nicht eintreten kann. Bedingungen, die den Zweck haben, Gegenstände der Haftung zu entziehen, sind grundsätzlich unzulässig[9]. Die Vereinbarung, durch die ein Eigentümer einer Sache das Eigentum unter der auflösenden Bedingung überträgt, dass beim Erwerber vollstreckt wird, zielt darauf ab, dass das Eigentum im Fall der Vollstreckung zurückfällt und dem Gläubiger nach § 771 ZPO entzogen werden kann. Die unzulässige Bedingung führt aber nicht zur Nichtigkeit des Übertragungsaktes, sondern nur zur Unwirksamkeit der Bedingung. Von der auflösend bedingten Rechtsübertragung zu unterscheiden sind sog. Lösungsklauseln, nach denen ein Vertrag im Falle der Insolvenzeröffnung endet. Derartige Klauseln werden von der h. M. für zulässig erachtet[10].

IV. Schutz des Geschäftspartners

1. Vereitelung der Bedingung

392 Wird der Eintritt der Bedingung von der Partei, zu deren Nachteil er gereichen würde, wider Treu und Glauben verhindert, so gilt die Bedingung als eingetreten (§ 162 Abs. 1 BGB). Entsprechendes gilt nach § 162 Abs. 2 BGB bei einer treuwidrigen Herbeiführung der Bedingung durch die begüns-

---

6 *Flume* II § 38/5; OLG Düsseldorf NJW-RR 1990, 1469; einschränkend OLG Hamburg NJW-RR 1991, 1199 (Kündigung).
7 BGH NJW 1986, 2245 (2246).
8 BGH DNotZ 2006, 214.
9 Dazu *Schott*, Festg. f. Dahn, III, 1905, 331; differenzierend *Berger*, Rechtsgeschäftliche Verfügungsbeschränkungen, 1998, S. 182 ff. (Ausnahme: vorweggenommene Erbfolge und Treuhand).
10 Dazu *Foerste*, Insolvenzrecht, 3. Aufl., RdNr. 265.

tigte Partei. Ob ein Handeln treuwidrig ist, kann nicht allein nach objektiven Kriterien bestimmt werden, vielmehr ist zu prüfen, ob die Bedingung schuldhaft (vorsätzlich oder fahrlässig) herbeigeführt oder vereitelt wurde[11]. Eine Vereitelung der Bedingung wider Treu und Glauben liegt nicht vor, wenn eine Potestativ- oder Wollensbedingung vereinbart wurde[12].

2. Schadenshaftung

Wird eine aufschiebende Bedingung vereinbart, entsteht durch das Rechtsgeschäft eine Schwebelage. Die rechtsgeschäftlichen Rechtsfolgen treten zunächst nicht ein, aber es entstehen Verhaltenspflichten, deren schuldhafte Verletzung nach § 160 BGB zur Schadenshaftung führt. Grundlage der Pflichten ist das gesetzliche Schuldverhältnis, das § 160 BGB begründet. Der Schadensersatzanspruch setzt voraus, dass das von der Bedingung abhängige Recht schuldhaft vereitelt oder beeinträchtigt wird. Von Bedeutung ist § 160 BGB vor allem für Verfügungsgeschäfte. Bei Verpflichtungsgeschäften hat § 160 BGB lediglich klarstellende Bedeutung[13], weil sich die Haftung schon nach allgemeinen Grundsätzen des Schuldrechts ergibt. Der Schadensersatzanspruch nach § 160 BGB entsteht als bedingter Anspruch[14].

393

Beispiel Bedingter Kauf: V verkauft unter der aufschiebenden Bedingung, dass ein Dritter zustimmt, einen Pkw. Nach Abschluss des Vertrags wird der Pkw von V durch Verschulden zerstört.

V hat nicht den Eintritt der Bedingung vereitelt, sondern die Unmöglichkeit der Leistung herbeigeführt. Falls die Bedingung eintritt, kann K die Rechte nach den §§ 326 Abs. 5, 283, 280 Abs. 1, 3 BGB geltend machen. Keine Anwendung findet § 311a BGB, wenn die Leistung während der Schwebelage eintritt, weil ein Fall nachträglicher Unmöglichkeit vorliegt. Ein Anspruch kann auch unmittelbar auf § 160 BGB gestützt werden[15].

Die während der Schwebelage bestehenden Pflichten sind grundsätzlich nicht klagbar. Der Geschützte kann aber zur Sicherung der späteren Erfüllung einen Arrest (§ 916 Abs. 2 ZPO) oder eine einstweilige Verfügung (§§ 935 ff. ZPO) beantragen. Daneben kommt eine Klage auf künftige Leistung nach § 259 ZPO in Betracht, die aber nicht die Verhaltenspflichten zum Gegenstand hat, sondern die vereinbarte Leistungspflicht.

394

---

11 BGH NJW-RR 1989, 802; a. M. *Jauernig* § 162 RdNr. 4.
12 H. M. im Anschluss an die Motive I, S. 263; a. M. *Staudinger/Bork* § 162 RdNr. 4.
13 *Flume* II § 40/2 c.
14 *Soergel/Wolf* § 160 RdNr. 2.
15 Von einer Anwendung der allgemeinen Vorschriften gehen auch die *Motive* I, S. 259 aus.

3. Bedingte Verfügung

395 Bei der bedingten Verfügung wird der Erwerber vor weiteren Verfügungen geschützt, die vor Eintritt der Bedingung vorgenommen werden. Nach § 161 Abs. 1 BGB ist im Falle der aufschiebend bedingten Verfügung jede weitere Verfügung im Falle des Eintritts der Bedingung insoweit unwirksam, als sie die von der Bedingung abhängige Wirkung vereiteln oder beeinträchtigen würde (§ 161 Abs. 1 BGB). Gleichgestellt sind Verfügungen, die während der Schwebezeit im Wege der Zwangsvollstreckung oder durch den Insolvenzverwalter erfolgen (§ 161 Abs. 1 Satz 2 BGB).

396 Durch § 161 BGB entsteht bei bedingter Verfügung eine sichere Anwartschaft. Das in Aussicht gestellte Recht ist „unverkümmerbar"[16]. Da der Verfügende den Erwerb nicht mehr einseitig vereiteln kann, wird die Anwartschaft beim Eigentumserwerb den dinglichen Rechten gleichgestellt. Zum Schutze des Zweiterwerbers gelten aber nach § 161 Abs. 3 BGB die Vorschriften über den gutgläubigen Erwerb (z.B. § 932 BGB). Zum Anwartschaftsrecht s. unten RdNr. 615.

Beispiel Zweitverfügung: V übereignet sein Fahrrad an K ohne Bedingung nach §§ 929, 930 BGB. Anschließend überträgt er das Eigentum nach § 929 BGB an X. X wird nicht Eigentümer, weil V durch die erste Verfügung die Verfügungsmacht verloren hat. Nur wenn X gutgläubig war, erwirbt er nach §§ 929, 932 BGB Eigentum.

War die erste Übereignung aufschiebend bedingt bis zur Zahlung des Kaufpreises, wurde K zunächst nicht Eigentümer, weil die Rechtsfolgen der Verfügung nach § 158 Abs. 1 BGB aufgeschoben wurden. Deshalb blieb V Eigentümer und konnte sein Recht auf X übertragen. Wenn K durch Zahlung des Kaufpreises die Bedingung herbeiführt, verliert X sein Eigentum, es sei denn, X war gutgläubig (§ 161 Abs. 3 BGB). Eigentümer ist nunmehr aufgrund der ersten Verfügung K. Das bedeutet, dass durch die aufschiebend bedingte Verfügung eine Beschränkung der Verfügungsmacht eintritt, die freilich vom Eintritt der Bedingung abhängt.

397 Nach § 161 BGB wird die in der Schwebezeit vorgenommene Verfügung *absolut* unwirksam. Auf die Rechtsfolge kann sich deshalb jeder berufen, nicht nur der Anwartschaftsberechtigte. S. oben RdNr. 364. Keine Unwirksamkeit tritt bei einer Verfügung ein, die den Erfolg der ersten Verfügung nicht vereitelt. Stimmt der Anwartschaftsberechtigte der Zwischenverfügung zu, ist das Geschäft entsprechend § 185 BGB voll wirksam[17]. S. auch unten RdNr. 616.

Darüber hinaus ergibt sich aus § 161 BGB die Befugnis, trotz der bedingten Verfügung eine weitere Verfügung zu treffen[18]. Der Verfügende kann die aufschiebend bedingt übereignete Sache z.B. bis zum Eintritt der Bedingung als Sicherungsgut nutzen.

---

16 Vgl. *Motive* I, S. 261.
17 BGHZ 92, 288.
18 *Berger*, Rechtsgeschäftliche Verfügungsbeschränkungen, 1998, S. 168 ff.

V. Befristung

Die Vorschriften über die Bedingung sind auf befristete Rechtsgeschäfte entsprechend anzuwenden (§ 163 BGB). Dem Anfangstermin entspricht die aufschiebende, dem Endtermin die auflösende Bedingung. Ist ein Rechtsgeschäft bedingungsfeindlich, kann es auch nicht mit einer Befristung abgeschlossen werden[19].

398

Von der Befristung zu unterscheiden ist eine Vereinbarung, nach der eine Forderung erst zu einem späteren Zeitpunkt fällig sein soll (**betagte Forderung**). Die betagte Forderung entsteht mit der Vereinbarung, ist aber mangels Fälligkeit (noch) nicht durchsetzbar. Von Bedeutung ist die Unterscheidung beim Bereicherungsausgleich. Leistet der Schuldner vor Fälligkeit, kann er das Geleistete nicht zurückfordern, § 813 Abs. 2 BGB. Die Rückforderung ist dagegen nicht ausgeschlossen, wenn eine Befristung vorlag und die Forderung, auf die geleistet wurde noch gar nicht bestand.

---

19 BGH NJW 2004, 284, 285.

§ 14 Auslegung von Rechtsgeschäften

Literatur: *Bickel*, Die Methoden der Auslegung rechtsgeschäftlicher Erklärungen, 1976; *Brox*, Richterliche Gestaltung privater Rechtsverhältnisse, JR 1960, 321; *ders.*, Der Bundesgerichtshof und die Andeutungstheorie, JA 1984, 549; *Bucher*, Der Ausschluß dispositiven Gesetzesrechts durch vertragliche Absprachen (Bemerkungen zu den Erscheinungsformen dispositiver Rechtssätze), Festschr. f. Deschenaux, 1977, 249 ff.; *Coester-Waltjen*, Inhaltskontrolle von AGB – geltungserhaltende Reduktion – ergänzende Vertragsauslegung, Jura 1988, 113; *Coing*, Zur Auslegung der Verträge von Personengesellschaften, ZGR 1978, 659; *Fikentscher*, Methoden des Rechts, Bd. III, 1976, Kap. 29 III, Bd. IV, 1977, Kap. 32; *Flume*, Testamentsauslegung bei Falschbezeichnung, NJW 1983, 2007; *Hager*, Gesetzes- und sittenkonforme Auslegung und Aufrechterhaltung von Rechtsgeschäften, 1983; *Henckel*, Die ergänzende Vertragsauslegung, AcP 159 (1960/1961), 106; *Jahr*, Geltung des Gewollten und Geltung des Nicht-Gewollten – Zu Grundfragen des Rechts empfangsbedürftiger Willenserklärungen, JuS 1989, 249; *Kapp*, Die Auslegung von Testamenten, BB 1984, 2077; *Kötz*, Vertragsauslegung, Festschr. f. Zeuner, 1994, S. 219; *Kramer, E.A.*, Grundfragen der vertraglichen Einigung, 1972; *Larenz*, Die Methode der Auslegung des Rechtsgeschäfts, 1930, Nachdruck 1966; *ders.*, Methodenlehre der Rechtswissenschaft, 6. Aufl., 1990; *ders.*, Ergänzende Vertragsauslegung und dispositives Recht, NJW 1963, 737; *Lüderitz*, Auslegung von Rechtsgeschäften, 1966; *Mayer-Maly*, Die Bedeutung des tatsächlichen Parteiwillens für den hypothetischen, Festschr. f. Flume I, 1978, 621; *Medicus*, Vertragsauslegung und Geschäftsgrundlage, Festschr. f. Flume I, 1978, 629; *Merz*, Auslegung, Lückenfüllung und Normenberichtigung, AcP 163 (1964), 305; *Nicklisch*, Ergänzende Vertragsauslegung und Geschäftsgrundlagenlehre – ein einheitliches Rechtsinstitut zur Lückenfüllung?, BB 1980, 949; *Reinicke, M.*, Der Satz von der „falsa demonstratio" im Vertragsrecht, JA 1980, 455; *Säcker*, Rechtsgeschäftsauslegung und Vertrauensprinzip, Jura 1971, 509; *Sandrock*, Zur ergänzenden Vertragsauslegung im materiellen und internationalen Schuldvertragsrecht, 1966; *Scherer*, Die Auslegung von Willenserklärungen „klaren und eindeutigen" Wortlauts, Jura 1988, 302; *Schnauder*, Wider das Dogma vom Empfängerhorizont, NJW 1999, 2841; *Sonnenberger*, Verkehrssitten im Schuldvertrag, 1970; *Sosnitza*, Interpretation von Gesetz und Rechtsgeschäft, JA 2000, 708; *Stathopoulos*, Zur Methode der Auslegung der Willenserklärung, Festschr. f. Larenz, 1973, 357; *Trupp*, Die Bedeutung des § 133 BGB für die Auslegung von Willenserklärungen, NJW 1990, 1346; *Wagner*, Interpretation in Literatur- und Rechtswissenschaft, AcP 165 (1965), 520; *Wieacker*, Die Methode der Auslegung des Rechtsgeschäfts, JZ 1967, 385; *Wiedemann*, Die Auslegung von Satzungen und Gesellschaftsverträgen, DNotZ 1977 (Sonderheft), 99; *Wieling*, Die Bedeutung der Regel „falsa demonstratio non nocet" im Vertragsrecht, AcP 172 (1972), 297; *Wieser*, Empirische und normative Auslegung, JZ 1985, 407; *ders.*, Zurechenbarkeit des Erklärungsinhalts?, AcP 184 (1984), 40; *Wolf/Gangel*, Der nicht formgerecht erklärte Erblasserwille und die Auslegungsfähigkeit eindeutiger testamentarischer Verfügungen – BGH, NJW 1981, 1737 und NJW 1981, 1736, JuS 1983, 663.

I. Bedeutung der Auslegung

399 Nach dem Grundgedanken der Privatautonomie soll der Parteiwille Geltungsgrund rechtsgeschäftlich begründeter Rechtsfolgen sein. Freilich ist der Wille als psychische Tatsache rechtlich unerheblich. Rechtsfolgen werden nur an den *erklärten* Willen geknüpft. Bei einer Erklärung kann zweifelhaft sein, welche Rechtsfolge in Geltung gesetzt werden sollte. Manchmal ist sogar unklar, ob ein Verhalten überhaupt als Willenserklärung zu werten ist[1]. Aufgabe der Auslegung ist es, die maßgebliche Bedeutung des Verhaltens festzustellen.

II. Auslegungsziele

Die Auslegung ist als Erkenntnistätigkeit Mittel zum Zweck. Wer auslegt, muss sich Klarheit darüber verschaffen, welches Erkenntnisinteresse er verfolgen will. Das bedeutet nicht, dass bereits ein konkretes Auslegungsergebnis als Vorurteil bereitliegen muss. Es geht vielmehr um die Frage, was durch Auslegung festzustellen ist. Die Auslegung kann zum Ziel haben herauszufinden, was der Erklärende erklären wollte; man kann aber auch die Frage stellen, wie der Adressat oder eine verständige Person bestimmte Erklärungszeichen verstehen mussten. Welches Auslegungsziel maßgeblich ist, entscheidet der Gesetzgeber. Dagegen ist die Auslegungsmethode eine Frage des praktischen Verstandes. In den Motiven zum BGB wird sogar der Standpunkt vertreten, Regeln über die Auslegung, welche vorschreiben, was bei der Auslegung zu berücksichtigen ist (Ort, Zeit, Zweck eines Geschäfts), seien im Wesentlichen Denkregeln ohne positiv rechtlichen Gehalt. Der Richter erhalte durch sie Belehrungen über praktische Logik[2]. Deshalb wurden keine detaillierten Bestimmungen über die Auslegungsmethode in das Gesetz aufgenommen.

400

III. Gesetzliche Regelungen

Das BGB enthält zwei allgemeine Vorschriften über die Auslegung von Rechtsgeschäften. Nach § 133 BGB ist bei der Auslegung einer Willenserklärung der wirkliche Wille zu erforschen und nicht am buchstäblichen Sinn des Ausdrucks zu haften. Das bedeutet vor allem, dass der Jurist bei der Auslegung keine Rabulistik (Haarspalterei und Wortklauberei) betreiben soll. Neben der Vorschrift über die Auslegung der Willenserklärung enthält § 157 BGB ein allgemeines Auslegungsprinzip für Verträge. Danach sind Verträge so auszulegen, wie Treu und Glauben mit Rücksicht auf die Verkehrssitte es erfordern[3]. Zu Sonderregelungen für Allgemeine Geschäftsbedingungen siehe unten RdNr. 561. Besondere Auslegungsregeln finden sich vor allem im Erbrecht, vgl. die §§ 2066 ff., 2084, 2087 Abs. 2 BGB.

401

---

1 Zur Auslegung in diesem Fall BGH NJW 1989, 1029.
2 *Motive* I, S. 155.
3 Nach *Trupp* NJW 1990, 1346 enthält auch § 119 BGB eine „versteckte" Auslegungsregel.

402 Dass der Gesetzgeber für Verträge eine besondere Vorschrift über die Auslegung aufgenommen hat, darf nicht zu dem Fehlschluss verleiten, bei Willenserklärungen seien andere Grundsätze maßgeblich als bei Verträgen. Im ersten Entwurf des BGB war im Allgemeinen Teil nur die Auslegung der Willenserklärung geregelt. Der Grundsatz, dass auf Treu und Glauben Rücksicht zu nehmen ist, wo der Inhalt eines Vertrags und die durch ihn begründeten Verpflichtungen zweifelhaft sind, wurde im Schuldrecht ausgesprochen (§ 359 E I). Mit der späteren Aufnahme des heutigen § 157 BGB in den Allgemeinen Teil wollte der Gesetzgeber keine unterschiedlichen Auslegungsgrundsätze normieren.

403 Geht man allerdings vordergründig vom Wortlaut aus, scheinen die §§ 133, 157 BGB unterschiedliche Auslegungsziele vorzuschreiben. Während bei der Willenserklärung der Wille im Vordergrund steht, scheint es beim Vertrag eher um eine objektive Sinnermittlung zu gehen. Man ist sich aber darüber einig, dass es diesen Gegensatz nicht gibt. Deshalb werden bei der Auslegung oft die §§ 133, 157 BGB zusammen zitiert[4]. Das bedeutet freilich nicht, dass man alle Rechtsgeschäfte gleich behandeln darf. Bei der Feststellung des maßgeblichen Inhalts einer empfangsbedürftigen Willenserklärung sind auch die Interessen des Adressaten zu berücksichtigen. Deshalb unterscheidet man bei der Auslegung danach, ob eine Erklärung empfangsbedürftig ist oder nicht.

IV. Empfangsbedürftige Erklärungen

404 Die empfangsbedürftige Willenserklärung ist an einen Adressaten gerichtet, der den Inhalt zur Kenntnis nehmen soll. Bei der Auslegung darf nicht einseitig der Wille des Erklärenden erforscht werden; vielmehr kommt es darauf an, wie der Adressat die Erklärung verstehen musste. Dieser Gedanke wird verkürzt und manchmal missverständlich auf die Formel gebracht, bei der Auslegung empfangsbedürftiger Willenserklärungen komme es auf den Empfängerhorizont an. Nicht entscheidend kann dabei sein, wie der Empfänger die Erklärung tatsächlich verstanden hat. Ein Irrtum des Adressaten darf nicht zu Lasten des Erklärenden gehen. Entscheidend ist, wie der Empfänger die Erklärung nach Treu und Glauben verstehen *musste*. Unter Umständen führt die Auslegung zu einer Bedeutung der Willenserklärung, die weder die eine noch die andere Partei tatsächlich angenommen hat.

Beispiel Irrtümer: V will dem K ein Pferd zum Verkauf anbieten. Er schreibt K, er sei bereit, das Pferd Moritz zum Preis von 30 000,– Euro zu verkaufen. In Wirklichkeit wollte V das Pferd mit dem Namen Max verkaufen. K liest den Brief nicht

---

4 Vgl. z. B. *Medicus* RdNr. 319.

sorgfältig und meint, V wolle das Pferd Maurice, über das schon Verhandlungen geführt wurden, anbieten.

Auszugehen ist vom normativen Empfängerhorizont. Ein Empfänger, der sich sorgfältig und redlich bemühen würde, das herauszufinden, was V erklären will, würde trotz der Vorverhandlungen über das Pferd Maurice davon ausgehen, dass V das Pferd Moritz zum Verkauf anbietet. V könnte seine Erklärung nach § 119 Abs. 1 BGB anfechten, weil er nicht die maßgebliche Bedeutung seiner Erklärung kannte. Der Empfänger K befindet sich ebenfalls in einem Irrtum. Aber eine Anfechtung kommt bei ihm natürlich nicht in Betracht, weil er die Willenserklärung nicht abgegeben hat. Die Frage ist, ob K im Falle der Anfechtung durch V Ersatz des Vertrauensschadens nach § 122 BGB geltend machen kann. Man könnte dies mit der Begründung verneinen, K habe nicht auf den maßgeblichen Sinn der Erklärung vertraut.

Die Lehre vom Empfängerhorizont führt dazu, dass diejenigen Umstände bei der Auslegung nicht herangezogen werden dürfen, die für den Empfänger nicht erkennbar waren. Die Auslegung darf aber den Empfänger nicht einseitig bevorzugen. Deshalb scheiden auch solche Umstände aus, die dem Erklärenden nicht bekannt sein konnten[5]. Da die Frage nach der Zurechenbarkeit oder Erkennbarkeit von Umständen beim Abschluss eines Rechtsgeschäfts für die Beteiligten unter Umständen unterschiedlich zu beantworten ist, kann eine an verschiedene Personen gerichtete Erklärung mit unterschiedlicher Bedeutung wirksam werden. **405**

Beispiel Speisekarte: In einem Lokal hat der Wirt verschiedene Speisekarten ausgelegt, die für gleiche Gerichte unterschiedliche Preise enthalten. Wenn A und B bei der Bestellung eines Gerichts für zwei Personen deshalb von verschiedenen Preisen ausgehen, hat die an A und B gerichtete Erklärung des Obers, er werde gleich servieren, für beide Gäste unterschiedliche Bedeutung.

Beispiel Staatsanwalt: Einen schwierigen Fall, der auf *von Jhering* zurückgeht, diskutieren *Medicus* und *Wolf*[6]: Ein Jurastudent entwendete in einem Lokal eine Speisekarte. Jahre später – er ist inzwischen Staatsanwalt und verfolgt besonders leidenschaftlich Diebe – legt er die alte Karte unbemerkt zurück. Ein Gast bestellt aufgrund dieser Speisekarte, die wesentlich niedrigere Preise enthält als die aktuelle Karte. Der Gast konnte nicht erkennen, dass er die falsche Speisekarte studiert hat. Auch für den Wirt war nicht erkennbar, dass verschiedene Karten auslagen. *Wolf* und *Medicus* gehen davon aus, der Wirt sei für die ausliegenden Speisekarten verantwortlich. Deshalb sei der Umstand, dass eine alte Karte auf dem Tisch lag, zurechenbar und bei der Auslegung zu berücksichtigen. Danach käme der Vertrag zu dem alten Preis zustande.

Bei Erklärungen an die **Allgemeinheit**, die in Umlaufpapieren (Wechsel, Scheck, Inhaberschuldverschreibung) verkörpert sein können, muss die Auslegung im Interesse der Rechtssicherheit zu einem für alle Beteiligten einheitlichen Ergebnis führen[7]. Deshalb dürfen bei der Auslegung keine Umstände herangezogen werden, die für einen Dritten nicht erkennbar **406**

---

5 *Flume* II § 16/3 c; *Soergel/Hefermehl* § 133 RdNr. 21.
6 *Medicus* RdNr. 324; *Larenz/Wolf* § 28 RdNr. 58.
7 Siehe aber BGH ZIP 1994, 859 (unterschiedliche Auslegung gegenüber bez. Bank und Schecknehmer).

sind. Auch bei der Satzung juristischer Personen sind Vorgänge und Umstände bei der Errichtung, die im Text keinen Niederschlag gefunden haben, nicht zu berücksichtigen[8].

Empfangsbedürftige Willenserklärungen werden mit Zugang wirksam. Zu diesem Zeitpunkt steht der Inhalt fest. Deshalb dürfen spätere Umstände bei der Auslegung nicht herangezogen werden[9]; andernfalls würde die Auslegung zu dem Ergebnis führen, dass sich die Bedeutung der Erklärung nach Wirksamwerden verändert hat. Der Zugang ist für die inhaltliche Fixierung der Willenserklärung nur deshalb von Bedeutung, weil der normative Empfängerhorizont bei der Auslegung berücksichtigt werden muss. Bei der Auslegung ist nicht zu prüfen, was eine Partei im Zeitpunkt des Zugangs gewollt hat, es kommt vielmehr darauf an, welchen Willen sie bei Abgabe der Erklärung hatte[10]. Der redliche Adressat muss sich fragen, welchen Willen der Erklärende bei Abgabe der Erklärung hatte.

V. Nicht empfangsbedürftige Erklärungen

407 Die nicht empfangsbedürftige Erklärung ist an keinen Adressaten gerichtet, auf dessen Verständnis Rücksicht zu nehmen wäre. Deshalb dürfen bei der Auslegung alle Umstände berücksichtigt werden, die zur Ermittlung des Willens des Erklärenden geeignet sind. Der wichtigste Fall der nicht empfangsbedürftigen Erklärungen ist das **Testament**. Zum Teil wird die Ansicht vertreten, bei einem Testament sei der wahre Wille im Wege einer „natürlichen Auslegung" zu ermitteln, während bei anderen nicht empfangsbedürftigen Erklärungen darauf abzustellen sei, wie die betroffenen Verkehrskreise die Erklärung verstehen mussten[11]. Maßgeblicher Zeitpunkt für die Auslegung ist die Abgabe der Erklärung. Spätere Umstände sind nicht zu berücksichtigen.

Beispiel Hoferbe: Der Erblasser E bestimmt in seinem Testament, dass X seinen Hof bekommen soll. Das übrige Vermögen wendet er dem Y zu. Nach Errichtung des Testaments wird der Hof zur Abwendung einer Enteignung veräußert. Den Kaufpreis legt E in Aktien an, die bei seinem Tode einen Wert von einer Million Euro haben.

Bei der Auslegung sind Umstände, die nach Abgabe der Erklärung (Errichtung des Testaments) eingetreten sind, zwar nicht zu berücksichtigen. Dennoch kann die Verfügung so ausgelegt werden, dass X von vornherein den Hof oder das Surrogat bekommen sollte. Diese Auslegung liegt dann nahe, wenn es dem Erblasser in erster Linie darum ging, einen Wert zuzuwenden.

---

8 *Soergel/Hefermehl* § 133 RdNr. 15.
9 BGH NJW 1988, 2878; bestätigt durch BGH NJW 1997, 936 (937).
10 BGH NJW 1998, 3268 = JZ 1999, 950.
11 *Köhler* § 9 RdNr. 5.

VI. Falsa demonstratio non nocet

Haben Parteien einer Erklärung übereinstimmend den gleichen Sinn beigemessen, ist das übereinstimmend Gewollte maßgebend, ganz unabhängig von Wortwahl und objektivem Erklärungswert[12]. Ob es sich um eine absichtliche oder irrtümliche Falschbezeichnung handelt, spielt dabei keine Rolle. Es gilt der Grundsatz **falsa demonstratio non nocet** (die Falschbezeichnung schadet nicht).

408

Beispiel Haakjöringsköd[13]**:** K kaufte bei V eine Schiffsladung, die die Parteien mit „Haakjöringsköd" bezeichneten. Sie gingen irrig davon aus, dass der norwegische Ausdruck Haakjöringsköd Walfischfleisch bezeichnet. In Wirklichkeit bedeutet Haakjöringsköd Haifischfleisch. Das Reichsgericht ging davon aus, der Vertrag sei über Walfischfleisch zustande gekommen. Es handelte sich um eine unschädliche Falschbezeichnung, da beide Parteien das Gleiche meinten.

Eine Falschbezeichnung ist nach allgemeinen Auslegungsgrundsätzen auch dann unschädlich, wenn der Adressat der Erklärung trotz falscher Wortwahl erkennen musste, was der Erklärende äußern wollte.

409

Beispiel Kündigung der JuS[14]**:** Student S bezieht beim Buchhändler B die Zeitschrift JuS. S will den Bezugsvertrag kündigen und schreibt an B, er kündige die Zeitschrift Jura. B schaut in seinen Unterlagen nach und stellt fest, dass S die Jura nicht bezieht. Dass S versehentlich die falsche Zeitschrift im Kündigungsschreiben nannte, erkannte B nicht. Die Kündigung war trotz der Falschbezeichnung wirksam, weil B erkennen konnte, was S meinte.

VII. Auslegungsgrundsätze

1. Keine Grenze durch den Wortlaut

Der Wortlaut einer Erklärung bildet keine Grenze der Auslegung[15]. Das stellt § 133 BGB klar. Dass der Wortlaut keine Grenze bilden kann, folgt schon daraus, dass sich der Erklärende bei der Abgabe einer Willenserklärung auch nichtsprachlicher Verständigungsmittel bedienen kann. Jedem Verhalten, nicht nur dem gesprochenen oder geschriebenen Wort, kann eine Bedeutung zukommen. Zur konkludenten Erklärung siehe auch oben RdNr. 139.

410

---

12 Vgl. BGH NJW 1994, 1528; BGH NJW-RR 1996, 1458.
13 RGZ 99, 147. S. auch BGH NJW-RR 1993, 374.
14 AG Wedding NJW 1990, 1797.
15 BGHZ 86, 41 (46) = NJW 1983, 672 zum Testament.

2. Besonderheiten bei formbedürftigen Erklärungen

411 Nach h. M. sind bei formbedürftigen Erklärungen auch Umstände heranzuziehen, die außerhalb der Urkunde liegen[16]. Die Auslegung kann deshalb zu einem Ergebnis führen, das mit dem Wortlaut der Erklärung nichts mehr zu tun hat. Die Frage ist, ob eine Erklärung noch der Form genügt, wenn die durch Auslegung ermittelte Bedeutung von dem in der Urkunde niedergelegten Text völlig abweicht. Nach der **Andeutungstheorie**[17], die von der Rechtsprechung vor allem bei der Beurteilung letztwilliger Verfügungen herangezogen wird, muss die Bedeutung der Erklärung in der Urkunde wenigstens angedeutet sein[18]. In der Literatur wird überwiegend nach dem Zweck der Form differenziert[19]. Wenn notarielle Beurkundung vorgeschrieben ist, die dem Schutz der Parteien vor Übereilung dient, muss der Sinn der Erklärung aus der Urkunde hervorgehen. Eine Beratung durch den Notar ist praktisch nicht möglich, wenn nur die Parteien aufgrund der ihnen bekannten Umstände wissen, worum es eigentlich geht. Eine Besonderheit gilt bei der Auslegung der Erklärungen, durch die eine Grundschuld abgetreten wird. Weil die Abtretungserklärung dem Grundbucheintrag gleichsteht (§§ 1154, 1155 BGB), dürfen Umstände, die außerhalb der Urkunde liegen, nur herangezogen werden, wenn sie für jeden Leser ohne Weiteres erkennbar sind[20]. Der Bundesgerichtshof verzichtet bei Grundstücksgeschäften nach § 311b Abs. 1 BGB und bei der Auflassung auf eine Andeutung in der Urkunde, wenn die Parteien **übereinstimmende** Vorstellungen vom Inhalt des Geschäfts hatten[21]. Zur absichtlich falschen Beurkundung s. RdNrn. 193, 412.

Beispiel Garten: V verkauft seinen Garten, der mit einer Hecke umzäunt ist, an K. Nach einer Besichtigung begeben sich beide zum Notar, der einen Kaufvertrag und die Auflassung beurkundet. In der Urkunde wird das Grundstück nach dem Grundbuchblatt und der Flurstücknummer bezeichnet. Später stellt sich heraus, dass der Garten, der Gegenstand des Geschäfts sein sollte, in Wahrheit aus zwei Grundstücken im Rechtssinne bestand. Ist der Vertrag wirksam geschlossen, obwohl nur ein Grundstück aufgeführt ist? Wendet man den Grundsatz „falsa demonstratio non nocet" auch auf formgebundene Geschäfte uneingeschränkt an, erfasst das Geschäft beide Grundstücke[22]. Nach der Andeutungstheorie käme man dagegen zu dem Ergebnis, dass aus der Urkunde keine Anhaltspunkte ersichtlich sind, wonach sich der Vertrag auch auf das andere Grundstück erstreckt[23]. Diese

---

16 *Larenz/Wolf* § 28 RdNr. 86.
17 BGH NJW-RR 1986, 724 (zu § 34 GWB); BGHZ 80, 242, 246, dazu *Wieser* JZ 1985, 407; *Flume* NJW 1983, 2007; *Wolf/Gangel* JuS 1983, 663; *Leipold* JZ 1983, 711.
18 Vgl. dazu die Kritik von *Häsemeyer*, Die gesetzliche Form der Rechtsgeschäfte, 1971, S. 172 ff.; *Brox* JA 1984, 549; *Köhler* JR 1984, 14.
19 *Larenz/Wolf* § 28 RdNr. 90; *Medicus* RdNr. 331.
20 BGH NJW-RR 1992, 178.
21 BGHZ 87, 150 (153); zur Auflassung BGH NJW 2002, 1038.
22 Das gilt nicht, wenn ein Teilstück noch wegzumessen ist und die genaue Grenze nicht festliegt, BGHZ 74, 116.
23 Vgl. aber BGHZ 87, 150, wo die Andeutungsformel erheblich abgeschwächt wurde.

Überlegungen gelten auch für die Auflassung (dingliche Einigung nach § 925 BGB).

Die Bedeutung der Grundbucheintragung als Akt der freiwilligen Gerichtsbarkeit ist nicht nach der übereinstimmenden Vorstellung der Parteien zu bestimmen, weil jeder Interessierte in die Lage versetzt sein soll, sich durch Grundbucheinsicht über die Rechtsverhältnisse zu informieren.

Bei absichtlicher Falschbezeichnung geht die h. M. davon aus, die Form sei nicht gewahrt. Das zum Schein abgeschlossene Rechtsgeschäft ist nach § 117 BGB nichtig. Das verdeckte Geschäft ist nach § 125 BGB nichtig, wenn es formbedürftig ist. Siehe dazu das Beispiel „Schwarzkauf" oben RdNr. 193. **412**

3. Bedeutung der Verkehrssitte

Bei der Auslegung ist die Verkehrssitte zu berücksichtigen, Das bedeutet zunächst, dass den Sprachgewohnheiten der Kreise Rechnung zu tragen ist, denen die Beteiligten angehören. Aber auch konkludente Erklärungen bekommen ihre Bedeutung oft erst dadurch, dass in der betreffenden „Szene" bestimmten Verhaltensweisen eine Bedeutung beigelegt wird. Von besonderer Bedeutung sind Sitten, die sich unter Kaufleuten herausgebildet haben. Sie werden Handelsbrauch genannt (§ 346 HGB). Zum Teil sind sie schriftlich niedergelegt wie z.B. die Tegernseer Handelsbräuche für den Holzhandel. Daneben gibt es vor allem für den internationalen Rechtsverkehr eingebürgerte Fachausdrücke, wie z.B. die Bestimmung „ex works", die dem Käufer die Transportgefahr aufbürdet[24]. Diese **Incoterms** (International commercial Terms) sind von der Internationalen Handelskammer (ICC) in Paris erfasst[25]. **413**

Beispiel Umsatzsteuer: Unmittelbar nach Einführung der Währungsunion mit der DDR im Jahre 1990 verkaufte V an K in Leipzig einen Gebrauchtwagen zum Preis von 6000,– DM. Die Parteien gingen davon aus, dass auf den Vertrag das BGB anzuwenden ist. Es entsteht Streit, ob der Preis die Mehrwertsteuer enthält oder ob K zusätzlich zu dem vereinbarten Preis den Betrag der von V abzuführenden Mehrwertsteuer zu zahlen hat.

Der Streit wäre leicht zu entscheiden, wenn der Vertrag in Stuttgart geschlossen worden wäre, weil im alten Bundesgebiet eine Verkehrssitte besteht, nach der in der Regel von einem Bruttopreis auszugehen ist. Der Käufer muss nicht zusätzlich einen der Mehrwertsteuer entsprechenden Betrag bezahlen. Bei dem Vertrag, der unmittelbar nach der Währungsunion in Leipzig geschlossen wurde, kann bei der Auslegung keine bestehende Verkehrssitte herangezogen werden. Man muss auf den Gesichtspunkt abstellen, dass es in der ehemaligen DDR keine Mehrwertsteuer gab. Deshalb musste der Käufer davon ausgehen, dass der genannte Preis der Endpreis ist.

---

24 *Soergel/Wolf* § 157 RdNr. 95.
25 Abgedruckt bei *Schlegelberger/Hefermehl*, HGB, § 346 RdNr. 56.

414 Verkehrssitten und Handelsbräuche sind eng mit dem Gewohnheitsrecht verwandt. Zwar beruht die Anerkennung der Verkehrssitte auf dem Gesetz, aber von einem praktischen Standpunkt aus betrachtet ist der Unterschied zum Gewohnheitsrecht gering[26]. Deshalb führt die Verweisung auf die Verkehrssitte zu Legitimitätsproblemen, wenn die Vertragspraxis in einer Branche von den Anbietern gezielt geschaffen wird.

> So werden beim Vertrieb von Standard-Software zunehmend sog. Schutzhüllenverträge verwendet. Auf der Verpackung der Programmdatenträger steht der Hinweis, im Falle der Öffnung komme ein Vertrag über die Nutzung des Programms mit dem Hersteller zustande. Wenn diese Vertragspraxis allgemein üblich wird, kann man dem Verhalten des Kunden tatsächlich die Bedeutung eines Vertragsschlusses durch Annahmebetätigung (§ 151 BGB) beilegen.

415 Probleme entstehen, wenn die an einem Rechtsgeschäft Beteiligten **unterschiedlichen Verkehrskreisen** mit verschiedenen Bräuchen angehören. Hier kann die Verkehrssitte nur herangezogen werden, wenn die andere Partei mit der Verkehrssitte zumindest rechnen musste.

VIII. Ergänzende Vertragsauslegung

1. Kennzeichnung

416 Die Auslegung einer Willenserklärung soll die maßgebliche Bedeutung des Erklärungsverhaltens feststellen. Man nennt diese Auslegung **erläuternde Auslegung** im Gegensatz zur **ergänzenden Auslegung**, die darauf abzielt, Lücken rechtsgeschäftlicher Regelungen zu schließen.

> **Beispiel Praxistausch**[27]: Zwei Ärzte, die in verschiedenen Orten praktizierten, vereinbarten einen Tausch ihrer Praxen. Einige Monate nach Vollzug des Vertrags erklärte ein Vertragspartner die Absicht, in den alten Wohnort zurückzukehren und in der Nähe seiner früheren Praxis eine neue Praxis zu eröffnen. Er wurde von seinem Tauschpartner auf Unterlassung verklagt.
>
> Im Vertrag war die Frage, ob ein Vertragspartner seinen Beruf am alten Ort wieder aufnehmen durfte, nicht geregelt. Konnte man daraus schließen, dass insoweit keine Beschränkungen bestehen oder war die angekündigte Rückkehr der Versuch, den Tauschvertrag praktisch zu Fall zu bringen, weil die früheren Patienten im Falle einer Rückkehr in die neu zu eröffnende Praxis kommen würden? Der BGH nahm im Wege der ergänzenden Vertragsauslegung an, es bestehe ein Verbot, in den früheren Bezirk zurückzukehren.

417 Bei der ergänzenden Vertragsauslegung ist der hypothetische Parteiwille maßgeblich. Auszugehen ist von dem unvollständigen Vertrag, in dem sich der von den Parteien gewollte Geschäftszweck niederschlägt. Auf dieser

---

[26] Der Unterschied wird geleugnet von *Raiser*, Das Recht der AGB, S. 82; *Godin*, in: RGR-Kommentar zum HGB, 2. Aufl., § 346 Anm. 2. Vgl. auch BGH NJW 1993, 1798: Der Handelsbrauch habe „in gewisser Weise normativen Charakter".

[27] BGHZ 16, 71.

Grundlage ist zu prüfen, welche faire Regelung die Parteien getroffen hätten, wenn sie den nun streitig gewordenen Punkt in ihre Überlegungen einbezogen hätten. Wo eine Verkehrssitte besteht, ist davon auszugehen, dass die Parteien ihr Vertragsverhältnis nach der üblichen Praxis abwickeln wollten.

2. Verhältnis zum dispositiven Recht

418 Wenn in einem Vertrag Probleme, die bei der Abwicklung entstehen können, nicht geregelt sind, hilft oft das dispositive Recht. Wurde z.B. eine Sache verkauft, die sich als mangelhaft erweist, haftet der Verkäufer nach den §§ 437 ff. BGB. Das dispositive Recht gilt freilich nur, wenn die Parteien keine abweichende Vereinbarung getroffen haben. Die Frage ist, ob dispositive Normen auch gegenüber Regelungen, die im Wege der ergänzenden Vertragsauslegung erschlossen werden können, subsidiär sind. Der Bundesgerichtshof geht von dem Grundsatz aus, eine ergänzende Vertragsauslegung scheide aus, wenn das Gesetz eine dispositive Norm enthalte, die den Zweck habe, die Lücke zu schließen[28]. Eine Ausnahme wird im Gesellschaftsrecht gemacht, weil sich die Vertragspraxis in diesem Gebiet vom dispositiven Recht entfernt hat[29]. In der Literatur werden unterschiedliche Differenzierungen vorgeschlagen. Manche stellen darauf ab, wie nah der konkrete Vertrag dem gesetzlich geregelten Vertragstyp entspricht[30].

419 Ergänzende Vertragsauslegung und Anwendung dispositiven Rechts führen oft zum selben Ergebnis, weil sich der Rechtsverkehr auf die dispositiven Normen des Gesetzes einstellt. Die Abwicklung eines Kaufvertrags nach den kaufrechtlichen Vorschriften des BGB entspricht regelmäßig der Verkehrssitte, auf die bei der ergänzenden Vertragsauslegung abzustellen wäre. Dennoch kommt ergänzende Vertragsauslegung auch bei Verträgen, die dem gesetzlichen Leitbild entsprechen, in Betracht, wenn sich in einem bestimmten Bereich eine besondere Verkehrssitte gebildet hat. Diese abweichende Verkehrssitte ist im Prozess zu beweisen.

Bei Verträgen, die dem gesetzlichen Leitbild nur unvollkommen entsprechen, ist fraglich, ob ergänzende Vertragsauslegung überhaupt mit dem dispositiven Recht konkurriert. Eine Konkurrenz ist zu verneinen, wenn man das Gesetz restriktiv auslegt und nur auf solche Fälle anwendet, die dem Leitbild des Gesetzgebers entsprechen.

420 Die Kaufrechtsvorschriften, die vor der Reform des Schuldrechts durch das Gesetz zur Modernisierung des Schuldrechts galten, hatten ihren his-

---

28 BGHZ 90, 75; ebenso *Henckel* AcP 159 (1960/61), 106 (124); *Flume* II § 16/4 b.
29 BGH NJW 1989, 2681 (2682) m.w.N.
30 *Larenz/Wolf* § 28 RdNr. 111; *Jauernig* § 157 RdNr. 3.

torischen Ursprung im Sklaven- und Viehhandel. Es wurde ein Kaufgegenstand zugrunde gelegt, bei dem Mängel naturgemäß nicht behebbar waren und es wurde vorausgesetzt, dass der Verkäufer nur bei der Veräußerung der Ware beteiligt ist und keine Reparaturabteilung unterhält. Deshalb wurden dem Verkäufer keine Nachbesserungspflichten auferlegt. Das seit dem 1. 1. 2002 geltende Kaufrecht hat sich an einem anderen Leitbild orientiert. Als Typus wurde der Kauf vertretbarer Sachen zugrunde gelegt, bei denen eine Nachlieferung möglich ist und oft auch eine Reparatur bei Mängeln in Betracht kommt. Die Frage ist, ob bei der Auslegung berücksichtigt werden kann, dass der konkrete Kaufvertrag dem gesetzlichen Leitbild nicht entspricht. Für das frühere Recht, das eine Fehlerbeseitigungspflicht nicht kannte, stellten die Motive zum BGB fest: „hiermit ist jedoch nicht ausgesprochen, dass der Veräußerer nicht nach den Umständen des Falles durch Beseitigung des Mangels die Ansprüche des Erwerbers ausschließen kann"[31]. Das Abstellen auf die Umstände des Falles ist im Grunde nichts anderes als ergänzende Vertragsauslegung. Soll dispositives Recht durch ergänzende Vertragsauslegung verdrängt werden, muss eindeutig feststehen, dass sich die Parteien nicht auf eine Abwicklung nach den gesetzlichen Vorschriften eingestellt haben. Das ist jedenfalls dann anzunehmen, wenn sich vom dispositiven Recht abweichende Verkehrssitten gebildet haben. Nach neuem Kaufrecht wird man regelmäßig bei einem Stückkauf davon ausgehen, dass die Parteien die Pflicht zur Nachlieferung (§ 438 Abs. 1 BGB) ausgeschlossen haben[32].

421 Wo ergänzende Vertragsauslegung nicht nur Einbeziehung einer Verkehrssitte bedeutet, sondern individuelle Vertragsgerechtigkeit verwirklichen soll, ist zu berücksichtigen, dass dispositives Recht die Aufgabe hat, Rechtssicherheit zu gewährleisten. Die Parteien sollen nicht erst durch kluge Richter einer höheren Instanz erfahren, von welcher Rechtslage auszugehen ist.

Medicus unterscheidet bei den dispositiven Normen danach, ob sie erst in letzter Linie gelten sollen und im Grunde nur einen Dissens verhindern wollen oder ob es sich um Regeln handelt, die der materiellen Gerechtigkeit entsprechen[33]. Bei den formalen Regeln soll die ergänzende Vertragsauslegung Vorrang haben. Diese Unterscheidung ist abzulehnen, weil sie die wichtige Aufgabe des dispositiven Rechts, Rechtssicherheit zu gewährleisten, verfehlt.

---

31 *Motive* II, S. 227.
32 Dann erübrigt sich die Streitfrage, ob es einen Nachlieferungsanspruch beim Stückkauf gibt, dazu *Ackermann* JZ 2002, 378 m. w. N.
33 *Medicus* RdNr. 341 f.; eine ähnliche Differenzierung trifft *Bucher*, Festschr. f. Deschenaux, 1977, S. 249 ff.

3. Grenzen der ergänzenden Vertragsauslegung

Die ergänzende Vertragsauslegung darf nicht zu einer Korrektur des Ergebnisses von Vertragsverhandlungen führen[34]. Was in den Verhandlungen nicht durchsetzbar war, darf einer Vertragspartei nicht kostenlos durch Auslegung später zugeschlagen werden. Die ergänzende Vertragsauslegung muss sich ferner im Rahmen des Vertrages halten und darf vereinbarte Rechtsfolgen nicht erweitern oder den Vertragsgegenstand verändern[35]. Bestehen mehrere Möglichkeiten, eine Lücke zu schließen, müssen sich im Vertrag Anhaltspunkte für die gewählte Vertragsergänzung finden[36]. Mit Hilfe der ergänzenden Vertragsauslegung dürfen keine Lücken geschlossen werden, die die Parteien gesehen und bewusst nicht geregelt haben. Etwas anderes gilt, wenn die bewusste Regelungslücke behoben werden sollte[37].

422

4. Maßgeblicher Zeitpunkt

Bei der ergänzenden Vertragsauslegung stellt die h. M. nicht auf den Zeitpunkt des Vertragsschlusses ab, sondern auf den **Zeitpunkt der Auslegung**[38]. Damit kann die ergänzende Vertragsauslegung zu ähnlichen Ergebnissen führen wie die Lehre vom Wegfall der Geschäftsgrundlage (§ 313 BGB). Nach der Rechtsprechung des Bundesgerichtshofs hat die ergänzende Vertragsauslegung Vorrang[39]. Die Regeln über den Wegfall der Geschäftsgrundlage kommen erst zur Anwendung, wenn es keinen Anhaltspunkt im Vertrag gibt, wie die Lücke zu schließen ist[40].

423

IX. Auslegung und Irrtumsanfechtung

Wer sich bei der Abgabe einer Willenserklärung über deren Bedeutung irrt, ist nach § 119 Abs. 1 BGB zur Anfechtung berechtigt. Zu der von § 119 Abs. 1 BGB vorausgesetzten Diskrepanz zwischen objektiver Bedeutung und Vorstellung des Erklärenden führt oft die am Empfängerhorizont ausgerichtete Auslegung. Deshalb setzt die Feststellung eines Irrtums die Auslegung der Erklärung voraus.

424

---

34 BGH NJW 2002, 2310, 2311.
35 *Soergel/Wolf* § 157 RdNr. 127; *Jauernig* § 157 RdNr. 4.
36 BGH (Fn. 638).
37 BGH NJW 1982, 2816.
38 *Flume* II § 16/4 c; *Jauernig* § 157 RdNr. 4; *Soergel/Wolf* § 157 RdNr. 132.
39 BGHZ 81, 141; BGH NJW 1981, 2241 (2242).
40 BGH NJW 1978, 695.

Die ergänzende Vertragsauslegung soll nicht die Bedeutung einer Erklärungshandlung feststellen. Deshalb scheidet eine **Irrtumsanfechtung** aus, wenn eine Partei geltend macht, sie habe sich über die Konsequenzen des Rechtsgeschäfts geirrt. Es liegt wie beim Irrtum über dispositives Recht lediglich ein Rechtsfolgeirrtum vor.

§ 15 Stellvertretung

Literatur: *Bader*, P., Duldungs- und Anscheinsvollmacht, 1978; *Baum*, Die Wissenszurechnung, 1997; *Bengssohn/Ostheimer*, Die Grenzen elterlicher Stellvertretung, Rpfleger 1990, 189; *Bettermann*, Vom stellvertretenden Handeln, 1937; *Beuthien*, Zur Wissenszurechnung nach § 166 BGB, NJW 1999, 3585; *ders.*, Gibt es eine organschaftliche Stellvertretung?, NJW 1999, 1142; *ders.*, Zur Wissenszurechnung nach § 166 BGB – § 166 II BGB ausweiten – § 166 I BGB klarer ordnen, NJW 1999, 3585; *Blomeyer*, W., Die teleologische Korrektur des § 181 BGB, AcP 172 (1972), 1; *Börner*, Offene und verdeckte Stellvertretung und Verfügung, Festschr. f. H. Hübner, 1984, 409; *Brox*, Die Anfechtung bei der Stellvertretung, JA 1980, 449; *Bühler*, Grundsätze und ausgewählte Probleme der Haftung des ohne Vertretungsmacht Handelnden, MDR 1987, 985; *Canaris*, Die Vertrauenshaftung im deutschen Privatrecht, 1971; *v. Craushaar*, Die Bedeutung der Rechtsgeschäftslehre für die Problematik der Scheinvollmacht, AcP 174 (1974), 2; *Deggau*, § 174 BGB – eine ungenutzte Vorschrift, JZ 1982, 796; *Eujen/Frank*, Anfechtung der Bevollmächtigung nach Abschluss des Vertretergeschäfts?, JZ 1973, 232; *Festner*, Interessenkonflikte im deutschen und englischen Vertretungsrecht, 2006; *Fikentscher*, Scheinvollmacht und Vertreterbegriff, AcP 154 (1955), 1; *Fischer*, R., Der Mißbrauch der Vertretungsmacht, auch unter Berücksichtigung der Handelsgesellschaften, Festschr. f. W. Schilling, 1973, 3; *Frotz*, Verkehrsschutz im Vertretungsrecht, 1972; *Gehrlein*, Wirksame Vertretung trotz Unkenntnis des Vertretenen, VersR 1995, 268; *Gerhardt*, Teilweise Unwirksamkeit beim Vertragsschluss durch falsus procurator, JuS 1970, 326; *Gernhuber*, Die verdrängende Vollmacht, JZ 1995, 381; *Häsemeyer*, Die gefährliche Kontovollmacht – BGHZ 83, 293, JuS 1984, 176; *Hagen*, Wissenszurechnung bei Körperschaften und Personengesellschaften als Beispiel richterlicher Rechtsfortbildung, DRiZ 1997, 157; *Hager*, Die Prinzipien der mittelbaren Stellvertretung, AcP 180 (1980), 239; *Harder*, Das Selbstkontrahieren mit Hilfe eines Untervertreters, AcP 170 (1970), 295; *Heckelmann*, Mitverschulden des Vertretenen bei Mißbrauch der Vertretungsmacht, JZ 1970, 62; *Hilger*, Zur Haftung des falsus procurator, NJW 1986, 2237; *Hoffmann*, Grundfälle zum Recht der Stellvertretung, JuS 1970, 179, 234, 286, 451, 570; *Hoffmann*, Rechtsscheinhaftung beim Widerruf notarieller Vollmachten, NJW 2001, 421; *Honsell*, Das Insichgeschäft nach § 181 BGB: Grundfragen und Anwendungsbereich, JA 1977, 55; *Hübner*, U., Grenzen der Zulässigkeit von Insichgeschäften, Jura 1981, 288; *ders.*, Interessenkonflikt und Vertretungsmacht, 1977; *Hueck*, Bote – Stellvertreter im Willen – Stellvertreter in der Erklärung, AcP 152 (1952/1953), 432; *Jauernig*, Zeitliche Grenzen für die Genehmigung von Rechtsgeschäften eines falsus procurator?, Festschr. f. Niederländer, 1991, S. 285; *Kleinschmidt*, Stellvertretungsrecht in Deutschland und Frankreich: Perspektiven für eine Rechtsvereinheitlichung, ZEuP 2001, 697; *Kloster/Kieser*, Wissenszurechnung bei der GmbH, GmbHR 2001, 176; *Kohte*, Die Konditktionssperre nach § 814 1. Alt. BGB. – Wissenszurechnung gespeicherter Daten im Bereicherungsrecht?, BB 1988, 633 (zu LG Frankfurt NJW-RR 1986, 1085); *Lehmann*, Die Wissenszurechnung in Vertragsverhältnissen, DStR 1995, 1027; *Lieb*, Aufgedrängter Vertrauensschutz? – Überlegungen zur Möglichkeit des Verzichts auf Rechtsscheinschutz, insbesondere bei der Anscheinsvollmacht, Festschr. f. H. Hübner, 1984, 575; *ders.*, Zum Handeln unter fremdem Namen, JuS 1967, 106; *Lüderitz*, Prinzipien des Vertretungsrechts, JuS 1976, 765; *Meissner*, Vertretung und Vollmacht in den Rechtsbeziehungen der am Bau Beteiligten, BauR 1987, 497; *Merkel*, Die Anordnung der Testamentsvollstreckung – Auswirkungen auf eine postmortale Vollmacht?, WM 1987, 1001; *Mertens*, Die Haftung des Untervertreters nach § 179 Abs. 2 BGB – BGHZ 32, 250, JuS 1961, 315; *Michalski*, Postmortale Grundstücksvollmacht,

WuM 1997, 658; *Mittenzwei*, Gutgläubiger Erwerb gebrauchter Kraftfahrzeuge bei Handeln unter fremdem Namen, NJW 1986, 2472; *Müller*, K., Das Geschäft für den, den es angeht, JZ 1982, 777; *ders.*, Gesetzliche Vertretung ohne Vertretungsmacht, AcP 168 (1968), 113; *Müller*, Zu den Grenzen der analogen Anwendbarkeit des § 172 in den Fällen des Blankettmißbrauchs und den sich daraus ergebenden Rechtsfolgen, AcP 181 (1981), 515; *Müller-Freienfels*, Die Vertretung beim Rechtsgeschäft, 1955; *Pawlowski*, Anscheinsvollmachten der Erziehungsberechtigten?, MDR 1989, 775; *ders.*, Die gewillkürte Stellvertretung, JZ 1996, 125; *Peters*, E., Überschreiten der Vertretungsmacht und Haftung des Vertretenen für culpa in contrahendo, Festschr. f. R. Reinhardt, 1972, 127; *Peters*, F., Zur Geltungsgrundlage der Anscheinsvollmacht, AcP 179 (1979), 214; *Peters/Gröpper*, Wirksamkeitserfordernisse für Kreditvollmachten von Verbrauchern, WM 2001, 2199; *Prölss*, Haftung bei der Vertretung ohne Vertretungsmacht, JuS 1986, 169; *ders.*, Vertretung ohne Vertretungsmacht, JuS 1985, 577; *Reischl*, „Wissenszusammenrechnung" auch bei Personengesellschaften? – BGH NJW 1995, 2159, JuS 1997, 783; *Richardi*, Die Wissensvertretung, AcP 169 (1969), 385; *Rosenberg*, L., Stellvertretung im Prozess, 1908; *Rösler*, Formbedürftigkeit der Vollmacht, NJW 1999, 1150; *von Rottenburg*, Repräsentationsprinzip gegen Verbraucherschutz, WM 2001, 2194 (zu BGH vom 24. 4. 2001 = WM 2001, 1024 = NJW 2001, 1931); *Siedler*, Zurechnung von Realakten im Bürgerlichen Recht, 1999; *Scheuch*, Silke, Die Zurechnung des Wisssens ausgeschiedener Gesellschafter von Personen- und Handelsgesellschaften, Festschr. f. Brandner, 1996, S. 121; *Schilken*, Wissenszurechnung im Zivilrecht, 1983; *Schmidt*, K., Offene Stellvertretung, JuS 1987, 425; *Schott*, Der Mißbrauch der Vertretungsmacht, AcP 171 (1971), 385; *Schreiber*, Vertretungsrecht: Offenkundigkeit und Vertretungsmacht, Jura 1998, 606; *Schultz*, M., Zur Vertretung im Wissen, NJW 1990, 477; *Schultz*, Die Bedeutung der Kenntnis des Vertretenen beim Vertreterhandeln für juristische Personen und Gesellschaften, NJW 1996, 1392; *Schwark*, Rechtsprobleme bei der mittelbaren Stellvertretung, JuS 1980, 777; *Schultz*, Widerruf und Mißbrauch der postmortalen Vollmacht bei der Schenkung unter Lebenden, NJW 1995, 3345; *ders.*, Die Bedeutung der Kenntnis des Vertretenen beim Vertreterhandeln für juristische Personen und Gesellschaften, NJW 1996, 1392; *Seif*, Postmortale Vollmacht, AcP 200 (2000), 192; *Siebenhaar*, Vertreter des Vertreters?, AcP 162 (1963), 354; *Stüsser*, Die Anfechtung der Vollmacht nach bürgerlichem Recht und Handelsrecht, 1986; *Taupitz*, Vertragserfüllung durch Leistung an den „Vertreter" des Gläubigers, JuS 1992, 449; *Tiedtke*, Die Haftung des Vertreters ohne Vertretungsmacht bei Widerruf des Rechtsgeschäfts (zu BGH NJW 1988, 1199), DB 1988, 1203; *ders.*, Haftung des Vertragshändlers bei Veräußerung gebrauchter Fahrzeuge im fremden Namen, (zu BGH NJW 1988, 1378), JuS 1988, 848; *Timm*, Mehrfachvertretung im Konzernrecht, AcP 193 (1993), 423; *Trapp*, Die post- und transmortale Vollmacht zum Vollzug lebzeitiger Zuwendungen, ZEV, 1995, 314; *v. Tuhr*, Die unwiderrufliche Vollmacht, Festschr. f. Paul Laband, 1908, 43; *Ulmer*, Wirksamkeitserfordernisse für Verbrauchervollmachten beim kreditfinanzierten Immobilienerwerb über Treuhänder, BB 2001, 1365; *van Venrooy*, Zur Dogmatik von § 179 Abs. 3 S. 2 BGB, AcP 181 (1981), 220; *Vedder*, Missbrauch der Vertretungsmacht: Der Schutz der Selbstbestimmung durch die Anfechtbarkeit vorsätzlich interessenwidriger Vertretergeschäfte, 2007; *Vogel*, Formvorschriften oder Einschränkungen der Vertretungsmacht?, JuS 1996, 964; *Walther*, Die Vorsorgevollmacht, 1997; *Weber*, Ralph, Das Handeln unter fremdem Namen, JA 1996, 426; *Welser*, Vertretung ohne Vollmacht, 1970; *Westermann*, H.P., Mißbrauch der Vertretungsmacht, JA 1981, 521; *Wetzel*, R., Die Zurechnung des Verhaltens Dritter bei Eigentumsstörungstatbeständen, 1971; *Zimmermann*, Die Vertretung in höchstpersönlichen Angelegenheiten; neuere Entwicklungen im Betreuungsrecht, BWNotZ 1998, 101.

I. Bedeutung

Rechtsgeschäftliches Handeln erzeugt Rechtsfolgen grundsätzlich für und gegen denjenigen, der eine Willenserklärung abgegeben hat. Oft kann der Geschäftsherr aus rechtlichen oder tatsächlichen Gründen nicht selbst handeln und muss sich vertreten lassen. Der Inhaber eines großen Warenhauses könnte seinen Betrieb aufgeben, wenn er keine Mitarbeiter einsetzen könnte, die Verträge für ihn schließen. Aus rechtlichen Gründen benötigen Geschäftsunfähige und beschränkt Geschäftsfähige (§§ 104, 106 BGB) einen Vertreter. Ohne gesetzlichen Vertreter wären sie vom Rechtsverkehr ganz ausgeschlossen. Auch juristische Personen (z.B. eingetragene Vereine) können nicht selbst handeln. Für sie werden die Organe tätig, deren Handeln der juristischen Person zugerechnet wird. Nach § 26 Abs. 2 Satz 1 BGB hat der Vorstand des Vereins die Stellung eines gesetzlichen Vertreters. **425**

Die Stellvertretung würde ihren praktischen Zweck nicht erfüllen, wenn der Vertreter nur als **aktiver Stellvertreter** eine Willenserklärung für den Vertretenen abgeben könnte (§ 164 Abs. 1 BGB). Deshalb stellt § 164 Abs. 3 BGB ausdrücklich klar, dass gegenüber dem Vertreter auch eine Erklärung abgegeben werden kann (**passive Stellvertretung**). **426**

II. Voraussetzungen und Wirkungen

1. Handeln in fremdem Namen

Der Vertreter kann Rechtswirkungen in der Person des Vertretenen nur erzeugen, wenn er in **fremdem Namen** handelt (§ 164 Abs. 1 Satz 1 BGB). Es muss erkennbar sein, dass das Rechtsgeschäft unmittelbar Wirkungen für oder gegen eine andere Person erzeugen soll und nicht als Eigengeschäft gewollt ist (Grundsatz der Offenkundigkeit, dazu unten RdNr. 440). Ob Handeln in eigenem Namen oder in fremdem Namen vorliegt, entscheidet nicht der subjektive Wille des Erklärenden. Es kommt auf die durch Auslegung zu ermittelnde objektive Bedeutung der Erklärung an. § 164 Abs. 1 Satz 2 BGB stellt klar, dass die Erklärung nicht ausdrücklich im Namen des Vertretenen abgegeben werden muss. Es genügt, wenn die Umstände ergeben, dass die Willenserklärung in fremdem Namen erfolgen soll. **427**

Beispiel Betriebsbezogenes Geschäft: A schließt durch Briefwechsel mit B einen Vertrag über Büromaterial und verwendet dabei Briefpapier der X-GmbH, deren Geschäftsführer er ist. Er unterzeichnet die Briefe mit seinem Namen ohne Zusatz, der auf seine Stellung im Betrieb hinweist. Die Auslegung ergibt, dass A in fremdem Namen gehandelt hat. Das gilt auch dann, wenn A in Wahrheit für sich selbst handeln wollte.

Obwohl der Vertreter in fremdem Namen handelt, gibt er eine eigene Willenserklärung ab. Die Willenserklärung soll lediglich nach ihrem Inhalt nicht für den handelnden Vertreter wirken, sondern für und gegen den Vertretenen. Eine Hilfsperson, die selbst nicht rechtsgeschäftlich handelt und keine eigene Willenserklärung abgibt, sondern eine fremde Erklärung übermittelt, ist nicht Stellvertreter, sondern Bote; dazu unten RdNr. 439.

2. Vertretungsmacht

428 Rechtsfolgen treten durch die in fremdem Namen abgegebene Willenserklärung nur ein, wenn der Vertreter Vertretungsmacht hatte und wenn das konkrete Geschäft von der Vertretungsmacht gedeckt ist. Die Vertretungsmacht kann rechtsgeschäftlich begründet werden durch Erteilung einer Vollmacht (§ 167 Abs. 1 BGB; dazu unten RdNr. 449); sie kann unmittelbar auf dem Gesetz (z. B. § 1629 Abs. 1 Satz 2 BGB) oder der Satzung einer juristischen Person beruhen. Für die Wirkungsverlagerung nach § 164 Abs. 1 Satz 1 BGB ist Voraussetzung, dass der Vertreter von seiner Vertretungsbefugnis Gebrauch macht.

3. Rechtsfolgen

429 Nach § 164 Abs. 1 Satz 1 BGB wirkt die vom Vertreter abgegebene Erklärung unmittelbar für und gegen den Vertretenen. Das Gesetz ordnet damit eine Rechtsfolgenverlagerung an. Schließt der Stellvertreter einen Vertrag, wird nicht er Vertragspartei, sondern der Vertretene. Die Stellvertretung des BGB ist als unmittelbare Vertretung konzipiert. Wenn dennoch der unmittelbaren Stellvertretung die mittelbare Stellvertretung gegenübergestellt wird, dann beruht dies auf einer mehrdeutigen Verwendung des Begriffs der Stellvertretung. Bei der mittelbaren Stellvertretung ist der Gehilfe nicht Stellvertreter i. S. d. §§ 164 ff. BGB. Er wird selbst Vertragspartei, aber bei seinem Handeln verfolgt er nicht seine eigenen Interessen, sondern besorgt ein Geschäft seines Auftraggebers.

Beispiel Mittelbarer Stellvertreter: E beabsichtigt, sein Fahrzeug zu veräußern. Er will aber selbst nicht als Verkäufer tätig werden; deshalb bittet er seinen Freund F, das Fahrzeug zu verkaufen. Bei dem geplanten Geschäft können sich die Beteiligten verschiedener Rechtsgestaltungen bedienen. E kann F Vollmacht erteilen. Dadurch wird F die Rechtsmacht verliehen, durch rechtsgeschäftliches Handeln Rechtswirkungen für und gegen E zu erzeugen. Verkauft F das Fahrzeug an K als Stellvertreter nach § 164 Abs. 1 BGB, kommt der Kaufvertrag unmittelbar zwischen E und K zustande. Wenn F als mittelbarer Stellvertreter auftritt, handelt er im eigenen Namen und wird selbst Partei des Kaufvertrags, und der Käufer kann nur gegen F Ansprüche geltend machen.

430 Der Begriff der mittelbaren Stellvertretung wird meist mit dem Grundsatz der Offenkundigkeit in Beziehung gebracht und der offenen Stellvertretung gegenübergestellt[1], bei der der Vertreter durch Handeln in fremdem Namen zu erkennen gibt, dass er für einen anderen handelt, während der mittelbare Stellvertreter im eigenen Namen auftritt. Bei Handeln in eigenem Namen treten Rechtswirkungen nur ausnahmsweise unmittelbar bei einer anderen Person ein. So wird ein Ehegatte nach § 1357 Abs. 1 BGB unmittelbar berechtigt und verpflichtet, wenn der andere Ehegatte ein Geschäft zur angemessenen Deckung des Lebensbedarfs vornimmt. Für diese Rechtswirkungen kommt es nicht darauf an, ob für den Geschäftspartner erkennbar war, dass er es mit einer verheirateten Person zu tun hatte[2]. Für die Wirkungen eines Rechtsgeschäfts, das jemand in eigenem Namen abschließt, ist es unerheblich, wenn dabei offen gelegt wird, dass das Geschäft im Auftrag eines Dritten abgeschlossen wurde. Wer Vertragspartei wird, richtet sich nach dem Inhalt der Vereinbarung und nicht nach einer objektiven Interessenlage.

III. Das Modell der Repräsentation

431 Das Stellvertretungsrecht des BGB beruht auf der Repräsentationstheorie, die im 19. Jahrhundert entwickelt wurde[3]. Danach ist der Vertreter der rechtsgeschäftlich Handelnde. Er gibt die Willenserklärung ab; lediglich die Rechtsfolgen werden auf den Vertretenen verlagert. Ganz anders ist die Botenschaft konstruiert. Der Bote wird nur als Hilfsperson seines Auftraggebers bei der Übermittlung der Willenserklärung tätig; er gibt keine eigene Erklärung ab.

432 Aus der dogmatischen Konstruktion der Repräsentation lassen sich unmittelbar Folgerungen ableiten. Wenn der Vertreter der rechtsgeschäftlich Handelnde ist, dann ist zu prüfen, ob der Vertreter wirksam handeln konnte und ob er eine etwaige Formvorschrift eingehalten hat. Auch wenn bei einem Rechtsgeschäft subjektive Merkmale (Wissen oder Wissenmüssen) eine Rolle spielen, ist zu prüfen, ob der subjektive Tatbestand beim Vertreter verwirklicht ist. Bote kann ein Geschäftsunfähiger sein, dagegen muss der Vertreter wenigstens beschränkt geschäftsfähig sein (§ 165 BGB). Die Willenserklärung des geschäftsunfähigen Vertreters ist nach § 105 BGB nichtig. Dass es für subjektive Merkmale grundsätzlich auf den Vertreter

---

1 Vgl. etwa *Köhler* § 11 RdNr. 22; anders *Medicus* RdNr. 882, der auf die Rechtswirkungen abstellt, die „ipso iure" eintreten.
2 Ob es sich bei § 1357 BGB um einen Fall der Stellvertretung handelt, ist streitig, weil keine Wirkungsverlagerung, sondern eine Wirkungserstreckung eintritt, vgl. dazu *Gernhuber/Coester-Waltjen*, Familienrecht, § 19 Rdnr. 44.
3 Der Repräsentationsgedanke ist freilich keine Erfindung des 19. Jahrhunderts; er entwickelte sich bereits im 14. Jahrhundert im Staatsrecht in England; vgl. dazu *Zippelius*, Allgemeine Staatslehre, 15. Aufl. 2007, § 24 III.

und nicht auf den Vertretenen ankommt, ergibt sich aus § 166 Abs. 1 BGB; dazu unten RdNr. 435.

433 Nach der Repräsentationstheorie ist das **Vertretergeschäft** streng zu trennen von der **Vollmachtserteilung**, durch die der Vertreter die Rechtsmacht erlangt, mit Wirkung für den Vertretenen zu handeln. Freilich stehen die Rechtsgeschäfte nicht beziehungslos nebeneinander. Die Vollmachtserteilung ist **Wirksamkeitsvoraussetzung** des Vertretergeschäfts. Dass beide Geschäfte zu trennen sind, zeigt § 167 Abs. 2 BGB. Danach bedarf die Vollmacht nicht der Form, welche für das Rechtsgeschäft bestimmt ist. Wäre die Vollmacht Bestandteil des rechtsgeschäftlichen Tatbestandes, würde sich die Form auch auf die Erklärung der Vollmacht beziehen.

434 Obwohl dem Gesetz die Repräsentation zugrunde liegt, wurden Versuche unternommen, die gewillkürte Stellvertretung auf andere Grundlagen zu stellen. Den abweichenden dogmatischen Modellen ist gemeinsam, dass sie die Trennung von Vollmacht und Vertretergeschäft aufzuheben suchen[4]. Der Streit um die dogmatische Konstruktion der Zurechnung rechtsgeschäftlichen Handelns berührt ein Grundproblem der Stellvertretung, das im 19. Jahrhundert kontrovers diskutiert wurde. Nach dem Grundsatz der Privatautonomie, wie er von der Willenstheorie verstanden wurde, treten rechtsgeschäftliche Rechtsfolgen deshalb ein, weil sie von dem Betroffenen gewollt sind. Wenn der Wille Rechtfertigung der Rechtsfolgen sein soll, dann müssen eigentlich die Rechtsfolgen bei der Person eintreten, die diesen Willen gebildet hat. Bei der gewillkürten Stellvertretung beruht die Handlungsmacht des Vertreters auf einer Willenserklärung des Vertretenen. Der Grundsatz der Privatautonomie wird deshalb nicht durchbrochen[5], auch wenn der Vertretene bei der Vollmachtserteilung an die konkreten Rechtsfolgen des Vertretergeschäfts nicht denkt. Anders verhält es sich bei der gesetzlichen Vertretung, die den Vertretenen dem Willen des Vertreters unterwirft. Der akademische Streit des 19. Jahrhunderts um die Stellvertretung, bei dem es der Sache nach um eine Bewältigung der Fremdbestimmung ging, hat neue Aktualität gewonnen. Das Bundesverfassungsgericht hat im Jahre 1986 entschieden, es sei mit dem allgemeinen Persönlichkeitsrecht und der Menschenwürde des Minderjährigen nicht vereinbar, wenn die Eltern kraft ihrer Vertretungsmacht nach § 1629 Abs. 1 BGB bei Fortführung eines Handelsgeschäfts in ungeteilter Erbengemeinschaft ihre Kinder finanziell unbegrenzt verpflichten können[6]. Unter dem Eindruck dieser Entscheidung wurde die Ansicht vertreten, die gesetzliche Vertretung (§ 1629 Abs. 1 BGB) sei überholt und verfassungs-

---

[4] Vgl. *Müller-Freienfels*, Vertretung im Rechtsgeschäft, 1955, S. 356, 374; *Thiele*, Die Zustimmung in der Lehre vom Rechtsgeschäft, 1966, S. 246 ff.
[5] Nach *Flume* II § 43/3, handelt es sich sogar um eine konsequente Durchführung des Grundsatzes der Privatautonomie.
[6] BVerfG NJW 1986, 1859.

widrig⁷. Richtig ist zwar der Hinweis, dass Eltern in vielen Fällen Verträge in eigenem Namen für das Kind schließen können und auf die Vertretungsmacht nicht angewiesen sind. So wird der Arztvertrag als Vertrag zugunsten Dritter (§ 328 BGB) zwischen Eltern und Arzt geschlossen. Aber bei der Verwaltung des Kindesvermögens muss jemand mit Wirkung für das Kind handeln, weil sonst Verfügungsgeschäfte über Gegenstände, die dem Kind gehören, nicht vorgenommen werden könnten. Der Entscheidung des BVerfG wurde durch Einfügung des § 1629a BGB Rechnung getragen, der dem Minderjährigen die Möglichkeit eröffnet, bei Eintritt der Volljährigkeit die Haftung zu beschränken; dazu RdNr. 309a.

IV. Wissenszurechnung

1. Grundsatz

Soweit die rechtlichen Folgen einer Willenserklärung durch Willensmängel (z.B. Irrtum) oder durch die Kenntnis oder das Kennenmüssen gewisser Umstände beeinflusst werden, kommt es nicht auf die Person des Vertretenen an, sondern auf die des Vertreters (§ 166 Abs. 1 BGB). Diese Regelung basiert auf der Repräsentationstheorie, nach der rechtsgeschäftlich Handelnder der Vertreter ist. Auf den Vertreter ist abzustellen beim Erwerb vom Nichtberechtigten (§ 932 BGB), bei fahrlässiger Unkenntnis (§ 122 Abs. 2 BGB), bei der Auslegung⁸ und bei allen Tatbeständen, die Rechtsfolgen an Wissen oder Wissenmüssen knüpfen (z.B. §§ 116 Satz 2, 117 Abs. 1, 311a Abs. 2 Satz 2, 442 BGB).

435

Beispiel Gutgläubiger Erwerb des Vertreters: Kunsthändler A bevollmächtigt seinen Angestellten V zum Erwerb von Kunstobjekten. V erwirbt das Eigentum an einem Bild, das nicht dem Veräußerer, sondern E gehört. Bei der Frage, ob der Vertretene A gutgläubig nach den §§ 929, 932 BGB das Eigentum erwirbt, ist nur auf den Vertreter V abzustellen. A erwirbt deshalb gutgläubig, selbst wenn er weiß, dass der Veräußerer nicht Eigentümer ist.

Die Vorschrift des § 166 Abs. 1 BGB ist auch auf den Vertreter ohne Vertretungsmacht nach Genehmigung⁹ und auf Verhandlungsgehilfen¹⁰ anzuwenden. Sind mehrere Vertreter bestellt, kommt es darauf an, ob der Handelnde Kenntnis hatte. Bei Gesamtvertretern¹¹ genügt es, wenn ein Vertreter Kenntnis hatte. Bei juristischen Personen kommt nach der Rechtsprechung eine Wissenszurechnung selbst dann in Betracht, wenn der

---

7 *Ramm* NJW 1989, 1708; dagegen zutreffend *K. Schmidt* NJW 1989, 1712.
8 BGH BB 1984, 565.
9 BGH NJW-RR 1989, 651.
10 Vgl. BGHZ 106, 167.
11 BGH ZIP 1986, 723.

Organvertreter von dem zu beurteilenden Rechtsgeschäft nichts wusste[12]. Grundlage der Wissenszurechnung ist ein Organisationsverschulden[13]. Eine Zurechnung der Kenntnis von Mitarbeitern einer juristischen Person ist nur zu Lasten der juristischen Person, nicht dagegen zu Lasten ihrer Organe oder Mitglieder zulässig[14].

436 Nach überwiegender Meinung ist § 166 Abs. 1 BGB (analog) Grundlage der Wissenszurechnung auch bei Tatbeständen, die Rechtsfolgen an rein tatsächliches Verhalten knüpfen (Besitzerwerb bei der Haftung nach den §§ 990, 994 Abs. 2 BGB, Überbau nach § 912 Abs. 1 BGB[15], Auskunftserteilung gegenüber einer Versicherung, § 34 VVG[16]). § 166 Abs. 1 BGB ist Ausdruck eines allgemeinen Zurechnungsprinzips, wonach das Wissen eines Gehilfen, der eine Angelegenheit völlig selbstständig zu erledigen hat, dem Geschäftsherrn zuzurechnen ist. Voraussetzung ist aber, dass der „Wissensvertreter" mit der Angelegenheit betraut ist. Dies gilt auch für Ehegatten, die nicht schon deshalb Wissensvertreter des Partners sind, weil sie in einer intakten Ehe leben[17].

Beispiel Kontovollmacht: F beantragte bei der B-Bank ohne Wissen ihres Mannes M einen Kredit im eigenen Namen und als Vertreterin des M. Der Betrag wurde dem Konto des Ehemannes gutgeschrieben. F, die aufgrund einer Kontovollmacht über das Guthaben verfügen konnte, hob das Geld ab und verbrauchte es. Nach dem Tode der F verlangte die Bank Rückzahlung des Kreditbetrags von M.

Einen vertraglichen Rückzahlungsanspruch konnte die Bank nicht geltend machen, weil zwischen ihr und M kein Darlehensvertrag geschlossen wurde. Vertragliche Ansprüche bestanden gegen M nur in dessen Eigenschaft als Erbe der F, aber der Nachlass war überschuldet und die Ansprüche waren deshalb wertlos. Gegen den Ehemann hatte die Bank einen Bereicherungsanspruch nach § 812 Abs. 1 Satz 1 Alt. 1 BGB erlangt, weil der Betrag zur Erfüllung der Verpflichtung aus dem Kreditvertrag auf dessen Konto ausbezahlt wurde. M haftet aber nicht, wenn er sich auf § 818 Abs. 3 BGB berufen kann. Diese Einwendung setzt aber voraus, dass er den Mangel des rechtlichen Grundes nicht kannte (§ 819 Abs. 1 BGB). M selbst hatte keine Kenntnis von der Überweisung. Der BGH[18] nahm an, M müsse sich das Wissen seiner Frau zurechnen lassen, weil er alle Angelegenheiten, die mit dem Konto zusammenhingen, durch die Frau selbstständig erledigen ließ.

---

12 BGHZ 109, 327 (331); vgl. ferner BGH NJW 1996, 1339 = JuS 1996, 147 (*Emmerich*); dazu *Taupitz* JZ 1996, 734. Diese Wissenszurechnung, auf die außerhalb des Stellvertretungsrechts zurückgegriffen wird, hat mit dem Regelungsgehalt des § 166 BGB nur noch wenig gemein (richtig *Emmerich* aaO).
13 Vgl. BGHZ 132, 30; *Berger* Anm. zu BGH LM Nr. 4/5 § 8 KO; *Buck*, Wissen und juristische Person. Wissenszurechnung und Herausbildung zivilrechtlicher Organisationspflichten, 2001.
14 BGH NJW 2001, 359.
15 BGHZ 42, 63 (69); dagegen *Medicus* RdNr. 904.
16 BGH NJW 1993, 2112 (2113).
17 BGH aaO.
18 BGH NJW 1982, 1585; dazu *Wilhelm* AcP 183 (1983), 1; *Häsemeyer* JuS 1984, 176 (179f.).

2. Ausnahme bei Weisung

Hat der bevollmächtigte Vertreter nach bestimmten Weisungen des Vollmachtgebers gehandelt, so ist auch das Wissen oder Wissenmüssen des Vertretenen maßgeblich (§ 166 Abs. 2 BGB). Handelt ein gesetzlicher Vertreter wie ein weisungsgebundener Vertreter, ist § 166 Abs. 2 BGB analog anzuwenden. Diese Durchbrechung des Repräsentationsprinzips soll verhindern, dass der Bösgläubige einen gutgläubigen Vertreter für sich handeln lassen kann, um auf diese Weise Rechtswirkungen zu erreichen, die er bei eigenem Handeln nicht herbeiführen könnte.

437

Beispiel Der bösgläubige Vertretene: A weiß, dass B, der ein wertvolles Bild im Besitz hat, nicht Eigentümer ist. Würde A selbst das Bild von B erwerben, würde ein gutgläubiger Erwerb ausscheiden, weil A nicht gutgläubig ist. Deshalb bestellt A den gutgläubigen V zum Vertreter und beauftragt ihn mit dem Erwerb des Bildes. Nach § 166 Abs. 1 BGB kommt es darauf an, ob der Vertreter gutgläubig war. Ausnahmsweise ist zu prüfen, ob auch der Vertretene guten Glaubens war, wenn wie hier ein Vertreter nach bestimmten Weisungen gehandelt hat (§ 166 Abs. 2 BGB). Die Rechnung des A geht deshalb nicht auf.

Der Rechtsgedanke des § 166 Abs. 2 BGB ist zugunsten des Vertretenen heranzuziehen, wenn die Weisung auf Willensmängeln beruht. Dann ist der Vertretene berechtigt, das Vertretergeschäft anzufechten, obwohl sich der Vertreter nicht im Irrtum befand.

438

Beispiel Täuschung des Vertretenen[19]**:** In einem Prozess wird über einen Prozessvergleich verhandelt. Eine Partei veranlasst den Gegner durch unwahre Behauptungen, dem Anwalt die Weisung zum Abschluss eines Vergleichs zu geben. Der Vergleich ist nach § 123 BGB auch dann anfechtbar, wenn sich der Anwalt nicht in einem Irrtum befand.

V. Verhältnis zur Botenschaft

Die Abgrenzung zwischen Stellvertretung und Botenschaft ist theoretisch einfach, kann aber bei der praktischen Rechtsanwendung erhebliche Schwierigkeiten bereiten. Da bei der Stellvertretung eine **eigene Willenserklärung** des Vertreters vorausgesetzt wird, während sich der Bote an der Übermittlung einer **fremden Erklärung** beteiligt, ist darauf abzustellen, wie die Hilfsperson auftritt. Fehlt eine ausdrückliche Erklärung, ist das Verhalten auszulegen.

439

Probleme bereitet vielen Autoren das Handeln geschäftsunfähiger Kinder, die nicht Stellvertreter sein können (§ 105 BGB), aber eigene Entscheidungen treffen. Wenn der Bote selbst eine Entscheidung trifft, ist er Erklärungsgehilfe. Er gibt keine eigene Willenserklärung ab, sondern vervoll-

---

[19] BGHZ 51, 145 ff.

ständigt eine fremde Erklärung, die er zugleich übermittelt. Zum Erklärungsgehilfen siehe oben RdNr. 226.

Beispiel Eis: Der sechsjährige M bekommt von der Mutter einen Euro, damit er sich am Kiosk ein Eis kaufen kann. Wenn die Mutter die Eissorte genau bestimmt und der Bub sagt, seine Mutter habe ihn zum Kauf des Eises geschickt, hat der deutsche Jurist keine Probleme, den Fall zu lösen. Der Junge tritt als Bote auf und der Vertrag kommt durch das Angebot der Mutter und die Annahme des Kioskbesitzers zustande. Ein Zugang der Annahmeerklärung ist nach § 151 BGB nicht erforderlich. Deshalb ist es unschädlich, dass M nicht passiver Stellvertreter sein kann. Aber wie ist der Fall zu lösen, wenn die Mutter dem Kind die Wahl der Eissorte überlässt? Tritt dann der Minderjährige nicht als Stellvertreter auf mit der Folge, dass seine Willenserklärung nach § 105 Abs. 1 BGB nichtig ist? Man hat zur Lösung des Problems vorgeschlagen, den Anwendungsbereich des § 165 BGB durch teleologische Reduktion einzuschränken[20]. *Pawlowski* entwickelte die Lehre von der kausalen Vollmacht, auf der das Handeln des Boten beruhe[21]. Diese dogmatischen Bemühungen sind m. E. verfehlt. Die Entscheidungsbefugnis kann eine Rolle spielen, wenn das Auftreten der Hilfsperson auszulegen ist. Aber das ist nur ein Gesichtspunkt, der von anderen überlagert werden kann. Der Stellvertreter kann eine eng umgrenzte Vollmacht haben, sodass ihm kein Entscheidungsspielraum verbleibt. Andererseits kann eine Erklärung durch einen Gehilfen vervollständigt werden. Beim Kauf des Eises erklärt die Mutter, dass sie das Eis kaufen will, das ihr Kind auswählt. Es gibt keinen Grund, einer solchen Erklärung die Wirksamkeit zu versagen. Das Konkretisieren von Erklärungen wird in jedem größeren Betrieb auf nicht vertretungsbefugte Hilfspersonen oder gar Maschinen verlagert.

VI. Der Offenkundigkeitsgrundsatz

1. Bedeutung

440 Das Stellvertretungsrecht ist am Offenkundigkeitsgrundsatz orientiert. Das bedeutet, dass die Fremdwirkung rechtsgeschäftlichen Handelns nur eintritt, wenn der Vertreter durch Handeln in fremdem Namen kenntlich macht, dass er für einen anderen handeln will. Ein innerer Wille, der in der Erklärung keinen Niederschlag gefunden hat, ist für die Rechtsfolgenverlagerung nicht ausreichend, weil bei Willenserklärungen nur der erklärte Wille beachtlich ist. Der Geschäftspartner muss grundsätzlich beim Abschluss eines Rechtsgeschäfts wissen, mit wem ein Rechtsverhältnis begründet wird. Er darf nicht später überraschend erfahren, dass sein reicher Verhandlungspartner nicht für sich selbst, sondern für irgendeinen „Bankrotteur" gehandelt hat.

Beim Offenkundigkeitsgrundsatz handelt es sich nicht um eine Eigentümlichkeit des Stellvertretungsrechts. Welche Rechtsfolgen Parteien durch ihr Rechtsgeschäft erzeugen wollen, liegt in ihrer Hand. Handelt jemand

---
20 *Medicus* RdNr. 887.
21 *Pawlowski* RdNr. 694.

im eigenen Namen, sollen nach dem Inhalt des Rechtsgeschäfts die Rechtsfolgen in seiner Person eintreten. Es ist deshalb nicht überraschend, dass alle kontinentalen Rechtsordnungen den Offenkundigkeitsgrundsatz kennen. Bemerkenswert ist aber das englische Recht, das eine verdeckte Stellvertretung (*undisclosed agency*) kennt[22]. Die Folgen werden dadurch abgeschwächt, dass man im Einzelfall annimmt, das Klagerecht des Prinzipals sei vertraglich ausgeschlossen[23]. Nimmt man das praktische Problem zum Ausgangspunkt, das durch das Recht der Stellvertretung bewältigt werden soll, steht im Vordergrund das Handeln eines Gehilfen, das dem Geschäftsherrn zuzurechnen ist. Handeln in fremdem Namen und Handeln im eigenen Namen sind bei dieser Sicht „Holz vom gleichen Stamm" (*Kötz/Flessner*)[24]. Geht man allerdings von der Frage nach dem Geltungsgrund einer rechtsgeschäftlichen Regelung aus, unterscheiden sich Handeln im eigenen und fremden Namen grundsätzlich. Die Anerkennung verdeckter Stellvertretung ist notwendig mit einer Einschränkung des Vertragsprinzips (dazu oben RdNr. 84) verbunden[25].

2. Der unbenannte und unbekannte Vertretene

Nach dem Offenkundigkeitsgrundsatz muss sich aus der Erklärung des Vertreters zunächst ergeben, dass das Geschäft nicht als eigenes gewollt ist. Die Frage ist, ob darüber hinaus auch der Vertretene schon beim Abschluss des Rechtsgeschäfts feststehen muss. Grundsätzlich müssen bei einem Vertragsschluss die wesentlichen Punkte geklärt sein, ehe der Vertrag wirksam wird. Aber aus der Privatautonomie folgt, dass die Parteien auch vereinbaren können, dass wesentliche Punkte erst später bestimmt werden. Deshalb ist ein Vertrag wirksam, bei dem der Vertreter den von ihm Vertretenen noch nicht **nennt**[26]. Steht der Vertretene bereits fest, wird er aber dem Gegner in dessen Einverständnis noch nicht benannt, ist der Vertrag ohne Einschränkung wirksam.

441

Beispiel Werbevertrag: Ein Sportmanager handelt für einen Tennisstar, der noch anderweitig unter Vertrag steht, mit einem führenden Bekleidungsunternehmen einen Werbevertrag aus. Der Name des Tennisspielers soll nach Auflösung des alten Werbevertrags bekannt gegeben werden. Das Geschäft kommt wirksam zustande, auch wenn der Inhaber des Bekleidungsunternehmens vorerst nicht weiß, wer Vertragspartner ist.

---

22 Ebenso das Genfer Abkommen über die Stellvertretung im internationlen Warenkauf; dazu *Hanisch*, Festschr. f. Giger, (1989), S. 251.
23 Dazu *Kötz/Flessner*, Europäisches Vertragsrecht, § 12 E II.
24 AaO § 12 A.
25 Das Vertragsprinzip wird auch im deutschen Recht durchbrochen beim Erwerb kraft dinglicher Surrogation (z. B. § 1370 BGB).
26 Zur Haftung analog § 179 BGB, wenn der Vertretene nicht benannt wird, vgl. LG Köln NJW-RR 1990, 152.

442 Wird ein Vertrag mit einem noch **unbekannten** Vertretenen geschlossen, verspricht der Vertreter, eine Vertragspartei zu suchen, die den Geschäftsabschluss durch Genehmigung (§ 177 Abs. 1 BGB) für sich gelten lassen wird. Auch diese Vertragsgestaltung ist zulässig. Gelingt es dem Vertreter nicht, einen Vertragspartner für das Geschäft zu finden, kann er nach dem Wortlaut des Gesetzes nicht als falsus procurator nach § 179 Abs. 1 BGB haftbar gemacht werden, weil die Haftung ausgeschlossen ist, wenn der andere Teil wusste, dass der Vertreter ohne Vertretungsmacht handelte (§ 179 Abs. 3 BGB). Ein Anspruch kann sich nur aus einer eigenständigen Garantieverpflichtung des Vertreters ergeben. Nach der Rechtsprechung des BGH ist der Haftungsausschluss nach § 179 Abs. 3 BGB nicht anzunehmen, wenn der Vertragspartner nicht weiß, dass sich niemand finden wird, der sich das Geschäft als Vertretener zurechnen lassen wird[27]. Wird ein Vertragspartner gefunden, der das Geschäft genehmigt, ist fraglich, ab welchem Zeitpunkt der Vertrag wirksam wird. Die wohl h. M.[28] nimmt an, der Vertrag werde erst mit Wirkung ex nunc wirksam, obwohl eine Genehmigung nach § 184 BGB auf den Zeitpunkt der Vornahme des Geschäfts zurückwirkt.

Beispiel Der unbekannte Wohnungseigentümer[29]: Eine Gesellschaft, die eine Eigentumswohnanlage errichtet hat, will Eigentumswohnungen an die künftigen Eigentümer, die derzeit noch nicht feststehen, übereignen. Sie erklärt die Auflassung (§ 925 BGB) gegenüber einem Vertreter des noch unbekannten Eigentümers. Nach Ansicht des BayObLG ist die Auflassung unwirksam, weil beim unbekannten Vertretenen das Geschäft vorerst nicht wirksam werde und eine Schwebelage bestehe, die mit der Rechtslage bei einem bedingten Geschäft vergleichbar sei. Da die Auflassung nach § 925 Abs. 2 BGB bedingungsfeindlich ist, dürfe auch diese ungewisse Rechtslage nicht hingenommen werden. Das ist folgerichtig, wenn man von der bestreitbaren Prämisse ausgeht, das Geschäft werde erst mit Wirkung ex nunc wirksam.

3. Unklares Handeln

443 Der Offenkundigkeitsgrundsatz ist verletzt, wenn ein Vertreter zwar deutlich macht, dass er nicht für sich selbst handeln will, aber unklar bleibt, für wen er eigentlich handelt. Vom unbekannten oder unbenannten Vertretenen unterscheidet sich der Fall des unklaren Handelns dadurch, dass der Geschäftspartner nicht damit einverstanden war, dass der Geschäftspartner noch nicht benannt wird. Er ging vielmehr davon aus, dass der Vertreter für eine bestimmte Person auftritt. Nach allgemeinen Grundsätzen sind Zweifel über die Person des Vertretenen durch Auslegung zu beseitigen. Führt die Auslegung zu keinem Ergebnis, ist der Vertrag mangels Bestimmtheit unwirksam. Nach *Bettermann* ist in solchen Fällen

---

27 BGHZ 105, 283 = NJW 1989, 894.
28 *K. Schmidt* JuS 1987, 431 m. w. N.
29 Vgl. BayObLGZ 1983, 275; dazu *K. Schmidt* JuS 1987, 431.

darauf abzustellen, in wessen Geschäftskreis der Vertreter gehandelt hat[30]. *K. Schmidt* ergänzte diese objektive Betrachtungsweise durch eine „Schutzregel". Danach unterliegt die Person, welche nach objektiven Kriterien nicht als Vertretener anzusehen ist, einer Vertrauenshaftung[31].

Beispiel Firmenwirrwarr: Ein Unternehmen stellt Anhänger für Lastkraftwagen her. Die Produktion besorgt die Truck-Product-GmbH. Für den Vertrieb ist die Truck-Vertriebs- GmbH zuständig. Das Vermögen (Maschinen und Grundstücke) steht im Eigentum einer Gesellschaft bürgerlichen Rechts, die unter dem Namen Truck-Property auftritt. A ist Geschäftsführer bei allen Gesellschaften. Er schließt mit der Bank einen Kreditvertrag ab. Mit dem Kredit soll der Maschinenpark modernisiert werden. Auf dem Vertrag steht als Kreditnehmer lediglich Truck-Gesellschaft. Von wem kann die Bank Rückzahlung des Darlehens verlangen? Folgt man der Ansicht von *K. Schmidt*, ist Vertragspartner der Bank die Gesellschaft geworden, in deren Zuständigkeit die Kreditaufnahme fällt. Die übrigen Gesellschaften trifft eine Vertrauenshaftung. Wenn verschiedene Gesellschaften mit ähnlicher Firma unterschiedliche Aufgaben haben, wird man schon durch Auslegung die „richtige" Gesellschaft ermitteln können und es bleibt für eine Vertrauenshaftung der anderen kein Raum. Eine Haftung ist gerechtfertigt, wenn verschiedene Gesellschaften, vertreten durch denselben Geschäftsführer, im selben Markt tätig werden[32].

4. Das betriebsbezogene Geschäft

Wird ein Rechtsgeschäft für ein Unternehmen abgeschlossen, so wird der tatsächliche Inhaber des Geschäfts Vertragspartner, unabhängig davon, wen der Geschäftspartner für den Inhaber gehalten hat. Dieser Grundsatz der Rechtsprechung[33] stellt keine Durchbrechung des Offenkundigkeitsgrundsatzes dar, es handelt sich vielmehr um eine Anwendung allgemeiner Auslegungsgrundsätze[34].

444

VII. Geschäft für den, den es angeht

Der Offenkundigkeitsgrundsatz wird nach h.M. **beim Geschäft für den, den es angeht**, durchbrochen. Die Rechtsfolgen werden bei diesem Sonderfall der Stellvertretung auf den Vollmachtgeber verlagert, obwohl der rechtsgeschäftlich Handelnde nicht zu erkennen gibt, dass er für einen anderen handeln will[35]. Voraussetzung ist, dass dem Geschäftspartner die Person seines Vertragspartners gleichgültig ist. Das ist bei Bargeschäften des täglichen Lebens der Fall. Außerdem muss der Vertretene nach objek-

445

---

30 *Bettermann*, Vom stellvertretenden Handeln, 1937, 86ff.
31 *K. Schmidt* JuS 1987, 432.
32 Vgl. den Fall BGH NJW-RR 1986, 456.
33 Vgl. BGH NJW 1990, 2678 m.w.N.; NJW 1986, 1675.
34 Vgl. BGHZ 132, 121.
35 BGH NJW 1991, 2283; *Soergel/Leptien* vor § 164 RdNr. 23; *Jauernig* § 164 RdNr. 5; *Müller* JZ 1982, 777 m.w.N.; kritisch *Pawlowski* RdNr. 643.

tiven Kriterien bestimmbar sein[36]. Streitig ist, ob das Geschäft für den, den es angeht[37], nur für Verfügungsgeschäfte oder auch für Schuldverträge anzuerkennen ist.

Beispiel Dienstbote[38]: Das Dienstmädchen D kauft für ihre „Herrschaft" silberne Löffel gegen Barzahlung. Dem Händler gegenüber offenbart sie nicht, dass sie mit dem Kauf ein fremdes Geschäft besorgt und das Eigentum an den Löffeln auf ihre Herrschaft übergehen soll.

Wenn man den Fall ohne die Figur des Geschäfts für den, den es angeht, löst, dann kommt der Kaufvertrag zwischen D und dem Händler zustande. Auch die Übereignung vollzieht sich zwischen diesen Parteien. D ist verpflichtet, das Eigentum auf ihren Dienstherrn zu übertragen. Die Übereignung kann nach dem Grundtatbestand des § 929 BGB vollzogen werden. Spätestens mit der Übergabe an den Dienstherrn wird das Eigentum übertragen.

Wendet man mit der h.M. die Grundsätze über das Geschäft für den, den es angeht, an, erwirbt der Dienstherr das Eigentum unmittelbar vom Händler. Das Handeln der D erzeugt Rechtswirkungen in der Person des Vertretenen. Die Einigung nach § 929 BGB kommt zwischen Händler und Dienstherr zustande. Auf die Übergabe findet Stellvertretungsrecht keine Anwendung, somit auch nicht die Regeln über das Geschäft für den, den es angeht. Beim Besitzerwerb werden die Rechtsfolgen des Handelns der D durch § 855 BGB auf den Auftraggeber verlagert.

Bei Verfügungsgeschäften sollen die Regeln des Geschäfts für den, den es angeht, einen Durchgangserwerb verhindern. Der Direkterwerb lässt sich auch auf andere Weise begründen. Die dingliche Einigung enthält bei Bargeschäften eine Verfügungsermächtigung nach § 185 BGB. Im Beispiel „Dienstbote" verschafft das Dienstmädchen ihrem Dienstherrn Eigentum, indem es mit Zustimmung des Händlers die Einigung nach § 929 Satz 2 BGB gegenüber dem Dienstherrn erklärt, der mit Übergabe an D nach § 855 BGB Besitzer geworden ist. Durch die wirksame Verfügung über das Eigentum des Händlers erwirbt der Dienstherr unmittelbar Eigentum.

446 Das Geschäft für den, den es angeht, ist im Gesetz nicht geregelt. Die Durchbrechung des Offenkundigkeitsgrundsatzes wird mit der Überlegung gerechtfertigt, ein Handeln in fremdem Namen sei dort nicht zu verlangen, wo dem Geschäftsgegner die Person des Vertragspartners gleichgültig sei. Eine teleologische Reduktion des Offenkundigkeitsgrundsatzes reicht zur dogmatischen Erfassung dieser Rechtsfigur allein nicht aus. Wenn der Vertreter im eigenen Namen handelt, aber unmittelbare Rechtswirkungen in der Person des Vertretenen erzeugt, treten Rechtsfolgen ein, die nicht dem Inhalt der Willenserklärung entsprechen. Im Beispiel *Dienstbote* erklärt das Dienstmädchen, es wolle Eigentum an den gekauften Sachen erwerben und der Händler ist damit einverstanden. Dennoch wird nach den Regeln des Geschäfts für den, den es angeht, das Eigentum unmittelbar auf den Dienstherrn übertragen. Der Widerspruch zwischen dem Inhalt des

---

36 *K. Schmidt* JuS 1987, 429; a. M. *Enneccerus/Nipperdey* § 179 III 3 c.
37 Für Anwendung auf Verpflichtungsgeschäfte *MünchKomm/Schramm* § 164 RdNr. 54; *Soergel/Leptien* vor § 164 RdNr. 31; dagegen *Pawlowski* RdNr. 643 in Fn. 16.
38 Frei nach *Eck*, Vorträge über das BGB I, 2. Aufl., 1903, S. 179; zitiert nach *K. Schmidt* JuS 1987, 429.

Rechtsgeschäfts und den eingetretenen Rechtsfolgen wird vermieden, wenn man der Ansicht folgt, beim Geschäft für den, den es angeht, sei im Wege der ergänzenden Vertragsauslegung die Vereinbarung zu erschließen, der verdeckt handelnde Vertreter dürfe einseitig den Vertragspartner bestimmen[39]. Die Frage ist freilich, ob die Grenzen zulässiger Vertragsauslegung nicht überschritten werden, wenn man ein solches Bestimmungsrecht in alle Bargeschäfte des täglichen Lebens hineindeutet.

VIII. Handeln unter fremdem Namen

Vom Handeln in fremdem Namen ist das Handeln **unter fremdem Namen** zu unterscheiden. Beim Handeln unter fremdem Namen bedient sich der Handelnde einer fremden Identität oder eines fremden Namens.

447

Beispiel Buchbestellung: Student S begibt sich in die Buchhandlung des H und stellt sich als Assistent von Professor P vor. Er bestellt unter dem Namen des Assistenten mehrere Bücher zum internationalen Privatrecht. Die Bücher werden mit einer Rechnung an den Assistenten geliefert. Die Frage ist, mit wem ein Kaufvertrag zustande gekommen ist.
Hätte S in fremdem Namen gehandelt, wäre nach § 177 Abs. 1 BGB ein schwebend unwirksamer Vertrag zwischen dem Buchhändler und dem Assistenten zustande gekommen. S handelte aber nicht in fremdem Namen, er bediente sich einer fremden Identität und handelte **unter** fremdem Namen.

Beim Handeln unter fremdem Namen ist durch Auslegung zu bestimmen, wer Vertragspartei geworden ist[40]. Wenn der Vertragspartner mit dem vor ihm Stehenden den Vertrag schließen wollte, dann ist die Verwendung des fremden Namens eine unschädliche Falschbezeichnung. Es kommt ein Vertrag mit dem Handelnden zustande. Wollte der Vertragspartner das Rechtsgeschäft dagegen erkennbar mit dem Träger des Namens abschließen, sind die Vorschriften über die Stellvertretung analog anzuwenden[41]. Hatte der Handelnde Vertretungsmacht, wird der Vertrag unmittelbar mit dem Namensträger wirksam. Bei fehlender Vertretungsmacht ist der Vertrag analog § 177 Abs. 1 BGB schwebend unwirksam. Verweigert der Namensträger die Genehmigung, so haftet der unter fremdem Namen Handelnde analog § 179 Abs. 1 BGB nach Wahl des Vertragspartners auf Schadensersatz oder Erfüllung.

448

Im Beispiel „Buchbestellung" ist für den Buchhändler der Umstand, dass der Käufer Assistent eines Professors sein will, unerheblich. Er hätte die Bücher zu den gleichen Bedingungen auch an einen Studenten verkauft. Deshalb ergibt die Auslegung, dass er mit dem vor ihm stehenden S kontrahieren wollte. S ist Vertragspartner geworden und der Namensträger könnte das Geschäft nicht durch Genehmigung an sich ziehen.

---
39 Dazu *Müller* JZ 1982, 777.
40 OLG Düsseldorf NJW 1989, 906.
41 BGHZ 45, 193.

IX. Die Vollmacht

1. Begriff und Arten

449 Vollmacht ist nach der Legaldefinition des § 166 Abs. 2 BGB die durch Rechtsgeschäft erteilte Vertretungsmacht. Nach § 167 Abs. 1 BGB erfolgt die Erteilung durch Erklärung gegenüber dem zu Bevollmächtigenden oder dem Dritten, dem gegenüber die Vertretung stattfinden soll. Im ersten Fall spricht man von **Innenvollmacht**; im zweiten Fall von **Außenvollmacht**.

> **Beispiel Vollmachtserteilung:** A will ein Grundstück an K verkaufen. Er hat die Absicht, beim Vertragsabschluss seinen Freund F als Vertreter einzuschalten. Damit der Vertrag durch das rechtsgeschäftliche Handeln des F unmittelbar mit Wirkung für A zustande kommt, muss F Vertretungsmacht haben. Diese Rechtsmacht kann A dadurch erzeugen, dass er gegenüber dem Geschäftspartner K erklärt, er bevollmächtige F. Die gleichen Wirkungen treten ein, wenn die Erklärung gegenüber F abgegeben wird.

450 Der Vollmachtgeber bestimmt die Reichweite der Vertretungsmacht. Nach dem Umfang der Vertretungsbefugnis unterscheidet man **General-, Art-** und **Spezialvollmacht**. Die Generalvollmacht gilt ohne Einschränkung für alle Geschäfte, die Artvollmacht für einen bestimmten Geschäftskreis (z.B. Einkauf) und die Spezialvollmacht bezieht sich auf ein ganz bestimmtes Geschäft.

Werden mehrere Personen bevollmächtigt, kann der Vertretene bestimmen, dass jeder für sich zur Vertretung befugt ist (**Einzelvertretung**); er kann die Befugnis des Einzelnen aber auch in der Weise einschränken, dass alle Vertreter nur gemeinschaftlich wirksam handeln können. Sind mehrere gemeinsam vertretungsberechtigt, spricht man von **Gesamtvertretung**.

451 Die Vollmacht kann nicht mit der Wirkung erteilt werden, dass nur noch der Bevollmächtigte wirksam handeln kann und der Vollmachtgeber seiner Handlungskompetenz beraubt wird (**verdrängende Vollmacht**)[42]. Die Prozessvollmacht hat zum Teil verdrängenden Charakter: Nach § 172 ZPO hat die Zustellung in einem anhängigen Verfahren an den für den Rechtszug bestellten Prozessbevollmächtigten zu erfolgen. Die Zustellung an die Partei selbst ist unwirksam.

2. Trennungs- und Abstraktionsgrundsatz

Die Vollmachtserteilung ist ein einseitiges Rechtsgeschäft, das nur die *Befugnis* zur Vertretung erzeugt. Eine *Verpflichtung* zum Handeln folgt für den Vertreter aus der Vollmachtserteilung nicht. Um eine Pflicht zu begründen, muss der Vertretene mit dem Vertreter einen schuldrechtlichen

---

[42] Differenzierend *Gernhuber* JZ 1995, 381.

Vertrag schließen. Der Vertrag, aus dem sich die Pflicht zur Geschäftsbesorgung ergibt, ist von der Vollmacht zu trennen (Trennungsprinzip) und die Wirksamkeit der beiden Geschäfte ist grundsätzlich gesondert zu beurteilen (Abstraktionsgrundsatz).

Beispiel Auftrag: A erklärt gegenüber seinem Freund F: „Ich beauftrage dich, meinen antiken Schrank zu verkaufen". F erklärt sich damit einverstanden. Welche Rechtsstellung hat F durch die Vereinbarung erlangt?
Zwischen A und F wurde ein Vertrag geschlossen, durch den sich F zur Besorgung eines Geschäfts verpflichtet hat. Diesen Vertrag nennt das Gesetz Auftrag (§ 662 BGB). Der Auftrag ist ein Schuldvertrag und erzeugt nur schuldrechtliche Verpflichtungen. Durch den Auftrag wird F nicht zur Vertretung des A befugt. Zur Begründung der Vertretungsmacht ist ein weiteres Rechtsgeschäft erforderlich, die Vollmachtserteilung nach § 167 Abs. 1 BGB. Das bedeutet nicht, dass A ausdrücklich erklären muss, er bevollmächtige den F. In der Erklärung, den F zu beauftragen, kann zugleich die Vollmachtserteilung liegen. Ein Sprechakt kann verschiedene rechtlich selbstständige Willenserklärungen enthalten. Ob die Äußerung des A zugleich als Vollmachtserteilung zu werten ist, hängt von der Auslegung ab.

Nach der Rechtsprechung kann zwischen Vollmachtserteilung und schuldrechtlichem Vertrag, der zur Geschäftsbesorgung verpflichtet, eine Geschäftseinheit bestehen[43]. Die Anwendung des § 139 BGB führt bei Unwirksamkeit des Grundverhältnisses (Schuldvertrag) zur Nichtigkeit der Vollmacht und damit praktisch zur Beschränkung des Abstraktionsgrundsatzes. Auch die Unwirksamkeit der Vollmacht kann unter den Voraussetzungen des § 139 BGB zur Nichtigkeit des Grundgeschäfts führen[44].

452

Nach der Rechtsprechung hat die Formnichtigkeit eines Grundstückskaufvertrags die Unwirksamkeit der in dem Vertrag erklärten Auflassungsvollmacht zur Folge. Dies gilt dann nicht, wenn eine unwiderrufliche Vollmacht gerade zur Vollziehung des Geschäfts erteilt wurde, um die Heilung nach § 311b Abs. 1 Satz 2 BGB herbeizuführen[45]. S. dazu das Beispiel „Umgehungsgeschäft" RdNr. 192. Zu einer Durchbrechung des Abstraktionsgrundsatzes führt im Ergebnis auch die Lehre vom Missbrauch der Vertretungsmacht; dazu unten RdNr. 475.

Die Trennung zwischen Vollmacht und Grundgeschäft (Auftrag, Dienstvertrag) hat sich erst im 19. Jahrhundert in der deutschen Rechtswissenschaft herausgebildet[46]. In älteren Kodifikationen werden Vollmacht und Auftrag noch als Einheit betrachtet (Art. 1984 CC, § 1002 ABGB), während die meisten neueren Gesetze Vertretungsmacht und obligatorische Rechtsbeziehungen trennen[47]. Die Trennung der Bevollmächtigung von der Begrün-

---
43 BGH ZIP 1987, 1454 (1455); BGH Rpfleger 1990, 287 (288); BGH NJW 2002, 66.
44 BGH Rpfleger 1990, 288.
45 BGH NJW-RR 1989, 1099.
46 Bahnbrechend waren v. *Jhering* JherJB 1 (1857), 273; und *Laband* ZHR 10 (1866), 183.
47 Vgl. die Nachweise bei *Kötz/Flessner* § 12 A. Die österreichische Lehre unterscheidet anders als die ältere Mandatstheorie zwischen Vollmacht und Schuldvertrag, vgl. schon *Wellspacher*, Das Vertrauen auf äußere Tatbestände, 1906, S. 215.

dung des Grundverhältnisses erklärt, weshalb das BGB das Vertragsprinzip durchbricht und für die Bevollmächtigung eine einseitige Willenserklärung genügen lässt, während ältere Gesetze (z.B. ABGB) folgerichtig einen Vollmachtsvertrag verlangen. Die Durchbrechung des Vertragsprinzips ist deshalb gerechtfertigt, weil die Einräumung der Vertretungsmacht in die Rechtsstellung des Vertreters nicht eingreift.

3. Grundsatz der Formfreiheit

453 Nach dem Zurechnungsmodell der Repräsentation ist die Vollmacht vom Vertretergeschäft zu trennen; s. dazu oben RdNr. 433. Deshalb bedarf die Vollmacht nicht der für das Vertretergeschäft bestimmten Form, § 167 Abs. 2 BGB. Da das Gesetz für die Vollmachtserteilung keine Formvorschrift enthält, gilt der Grundsatz der Formfreiheit[48]. Eine Ausnahme wird von der Rechtsprechung dann gemacht, wenn durch die formlos erteilte Vollmacht der Zweck von Formvorschriften unterlaufen würde. Deshalb muss eine unwiderrufliche Vollmacht zur Veräußerung eines Grundstücks entsprechend § 311b Abs. 1 Satz 1 BGB notariell beurkundet werden[49]. Auch bei der Erteilung der Vollmacht für eine Bürgschaftserklärung ist die Form des § 766 BGB erforderlich[50], sofern der Vollmachtgeber nicht Kaufmann ist.

4. Erlöschen der Vollmacht

a) Widerruf

454 Die Vollmacht kann grundsätzlich widerrufen werden. Der Widerruf wird durch das Fortbestehen des Grundverhältnisses (z.B. Arbeitsverhältnis) nicht ausgeschlossen (vgl. § 168 Satz 2 BGB). Auf den Widerruf findet die Vorschrift des § 167 Abs. 1 BGB entsprechende Anwendung (§ 168 Satz 3 BGB). Die Widerrufserklärung kann deshalb dem Vertreter oder dem Geschäftspartner gegenüber erfolgen. Es kommt nicht darauf an, wie die Vollmacht erteilt wurde. So kann eine Innenvollmacht durch Erklärung gegenüber dem Dritten widerrufen werden. Entsprechend § 171 Abs. 2 BGB ist auch der Widerruf durch öffentliche Bekanntmachung wirksam[51]. Der Vollmachtgeber kann den Umfang der Vertretungsmacht durch teilweisen Widerruf nachträglich beschränken.

455 Der Widerruf ist bei der **unwiderruflichen Vollmacht** ausgeschlossen. Dass eine Vollmacht unwiderruflich erteilt werden kann, ist unstreitig (arg.

---

[48] Vgl. BGH NJW 1998, 1857.
[49] Vgl. BGH NJW 1979, 2306.
[50] Dazu BGH NJW 1996, 1467 = JZ 1997, 305 (Anm. *Pawlowski*).
[51] *Soergel/Leptien* § 168 RdNr. 19.

§ 168 Satz 2 BGB), aber die Voraussetzungen, unter denen es zulässig ist, den Widerruf auszuschließen, werden uneinheitlich beurteilt. Nach *Flume*[52] muss ein Anspruch auf Vornahme des Vertretergeschäfts bestehen. Die h.M. verlangt nur, dass die Bevollmächtigung auch dem Interesse des Bevollmächtigten oder eines Dritten dient[53]. Hat der Vertreter nach dem Grundverhältnis lediglich die Interessen des Vollmachtgebers wahrzunehmen, kann die Vollmacht widerrufen werden, selbst wenn sie als unwiderrufliche bezeichnet wurde[54]. Auch die isolierte Vollmacht, der kein Kausalverhältnis zugrunde liegt, ist jederzeit frei widerruflich[55].

Unzulässig ist eine unwiderrufliche Generalvollmacht, weil sie die Freiheit des Vollmachtgebers in sittenwidriger Weise (§ 138 Abs. 1 BGB) einschränkt[56]. Der Vollmachtgeber wäre zwar nicht gehindert, selbst rechtsgeschäftlich zu handeln, da es eine verdrängende Vollmacht nicht gibt (oben RdNr. 451), aber er wäre doch den Entscheidungen des Bevollmächtigten unterworfen und würde praktisch auf Dauer seine privatautonome Gestaltungsbefugnis erheblich einschränken.

Nach früher h.M. musste die Unwiderruflichkeit vertraglich vereinbart werden[57]. Das findet eine Stütze in § 168 Satz 2 BGB, nach dessen Wortlaut die Unwiderruflichkeit aus dem Grundverhältnis folgen kann. Heute wird überwiegend die Ansicht vertreten, die Unwiderruflichkeit könne durch einseitige Erklärung, die einen Verzicht auf den Widerruf enthält, begründet werden[58]. Auch die unwiderrufliche Vollmacht kann stets aus **wichtigem Grund** widerrufen werden[59]. **456**

b) Verzicht

Die Vertretungsbefugnis kann nach h.M. durch einseitigen Verzicht[60] des Bevollmächtigten erlöschen, selbst wenn damit gegen Pflichten aus dem Grundgeschäft verstoßen wird. **457**

c) Beendigung des Grundgeschäfts

Nach § 168 Satz 1 BGB bestimmt sich das Erlöschen der Vollmacht nach dem ihrer Erteilung zugrunde liegenden Rechtsverhältnis. Endet ein Auf- **458**

---

52 *Flume* II § 53/3; ebenso *Larenz/Wolf* § 47 RdNr. 51 ff.
53 *Staudinger/Schilken* § 168 RdNr. 8; *Soergel/Leptien* § 168 RdNr. 22.
54 BGH WM 1971, 956.
55 BGH NJW 1988, 2603.
56 *Brox/Walker* RdNr. 553; *Staudinger/Schilken* § 168 RdNr. 9.
57 *Lehmann/Hübner*, 15. Aufl., 1966, § 36 V 5c; *Hopt* ZHR 133, 317; anders bereits *v. Tuhr*, Festschr. f. Laband (1908), S. 56.
58 *Staudinger/Schilken* § 168 RdNr. 11; *Soergel/Leptien* § 168 RdNr. 23; *Flume* II § 53/5; *Hübner* RdNr. 660.
59 BGH NJW 1988, 2603; *Larenz/Wolf* § 47 RdNr. 53; *Soergel/Leptien* § 168 RdNr. 26.
60 *Staudinger/Schilken* § 168 RdNr. 18.

trags- oder Arbeitsverhältnis, so erlischt damit auch die damit im Zusammenhang erteilte Vollmacht für den Beauftragten oder Arbeitnehmer.

Beispiel Insolvenz des Auftraggebers: G hat A mit dem Verkauf eines Grundstücks beauftragt und zu diesem Zwecke Vollmacht erteilt. Noch ehe A den Auftrag erledigt hat, wird über das Vermögen des G das Insolvenzverfahren eröffnet. Nach § 115 InsO erlischt der Auftrag und damit endet auch die Vertretungsbefugnis des A nach § 168 Satz 1 BGB[61]. Das Erlöschen einer Vollmacht, die sich auf das zur Insolvenzmasse gehörige Vermögen bezieht, wird außerdem durch § 117 Abs. 1 InsO generell als Wirkung der Insolvenzeröffnung angeordnet[62]. Die Vollmacht besteht fort, soweit sie einer Notgeschäftsführung dient, § 117 Abs. 2 InsO. Zu beachten ist, dass die Vollmacht nicht nach den §§ 168 Satz 1 BGB i.V.m. § 115 Abs. 3 InsO fortbesteht, wenn der Vertreter schuldlos in Unkenntnis der Eröffnung handelt. Das ergibt sich aus § 117 Abs. 3 InsO, der in diesem Fall lediglich eine Haftung nach § 179 BGB ausschließt.

459 Wo das Grundverhältnis als fortbestehend fingiert wird, ist auch vom Fortbestand der Vertretungsbefugnis auszugehen.

460 Nach § 672 BGB erlischt der Auftrag **im Zweifel** nicht mit dem **Tod** oder dem **Eintritt der Geschäftsunfähigkeit** des Auftraggebers. Da sich der Fortbestand der Vollmacht nach dem Grundverhältnis richtet, überdauert beim Auftrag auch die Vollmacht den Tod des Vollmachtgebers. Für die Prokura bestimmt § 50 Abs. 3 HGB ausdrücklich, dass die Vertretungsbefugnis nicht mit dem Tod des Kaufmanns erlischt. Man nennt die nach dem Tod wirksame Vollmacht postmortale Vollmacht. Sie berechtigt nicht zur Vertretung des Erblassers, dessen Rechtssubjektivität mit dem Tode erloschen ist, sondern zur Vertretung der Erben.

461 Die Regelung des § 168 Satz 1 BGB, durch welche der Fortbestand der Vollmacht vom Schicksal des Grundverhältnisses abhängig gemacht wird, stellt eine Durchbrechung des Abstraktionsgrundsatzes dar. Die Vorschrift ist jedoch nicht zwingend. Der Vollmachtgeber kann bestimmen, dass die Vertretungsbefugnis nach Beendigung des Grundverhältnisses fortbestehen soll.

d) Schutz des Dritten

462 Mit dem Erlöschen der Vollmacht endet die Rechtsmacht des Vertreters, unmittelbar Rechtsfolgen für oder gegen den Vertretenen zu erzeugen. In bestimmten Fällen ordnet das Gesetz den Fortbestand der Vertretungsmacht an, um das Vertrauen des Geschäftspartners zu schützen.

Eine Außenvollmacht bleibt nach § 170 BGB dem Dritten gegenüber in Kraft, bis ihm das Erlöschen der Vollmacht angezeigt wird. Der Geschäftspartner ist deshalb geschützt, wenn die Außenvollmacht intern gegenüber

---

[61] BGH NJW-RR 1989, 183; *Soergel/Leptien* § 168 RdNr. 8.
[62] BGH NJW 2003, 2745.

dem Vertreter widerrufen wird. Der Dritte ist nicht schutzwürdig, wenn er weiß oder wissen muss, dass die Vollmacht widerrufen wurde. Deshalb kann sich der Bösgläubige nicht auf § 170 BGB berufen (§ 173 BGB).

Wurde die Bevollmächtigung durch **besondere Mitteilung** kundgegeben, so ist der Bevollmächtigte dem Dritten gegenüber aufgrund der Kundgebung zur Vertretung befugt (§ 171 Abs. 1 BGB). Bei Kundgabe durch öffentliche Bekanntmachung besteht die Vertretungsbefugnis jedem Dritten gegenüber. Die Vertretungsmacht bleibt nach § 171 Abs. 2 BGB bestehen, bis die Kundgebung in derselben Weise, wie sie erfolgt ist, widerrufen wird.   **463**

Die Kundgabe i. S. d. § 171 Abs. 1 BGB ist keine Bevollmächtigung. Vertretungsmacht kann deshalb ohne Vollmachtserteilung dadurch begründet werden, dass wahrheitswidrig die Bevollmächtigung zumindest schlüssig mitgeteilt wird. Dabei kann im Einzelfall die Abgrenzung zur Außenvollmacht schwierig sein.

Beispiel Kundgabe: V teilt seinen Geschäftspartnern mit, er habe A bevollmächtigt. In Wahrheit wurde A keine Vollmacht erteilt. V ging davon aus, dies sei nicht nötig, weil die Mitteilung ohnehin Vertretungsmacht nach § 171 Abs. 1 BGB begründet. Ein guter Geschäftsfreund, der weiß, dass in Wahrheit keine Vollmacht erteilt wurde, schließt mit A, der als Vertreter des V auftritt, einen Vertrag. Nach dem Gesetz schadet die Kenntnis des Geschäftsfreundes nicht. Das ergibt sich aus § 173 BGB, der nur auf § 171 Abs. 2 BGB verweist. Dennoch wendet die h. M. § 171 Abs. 1 BGB nicht an, wenn der Dritte nicht gutgläubig ist[63].

Keine Anwendung finden die §§ 172 ff. BGB und die Regeln über die Anscheins- und Duldungsvollmacht (dazu unten RdNr. 465) auf die *Prozessvollmacht*. Die §§ 80, 88 und § 90 ZPO gehen den materiellrechtlichen Regelungen vor und haben abschließenden Charakter[64]

Der Geschäftspartner wird wie bei der besonderen Mitteilung nach § 171 Abs. 1 BGB geschützt, wenn der Vertreter vom Vollmachtgeber eine Vollmachtsurkunde ausgehändigt und diese vorgelegt wurde (§ 172 BGB). Voraussetzung ist, dass die Urschrift oder eine Ausfertigung und nicht nur eine Abschrift vorgelegt wurde[65]. Die Vertretungsmacht bleibt gegenüber dem Gutgläubigen (§ 173 BGB) bestehen, bis die Vollmachtsurkunde dem Vollmachtgeber zurückgegeben oder für kraftlos erklärt wird. Wegen dieser Wirkung ist ein Zurückbehaltungsrecht des Vertreters gegen den Anspruch auf Rückgabe der Urkunde nach § 175 BGB ausgeschlossen. Haben mehrere Vollmachtgeber eine Urkunde ausgestellt, kann keine Rückgabe verlangt werden, wenn nur einer widerruft. Der Widerrufende kann aber Vorlage der Urkunde verlangen, um einen Widerrufsvermerk anzubringen[66].   **464**

---

63 *Soergel/Leptien* § 171 RdNr. 2.
64 BGH NJW 2004, 59; dazu *Lorenz* JuS 2004, 468.
65 BGH NJW 1988, 697 = DNotZ 1988, 554 (Anm. *Bohrer*).
66 BGH NJW 1990, 507.

5. Duldungs- und Anscheinsvollmacht

a) Schutzbedürftigkeit des Geschäftspartners

465 Wer mit einem Stellvertreter Rechtsgeschäfte abschließt, will sichergehen, dass der Vertreter auch Vertretungsmacht hat. Zwar haftet der Vertreter nach § 179 BGB, wenn sich später herausstellt, dass der Vertreter ohne Vertretungsmacht gehandelt hat, aber diese Haftung ist oft nur ein unzureichender Ausgleich, vor allem wenn es dem Geschäftspartner um eine Leistung geht, die nur der Vertretene erbringen kann. Geschützt ist der Vertragspartner, wenn er sich eine Vollmachtsurkunde vorlegen lässt (§§ 172, 171 BGB). Dieser Weg ist aber im Geschäftsalltag zu bürokratisch. Da die Vertrauenstatbestände der §§ 170 bis 172 BGB als unzureichend empfunden werden, wurden mit der **Duldungs-** und **Anscheinsvollmacht** weitere Tatbestände entwickelt, die das Vertrauen des Geschäftspartners zu Lasten des Vertretenen schützen.

b) Duldungsvollmacht

466 Eine Duldungsvollmacht wird angenommen, wenn der Vertretene weiß, dass ein Vertreter (u. U. erstmalig) für ihn handelt, wenn er dies duldet und der Geschäftspartner die Duldung nach Treu und Glauben dahin werten durfte, dass der als Vertreter Auftretende bevollmächtigt wurde[67]. Der Vertretene wird gegenüber dem Geschäftspartner nicht mit dem Einwand gehört, er habe keine Vollmacht erteilt. Die Figur der Duldungsvollmacht ist überflüssig, weil das wissentliche Dulden als konkludente Vollmachtserteilung auszulegen ist[68]. Stützt man mit der h. M. bei der Duldungsvollmacht die Vertretungsbefugnis nicht auf ein rechtsgeschäftliches Verhalten, kommt eine Anfechtung bei einem Irrtum über die Bedeutung des Verhaltens nicht in Betracht[69].

c) Anscheinsvollmacht

467 Bei der Anscheinsvollmacht kennt der Vertretene das Verhalten des Vertreters nicht. Bei gehöriger Sorgfalt hätte er aber erkennen müssen, dass der Vertreter für ihn handelt. Zurechnungsgrund ist die fahrlässige Unkenntnis[70]. Schutzwürdig ist nur ein Geschäftspartner, der eine Veranlassung hatte, darauf zu vertrauen, dass der Vertreter bevollmächtigt ist. Dafür reicht es nicht aus, dass der Vertreter als Vertreter auftritt und von sich behauptet, Vertretungsmacht zu haben. Der Geschäftspartner wird nur

---

[67] BGH NJW 2003, 2092.
[68] *Flume* II § 49/3; *Jauernig* § 167 RdNr. 8.
[69] Anders *MünchKomm/Schramm* § 167 RdNr. 53.
[70] BGH NJW 1991, 1225 (Haftung des aus der Kanzlei ausgeschiedenen Rechtsanwalts).

geschützt, wenn er nach Treu und Glauben annehmen durfte, dass dem Vertretenen das Verhalten des Vertreters bei Beobachtung der erforderlichen Sorgfalt nicht verborgen bleiben konnte. Vorausgesetzt wird eine gewisse Dauer und Häufigkeit des Vertreterhandelns. Es genügt also nicht, dass der Vertretene in einem Einzelfall das Auftreten des Vertreters fahrlässig verkannt und nicht verhindert hat. Die Grundsätze über die Anscheinsvollmacht sind auch bei der gesetzlichen Vertretung der Eltern anwendbar. Das ist von Bedeutung, wenn ein Elternteil allein für das Kind handelt und dabei den Anschein hervorruft, der andere Teil sei mit dem Rechtsgeschäft einverstanden[71]. Liegt eine Anscheinsvollmacht vor, wirkt das Geschäft für und gegen den Vertretenen. Nach einer Mindermeinung steht dem Geschäftspartner ein Wahlrecht zwischen § 179 BGB und der Vertretungswirkung zu[72]. Keine Anwendung finden die Regeln über die Anscheinsvollmacht, wenn der Geschäftsherr minderjährig ist.

468 Die Anscheinsvollmacht ist mit den Grundsätzen der Privatautonomie nur schwer vereinbar, da nicht der Wille, sondern fahrlässiges Verhalten Anknüpfungspunkt für das Entstehen von Erfüllungsansprüchen ist[73]. Sie kann auch nicht auf eine Analogie zu den gesetzlich geregelten Rechtsscheinsvorschriften (§§ 170 ff. BGB) gestützt werden, weil diese voraussetzen, dass der Rechtsschein willentlich gesetzt wurde. Deshalb wird die Anscheinsvollmacht von manchen Autoren als bürgerlich-rechtliches Institut abgelehnt und auf den kaufmännischen Verkehr beschränkt[74]. Besonders bedenklich ist es, wenn die Anscheinsvollmacht herangezogen wird, um Missbrauchsrisiken auf die Teilnehmer am Rechtsverkehr abzuwälzen[75]. Gerechtfertigt ist allenfalls ein Ersatzanspruch aus cic (§§ 311 Abs. 2, 280 Abs. 1 BGB), der nur auf das Vertrauensinteresse geht.

6. Besonderheiten des Handelsrechts

a) Gesetzlicher Umfang rechtsgeschäftlich begründeter Vertretungsmacht

469 Für die Wirksamkeit des Rechtsgeschäfts genügt es nicht, dass der Vertreter zu irgendwelchen Rechtshandlungen bevollmächtigt wurde. Die Vollmacht muss das konkrete Geschäft erfassen. Selbst wenn der Geschäftspartner weiß, dass der als Vertreter Handelnde bevollmächtigt ist, kann zweifelhaft sein, ob die intern erteilte Vollmacht das Vertretergeschäft

---

71 Vgl. BGHZ 105, 45.
72 *Lieb*, FS Hübner, 1984, 575; dagegen zutreffend *K.Schmidt*, FS Gernhuber, 1993, 435.
73 Freilich lässt die h.M. bei fehlendem Erklärungsbewusstsein auch Fahrlässigkeit genügen. Dazu oben RdNr. 131.
74 *Medicus* RdNr. 971; *Flume* II § 49/4.
75 So aber die Rechtsprechung, vgl. OLG Oldenburg NJW 1993, 1400; LG Koblenz NJW 1991, 791.

deckt. Für den kaufmännischen Verkehr sind solche Unsicherheiten untragbar. Deshalb räumt das Gesetz die Möglichkeit ein, mit der Prokura eine gesetzlich fest umrissene Vollmacht zu erteilen. Nach § 49 Abs. 1 HGB ermächtigt die Prokura zu allen Arten von Geschäften und Rechtshandlungen, die der Betrieb eines Handelsgewerbes mit sich bringt. Beschränkungen der Prokura sind Dritten gegenüber unwirksam (§ 50 Abs. 1 HGB).

470 Eine von einem Kaufmann erteilte Vollmacht, die nicht Prokura ist, wird **Handlungsvollmacht** genannt. Sie kann zwar im Umfang nach den konkreten Anforderungen (z.B. Einkauf, Verkauf) festgelegt werden, aber unübliche Beschränkungen muss der Dritte nicht gegen sich gelten lassen (§ 54 Abs. 1, 3 HGB). Eine besondere Regelung für die Handlungsvollmacht enthält § 56 HGB. Danach gelten Angestellte in einem Laden oder Warenlager zu Verkäufen und zur Empfangnahme von Waren als ermächtigt.

b) Schutz durch das Handelsregister

471 Der Schutz durch die gesetzlich umrissene Vertretungsbefugnis bei der **Prokura** setzt voraus, dass ein Prokurist tätig wurde. Wer sich Klarheit darüber verschaffen will, welche Person für einen Kaufmann als Prokurist auftreten darf, kann Einblick in das Handelsregister nehmen. Erteilung und Widerruf der Prokura müssen nach § 53 Abs. 1, 3 HGB zur Eintragung in das Handelsregister angemeldet werden. Solange der Widerruf der Prokura nicht in das Handelsregister eingetragen und bekannt gemacht ist, kann sich der Geschäftsherr einem Dritten gegenüber nicht darauf berufen, die Prokura bestehe nicht mehr, es sei denn, dieser hatte positive Kenntnis (§ 15 Abs. 1 HGB). Für die Handlungsvollmacht, die nicht eintragungsfähig ist, gilt der Schutz des § 15 HGB nicht.

7. Anfechtung der Vollmacht

a) Vor Abschluss des Vertretergeschäfts

472 Auf die Vollmachtserteilung finden grundsätzlich die Vorschriften über Willenserklärungen Anwendung. Das gilt auch für die Bestimmungen über die Anfechtung (§§ 119 ff. BGB). Zu beachten ist aber, dass die Vollmacht grundsätzlich frei widerruflich ist. Deshalb spielt die Anfechtung vor Abschluss des Vertretergeschäfts wegen Willensmängeln nur bei der unwiderruflichen Vollmacht eine Rolle.

b) Nach Abschluss des Vertretergeschäfts

473 Nach Abschluss des Vertretergeschäfts ist das Recht, die Vollmachtserteilung wegen eines Irrtums anzufechten, auch bei der widerruflichen Voll-

macht von Interesse, weil die Anfechtung ex tunc wirkt (§ 142 BGB). Durch Anfechtung der Vollmacht wird der Vertreter rückwirkend zum Vertreter ohne Vertretungsmacht und der Vertretene muss das Geschäft nicht gegen sich gelten lassen.

Beispiel Irrtum des Vollmachtgebers: A schreibt dem Vertreter V einen Brief, in dem er V bevollmächtigt und beauftragt, eine Maschine zum Preis von 3 000 Euro zu kaufen. Dabei vertippte sich A. Eigentlich wollte er die Vollmacht auf 2 000 Euro begrenzen. V kauft die Maschine für 3 000 Euro. Unmittelbar, nachdem A den Irrtum entdeckt hat, ficht er die Vollmacht gegenüber V wegen eines Irrtums nach § 119 Abs. 1 BGB an.

Nach dem strengen Wortlaut des Gesetzes ist die Vollmachtserteilung als Willenserklärung anfechtbar, weil das Anfechtungsrecht nicht ausgeschlossen wird. Die Anfechtung erfolgt gegenüber dem Adressaten der Willenserklärung. Das ist bei der Innenvollmacht der Vertreter (§ 143 Abs. 3 BGB). Daraus würde folgen, dass A nur gegenüber dem Vertreter V schadensersatzpflichtig ist (§ 122 BGB). Der Schaden des V bestünde darin, dass er von dem Geschäftspartner nach § 179 Abs. 2 BGB haftbar gemacht wird. Die h. M. gewährt dem Geschäftspartner gegen den Vertretenen stets einen direkten Anspruch nach § 122 BGB, unabhängig davon, wer Adressat der Vollmachtserklärung war[76]. Adressat der Anfechtungserklärung ist nach dieser Lösung der Geschäftspartner, weil er von der Anfechtung betroffen wird. Das bedeutet, dass die Innenvollmacht der Außenvollmacht gleichgestellt wird. Die h. M., die einen Direktanspruch des Geschäftspartners gegen den Vertretenen gewährt, will verhindern, dass Störungen des Regresses im Falle einer Insolvenz des Vertreters vermieden werden.

Nach einer Mindermeinung in der Literatur[77] ist eine Anfechtung der Vollmacht ausgeschlossen, wenn von ihr Gebrauch gemacht wurde. Hat sich der Irrtum im Vertretergeschäft niedergeschlagen und könnte der Vollmachtgeber anfechten, wenn er an Stelle des Vertreters gehandelt hätte, soll der Vertretene das Vertretergeschäft (nicht die Vollmacht) anfechten können[78]. Diese Ansicht ist abzulehnen, weil sie mit dem Gesetz kaum in Einklang zu bringen ist.

474

X. Missbrauch der Vertretungsmacht

Die durch Rechtsgeschäft begründete Rechtsmacht, mit Wirkung für den Vertretenen zu handeln, ergibt sich ausschließlich aus der Vollmacht. Erteilt der Geschäftsherr Weisungen, kann darin eine Beschränkung der Vollmacht liegen. Beschränkende Weisungen können aber auch auf das Grundverhältnis bezogen sein. Dann besteht nur die Pflicht, dieser Weisung zu folgen, ohne dass dem Vertreter die Fähigkeit genommen wäre, Wirkungen durch sein Vertreterhandeln hervorzurufen. Vor allem, wo die

475

---

76 Vgl. *MünchKomm/Schramm* § 167 RdNr. 111; *Leipold* § 24 RdNr. 39; *Schwarze* JZ 2004, 488; *Jauernig*, § 167 RdNr. 11.
77 *Brox* JA 1980, 449; *Eujen/Frank* JZ 1973, 232.
78 *Brox/Walker* RdNr. 574.

Zweiter Teil Rechtsgeschäftslehre

Vertretungsbefugnis einen fest umrissenen Umfang hat wie bei der Prokura, führt die Weisung, ein bestimmtes Geschäft nicht abzuschließen, zu einem unterschiedlichen Umfang des **rechtlichen Dürfens** und des **rechtlichen Könnens**.

Beispiel Weisung: Kaufmann K gibt seinem Prokuristen die Weisung, nicht bei der X-GmbH einzukaufen, weil deren Lieferungen in der Vergangenheit mehrfach mangelhaft waren. Der Prokurist missachtet die Weisung. Die Prokura kann Dritten gegenüber nicht beschränkt werden (§ 50 Abs. 1 HGB). Deshalb kommt ein Vertrag zwischen K und der X- GmbH zustande, wenn der Prokurist weisungswidrig bei der X-GmbH einkauft. Freilich handelt der Prokurist pflichtwidrig, weil er als Angestellter verpflichtet ist, die Weisungen des Arbeitgebers zu beachten.

476 Dass die Wirksamkeit des Vertreterhandelns nur nach der Vollmacht, dem rechtlichen Können, zu beurteilen ist, soll den Geschäftspartner schützen, der regelmäßig keine Kenntnis von den internen Weisungen des Geschäftsherrn hat. Nicht schutzbedürftig sind Dritte, die Kenntnis davon haben, dass der Vertreter das Innenverhältnis verletzt. Dem trägt die Lehre vom Missbrauch der Vertretungsmacht Rechnung. Nach ihr wird der Geschäftspartner, dem der Missbrauch der Vertretungsmacht bekannt ist, so behandelt, als ob er das Rechtsgeschäft mit einem Vertreter ohne Vertretungsmacht getätigt hätte (§§ 177 ff. BGB analog). Ob den Vertreter ein Verschulden trifft, ist unerheblich[79]. Die früher vielfach vertretene Ansicht, der Vertreter müsse seine Vertretungsmacht bewusst missbrauchen, übersieht, dass es um die Schutzbedürftigkeit des Dritten geht und nicht um eine Sanktion für Fehlverhalten des Vertreters. Grundsätzlich kann dem Geschäftspartner nur entgegengehalten werden, er habe positive Kenntnis vom pflichtwidrigen Gebrauch der Vollmacht gehabt. Nach h. M. genügt es aber, dass der Missbrauch *offenkundig* war und sich aufgrund der dem Geschäftspartner bekannten Umstände aufdrängen musste[80]. Diese Objektivierung des subjektiven Tatbestandes soll dem Umstand Rechnung tragen, dass Wissen als innere Tatsache nur schwer zu beweisen ist. Den Geschäftspartner trifft keine Nachforschungspflicht, ob sich der Vertreter im Rahmen seiner internen Bindungen gehalten hat[81]. Im Gesellschaftsrecht sind die Grundsätze über den Missbrauch der Vertretungsmacht zu beachten, wenn aufgrund der Satzung intern ein Gesellschafterbeschluss zur Ausführung des Geschäfts erforderlich ist und der Dritte weiß, dass der Beschluss nicht vorliegt[82].

---

79 BGH WM 1988, 1199.
80 BGH NJW 2002, 1497, 1498; BGH NJW 1994, 2082 (verlangt objektive Verdachtsmomente); BGH NJW 1985, 2409 (2410); BGH NJW 1988, 2241 (2242); *Larenz/Wolf* § 46 RdNr. 142; *Flume* II § 45 II 3; *Medicus* RdNr. 967.
81 BGH NJW 1999, 2883.
82 BGH NJW 1988, 2241.

Wirken Vertreter und Dritter zusammen, um den Geschäftsherrn zu schädigen (Kollusion), ist der Vertrag nach § 138 Abs. 1 BGB nichtig[83]. Da Nichtigkeit endgültige Unwirksamkeit bedeutet, kann der Vertretene das Geschäft nicht durch Genehmigung an sich ziehen. In der Literatur wird vorgeschlagen, die Nichtigkeitsfolge einzuschränken und die §§ 177 ff. BGB analog anzuwenden, damit der Vertretene darüber entscheiden kann, ob er das Geschäft für sich gelten lassen will[84]. Dem ist zuzustimmen, da es um den Schutz des Vertretenen geht.

XI. Das Insichgeschäft

1. Fallgruppen

Vom Insichgeschäft spricht man, wenn der Vertreter mit sich selbst ein Rechtsgeschäft abschließt. Dabei sind zwei Fälle zu unterscheiden, das **Selbstkontrahieren** und die **Mehrvertretung**. **477**

Beim Selbstkontrahieren handelt der Vertreter auf der einen Seite für sich selbst im eigenen Namen und auf der anderen Seite für den Vertretenen als dessen Stellvertreter. Selbstkontrahieren gibt es nicht nur beim Vertragsschluss, sondern auch bei einseitigen Rechtsgeschäften. **Mehrvertretung** liegt vor, wenn ein Stellvertreter auf beiden Seiten als Stellvertreter für jeweils verschiedene Personen auftritt[85]. Für beide Fälle, die als gemeinsames Merkmal die **Personenidentität** auf beiden Seiten des Rechtsgeschäfts aufweisen, schließt § 181 BGB die Vertretungsbefugnis aus.

Beispiel Selbstkontrahieren: A erteilt V Vollmacht zur Veräußerung seines gebrauchten Pkw. Da V selbst ein gebrauchtes Fahrzeug sucht, setzt er einen Vertrag auf, nach dem das Fahrzeug von A an V verkauft wird. Er unterzeichnet die Vertragsurkunde zweimal: als Vertreter des Verkäufers und als Käufer. Es liegt ein Fall des Selbstkontrahierens vor.

Beispiel Mehrvertretung: V wurde von A zum Verkauf und von B zum Kauf eines gebrauchten Fahrzeugs bevollmächtigt. Er schließt einen Vertrag und tritt dabei auf der Verkäuferseite als Vertreter des A und auf der Käuferseite als Bevollmächtigter des B auf. Es liegt ein Fall der Mehrvertretung nach § 181 BGB vor.

2. Rechtsfolgen

Nach § 181 BGB kann der Vertreter das Insichgeschäft nicht vornehmen. Das bedeutet, dass der Vertreter nicht wirksam für den Vertretenen handeln kann. Die Rechtsfolgen seines Handelns bestimmen sich nach den **478**

---

83 BGH NJW 2000, 2896, 2897; NJW 1989, 26, 27.
84 *Bork* AT RdNr. 1575; *Prütting/Frensch* § 164 RdNr. 69.
85 Kein Fall der Mehrvertretung liegt vor, wenn ein Geschäftsführer zwei Gesellschaften vertritt und mit einem Dritten eine Verrechnungsvereinbarung trifft, vgl. BGHZ 94, 137.

Grundsätzen über die Vertretung ohne Vertretungsmacht. Verträge sind nach § 177 Abs. 1 BGB schwebend unwirksam.

Im Beispiel „*Selbstkontrahieren*" könnte der Verkäufer A den Kauf genehmigen. Mit der Genehmigung würde das Geschäft von Anfang an wirksam, §§ 177 Abs. 1, 184 BGB.

Vom sog. Verbot des Insichgeschäfts macht das Gesetz zwei **Ausnahmen**: Das Geschäft ist wirksam, wenn es dem Vertreter durch Rechtsgeschäft oder Gesetz **gestattet** war oder wenn das Rechtsgeschäft in der **Erfüllung einer Verbindlichkeit** besteht.

Beispiel Geldwechsler: Der Kassierer K wechselt für sich selbst Geld, um Zigaretten zu kaufen. Als Kassierer ist K sicher bevollmächtigt, Geldstücke zu übereignen. Aber die Vertretungsbefugnis des Bevollmächtigten erfasst nicht Insichgeschäfte, es sei denn, die Vollmacht wurde unter Befreiung von dem Verbot des § 181 BGB erteilt. Nach *Flume* liegt beim Kassierer eine Gestattung kraft Verkehrsübung vor[86]. Es ist jedoch fraglich, ob eine Verkehrsübung allein Grundlage der Gestattung sein kann. M.E. ist auf die Auslegung der Vollmacht abzustellen, bei der die Verkehrsübung (Verkehrssitte) zu berücksichtigen ist. Danach umfasst die Befugnis des Kassierers zur Übereignung von Geldstücken auch das Wechseln mit sich selbst.

Keine Anwendung findet der Ausnahmetatbestand des § 181 Halbsatz 2 BGB, wenn Eltern einen mit dem Kind abgeschlossenen Schenkungsvertrag erfüllen, sofern das Erfüllungsgeschäft Nachteile mit sich bringt wie bei der Übereignung eines vermieteten Grundstücks (§ 566 BGB); siehe dazu oben RdNr. 289.

Ist das Insichgeschäft ausnahmsweise zulässig, genügt es nicht, wenn der Vertreter den inneren Willen hat, das Geschäft abzuschließen. Im Interesse der Verkehrssicherheit ist zu fordern, dass der Abschluss des Rechtsgeschäfts nach außen **erkennbar** wird. Dem trägt § 35 Abs. 4 Satz 2 GmbHG Rechnung, der eine Dokumentationspflicht für Insichgeschäfte eines GmbH-Geschäftsführers vorsieht, der alle Anteile der Gesellschaft hält.

3. Teleologische Reduktion des § 181 BGB

479 Das sog. Verbot des Insichgeschäfts soll Interessenkollisionen vorbeugen. Bei Vertragsverhandlungen vertreten die Parteien regelmäßig gegenläufige Interessen. Der Verkäufer ist an einem hohen Kaufpreis interessiert, während der Käufer möglichst billig kaufen will. Übernimmt jemand gleichzeitig die Rolle des Käufers und des Verkäufers wie im Beispiel „Selbstkontrahieren", entsteht eine Interessenkollision. Deshalb wird die Vertretungsbefugnis durch § 181 BGB eingeschränkt. Der Tatbestand des § 181 BGB enthält aber die Interessenkollision nicht als Tatbestandsmerkmal. Das Gesetz knüpft die Rechtsfolge an das Merkmal der Personenidentität

---

[86] *Flume* II § 48/6.

(oben RdNr. 477), bei deren Vorliegen der Interessenwiderstreit vermutet werden kann. Trotzdem gibt es Fälle, bei denen der Tatbestand des § 181 BGB vorliegt, ohne dass der Vertreter einem Konflikt ausgesetzt ist. Die Frage ist, ob durch teleologische Reduktion die Anwendung des § 181 BGB auf solche Fälle beschränkt werden kann, in denen das Insichgeschäft zu einem Widerstreit der Interessen führt. Es ist methodisch grundsätzlich zulässig, den Anwendungsbereich einer Norm auf die Fälle zu beschränken, die vom Normzweck erfasst sind. Dennoch geht die h. M. zu Recht davon aus, dass bei § 181 BGB die Interessenkollision nicht als ungeschriebenes Tatbestandsmerkmal zu prüfen ist. Bei der Interpretation einer Norm darf die Entscheidung des Gesetzgebers, wie ein Ziel erreicht werden soll, nicht einfach übergangen werden. Das Verbot des Insichgeschäfts wurde im Interesse der Verkehrssicherheit an das leicht feststellbare Kriterium der Personenidentität geknüpft. Eine teleologische Reduktion muss daher dem Interesse der Verkehrssicherheit Rechnung tragen. Deshalb ist nach h. M. nicht zu prüfen, ob im Einzelfall ein Interessenwiderstreit vorliegt. Nur wenn aufgrund abstrakter Beurteilung eine Interessenkollision von vornherein ausgeschlossen ist, wird § 181 BGB nicht angewandt, obwohl das formale Merkmal der Personenidentität vorliegt. Diese Voraussetzung ist gegeben, wenn das Rechtsgeschäft dem Vertretenen lediglich einen rechtlichen Vorteil bringt[87].

Beispiel Geschenk an Minderjährige: Die Eltern schenken ihrer 6-jährigen Tochter T zum Geburtstag Malfarben. Eigentum kann die Tochter nur erwerben, wenn die Farben an sie nach § 929 BGB übereignet werden. Da T geschäftsunfähig ist, kann sie keine wirksame Willenserklärung abgeben (§ 105 BGB). Sie muss von den Eltern als gesetzliche Vertreter vertreten werden. Wenn die Eltern auf der Veräußererseite im eigenen Namen und auf der Erwerberseite namens der Tochter handeln, liegt ohne Zweifel ein Insichgeschäft vor. Nach h. M. sind die Eltern dennoch zur Vertretung befugt, weil das Geschäft nur einen rechtlichen Vorteil für das Kind bringt. Nach anderer Ansicht[88] liegt eine Gestattung des Insichgeschäfts durch Verkehrsübung vor. Würde man § 181 BGB anwenden, hätten die Eltern nur wegen eines Geburtstagsgeschenks beim Vormundschaftsgericht einen Ergänzungspfleger (§ 1909 BGB) zu beantragen.

4. Analoge Anwendung des § 181 BGB

Da § 181 BGB nur auf das formale Merkmal der Personenidentität abstellt, kann der Vertreter das Verbot des Insichgeschäfts umgehen, indem er einen Untervertreter bestellt, der beim Abschluss des Geschäfts auf einer Seite in Erscheinung tritt. In diesen Fällen ist § 181 BGB analog anzuwenden[89]. Bei einseitigen Willenserklärungen ist § 181 BGB anzuwenden, wenn der Vertreter die Erklärung wahlweise gegenüber sich selbst oder einem Dritten

480

---
87 BGH NJW 1989, 2543; *Larenz/Wolf* § 46 RdNr. 129; a. M. *Jauernig* § 181 RdNr. 7.
88 *Jauernig* § 181 RdNr. 9.
89 *MünchKomm/Schramm* § 181 RdNr. 24 m. w. N.; anders noch RGZ 157, 24 (31).

abzugeben hat wie im Falle des § 182 BGB, unabhängig davon, wen er als Adressaten auswählt[90]. Kann er die Erklärung gegenüber einer Behörde (z. B. Grundbuchamt) oder an sich als Betroffenen abgeben, ist § 181 BGB auch nach der Rechtsprechung anzuwenden[91].

XII. Vertretung ohne Vertretungsmacht

1. Vertragsschluss und Genehmigung

481 Ein Vertrag, den der Vertreter ohne Vertretungsmacht (falsus procurator) schließt, ist schwebend unwirksam. Nach § 177 Abs. 1 BGB hängt die Wirksamkeit des Vertrags für und gegen den Vertretenen von dessen nachträglicher Zustimmung (Genehmigung) ab. Die Genehmigung ist wie die Vollmachtserteilung eine empfangsbedürftige Willenserklärung und kann konkludent erteilt werden. Eine konkludente Genehmigung liegt aber nur vor, wenn der Genehmigende zum Ausdruck bringt, dass er ein bisher unwirksames Geschäft gelten lassen will[92]. War ihm erkennbar die Unwirksamkeit gar nicht bewusst, kann auch nicht von einer Genehmigung ausgegangen werden. Die Genehmigung bedarf nicht der für das Rechtsgeschäft bestimmten Form, § 182 Abs. 2 BGB. Dies gilt selbst dann, wenn die Form den Zweck hat, vor Übereilung zu schützen. In der Literatur[93] wurde vorgeschlagen, § 182 Abs. 2 BGB restriktiv auszulegen und nicht anzuwenden, wenn die vorgeschriebene Form eine Warnfunktion hat. Der BGH[94] ist dem nicht gefolgt und hat an der bisherigen wortgetreuen Auslegung des § 182 Abs. 2 BGB festgehalten. Ausschlaggebend war dabei in erster Linie, dass durch eine Rechtsprechung, die über ein Jahrhundert praktiziert wurde, ein Vertrauen geschaffen wurde. Den Rechtswert des Vertrauensschutzes und der Verkehrssicherheit hat der BGH vor anderen Gesichtspunkten den Vorrang eingeräumt[95].

Der Vertreter handelt nicht nur ohne Vertretungsmacht, wenn er überhaupt nicht vertretungsberechtigt ist, sondern auch dann, wenn er eine bestehende Vertretungsmacht überschreitet oder missbraucht oder wenn er von seiner Vollmacht keinen Gebrauch macht.

Beispiel TÜV neu: E bevollmächtigt den Kfz-Händler H mit dem Verkauf eines Gebrauchtwagens. H verkauft das Fahrzeug mit der Zusicherung „TÜV neu",

---

90 *Jauernig* § 181 RdNr. 8; *Hübner* JZ 1985, 745.
91 BGHZ 77, 7, 9 = NJW 1980, 1577.
92 BGH WM 2005, 786, 788.
93 *Flume* Bd. II, 890, 891.
94 BGHZ JZ 1995, 97 (Anm. *Dilcher*).
95 Eine Änderung der Rechtsprechung beschränkt auf künftige Fälle (prospective overruling) hat der BGH nicht in Erwägung gezogen; dazu *Langenbucher* ZEuP 2006, 867; *ders.*, JZ 2003, 1132, 1135 ff.

obwohl er dazu von E nicht ermächtigt war. Der Käufer kann gegen H Ansprüche nach § 179 BGB i. V. m. § 437 BGB geltend machen, wenn sich die Zusicherung als falsch erweist[96].

482 Durch die Genehmigung wird der Vertrag rückwirkend wirksam (§ 184 Abs. 1 BGB). Bei Verweigerung der Genehmigung ist das Geschäft endgültig nichtig (anders nur im Falle des § 177 Abs. 2 Satz 1 BGB). Der Vertrag wird auch dann wirksam, wenn der Vertretene einem kaufmännischen Bestätigungsschreiben des Geschäftspartners nicht widerspricht[97]. Dazu oben RdNrn. 147 f.

Genehmigt der Vertretene, so ist dies seine freie Entscheidung, und er kann etwaige Nachteile nicht auf den Vertreter abwälzen. Etwas anderes kann gelten, wenn der Arbeitgeber das vollmachtlose Handeln eines Arbeitnehmers nur deshalb genehmigt, um eine Schädigung seines geschäftlichen Ansehens zu vermeiden. In diesen Fällen haftet der Vertreter nach § 280 Abs. 1 BGB[98]. Handelte der Vertreter in berechtigter Geschäftsführung ohne Auftrag (§§ 677 ff. BGB), ist der Vertretene aufgrund des gesetzlichen Schuldverhältnisses verpflichtet, die Genehmigung zu erteilen. Wird der Vertreter in Anspruch genommen, kann er vom Vertretenen Ersatz verlangen (§§ 683, 670 BGB).

483 Um die Unwirksamkeit zu beseitigen, kann der Geschäftspartner den Vertretenen auffordern, sich über die Genehmigung zu erklären. Diese Aufforderung hat die Wirkung, dass die Genehmigung nur noch gegenüber dem Geschäftspartner erteilt werden kann und eine bereits erteilte Genehmigung oder Verweigerung der Genehmigung gegenüber dem Vertreter unwirksam wird (§ 177 Abs. 2 Satz 1 BGB). Die Genehmigung kann nur bis zum Ablauf von zwei Wochen nach dem Empfang der Aufforderung erklärt werden; wird sie nicht erklärt, so gilt sie als verweigert. Mit der Einholung der Genehmigung kann der Notar beauftragt sein, dem der Vollzug eines Vertrags übertragen wurde[99].

Beispiel Aufforderung zur Genehmigung: V schließt ohne Vollmacht namens des A mit dem Händler H einen Kaufvertrag über einen Computer. A freut sich über den günstigen Kauf und erklärt gegenüber V, der Vertrag gehe in Ordnung. Kurze Zeit später wird A von H aufgefordert, sich über die Genehmigung zu erklären. A beantwortet diese Aufforderung nicht. Er ist der Meinung, der Vertrag sei durch die gegenüber V erklärte Genehmigung wirksam. Nach Ablauf von zwei Wochen verlangt H den Computer zurück mit der Begründung, ein Kaufvertrag sei nicht wirksam zustande gekommen.

H kann seine Rechtsansicht auf § 177 Abs. 2 BGB stützen. Die gegenüber V erteilte Genehmigung wurde mit der Aufforderung unwirksam. Da A innerhalb der Frist von zwei Wochen die Genehmigung nicht erklärte, gilt sie als verweigert. Die Frage ist, ob A seine vom Gesetz fingierte Erklärung der Ablehnung anfechten

---

96 BGH NJW 1988, 1378; dazu *Tiedtke* JuS 1988, 848. – Zur Frage, ob sich der falsus procurator das Wissen des Vertretenen zurechnen lassen muss, vgl. OLG Köln NJW-RR 1990, 760.
97 BGH NJW 1990, 386.
98 BAG NJW 1965, 2268, 2269.
99 Vgl. OLG Köln NJW 1995, 1499; dazu *Prahl* NJW 1995, 2968 und *Holthausen-Dux* NJW 1995, 1470.

Zweiter Teil Rechtsgeschäftslehre

kann, weil sein Schweigen auf einer irrigen Beurteilung der Rechtslage beruhte. Nach h. M. scheidet eine Anfechtung aus[100].

484 Bis zur Genehmigung des Vertrags ist der andere Teil zum **Widerruf** berechtigt, es sei denn, dass er den Mangel der Vertretungsmacht bei Abschluss des Vertrags gekannt hat. Der Widerruf kann dem Vertretenen oder dem Vertreter gegenüber erklärt werden (§ 178 BGB).

2. Einseitige Rechtsgeschäfte

485 Bei einseitigen Rechtsgeschäften ist eine Vertretung ohne Vertretungsmacht nach § 180 Satz 1 BGB unzulässig. Dieser Grundsatz erleidet aber wichtige Ausnahmen bei empfangsbedürftigen Willenserklärungen. Wenn der Adressat der Erklärung die behauptete Vertretungsmacht nicht beanstandet oder damit einverstanden ist, dass der Vertreter ohne Vertretungsmacht handelt, finden die Vorschriften über Verträge entsprechende Anwendung. Das Gleiche gilt, wenn ein einseitiges Rechtsgeschäft gegenüber einem Vertreter ohne Vertretungsmacht mit dessen Einverständnis vorgenommen wird (§ 180 Satz 3 BGB).

Weil § 180 Satz 1 BGB von dem Grundsatz ausgeht, eine Vertretung ohne Vertretungsmacht sei unwirksam, gibt es die Zurückweisungsbefugnis nach § 174 BGB. Danach wird ein einseitiges Rechtsgeschäft (z. B. eine Kündigung) auch bei bestehender Vertretungsmacht unwirksam, wenn der Bevollmächtigte eine Vollmachtsurkunde nicht vorlegt und der andere das Rechtsgeschäft aus diesem Grunde unverzüglich zurückweist. Kein einseitiges Rechtsgeschäft liegt vor bei der Annahme eines Antrags. In der Literatur wird jedoch eine analoge Anwendung der §§ 174, 180 Satz 1 BGB befürwortet[101]. § 174 BGB setzt voraus, dass ein Bevollmächtigter handelt. Beim Handeln des gesetzlichen Vertreters und bei Organen besteht kein Zurückweisungsrecht[102].

3. Haftung des falsus procurator

a) Bei Kenntnis des Vertreters

486 Wusste der Vertreter, dass er keine Vertretungsmacht hat, ist er beim **Vertragsschluss** nach Wahl (§ 263 ff. BGB) des Geschäftspartners zur *Erfüllung* oder zum Schadensersatz wegen Nichterfüllung verpflichtet. Wählt der Vertragspartner Erfüllung, wird der Vertreter zwar nicht zur Vertragspartei, aber er kann alle Primär- und Sekundäransprüche aus dem Vertrag geltend

---

100 *Soergel/Hefermehl* vor § 116 RdNr. 67.
101 *Jauernig* § 174 RdNr. 1; *Staudinger/Schilken* § 174 RdNr. 2; *Medicus* RdNr. 981 (§ 180).
102 *Soergel/Leptien* § 174 RdNr. 8; BAG NZA 1990, 520; weitergehend BAG NJW 1993, 1286 (Leiter der Personalabteilung).

machen und es stehen ihm alle Gegenrechte zu (z. B. § 320 BGB). Wählt der Vertragspartner *Schadensersatz*, schuldet der Vertreter ohne Vertretungsmacht Geldersatz, weil Naturalrestitution (§ 249 BGB) auf Erfüllung hinausliefe. Die Berechnung des Anspruchs erfolgt bei gegenseitigen Verträgen nach der gemischten Differenztheorie[103]. Ausgangspunkt ist der Wert der Leistung, die der Vertragspartner aufgrund des Vertrags fordern konnte. Davon abzuziehen ist die ersparte Gegenleistung. Die Ansprüche nach § 179 BGB verjähren in der Frist, die für Ansprüche aus dem Vertrag maßgeblich ist. Die Frist beginnt mit der Verweigerung der Genehmigung[104].

Der Vertreter haftet nicht, wenn der Vertrag auch bei Bestehen der Vertretungsmacht unwirksam gewesen wäre. Es kommt aber eine Haftung wegen cic (§§ 311 Abs. 2, 280 Abs. 1 BGB) in Betracht[105]. Auch bei einer Genehmigung des Vertrags kann eine Haftung des falsus procurator wegen Verschuldens beim Vertragsschluss für einen Verzögerungsschaden begründet sein[106]. Dagegen ist die Haftung nicht ausgeschlossen oder auf eine fiktive Insolvenzquote beschränkt, wenn der Vertretene den Vertrag nicht erfüllen könnte, weil über sein Vermögen das Insolvenzverfahren eröffnet wurde[107]. Wurde der Vertreter ohne Vertretungsmacht beim Vertragsschluss arglistig getäuscht, kann er selbst den Vertrag anfechten, um der Haftung nach § 179 BGB zu entgehen[108]. **487**

Die Haftungsregelung des § 179 BGB ist auf Schuldverträge zugeschnitten. Bei Verfügungen gibt es weder eine Leistungspflicht noch ein Erfüllungsinteresse. Dennoch wird die Ansicht vertreten, § 179 BGB sei auch auf dingliche Verträge anzuwenden[109].

b) Bei Unkenntnis des Vertreters

Hat der Vertreter den Mangel der Vertretungsmacht nicht gekannt, ist er nur verpflichtet, den Vertrauensschaden zu ersetzen, der durch die Höhe des Erfüllungsinteresses begrenzt wird (§ 179 Abs. 2 BGB). Ob dem Vertreter Fahrlässigkeit vorzuwerfen ist, spielt keine Rolle, da § 179 Abs. 2 BGB eine verschuldensunabhängige Haftung anordnet. **488**

---

[103] *Prütting/Frensch* § 179 RdNr. 16 m. w. N..
[104] BGHZ 73, 266 (269 f.).
[105] *Köhler* § 11 RdNr. 69.
[106] OLG Hamm NJW 1994, 666.
[107] *Medicus* RdNr. 987; *Hilger* NJW 1986, 2237; a. M. *Flume* II § 47/3 b; *MünchKomm/Schramm* § 179 RdNr. 34.
[108] BGH NJW 2002, 1867.
[109] *Soergel/Leptien* § 179 RdNr. 13.

c) Ausschluss bei Kenntnis des anderen Teils

489 Der Vertreter haftet nicht, wenn der andere Teil den Mangel der Vertretungsmacht kannte oder kennen musste (§ 179 Abs. 3 BGB). Ein Mitverschulden führt nicht wie bei § 254 BGB zur Schadensteilung, sondern zum Haftungsausschluss. Auf einen konkurrierenden Anspruch wegen cic (§§ 311 Abs. 2, 280 Abs. 1 BGB) ist § 179 Abs. 3 BGB nicht anzuwenden. Die Rechtsprechung bejaht eine Haftung trotz Kenntnis des anderen Teils, wenn der Vertreter für eine noch nicht existente Personengesellschaft handelt, die später nicht zur Entstehung gelangt. Die Haftung ist nur ausgeschlossen, wenn der Vertragspartner wusste oder wissen musste, dass die Personengesellschaft oder Gemeinschaft auf absehbare Zeit nicht entstehen wird[110]. Zur Haftung bei Vorgesellschaften s. unten RdNr. 490.

Die Haftung ist auch dann ausgeschlossen, wenn der Vertreter in der Geschäftsfähigkeit beschränkt war, es sei denn, dass er mit Zustimmung des gesetzlichen Vertreters gehandelt hat (§ 179 Abs. 3 Satz 2 BGB).

d) Analoge Anwendung des § 179 BGB

490 Die Vorschrift des § 179 BGB ist analog anzuwenden bei vorsätzlicher Verfälschung einer Erklärung durch den Boten, bei Handeln unter fremdem Namen und wenn der Vertretene nicht existiert[111]. Die Haftung tritt nicht ein, wenn der Vertreter namens einer nicht existierenden Scheinfirma handelt, hinter der ein Träger des Unternehmens steht, der als Vertragspartner gewollt ist und Vollmacht erteilt hat[112]. Der für eine Vorgesellschaft Handelnde haftet nach den §§ 41 Abs. 1 AktG oder 11 Abs. 2 GmbHG.

e) Kein Wahlrecht bei Vollmacht kraft Rechtsscheins

491 Die Haftung nach § 179 BGB setzt voraus, dass der Vertreter nicht mit Wirkung für oder gegen den Vertretenen handeln konnte. Wird das Vertreterhandeln dem Vertretenen aufgrund eines Rechtsscheintatbestandes zugerechnet, scheidet eine Anwendung des § 179 BGB aus. Der Geschäftspartner kann sich nicht wahlweise an den Vertretenen oder den Vertreter halten[113].

---

110 BGH NJW 1989, 894 = BGHZ 105, 283.
111 Vgl. BGH NJW 1996, 1053 (1054); BGHZ 105, 287.
112 BGH NJW 1996, 1053.
113 BGH NJW 1983, 1308.

f) Verjährung

Die Verjährung der Ansprüche nach § 179 BGB richtet sich nach der Verjährung der Erfüllungsansprüche des nicht genehmigten Vertrags[114].

XIII. Untervertreter

1. Dogmatische Konstruktion

Die Vertretungsmacht kann sich auf die Bestellung eines Untervertreters erstrecken. Wird dem Unterbevollmächtigten namens des Geschäftsherrn Vollmacht erteilt, erhält der Unterbevollmächtigte aufgrund der Wirkungsverlagerung des § 164 Abs. 1 BGB die Stellung eines Hauptvertreters, der unmittelbar den Geschäftsherrn vertritt. Nach h.M. kann Untervollmacht auch in der Weise erteilt werden, dass der Unterbevollmächtigte den Vertreter in seiner Eigenschaft als Vertreter vertritt[115].

492

2. Konsequenzen für die Haftung nach § 179 BGB

Wenn der Vertreter einen Unterbevollmächtigten bestellt, ohne dazu berechtigt zu sein, ist der Unterbevollmächtigte, der als Vertreter des Geschäftsherrn auftritt, falsus procurator. Er haftet deshalb nach § 179 BGB. Bei mehrstufiger Vertretung trägt der Handelnde das Risiko, dass auf jeder Stufe wirksam Vollmacht erteilt wurde. Um diese Konsequenz abzumildern, nahm der BGH an, die Untervertretung könne als Vertretung des Vertreters aufgefasst werden. Bei dieser Konstruktion haftet der Unterbevollmächtigte nicht, wenn dem Hauptvertreter, für den er handelt, die Vertretungsmacht fehlt. Voraussetzung ist, dass die Mehrstufigkeit der Vertretung offen gelegt wird. In der Literatur wird die vom BGH anerkannte Konstruktion einer Vertretung des Vertreters kritisiert[116], aber die Einschränkung der Haftung nach § 179 BGB bei Offenlegung mehrstufiger Vertretung wird gebilligt[117].

493

---

114 BGHZ 73, 266.
115 BGHZ 32, 253 f.; 68, 395.
116 *Medicus* RdNr. 996.
117 Vgl. OLG Köln NJW-RR 1996, 212.

§ 16 Zustimmung

Literatur: *Bettermann*, Verpflichtungsermächtigung und Vertrag zu Lasten Dritter, JZ 1951, 321; *Brehm*, Prozessstandschaft im Erkenntnisverfahren und in der Zwangsvollstreckung, Jura 1987, 600; *Costede*, Die Anfechtungsbefugnis bei Verfügungen über fremde Rechte, Festschr. f. Henckel, 1995, S. 67; *Doris*, Die rechtsgeschäftliche Ermächtigung bei Vornahme von Verfügungs-, Verpflichtungs- und Erwerbsgeschäften, 1974; *Finkenauer*, Rückwirkung der Genehmigung, Verfügungsmacht und Gutglaubensschutz, AcP 203 (2003), 282; *Jauernig*, Zeitliche Grenzen für die Genehmigung von Rechtsgeschäften eines falsus procurator?, Festschr. f. Niederländer, 1991, S. 285; *Ludewig*, Die Ermächtigung nach bürgerlichem Recht, 1922; *Schmidt*, K., Beseitigung der schwebenden Unwirksamkeit durch Verweigerung einer Genehmigung, AcP 189 (1989), 1; *Thiele*, W., Die Zustimmungen in der Lehre vom Rechtsgeschäft, 1966.

I. Bedeutung

494 Zahlreiche Rechtsgeschäfte werden erst aufgrund der Zustimmung eines Dritten, die als Wirksamkeitsvoraussetzung zu dem rechtsgeschäftlichen Tatbestand hinzutreten muss, wirksam (§§ 107, 177, 415, 1365 BGB). Die Zustimmung umfasst als Oberbegriff **Einwilligung** und **Genehmigung**. Die Einwilligung wird vor Abschluss des zustimmungsbedürftigen Rechtsgeschäfts erteilt, während die Genehmigung dem Abschluss nachfolgt (vgl. die Legaldefinitionen in den §§ 183 Satz 1, 184 Abs. 1 BGB)[1]. Die §§ 182 ff. BGB regeln allgemein die Zustimmung für Rechtsgeschäfte, bei denen kraft Gesetz die Einwilligung oder Genehmigung eines Dritten erforderlich ist. Nicht anzuwenden sind die Bestimmungen über die Zustimmung, wenn das Rechtsgeschäft aufgrund einer Parteivereinbarung erst durch Zustimmung eines Dritten wirksam werden soll[2]. Das wird mit dem Rechtsgedanken des § 137 Satz 1 BGB begründet[3]. Wird die Genehmigungsbedürftigkeit rechtsgeschäftlich begründet, ist die Vereinbarung regelmäßig als Bedingung auszulegen. Siehe oben das Beispiel „Zustimmung" RdNr. 388. Entgegen der Rechtsprechung des BGH[4] sind die §§ 182 ff. BGB auch anwendbar, wenn eine nach § 399 Alt. 2 BGB unabtretbare Forderung abgetreten wird und der Schuldner die Abtretung genehmigt. § 399 Alt. 2 BGB geht nicht von einer Forderung aus, die dem Rechtsverkehr entzogen ist; es wird lediglich die dispositive Regel durchbrochen, dass der Schuldner bei der Verfügung über die Forderung nicht beteiligt sein muss, obwohl er in seiner Rechtsstellung betroffen ist. Unab-

---

1 Das Gesetz verwendet die Begriffe trotz der Legaldefinitionen nicht einheitlich. So bedeutet die Genehmigung des Familiengerichts auch die vorherige Zustimmung zu einem Rechtsgeschäft.
2 BGHZ 108, 177, aber zu Unrecht auf den Fall der Genehmigung einer Forderungsabtretung bezogen.
3 *MünchKomm/Schramm* Vor § 182 Rdnr. 13.
4 BGHZ 70, 299; vgl. auch BGHZ 108, 172, 177.

tretbar ist die Forderung nicht schlechthin, die Abtretung bedarf der Zustimmung des Schuldners, die eine Zustimmung zur Verfügung des Gläubigers darstellt[5]. Siehe auch oben RdNr. 336 b.

Von der Zustimmung i. S. d. § 182 BGB zu unterscheiden sind behördliche oder vormundschaftsgerichtliche[6] Genehmigungen, die als Staatsakte nach Verwaltungsrecht oder nach dem FGG zu beurteilen sind. Die §§ 182 ff. BGB finden auf behördliche Genehmigungen keine unmittelbare Anwendung[7]. Auch die Genehmigung nach § 684 BGB unterfällt nicht unmittelbar dem Anwendungsbereich des § 182 BGB, da sie nicht Wirksamkeitsvoraussetzung für ein Rechtsgeschäft ist. Dennoch wendet die h. M. die §§ 182 ff. BGB auf die Genehmigung nach § 684 BGB analog an[8].

II. Rechtsnatur der Zustimmung

Die Zustimmung ist ein einseitiges Rechtsgeschäft und wie die Vollmacht abstrakt. Sie kann wie die Vollmacht inhaltlich begrenzt werden. Von Bedeutung ist dies, wenn eine Verfügungsermächtigung für bestimmte Zwecke erteilt wird; z. B. die Ermächtigung des Grundstückskäufers, zum Zwecke der Kaufpreisfinanzierung das zu erwerbende Grundstück mit einem Grundpfandrecht (Hypothek, Grundschuld) zu belasten[9]. Dennoch ist die Zustimmung von dem Rechtsgeschäft zu trennen, auf das sie bezogen ist und von der Kausalabrede, die ihr zugrunde liegen kann.

495

Beispiel Schuldübernahme[10]: E ist Eigentümer eines Grundstücks, das zugunsten der B-Bank mit Grundschulden belastet ist, die Kreditforderungen der B gegen E sichern. E verkauft das Grundstück an K. Im Vertrag wird vereinbart, dass das Grundstück mit den Belastungen übertragen wird. Zugleich soll K die Schulden des E gegenüber der B übernehmen. Der Vertrag wird der Bank vorgelegt, die erklärt, sie stimme der Schuldübernahme zu. Als Gegenleistung verlangt sie, dass sich E verpflichtet, im Falle einer Zwangsversteigerung das Grundstück zu ersteigern. E ist damit einverstanden.

Bei der Beurteilung des Falles sind verschiedene Rechtsgeschäfte zu unterscheiden. Zunächst wurde zwischen E und K eine befreiende Schuldübernahme vereinbart, die nach § 415 BGB genehmigungsbedürftig ist. Die Bank erklärte die Zustimmung. Davon zu unterscheiden ist das zwischen der Bank und E abgeschlossene Kausalgeschäft, das die schuldrechtliche Grundlage der Zustimmung enthält und die Verpflichtung des E, das Grundstück in der Zwangsversteigerung zu erwerben. Da die Form des § 311 b Abs. 1 BGB nicht beachtet wurde, war das Kausalgeschäft nach § 125 BGB unwirksam. Daraus folgt aber nicht, dass auch die Genehmigung der Schuldübernahme unwirksam ist, weil sie ein eigenständiges abstraktes Rechtsgeschäft ist. E wurde gegenüber der Bank aber ohne Rechtsgrund

---

5 Dazu *Berger*, Rechtsgeschäftliche Verfügungsbeschränkungen, 1998, S, 286.
6 Dazu *Brehm*, FGG, RdNr. 354.
7 *MünchKomm/Schramm* Vor § 182 RdNr. 25.
8 *Jauernig/Mansel* § 684 RdNr. 2.
9 BGHZ 106, 1 = Rpfleger 1989, 146.
10 BGHZ 110, 319 = JR 1990, 509 mit Anm. *Brehm*, S. 510.

frei, weshalb er nach § 812 Abs. 1 Satz 1 Alt. 1 BGB verpflichtet ist, die früheren Forderungen neu zu begründen.

III. Die Zustimmungserklärung

496 Der Dritte, welcher die Zustimmung zu einem Vertrag oder einer empfangsbedürftigen Willenserklärung zu erteilen hat, kann die Erklärung gegenüber dem einen oder dem anderen Teil abgeben (§ 182 Abs. 1 BGB). Gleiches gilt für die Verweigerung der Zustimmung. Die Erklärung bedarf nicht der für das Rechtsgeschäft bestimmten Form (§ 182 Abs. 2 BGB)[11]. Die Zustimmung ist nach h.M. selbst dann formfrei, wenn eine Vollmacht formbedürftig wäre[12]. Zur ähnlichen Problematik bei der Vollmacht vgl. oben RdNr. 453. Die Einwilligung kann auch konkludent erklärt werden oder in einem anderen Rechtsgeschäft enthalten sein. So kann eine Auflassung (§ 925 BGB) die Ermächtigung zur Weiterveräußerung des Grundstücks in eigenem Namen enthalten[13]. Bei einem konkludenten Verhalten, das auf den Willen der Zustimmung schließen lässt, stellt sich die Frage, ob für die Annahme einer wirksamen Zustimmung das Bewusstsein der Zustimmungsbedürftigkeit vorliegen muss. Weiß der Erklärende nicht, dass das Rechtsgeschäft zustimmungsbedürftig ist, fehlt ihm das Erklärungsbewusstsein. Nach h.M. hindert das fehlende Erklärungsbewusstsein die Wirksamkeit der Erklärung dann nicht, wenn der Erklärende bei Anwendung der gebotenen Sorgfalt erkennen konnte, dass sein Verhalten als rechtsgeschäftliche Erklärung aufgefasst werden musste (siehe dazu oben RdNr. 131). Bei der konkludenten Genehmigung weicht die Rechtsprechung von diesem allgemeinen Grundsatz ab und verlangt, dass sich der Erklärende zumindest der Möglichkeit bewusst war, durch sein Handeln ein Rechtsgeschäft zu genehmigen[14]. Eine konkludente Zustimmung nimmt die Rechtsprechung regelmäßig an, wenn jemand einen unwirksamen Vertrag als wirksam behandelt[15].

Hat der für die Zustimmung Zuständige eine Urkunde über die Einwilligung ausgestellt oder wurde die Einwilligung extern erteilt, sind die Vorschriften des Stellvertretungsrechts (§§ 171 ff. BGB) entsprechend anwendbar. Auch die Grundsätze über die Duldungs- und Anscheinsvollmacht sind heranzuziehen.

---

[11] BGH NJW 1998, 1482; BGH NJW 1994, 1344 (Genehmigung eines vom vollmachtlosen Vertreter abgeschlossenen Grundstückskaufvertrags).
[12] *MünchKomm/Schramm* § 182 RdNr. 17.
[13] Vgl. BGH NJW 1997, 860; BGH NJW 1997, 936 (im konkreten Fall abgelehnt, weil ein schuldrechtliches Veräußerungsverbot vereinbart war).
[14] BGH NJW 2002, 2864 m.w.N. aus der Rechtsprechung.
[15] BGH WM 1990, 1575.

IV. Wirkung der Zustimmung und der Verweigerung

Durch die Zustimmung wird das Rechtsgeschäft wirksam. Bei der Einwilligung tritt diese Rechtsfolge mit dem Abschluss ein. Die Genehmigung erzeugt im Ergebnis die gleiche Rechtsfolge, weil sie nach § 184 Abs. 1 BGB auf den Zeitpunkt der Vornahme des Rechtsgeschäfts zurückwirkt. Zur Einschränkung dieser Rechtsfolge bei Verfügungen siehe unten RdNr. 504. Bei Verweigerung der Genehmigung wird das Rechtsgeschäft nichtig[16]. Eine abweichende Parteivereinbarung ist unwirksam[17]. **497**

Die Einwilligung ist bis zur Vornahme des Rechtsgeschäfts grundsätzlich **widerruflich**. Adressat der Erklärung kann der eine oder andere Teil sein. Der Widerruf kann durch Gesetz (z. B. §§ 876, 880 Abs. 2, 1071 BGB), Verzicht oder durch das der Einwilligung zugrunde liegende Geschäft ausgeschlossen sein. **498**

Beispiel Verfügungsermächtigung beim Eigentumsvorbehalt: Der Hersteller liefert an den Händler H Waren unter Eigentumsvorbehalt und willigt in den Weiterverkauf durch H ein. Kann der Hersteller einseitig die Ermächtigung zur Weiterveräußerung widerrufen? Das hängt von der vertraglichen Vereinbarungen ab. Ohne ausdrückliche Regelung nimmt die Rechtsprechung an, die Einwilligung könne vom Hersteller widerrufen werden[18].

Das Recht zum Widerruf besteht nach § 183 BGB nur bis zur Vornahme des Rechtsgeschäfts. Daraus folgt, dass die Genehmigung unwiderruflich ist. Auch die Verweigerung der Genehmigung kann nicht widerrufen werden. Dagegen ist die Verweigerung der Einwilligung zu einem Rechtsgeschäft, das noch nicht vorgenommen wurde, nicht bindend[19].

Ein **einseitiges Rechtsgeschäft**, das **mit der erforderlichen Einwilligung** vorgenommen wurde, kann vom Adressaten zu Fall gebracht werden, wenn die Einwilligung nicht schriftlich vorgelegt wurde und das Geschäft aus diesem Grunde zurückgewiesen wird (§§ 182 Abs. 3, 111 Satz 2 BGB). Die Zurückweisung ist ausgeschlossen, wenn der Zustimmende den Erklärungsempfänger von der Einwilligung in Kenntnis gesetzt hat. **499**

Das einseitige Rechtsgeschäft, das **ohne Zustimmung** vorgenommen wurde, ist nach einer verbreiteten Ansicht[20] entsprechend § 111 Satz 1 BGB nichtig. Andere stellen zu Recht darauf ab, dass § 182 Abs. 3 BGB nur auf § 111 Satz 2 und 3 BGB verweist und nicht auf Satz 1[21]. Das ohne Einwilligung vorgenommene einseitige Rechtsgeschäft ist entsprechend § 180 Satz 2 und 3 BGB lediglich schwebend unwirksam und nicht nichtig,

---
16 BGHZ 125, 355; dazu *K. Schmidt* JuS 1995, 102.
17 Dazu *K. Schmidt* AcP 189 (1989), 1ff.
18 BGHZ 14, 114.
19 *MünchKomm/Schramm* § 182 RdNr. 19.
20 *Larenz/Wolf* § 51 RdNr. 9; *Köhler* § 14 RdNr. 6.
21 *MünchKomm/Schramm* § 182 RdNr. 28; *Flume* II § 54/6 c; *Medicus* RdNr. 1018.

wenn der Empfänger der Erklärung damit einverstanden war oder die behauptete Einwilligung nicht beanstandet hat. Nichtigkeit ist aber dann anzunehmen, wenn bei der Erklärung nicht auf die Zustimmung Bezug genommen wurde[22]. Wird das schwebend unwirksame einseitige Rechtsgeschäft später genehmigt, tritt entgegen der Regel des § 184 Abs. 1 BGB regelmäßig keine Rückwirkung ein[23]. War das Rechtsgeschäft innerhalb einer Frist vorzunehmen (z.B. Kündigung), muss die Genehmigung innerhalb der Frist erteilt werden.

V. Verfügung des Nichtberechtigten

1. Verfügungsbefugnis

500 Rechtsgeschäfte, die unmittelbar auf ein Recht durch Übertragung, Belastung, Inhaltsänderung oder Aufhebung einwirken, nennt man Verfügungen; s. dazu oben RdNr. 108. Sie können grundsätzlich nur von dem Verfügungsbefugten vorgenommen werden. Die Befugnis, über ein Recht zu verfügen, ist Bestandteil des Rechts. Deshalb steht die Verfügungsbefugnis regelmäßig dem Rechtsinhaber zu.

Beispiel Buch: S hat von E ein Buch geliehen. Er verkauft und übereignet das Buch im eigenen Namen an K, der weiß, dass E Eigentümer ist. K ist nicht Eigentümer des Buches geworden, weil der Verfügungstatbestand des § 929 BGB nicht vom Eigentümer vorgenommen wurde. Ein gutgläubiger Erwerb nach § 932 BGB scheidet aus, weil K wusste, dass S Nichtberechtigter ist. Dagegen ist der Kaufvertrag als Verpflichtungsgeschäft wirksam.

2. Ermächtigung

501 Eine Verfügung, die ein Nichtberechtigter über einen Gegenstand trifft, ist wirksam, wenn sie mit Einwilligung des Berechtigten erfolgt (§ 185 Abs. 1 BGB). Man nennt die Einwilligung zur Verfügung **Verfügungsermächtigung**. Sie verleiht dem Handelnden eine ähnliche Rechtsmacht wie die Vollmacht. Das rechtsgeschäftliche Handeln wirkt unmittelbar gegen den Rechtsinhaber. Die Stellvertretung unterscheidet sich vom Handeln des Ermächtigten dadurch, dass der Ermächtigte im eigenen Namen handelt, während der Vertreter Willenserklärungen in fremdem Namen abgibt.

Wenn der Eigentümer im Beispiel „Buch" von vornherein sein Einverständnis damit erklärte, dass S das Buch nach Gebrauch veräußert, ist die Übereignung nach den §§ 185 Abs. 1, 929 BGB wirksam. Zu beachten ist, dass sich § 185 BGB nur auf rechtsgeschäftliches Handeln bezieht. Deshalb ist zunächst nur die von § 929 BGB geforderte Einigung nach § 185 Abs. 1 BGB wirksam. Für die Übergabe

---

22 *Medicus*, aaO; *Flume* II aaO.
23 Differenzierend *MünchKomm/Schramm* § 184 RdNr. 13; generell für Wirkung ex nunc *Köhler* AT § 14 RdNr. 6.

i. S. des § 929 BGB genügt die Übergabe durch den Veräußerer S. Eine besondere Zurechnung dieser Übergabe an den Eigentümer ist nicht erforderlich[24].

Für den Ermächtigten gilt der Offenkundigkeitsgrundsatz (dazu oben RdNr. 427) nicht. Deshalb erzeugt auch verdecktes Handeln des Ermächtigten Fremdwirkungen. So wird im Beispiel „Buch" K auch dann Eigentümer, wenn der Veräußerer nicht zu erkennen gegeben hat, dass er für einen anderen handelt. Aber Handeln im eigenen Namen muss nicht notwendig verdecktes Handeln sein. Die Verfügung des Nichtberechtigten ist auch dann wirksam, wenn der Ermächtigte seine Stellung offen legt. Bei **offenem Handeln** kann die Abgrenzung zur Stellvertretung schwierig sein. Entscheidend ist, wer Partei des Rechtsgeschäftes sein soll. Bei der Stellvertretung wird der Vertreter nicht Partei des Rechtsgeschäfts. Dagegen wird der Ermächtigte selbst Partei des Rechtsgeschäfts. Diese konstruktiven Unterschiede sind vor allem zu beachten, wenn ein Rechtsgeschäft angefochten wird. Handelte ein Stellvertreter, ist der Vertretene anfechtungsberechtigt. Im Falle des § 185 Abs. 1 BGB steht das Anfechtungsrecht dem Ermächtigten zu.

502

Die Verfügungsermächtigung spielt bei verschiedenen Vertragsgestaltungen eine bedeutende Rolle. So wird beim **verlängerten Eigentumsvorbehalt** der Händler, der nicht Eigentümer ist, ermächtigt, die vom Hersteller bezogene Ware im normalen Geschäftsgang weiterzuveräußern[25].

Nach § 185 Abs. 1 BGB werden nicht nur dingliche Rechtsgeschäfte und Forderungsabtretungen wirksam. Auch einseitige Rechtsgeschäfte (Aufrechnung, Kündigung), die unmittelbar auf ein Recht oder Rechtsverhältnis einwirken, können mit Einwilligung vorgenommen werden. Zu beachten ist die Sonderregelung für einseitige Rechtsgeschäfte in § 182 Abs. 3 BGB; dazu oben RdNr. 499.

503

Vollstreckungsmaßnahmen (Pfändungen) sind keine Verfügungen des materiellen Rechts, sondern Zwangsverfügungen. Dennoch ist § 185 BGB auf Vollstreckungsmaßnahmen entsprechend anzuwenden. Deshalb erwirbt der Gläubiger ein Pfändungspfandrecht, wenn der Berechtigte zustimmt.

3. Genehmigung

Die Verfügung des Nichtberechtigten wird auch dann wirksam, wenn sie vom Berechtigten genehmigt wird (§ 185 Abs. 2 Satz 1 Fall 1 BGB). Die Genehmigung kann konkludent erklärt werden, z. B. durch Erhebung einer Klage, die auf § 816 Abs. 1 BGB gestützt ist. Grundsätzlich wirkt die Genehmigung auf den Zeitpunkt der Vornahme des Rechtsgeschäfts

504

---

24 Dazu *Brehm/Berger* RdNr. 27.34.
25 Siehe dazu *Brehm/Berger* RdNr. 32.1; *Baur/Stürner*, Sachenrecht, § 59 RdNr. 6; M. *Wolf*, Sachenrecht, RdNr. 711; *Schreiber*, Sachenrecht, RdNrn. 313 ff.

zurück, aber für Verfügungen wird dieser Grundsatz in § 184 Abs. 2 BGB eingeschränkt[26]. Danach werden Verfügungen nicht unwirksam, die vor der Genehmigung über den Gegenstand des Rechtsgeschäfts von dem Genehmigenden getroffen worden oder im Wege der Zwangsvollstreckung oder der Arrestvollziehung oder durch den Insolvenzverwalter erfolgt sind.

Beispiel Briefmarken: E hat Händler H eine Briefmarkensammlung übergeben mit der Bitte, den Wert der Sammlung zu schätzen. Bei H erscheint der Käufer K, der die Briefmarkensammlung zu einem für E ungewöhnlich günstigen Preis kaufen will. H verkauft und übereignet die Sammlung im eigenen Namen in der sicheren Annahme, E werde zustimmen. Wenige Tage später übereignet E die Briefmarken an F. Weil das Geschäft mit K vorteilhafter ist, will E erreichen, dass K Eigentümer wird. Deshalb genehmigt er die Übereignung an K in der Hoffnung, dass die spätere Verfügung unwirksam wird.

Die Verfügung eines Nichtberechtigten wird durch Genehmigung des Berechtigten – das ist hier der Eigentümer E – nach § 185 BGB wirksam. Trotz des missverständlichen Wortlauts des § 185 Abs. 2 BGB hat die Genehmigung rückwirkende Kraft[27]. Daraus könnte man folgern, dass die erste Verfügung wirksam wird und E Nichtberechtigter war, als er die Briefmarken später an F übereignete. § 184 Abs. 2 BGB stellt aber klar, dass die Zwischenverfügung wirksam bleibt. Deshalb wird die Übereignung an F durch die Genehmigung nicht berührt.

505 Der Genehmigende muss nach der Rechtsprechung des BGH[28] **im Zeitpunkt der Genehmigung** verfügungsbefugt sein. Dagegen hat sich mit beachtlichen Gründen *Bernhard Pfister* gewandt[29]. Er verweist darauf, dass die Genehmigung rückwirkende Kraft habe und deshalb der Zeitpunkt der Verfügung maßgeblich sei.

Beispiel Genehmigung nach Verarbeitung: Dieb D stiehlt beim Landwirt L ein Rind, das er an die Schlachterei S veräußert, die das Tier verarbeitet. L genehmigt die Verfügung des Nichtberechtigten D, um gegen ihn einen Anspruch nach § 816 Abs. 1 BGB zu erwerben. Folgt man der Ansicht von *Pfister*, kann L wirksam genehmigen, obwohl S durch Verarbeitung Eigentum nach § 950 BGB erlangt hat und L die Verfügungsbefugnis im Zeitpunkt der Genehmigung nicht zusteht. Die h. M. kommt trotz ihres anderen Ausgangspunktes zum gleichen Ergebnis[30].

4. Wirksamkeit in anderen Fällen

506 Nach § 185 Abs. 2 BGB wird die Verfügung eines Nichtberechtigten auch dann wirksam, wenn der Verfügende den Gegenstand erwirbt oder wenn er von dem Berechtigten beerbt wird und dieser für die Nachlassverbindlichkeiten unbeschränkt haftet[31]. Die Wirksamkeit tritt in diesen Fällen mit

---

26 Die h.M. erklärt die Rechtsfolge mit dem Verlust der Verfügungsmacht, die mit der Zwischenverfügung verbunden ist; vgl. *Soergel/Leptien* § 184 RdNr. 10.
27 RGZ 106, 45.
28 BGH NJW 1989, 2049; ebenso die h.M. in der Lit.; vgl. *Soergel/Leptien* § 184 RdNr. 10.
29 *Pfister* JZ 1969, 623, vgl. auch *Finkenauer* AcP 203 (2003) 283, 297 ff.
30 BGHZ 56, 131.
31 Dies gilt auch im Verhältnis von Vorerbe und Nacherbe, BayObLG Rpfleger 1997, 156.

Wirkung ex nunc ein und führt zu einem Durchgangserwerb bei dem Verfügenden, wenn an einen Dritten veräußert wird[32]. Wurden mehrere miteinander nicht in Einklang stehende Verfügungen getroffen, wird nur die frühere Verfügung wirksam (§ 185 Abs. 2 Satz 2 BGB).

5. Andere Arten der Ermächtigung

507 Die Verfügungsermächtigung nach § 185 Abs. 1 BGB verleiht die Befugnis, einen fremden Gegenstand zu veräußern. Der Ermächtigte nimmt das Verfügungsgeschäft vor und der Erwerber erwirbt den Gegenstand unmittelbar. Auf den *Erwerb* einer Sache oder eines Rechts ist § 185 Abs. 1 BGB nicht anwendbar. Auch eine *Verpflichtungsermächtigung*, durch die der Ermächtigte berechtigt wird, im eigenen Namen Pflichten für den Ermächtigenden zu erzeugen, wird von der h.M. nicht anerkannt[33]. Lange streitig war die Zulässigkeit der **Einziehungsermächtigung**, durch die ein Forderungsinhaber einem Dritten die Befugnis verleiht, das Recht im eigenen Namen geltend zu machen. Auf einzelne Handlungen, die zur Rechtsverfolgung notwendig werden, ist § 185 Abs. 1 BGB unmittelbar anwendbar, soweit es sich wie bei der Kündigung um Verfügungen handelt[34]. Die Einziehungsermächtigung, die inzwischen allgemein anerkannt wird, geht darüber hinaus. Der Ermächtigte kann nach materiellem Recht auch im Prozess Leistung an sich fordern. Eine Klage ist danach begründet, wenn der Ermächtigte auf Leistung an sich klagt[35]. Bei der Einziehungsermächtigung bleibt der Ermächtigende Forderungsinhaber. Deshalb kann der Schuldner auch an den bisherigen Gläubiger zahlen.

Keine Einzugsermächtigung liegt vor bei der sog. **Einzugsermächtigung**, durch die jemand berechtigt wird, einen Betrag von einem Bankkonto abzubuchen[36]. Von der Einziehungsermächtigung zu unterscheiden ist ferner die **Ermächtigung zum Empfang der Leistung** nach § 362 Abs. 2 BGB. Sie begründet nur die Empfangszuständigkeit, verleiht aber nicht das Recht, die Forderung geltend zu machen. Eine Klage des nur Empfangszuständigen auf Leistung an sich ist unbegründet.

508 Die materiellrechtliche Einziehungsermächtigung genügt zur prozessualen Geltendmachung des Rechts nicht. Damit der Ermächtigte das fremde Recht im eigenen Namen im Prozess geltend machen kann, bedarf er einer Prozessführungsermächtigung, durch die er gewillkürter Prozessstand-

---

32 Dies ist für die Haftung von Bedeutung (Insolvenz) und für steuerrechtliche Tatbestände, vgl. BFH NJW 1996, 1079.
33 *MünchKomm/Schramm* § 185 RdNr. 46; *Soergel/Leptien* § 185 RdNrn. 35 ff., erkennt Fälle der Verpflichtungsermächtigung an.
34 Bei ihnen wird die Zurechnung dennoch überwiegend auf die Einziehungsermächtigung gestützt; zur Zurechnung einzelner Rechtshandlungen OLG Karlsruhe NJW-RR 1996, 752.
35 *Stein/Jonas/Bork* vor § 50 RdNr. 45.
36 Dazu BGHZ 144, 349.

schafter wird. Die Zulässigkeit der Klage setzt neben der Ermächtigung nach h.M. voraus, dass der Kläger ein eigenes Interesse an der Rechtsverfolgung hat[37]. Über das Merkmal des Eigeninteresses wird vor allem versucht, rechtsmissbräuchliche Ermächtigungen abzuwehren.

---

[37] BGH NJW 1990, 1117; *Jauernig* ZPR § 22 IV; zur verdeckten Prozessstandschaft *Brehm* KTS 1985, 1.

§ 17 Der Vertrag

Literatur: *Brehmer,* Die Annahme nach § 151 BGB, JuS 1994, 386; *Bydlinski,* Probleme des Vertragsabschlusses ohne Annahmeerklärung, JuS 1988, 36; *ders.,* Zu den dogmatischen Grundfragen des Kontrahierungszwanges, AcP 180 (1980), 1; *Canaris,* Wandlungen des Schuldvertragsrechts – Tendenzen zu seiner „Materialisierung", AcP 200 (2000), 273; *Casper,* Der Optionsvertrag, 2005; *Deckert,* Das kaufmännische und berufliche Bestätigungsschreiben, JuS 1988, 121; *Dörner,* Rechtsgeschäfte im Internet, AcP 202 (2002) 363; *v. Einem,* Die Rechtsnatur der Option, 1974; *Georgiades,* Optionsvertrag und Optionsrecht, Festschr. f. K. Larenz, 1973, 409; *Haupt,* Über faktische Vertragsverhältnisse, 1941; *ders.,* Über faktische Vertragsverhältnisse, Festschr. f. H. Siber, Bd. 2, 1943, 1; *Hilger,* Die verspätete Annahme, AcP 185 (1985), 559; *Hoffmann,* Der Verbraucherbegriff des BGB nach Umsetzung der Finanz-Fernabsatzrichtlinie, WM 2006, 560; *Honsell/Holz-Dahrenstaedt,* Grundprobleme des Vertragsschlusses, JuS 1986, 969; *Jung,* Die Einigung über die „essentialia negotii" als Voraussetzung für das Zustandekommen eines Vertrages, JuS 1999, 28; *Kilian,* Kontrahierungszwang und Zivilrechtssystem, AcP 180 (1980), 47; *Köhler,* Kritik der Regel „protestatio facto contraria non valet", JZ 1981, 464; *Köndgen,* Selbstbindung ohne Vertrag – Zur Haftung aus geschäftsbezogenem Handeln, 1981; *Kötz/Flessner,* Europäisches Vertragsrecht, 1996, Bd. 1; *Kramer,* Grundfragen der vertraglichen Einigung, 1972; *Larenz,* Die Begründung von Schuldverhältnissen durch sozialtypisches Verhalten, NJW 1956, 1897; *Leenen,* Abschluß, Zustandekommen und Wirksamkeit des Vertrages, AcP 188 (1988), 381; *Leible/Sosnitza* (Hrsg.), Versteigerungen im Internet, 2004; *Lorenz, Werner,* Reform des englischen Vertragsrechts: Verträge zugunsten Dritter und schadensrechtliche Drittbeziehungen, JZ 1997, 105; *Mayer-Maly,* Vertrag und Einigung, Festschr. f. H.C. Nipperdey, 1965, Bd. 1, 509; *Reuß,* Die Intensitätsstufen der Abreden und die Gentlemen-Agreements, AcP 154 (1955), S. 485; *Riesenhuber/v.Vogel,* Sind Arbeitnehmer Verbraucher i.S.v. § 13 BGB?, Jura 2006, 81; *Ripgen,* Abschied von der Willensbetätigung, AcP 200 (2000), 533; *Schmidt, K.,* Verbraucherbegriff und Verbrauchervertrag, JuS 2006, 1; *Schmidt-Rimpler,* Zum Vertragsproblem, Festschr. f. L. Raiser, 1974, 3; *Siebert, W.,* Faktische Vertragsverhältnisse, 1958; *Spindler/Wiebe,* Internetauktion und elektronische Marktplätze, 2. Aufl., 2005; *Schwarze,* Die Annahmehandlung in § 151 BGB als Problem der prozessualen Feststellbarkeit des Annahmewillens, AcP 202 (2002), 607; *Taupitz/Kritter,* Electronic-Commerce-Probleme bei Rechtsgeschäften im Internet, JuS 1999, 836; *Teichmann,* Die protestatio facto contraria, Festschr. f. K. Michaelis, 1972, 294; *Tschöpe/Pirscher,* Der Arbeitnehmer als Verbraucher im Sinne des § 13 BGB?, RdA 2004, 358; *Ulrici,* Die enttäuschende Internetauktion, JuS 2000, 947; *Weber,* Der Optionsvertrag, JuS 1990, 249; *Utsch,* Der einheitliche Verbraucherbegriff: §§ 13, 14 BGB: Nationale Vereinheitlichung im Lichte europäischer Vorgaben, 2006; *Wieacker,* Willenserklärung und sozialtypisches Verhalten, Festschr. f. OLG Celle, 1961, 263; *Willoweit,* Schuldverhältnis und Gefälligkeit, JuS 1984, 909; *Zimmermann,* Vertrag und Versprechen – Deutsches Recht und Principles of European Contract Law, Festschr. f. Heldrich, 2005, S. 467.

I. Vertrag als zweiseitiges Rechtsgeschäft

Der Vertrag ist ein zweiseitiges Rechtsgeschäft, das durch übereinstimmende Willenserklärungen zustande kommt. Als Rechtsgeschäft ist der Vertrag Entstehungstatbestand für unterschiedliche Rechtsfolgen; er

509

erzeugt das vertragliche Rechtsverhältnis (Vertragsverhältnis). Verträge, die eine Verfügung enthalten, wirken unmittelbar auf ein bestehendes Recht ein (Forderungsabtretung, Übereignung, §§ 398, 929 BGB), Verpflichtungsverträge wie der Kaufvertrag erzeugen Forderungsrechte (vgl. § 433 BGB). Daneben gibt es familienrechtliche Verträge, zu denen das Verlöbnis und die Eheschließung zu rechnen sind. Selbst auf dem Gebiete des öffentlichen Verwaltungsrechts wird inzwischen der Vertrag anerkannt (vgl. § 54 VwVfG), obwohl die Wissenschaft des öffentlichen Rechts lange Zeit die Möglichkeit des öffentlich-rechtlichen Vertrags bestritten hat.

510 Im Allgemeinen Teil des BGB ist der Vertrag nur als Rechtsgeschäft und Entstehungstatbestand für beliebige Rechtsfolgen geregelt. In welchen Fällen ein Vertrag geschlossen werden muss, damit die gewünschten Rechtsfolgen eintreten, ist nicht Regelungsgegenstand der allgemeinen Bestimmungen.

Im Schuldrecht bestimmt § 311 Abs. 1 BGB, zur Begründung eines Schuldverhältnisses durch Rechtsgeschäft sowie zur Änderung des Inhalts eines Schuldverhältnisses sei ein Vertrag zwischen den Beteiligten erforderlich. Die praktische Bedeutung dieses Grundsatzes wurde dadurch abgeschwächt, dass immer neue Sonderrechtsbeziehungen erfunden wurden, die ihre Grundlage in einem gesetzlichen Schuldverhältnis haben. Bei der Reform des Schuldrechts trug der Gesetzgeber dieser Entwicklung Rechnung und bestimmte in § 311 Abs. 2 BGB, dass ein Schuldverhältnis mit den Pflichten des § 241 Abs. 2 BGB auch durch die Anbahnung von Vertragsbeziehungen entsteht (früher: Lehre von der culpa in contrahendo). Trotzdem ist der Grundsatz des § 311 Abs. 1 BGB von grundlegender Bedeutung für das ganze Zivilrecht: Durch Rechtsgeschäft können Rechtsfolgen nur mit Zustimmung desjenigen getroffen werden, der unmittelbar in seiner Rechtsstellung betroffen wird (dazu oben RdNr. 84).

Auch sachenrechtliche Vorschriften bestimmen, dass für Rechtsänderungen ein Vertrag vorausgesetzt wird. Bei den Tatbeständen der §§ 873, 929 BGB verwendet das Gesetz zwar nicht den Ausdruck Vertrag, aber die in diesen Bestimmungen genannte Einigung ist ein Vertrag, dessen Zustandekommen sich nach den §§ 145 ff. BGB richtet[1]. Die Übertragung von Forderungen und anderer Rechte erfolgt ebenfalls durch Vertrag (§§ 398, 413 BGB).

511 Manchmal werden bestimmte Rechtsfolgen, die dem Schuldvertrag eigen sind, mit dem Wesen des Vertrags in Verbindung gebracht. So betonte *Larenz* die wechselseitige Bindung[2], die auch in dem Rechtssprichwort **pacta sunt servanda** zum Ausdruck kommt. Die Bindung ist jedoch kein

---

1 Vgl. *Baur/Stürner*, Sachenrecht, § 5.
2 *Larenz*, 7. Aufl., § 27 vor I.

notwendiges Begriffsmerkmal des Vertrags. Die dingliche Einigung ist nur ausnahmsweise bindend (vgl. § 873 Abs. 2 BGB). Der Vertrag ist dann bindend, wenn der Tatbestand des Rechtsgeschäfts keine weiteren Voraussetzungen fordert oder wenn die weiteren Voraussetzungen zum Zeitpunkt des Vertragsschlusses bereits vorliegen. Bei der Übereignung nach § 929 BGB setzt das Verfügungsgeschäft neben der dinglichen Einigung die Übergabe voraus. Vor der Übergabe sind die Parteien an die Einigung nicht gebunden[3].

Rechtsgeschäfte, durch die Schuldverhältnisse begründet werden, fordern neben dem Vertrag kein weiteres Tatbestandsmerkmal. Deshalb sind Schuldverträge regelmäßig bindend. Das bedeutet, dass die eingetretenen Rechtsfolgen nur durch Vertrag beseitigt werden können. Die Parteien können aber ein Rücktrittsrecht vereinbaren. Durch Ausübung des Rücktrittsrechts, die durch einseitige Erklärung erfolgt, verwandelt sich das Schuldverhältnis in ein Rückabwicklungsverhältnis, und Leistung und Gegenleistung sind zurückzugewähren. Mit dem Rücktritt verwandt ist der in verbraucherschützenden Normen vorgesehene Widerruf einer Vertragserklärung (§§ 312, 312d, 495 BGB). Dazu oben RdNr. 180.

Das BGB hat den Vertrag als allgemeinen Tatbestand geregelt. Andere europäische Rechtsordnungen setzen den Vertrag mit Schuldvertrag gleich und regeln die Probleme des Vertragsschlusses und der Rechtsgeschäftslehre im Obligationenrecht (Art. 1108 CC, § 861 ABGB, Art. 1 OR). Auch das BGB enthält im Schuldrecht Bestimmungen über den Vertrag, durch die die allgemeinen Vorschriften ergänzt werden (§§ 311a, 311b, 315ff. BGB). Sie betreffen Nichtigkeitsgründe, die Form und besondere Gestaltungen (§ 315ff. BGB).

II. Der Vertragsschluss

1. Gesetzliche Regelung

512 Das Gesetz regelt in den §§ 145ff. BGB einzelne Probleme, die mit dem Vertragsschluss zusammenhängen (Bindung an den Antrag, Erlöschen des Antrags usw.). Eine allgemeine Bestimmung über das Zustandekommen des Vertrags, wie sie in Art. 1 Schweizer Obligationenrecht enthalten ist, fehlt jedoch. Offenbar ging der Gesetzgeber davon aus, der Vertrag sei eine so grundlegende Kategorie, dass eine ausdrückliche Bestimmung trivial und zudem schulmeisterlich wirken würde. Manchmal wird verkürzt die Behauptung aufgestellt, der Vertrag komme durch Antrag (Angebot) und

---

3 BGH NJW 1979, 214; *Jauernig* § 929 RdNr. 6; *Brehm/Berger* RdNr. 27.11; a. M. *Westermann*, Sachenrecht, I, 6. Aufl., § 38, 4.

2. Angebot (Antrag)

513 Oft werden die Erklärungen der Vertragsparteien nacheinander abgegeben. Eine Partei unterbreitet einen Antrag, der von der anderen Partei angenommen wird. Der Antrag – auch Angebot oder Offerte genannt – ist eine einseitige empfangsbedürftige Willenserklärung, die erst mit Zugang wirksam wird. Sie muss so beschaffen sein, dass der Vertrag durch einfache Zustimmung des anderen Teils zustande kommen kann. Fehlt es an einer klaren Regelung, die Gegenstand des Vertrags werden soll, kommt selbst dann kein Vertrag zustande, wenn die andere Partei einverstanden ist[6]. Zu beachten ist aber, dass das Gesetz Bestimmungen enthält, die unvollständige Regelungen ergänzen. So gilt nach § 632 Abs. 1 BGB eine Vergütung als geschuldet, wenn die Herstellung des Werks den Umständen nach nur gegen eine Vergütung zu erwarten ist. Dabei wird vorausgesetzt, dass die Frage, ob überhaupt eine Vergütung geschuldet ist, von den Parteien nicht geregelt wurde. Auch für die Höhe der Vergütung gibt es Ergänzungsregeln (vgl. §§ 612 Abs. 2, 632 Abs. 2, 316 BGB). Eine Ergänzungsregel enthält auch § 316 BGB: Ist der Umfang der für eine Leistung versprochene Gegenleistung nicht bestimmt, so steht die Bestimmung im Zweifel dem Teil zu, welcher die Gegenleistung zu fordern hat. Danach kann ein Angebot, das keinen Preis enthält ausreichend sein, weil § 316 BGB ein Verfahren zur Bestimmung des Preises bereitstellt. Die Parteien können beim Vertragsschluss einverständlich wesentliche Punkte ausklammern, sie müssen nur ein Verfahren vorsehen, wie die Vereinbarung ergänzt wird. Es kann vereinbart werden, dass einer Partei oder einem Dritten ein Leistungsbestimmungsrecht zukommt (§§ 315, 317 BGB) oder es kann eine Partei bevollmächtigt werden, den bisher unvollständigen Vertrag zu ergänzen. Deshalb sind gegen die aus dem 19. Jahrhundert stammende Lehre von den essentialia negotii, wonach der Vertrag als wesentliche Punkte die Parteien und die Leistungen enthalten muss, Vorbehalte angebracht.

514 In der Regel wird das Angebot gegenüber einer bestimmten Person abgegeben. Wirksam ist aber auch ein Antrag, der einem unbestimmten Personenkreis gemacht wird. Man spricht in diesen Fällen von einer **Offerte ad incertas personas**.

---

4 Vgl. z. B. *Eisenhardt* RdNr. 82.
5 *Leenen* AcP 188 (1988), 381 (399).
6 Davon zu unterscheiden ist der Fall, dass Parteien in Ausübung der Privatautonomie bewusst eine bindende unvollständige Regelung schaffen; vgl. OLG Rostock OLG-NL 1994, 12.

3. Invitatio ad offerendum

Vom Angebot zu unterscheiden ist die **invitatio ad offerendum**, durch die eine andere Person aufgefordert wird, ein Angebot abzugeben. Ob bereits ein endgültiges Angebot vorliegt oder nur eine invitatio ad offerendum, ist durch **Auslegung** zu entscheiden. Bei der invitatio ad offerendum darf der Adressat der Erklärung nicht davon ausgehen, der Vertrag komme durch einfache Zustimmung zustande, weil sich der Erklärende die Entscheidung über den Abschluss des Vertrags noch vorbehält.

515

Beispiel Schaufensterauslage: Die T entdeckt bei ihrem Stadtbummel im Schaufenster der Modeboutique des M ein Kleid, dessen Preis von 3 000 Euro auf 30 Euro herabgesetzt ist. Sie will sich die günstige Gelegenheit nicht entgehen lassen. Aber die Verkäuferin erklärt, die Preisauszeichnung sei ein Versehen, das Kleid koste 2 000 Euro. T ist der Ansicht, sie habe das Angebot des M angenommen und deshalb sei ein Vertrag mit einem Kaufpreis von 30 Euro zustande gekommen.

Nach h.M.[7] ist die Schaufensterauslage kein Angebot, sondern nur eine invitatio ad offerendum. Das wird damit begründet, der Kunde dürfe nicht davon ausgehen, dass sich der Verkäufer der Gefahr aussetze, in mehr Verträge verwickelt zu werden, als er erfüllen könne[8]. Besinnt man sich darauf, dass es auf die Auslegung der Erklärung ankommt, dann kann die Auslage auch als Angebot zum Abschluss eines Vertrags gedeutet werden, bei dem die Leistungspflicht auf den Vorrat beschränkt ist. Bei dieser Deutung kommt zwischen der T und M ein Kaufvertrag mit einem Kaufpreis i. H. v. 30 Euro zustande. Freilich kann M den Vertrag nach § 119 Abs. 1 BGB anfechten. Wenn man die Auslage als Angebot deutet, darf die Offerte regelmäßig nicht auf die ausgestellten Stücke bezogen werden. Denn niemand erwartet, dass der Inhaber eines Geschäfts die u. U. kostspielige Gestaltung des Schaufensters zerstört, weil ein Kunde gerade das ausgestellte Exemplar erwerben will.

Beim Warenautomat ist das Aufstellen des Automaten ein Angebot an einen unbestimmten Personenkreis. Dabei wird das Angebot auf den Vorrat beschränkt und steht unter der Bedingung, dass der Automat ordnungsgemäß funktioniert. Die Gegenmeinung sieht im Aufstellen des Automaten lediglich eine Vorbereitungshandlung[9]. Danach geht das Angebot vom Kunden aus. Die Streitfrage hat keine praktische Bedeutung. Angebote in Zeitungsinseraten, Postwurfsendungen und Katalogen werden von der h.M. nicht als Angebote zum Vertragsschluss gedeutet, sondern als invitatio ad offerendum[10].

516

Auch beim Kauf im Selbstbedienungsladen ist die Konstruktion des Vertragsabschlusses streitig. Manche nehmen an, der Kunde unterbreite das

517

---

7 BGH NJW 1980, 1388 m. w. N.
8 *Medicus* RdNr. 360; a. M. *Köndgen*, Selbstbindung ohne Vertrag, 1981, S. 291 ff.
9 *Medicus* RdNr. 362.
10 *Medicus* RdNr. 359; a. M. *Köndgen* AcP 184 (1984), 600 (604); *ders.*, Selbstbindung ohne Vertrag, 1981, S. 291 ff.

Angebot, wenn er die Ware an der Kasse vorzeige[11], andere[12] sehen darin die Annahme des Angebots, das im Bereitstellen der Waren liege.

Im Zusenden unbestellter Waren liegt ein Angebot zum Abschluss eines Kaufvertrags, auch wenn diese Vertriebsmethode einen unzulässigen Eingriff in die Individualsphäre darstellt[13]. Gegen den Verbraucher, der keinen Vertrag schließen will, wird kein Anspruch begründet (§ 241a Abs. 1 BGB)[14].

4. Bindung an den Antrag

518 Nach § 145 BGB ist der Antrag bindend, es sei denn, dass die Gebundenheit ausgeschlossen wurde[15]. Bringt der Antragende durch den Zusatz „ohne Bindung" oder „ohne Obligo" zum Ausdruck, dass eine Bindung nicht gewollt ist, muss durch Auslegung entschieden werden, welche Bedeutung der Vorbehalt hat. Klauseln, die einen Vorbehalt zum Ausdruck bringen, können bedeuten, dass nur die Bindung ausgeschlossen ist oder kein Angebot im Rechtssinne vorliegen soll, sondern nur eine invitatio ad offerendum[16]. Im Zweifel geht die Rechtsprechung von einer invitatio ad offerendum aus[17]. Es kann aber auch ein Widerrufsvorbehalt gemeint sein[18].

519 Das Angebot kann nicht mehr widerrufen werden, nachdem die Annahmeerklärung zugegangen ist[19]. Eine Lösung vom Vertrag kommt ab diesem Zeitpunkt nur noch in Betracht, wenn man die Klausel, die den Vorbehalt zum Ausdruck bringt, als Angebot mit vertraglichem Rücktrittsrecht deutet oder wenn man einen auflösend bedingten Vertrag annimmt[20]. Der Vertrag kommt dann aber nicht durch Widerruf des Angebots zu Fall, sondern durch Ausübung des Rücktrittsrechts bzw. durch Setzen der Bedingung. In der Literatur wird die Ansicht vertreten, der Widerrufsvorbehalt könne sich auch auf die Zeit nach Zugang der Annahmeerklärung beziehen, der

---

11 *Jauernig* § 145 RdNr. 3; *Medicus* RdNr. 363 (bei Sonderangeboten).
12 *MünchKomm/Kramer* § 145 RdNr. 12; *Soergel/Wolf* § 145 RdNr. 6.
13 *Jauernig* § 145 RdNr. 6.
14 § 241a BGB wurde durch das G. v. 27. Juni 2000 (BGBl I, 897) eingefügt; dazu *Berger* JuS 2001, 649.
15 Anders Art. 16 CISG: „Bis zum Abschluss des Vertrages kann ein Angebot widerrufen werden, wenn der Widerruf dem Empfänger zugeht, bevor dieser eine Annahmeerklärung abgesandt hat."
16 BGH NJW 1996, 919 (freibleibendes Angebot).
17 BGH NJW 1995, 915.
18 Zu den verschiedenen Auslegungsmöglichkeiten BGH NJW 1984, 1885 mit zahlreichen Nachweisen.
19 *Jauernig* § 145 RdNr. 4; *Köhler* AT § 8 RdNr. 13; offen gelassen von BGH NJW 1984, 1885 (1886).
20 Eine Wollensbedingung wird bei dem in der Praxis üblichen Widerrufsvorbehalt beim Prozessvergleich angenommen; vgl. *Stein/Jonas/Münzberg* § 794 RdNr. 79 (als Potestativbedingung eingeordnet).

Antragende müsse das Angebot aber unverzüglich nach Zugang der Annahmeerklärung widerrufen[21]. Dabei wird verkannt, dass ein vollendeter rechtsgeschäftlicher Tatbestand nicht einverständlich rückwirkend beseitigt werden kann. Es kommt lediglich eine Aufhebung mit Wirkung ex nunc in Betracht.

Der Antrag ist grundsätzlich auch dann bindend, wenn sich die Umstände ändern. Ob bei nicht vorhersehbaren Änderungen der Verhältnisse eine Bindung besteht, hängt von der Auslegung des Antrags ab[22].   520

Das bindende Angebot verschafft dem Adressaten eine Rechtsposition, die oft Option genannt wird. Sie kann übertragbar, pfändbar und vererblich sein. Maßgeblich hierfür ist die Auslegung des Antrags[23]. Ergibt diese, dass das Angebot nur dem Adressaten ein Annahmerecht gewähren sollte, scheidet eine Übertragung aus. Streitig ist, ob die durch das Angebot erzeugte Rechtsposition als Gestaltungsrecht zu qualifizieren ist. Dagegen wird eingewandt, die Annahmeerklärung sei Teil des rechtsgeschäftlichen Tatbestandes „Vertrag" und nicht ein selbstständiges einseitiges Rechtsgeschäft[24].

5. Erlöschen des Antrags

Der Antrag erlischt, wenn er dem Antragenden gegenüber **abgelehnt** oder   521
wenn er nicht rechtzeitig angenommen wird (§ 146 BGB). Die Ablehnung des Angebots ist ein einseitiges Rechtsgeschäft, das mit dem Zugang der Erklärung wirksam wird. Durch die Ablehnung wird die durch den Antrag begründete Rechtsposition vernichtet. Deshalb kann der beschränkt Geschäftsfähige das Angebot nicht wirksam ablehnen, selbst wenn der Vertrag rechtliche Nachteile bringen würde (§§ 107, 111 Satz 1 BGB). Für den Vertrag bestehende Formvorschriften gelten nicht für die Ablehnung des Angebots.

Das Angebot erlischt nicht nur, wenn es endgültig abgelehnt wurde. Eine Annahme unter Erweiterungen, Einschränkungen oder sonstigen Änderungen gilt nach § 150 Abs. 2 BGB als Ablehnung, verbunden mit einem neuen Antrag. Wer versucht, durch Verhandlungen günstigere Bedingungen zu erreichen, zerstört die durch das Angebot geschaffene Rechtsposition.

Beispiel Verhandlungspoker: V bietet K ein Kunstwerk zum Preis von 50 000 Euro an. K ist an dem Objekt sehr interessiert und würde den geforderten Betrag bezahlen. Er will aber versuchen, einen besseren Preis auszuhandeln. Deshalb

---

21   *Flume* II § 35 I 3 c; *Medicus* RdNr. 366; *Staudinger/Bork* § 145 RdNr. 27.
22   Ohne auf die Auslegung abzustellen, verneint Flume die Bindung bei wesentlicher Veränderung der Umstände, *Flume* II § 35 I 3 d.
23   Ähnlich *MünchKomm/Kramer* § 145 RdNr. 23; *Jauernig* § 145 RdNr. 4.
24   *Köhler* § 8 RdNr. 14; a.M. *Jauernig* § 145 RdNR. 4.

erklärt er, er sei bereit, das Werk für 45 000 Euro zu kaufen. Da V damit nicht einverstanden ist, will K das ursprüngliche Angebot des V annehmen, aber V ist nun nicht mehr bereit, zu diesem Preis zu verkaufen. Die Annahme unter Einschränkungen ist nach § 150 Abs. 2 BGB als Ablehnung zu werten. Deshalb ist die Bindung des V an den alten Antrag nach § 146 BGB erloschen.

522 Der Antrag erlischt, wenn er **nicht rechtzeitig angenommen** wird. Wichtigster Fall ist die Annahme nach einer vom Antragenden gesetzten Frist (§ 148 BGB). Obwohl mit Fristablauf das Angebot erlischt, geht die h. M. davon aus, der Antragende könne durch vorbehaltlose Entgegennahme der Annahmeerklärung auf den Einwand verzichten, die Annahme sei zu spät erfolgt[25]. Wie eine Frist zu berechnen ist, bestimmt der Antragende. Im Zweifel ist davon auszugehen, dass die Frist mit dem im Angebotsschreiben enthaltenen Datum beginnt und die Annahme im Zeitpunkt des Endtermins nicht nur abgesandt, sondern zugegangen sein muss[26]. Für Verzögerungen, die bei der Beförderung der Annahmeerklärung entstehen, enthält § 149 BGB eine besondere Regelung. Danach ist der Adressat der Annahmeerklärung verpflichtet, unverzüglich anzuzeigen, dass die Erklärung verspätet eingegangen ist, sofern die Annahmeerklärung rechtzeitig abgesandt wurde und der Antragende erkennen musste, dass die Verspätung auf einer Verzögerung beim Transport beruht. Die Annahme gilt als nicht verspätet, wenn die Absendung der Anzeige verzögert wird (§ 149 Satz 2 BGB).

Hat ein vollmachtloser Vertreter innerhalb der Frist die Annahme erklärt, wirkt nach der Rechtsprechung[27] die Genehmigung dieser Erklärung durch den Vertretenen nicht auf den Zeitpunkt der Annahmeerklärung zurück, wenn die Genehmigung erst nach Fristablauf erklärt wird. Das bedeutet, dass der Vertrag nur zustande kommt, wenn innerhalb der Annahmefrist die Genehmigung durch den Vertretenen erteilt wird. Zur Begründung wird angeführt, die Rückwirkung dürfe nicht zu Lasten des Antragenden gehen, da er nach Fristablauf wieder frei sein soll.

523 Auch wenn der Antragende keine Frist bestimmt hat, besteht keine unbegrenzte Bindung. Es gelten gesetzliche Fristen, nach deren Ablauf das Angebot erlischt, auch wenn kein Widerruf erklärt wurde. Nach § 147 Abs. 1 BGB kann der einem Anwesenden gemachte Antrag nur sofort angenommen werden. Dies gilt auch für das telefonische Angebot. Kein Antrag unter Anwesenden ist die Erklärung gegenüber einem Empfangsboten[28]. Dem Empfangsboten steht eine EDV-Anlage gleich, die nicht zur Interaktion fähig ist[29]. Im Übrigen sind technische Kommunikationsmittel, welche eine Antwort im Dialog erlauben, dem Telefon gleichgestellt.

---

25 *Soergel/Wolf* § 148 RdNr. 9; vgl. auch *MünchKomm/Kramer* § 149 RdNr. 6.
26 *Soergel/Wolf* § 148 RdNr. 8.
27 BGH NJW 1973, 1790; dagegen *Jauernig* § 184 RdNr. 2.
28 *Jauernig* § 147 RdNr. 8.
29 *Soergel/Wolf* § 147 RdNr. 3.

Zu beachten ist, dass § 147 BGB dispositives Recht enthält. Gibt der Antragende zu erkennen, dass er dem Anwesenden eine Überlegungsfrist zubilligt, ist er an sein Angebot gebunden.

Der einem **Abwesenden** gemachte Antrag kann nur bis zu dem Zeitpunkt angenommen werden, in welchem der Antragende den Eingang der Antwort unter regelmäßigen Umständen erwarten darf (§ 147 Abs. 2 BGB). Die Länge der Frist richtet sich danach, welche Überlegungsfrist dem anderen Teil billigerweise zugestanden werden muss und welche Zeit die Rückantwort in Anspruch nimmt. Dabei darf der Antragende davon ausgehen, dass für die Annahme ein gleichartiger Übermittlungsweg gewählt wird. Bekannte Umstände, die zu Verzögerungen führen (z.B. Urlaub), müssen bei der Bestimmung der Frist berücksichtigt werden.

524

Beispiel Neuwagen: Der Kläger bestellte bei der Beklagten einen Neuwagen. Die Allgemeinen Geschäftsbedingungen der Beklagten enthielten die Klausel, der Käufer sei an die Bestellung vier Wochen gebunden; so lange hatte die Beklagte auch Zeit, die Bestellung „anzuerkennen". Schon in den folgenden Tagen wollte der Kläger wissen, ob sein Antrag angenommen wird. Da er keine verbindliche Auskunft erhielt, zog er die Bestellung nach fünf Tagen zurück. Eine Woche später bestätigte die Beklagte die Bestellung und stellte sich auf den Standpunkt, der Vertrag sei zustande gekommen. Das LG Hamburg entschied zugunsten des Klägers[30]. Die Klausel in den Geschäftsbedingungen sei nach § 308 Nr. 1 BGB unwirksam, weil die Annahmefrist unangemessen lang sei. Eine gesetzeskonforme Interpretation der Klausel (geltungserhaltende Reduktion) komme nicht in Betracht; deshalb sei § 147 Abs. 2 BGB anzuwenden. Danach sei die Annahme verspätet erfolgt und als Angebot zu werten.

6. Tod und Geschäftsunfähigkeit des Antragenden

Der Tod oder der Eintritt der Geschäftsunfähigkeit ist nach Abgabe des Angebots grundsätzlich ohne Bedeutung. Nach § 130 Abs. 2 BGB ist es für die Wirksamkeit der Willenserklärung ohne Einfluss, wenn der Erklärende nach der Abgabe stirbt oder geschäftsunfähig wird. Diese Bestimmung wird durch § 153 BGB ergänzt. Danach kann der Antrag angenommen werden, wenn der Antragende vor der Annahme stirbt oder geschäftsunfähig wird. Die Erklärung erfolgt gegenüber dem Erben bzw. gesetzlichen Vertreter. Die Annahmefähigkeit ist nach dem Tod oder dem Eintritt der Geschäftsunfähigkeit ausgeschlossen, wenn ein anderer Wille des Antragenden erkennbar war. Bei Eröffnung des Insolvenzverfahrens über das Vermögen des Antragenden, ergibt sich die Annahmefähigkeit des Angebots aus allgemeinen Grundsätzen, dass der Insolvenzschuldner seine Fähigkeit Rechtsgeschäfte für sich abzuschließen nicht verliert. Einer analogen Anwendung des § 153 BGB bedarf es deshalb nicht[31]. Wird allerdings eine Verfügung getroffen, ist diese nach § 81 InsO unwirksam.

525

---

30 LG Hamburg NJW 1988, 1150.
31 Vgl. BGH NJW 2002, 214.

526 Der Annehmende kann in der Regel davon ausgehen, dass der Vertrag mit seiner Annahmeerklärung zustande kommt. Deshalb kann er Dispositionen zur Vertragsabwicklung treffen. Ist ein Vertrag nicht zustande gekommen, weil der Antragende gestorben und die Annahmefähigkeit ausnahmsweise erloschen ist, wird der Annehmende versuchen, seine nutzlosen Aufwendungen auf die Erben abzuwälzen. Die h.M. gewährt ihm analog § 122 BGB einen Anspruch auf Ersatz des Vertrauensschadens[32], während die Gegenansicht davon ausgeht, ein Schadensersatzanspruch sei nur unter den Voraussetzungen der culpa in contrahendo (§§ 311 Abs. 2, 280 Abs. 1 BGB) gegeben[33]. Gegen die analoge Anwendung des § 122 BGB wird geltend gemacht, die Annahmefähigkeit der Offerte sei nach ihrem objektiven Inhalt zu bestimmen. Wenn der Annehmende das Angebot annehme, obwohl die Annahme nach dem objektiven Sinn des Antrags ausgeschlossen sei, könne er das Risiko nicht auf den Gegner verlagern[34].

Beispiel Der Kommentar des Richters: Richter R bestellt beim Buchhändler B einen Kommentar zum Richtergesetz. Nach der Bestellung stirbt R an einem Herzinfarkt. Der Buchhändler liefert den Kommentar und verlangt von der Witwe, die Alleinerbin geworden ist, Bezahlung. Da R das Buch für seinen persönlichen Bedarf kaufen wollte, ist davon auszugehen, dass das Vertragsangebot nach seinem Tode nicht mehr angenommen werden konnte. Der auf das Erlöschen der Annahmefähigkeit des Angebots gerichtete Wille muss nicht ausdrücklich erklärt werden; es genügt ein hypothetischer Wille, weil die meisten Menschen ihren Tod nicht in Rechnung stellen, wenn sie Verträge schließen. Die Umstände, welche für den hypothetischen Willen maßgeblich sind, müssen für den Adressaten erkennbar sein[35]. Davon ist auszugehen, wenn R als Richter ein juristisches Fachbuch bestellt. Ein Anspruch des Buchhändlers auf Rückgabe des Kommentars ergibt sich aus § 812 Abs. 1 BGB. Bisher entstandene Kosten sind nach h.M. von der Witwe des R zu tragen. Die Gegenansicht stellt darauf ab, es liege in dem Risikobereich des Annehmenden, wenn er ein Angebot annehme, das nur gegenüber dem Antragenden angenommen werden könne. Zu beachten ist, dass die Gegenansicht die Voraussetzungen, unter denen ein Angebot nach dem Tode des Antragenden nicht mehr angenommen werden kann, enger als die h.M. zieht, weil nicht nur auf einen hypothetischen Willen, sondern auf den objektiven Erklärungsgehalt abgestellt wird.

527 Durch § 153 BGB wird nur klargestellt, dass durch den Tod des Antragenden das Zustandekommen des Vertrags im Zweifel nicht gehindert wird. Nicht geregelt ist der Tod des Adressaten der Angebotserklärung. Tritt sein Tod vor Zugang des Angebots ein, ist zu prüfen, ob das Angebot auch gegenüber dem Erben gelten sollte. Stirbt er nach Zugang des Angebots, kommt es darauf an, ob durch das Angebot eine vererbliche Rechtsposition geschaffen wurde; dazu oben RdNr. 520.

---

32 *Jauernig* § 153 RdNr. 4.
33 *Soergel/Wolf* § 153 RdNr. 13; aber auch er nimmt an, der Leistungsgegenstand sei vom Erben auf dessen Kosten zurückzugewähren.
34 *Flume* § 35 I 4; *MünchKomm/Kramer* § 153 RdNr. 3.
35 *Medicus* RdNr. 377.

7. Annahme

a) Grundsatz

Die Annahme ist eine empfangsbedürftige Willenserklärung, die mit Zugang wirksam wird (§ 130 Abs. 1 BGB). Sie muss sich auf den Antrag beziehen und mit ihm inhaltlich übereinstimmen. Überkreuzen sich Anträge, so fehlt es an der Erklärung, ein Angebot anzunehmen. Nach verbreiteter Meinung soll deshalb kein Vertrag zustande kommen[36]. Das ist doktrinär[37] und zwingt zu gekünstelten Vertragskonstruktionen, wenn die Parteien davon ausgehen, der Vertrag sei geschlossen. Entscheidend ist nur, dass innerhalb der Annahmefrist der Wille erklärt wird, die vertragliche Regelung in Geltung zu setzen[38]. Wenn keine andere Verkehrssitte besteht, ist deshalb davon auszugehen, dass auch durch überkreuzende Angebote ein Vertrag zustande kommt. Weicht die Annahmeerklärung inhaltlich vom Angebot ab, so gilt dies als Ablehnung, verbunden mit einem neuen Angebot (§ 150 Abs. 2 BGB). Vorrang hat aber auch hier der Parteiwille. Deshalb ist zu prüfen, ob das Angebot nach seinem Inhalt teilbar ist und nach dem Willen des Antragenden eine eingeschränkte Annahme möglich sein soll[39].

528

Beispiel Anzug: V bietet K einen Anzug zum Kauf an. K erklärt, er kaufe nur die Hose. Diese Annahme bringt keinen Vertrag zustande, da nicht anzunehmen ist, dass V die Hose ohne Jacke verkaufen wollte. Der Antragende kann bestimmen, dass die Annahme nur durch eine bestimmte Form[40] oder nur persönlich erfolgen kann[41]. Ohne diese Einschränkung ist nur die Form zu beachten, die für das Rechtsgeschäft gesetzlich vorgeschrieben ist.

b) Ausnahmen vom Erfordernis des Zugangs

Die Annahmeerklärung muss nicht zugehen, wenn eine Erklärung gegenüber dem Antragenden nach der Verkehrssitte nicht zu erwarten ist oder wenn dieser auf den Zugang der Erklärung verzichtet hat (§ 151 BGB). Der Wille, das Angebot anzunehmen, muss durch eine Willensbetätigung in Erscheinung treten. Der nicht verlautbarte Wille, der geheim geblieben ist, entfaltet auch im Falle des § 151 BGB grundsätzlich keine Rechtswirkungen[42]. Bei lediglich vorteilhaften Angeboten geht der BGH allerdings davon aus, die Annahmebetätigung liege darin, dass der Adressat das

529

---
36 Vgl. etwa *Brox/Walker* RdNr. 179.
37 Abgeleitet aus dem Begriff des zweiseitigen Rechtsgeschäfts.
38 Im Ergebnis ebenso *Soergel/Wolf* § 145 RdNr. 24, für den Fall, dass sich die Parteien für gebunden halten.
39 *Medicus* RdNr. 381.
40 Vgl. OLG Düsseldorf NJW-RR 1988, 948 (Schriftform).
41 *Enneccerus/Nipperdey* § 162 I 1.
42 BGH NJW 2004, 287; a.M. *Flume* II § 35 II 3.

Angebot nicht erkennbar abgelehnt habe[43]. Der Sache nach ist das eine Preisgabe des Erfordernisses einer Annahmebetätigung.

Beispiel Versendungskauf: Kaufmann K bestellt beim Lieferanten V Stoffballen. Auf dem Transport mit der Bahn werden die Stoffballen beschädigt. V verlangt Bezahlung, ohne dem Verlangen des K zu entsprechen, Ersatzware zu liefern. Die Erklärung, das Angebot des K anzunehmen, erfolgte konkludent durch Absenden der Ware. Würde die Erklärung erst mit Zugang wirksam, käme der Vertrag erst mit Anlieferung zustande. Hat K auf den Zugang der Annahmeerklärung verzichtet oder ist nach der Verkehrssitte mit einem Zugang nicht zu rechnen, kam der Vertrag zwischen V und K schon mit dem Absenden der Ware zustande. Wenn keine besondere Vereinbarung über die Gefahrtragung getroffen wurde, ist § 447 BGB anzuwenden[44]. Danach trägt der Käufer die Gefahr der Verschlechterung der Ware. K muss den beschädigten Stoff bezahlen. Ohne Anwendung des § 151 BGB kann sich V nicht auf § 447 BGB berufen und K kann sich vertretbar auf den Standpunkt stellen, der Vertrag sei erst mit Übergabe der Ware zustande gekommen; er habe nach den §§ 434, 437, 439 BGB einen Anspruch auf Nacherfüllung.

Hat V einen beschädigten Stoffballen oder einen anderen Gegenstand abgesandt, so kann darin eine Ablehnung, verbunden mit einem neuen Antrag zu sehen sein (§§ 150 Abs. 2, 133, 157 BGB). Diese Lösung steht nicht in Widerspruch zu § 434 Abs. 3 BGB. Denn Regelungen über die Gewährleistung sind auf einen bestimmten Vertrag bezogen und es ist zunächst zu klären, welchen Vertrag die Parteien abgeschlossen haben.

530 Die Annahme muss nach h. M. nicht zugehen bei der **kurzfristigen** Reservierung eines Hotelzimmers. Zum Kauf im Selbstbedienungsladen siehe oben RdNr. 517.

Bei **Schutzhüllenverträgen**, die beim Vertrieb von Software verbreitet sind, soll ein Vertrag durch Annahmebetätigung nach § 151 BGB zustande kommen. Die Besonderheit ist, dass das Softwareunternehmen auf der Verpackung den Vermerk anbringt, das Öffnen bedeute die Zustimmung zu einem Vertrag, der in eine Schutzhülle eingeschweißt ist. Wenn die Software ohne besondere Absprachen bei einem Händler erworben wurde, kann die Erklärung des Herstellers auf der Verpackung nicht bewirken, dass sich der Kunde einem Vertrag mit dem Hersteller unterwirft, der seine Rechte beschneidet. Der Antragende kann nach § 151 BGB auf den Zugang verzichten, aber es steht nicht in seiner Macht, das Verhalten des Adressaten einseitig zu deuten.

531 Eine weitere Ausnahme vom Grundsatz, dass die Annahme erst mit Zugang wirksam wird, enthält § 152 BGB. Danach kommt ein Vertrag durch die Beurkundung der Annahmeerklärung (§ 128 BGB) zustande, wenn beide Teile bei der Beurkundung nicht gleichzeitig anwesend sind.

In den Fällen der §§ 151, 152 BGB bestimmt sich der Zeitpunkt des Erlöschens des Antrags aus dem Antrag oder den Umständen zu entnehmenden Willen des Antragenden (§§ 151 Satz 2, 152 Satz 2 BGB)[45].

---

43 BGH NJW 2000, 276.
44 Vgl. *Jauernig* § 151 RdNr. 1. Ein Verbrauchsgüterkauf, bei dem § 447 BGB ausgeschlossen ist, liegt nicht vor.
45 Zur Bedeutung einer Fristsetzung BGH NJW-RR 1989, 198.

Keine Anwendung findet § 151 BGB, wenn ein Unternehmer einem Verbraucher unbestellt Ware oder Leistungen liefert und der Verbraucher lediglich den Annahmewillen betätigt. Das wird aus § 241 a BGB gefolgert[46], der gesetzliche und vertragliche Ansprüche gegen den Verbraucher ausschließt.

c) Annahme durch Unterlassen

Vereinzelt unterstellt das Gesetz eine Annahme, wenn ein Antrag nicht zurückgewiesen wird. So kann der Schenker den Beschenkten nach § 516 Abs. 2 BGB unter Bestimmung einer angemessenen Frist zur Erklärung über die Annahme auffordern. Bleibt der Empfänger der Zuwendung untätig, gilt die Schenkung als angenommen. Nach § 362 Abs. 1 HGB muss ein Kaufmann, dessen Gewerbebetrieb die Besorgung fremder Geschäfte mit sich bringt, einen Antrag eines Geschäftspartners unverzüglich zurückweisen, wenn er das Zustandekommen des Vertrags verhindern will. Die Rechtsprechung hat für den kaufmännischen Verkehr darüber hinaus angenommen, eine Widerspruchspflicht könne sich aus Treu und Glauben ergeben[47]. Zum kaufmännischen Bestätigungsschreiben siehe oben RdNr. 147.

532

d) Pflicht zur Annahme

Der Adressat einer Offerte ist grundsätzlich in seiner Entscheidung frei, ob er den Antrag annehmen will. Das folgt aus dem Grundsatz der Abschlussfreiheit, der nur ausnahmsweise durchbrochen ist zu Lasten von monopolartigen Unternehmen im Bereich der Daseinsfürsorge (Personenbeförderungsunternehmen, § 22 PBefG, Energieversorgungsunternehmen, § 36 Abs. 1 Gesetz über Elektrizitäts- und Gasversorgung; vgl. ferner die §§ 21 Abs. 2 LuftVG). Eine Pflicht zum Vertragsabschluss (Kontrahierungszwang) ist als Schadensersatzpflicht begründet, wenn die Ablehnung des Vertragsschlusses eine sittenwidrige Schädigung ist (§ 826 BGB i. V. m. § 249 BGB). S. dazu oben RdNr. 86.

533

Beispiel Anwaltverein[48]: Ein Anwalt will in den Hamburger Anwaltverein aufgenommen werden. Der Verein verweigert die Aufnahme. Der Anwalt erhebt daraufhin Klage, um seine Aufnahme zu erzwingen. Nach der Rechtsprechung des BGH ist ein Verband mit Monopolstellung zur Aufnahme von Bewerbern verpflichtet[49]. Eine solche Monopolstellung hat der Hamburger Anwaltverein nicht. Deshalb wurde die Klage abgewiesen.

---

46 *Jauernig/Mansel* § 241 a RdNr. 5.
47 BGHZ 1, 353 (355); kritisch dagegen *Medicus* RdNr. 392; *K. Schmidt*, Handelsrecht, § 19 II 1 a.
48 BGH NJW 1980, 186.
49 BGHZ 63, 282 (284) = NJW 1975, 771.

Weiter geht der Kontrahierungszwang nach § 18 Abs. 2 AGG. Es genügt, wenn einer Vereinigung Mitglieder einer Berufsgruppe angehören; auf eine überragende Machtstellung kommt es dann nicht an. Voraussetzung des Aufnahmezwangs nach § 18 Abs. 2 AGG ist, dass die Ablehnung der Aufnahme einen Verstoß gegen das Benachteiligungsverbot des § 7 Abs. 1 AGG darstellt und ein grundlegendes Interesse an der Mitgliedschaft besteht.

Eine Abschlusspflicht besteht, wenn die Parteien einen Vorvertrag geschlossen haben, durch den die Pflicht zum Abschluss des Hauptvertrags begründet wurde.

533a e) Vertragsschluss durch Versteigerung

Eine Sonderregelung für den Vertragsschluss durch Versteigerung enthält § 156 BGB. Der Vertrag kommt durch Zuschlag des Versteigerers zustande. Das abgegebene Gebot stellt den Antrag dar. Es erlischt, wenn ein Übergebot abgegeben wird.

Die Frage, ob ein Vertrag durch Versteigerung zustande kommt, kann von Bedeutung sein für den Widerruf, der nach § 312 d Abs. 4 Nr. 5 BGB ausgeschlossen ist, wenn der Vertrag nach § 156 BGB geschlossen wird. Für die **Internetauktion** (eBay) nahm der BGH[50] an, es liege keine Versteigerung im Sinne des § 156 BGB vor, weshalb der Widerruf des Verbrauchers nicht ausgeschlossen sei. Das Einstellen des Angebots in die Internetplattform stellt eine bindende Vertragserklärung des Anbieters dar. Sie ist darauf gerichtet, die Zustimmung zum höchsten „Gebot" im fraglichen Zeitraum zu erklären.

III. Vertragsschluss durch sozialtypisches Verhalten

534 Die von *Larenz*[51] begründete Lehre vom Vertragsschluss durch sozialtypisches Verhalten versuchte, für Massengeschäfte Vertragsverhältnisse an das äußere sozialtypische Verhalten zu knüpfen. Das war der Versuch, zivilrechtliche Rechtsverhältnisse nach dem Vorbild des öffentlichen Rechts ohne Berücksichtigung des individuellen Willens der Beteiligten zu begründen. Die Lehre vom Vertragsschluss durch sozialtypisches Verhalten widerspricht den fundamentalen Grundsätzen der Rechtsgeschäftslehre und ist deshalb abzulehnen[52].

Beispiel Hamburger Parkplatz[53]: Im Jahre 1953 wurde von der Stadt Hamburg ein Teil des Rathausmarktes als Parkplatz eingerichtet. Der Parkplatz war bewacht und durfte nur gegen Entrichtung eines Entgeltes benutzt werden. Ein Autofahrer erklärte bei der Einfahrt in den Parkplatz, er sei nicht bereit, das Parkgeld zu bezahlen. Er war der Ansicht, der Rathausmarkt stehe im Gemeingebrauch und

---

50 BGH NJW 2005, 53 = JuS 2005, 174 (*Emmerich*); vgl. auch BGHZ 149, 129 (ricardo.de).
51 *Larenz*, 7. Aufl., § 28 II; anders *Larenz/Wolf* § 30 RdNr. 25; vgl. ferner *Haupt*, Über faktische Vertragsverhältnisse, 1941.
52 Vgl. auch *Köhler* JZ 1981, 464.
53 Nach BGHZ 21, 319.

deshalb sei es rechtswidrig, wenn die Stadt die Parkfläche „vermarkte". Der Bundesgerichtshof nahm an, es sei ein Vertrag durch tatsächliches Verhalten zustande gekommen. Manche wollen einen Vertragsschluss durch konkludentes Verhalten annehmen. Die ausdrückliche Erklärung, keinen Vertrag abschließen zu wollen, sei ohne Bedeutung, weil sie eine protestatio facto contraria sei. Eine verbale Verwahrung, die dem tatsächlichen Verhalten zuwiderlaufe, dürfe nicht berücksichtigt werden. Auch diese Lösung ist abzulehnen. Im Bereich rechtsgeschäftlichen Handelns kommt es darauf an, welchen Willen jemand zum Ausdruck gebracht hat. Der Richter darf nicht Willensäußerungen durch Fiktionen in ihr Gegenteil verkehren.

Die Versuche, der Stadt im Parkplatz-Fall durch zweifelhafte Konstruktionen zu ihrem Parkgeld zu verhelfen, sind überflüssig. Ansprüche lassen sich auf die §§ 812, 823 oder 987 ff. BGB stützen.

Beim Vertragsverhältnis aus sozialem Kontakt handelt es sich um eine Spielart des von *Haupt* zur Diskussion gestellten faktischen Vertrags, der unterschiedliche Aufgaben erfüllen sollte[54]. Neben dem Vertragsverhältnis aus sozialem Kontakt wurden von Haupt faktische Vertragsverhältnisse bei fehlerhaften Dauerschuldverhältnissen angenommen, weil eine Rückabwicklung nach Bereicherungsrecht zu unangemessenen Ergebnissen führen würde. Heute wird dieses Ergebnis bei Arbeits- und Gesellschaftsverträgen ohne Rückgriff auf den faktischen Vertrag durch Einschränkung der Nichtigkeit und Anfechtbarkeit erreicht. **535**

IV. Option und Vorvertrag

Unter Optionsrecht versteht man das Recht einer Partei, einen Vertrag durch einseitige Erklärung zustande zu bringen[55]. Eigentlich entsteht dieses Recht durch jedes Angebot. Der Begriff des Optionsrechts wird aber nicht zur Kennzeichnung der durch das Angebot erzeugten Rechtsposition verwendet, sondern zur Bezeichnung besonderer Vertragsgestaltung, bei der sich eine Partei für längere Zeit bindet, während die andere noch frei über den Abschluss entscheiden kann. Konstruktiv lässt sich die gewünschte Rechtsfolge durch Abschluss eines bedingten Vertrags erzeugen, der mit Ausübung der Optionserklärung in Geltung gesetzt wird. Es kann aber auch ein Angebot vorliegen, das nach der Erklärung des Anbietenden für einen längeren Zeitraum gelten soll (Festofferte)[56]. Ein vom Hauptvertrag zu unterscheidender Optionsvertrag ist bei der Festofferte nur dann nötig, wenn sich der Offerent für seine Bindung eine Gegenleistung versprechen lässt (Bindungsentgelt). **536**

Ob die Ausübung der Option der **Form** unterliegt, die für das Rechtsgeschäft vorgeschrieben ist, wird unterschiedlich beurteilt. Handelt es sich **537**

---

54 *Haupt*, Festschrift f. Siber II, S. 1 ff.
55 *Soergel/Wolf* vor § 145 RdNr. 69.
56 Zur dogmatischen Einordnung des Optionsvertrags *Weber* JuS 1990, 249.

bei der Erklärung des Optionsberechtigten um die Annahme eines Vertragsangebots, besteht kein Zweifel, dass die Einhaltung der Form Voraussetzung der Wirksamkeit ist. Dagegen unterliegt die Erklärung als Bedingung oder Ausübung eines Gestaltungsrechts nicht den Formvorschriften. Davon geht auch das Gesetz in § 456 Abs. 1 Satz 2 BGB aus[57]. Von der Ausübung des Optionsrechts zu unterscheiden ist deren Begründung. Da die Einräumung eines Optionsrechts den Besteller bindet, sind etwaige Formvorschriften zu beachten.

Beim **Vorvertrag** verpflichten sich die Parteien, einen bestimmten Vertrag abzuschließen. Sinnvoll ist der Vorvertrag nur, wenn dem Abschluss des Hauptvertrags noch Hindernisse entgegenstehen. Der Vorvertrag bedarf der **Form** des Hauptvertrags, wenn dies der Zweck der Formvorschrift für den Hauptvertrag gebietet. Regelmäßig formbedürftig ist der Vorvertrag über einen Grundstückskauf.

Schwierigkeiten entstehen in der Praxis oft, wenn es gilt, den Vorvertrag im Klagewege durchzusetzen. Der Kläger hat sein Angebot vorzulegen und auf Abgabe der Annahmeerklärung zu klagen. Wenn notarielle Beurkundung vorgeschrieben ist, kommt auch eine Klage auf Abgabe eines Angebots in Betracht. Dadurch soll verhindert werden, dass mehrfache notarielle Beurkundung notwendig wird, wenn das Gericht die Ansicht des Klägers nicht teilt und deshalb eine Klageänderung nötig wird[58]. Verletzt eine Partei ihre Pflicht, den Hauptvertrag abzuschließen, haftet sie nach den §§ 280, 281 BGB auf Schadensersatz.

Vom Vorvertrag zu unterscheiden ist der **letter of intent**, der sich vor allem bei Unternehmenskäufen eingebürgert hat. Durch den letter of intent wird lediglich die Absicht kundgetan, in ernsthafte Vertragsverhandlungen zu treten. Vertragliche Pflichten werden durch diese Absichtserklärung noch nicht begründet.

V. Der Dissens

1. Einigung als Einigungserklärung

538 Der Vertrag soll durch übereinstimmende Willenserklärungen der Beteiligten eine Regelung in Geltung setzen. Die Parteien müssen sich über den Inhalt des Rechtsgeschäfts einigen. Dabei bedeutet Einigung keine innere Zustimmung, sondern die Einigungs**erklärung**. Fehlt es an Erklärungen, die den Einigungswillen zum Ausdruck bringen, ist der Vertrag nicht

---

57 RGZ 169, 70; a. M. *Köhler* AT § 8 RdNr. 55, der unabhängig von der Rechtsnatur des Optionsvertrags Einhaltung der Form verlangt.
58 Vgl. BGH WM 2006, 1499.

geschlossen. Weil es schon am Tatbestand des Vertrags fehlt, wäre es falsch, von einem nichtigen Vertrag zu reden.

Ein Einigungsmangel (Dissens) liegt eigentlich auch dann vor, wenn ein Angebot nicht angenommen oder durch Annahme unter Einschränkungen abgelehnt wurde (§ 150 Abs. 2 BGB). Der **Totaldissens**, bei dem die Parteien überhaupt keine Einigung erzielt oder die wesentlichen Punkte (essentialia negotii) nicht geregelt haben, musste nicht gesondert geregelt werden. Die Vorschriften über den offenen und versteckten Dissens (§§ 154 Abs. 1, 155 BGB) regeln den Vertrag, der trotz seiner Unvollständigkeit eine sinnvolle Regelung enthält. **539**

2. Offener Dissens

Bei umfangreicheren Verträgen werden die einzelnen Vertragsbestimmungen Punkt für Punkt durchgesprochen, bis eine Einigung erzielt wird. Die Frage ist, ob die bisher erzielte Einigung unbeachtlich ist, wenn sich die Parteien am Ende über einen Nebenpunkt, z.B. eine Gerichtsstandsklausel, nicht einigen. Das Gesetz gibt für die unvollständige Regelung in § 154 Abs. 1 BGB eine Auslegungsregel. Danach ist im Zweifel der Vertrag nicht geschlossen, solange nicht die Parteien über alle Punkte eine Einigung erzielt haben, über die nach der Erklärung auch nur einer Partei eine Vereinbarung getroffen werden sollte. Eine Bindung entsteht nach § 154 Abs. 1 Satz 2 BGB auch dann nicht, wenn die Punkte, über die schon eine Einigung erzielt wurde, aufgezeichnet wurden (Punktation). **540**

Ergibt die Auslegung des Verhaltens der Parteien, dass eine Bindung gewollt ist, obwohl über regelungsbedürftige Punkte keine Vereinbarung getroffen wurde, ist der Vertrag wirksam, und die Vertragslücken sind durch dispositives Gesetzesrecht oder ergänzende Vertragsauslegung zu schließen[59]. **541**

Beispiel Der gekündigte Energielieferungsvertrag: A kündigte den Energielieferungsvertrag, den er mit dem Energieversorgungsunternehmen E geschlossen hatte. Dennoch lieferte E weiter Strom und A bezahlte die Rechnungen zunächst voll; später kürzte er den Rechnungsbetrag, weil er der Meinung war, E verlange unangemessen hohe Preise.

Durch die Kündigung des Energielieferungsvertrags wurde das bisher bestehende Vertragsverhältnis beendet. Aber beide Parteien haben durch ihr Verhalten zum Ausdruck gebracht, dass weiter Energie geliefert werden sollte. Eine Absprache über den Preis fehlte. Da A die Stromrechnungen zunächst bezahlte, könnte darin ein Einverständnis mit der Preisforderung des Energieunternehmens gesehen werden. Der BGH[60] nahm an, eine Vereinbarung über den Strompreis sei nicht getroffen worden. Aber entgegen der Auslegungsregel des § 154 Abs. 1 BGB sei davon auszugehen, dass die Parteien keinen vertragslosen Zustand gewollt haben.

---

59 BGH NJW 1983, 1777 (1778).
60 AaO.

Die Lücke sei durch die §§ 315, 316 BGB zu schließen. Danach habe das Energieunternehmen den Strompreis nach billigem Ermessen zu bestimmen. Bei der Entscheidung war die Überlegung ausschlaggebend, dass eine Rückabwicklung nach Bereicherungsrecht unangemessen wäre. Mit dieser Erwägung wird auch die Nichtigkeitsfolge bei Dauerschuldverhältnissen eingeschränkt. Freilich ging es hier nicht um einen nichtigen, sondern um einen unvollständigen Vertrag. Weil der BGH den Bindungswillen abweichend von der Auslegungsregel des § 154 Abs. 1 BGB beurteilte, konnte er auf die Konstruktion eines Vertragsschlusses durch sozialtypisches Verhalten verzichten.

542 Nach § 154 Abs. 2 BGB ist ein Vertrag im Zweifel nicht geschlossen, wenn die Parteien die **Beurkundung** verabredet haben. Ein anderer Wille ist dann anzunehmen, wenn die Beurkundung ausschließlich den Zweck hat, ein Beweismittel zu schaffen. § 154 Abs. 2 BGB ist auch bei gesetzlichem Formerfordernis anzuwenden.

Beispiel Grundstückskauf: V will K ein Grundstück verkaufen. Bevor V und K wegen § 311b BGB um einen Notartermin nachsuchen, setzen sie sich zusammen, um einen Vertrag auszuhandeln und schriftlich aufzusetzen. Beim Notar wird später nur die Auflassung beurkundet und K wird in das Grundbuch als neuer Eigentümer eingetragen. V verlangt von K die Rückübereignung des Grundstücks nach § 812 BGB.

Nach § 311b Abs. 1 Satz 2 BGB wird ein Grundstückskaufvertrag, der formlos geschlossen wurde, seinem ganzen Inhalte nach wirksam, wenn die Auflassung und die Eintragung in das Grundbuch erfolgen. Eine Heilung des unwirksamen Vertrags setzt aber voraus, dass wenigstens ein unwirksamer Vertrag vorliegt. Es ist deshalb zu prüfen, ob der schriftliche Vertrag, den V und K aufgesetzt haben, nur als Entwurf zu werten ist oder als endgültiges Rechtsgeschäft. Nach § 154 Abs. 2 BGB ist der Vertrag *im Zweifel* nicht geschlossen, bis die Beurkundung erfolgt. Das bedeutet, dass eine Heilung nach § 311b Abs. 1 Satz 2 BGB nicht in Betracht kommt.

543 § 154 Abs. 2 BGB steht in engem sachlichen Zusammenhang mit § 125 Satz 2 BGB. Zu beachten ist aber, dass § 125 Satz 2 BGB einen anderen Gegenstand regelt und eine andere Rechtsfolge anordnet. Nach § 154 Abs. 2 BGB ist zu bestimmen, ob nach dem Willen der Parteien der Vertrag bereits in Kraft gesetzt ist, während sich die Auslegungsregel des § 125 Satz 2 BGB auf die Bedeutung der Formvereinbarung bezieht. Siehe dazu oben RdNr. 356.

3. Versteckter Dissens

544 Während den Parteien beim offenen Dissens bewusst ist, dass ihre Regelung unvollständig ist, bleibt ihnen beim versteckten Dissens verborgen, dass über einen Punkt, über den eine Vereinbarung getroffen werden sollte, in Wahrheit keine Einigung erzielt wurde. Beim versteckten Dissens gilt nach § 155 BGB das Vereinbarte, sofern anzunehmen ist, dass der Vertrag auch ohne eine Bestimmung über den ungeregelten Punkt geschlossen sein würde. § 155 BGB ist nur anwendbar, wenn wenigstens eine unvollständige Einigung vorliegt, die durch dispositives Recht ergänzt werden kann. Beim Totaldissens kann die Auslegungsregel naturgemäß nicht zum Zuge kommen. Ein versteckter Dissens liegt nicht vor, wenn die Regelungslücke durch Auslegung, bei der etwaige Handelsbräuche heranzuziehen sind, geschlossen werden kann[61].

4. Dissens und Irrtum

Meinen die Parteien, der Vertrag sei geschlossen, obwohl sie sich in Wirklichkeit nicht geeinigt haben, bedarf es keiner Irrtumsanfechtung mit der Folge des § 122 BGB, weil der Vertrag nicht geschlossen ist. Die Unterscheidung zwischen Dissens und Irrtum bereitet Anfängern häufig Schwierigkeiten. Sie lassen sich vermeiden, wenn man bei der Falllösung methodisch richtig vorgeht und nicht durch das Reizwort „Irrtum" verleitet wird, § 119 BGB heranzuziehen. Beim Irrtum weicht der **innere** Wille vom objektiv Erklärten ab. Beim Dissens liegt nach dem **äußeren** Erklärungstatbestand von Angebot und Annahme keine Einigung vor.

545

Beispiel Scheindissens: V bietet K mündlich eine Videokassette zum Preis von 30 Euro an. K ist unaufmerksam und meint, V habe 20 Euro verlangt. Er erklärt, er nehme das Angebot an. Später stellt er sich auf den Standpunkt, es liege ein Totaldissens vor. Ein Vertrag sei nicht zustande gekommen. V ist dagegen der Ansicht, K könne allenfalls anfechten.

Ob eine Einigung vorliegt, ist nach dem äußeren Erklärungswert von Angebot und Annahme zu beurteilen. V erklärte, er verkaufe zum Preis von 30 Euro. Hätte K erwidert, er kaufe für 20 Euro, dann wäre kein Vertrag zustande gekommen (§ 150 Abs. 2 BGB). K hat aber seine Zustimmung zu dem Angebot des V erklärt. Diese Erklärung bedeutet objektiv das Einverständnis mit dem Angebot des V. Es liegt also kein Dissens vor. Aber K kannte die objektive Bedeutung seiner Erklärung nicht. Er meinte, er erkläre sein Einverständnis, 20 Euro als Kaufpreis zu bezahlen. Es liegt ein Inhaltsirrtum vor. K ist nach § 119 Abs. 1 BGB zur Anfechtung berechtigt.

VI. Gefälligkeitsverhältnisse

Vom Vertragsverhältnis zu unterscheiden sind Gefälligkeitsverhältnisse, bei denen es keine rechtlichen Bindungen gibt. So kann die Studentin, die von ihrem Kommilitonen zu einem Abendessen eingeladen wurde, keinen Schadensersatz wegen Nichterfüllung oder wegen entgangener Lebensfreude verlangen, wenn der Student die Einladung vergisst. Die Einladung erzeugt gesellschaftliche Verpflichtungen, aber keine Rechtsbindung. Für den Rat stellt § 676 BGB klar, dass ein Anspruch auf Ersatz des Schadens, der aus der Befolgung des Rates entsteht, nicht geltend gemacht werden kann. Die Abgrenzung zwischen rechtsgeschäftlicher und außerrechtlicher

546

---

61 Vgl. BGH NJW 1993, 1798.

Bindung kann im Einzelfall schwierig sein, weil eine ausdrückliche Erklärung über die Art der Verpflichtung meist fehlt. Das Problem wird selten bei Primärleistungspflichten relevant. Wer klagt schon beim Amtsgericht die versprochene Einladung zum Abendessen ein? Gestritten wird meist, wenn Verhaltenserwartungen enttäuscht werden und ein Beteiligter einen Schaden erleidet. Der BGH bestimmt den Inhalt der Rechtsbeziehungen nach ähnlichen Kriterien, die bei der Vertragsauslegung maßgeblich sind. Welche Bindung und Haftung übernommen werden sollte, wird unter Berücksichtigung der Interessen und der Verkehrssitte nach Treu und Glauben entschieden[62]. Rechtsordnungen, die für den Vertrag nicht nur die Zustimmung zu einer Regelung verlangen, sondern darüber hinaus besondere Seriositätsindizien[63], erlauben die Abgrenzung des rechtlich Verbindlichen vom Unverbindlichen ohne Rückgriff auf manchmal beliebige Gesichtspunkte der Auslegung.

Beispiel Gefälligkeitsfahrt[64]: Student S nimmt einen Kommilitonen K in seinem Pkw zur Universität mit, ohne dafür eine Gegenleistung zu verlangen. Nach einer durchzechten Nacht kommt S zu spät. Die Folge ist, dass K eine Abschlussklausur verpasst, die er erst in den Ferien nachholen kann. Er muss von einer Urlaubsreise zurücktreten und dem Reiseunternehmer eine Abstandssumme zahlen.

K kann keinen Schadensersatz von S verlangen, weil kein Vertragsverhältnis begründet wurde. S wollte nicht wie ein Taxifahrer dafür einstehen, dass K jeden Tag pünktlich in der Universität ankommt (Auslegung). Der englische Jurist würde einen vertraglichen Anspruch aufgrund der Consideration-Doktrin verneinen.

VII. Verträge zwischen Verbrauchern und Unternehmern

1. Das Widerrufsrecht

546a Das Gesetz unterwirft vielfach Verträge, die ein Verbraucher (§ 13 BGB) mit einem Unternehmer (§ 14 BGB) geschlossen hat, besonderen Regelungen. Diese Sonderregeln gehören, soweit der Inhalt des Vertrags betroffen ist, nicht zur Rechtsgeschäftslehre des Allgemeinen Teils des BGB. Sie sind vielmehr im Schuldrecht darzustellen. Für den Vertragsschluss ist aber das Widerrufsrecht nach § 355 BGB von Bedeutung. Wenn einem Verbraucher durch Gesetz ein Widerrufsrecht eingeräumt wird, so ist er an seine auf den Abschluss des Vertrags gerichtete Willenserklärung nicht mehr gebunden, wenn er sie fristgerecht widerrufen hat. Der Widerruf muss keine Begründung enthalten und ist in Textform oder durch Rücksendung der

---

62 BGH NJW 1989, 1029; 1974, 1705 (1706).
63 Dazu *Kötz/Flessner*, Europäisches Vertragsrecht, § 4.
64 Vgl. BGH NJW 1992, 498 (Arbeitskollegen).

Sache innerhalb von zwei Wochen gegenüber dem Unternehmer zu erklären. Zur Fristwahrung genügt die Absendung.

Die Rechtsnatur des Widerrufsrechts ist streitig. Nach dem Gesetzeswortlaut des § 355 BGB wird durch den Widerruf die für den Tatbestand des Vertrags konstitutive Erklärung des Verbrauchers beseitigt. Deshalb wurde das Widerrufsrecht als anfechtungsähnliches Gestaltungsrecht eingeordnet[65]. Auch bei der Anfechtung nach §§ 119 ff. BGB wird der Tatbestand des Rechtsgeschäfts beseitigt, weil die Anfechtung zur Nichtigkeit der Erklärung mit Wirkung ex tunc führt, § 142 BGB (dazu oben RdNr. 267). Betrachtet man jedoch die Rechtsfolgen des Widerrufs, liegt es näher, von einem besonderen Rücktrittsrecht auszugehen[66], denn nach § 357 BGB finden die Vorschriften über den Rücktritt entsprechende Anwendung. Beim Rücktritt entfällt der Tatbestand des Vertrags nicht. Das Vertragsverhältnis bleibt anders als bei der Anfechtung bestehen, es verwandelt sich durch die Rücktrittserklärung in ein Rückabwicklungsverhältnis.

Nicht nur beim Abschluss eines Rechtsgeschäfts gibt es Sondervorschriften für Verbraucher. Auch wenn gegenüber einer Person rechtsgeschäftlich oder rechtsgeschäftsähnlich gehandelt wird, kann es auf die Verbrauchereigenschaft des Adressaten ankommen (vgl. §§ 241a, 661a BGB). Der Wortlaut des § 13 BGB ist deshalb zu eng.

2. Verbraucher

546b Die Anwendung des § 355 BGB setzt wie andere Verbraucherschutzbestimmungen voraus, dass der Vertrag zwischen einem Verbraucher und einem Unternehmer geschlossen wurde. Da der Begriff des Verbrauchers inzwischen in zahlreichen Vorschriften des BGB enthalten ist, wurde eine allgemeine Definition in den Allgemeinen Teil aufgenommen. Nach § 13 BGB ist Verbraucher jede natürliche Person, die ein Rechtsgeschäft zu einem Zweck abschließt, der weder ihrer gewerblichen noch ihrer selbständigen beruflichen Tätigkeit zugerechnet werden kann. Die Definition gilt auch für Bestimmungen anderer Gesetze (z.B. § 1031 Abs. 5 ZPO), soweit diese keine eigene Definition enthalten wie Art. 29 EGBGB, der die Rechtswahl bei internationalen Verträgen regelt.

Verbraucher können nach der Definition des § 13 BGB nur **natürliche Personen** sein. Damit scheiden jedenfalls juristische Personen aus. Auch Vereine, die nicht gewerblich tätig sind, fallen nicht unter den Begriff des Verbrauchers. Umstritten ist jedoch, ob die Gesellschaft bürgerlichen Rechts Verbraucher sein kann. Eine Gleichstellung mit der juristischen Person könnte deshalb nahe liegen, weil inzwischen die Rechtsfähigkeit der

---

[65] *Reimer* AcP 203 (2003), 26 ff.
[66] So *Jauernig/Stadler* § 355 RdNr. 3.

Gesellschaft bürgerlichen Rechts anerkannt ist[67]. Der BGH[68] hat diese Konsequenz zu Recht nicht gezogen, sondern auf den Normzweck der Verbraucherschutzvorschriften abgestellt. Es wäre Dogmatik im schlechtesten Sinne, wollte man ohne Rücksicht auf den jeweiligen Normzweck aus der dogmatischen Konstruktion eines teilrechtsfähigen Gebildes Ergebnisse ableiten. Der BGH hat zutreffend auch nicht danach unterschieden, ob eine Innen- oder Außengesellschaft vorliegt, weil diese Unterscheidung der Rechtssicherheit abträglich wäre. Damit kann jede Gesellschaft bürgerlichen Rechts Verbraucher sein.

Die Definition des § 13 BGB setzt weiter voraus, dass mit Rechtsgeschäft ein bestimmter **Zweck** verfolgt wird, der in § 13 BGB negativ definiert wird. Der Vertrags darf nicht der selbstständigen beruflichen Tätigkeit und nicht einer gewerblichen Tätigkeit zuzurechnen sein. Nach überwiegender Ansicht ist der Zweck *objektiv* aufgrund einer typisierenden Betrachtung zu bestimmen, weil die Verbraucherschutzvorschriften zwingenden Charakter haben und der Schutz nicht zur Disposition der Vertragsparteien gestellt ist. Eine subjektive Komponente bleibt aber insofern bestehen, als der Kunde zu entscheiden hat, in welcher Rolle er das Rechtsgeschäft abschließt, sofern er rein tatsächlich die Rolle des Verbrauchers oder des Unternehmers einnehmen kann. Erwirbt etwa ein Anwalt einen Computer, kann er damit berufliche Ziele verfolgen, der Kauf kann aber auch rein privaten Zwecken zuzuordnen sein. Wird beim Kauf klargestellt, dass der Computer für die Kanzlei angeschafft werden soll, handelt der Anwalt nicht als Verbraucher und die Vorschriften über den Verbrauchsgüterkauf finden keine Anwendung. Wurde keine Zweckbestimmung offenbart, ist die Rolle nach objektiven Kriterien zu bestimmen[69].

Schwierig zu beurteilen sind die Verträge, mit denen eine Person sowohl private als auch geschäftliche Zwecke verfolgt (*dual-use-Geschäfte*). Die wohl h.M. geht davon aus, es genüge für die Anwendung des § 13 BGB, wenn der private Zweck überwiege[70]. Das ist im Einzelfall nur schwer festzustellen. Um dem Gesichtspunkt der Rechtssicherheit Rechnung zu tragen, wurde eine analoge Anwendung des § 344 HGB vorgeschlagen[71]. Danach gelten die von einem Kaufmann vorgenommenen Geschäfte im Zweifel als zum Betrieb seines Handelsgewerbes gehörig. Der Gewerbetreibende hätte demnach zu beweisen, dass im konkreten Fall das Rechtsgeschäft privaten Zwecken dient.

---

[67] BGHZ 146, 341 (für die Außengesellschaft).
[68] BGHZ 149, 84 f.; ebenso *MünchKomm/Micklitz* § 13 RdNr. 16; a.M. *MünchKomm/Ulmer* § 714 RdNr. 6; *Jauernig/Stadler* § 13 RdNr. 2.
[69] Nach *MünchKomm/Micklitz* § 13 RdNr. 37 folgt aus der Rolle, in der jemand auftritt, nur eine Vermutung für die Verbrauchereigenschaft.
[70] *Palandt/Heinrichs* § 13 RdNr. 4; *Pfeiffer* NJW 1999, 173.
[71] *Larenz/Wolf* § 42 RdNr. 41 m.w.N.; dagegen *Herresthal* JZ 2006, 699, der das Problem mit Hilfe der Rechtsscheinslehre bewältigen will.

Der *Arbeitnehmer* ist grundsätzlich nicht Verbraucher, soweit er im Rahmen seines Arbeitsverhältnisses Rechtsgeschäfte tätigt (Kündigung, Änderungsvertrag).

3. Unternehmer

Unternehmer ist nach § 14 Abs. 1 BGB eine natürliche oder juristische Person oder eine rechtsfähige Personengesellschaft, die beim Abschluss eines Rechtsgeschäfts in Ausübung ihrer gewerblichen oder selbstständigen beruflichen Tätigkeit handelt. Die Definition gilt für alle Verbrauchervorschriften des BGB. Zu beachten ist, dass der Begriff des Unternehmers auch außerhalb verbraucherschützenden Normen verwendet wird. So bezeichnet das Gesetz in § 631 BGB denjenigen als Unternehmer, der sich verpflichtet, ein Werk herzustellen. Auf diesen Begriff bezieht sich die Definition des § 14 BGB nicht.

Zu den rechtsfähigen Personengesellschaften gehören nach § 14 Abs. 2 BGB alle Personengesellschaften, die mit der Fähigkeit ausgestattet sind, Rechte zu erwerben und Verpflichtungen einzugehen. Dazu unten RdNr. 661.

§ 18 Allgemeine Geschäftsbedingungen

Literatur: *Baetge*, Allgemeininteressen in der Inhaltskontrolle, AcP 202 (2002), 972; *Borges*, zur AGB-Kontrolle interner Richtlinien, ZIP 2005, 185; *Bunte*, Inhaltskontrolle notariell beurkundeter Verträge, ZIP 1984, 1313; *Canaris*, Die Unanwendbarkeit des Verbots der geltungserhaltenden Reduktion, ergänzenden Auslegung oder Umdeutung von AGB bei den Kunden begünstigenden Klauseln, NJW 1988, 1243; *Dreher*, Die Auslegung von Rechtsbegriffen in AGB, AcP 189 (1989), 342; *Fell*, Hintereinander geschaltete Allgemeine Geschäftsbedingungen, ZIP 1987, 690; *Gottschalk*, Das Transparenzgebot in Allgemeinen Geschäftsbedingungen, AcP 206 (2006), 555; *Kapnopoulou*, Das Recht der mißbräuchlichen Klauseln in der Europäischen Union, 1997; *Kötz*, Der Schutzzweck der AGB-Kontrolle, JZ 2003, 209; *Krampe*, Aufrechterhaltung von Verträgen und Vertragsklauseln, AcP 194 (1994), 1; *Lass*, Christiane, Zum Lösungsrecht bei arglistiger Verwendung unwirksamer AGB, JZ 1997, 67; *Löwe/Graf v. Westphalen/Trinkner*, AGBG, 1983–1985; Vertragsrecht und AGB-Klauselwerke, 1993; *Hager*, Der lange Abschied vom Verbot der geltungserhaltenden Reduktion, JZ 1996, 175; *Neumann*, Geltungserhaltende Reduktion und ergänzende Auslegung von AGB, 1988; *Raiser*, L., Das Recht der Allgemeinen Geschäftsbedingungen, 1936; *Rieger/Friedrich*, Die Aufstellung von AGB in der wirtschaftsrechtlichen Praxis, JuS 1986, 787; *Roth*, Geltungserhaltende Reduktion im Privatrecht, JZ 1989, 411; *ders.*, Vertragsänderung bei fehlgeschlagener Verwendung von Allgemeinen Geschäftsbedingungen, 1994; *Roussos*, Die Anwendungsgrenzen der Inhaltskontrolle und die Auslegung von § 9 AGBG, JZ 1988, 997; *Rüßmann*, Die „ergänzende Auslegung" Allgemeiner Geschäftsbedingungen, BB 1987, 843; *Schäfer*, Vertragsschluss unter Einbeziehung von AGB gegenüber Fremdmuttersprachlern, JZ 2003, 879; *Schlachter*, Folgen der Unwirksamkeit von AGB für den Restvertrag, JuS 1989, 811; *Schmidt*, E., AGBG und Schuldvertragsrecht des BGB, ZIP 1987, 1505; *ders.*, Grundlagen und Grundzüge der Inzidentkontrolle allgemeiner Geschäftsbedingungen nach dem AGBG, JuS 1987, 929; *Schulz*, Schriftformklauseln in Allgemeinen Geschäftsbedingungen, Jura 1995, 71; *Ulmer*, Erfahrungen mit dem AGB-Gesetz, BB 1982, 584; *ders.*, Zur Anpassung des AGB-Gesetzes an die EG-Richtlinie über missbräuchliche Klauseln in Verbraucherverträgen, EuZW 1993, 337; *Wackerbarth*, Unternehmer, Verbraucher und die Rechtfertigung der Inhaltskontrolle vorformulierter Verträge, AcP 200 (2000), 45; *Weick*, Allgemeine Geschäftsbedingungen oder Verkörperung von Treu und Glauben?, Festschr. f. Korbion 1986, 451; *Wolf*, Preisanpassungsklauseln in Allgemeinen Geschäftsbedingungen, ZIP 1987, 314; *Wolf*, Bedeutung und Funktion des AGB-Rechts und der AGB in einem neuen Umfeld, in: Karlsruher Forum 2002: Schuldrechtsmodernisierung (Hrsg. E. Lorenz), 2003, 101; *Wolf/Pfeiffer*, Rechtsprechungsübersicht zum AGB-Gesetz, JZ 1988, 388, 440.

I. Bedeutung

547 Zur Vereinfachung des Rechtsverkehrs normiert das Gesetz einzelne Vertragstypen durch meist dispositive Regelungen, die heranzuziehen sind, wenn die Parteien keine besondere Vereinbarung getroffen haben. Verkäufer und Käufer müssen sich nicht über technische Einzelheiten der Vertragsabwicklung unterhalten; es genügt, wenn sie darüber einig sind, dass ein Kaufvertrag abgeschlossen werden soll. Ein ähnlicher Rationalisierungseffekt wird durch die Verwendung Allgemeiner Geschäftsbedingungen erreicht. Wenn ein Unternehmen oder Dienstleistungsbetrieb stets gleichartige Verträge schließt, dann liegt es nahe, einheitliche Bedingungen zu verwenden, die an die besonderen Bedürfnisse angepasst sind. Oft werden Formularverträge von Verbänden ausgearbeitet und den Mitgliedern zur Verfügung gestellt.

Allgemeine Geschäftsbedingungen haben eine Reihe von Problemen aufgeworfen. Juristen, die für einen Verband oder ein Unternehmen Geschäftsbedingungen ausarbeiten, werden bei ihrer rechtsgestaltenden Tätigkeit vor allem die Interessen ihrer Auftraggeber berücksichtigen. Das wäre nicht schädlich, wenn sich der Wettbewerb auch bei Vertragsbedingungen als wirksames Korrektiv erweisen würde. Verlangt ein Verkäufer in Verfolgung seiner Interessen zu hohe Preise, bleibt die Kundschaft aus, weil sie es vorzieht, bei der billigeren Konkurrenz einzukaufen. Eine vergleichbare Reaktion ist bei der Verwendung unangemessener Vertragsklauseln kaum zu erwarten. Das liegt einmal daran, dass der Kunde oft keine Alternative hat, weil ganze Branchen mit einheitlichen Bedingungen arbeiten. Selbst wenn eine Wahlmöglichkeit bestünde, wäre es ein unverhältnismäßiger Aufwand, bei alltäglichen Geschäften komplizierte Vertragswerke zu studieren und zu vergleichen. **548**

Damit Vertragsbeziehungen durch Allgemeine Geschäftsbedingungen nicht zu einseitig gestaltet werden, beschränkt das Gesetz die Freiheit, vom dispositiven Recht abzuweichen. Allgemeine Geschäftsbedingungen unterliegen einer **Inhaltskontrolle** (§§ 307 ff. BGB). Neben der Generalklausel des § 307 BGB (unbillige Benachteiligung) enthalten die §§ 308 und 309 BGB spezielle Klauselverbote. Bei § 308 BGB besteht für den Richter eine Wertungsmöglichkeit, da die Klauseln nicht schlechthin unwirksam sind. § 309 BGB enthält Klauselverbote ohne Wertungsmöglichkeit. Soweit die spezielleren Vorschriften der §§ 308, 309 BGB eingreifen, bedarf es eines Rückgriffs auf die Generalklausel des § 307 BGB nicht. Bei Verträgen zwischen Unternehmern gelten die speziellen Klauselverbote (§§ 308, 309 BGB) nicht (§ 310 Abs. 1 BGB); hier ist stets ein Rückgriff auf § 307 BGB erforderlich. Die Klauselverbote des § 309 BGB sind bei Verträgen zwischen Unternehmern Indiz für eine unangemessene Benachteiligung[1]. **549**

Der Inhaltskontrolle unterliegen in der Regel diejenigen Vertragsbestimmungen nicht, welche die Leistung beschreiben oder den Preis bestimmt festlegen. Voraussetzung der Inhaltskontrolle ist, dass von gesetzlichen Vorschriften abgewichen oder ergänzende Regelungen vereinbart werden (§ 307 Abs. 3 BGB). Deshalb ist eine Kontrolle der Preisvereinbarung dann möglich, wenn gesetzliche Preisvorschriften bestehen. Auch die Leis-

---
[1] BGH NJW 1998, 677.

tungsbeschreibung unterliegt ausnahmsweise der Kontrolle, wenn gesetzlich bestimmte Haupt- oder Nebenpflichten modifiziert werden. Zu Klauseln, die eine Änderung des Leistungsinhalts vorbehalten siehe § 308 Nr. 4 BGB.

550 Das BGB enthält ferner Vorschriften über die **Einbeziehung** (§§ 305 ff. BGB) und **Auslegung** (§ 305 b BGB) der Allgemeinen Geschäftsbedingungen. Dabei handelt es sich um Sondervorschriften gegenüber den Bestimmungen des Allgemeinen Teils über den Vertragsabschluss und die Auslegung von Rechtsgeschäften.

II. Begriff der AGB

Das Gesetz gibt in § 305 Abs. 1 Satz 1 BGB eine Begriffsbestimmung der Allgemeinen Geschäftsbedingungen, durch die der sachliche Anwendungsbereich des Gesetzes bestimmt wird. Danach sind Allgemeine Geschäftsbedingungen alle für eine Vielzahl von Verträgen vorformulierten Vertragsbedingungen, die eine Vertragspartei (Verwender) der anderen Vertragspartei bei Abschluss des Vertrags stellt. Gleichgültig ist, ob die Bestimmungen einen äußerlich gesonderten Bestandteil des Vertrags bilden oder in die Vertragsurkunde aufgenommen werden, welchen Umfang sie haben, in welcher Schriftart sie verfasst sind und welche Form der Vertrag hat. Die Definition des § 305 Abs. 1 Satz 1 BGB wird in § 305 Abs. 1 Satz 3 BGB ergänzt durch eine negative Abgrenzung: Allgemeine Geschäftsbedingungen liegen nicht vor, soweit die Vertragsbedingungen zwischen den Vertragsparteien im Einzelnen ausgehandelt sind.

551 Nach der Begriffsbestimmung des Gesetzes sind Allgemeine Geschäftsbedingungen nicht nur umfangreiche Klauselwerke, die als „Kleingedrucktes" in Erscheinung treten. Auch einfache Erklärungen wie Haftungsausschlussklauseln, die in Verträge einbezogen werden, fallen unter die Vorschriften über AGB.

Beispiel Haftung für die Garderobe: Gastwirt G bringt an der Garderobe ein Schild mit der Aufschrift „Für Ihre Garderobe wird keine Haftung übernommen" an. Die Wirksamkeit der Haftungsausschlussklausel ist nach § 309 Nr. 7 b BGB zu beurteilen.

Nach AGB-Recht zu beurteilen sind auch einseitige rechtsgeschäftliche Erklärungen, die sich auf die inhaltliche Ausgestaltung des Vertrags beziehen oder im Zusammenhang mit einer vertraglichen Regelung stehen (Einwilligung zur Telefonwerbung[2], Erteilung einer Vollmacht[3], Bewilligungserklärung nach § 19 GBO[4]).

Entscheidend ist, dass die Klauseln für eine **Vielzahl** von Fällen vorformuliert sind. Dabei kommt es nicht darauf an, wie viele Verträge abgeschlossen werden. Es kommt auf die Zweckbestimmung der vorformulierten Vertragsklauseln an. Deshalb sind die §§ 305 ff. BGB schon beim ersten Vertrag anzuwenden[5]. Eine andere Frage ist, für welche Anzahl eine Verwendungsabsicht bestehen muss. Setzt die Anwendung der §§ 305 ff. BGB voraus, dass die Klauseln für eine *unbestimmte* Zahl Verwendung finden sollen[6] oder genügt es, wenn der Verwender nur die Absicht hat, eine *bestimmte* Anzahl von Verträgen nach dem vorformulierten Vertrage abzuwickeln? Die Anwendung der §§ 305 ff. BGB darf nicht deshalb ausgeschlossen werden, weil die Zahl der Vertragsabschlüsse vorhersehbar ist. Freilich ist eine Mindestzahl **beabsichtigter** Geschäfte Voraussetzung. Nach der Rechtsprechung des BGH genügt es, wenn eine dreimalige Verwendung beabsichtigt ist[7]. Die Absicht der Mehrfachverwendung kann durch den Anscheinsbeweis festgestellt werden, wenn Inhalt und Gestaltung der Bedingungen auf die Absicht einer Mehrfachverwendung hinweisen[8]. Ob die Vertragsklauseln vom Verwender oder einem Dritten ausgearbeitet wurden, spielt keine Rolle. So unterliegt ein Mietvertrag des Haus- und Grundbesitzervereins den §§ 305 ff. BGB, auch wenn ein Vermieter das Vertragsformular nur bei einem einzigen Mietvertrag verwendet. Gleiches gilt bei der Verwendung eines Vertragsformulars aus einem Formularhandbuch. Keine Anwendung finden die §§ 305 ff. BGB, wenn ein Rechtsanwalt oder Notar zur Gestaltung eines Individualvertrags ein *internes Vertragsmuster* verwendet.[9]

552

Ob Allgemeine Geschäftsbedingungen vorliegen, hängt auch davon ab, wie die Klauseln Vertragsbestandteil werden. § 305 Abs. 1 Satz 1 BGB setzt voraus, dass die Bedingungen vom Verwender **gestellt** sind. Der Verwender muss die Einbeziehung einseitig veranlasst haben, ohne dass über die Klauseln wirkliche Verhandlungen stattfanden. Auf die Ausnutzung einer intellektuellen Überlegenheit kommt es nicht an.

553

Ein einseitiges Stellen der Bedingungen liegt nicht vor, wenn beide Parteien von sich aus die Einbeziehung fordern. Gleiches gilt, wenn ein unbeteiligter Dritter (z. B. Notar) die Verwendung eines Vertragsformulars vor-

---

2 BGHZ 141, 126; BGH NJW 2000, 2677.
3 BGH NJW 1987, 2011.
4 BGH NJW 2002, 139.
5 BGH NJW 2002, 138; *Jauernig/Stadler*, § 305 RdNr. 4.
6 So BGHZ 104, 236.
7 BGHZ 150, 230.
8 BGH NJW 2004, 502.
9 BGH NJW 1991, 843.

schlägt[10]. Zu den Besonderheiten des Verbrauchervertrags siehe unten Rdnr. 568 a.

Beispiel Hausnotar: Eine Wohnungsbaugesellschaft erwirbt Grundstücke, auf denen sie Eigenheime zum schlüsselfertigen Verkauf errichtet. Die Kaufverträge werden nach einheitlichen Bedingungen abgewickelt, die Notar N, mit dem die Gesellschaft ständig zusammenarbeitet, entworfen hat. Unterliegen diese Verträge den §§ 305 ff. BGB? Parteien eines Grundstückskaufvertrags werden durch die Form des § 311 b Abs. 1 BGB geschützt. Der Notar hat bei der Beurkundung mit den Parteien Verhandlungen zu führen und er muss nach § 17 Abs. 1 BeurkG darauf achten, dass unerfahrene und ungewandte Beteiligte nicht benachteiligt werden. Daneben scheint ein Schutz durch die §§ 305 ff. BGB nicht erforderlich zu sein. Wenn aber ein Notar als Hausnotar Verträge für eine Partei vorformuliert, ist sein Verhalten der Vertragspartei zuzurechnen, sodass die Anwendung der §§ 305 ff. BGB nicht mit der Begründung zu verneinen ist, ein unbeteiligter Dritter habe die Bedingungen gestellt. Eine andere Frage ist, ob bei einer ordnungsgemäßen Beurkundung, bei der die Parteien belehrt werden, von einem einseitigen Stellen der Bedingungen gesprochen werden kann[11]. Nach h. M. hindert die notarielle Beurkundung allein noch nicht, von einer einseitigen Stellung der Vertragsbedingungen auszugehen[12]. Wurde der Notar von einer Partei beauftragt oder hat nur eine Partei Einfluss auf den Vertragsinhalt genommen, muss sich diese Partei das Verhalten des Notars zurechnen lassen, mit der Folge, dass die Bedingungen von ihr im Sinne des § 305 Abs. 1 BGB gestellt sind[13]. Berücksichtigt der Vertrag nur einseitig die Interessen einer Partei, wird nach der Rechtsprechung[14] vermutet, dass die Bedingungen des notariellen Vertrags gestellt wurden. Wenn der Notar – wie im Regelfall – als unparteiischer Dritter den Vertrag gestaltet hat, wurde keine Vertragsklausel gestellt[15]. Bei Individualverträgen aber eine Inhaltskontrolle nach § 242 BGB in Betracht. Bei Verbraucherverträgen gelten die §§ 305 ff. BGB auch bei Einschaltung eines Notars wegen der Fiktion des § 310 Abs. 3 Nr. 1 BGB.

Nach der negativen Abgrenzung des § 305 Abs. 1 Satz 3 BGB liegen Allgemeine Geschäftsbedingungen nicht vor, soweit die Vertragsbedingungen zwischen den Vertragsparteien im Einzelnen *ausgehandelt* wurden (**Individualvereinbarung**). Damit die Schutzvorschriften der §§ 305 ff. BGB nicht unterlaufen werden, genügt eine nur formale Abänderungsbereitschaft des Verwenders nicht. Vielmehr muss eine ernsthafte Abänderungsbereitschaft bestehen, und der Kunde muss die reale Möglichkeit haben, auf den Vertragsinhalt Einfluss zu nehmen[16]. Ein Klauselwerk wird nicht zur Individualvereinbarung, weil die Möglichkeit vorgesehen ist, dass der Kunde verschiedene Varianten ankreuzen kann. Ein Aushandeln setzt aber nicht notwendig eine inhaltliche Änderung des Vertragstextes voraus. Ent-

---

10 BGH NJW-RR 2002, 14.
11 Zur Problematik notarieller Verträge *Ulmer* DNotZ 1981, 84 ff.; *Stürner* JZ 1979, 758; *ders.* DNotZ 1984, 763; *Bunte* ZIP 1984, 1313.
12 BGH NJW 1990, 576.
13 BGH NJW 1992, 2160 = BGHZ 118, 229, 239. Auf die Zurechnung wird auch in ähnlichen Fällen (Verwendung eines Fachbuchs) abgestellt, vgl. *Staudinger/Schlosser* § 305 RdNr. 28.
14 BGH (Fn. 13).
15 BGHZ 144, 242 = NJW 2000, 2988; *Bamberger/Roth/Becker*, BGB, § 305 RdNr. 26.
16 BGH NJW 2000, 1100.

scheidend ist, dass für den Kunden die reale Möglichkeit dazu bestand. Die oft schwierige Frage, wann ein Aushandeln vorliegt, wird in der Praxis dadurch erleichtert, dass der Verwender die Beweislast trägt, wenn der Vertrag nach seinem äußeren Anschein nicht ausgehandelt wurde. Dem kann der Verwender nicht dadurch entgehen, dass er in den Vertrag eine Klausel aufnimmt, durch die der Kunde bestätigt, der Vertrag sei ausgehandelt worden. Eine derartige Klausel ist nach § 309 Nr. 12b BGB nichtig[17].

III. Einbeziehung in den Vertrag

Allgemeine Geschäftsbedingungen werden noch nicht dadurch zum Vertragsbestandteil, dass sie der Verwender stellt. Grundvoraussetzung der Einbeziehung ist das **Einverständnis** der anderen Vertragspartei (§ 305 Abs. 2 BGB). 554

Nach § 305 Abs. 2 Nr. 1 BGB muss die andere Partei *bei Vertragsschluss ausdrücklich* auf die Allgemeinen Geschäftsbedingungen hingewiesen werden. Wo wegen der Art des Vertragsschlusses ein Hinweis nur unter unverhältnismäßigen Schwierigkeiten möglich ist, genügt ein deutlich sichtbarer Aushang am Ort des Vertragsschlusses. Diese Ausnahme soll vor allem bei Massengeschäften (Reinigung, Parkhaus usw.) eine unbürokratische Einbeziehung erlauben. 555

Der Verwender muss dem Vertragspartner spätestens bei Vertragsschluss die **Möglichkeit** verschaffen, in zumutbarer Weise vom Inhalt der Geschäftsbedingungen **Kenntnis zu nehmen** (§ 305 Abs. 2 Nr. 2 BGB). Die Geschäftsbedingungen müssen so gestaltet sein, dass sie ohne Schwierigkeiten lesbar sind, und sie müssen verständlich sein[18]. Wird der Vertragspartner durch die drucktechnische Gestaltung vom Lesen abgeschreckt, fehlt es an der Möglichkeit zumutbarer Kenntnisnahme. Zulässig sind nach § 305 Abs. 3 BGB Rahmenvereinbarungen, nach denen für bestimmte Geschäfte im Voraus Allgemeine Geschäftsbedingungen vereinbart werden. Auch Rahmenvereinbarungen müssen den Anforderungen der Einbeziehung nach § 305 Abs. 2 BGB genügen. Auch ein Kunde mit einer körperlichen Behinderung soll vom Inhalt der AGB in zumutbarer Weise Kenntnis erlangen können. Deshalb hat der Verwender nach § 305 Abs. 2 Nr. 2 BGB eine erkennbare körperliche Behinderung des Kunden zu berücksichtigen. 556

---

17 BGHZ 99, 374.
18 BGHZ 86, 135 = NJW 1983, 816. In der Literatur wird bei der Einbeziehungskontrolle zum Teil nur auf formal-sprachliche Transparenz abgestellt, vgl. *MünchKomm/Basedow* § 305 RdNr. 68; *Hk-BGB/Schulte*, § 305 RdNr. 16. Das führt zu problematischen Abgrenzungsproblemen.

557 Nach § 310 Abs. 1 BGB finden die §§ 305 Abs. 2 und 3, 308 und 309 BGB keine Anwendung auf Allgemeine Geschäftsbedingungen, die gegenüber einem Unternehmer, einer juristischen Person des öffentlichen Rechts oder einem öffentlich-rechtlichen Sondervermögen verwendet werden. Obwohl in § 310 Abs. 1 BGB die Anwendung des § 305 Abs. 2 BGB insgesamt ausgenommen ist, setzt die Geltung der AGB im Falle des § 310 Abs. 1 BGB eine Einbeziehung voraus, die nur nicht der Form des § 305 Abs. 2 BGB unterliegt. Für die Einbeziehung genügt konkludentes Verhalten. Wer weiß oder wissen muss, dass der andere Teil nur zu seinen Geschäftsbedingungen abschließt, stimmt der Einbeziehung zu, wenn er sich als Unternehmer auf den Vertrag einlässt. Weitere Ausnahmen für Energie- und Wasserversorgungsunternehmen enthält § 310 Abs. 2 BGB. § 305 Abs. 2 BGB findet keine Anwendung auf Arbeitsverträge (§ 310 Abs. 4 BGB), für die die spezielleren Regelungen des Nachweisgesetzes gelten.

558 Besondere Probleme entstehen, wenn Allgemeine Geschäftsbedingungen **kollidieren**. Kaufleute verwenden Allgemeine Geschäftsbedingungen nicht nur beim Verkauf, sondern auch beim Einkauf. Legt der Käufer seiner Bestellung die Allgemeinen Einkaufsbedingungen bei und erklärt der Käufer unter Bezugnahme auf seine davon abweichenden Verkaufsbedingungen die Annahme, liegt ein Dissens vor. Wenn der Vertrag durchgeführt wird, ist davon auszugehen, dass die unvollständige Regelung gewollt ist. Es gelten dann die Geschäftsbedingungen, soweit sie übereinstimmen[19]. Das übereinstimmend Gewollte geht dem dispositiven Gesetzesrecht vor. Das gilt auch bei sog. *Abwehrklauseln*, die zum Ausdruck bringen, dass nur die eigenen Klauseln Verwendung finden sollen[20]. Abzulehnen ist die früher in der Rechtsprechung vertretene Ansicht, die Übersendung eigener Geschäftsbedingungen mit der Annahmeerklärung sei als Ablehnung, verbunden mit einem neuen Angebot zu werten (§ 150 Abs. 2 BGB), das der andere Teil konkludent annehme, wenn er den Vertrag durchführe.

IV. Überraschungsklauseln

559 Auch wenn die Voraussetzungen des § 305 BGB vorliegen, kann die Einbeziehung einzelner Klauseln daran scheitern, dass es sich um Überraschungsklauseln handelt. Nach § 305c Abs. 1 BGB werden Bestimmungen in Allgemeinen Geschäftsbedingungen, die nach den Umständen, insbesondere nach dem äußeren Erscheinungsbild des Vertrags, so ungewöhnlich sind, dass der Vertragspartner des Verwenders mit ihnen nicht zu rechnen braucht, nicht Bestandteil des Vertrags. Damit soll verhindert wer-

---

[19] BGH NJW 1991, 1606.
[20] BGH (Fn. 19).

den, dass Klauseln in einem unübersichtlichen Vertrag versteckt werden, wo sie vom Vertragspartner nicht erwartet werden. Der Verwender kann das Risiko, dass eine Klausel als Überraschungsklausel gewertet wird, dadurch mindern, dass er den Text durch Fettdruck deutlich hervorhebt. Unter § 305 c BGB fallen aber nicht nur versteckte Klauseln, mit denen der Vertragspartner überrumpelt werden soll. Eine Klausel kann auch durch erhebliche Abweichungen vom dispositiven Recht zur Überraschungsklausel werden. Der von § 305 c BGB geforderte *Überraschungseffekt* liegt in diesen Fällen in der nicht zu erwartenden Abweichung vom dispositiven Recht. Bei dieser Auslegung des § 305 c BGB wird dem Umstand Rechnung getragen, dass Allgemeine Geschäftsbedingungen vor allem bei Alltagsgeschäften in der Regel nicht gelesen werden.

Beispiel Assistenzarzt: B muss sich einer gefährlichen Operation an der arteria poplitea unterziehen. Er begibt sich als Privatpatient in das Krankenhaus, in dem der bekannte Gefäßchirug Professor A tätig ist. Im Vertrag mit dem Krankenhaus wird vereinbart, dass Professor A die Operation durchführt. Am Operationstag erscheint der Assistenzarzt und weist den erstaunten Patienten auf eine Klausel im Vertrag hin, wonach die Operation dem Assistenzarzt übertragen werden darf. Mit einer derartigen Klausel rechnet der Patient nicht, der sich von dem leitenden Arzt operieren lassen will. Die Klausel ist daher nach § 305 c BGB unwirksam[21].

560 Schutz vor mangelnder Klarheit und Transparenz gewährt nicht nur § 305 c Abs. 1 BGB. Sind Klauseln unverständlich, scheitert schon die Einbeziehung in den Vertrag, weil der Kunde nicht die Möglichkeit hatte, ihren Inhalt in zumutbarer Weise zur Kenntnis zu nehmen (§ 305 Abs. 2 Nr. 2 BGB)[22]. Daneben enthält § 307 Abs. 1 Satz 2 BGB ein Transparenzgebot. Aus der unklaren Fassung einer Klausel *kann* sich eine unangemessene Benachteiligung des Vertragspartners ergeben, die zur Unwirksamkeit der Klausel führt.

V. Auslegungsgrundsätze

1. Generalisierende Auslegung

561 Durch die wirksame Einbeziehung werden Allgemeine Geschäftsbedingungen Bestandteil des Vertrags, auf den grundsätzlich die Vorschriften über Rechtsgeschäfte anzuwenden sind. Besonderheiten müssen aber bei der Auslegung beachtet werden. Die h.M. geht davon aus, Allgemeine Geschäftsbedingungen seien einheitlich (objektiv) auszulegen, weil ihre Verwendung einheitliche Rechtsverhältnisse schaffen soll. Es ist nicht darauf abzustellen, wie der Vertragspartner im konkreten Fall die Klauseln

---

21 Vgl. OLG Karlsruhe NJW 1987, 1489.
22 BGHZ 86, 135 (str., siehe oben Fn. 18).

Zweiter Teil   Rechtsgeschäftslehre

verstehen musste. Maßstab ist der Horizont eines „Durchschnittskunden", der in der Regel rechtlich nicht vorgebildet und geschäftsungewandt ist[23].

2. Vorrang der Individualabrede

562 Nach § 305b BGB haben individuelle Vertragsabreden vor Allgemeinen Geschäftsbedingungen Vorrang. Die Konkurrenzregel setzt voraus, dass eine Individualvereinbarung getroffen wurde, die in Widerspruch zu den Allgemeinen Geschäftsbedingungen steht.

Beispiel Individualabrede: K kauft bei V einen Gebrauchtwagen. In den AGB ist eine Klausel enthalten, wonach die Gewährleistungsrechte wegen etwaiger Mängel des Fahrzeugs ausgeschlossen sind. Darauf weist K bei den Vertragsverhandlungen hin. Er meint, angesichts dieser Klausel sei der von V geforderte Preis zu hoch. V erklärt, er sei kein Bürokrat, der sich dem Kleingedruckten unterwerfe. Selbstverständlich werde er das Fahrzeug zurücknehmen, wenn es mit einem Mangel behaftet sei. Wenn sich V später bei einem Rücktritt des Käufers auf die AGB beruft, so steht dem § 305b BGB entgegen. Freilich hat V im Prozess die besseren Karten für die Beweisführung, weil er den Vertrag mit den Geschäftsbedingungen vorlegen kann.

563 Der Verwender trägt nach § 305b BGB das Risiko, dass seine Mitarbeiter bei Vertragsverhandlungen den Mund zu voll nehmen, indem sie Versprechungen und Zusicherungen machen, die den Allgemeinen Geschäftsbedingungen widersprechen. Deshalb werden in AGB häufig **Schriftformklauseln** aufgenommen, nach denen mündliche Nebenabreden unwirksam sind. Durch solche Klauseln wird der Schutz des § 305b BGB ausgehöhlt. Deshalb sind derartige Klauseln in der Regel nach § 307 BGB unwirksam. Die Rechtsprechung nimmt Unwirksamkeit jedenfalls dann an, wenn auch mündliche Abreden bevollmächtigter Personen ausgeschlossen sind[24]. Für unwirksam wurden Klauseln erachtet, nach denen auch nachträgliche Änderungen unwirksam sein sollen, sofern sie nicht schriftlich getroffen werden[25]. Bei der Inhaltskontrolle stellt der BGH darauf ab, dass der Kunde von der Durchsetzung seiner Rechte abgehalten werde[26]. Schriftlichkeitsklauseln können nämlich dadurch außer Kraft gesetzt werden, dass die Parteien deutlich den Willen zum Ausdruck bringen, die mündlich getroffene Abrede solle ungeachtet der Klausel gelten[27]. Aber der Kunde weiß regelmäßig nicht, dass eine spätere mündliche Vereinbarung auch die Schriftlichkeitsklausel außer Kraft setzt. Er würde deshalb, wenn er mit der Klausel konfrontiert wird, die Rechtslage zu seinen Lasten falsch beurteilen. Wenn eine Schriftformklausel im Einzelfall der Inhalts-

---
23 BGHZ 96, 182 (191) = NJW 1986, 424; BGHZ 104, 82 (88) = NJW 1988, 1726; BGH NJW 2001, 2165.
24 BGH NJW 1986, 1810.
25 BGH NJW 1985, 322; BGH NJW 1986, 1809; OLG München NJW-RR 1989, 1499.
26 BGH NJW 1985, 322.
27 BGH NJW 1968, 32.

kontrolle nach § 307 BGB standhält, hat dennoch eine von den Parteien getroffene Individualabrede nach § 305 b BGB Vorrang[28].

Unschädlich sind nach der Rechtsprechung **Vollständigkeitsklauseln**, die bestimmen, dass mündliche Nebenabreden nicht getroffen wurden[29]. Diese Klauseln wiederholen nur den allgemeinen Grundsatz, dass die Vollständigkeit einer Vertragsurkunde zu vermuten ist. Der Kunde, der eine mündliche Nebenabrede behauptet, kann dafür im Prozess trotz der Vollständigkeitsklausel den Beweis antreten und wenn der Beweis gelingt, wird die mündliche Abrede der Entscheidung zugrunde gelegt.

564 Klausel, nach denen abweichende Vereinbarungen der schriftlichen Bestätigung bedürfen (**Bestätigungsklauseln**)[30], schränken die Vertretungsmacht der Hilfspersonen des Verwenders ein. Hat der Stellvertreter Handlungsvollmacht, so sind atypische Beschränkungen der Vertretungsmacht nur beachtlich, wenn sie der Dritte kannte oder kennen musste (§ 54 Abs. 3 HGB). Gleiches gilt für die Außenvollmacht, die besondere Mitteilung der Vollmacht und die Vorlage einer Vollmachtsurkunde (§§ 170 ff. BGB). Durch die Bestätigungsklausel versucht der Verwender dem Kunden den Einwand abzuschneiden, er habe nicht wissen müssen, dass die Vollmacht beschränkt ist. Bei der Auslegung der §§ 173 BGB, 54 Abs. 3 HGB ist die Wertung des § 305 c BGB zu berücksichtigen. Wenn der Kunde mit der Beschränkung der Vollmacht nicht rechnen musste, kann ihm nicht vorgehalten werden, er hätte durch Lektüre der Allgemeinen Geschäftsbedingungen die Beschränkung erkennen können. Wurde die Vertretungsmacht wirksam beschränkt, handelte der Vertreter ohne Vertretungsmacht. Der Vertrag ist schwebend unwirksam (§ 177 Abs. 1 BGB), und der Vertreter haftet nach § 179 BGB.

3. Unklarheitenregel

565 Nach der Unklarheitenregel des § 305 c Abs. 2 BGB gehen Zweifel bei der Auslegung Allgemeiner Geschäftsbedingungen zu Lasten des Verwenders. Das bedeutet, dass bei mehreren vertretbaren Auslegungsalternativen die für den Kunden günstigste maßgeblich ist[31]. Aus § 305 c Abs. 2 BGB folgt auch der Grundsatz restriktiver Auslegung Allgemeiner Geschäftsbedingungen, der vor allem bei Haftungsfreizeichnungsklauseln Bedeutung erlangt. § 305 c Abs. 2 BGB ist nicht anzuwenden, wenn die Parteien die Allgemeinen Geschäftsbedingungen übereinstimmend verstehen[32].

---

28 BGH NJW 1986, 3131 (3132); *Ulmer/Brandner/Hensen* § 305 b RdNr. 33.
29 BGHZ 93, 60.
30 Dazu *Lindacher* JR 1982, 1.
31 Kritisch gegen eine Verallgemeinerung dieses Grundsatzes auf das ganze Verbraucherrecht *Riesenhuber* JZ 2005, 829.
32 BGH NJW 2002, 2103.

Die kundenfreundliche Auslegung ist immer dann maßgeblich, wenn alle Auslegungsvarianten einer Inhaltskontrolle standhalten. Wie aber ist zu verfahren, wenn eine dem Kunden weniger günstige Auslegungsvariante gegen Klauselverbote verstößt? Bei einem Verstoß gegen die §§ 307 ff. BGB tritt das dispositive Recht an die Stelle der unwirksamen Klausel und dieses kann für den Kunden günstiger sein als die kundenfreundliche Auslegungsvariante. Nach einer im Schrifttum vordringenden Meinung[33] ist die Klausel unwirksam, wenn die kundenfeindliche Auslegung der Inhaltskontrolle nicht standhält.

Keine Anwendung findet § 305 c Abs. 2 BGB, wenn die Klausel so unklar formuliert ist, dass schon ihre Einbeziehung nach § 305 Abs. 2 BGB scheitert. Unklare Klauseln können auch nach § 307 BGB unwirksam sein, wenn zu Lasten des Kunden der Anschein einer falschen Rechtslage erweckt wird.

Die Unklarheitenregel ist nur im Individualprozess anzuwenden. Klagt ein Verband nach dem UKlaG, ist zum Schutze der Kunden von der kundenfeindlichsten Auslegung auszugehen[34]. Die so gedeutete Klausel wird anschließend der Inhaltskontrolle unterzogen, die zu dem Ergebnis führen kann, dass die Klausel unwirksam ist und durch dispositives Recht zu ersetzen ist. Die kundenfeindliche Auslegung führt deshalb vielfach zu einem kundenfreundlichen Ergebnis.

VI. Rechtsfolgen bei gescheiterter Einbeziehung

566 Sind Allgemeine Geschäftsbedingungen ganz oder teilweise nicht Vertragsbestandteil geworden oder unwirksam, so bleibt der Vertrag im Übrigen wirksam (§ 306 Abs. 1 BGB; vgl. dagegen § 139 BGB). An die Stelle der unwirksamen Klauseln tritt nach § 306 Abs. 2 BGB das dispositive Recht. Der Vertrag ist ausnahmsweise insgesamt unwirksam, wenn das Festhalten an ihm eine unzumutbare Härte für eine Vertragspartei darstellen würde. Dabei ist nach § 306 Abs. 3 BGB zu berücksichtigen, dass dispositives Recht an die Stelle unwirksamer Klauseln tritt.

567 Wenn dispositive Gesetzesvorschriften zur Ergänzung der Vertragslücke nicht herangezogen werden können, weil der Vertragstyp im Gesetz nicht geregelt ist, sind die Grundsätze über die ergänzende Vertragsauslegung anzuwenden. Unzulässig ist nach überwiegender Ansicht und ständiger Rechtsprechung des BGH[35] eine **geltungserhaltende Reduktion**, bei der durch restriktive Auslegung eine unzulässige Klausel auf das gerade noch Vertretbare beschränkt wird[36]. Mit dem Verbot der geltungserhaltenden Reduktion wird ein Präventionszweck verfolgt. Der Verwender soll nicht

---
33 *Hk-Schulte-Nölke* § 305 c RdNr. 5; *MünchKomm/Basedow* § 305 c RdNr. 35.
34 BGH NJW 2003, 1237, 1238; BGH JZ 1990, 923; BGHZ 95, 350 (353).
35 Nachweise bei BGH NJW 2001, 1419, 1421.
36 Kritisch dazu *H. Roth* JZ 1989, 415 ff.; *Hager* JZ 1996, 175.

risikolos den Kunden benachteiligende Klauseln verwenden. Wo der Präventionszweck keine Rolle spielt, sollte die geltungserhaltende Reduktion erlaubt sein, wie bei Klauseln, die von den beteiligten Verkehrskreisen erarbeitet wurden (ADSp, VOB)[37]. In der Literatur wird zunehmend Kritik am Verbot der geltungserhaltenden Reduktion geübt, und es wird darauf hingewiesen, dass die Rechtsprechung ihr Dogma nicht konsequent durchhält[38]. Oft hängt es von der zufälligen sprachlichen Gestaltung einer Klausel ab, ob ein wirksamer Teil aufrechterhalten werden kann. Wenn inhaltlich und sprachlich ein Regelungsteil abspaltbar ist, der eine sinnvolle Regelung enthält, ist der abgespaltene Teil auch nach der Rechtsprechung wirksam[39].

VII. Irrtumsanfechtung

Ein Kunde, der die Allgemeinen Geschäftsbedingungen nicht gelesen hat, kann falsche Vorstellungen vom Inhalt des Vertrags haben. Ein Irrtum setzt freilich voraus, dass eine Partei beim Abschluss des Vertrags konkrete Vorstellungen über den Inhalt der Allgemeinen Geschäftsbedingungen hatte. Wurde eine Blanketterklärung abgegeben, scheidet eine Anfechtung nach § 119 Abs. 1 BGB schon deshalb aus, weil sich der Erklärende bei der Abgabe seiner Willenserklärung nicht geirrt hat (siehe oben RdNr. 227). Wo ein Irrtum vorliegt, darf die Anwendbarkeit des § 119 Abs. 1 BGB nicht mit der Begründung verneint werden, der Kunde sei hinreichend durch die §§ 305 ff. BGB geschützt[40]. Kein Anfechtungsrecht besteht dagegen, wenn der Verwender irrtümlich davon ausgeht, die Klauseln seien wirksam oder wirksam einbezogen, während in Wahrheit nach § 306 Abs. 2 BGB dispositives Recht anzuwenden ist. Der Irrtum betrifft nicht den Inhalt der Willenserklärung, sondern die durch § 306 Abs. 2 BGB angeordnete Rechtsfolge.

568

VIII. Verbraucherverträge

Aufgrund der EG-Richtlinie 93/13/EWG des Rates vom 5. 4. 1993[41] über missbräuchliche Klauseln in Verbraucherverträgen wurde in § 310 Abs. 3 BGB eine besondere Bestimmung über Verbraucherverträge getroffen. Für diese gelten folgende Besonderheiten: Die Allgemeinen Geschäftsbedin-

568a

---

37 Vgl. BGHZ 129, 323.
38 Vgl. etwa BGHZ 137, 212; BGHZ 151, 229.
39 BGH (Fn. 35); BGH NJW 1997, 3439; BGH NJW 1998, 2286.
40 Ebenso *Medicus* RdNr. 419; *Löwenheim* AcP 180 (1980), 433 ff.; vgl. ferner *Lochner* BB 1981, 818 ff.
41 Abgedruckt in NJW 1993, 1838.

gungen gelten als vom Unternehmer gestellt, es sei denn, dass sie durch den Verbraucher in den Vertrag eingeführt wurden (§ 310 Abs. 3 Nr. 1 BGB). Damit fallen auch sog. Drittklauseln unter die Inhaltskontrolle. Die §§ 305c Abs. 2, 306, 307, 309 BGB sind auf vorformulierte Vertragsbedingungen auch dann anzuwenden, wenn diese nur zur einmaligen Verwendung bestimmt sind und soweit der Verbraucher aufgrund der Vorformulierung auf ihren Inhalt keinen Einfluss nehmen konnte (§ 310 Abs. 3 Nr. 2 BGB). Bei der Beurteilung der unangemessenen Benachteiligung nach § 307 BGB sind auch die den Vertragsabschluss begleitenden Umstände zu berücksichtigen (§ 310 Abs. 3 Nr. 3 BGB). Verbraucher sind nur natürliche Personen, die beim Vertragsschluss rein private Zwecke verfolgen (§ 13 BGB), d.h. der Vertragsschluss darf nicht gewerblichem oder beruflichem Handeln zuzurechnen sein. Unternehmer sind Personen, die eine auf eine gewisse Dauer und auf Gewinnerzielung gerichtete selbstständige Tätigkeit ausüben (§ 14 BGB); siehe dazu oben § 17 RdNr. 546b.

Dritter Teil
Rechtsobjekte

§ 19 Rechtsgegenstände

Literatur: *Brecher,* Das Unternehmen als Rechtsgegenstand, 1953; *Bydlinski,* P. Der Sachbegriff im elektronischen Zeitalter, zeitlos oder anpassungsbedürftig? AcP 198 (1998), 287; *Coester-Waltjen,* Gesamthandsgemeinschaften, Jura 1990, 469; *Giesen,* Scheinbestandteil – Beginn und Ende, AcP 202 (2002), 689; *Hubmann,* Das Recht am Unternehmen, ZHR 117 (1955), 41; *König,* Die Qualifizierung von Computerprogrammen als Sache im Sinne des § 90 BGB, NJW 1989, 2604; *Michaelis,* Voraussetzungen und Auswirkungen der Bestandteilseigenschaft, Festschr. f. H.C. Nipperdey, Bd. 1, 1965, 553; *Mühe,* Das Gesetz zur Verbesserung der Rechtsstellung des Tieres im bürgerlichen Recht, NJW 1990, 2238; *Oertmann,* Zum Rechtsproblem der Sachgesamtheit, AcP 136 (1932), 88; *Reinicke,* Der Kampf um das Zubehör zwischen Sicherungseigentümer und Grundpfandgläubiger, JuS 1986, 957; *Schmidt,* K., Sind Hunde Plastiktüten? – von der unsachgemäßen Behandlung der Tiere in einem geläuterten BGB, oder: Krambambuli macht Karriere –, JZ 1989, 790; *Schünemann,* Die Rechte am menschlichen Körper, 1985; *Sohm,* Der Gegenstand, 1905; *Steding,* § 90a BGB: nur juristische Begriffskosmetik? – Reflexionen zur Stellung des Tieres im Recht, JuS 1996, 962; *Wieacker,* Sachbegriff, Sacheinheit und Sachzuordnung, AcP 148 (1943), 57.

I. Der Gegenstand

Nach § 90 BGB sind Sachen körperliche **Gegenstände**. Das Gesetz verwendet den Begriff des Gegenstandes in dieser Bestimmung offenbar als Oberbegriff, während Sache den Unterbegriff bezeichnet. Sachen sind Gegenstände, aber nicht alle Gegenstände sind Sachen. Die Wissenschaft hat viel Fleiß darauf verwendet, den Begriff des Gegenstandes zu definieren. Dennoch konnte bisher keine Einigkeit darüber erzielt werden, was unter „Gegenstand" zu verstehen ist. Nach den Motiven zum BGB[1] umfasst der Begriff des Gegenstandes als Oberbegriff Sachen und Rechte. Dieser Begriffsbestimmung liegt keine tiefe Wesensschau zugrunde, sondern eine Sprachkonvention, an die sich das Gesetz freilich nicht immer gehalten hat. In den Motiven wird klargestellt, „dass da, wo eine Norm sowohl auf Sachen als auch auf Rechte sich beziehen soll, der Ausdruck ‚Gegenstand' gewählt ist". Wenn in § 185 BGB von der Verfügung des Nichtberechtigten über einen Gegenstand die Rede ist, dann folgt aus dem Sprachgebrauch des Gesetzes, dass die Bestimmung zur Anwendung kommen soll, wenn über eine Sache oder über ein Recht verfügt wurde. Freilich ist diese Terminologie mit der Gegenüberstellung von Sache und Recht insofern irre-

569

---

[1] *Motive* III, S. 33.

führend, als eine Verfügung über eine Sache genau genommen nicht möglich ist. Man kann nur über ein Recht an einer Sache (Eigentum) verfügen.

570 Dass sich der Gesetzgeber an seine eigene Sprachkonvention nicht gehalten hat, zeigt § 90 BGB. Die Legaldefinition der Sache als Gegenstand bezieht sich nicht auf das Recht an der Sache (Eigentum), sondern auf den außerrechtlichen Bezugspunkt des Eigentums, das physische Substrat. Auch andere Ausschließlichkeitsrechte, die einer Person „etwas" zuordnen, haben einen solchen Bezugspunkt. Unzutreffend ist es, den Gegenstand als Objekt der natürlichen Welt zu definieren[2]. Immaterialgüterrechte beziehen sich nicht auf einen Gegenstand der natürlichen Welt. Das Urheberrecht an einem Gedicht besteht auch dann noch, wenn alle Werkexemplare vernichtet sind. Bezugspunkt des Urheberrechts ist ein Gedankeninhalt.

571 Personen sind keine Gegenstände[3]. Der Mensch darf nicht als bloßes Objekt behandelt werden. Auch wenn Personen nicht zu den Gegenständen gerechnet werden, so können sie doch Bezugspunkt von Rechten oder Rechtsverhältnissen sein. So bezieht sich die elterliche Sorge (§ 1629 BGB) auf die Person des Kindes. Die Personensorge umfasst auch das Recht, von jedem die Herausgabe des Kindes zu verlangen, der es den Eltern widerrechtlich vorenthält.

II. Sachen

1. Begriff und Bedeutung

572 Der Sachbegriff ist für die Systematik des BGB von grundlegender Bedeutung. Während die Kodifikationen der Aufklärungszeit (ABGB, CC, ALR) von einem weiten Sach- und Eigentumsbegriff ausgehen[4], der neben dem Sacheigentum im Sinne des BGB auch andere Vermögensrechte umfasst, beschränkt das BGB den Sachbegriff auf unkörperliche Gegenstände[5]. Dem liegt eine Einteilung der Rechtsverhältnisse zugrunde, die auf *v. Savigny* zurückgeht, der stark von *Kant* beeinflusst war. Im Vorentwurf zum BGB[6] wird diese Grundeinteilung folgendermaßen charakterisiert: *„Fasst man den nächsten und unmittelbaren Gegenstand der Rechte ins Auge, so*

---

2 So *Soergel/Marly* vor § 90 RdNr. 2.
3 *Larenz/Wolf* § 20 RdNr. 7 m. w. N.; anders *Enneccerus/Nipperdey* § 121 I.
4 Vgl. z. B. § 859 ABGB: die persönlichen Sachenrechte, vermöge welcher eine Person einer andern zu einer Leistung verbunden ist, gründen sich unmittelbar auf ein Gesetz; oder auf ein Rechtsgeschäft; oder auf eine erlittene Beschädigung.
5 Die ZPO enthält die alte Einteilung noch rudimentär; es wird unterschieden zwischen beweglichem und unbeweglichem Vermögen. Zum beweglichen Vermögen gehören auch Forderungen.
6 Band 1, S. 315.

scheiden sich dieselben in Rechte bezüglich der eigenen Person, in Rechte an Sachen (dingliche Rechte) und in Rechte, deren Gegenstand unmittelbar eine fremde Person bzw. deren Wille ist. Die der letzten Kategorie angehörigen Rechte werden, im Gegensatz zu den dinglichen Rechten, als persönliche Rechte bezeichnet; sie sind Forderungsrechte..." Bei dieser Einteilung der Rechte ist ein tragender Gesichtspunkt die Beteiligung an einem Recht oder Rechtsverhältnis: Beim Sacheigentum im Sinne des BGB ist nur eine Person (der Eigentümer) unmittelbar beteiligt, während bei einem Schuldverhältnis mindestens zwei Personen beteiligt sind. Der Eigentümer einer Sache kann sein Eigentum einseitig durch Dereliktion aufgeben (vgl. § 959 BGB), während der Gläubiger einer Forderung nur durch einen Erlassvertrag die Forderung aufheben kann. Das Eigentum des BGB erschöpft sich freilich nicht in der Zuordnung einer Sache zu einer Person. Das Gesetz schützt den Eigentümer und gibt ihm Abwehrrechte. Aber im Hinblick auf diese Sache stehen alle anderen Personen gleich; das Recht ist absolut geschützt. Den Gegensatz bilden die relativen Rechte, die nicht gegen jedermann, sondern nur gegen eine bestimmte Person geltend gemacht werden können. Das Sacheigentum des BGB hat paradigmatischen Charakter und steht für absolute Rechte.

Der Allgemeine Teil enthält einen eigenen Abschnitt über Sachen. Eigentlich würde man erwarten, dass die Vorschriften über Grundbegriffe des Sachenrechts im Sachenrecht zu finden sind. Im ersten Entwurf zum BGB war der Abschnitt über Sachen noch Bestandteil des Sachenrechts. Die Verlagerung in den Allgemeinen Teil mag damit zu rechtfertigen sein, dass der Begriff der Sache auch außerhalb des Sachenrechts auftaucht. Trotzdem wird bei der Bestimmung des Sachbegriffs den Besonderheiten des Sachenrechts Rechnung getragen.

Außerhalb des Sachenrechts spielt der Sachbegriff etwa eine Rolle im Kaufrecht, das zwischen Sach- und Rechtskauf unterscheidet. § 2 ProdHaftG verwendet den Begriff „bewegliche Sache" zur Definition des Produkts. In Vorschriften außerhalb des Sachenrechts, die den Sachzwängen des Sachenrechts keine Rechnung tragen müssen, wird der Ausdruck „Sache" zum Teil mit anderer Bedeutung verwendet (z.B. bei § 119 Abs. 2 BGB; dazu oben RdNr. 208).

Nach § 90 BGB sind Sachen nur körperliche Gegenstände. Die Bestimmung regelt, woran dingliche Rechte (Eigentum, Pfandrecht) bestehen können. Dies ist bei der Auslegung des § 90 BGB zu berücksichtigen. Deshalb gehören nur solche körperlichen Gegenstände zu den Sachen, die als begrenztes Stück Natur beherrschbar sind. **573**

Keine Sache ist z.B. das Wasser des Rheins. Aber wenn jemand das Wasser in Flaschen füllt, um es an Touristen zu verkaufen, ist der Flascheninhalt taugliches

Objekt eines Eigentumsrechts[7]. Auch Computerprogramme, Energie (elektrischer Strom) und Schallwellen sind keine Sachen[8]. Ein Eigentumsrecht kann sich aber auf die Speichermedien (Festplatte, Schallplatte, Batterie) beziehen. Wo ein urheberrechtlich geschützter geistiger Inhalt gespeichert ist (CD, Buch), treffen Sachenrecht und Immaterialgüterrecht aufeinander. Das Recht des Eigentümers wird durch die Rechte des Urhebers beschränkt[9].

574 Zu den Sachen wird nach wohl h. M. auch der Leichnam gerechnet[10]. Freilich sind etwaige dingliche Rechte am Körper eines Verstorbenen von Vorschriften über die Totenfürsorge überlagert (BestattungsG). Nach allgemeiner Meinung ist eine Verfügung über den Körper eines Verstorbenen unwirksam, solange die Persönlichkeit nachwirkt[11]. Uneingeschränkt verkehrsfähig sind die Überreste eines Menschen, die nicht mehr der Totenehrung unterliegen (Skelette). Auch Organe, die zum Zwecke der Organtransplantation entnommen wurden, sind Sachen[12]. Sie unterliegen aber dem Bestimmungsrecht des Organspenders, an dessen Stelle nach dem Tode die Angehörigen treten. Abgetrennte Teile des lebenden menschlichen Körpers (z. B. Haare) können Gegenstand dinglicher Rechte sein. In den Körper eingepflanzte Gegenstände (Herzschrittmacher) sind keine Sachen, solange die Verbindung mit dem Körper andauert.

2. Arten

a) Bewegliche und unbewegliche Sachen

575 Man unterscheidet bewegliche und unbewegliche Sachen (Immobilien). Unbewegliche Sachen sind die Grundstücke. Sie sind ein Teil der Erdoberfläche, auf den sich ein Eigentumsrecht bezieht. In aller Regel wird das Grundstück als Rechtsobjekt durch das Grundbuch bestimmt, das seinerseits auf das Liegenschaftskataster, ein amtliches Verzeichnis der Vermessungseinheiten (Flurstücke), verweist[13]. Es gibt aber auch Grundstücke im Rechtssinne, für die kein Grundbuchblatt angelegt ist (vgl. § 3 Abs. 2 GBO). Deshalb ist die Grundbucheintragung kein Begriffsmerkmal des Grundstücks[14]. Dem Grundstück gleichgestellt sind grundstücksgleiche Rechte (Erbbaurecht nach der ErbbaurechtsVO, Wohnungseigentum nach dem WEG).

---

7 BGH NJW 1985, 2403 (Wein als vertretbare Sache).
8 A. A. zu Softwareprogrammen OLG Stuttgart NJW 1989, 2635 (2636); dazu *Bartsch* CR 1989, 694; s. auch *Kort* DB 1994, 1505; *Brehm*, Festschr. f. Gitter, 1995, S. 145 ff.
9 Dazu *Brehm/Berger* § 5 Rdnr. 14.
10 *MünchKomm/Holch* § 90 RdNr. 32; a.M. *Larenz/Wolf* § 20 RdNr. 9; *Forkel* JZ 1974, 593.
11 BGHZ 50, 133 (136) = NJW 1968, 1773; *MünchKomm/Holch* § 90 RdNr. 32.
12 Dazu *Geilen* JZ 1971, 41.
13 Dazu *Brehm*, FGG, RdNr. 638.
14 Unzutreffend z. B. *Köhler* § 23 RdNr. 5; *Baur/Stürner*, Sachenrecht, § 15 RdNr. 18.

Bewegliche Sachen werden negativ definiert. Sachen, die nicht Grundstücke sind, werden den beweglichen Sachen zugerechnet.

Die Unterscheidung zwischen beweglichen und unbeweglichen Sachen ist von großer Bedeutung im Sachenrecht. Bewegliche Sachen werden durch Einigung und Übergabe übereignet (§ 929 BGB). Äußerliches Anzeichen des Eigentümerwechsels ist die Änderung der Besitzlage (tatsächliche Sachherrschaft). Bei Grundstücken spielt die Besitzübertragung für die Übereignung keine Rolle. Nach § 873 BGB wird das Eigentum an einem Grundstück durch Einigung und Eintragung des Erwerbers in das Grundbuch übertragen. **576**

Die ZPO knüpft im Zwangsvollstreckungsrecht an die Unterscheidung zwischen beweglichem Vermögen und Grundstücken an. Der Ausdruck „bewegliches Vermögen" (§ 803 ZPO) erfasst aber nicht nur bewegliche Sachen, sondern auch Rechte, die nicht der Immobiliarvollstreckung unterliegen. **577**

b) Vertretbare Sachen

Vertretbare Sachen sind nach § 91 BGB bewegliche Sachen, die im Verkehr nach Zahl, Maß oder Gewicht bestimmt zu werden pflegen. Sachen, welche diese Kriterien nicht erfüllen, nennt man „nicht vertretbare Sachen". Der Begriff der vertretbaren Sache wird bei der Anweisung (§ 783 BGB) und beim Werklieferungsvertrag (§ 651 Satz 3 BGB) vom Gesetz verwendet. Auch außerhalb des BGB findet man den Begriff der vertretbaren Sache; vgl. § 884 ZPO. **578**

Zu beachten ist, dass die Unterscheidung zwischen Stück- und Gattungsschuld (§ 243 BGB) nicht an den Begriff der vertretbaren Sache anknüpft[15]. Bei der Gattungsschuld verspricht der Schuldner ein Stück aus einer Gattung zu liefern. Ob eine Gattungsschuld oder eine Stückschuld vorliegt, hängt ausschließlich von der Parteivereinbarung ab. Dagegen wird das Merkmal der Vertretbarkeit objektiv nach der Verkehrsanschauung bestimmt. **579**

Beispiel Ausstellungswagen: K kauft beim Händler H einen neuen Pkw, der gerade angeliefert wurde und für den Ausstellungsraum vorgesehen ist. Gegenstand des Kaufs ist eine vertretbare Sache. Entscheidend ist, dass es mehrere gleichartige Exemplare gibt. Trotzdem liegt kein Gattungskauf vor. Die Vereinbarung zwischen K und dem Händler bezieht sich nämlich auf ein ganz bestimmtes Stück aus der Gattung.

c) Verbrauchbare Sachen

Verbrauchbare Sachen sind nach § 92 Abs. 1 BGB bewegliche Sachen, deren bestimmungsgemäßer Gebrauch in dem Verbrauch oder in der Ver- **580**

---

15 Vgl. BGH NJW 1985, 2403.

äußerung besteht. Als verbrauchbar gelten auch bewegliche Sachen, die zu einem Warenlager oder zu einem sonstigen Sachinbegriff (Zusammenfassung von Einzelsachen) gehören, dessen bestimmungsmäßiger Gebrauch in der Veräußerung liegt.

Der Ausdruck ist bei den Nutzungsrechten von praktischer Bedeutung. Ein Nutzungsrecht an verbrauchbaren Sachen erstreckt sich regelmäßig auch auf den Verbrauch. So bestimmt § 1067 Abs. 1 BGB, dass der Nießbraucher Eigentümer wird, wenn sich der Nießbrauch auf verbrauchbare Sachen bezieht; vgl. ferner die §§ 1075 Abs. 2, 1084, 1086 Satz 2 BGB.

d) Teilbare Sachen

581 Teilbar sind Sachen, die sich ohne Wertminderung in Einzelsachen zerlegen lassen, wie der Kuchen, den sich mehrere Personen teilen. Die Teilbarkeit spielt bei der Auseinandersetzung von Gemeinschaften und Gesellschaften eine Rolle (§§ 752, 731 Satz 2, 1477 Abs. 1, 2042 Abs. 2 BGB).

III. Tiere

582 Das BGB behandelte Tiere ursprünglich als Sachen. Durch das Gesetz zur Verbesserung der Rechtsstellung des Tieres im bürgerlichen Recht[16] wurde § 90a BGB eingefügt, der ausdrücklich bestimmt, dass Tiere keine Sachen sind. Nach § 90a Satz 3 BGB sind aber die für Sachen geltenden Vorschriften entsprechend anzuwenden, soweit keine besonderen Vorschriften bestehen. Die sachenrechtlichen Vorschriften sind danach grundsätzlich auf Tiere anwendbar. Dass Tiere Gegenstand des Eigentumsrechts sein können, ergibt sich aus § 903 Satz 2 BGB, der die Befugnisse des Eigentümers eines Tieres regelt. Sondervorschriften für Tiere enthalten § 251 Abs. 2 Satz 2 BGB, §§ 765a, 811c ZPO.

IV. Sachgesamtheit

583 Unter Sachgesamtheit (Sachinbegriff) versteht man die Zusammenfassung einzelner Sachen zu einem meist wirtschaftlichen Zweck. Sachenrechte beziehen sich nur auf Einzelsachen, nicht auf einen Sachinbegriff. So gibt es kein Eigentum an einer Bibliothek als Sachgesamtheit, sondern nur Eigentumsrechte an den einzelnen Büchern.

---

[16] Dazu *Mühe* NJW 1990, 2238. – Zum Entwurf des Gesetzes vgl. *K. Schmidt* JZ 1989, 790; *Grunsky*, Festschr. f. Gerd *Jauch*, 1990, S. 93.

V. Bestandteile

1. Zusammengesetzte Sachen

Wenn eine Sache aus mehreren Einzelteilen zusammengesetzt ist, kann zweifelhaft sein, ob die Einzelteile als selbstständige Sachen anzusehen sind oder ob sich dingliche Rechte (z. B. das Eigentum) auf die Sache insgesamt beziehen.

584

Beispiel Austauschmotor: A lässt sich in sein Fahrzeug einen Austauschmotor einbauen. Nach den Allgemeinen Geschäftsbedingungen des Werkunternehmers W soll das Eigentum an dem Motor erst auf A übergehen, wenn die Rechnung voll bezahlt ist. Da A nicht zahlen kann, fordert W den Motor mit der Begründung zurück, er sei Eigentümer. A verweist darauf, dass sich das Eigentumsrecht immer auf die Sache insgesamt erstreckt und nicht auf einen abgegrenzten Teil. Er ist deshalb der Ansicht, ein besonderes Eigentum an dem eingebauten Motor könne es nicht geben.

Die Ansicht des A ist zwar im Ergebnis unzutreffend (dazu unten RdNr. 585), aber er geht bei seiner Argumentation von einer richtigen Prämisse aus. Sachenrechte beziehen sich immer auf die ganze Sache. Selbst durch Parteivereinbarung kann das Eigentum nicht auf den Teil einer Sache im Rechtssinne beschränkt werden.

2. Wesentlicher Bestandteil

Bestandteile einer Sache, die voneinander nicht getrennt werden können, ohne dass der eine oder andere zerstört oder in seinem Wesen verändert wird, können als wesentliche Bestandteile nach § 93 BGB nicht Gegenstand besonderer Rechte sein.

585

Im Beispiel „Austauschmotor" streiten die Beteiligten, ob es ein Eigentumsrecht am Motor geben kann. Das hängt davon ab, ob der Motor wesentlicher oder unwesentlicher Bestandteil des Fahrzeugs ist. Da der Ausbau weder mit einer Zerstörung noch mit einer Wesensänderung verbunden wäre, handelt es sich nicht um einen wesentlichen Bestandteil[17]. Der eingebaute Motor besteht als selbstständiges Rechtsobjekt fort. Auch Räder und Reifen sind selbstständige Sachen. Ein Auto ist deshalb nach unserer Rechtsordnung keine Sache, sondern ein Sachinbegriff.

Von besonderer Bedeutung sind Bestimmungen über die wesentlichen Bestandteile eines Grundstücks (§§ 94 bis 96 BGB). Nach § 94 Abs. 1 BGB gehören zu den wesentlichen Bestandteilen eines Grundstücks die mit dem Grund und Boden fest verbundenen Sachen, insbesondere Gebäude, sowie die Erzeugnisse, solange sie mit dem Boden zusammenhängen. Samen wird mit dem Aussäen, eine Pflanze wird mit dem Einpflanzen wesentlicher Bestandteil. Zu den wesentlichen Bestandteilen eines Gebäudes gehören die zur Herstellung des Gebäudes eingefügten Sachen. Im Ein-

586

---

17 Vgl. BGHZ 61, 80 = NJW 1973, 1454.

zelfall ist nach der Verkehrsanschauung zu beurteilen, ob ein eingebauter Gegenstand wesentlicher Bestandteil ist[18].

587 Nach § 94 BGB kann man nicht Eigentümer eines Hauses sein. Es gibt nur Eigentum am Grundstück. Das Eigentumsrecht am Grundstück erstreckt sich auf das Gebäude, das als wesentlicher Bestandteil kein sachenrechtliches Eigenleben führen kann. Zu beachten ist, dass mit der Schaffung des Wohnungseigentums durch das WEG die Entscheidung des BGB, dem früheren Stockwerkseigentum eine Absage zu erteilen, korrigiert wurde.

Für die Zurückhaltung gegenüber dieser Eigentumsform findet man in den *Motiven*[19] folgende Begründung: „Die Unzuträglichkeiten, welche mit dem Vorhandensein mehrerer Haushaltungen unter demselben Dache verbunden sind, finden im Falle der Miete ihr Korrektiv durch das Recht der Beteiligten, nach Ablauf einer gewissen Zeit das Verhältnis zu lösen. Sie treten dagegen in ihrer ganzen Schärfe hervor, wenn die Inhaber der verschiedenen Stockwerke bzw. Wohnungen durch ein dauerndes Recht an das Haus gefesselt sind. Kommt nun zu dem Sondereigentum an diesen Lokalitäten noch ein Miteigentum am Grund und Boden und an den der gemeinschaftlichen Benutzung gewidmeten Hausteilen hinzu, so hat man eine Gemeinschaft, welche durch ihre eigene indivision forcée eine Quelle fortwährender Streitigkeiten eröffnet." Zwar sah der Gesetzgeber die Notwendigkeit, die auf ein „festes Heim gerichteten Bestrebungen" zu begünstigen. Aber nach Ansicht der Verfasser des BGB darf er dies nicht „auf die Gefahr hin, Verhältnisse zu schaffen, welche ihrer ganzen Struktur nach dazu angetan sind, den Frieden in dem Inneren der Häuser zu gefährden"[20].

Eine Sondervorschrift für Gebäude enthält § 12 Abs. 1 ErbbaurechtsVO. Danach sind Gebäude, die aufgrund des Erbbaurechts errichtet wurden, wesentliche Bestandteile des Erbbaurechts.

588 Zu den Bestandteilen eines Grundstücks gehören solche Sachen nicht, die nur zu einem vorübergehenden Zweck mit dem Grund und Boden verbunden sind. Das Gleiche gilt von einem Gebäude oder anderen Werken, das in Ausübung eines dinglichen Rechts (z.B. Nießbrauch) an einem fremden Grundstück von dem Berechtigten mit dem Grundstück verbunden wurde (§ 95 Abs. 1 BGB). Auch Sachen, die nur zu einem vorübergehenden Zweck in ein Gebäude eingefügt sind, gehören nicht zu den Bestandteilen des Gebäudes (§ 95 Abs. 2 BGB). Die durch § 95 BGB negativ ausgegrenzten Gegenstände nennt man Scheinbestandteile.

589 Rechte, die mit dem Eigentum an Grund und Boden verbunden sind, *gelten* als Bestandteile des Grundstücks (§ 96 BGB). Diese gesetzliche Fiktion bezieht sich auf dingliche Rechte, die dem jeweiligen Eigentümer des Grundstücks zustehen und bei einer Übertragung auf den neuen Eigentümer übergehen wie die Grunddienstbarkeit (§ 1018 BGB).

---

18 BGH NJW 1984, 2277 (2278); 1987, 3178.
19 Band 3, S. 45.
20 *Motive* aaO.

VI. Zubehör

Nach § 97 Abs. 1 BGB sind Zubehör bewegliche Sachen, die, ohne Bestandteil der Hauptsache zu sein, dem wirtschaftlichen Zwecke der Hauptsache zu dienen bestimmt sind und zu ihr für diesen Zweck in einem räumlichen Verhältnisse stehen. Über die Zubehöreigenschaft entscheidet die Verkehrsanschauung (§ 97 Abs. 1 Satz 2 BGB).

590

Sachen, die Zubehör einer anderen Sache sind, verlieren ihre rechtliche Selbstständigkeit nicht. Das Gesetz berücksichtigt aber, dass die Sachen wirtschaftlich zusammengehören. Deshalb erstreckt sich eine Verpflichtung zur Übereignung oder Belastung einer Sache im Zweifel auf das Zubehör (§ 311c BGB). Bei der Grundstücksübereignung geht auch das Eigentum am Zubehör auf den Erwerber über, wenn sich die Einigung darauf erstreckt und der Veräußerer Eigentümer der Zubehörstücke ist (§ 926 Abs. 1 BGB). Im Zweifel ist anzunehmen, dass sich die Veräußerung auf das Zubehör erstreckt (§ 926 Abs. 1 Satz 2 BGB). Besondere Bedeutung hat der Begriff des Zubehörs bei der Verwirklichung der Haftung[21]. Nach § 1120 BGB erstreckt sich die Hypothekenhaftung auf Zubehör, das dem Eigentümer gehört. Das Grundpfandrecht bietet dem Gläubiger eine größere Sicherheit, wenn es das Grundstück als wirtschaftliche Einheit umfasst. Auch in der Zwangsvollstreckung wird der Zuordnung des Zubehörs zur Hauptsache Rechnung getragen. Nach § 865 Abs. 2 ZPO können Gegenstände nicht gepfändet werden, soweit sie Zubehör sind und der Hypothekenhaftung unterliegen. Eine Pfändung ist selbst dann ausgeschlossen, wenn der Eigentümer bisher kein Grundpfandrecht bestellt hat[22].

591

Beispiel Pfändung von Zubehör: Fabrikant F hat von V eine teure Maschine gekauft. Zu diesem Zweck hat er einen Kredit bei der B-Bank aufgenommen. Die Maschine wird in eine Fabrikhalle geliefert, die auf einem Grundstück des F errichtet ist. Da F den Kredit nicht zurückzahlen kann, erstreitet die Bank ein Zahlungsurteil gegen F und will vollstrecken. Der Gerichtsvollzieher darf die Maschine nach § 865 ZPO nicht pfänden, weil sie Zubehör des Fabrikgrundstücks ist (§ 98 Nr. 1 BGB). Will die Bank die Maschine verwerten, muss sie die Zwangsversteigerung des Grundstücks beantragen. Das führt zur Beschlagnahme des Grundstücks, die nach § 20 ZVG i. V. m. § 1120 BGB auch das Zubehör erfasst.

Wenn F die Maschine als Leasinggut erworben hat, wird sie zwar auch zum Zubehör (§§ 97, 98 Nr. 1 BGB), aber weil F kein Eigentum erworben hat, erstreckt sich die Hypothekenhaftung auf diese Sache nicht (§ 1120 BGB). Deshalb unterliegt sie der Mobiliarvollstreckung in den Grenzen des § 865 ZPO. Freilich könnte der Leasinggeber eine Pfändung mit der Drittwiderspruchsklage nach § 771 ZPO bekämpfen.

---

21 Vgl. *Reinicke* JuS 1986, 957.
22 H. M.; vgl. *Stein/Jonas/Münzberg* § 865 RdNr. 20.

592 Nach § 97 BGB muss es sich bei dem Zubehörstück um eine **bewegliche** Sache handeln. Ein Grundstück kann nicht Zubehör sein. Ob sich das Zubehör auf eine bewegliche Sache oder ein Grundstück bezieht, spielt keine Rolle. Zubehör liegt nicht vor, wenn eine Sache nur zur **vorübergehenden** Nutzung mit der Hauptsache in Verbindung gebracht wird (§ 97 Abs. 2 BGB). Entscheidend ist, dass die Sache „dem wirtschaftlichen Zweck der Hauptsache zu dienen bestimmt ist"[23]. Dieses Tatbestandsmerkmal wird durch § 98 BGB für gewerbliche und landwirtschaftlich genutzte Grundstücke präzisiert.

VII. Früchte

1. Sachfrüchte

593 Nach § 99 Abs. 1 BGB sind Früchte einer Sache die Erzeugnisse und die sonstige Ausbeute, welche aus der Sache ihrer Bestimmung gemäß gewonnen werden. Dazu gehören beim landwirtschaftlichen Grundstück die Erzeugnisse (Obst, Getreide). Bei einem Steinbruch sind die Steine Früchte des Grundstücks.

2. Rechtsfrüchte

594 Auch ein Recht kann nach der Terminologie des Gesetzes Früchte tragen. Zu den Rechtsfrüchten gehören nach § 99 Abs. 2 BGB die Erträge, welche das Recht seiner Bestimmung gemäß gewährt, insbesondere bei einem Recht auf Gewinnung von Bodenbestandteilen die gewonnenen Bestandteile. Zu den Rechten, die Früchte tragen können, gehören nicht nur dingliche Rechte. Der Pächter, der nur eine schuldrechtliche Berechtigung an der Pachtsache hat, erntet mit den Sachfrüchten eine ihm zustehende Rechtsfrucht[24]. Die Frucht muss nicht notwendig eine Sache sein. Der Zinsanspruch ist eine Frucht der Kapitalforderung[25].

3. Mittelbare Früchte

595 Früchte sind auch die Erträge, welche eine Sache oder ein Recht vermöge eines Rechtsverhältnisses gewährt (§ 99 Abs. 3 BGB). Man nennt die durch ein Rechtsverhältnis gewonnenen Früchte mittelbare Sach- oder Rechtsfrüchte.

---

23 Zur Frage, ob dieses Merkmal bei Gartenzwergen erfüllt ist, vgl. *Wieser* NJW 1990, 1971.
24 *Soergel/Marly* § 99 RdNr. 11.
25 *Soergel/Marly* § 99 RdNr. 15; *MünchKomm/Holch* § 99 RdNr. 6.

Durch die Erstreckung des Fruchtbegriffs auf die Erträge eines Rechts kann ein Gegenstand zugleich Sach- und Rechtsfrucht sein. Der geerntete Apfel ist für den Eigentümer eine unmittelbare Sachfrucht nach § 99 Abs. 1 BGB. Der Pächter sieht in ihm eine unmittelbare Rechtsfrucht nach § 99 Abs. 2 BGB. Eine mittelbare Sachfrucht ist der Pachtzins, den der Pächter dem Eigentümer bezahlt.

4. Nutzungen

Der Begriff der Nutzungen umfasst als Oberbegriff Früchte und Gebrauchsvorteile. Nutzungen sind Früchte einer Sache oder eines Rechts sowie die Vorteile, welche der Gebrauch der Sache oder des Rechts gewährt (§ 100 BGB). **596**

5. Verteilung der Früchte

Wer Eigentümer der Früchte einer Sache wird, ist im Sachenrecht geregelt. Nach den §§ 953 ff. BGB gehören Erzeugnisse und sonstige Bestandteile nach der Trennung dem Eigentümer oder dem Aneignungsberechtigten. Bei Rechtsfrüchten ergibt sich aus dem Recht, wer fruchtziehungsberechtigt ist. Die allgemeine Vorschrift des § 101 BGB über die Verteilung der Früchte regelt den **schuldrechtlichen** Ausgleich, wenn Fruchtziehungsrechte zeitlich aufeinander folgen. Nach § 101 Nr. 1 BGB gebühren Erzeugnisse und Bestandteile einer Sache, auch wenn sie als Rechtsfrüchte bezogen wurden, demjenigen, der sie während der Dauer seines Rechts erworben hat. Eine Aufteilung nach Zeiträumen sieht § 101 Nr. 2 Halbsatz 2 BGB für andere Früchte vor, die nach Zeitabschnitten wiederkehren (Zinsen, Gewinnanteile). Wer zur Herausgabe von Früchten verpflichtet ist, kann Ersatz für die Kosten der Fruchtgewinnung insoweit verlangen, als sie einer ordnungsmäßigen Wirtschaft entsprechen und den Wert der Früchte nicht übersteigen (§ 102 BGB). Die §§ 101, 102 BGB sind nur anzuwenden, soweit keine Sondervorschriften bestehen und die Parteien keine andere Vereinbarung getroffen haben. **597**

6. Verteilung der Lasten

Wer verpflichtet ist, die Lasten einer Sache oder eines Rechts bis zu einem bestimmten Zeitpunkt oder von einem bestimmten Zeitpunkt an zu tragen, hat regelmäßig wiederkehrende Lasten pro rata temporis zu tragen. Bei anderen Lasten kommt es darauf an, ob sie während der Dauer der Verpflichtung zu entrichten sind (§ 103 BGB). Beispiele für Lasten sind Hypothekenzinsen, Grundsteuern, Straßenanliegerbeiträge und Deichlasten. **598**

VIII. Das Vermögen

599 Nicht zu den Rechtsobjekten gehört das Vermögen. Unter Vermögen versteht man die Summe aller einer Person zustehenden geldwerten Rechte. Der Begriff des Vermögens ist von grundlegender Bedeutung für die Haftung im Sinne der Vermögenshaftung. Der Gläubiger ist berechtigt, sich im Wege der Zwangsvollstreckung aus dem Vermögen des Schuldners zu befriedigen. Im Insolvenzverfahren wird das haftende Vermögen als Insolvenzmasse dem Insolvenzverwalter unterstellt.

600 Die Grenzen des Vermögens bilden auch die Grenzen der Haftung. So können die Gläubiger eines Mannes, der im gesetzlichen Güterstand lebt, nicht auf das Vermögen der Frau zugreifen. Wenn eine Vermögensmasse haftungsrechtlich verselbstständigt ist, spricht man von Sondervermögen. Ein Beispiel ist der Nachlass bei beschränkter Erbenhaftung (§ 1975 BGB). Die Eigengläubiger des Erben dürfen nicht auf den Nachlass zugreifen, und den Nachlassgläubigern ist der Zugriff auf das Eigenvermögen verwehrt.

601 In der Regel ist ein Vermögen einem Rechtssubjekt zugeordnet. Steht ein Vermögen (nicht einzelne Gegenstände) mehreren Personen gemeinschaftlich zu, so spricht man von Gesamthandsvermögen. Es besteht als Sondervermögen neben dem Eigenvermögen der an der Gesamthand Beteiligten. Beispiele sind das Gesamtgut bei der Gütergemeinschaft und der Nachlass bei der Miterbengemeinschaft. Auch das Vermögen der Gesellschaft bürgerlichen Rechts und der Personenhandelsgesellschaft ist Gesamthandsvermögen, das einer besonderen Zweckbindung unterliegt[26].

---

[26] Vgl. *MünchKomm/Ulmer* § 705 RdNr. 135.

Vierter Teil
Subjektives Recht und Rechtsdurchsetzung

§ 20 Rechtsverhältnis und subjektives Recht

Literatur: *Aicher*, Das Eigentum als subjektives Recht, 1975; *Bauer*, Altes und Neues zur Schutznormtheorie, AöR 1988, 582; *ders.*, Subjektive öffentliche Rechte des Staates, DVBl. 1986, 208; *Becker*, Gestaltungsrecht und Gestaltungsgrund, AcP 188 (1988), 24; *Bruns*, Der materiellrechtliche Anspruch und der Zivilprozeß, Festschr. f. P.O. Ekelöf, 1972, 161; *Bucher*, Das subjektive Recht als Normsetzungsbefugnis, 1965; *ders.*, Für mehr Aktionendenken, AcP 186 (1986), 1; *Coing*, Zur Geschichte des Begriffs „subjektives Recht", in: Coing/Lawson/Grönfors, Das subjektive Recht und der Rechtsschutz der Persönlichkeit, 1957; *Fezer*, Teilhabe und Verantwortung, 1986; *Hadding*, Rechtsverhältnis zwischen Person und Sache?, JuS 1986, 926; *Larenz*, Zur Struktur „subjektiver Rechte", Festgabe f. J. Sontis, 1977, 129; *Medicus*, Anspruch und Einrede als Rückgrat einer zivilistischen Lehrmethode, AcP 174 (1974), 313; *Raiser*, L., Zum Stand der Lehre vom subjektiven Recht im Deutschen Zivilrecht, JZ 1961, 465; *Rimmelspacher*, Materiellrechtlicher Anspruch und Streitgegenstandsprobleme im Zivilprozeß, 1970; *Roellecke*, Subjektive Rechte und politische Planung, AöR 1989, 589; *Roth*, H., Die Einrede des Bürgerlichen Rechts, 1988; *Schapp*, Das subjektive Recht im Prozeß der Rechtsgewinnung, 1977; *Scherzberg*, Grundlagen und Typologie des subjektiv-öffentlichen Rechts, DVBl. 1988, 129; *Schlosser*, P., Peremptorische Einrede und „Ausgleichszusammenhänge", JZ 1966, 428; *ders.*, Selbständige peremptorische Einrede und Gestaltungsrecht im deutschen Zivilrecht, JuS 1966, 257; *Schmidt*, J., Aktionsberechtigung und Vermögensberechtigung, 1969; *ders.*, Nochmals: Zur „formalen Struktur" der „subjektiven Rechte", Rechtstheorie 1979, 71; *Seelig*, Die prozessuale Behandlung materiellrechtlicher Einreden – heute und einst, 1980; *Windscheid*, Die Actio des Römischen Zivilrechts: Vom Standpunkte des heutigen Rechts, 1856; *Wüstenbecker*, Die subjektiven Privatrechte, JA 1984, 227.

Anwartschaftsrecht. *Dieckmann*, Zum Schutz des Auflassungsempfängers, der sich mit dem Berechtigten geeinigt und den Eintragungsantrag gestellt hat, Festschr. f. G. Schiedermair, 1976, 93; *Gernhuber*, Freiheit und Bindung des Vorbehaltskäufers nach Übertragung seines Anwartschaftsrechts, Festschr. f. Baur, 1981, S. 31; *Hager*, Die Anwartschaft des Auflassungsempfängers, JuS 1991, 1; *Holtz*, Das Anwartschaftsrecht aus bedingter Übereignung als Kreditsicherungsmittel, 1932; *Hübner*, U., Zur rechtsdogmatischen Einordnung der Rechtsposition des Vorbehaltskäufers, NJW 1980, 729; *Marotzke*, Das Anwartschaftsrecht – ein Beispiel sinnvoller Rechtsfortbildung?, 1977; *Münzberg*, Abschied von der Pfändung der Auflassungsanwartschaft?, Festschr. f. G. Schiedermair, 1976, 439; *Serick*, Eigentumsvorbehalt und Sicherungsübertragung, Bd. 1, S. 206ff.; *Stoll*, Bemerkungen zu Eigentumsvorbehalt und Sicherungsübertragung, ZHR 128, 239.

Verjährung. *Altmeppen*, Fortschritte im modernen Verjährungsrecht, DB 2002, 514; *Amann*, Das Verjährungsrecht nach der Schuldrechtsreform aus notarieller Sicht, DNotZ 2002, 94; *Eidenmüller*, Zur Effizienz der Verjährungsregeln im geplanten Schuldrechtsmodernisierungsgesetz, JZ 2001, 283; *Franck*, Die Verjährung erbrechtlicher Ansprüche, – Auslegung und Kritik des § 197 Abs. 1 Nr. 2 BGB, ZEV 2007, 114; *Gröschler*, Zur Wirkungsweise und zur Frage der Geltendmachung von Einrede und Einwendung im materiellen Zivilrecht, AcP, 201 (2001), 48; *Gsell*, Schuldrechtsreform – Die Übergangsregelungen für die Verjährungsfristen, NJW 2002, 1297; *Haug*, Die Neuregelung des Verjährungsrechts. Eine kritische Untersuchung des Verjährungsrechts im Entwurf der Kommission zur Überarbeitung des Schuldrechts, 1999; *Köhler*, Zur Geltendmachung und Verjährung von Unterlassungsansprüchen, JZ 2005, 489; *Leenen*, Die Neuregelung des Verjährungsrechts, NJW 2002, 89; *ders.*, Sondertagung Schuldrechtsmodernisierung – Die Neuregelung der Verjährung, JZ 2001, 552; *Mansel*, Die Neugestaltung des Verjährungsrechts durch das Schuldrechtsmodernisierungsgesetz, DStR 2002, 34; *Meller-Hanich*, Caroline, Die Einrede der Verjährung, JZ 2005, 656; *Peters/ Zimmermann*, Verjährungsfristen, in: Gutachten und Vorschläge zur Überarbeitung des Schuldrechts (Hrsg. BMJ), 1981, Bd. 1, 77 ff.; *Wagner*, Alternative Streitbeilegung und Verjährung, NJW 2001, 182; *Willingmann*, Verjährungsrecht im Diskussionsentwurf eines Schuldrechtsmodernisierungsgesetzes, VuR 2001, 107; *Witt*, Schuldrechtsmodernisierung 2001/2002 – Das neue Verjährungsrecht, JuS 2002, 105; *Zimmermann*, Die Verjährung, JuS 1984, 409; *ders.* „– ut sit finis litium" – Grundlinien eines modernen Verjährungsrechts auf rechtsvergleichender Grundlage, JZ 2000, 853; *Zimmermann/Leenen/Mansel*, Finis Litium? Zum Verjährungsrecht nach dem Regierungsentwurf eines Schuldrechtsmodernisierungsgesetzes, JZ 2001, 684.

I. Rechtsverhältnis und Rechtsinstitut

1. Rechtsverhältnis

602 Unter Rechtsverhältnis versteht man die rechtliche Beziehung zwischen mehreren Personen oder einer Person zu einem Gegenstand (Recht oder Sache); siehe dazu oben RdNr. 572. Wenn man das Verhältnis zwischen Verkäufer und Käufer als Rechtsverhältnis bezeichnet, dann sind damit die gesamten kaufrechtlichen Beziehungen der Parteien gemeint. Der Verkäufer hat einen Anspruch auf Zahlung des Kaufpreises, der Käufer kann Übereignung und Übergabe der Sache verlangen (§ 433 BGB). Ändern sich die einzelnen Rechte eines Rechtsverhältnisses, z. B. weil eine Partei den Rücktritt erklärt und nunmehr ein Rückabwicklungsverhältnis entsteht (§ 346 BGB), wird kein neues Rechtsverhältnis begründet. Das bisherige Rechtsverhältnis ändert nur den Inhalt. Ein Rechtsverhältnis kann auch nach einem Wechsel der beteiligten Personen fortbestehen. Sterben Verkäufer und Käufer, besteht das bisherige Rechtsverhältnis zwischen den Erben der Vertragsparteien fort.

603 Das Rechtsverhältnis zwischen Personen kann Leistungs- und Schutzpflichten (vgl. § 241 BGB), Obliegenheiten, Mitgliedschaftsrechte und Gestaltungsrechte umfassen. Es kann aber auch lediglich als Voraussetzung für bestimmte Rechtsfolgen in Erscheinung treten. So ergibt sich aus der Verwandtschaft (§ 1589 BGB) in einem Prozess ein Zeugnisverweigerungsrecht (vgl. § 383 Abs. 1 Nr. 3 ZPO).

Rechtsverhältnisse zwischen Personen und **Gegenständen** enthalten die Befugnisse des Berechtigten. So kann der Eigentümer nach § 903 BGB nach Belieben mit der Sache verfahren und andere von der Einwirkung ausschließen. Von Bedeutung ist das Rechtsverhältnis zwischen einer Person und einem Rechtsgegenstand freilich immer nur als Vorfrage für die Rechtsbeziehung zu einer anderen Person.   604

2. Begründung und Beendigung

Rechtsverhältnisse entstehen durch einen gesetzlichen oder rechtsgeschäftlichen **Entstehungstatbestand**. Kaufrechtliche Beziehungen setzen einen Kaufvertrag voraus, sachenrechtliche Beziehungen gründen sich auf einen Erwerbstatbestand. Rechtsverhältnisse bestehen fort, bis ein **Beendigungstatbestand** erfüllt ist. So können die Parteien einen Vertrag einverständlich aufheben. Genau genommen heben sie nicht den Vertrag auf, denn dieser ist Entstehungstatbestand des Vertragsverhältnisses. Gegenstand des Aufhebungsvertrags ist das bestehende Rechtsverhältnis.   605

3. Rechtsinstitut

Der Begriff des Rechtsinstituts bezeichnet die Gesamtheit der Rechtsvorschriften, die sich auf eine bestimmte Art von Rechtsverhältnis beziehen. Ein Beispiel ist die Ehe, die im Familienrecht näher ausgestaltet ist. Manche Rechtsinstitute sind von der Verfassung durch eine Institutsgarantie geschützt. Dem einfachen Gesetzgeber ist es verwehrt, verfassungsrechtlich geschützte Institute (z. B. Ehe) abzuschaffen.   606

II. Das subjektive Recht

1. Begriff

Der Ausdruck „Recht" ist vieldeutig. Wer von Recht spricht, kann die Rechtsordnung meinen, aber auch „sein" Recht im Sinne von Berechtigung. Damit die Mehrdeutigkeit nicht zu Missverständnissen führt, unterscheidet man objektives und subjektives Recht. Das objektive Recht ist die Rechtsordnung, während das subjektive Recht eine dem Einzelnen zustehende Berechtigung ist. Nach der klassischen Definition ist das subjektive Recht eine Rechtsmacht, die dem Einzelnen durch die Rechtsordnung verliehen ist und der Befriedigung menschlicher Interessen dient[1].   607

Vom subjektiven Recht ist der „Rechtsreflex" zu unterscheiden. Nicht jede günstige Lage, die aus dem objektiven Recht folgt, verdichtet sich zum sub-   608

---

1 Vgl. *Enneccerus/Nipperdey* § 72 a; kritisch *Larenz*, 7. Aufl., § 13 I.

jektiven Recht. So mag es einem Verkehrsteilnehmer günstig sein, wenn er von rechts kommend an einer Straßenkreuzung Vorfahrt hat. Ein subjektives Recht ist die Vorfahrt aber nicht.

Die Willens- oder Rechtsmacht als besonderes Merkmal des subjektiven Rechts ist als Kompetenz zu begreifen. Dem Eigentümer steht die Entscheidungsbefugnis darüber zu, wie mit der Sache zu verfahren ist. Bei der Forderung ist es der Gläubiger, der darüber entscheidet, ob das Recht gerichtlich oder außergerichtlich geltend gemacht wird.

2. Bedeutung des Begriffs

609 *Larenz* schrieb in seinem Lehrbuch zum Allgemeinen Teil des BGB: „Der Begriff ‚subjektives Recht' ist einer der Grundbegriffe des Privatrechts, ohne den dieses schwerlich auszukommen vermag"[2]. Fragt man einen Amtsrichter, ob ihm der Begriff des subjektiven Rechts bei der täglichen Arbeit in irgendeiner Weise hilfreich ist, wird man noch nicht einmal auf Verständnis für die Frage treffen. Das bedeutet nicht, dass der Begriff des subjektiven Rechts keine Bedeutung für das Handwerk der Juristen hat. So kann z.B. die Klage- oder Beschwerdebefugnis damit begründet werden, dass die Partei Verletzung eines eigenen subjektiven Rechts geltend macht[3] und sich nicht als Hüter des objektiven Rechts aufspielt (vgl. § 20 FGG). Auch bei der Frage, ob ein enteignender Eingriff vorliegt, ist zu prüfen, ob eine subjektive Rechtsposition vorliegt[4]. Der im Privatrecht entwickelte Begriff des subjektiven Rechts spielt heute bei der Rechtsanwendung eine besondere Rolle im öffentlichen Recht, das sogar subjektiv öffentliche Rechte des Staates entdeckt hat[5].

Die Bedeutung des Begriffs des subjektiven Rechts darf aber nicht auf einen handwerklichen Aspekt verkürzt werden. Es geht um eine Betrachtung des Rechts, bei der die Person im Vordergrund steht. Der Staat als Hüter des objektiven Rechts kann dem Einzelnen Fürsorge zuteil werden lassen und dabei dessen „wohlverstandene" Interessen berücksichtigen, unabhängig vom Willen der Betroffenen. Die günstige Rechtslage ist bei dieser Sicht nur ein Reflex des objektiven Rechts. Demgegenüber betont der Begriff des subjektiven Rechts die Bedeutung der Person, der eine Willensmacht (Entscheidungsbefugnis) verliehen ist. „Das subjektive Recht setzt Rechtssubjekte voraus und bewehrt diese, das objektive verwandelt selbst noch die Subjekte in Objekte der Gesetzgebung"[6].

---

2 *Larenz*, 7. Aufl., § 13 I.
3 Vgl. z.B. BGH NJW 1989, 1859.
4 BGH NJW-RR 1989, 673; BGHZ 94, 373 (375).
5 Vgl. *Bauer* DVBl. 1986, 208.
6 *Ernst Bloch*, Naturrecht und menschliche Würde, 2. Aufl., 1977, S. 241.

§ 20 Rechtsverhältnis und subjektives Recht

3. Subjektives Recht und Rechtsgut

Nach § 823 Abs. 1 BGB sind das Leben, der Körper, die Gesundheit und die Freiheit, das Eigentum und „sonstige Rechte" geschützt. Die Fassung des Tatbestandes bringt den Unterschied zwischen Recht und Rechtsgut zum Ausdruck, wie sich aus den Motiven zum BGB ergibt: „Die Vorschrift, dass als Verletzung eines Rechts i. S. d. § 704 Abs. 2 (erster Entwurf) auch die Verletzung des Lebens, des Körpers, der Gesundheit, der Freiheit... anzusehen sei, ist notwendig, weil im Grunde bezweifelt werden kann, ob diese höheren Güter als Rechte bezeichnet werden können"[7]. Man hat den Unterschied zwischen subjektivem Recht und Rechtsgut darin gesehen, dass Letzteres nur in bestimmter Hinsicht geschützt sei, während das subjektive Recht Schutz gegen jeden denkbaren Angriff genieße[8]. Dieser Unterschied bei der Beurteilung der Rechtswidrigkeit einer Verletzungshandlung besteht aber nicht. Auch bei den subjektiven Rechten kann das Rechtswidrigkeitsurteil von einer Interessenabwägung abhängen[9].

610

4. Arten subjektiver Rechte

a) Absolute Rechte

Absolute Rechte zeichnen sich dadurch aus, dass sie gegen jedermann wirken. Mit der Zuordnung einer Sache an den Eigentümer erwirbt dieser die Befugnis, alle anderen Personen von einer Einwirkung auf die Sache auszuschließen (§ 903 BGB). Neben dem Eigentum gehören alle anderen dinglichen Rechte (Sachenrechte) zu den absoluten Rechten (Hypothek, Grundschuld, Nießbrauch usw.). Absolute Rechte, die ein Gut (Sache) oder Immaterialgut (geistige Schöpfung) einer Person zuweisen, nennt man **Herrschaftsrechte**. Absolut geschützt ist auch die Persönlichkeit. Neben dem allgemeinen Persönlichkeitsrecht gibt es besondere Persönlichkeitsrechte, das Namensrecht (§ 12 BGB) und das Recht am eigenen Bild (§§ 22 ff. KUG). Den absoluten Rechten stehen die in § 823 Abs. 1 BGB genannten Rechtsgüter Leben, Körper, Gesundheit gleich.

611

Wird ein absolutes Recht verletzt, entsteht ein Schadensersatzanspruch nach § 823 Abs. 1 BGB, wenn der Täter rechtswidrig und schuldhaft handelt. Drohende Beeinträchtigungen kann der Berechtigte mit der Unterlassungsklage (§§ 12, 1004 BGB) abwehren. Soweit ein absolutes Recht einen Zuweisungsgehalt hat und nicht nur Ausschlussrecht ist, entsteht durch den Eingriff ein Anspruch wegen ungerechtfertigter Bereicherung nach § 812 Abs. 1 Satz 1 Alt. 2 BGB.

---

7 *Motive* II, S. 728.
8 Dazu *Enneccerus/Nipperdey* § 72 a.
9 Zur Rechtswidrigkeit grundlegend *Münzberg*, Verhalten und Erfolg als Grundlage der Rechtswidrigkeit und Haftung, 1966.

b) Relative Rechte

612 Relative Rechte bestehen nur gegen eine oder mehrere Personen. So kann der Verkäufer lediglich vom Käufer Zahlung des Kaufpreises verlangen. Da sich das Recht des Verkäufers nur gegen den Käufer richtet, kann es von einem Dritten nicht verletzt werden.

Relative Rechte sind **Ansprüche**. Sie gewähren das Recht, von einem anderen ein Tun oder Unterlassen zu verlangen (§ 194 BGB). Sie werden unterschieden in selbstständige und unselbstständige Ansprüche. Selbstständig sind die Forderungsrechte oder Schuldverhältnisse i.e.S. (vgl. § 241 Abs. 1 BGB), die sich dadurch auszeichnen, dass sie ihren Zweck in sich tragen, während die unselbstständigen Ansprüche dem Schutz eines neben dem Anspruch bestehenden Rechtes dienen. Unselbstständige Ansprüche gewähren z.B. die §§ 985, 1004 BGB. Sie schützen den Eigentümer, der einen dem Eigentum entsprechenden Zustand durchsetzen kann.

Beispiel Relatives Recht: V verkauft K eine Sache. Noch ehe V liefern kann, zerstört D schuldhaft den Kaufgegenstand. Der Käufer hat durch den Kaufvertrag einen Anspruch gegen V auf Übereignung und Übergabe erworben (§ 433 Abs. 1 BGB). Der Anspruch ist ein relatives Recht und kann von D, der K gegenüber nicht verpflichtet ist, nicht verletzt werden. Deshalb kann K gegen D zunächst keinen Anspruch geltend machen, auch wenn er einen Schaden erlitten hat. Eine bessere Position gegenüber D hat V als Eigentümer. Er kann wegen Verletzung seines absoluten Rechts Schadensersatz nach § 823 Abs. 1 BGB geltend machen. Diesen Anspruch muss V nach § 285 BGB an K abtreten, falls K dies verlangt.

c) Gestaltungsrechte

613 Das Gestaltungsrecht[10] verleiht die Befugnis, ein Rechtsverhältnis einseitig zu ändern. Die Ausübung des Gestaltungsrechts hat Verfügungscharakter[11]. Beispiele sind das Kündigungs-, Anfechtungs- und Rücktrittsrecht. In der Regel wird das Recht durch eine einseitige empfangsbedürftige Willenserklärung ausgeübt (vgl. §§ 143 Abs. 1, 349 BGB), die in Ausnahmefällen zu begründen ist[12]. Es gibt aber auch Gestaltungsrechte, die nur durch Erhebung einer Klage ausgeübt werden können. Die (begründete) Gestaltungsklage führt zu einem Gestaltungsurteil, durch das die Rechtslage verändert wird. Man nennt diese Gestaltungsrechte **Gestaltungsklagerechte**. Das Recht, die Ehescheidung zu begehren, ist ein Gestaltungsrecht, das gegenüber dem anderen Ehegatten besteht. Aber zur Auflösung der Ehebande genügt eine einfache Erklärung nicht. Der Scheidungswillige muss beim Familiengericht einen Antrag auf Scheidung der Ehe stellen (§ 1564 Satz 1 BGB). Mit der Rechtskraft des Scheidungsurteils wird die Ehe aufgelöst (§ 1564 Satz 2 BGB).

---

10 Dazu *Leverenz* Jura 1996, 1.
11 BGH NJW-RR 1989, 21.
12 Dazu *Becker* AcP 188 (1988), 24.

Gestaltungsrechte unterscheiden sich von Ansprüchen dadurch, dass sie nicht verjähren können. Das Gesetz sieht bei den Gestaltungsrechten meist Ausschlussfristen für die Rechtsausübung vor, nach deren Ablauf das Recht erlischt (§§ 121, 124, 626 Abs. 2 BGB). Beim Rücktritt wegen nicht oder nicht vertragsgemäß erbrachter Leistung sind die Rechtsfolgen an die der Verjährung angenähert (vgl. § 218 Abs. 1 BGB).

Zu den Gestaltungsrechten gehören auch die Einreden (Leistungsverweigerungsrechte); z.B. nach §§ 275, 320 BGB. Ihr bloßes Bestehen hindert die Rechtsdurchsetzung nicht. Erst durch Ausübung des Leistungsverweigerungsrechts, die auch außerhalb des Prozesses geschehen kann, wird der Berechtigte an der Durchsetzung des Rechts gehindert. S. unten RdNr. 619.

d) Mitgliedschaftsrechte

Mitgliedschaftsrechte sind die den Mitgliedern eines Vereins oder einer Gesellschaft zustehenden Rechte (z.B. Stimmrecht, Mitwirkungsrecht). Auch die Mitgliedschaft als solche, welche alle Einzelbefugnisse umfasst, wird als Mitgliedschaftsrecht bezeichnet. **614**

e) Anwartschaftsrechte

Das Anwartschaftsrecht ist die rechtlich gesicherte Erwerbsposition und von einer unsicheren Erwerbsaussicht zu unterscheiden. Als Vorstufe des Vollrechts werden die Anwartschaftsrechte in bestimmter Hinsicht (Schutz, Übertragung) wie das Vollrecht behandelt. **615**

Beispiel Anwartschaft: K kauft bei V einen Pkw unter Eigentumsvorbehalt. Das bedeutet, dass die Übertragung des Eigentums nach § 929 BGB unter der aufschiebenden Bedingung vollständiger Bezahlung des Kaufpreises erfolgt. Bei bedingter Übereignung ist K vor anderweitigen Verfügungen nach § 161 BGB geschützt. V bleibt zwar Eigentümer, bis K den Kaufpreis bezahlt hat, aber er kann den Erwerb des K nicht vereiteln (ausgenommen durch Veräußerung an einen Gutgläubigen, § 161 Abs. 3 BGB).

Das Anwartschaftsrecht ist als besonderes Recht im Gesetz nicht geregelt und die Frage, ob es anzuerkennen ist, wird im Schrifttum lebhaft diskutiert[13]. Das Recht ist Gegenstand der Verfügung, Schutzobjekt und Haftungsobjekt für die Gläubiger des Rechtsinhabers. Die Verfügungsbefugnis des Anwärters lässt sich beim Anwartschaftsrecht aus bedingter Übereignung unmittelbar aus dem Gesetz ableiten. Der Verfügende hat nicht mehr die Macht, durch eine Zwischenverfügung den Erwerb des Anwärters zu vereiteln. Die Zwischenverfügung wird nach § 161 Abs. 1 BGB im Falle des Eintritts der Bedingung deshalb unwirksam, weil der Rechtsinhaber durch die aufschiebende Bedingung die Verfügungsbefugnis teilweise ver- **616**

---

13 Vgl. *Baur/Stürner*, Sachenrecht, § 59 RdNr. 32; *Brehm/Berger* RdNr. § 31. 19.

loren hat. Sie ist insofern auf den Erwerber übergegangen, als dieser zustimmen muss, wenn eine Verfügung des Veräußerers seine Rechtsstellung beeinträchtigt.

Beispiel Doppelermächtigung: V übereignet in Erfüllung eines Kaufvertrags nach § 449 Abs. 1 BGB eine Sache aufschiebend bedingt (§§ 929, 158 BGB) an K. D will als Ermächtigter das Eigentum des V auf X übertragen. Da vor Bedingungseintritt V noch Eigentümer ist, kann D mit Einwilligung des V wirksam über das Eigentum verfügen (§ 185 BGB). Freilich kann D als Ermächtigter nur wirksam in den Grenzen der Rechtszuständigkeit des Ermächtigenden V handeln. X erwirbt durch die Verfügung des D zwar Eigentum, aber bei Eintritt der Bedingung wird die Verfügung unwirksam (§ 161 Abs. 1 BGB). Zur Übertragung des vollen Eigentums auf X benötigt D auch die Zustimmung des K nach § 185 BGB[14].

Beispiel Übertragung der Anwartschaft: Wenn der Vorbehaltskäufer (K) das volle Eigentum auf den Dritten D übertragen will, muss der Vorbehaltsverkäufer, der noch Eigentümer ist, zustimmen (§ 185 BGB). Eine Verfügung des Anwärters, die die Rechtsstellung des Veräußerers nicht beeinträchtigt, ist ohne dessen Zustimmung wirksam[15]. Das bedeutet, dass K das Eigentum des Verkäufers auf einen Dritten übertragen kann, wenn die Übereignung unter der aufschiebenden Bedingung erfolgt, dass K seine Kaufpreisschuld beim Vorbehaltsverkäufer tilgt. Die h. M. bezeichnet die Rechtsposition des Anwärters als Anwartschaftsrecht und wendet darauf die §§ 929 ff. BGB analog an. Danach überträgt K nicht das Eigentum des Vorbehaltsverkäufers, sondern sein Anwartschaftsrecht, das in der Person des Erwerbers ohne Durchgangserwerb zum Vollrecht erstarkt.

617 Der Erwerb vom Berechtigten kann bei beweglichen Sachen auch ohne die Figur des Anwartschaftsrechts erklärt werden. Schwierigkeiten entstehen, wenn der gutgläubige Erwerb vom Nichtberechtigten zu beurteilen ist. Auch andere Folgen, die mit der Anerkennung des Anwartschaftsrechts verbunden sind, lassen sich nicht unmittelbar auf das Gesetz zurückführen. Das gilt insbesondere für das Besitzrecht des Anwartschaftsberechtigten, die haftungsrechtliche Zuordnung im Rahmen des § 771 ZPO[16] und den Deliktsschutz nach § 823 Abs. 1 BGB.

Anwartschaftsrechte gibt es nicht nur bei beweglichen Sachen. Beim Erwerb von Grundstücken wird eine **Auflassungsanwartschaft**[17] begründet, wenn der Erwerber durch Vormerkung (§ 883 BGB) gesichert ist. Eine nur durch verfahrensrechtliche Vorschriften gesicherte Erwerbsposition entsteht bei der Auflassung (§ 925 BGB), wenn der Erwerber nach § 13 Abs. 2 GBO den Eintragungsantrag stellt. Wegen § 17 GBO führt eine spätere anderweitige Verfügung des Eigentümers nicht zum Erfolg, weil zuerst der Eintragungsantrag des Ersterwerbers zu erledigen ist. Dagegen kann ein Anwartschaftsrecht beim Grundstückserwerb nicht auf § 161 BGB gestützt werden, weil die Auflassung bedingungsfeindlich ist (§ 925 Abs. 2 BGB).

---

14 Zur Zustimmung des Anwartschaftsberechtigten vgl. BGHZ 92, 288.
15 Mit Bedingungseintritt wird die Verfügung wirksam, § 185 Abs. 2 BGB.
16 Dazu *Stein/Jonas/Münzberg* § 771 RdNr. 17.
17 Dazu *Münzberg*, Festschr. f. Schiedermair, 1976, 439; *Kuchinke* JZ 1966, 797; *Dieckmann*, Festschr. f. Schiedermair, 1976, 93; *J. Hager*, Die Anwartschaft des Auflassungsempfängers, JuS 1991, 1.

f) Aneignungsrechte

Unter Aneignungsrechten versteht man die Befugnis, durch Besitzergreifung das Eigentum an einer Sache zu erwerben; vgl. § 958 Abs. 1 BGB, § 1 BJagdG.

618

III. Einreden und Einwendungen

1. Einrede nach materiellem Recht

Die Einrede als Leistungsverweigerungsrecht ist ein Gegenrecht gegen einen Anspruch. Wie das Kündigungsrecht als Gestaltungsrecht ein Mietverhältnis allein noch nicht beendet, sondern erst die Kündigungserklärung, so muss das Leistungsverweigerungsrecht ausgeübt werden, um Wirkungen zu entfalten. Einreden des materiellen Rechts sind Gestaltungsrechte[18], an deren Ausübung das Gesetz unterschiedliche Rechtsfolgen knüpft. Man unterscheidet **peremptorische** Einreden, die ein dauerndes Leistungsverweigerungsrecht gewähren (z.B. Verjährung, § 214 Abs. 1 BGB) und **dilatorische** Einreden, durch die der Schuldner nur vorübergehend berechtigt ist, die Leistung zu verweigern (z.B. Stundung). Nicht jede Einrede gibt dem Beklagten die Möglichkeit, eine Klagabweisung zu erreichen. Die Ausübung des Zurückbehaltungsrechts führt zu einer Verurteilung Zug um Zug (§§ 273, 322 BGB)[19].

619

2. Einwendung nach materiellem Recht

Von einer Einwendung spricht man im materiellen Recht, wenn die Entstehung eines Anspruchs gehindert (rechtshindernde Einwendung) oder vernichtet wird (rechtsvernichtende Einwendung). Erfüllt der Schuldner, so erlischt das Schuldverhältnis nach § 362 BGB. Man bezeichnet deshalb die Erfüllung als Einwendung. Der Tatbestand der rechtsvernichtenden Einwendung ist das Gegenstück zur Anspruchsgrundlage, die den Anspruch entstehen lässt.

620

3. Geltendmachung

Bei der Unterscheidung zwischen Einrede und Einwendung wird üblicherweise darauf hingewiesen, dass Einwendungen im Prozess **von Amts wegen** zu prüfen sind, während Einreden geltend zu machen sind[20]. Das

621

---

18 *Jauernig* § 194 RdNr. 2.
19 Bei §§ 320, 322 BGB nehmen manche entgegen dem Wortlaut des Gesetzes eine Einwendung an.
20 Vgl. etwa *Medicus* RdNr. 94.

führt oft zu Missverständnissen, weil die Bedeutung der Begriffe „Prüfung von Amts wegen" und „Geltendmachen" unklar ist. Mit der Aussage, Einwendungen seien von Amts wegen zu prüfen, wird nur die Selbstverständlichkeit betont, der Richter habe den Rechtssatz, aus dem sich eine Rechtsfolge ergibt, unabhängig davon anzuwenden, ob eine Partei dies verlangt. Steht z. B. nach der Beweisaufnahme fest, dass der Beklagte erfüllt hat, wird die Klage abgewiesen. Der Richter darf § 362 BGB wie alle anderen Rechtssätze auch dann anwenden, wenn sich der Beklagte nicht auf diese Rechtsnorm „beruft".

622 Auch Rechtssätze, die eine Einrede begründen, wendet der Richter an, unabhängig vom Verhalten der Parteien. Da die Einrede aber nur ein Gestaltungsrecht gewährt, hat der Richter zu prüfen, ob der Schuldner sein Recht auch ausgeübt hat, weil erst die Ausübung Rechtsfolgen erzeugt. Bei der Einrede gilt insofern nichts anderes als bei anderen Gestaltungsrechten. Auch das Bestehen eines Kündigungsrechts wird erst rechtserheblich, wenn der Berechtigte die Kündigung ausgesprochen hat. Da es sich bei der Einrede um ein materielles Recht und nicht um eine prozessuale Befugnis handelt, ist es unerheblich, ob sich der Berechtigte im Prozess oder außerhalb des Gerichtsverfahrens darauf beruft[21]. Freilich muss die Tatsache, dass der Schuldner sein Recht ausgeübt hat, dem Richter zur Kenntnis gebracht werden. Dabei spielt es keine Rolle, welche Partei im Prozess vorträgt, der Schuldner habe sich auf das Leistungsverweigerungsrecht berufen.

Beispiel Säumnis und Verjährung: Ein Handwerker klagt den Werklohn ein. Er trägt vor, er habe beim Beklagten schon vor fünf Jahren Malerarbeiten durchgeführt. Der Beklagte habe die Zahlung mit dem Hinweis auf die Verjährung verweigert (§ 214 Abs. 1 BGB). In der mündlichen Verhandlung erscheint der Beklagte nicht und der Kläger beantragt ein Versäumnisurteil. Der Richter darf ein Versäumnisurteil nur erlassen, wenn nach dem Vortrag des Klägers der Klaganspruch besteht und durchsetzbar ist (§ 331 Abs. 2 ZPO). Nach der Sachverhaltsschilderung des Handwerkers ist der Anspruch verjährt (§ 195 BGB). Das würde die Verurteilung noch nicht hindern. Aber der Kläger hat darüber hinaus vorgetragen, dass der Beklagte sein Leistungsverweigerungsrecht ausgeübt hat. Deshalb ist die Klage abzuweisen. Es darf kein Versäumnisurteil gegen den Beklagten ergehen[22].

623 Die Entscheidung des Gesetzgebers, eine Verteidigungsmöglichkeit als Einrede und nicht als Einwendung auszugestalten, beruht auf unterschiedlichen Erwägungen. Bei der Verjährung soll der Schuldner selbst entscheiden, ob er sich mit dem Hinweis auf die Verjährung einer bestehenden Leistungspflicht entziehen will. Nach der Vorstellung des Gesetzgebers ist mit der Zuerkennung einer rechtlichen Befugnis noch nicht die Frage entschieden, ob es nach Normen der Ethik, der Moral und des Anstandes richtig ist, von dieser Befugnis Gebrauch zu machen. Andere Einreden beru-

---
21 *Jauernig* § 194 RdNr. 3; *Medicus* RdNr. 98 m. w. N.
22 Abweichend *Roth*, Die Einrede des Bürgerlichen Rechts, 1988, S. 134.

hen eher auf praktischen Erwägungen. Wenn der Richter einen Rechtssatz nur dann anzuwenden hat, wenn sich die begünstigte Partei darauf beruft, kann der Streit im Prozess entlastet werden. Die Parteien werden nicht gezwungen, über Dinge zu streiten, über die sie gar nicht streiten wollen. Klagt z. B. der Käufer auf Übereignung und Übergabe der Kaufsache, kann nach der Konzeption des Gesetzes die Frage der Gegenleistung ausgeklammert werden. Nur wenn der Beklagte die Einrede des nichterfüllten Vertrags erhebt (§ 320 BGB), sollen Bestand und Höhe der Kaufpreisforderung zum Thema des Prozesses gemacht werden[23]. Diese prozessentlastende Bedeutung der Einrede ist weitgehend in Vergessenheit geraten. Das liegt an einer einseitigen materiellrechtlichen Betrachtungsweise, die verkennt, dass der Gesetzgeber bei der Ausgestaltung des materiellen Rechts die Durchsetzung im Prozess berücksichtigt hat.

4. Einreden des Prozessrechts

Im Prozessrecht wird der Ausdruck „Einrede" mit anderer Bedeutung als im materiellen Recht verwendet. Einreden des Prozessrechts sind **Tatsachen**, die sich gegen den geltend gemachten Anspruch richten. Man unterscheidet rechtshindernde, rechtsvernichtende und rechtshemmende Tatsachen. 624

Eine rechtshindernde prozessuale Einrede ist z. B. die Behauptung, der Käufer sei beim Abschluss des Kaufvertrags geisteskrank gewesen; deshalb sei der Vertrag nach § 105 Abs. 1 BGB nichtig. Rechtsvernichtend ist die Einrede der Erfüllung. Die rechtshemmenden Einreden entsprechen den (ausgeübten) Leistungsverweigerungsrechten des materiellen Rechts.

IV. Einrede der Verjährung

1. Gegenstand und Rechtsfolge

Nach § 194 Abs. 1 BGB unterliegen Ansprüche der Verjährung. Mit der Vollendung der Verjährung entsteht für den Verpflichteten ein Leistungsverweigerungsrecht (Einrede), aber keine Einwendung (§ 214 Abs. 1 BGB). Der Anspruch besteht fort; der Verpflichtete kann nur die Durchsetzung hindern. Nach Ausübung der Verjährungseinrede ist der Anspruch nicht mehr Grundlage eines Klagerechts, aber er kann als schuldrechtlicher Anspruch noch Rechtsgrund für eine Leistung sein; ferner ist trotz Verjährung die Aufrechnung in den Grenzen des § 215 BGB statthaft. Unter Durchbrechung des § 813 Abs. 1 Satz 1 BGB kann das zur Befriedigung eines verjährten Anspruchs Geleistete nicht zurückgefordert werden, auch 625

---

23 Deshalb ist es verfehlt, § 320 BGB in eine Einwendung umzudeuten; so aber *Larenz*, Schuldrecht, I § 15 I.

wenn die Leistung in Unkenntnis der Verjährung bewirkt worden ist (§ 214 Abs. 2 BGB). Das Gleiche gilt von einem vertragsmäßigen Anerkenntnis sowie einer Sicherheitsleistung des Verpflichteten (§ 214 Abs. 2 Satz 2 BGB). Wurde für eine Forderung eine dingliche Sicherheit bestellt, so kann der Gläubiger auch noch nach Eintritt der Verjährung Befriedigung aus dem verhafteten Gegenstand suchen (§ 216 BGB). Eine Ausnahme besteht lediglich bei der Verjährung von Ansprüchen auf Rückstände von Zinsen oder anderen wiederkehrenden Leistungen (§ 216 Abs. 3 BGB).

2. Zweck der Verjährung

626 Die Verjährung ist im Interesse des Rechtsverkehrs geschaffen. Sie bezweckt nicht, säumigen Schuldnern ein Privileg einzuräumen[24]. Die Verjährung soll dem Schuldner ein Mittel an die Hand geben, sich einfach zu verteidigen, wenn er nach Jahr und Tag mit einem Anspruch konfrontiert wird, den er für ungerechtfertigt oder zweifelhaft hält. Ohne Verjährung müssten Quittungen über Generationen hinweg aufbewahrt werden, weil der Schuldner die Erfüllung zu beweisen hat.

Der eigentliche Zweck der Verjährung wurde vielfach übergangen bei der Diskussion um die Hinweispflicht des Richters nach § 139 ZPO[25]. Manche vertreten die Ansicht, der Richter sei gehalten, einen Schuldner darauf hinzuweisen, dass er die Einrede der Verjährung erheben könne. Man hat sogar das Sozialstaatsprinzip bemüht, um diese These zu untermauern. Das Argument, Rechtsunkenntnis dürfe nicht zu Lasten einer Partei gehen, ist verfehlt, weil der richterliche Hinweis – vom Beklagten aufgegriffen – zu Lasten des Klägers gehen wird, der typischerweise ebenfalls rechtsunkundig ist, wenn er zu spät geklagt hat. Ein Richter, der eine Partei auf die Verjährungseinrede hinweist, kann wegen Besorgnis der Befangenheit abgelehnt werden (§ 42 ZPO)[26].

3. Ausnahmen

627 Bestimmte Ansprüche unterliegen nicht der Verjährung. Nach § 194 Abs. 2 BGB verjährt der Anspruch aus einem familienrechtlichen Verhältnis nicht, soweit er auf die Herstellung des dem Verhältnis entsprechenden Zustandes für die Zukunft gerichtet ist. Die Regelung ist auf die in der Praxis bedeutungslos gewordene Eheherstellungsklage gemünzt. Unverjährbar sind ferner Grundbuchberichtigungsansprüche, Ansprüche aus einge-

---

24 Vgl. *Motive* I, S. 291; bei der kurzen Verjährung des § 196 BGB sprechen die Motive von einem „rechtspolizeilichen" Zweck; vgl. *Motive* I, S. 299.
25 Dazu *Brehm*, Die Bindung des Richters an den Parteivortrag und Grenzen freier Verhandlungswürdigung, 1982, S. 223 ff. m. w. N.
26 Vgl. BGH NJW 2004, 164; zustimmend *Meller-Hannich* JZ 2005, 662 m. w. N.

tragenen Rechten und nachbarrechtliche Ansprüche (§§ 898, 902, 924 BGB) sowie Auseinandersetzungsansprüche nach den §§ 758, 2042 BGB.

Soweit das Gesetz die Verjährung nicht ausschließt, unterliegt der Anspruch der Verjährung. Das gilt auch für dingliche Ansprüche, die dem Schutze des Eigentums dienen. So kann sich der unrechtmäßige Besitzer gegenüber dem Eigentümer nach Ablauf der Verjährungsfrist gegenüber dem Herausgabeverlangen nach § 985 BGB auf die Einrede der Verjährung berufen.

Beispiel Verjährter Herausgabeanspruch: D hat eine Sache im Besitz, die E gehört. Nach Ablauf der Verjährungsfrist von 30 Jahren (§ 197 Abs. 1 Nr. 1 BGB) kann E nicht mehr mit Erfolg Herausgabeklage erheben, wenn sich D auf Verjährung beruft. Beschädigt ein Dritter die Sache, ist fraglich, wem Schadensersatzansprüche zustehen. Der Besitzer D ist durch die Verjährung des Herausgabeanspruchs nicht Eigentümer geworden. Ob der Besitz des D als sonstiges Recht i. S. d. § 823 Abs. 1 BGB anzuerkennen ist, erscheint fraglich. Bei E liegt zwar der Tatbestand des § 823 Abs. 1 BGB vor, aber der Schädiger könnte geltend machen, E habe keinen Schaden erlitten, weil er die Sache nicht von D herausverlangen konnte und D zur Herausgabe freiwillig nicht bereit war.

4. Verjährungsfristen

a) Übersicht über die Fristen

Nach § 195 beträgt die regelmäßige Verjährungsfrist drei Jahre. Die Bedeutung dieser Aussage hängt freilich davon ab, wie die Frist berechnet wird, insbesondere in welchem Zeitpunkt der Lauf der Frist beginnt (dazu unten RdNr. 629). Die regelmäßige Verjährungsfrist gilt immer dann, wenn das Gesetz für einen Anspruch keine Sonderregelung getroffen hat. Eine besondere Frist von zehn Jahren besteht für Ansprüche auf Übertragung des Eigentums an einem Grundstück sowie auf Begründung, Übertragung oder Aufhebung oder Änderung des Inhalts eines dinglichen Rechts an einem Grundstück (§ 196 BGB). Auch der Anspruch auf die Gegenleistung für die Verfügung über ein Recht an einem Grundstück unterliegt der zehnjährigen Verjährungsfrist. Eine dreißigjährige Verjährungsfrist gilt nach § 197 BGB für Herausgabeansprüche aus dem Eigentum und anderen dinglichen Rechten, für familienrechtliche Ansprüche, rechtskräftig festgestellte Ansprüche, Ansprüche aus vollstreckbaren Vergleichen und vollstreckbaren Urkunden und Ansprüche, die durch die im Insolvenzverfahren erfolgte Feststellung vollstreckbar geworden sind. Soweit Ansprüche nach § 197 Abs. 1 Nr. 2 BGB (familien- und erbrechtliche Ansprüche) regelmäßig wiederkehrende Leistungen oder Unterhaltsleistungen zum Gegenstand haben, gilt die regelmäßige Verjährungsfrist von drei Jahren. Gleiches gilt für titulierte Ansprüche (§ 197 Abs. 1 Nr. 3 bis 5 BGB), wenn sie künftig fällig werdende regelmäßig wiederkehrende Leistungen zum Inhalt haben. Gelangt eine Sache, hinsichtlich derer ein dinglicher

628

Anspruch besteht (z. B. nach § 985 BGB), durch Rechtsnachfolge in den Besitz eines Dritten, so kommt die während des Besitzes des Rechtsvorgängers verstrichene Verjährungszeit dem Rechtsnachfolger zugute (§ 198 BGB). Besondere Fristen bestehen für die Gewährleistungsrechte nach den §§ 438, 634a, 651g und 651m BGB. Auch der Beginn der Verjährungsfrist ist bei diesen Fristen anders ausgestaltet als nach den allgemeinen Regeln.

b) Fristbeginn und Höchstfristen

629 Wann Verjährung im Regelfall eintritt, ergibt sich aus der Fristbestimmung allein nicht. Es kommt entscheidend darauf an, wann die Frist zu laufen beginnt. Das Gesetz hat eine zweispurige Regelung gewählt, die eine subjektive und eine objektive Komponente enthält. Nach § 199 Abs. 1 Nr. 1 BGB beginnt die regelmäßige Verjährungsfrist mit dem Schluss des Jahres, in dem der Anspruch entstanden ist und der Gläubiger von den den Anspruch begründenden Umständen und der Person des Schuldners Kenntnis erlangt oder ohne grobe Fahrlässigkeit erlangen müsste. „Entstanden" ist der Anspruch in dem Zeitpunkt, in dem er gerichtlich geltend gemacht werden kann[27]. Das setzt Fälligkeit voraus[28]. Hat der Gläubiger keine Kenntnis von den anspruchsbegründenden Tatsachen oder von der Person des Schuldners (der Kenntnis gleichgestellt ist grob fahrlässige Unkenntnis), so kommt für den Regelfall § 199 Abs. 4 BGB zur Anwendung. Danach verjährt der Anspruch (spätestens) in zehn Jahren von seiner Entstehung an. Eine Sonderregelung besteht nach § 199 Abs. 2 BGB für Schadensersatzansprüche, die auf der Verletzung des Lebens, des Körpers, der Gesundheit oder der Freiheit beruhen. Bei ihnen liegt die Höchstgrenze (ohne Rücksicht auf die Entstehung und Kenntnis) bei dreißig Jahren. Diese Frist beginnt mit der schädigenden Handlung oder dem sonstigen, den Schaden auslösenden Ereignis.

Für sonstige Schadensersatzansprüche bestimmt § 199 Abs. 3 BGB besondere Höchstfristen. Die Ansprüche verjähren ohne Rücksicht auf die Kenntnis oder grob fahrlässiger Unkenntnis in zehn Jahren von ihrer Entstehung an und ohne Rücksicht auf die Entstehung und Kenntnis oder grob fahrlässiger Unkenntnis in dreißig Jahren vom schädigenden Ereignis an gerechnet. Danach gibt es für Schadensersatzansprüche unterschiedliche Fristen. Deshalb bestimmt § 199 Abs. 3 Satz 2 BGB, dass diejenige Frist maßgeblich ist, die früher endet. Bei Unterlassungsansprüchen kommt es nicht auf die Entstehung des Anspruchs an, sondern auf die Zuwiderhandlung (§ 199 Abs. 5 BGB)[29].

---

[27] BGHZ 113, 193.
[28] *Jauernig* § 199 RdNr. 2. Nach der üblichen Terminologie hat die Fälligkeit nichts mit der Entstehung des Anspruchs zu tun. Auch der gestundete Anspruch besteht.
[29] Kritisch dazu *Köhler* JZ 2005, 497.

Ansprüche, die nicht der regelmäßigen Verjährungsfrist unterworfen sind, beginnen mit der Entstehung des Anspruchs. Bei rechtskräftig festgestellten Ansprüchen und anderen titulierten Ansprüchen (§ 197 Abs. 1 Nr. 3 bis 5 BGB) beginnt die Frist mit der Rechtskraft der Entscheidung oder mit der Errichtung des Titels, nicht jedoch vor Entstehung des Anspruchs (§ 201 BGB).

Beispiel Verkehrsunfall: G fährt am 31. 3. 2002 mit seinem Pkw stadteinwärts. An einer Kreuzung, für die keine Vorfahrtsregelung ausgeschildert ist, kommt von links der zerstreute S gefahren und stößt mit G zusammen. Das Fahrzeug des G erleidet einen Totalschaden. Er wird bei dem Unfall verletzt und muss im Krankenhaus behandelt werden.

Der Schädiger haftet nach Deliktsrecht und aus Gefährdungshaftung (§§ 823 Abs. 1, 823 Abs. 2 BGB i. V. m. der StVO und nach § 7 StVG). Für diese Ansprüche gilt die regelmäßige Verjährungsfrist des § 195 BGB. Die Frist beginnt nach § 199 Abs. 1 BGB mit dem Schluss des Jahres, in dem der Anspruch entstanden ist und der Gläubiger die anspruchsbegründenden Tatsachen und die Person des Schädigers kennt oder infolge grober Fahrlässigkeit nicht kennt. Wenn der Schädiger dem G unmittelbar nach dem Unfall seine Visitenkarte ausgehändigt hat, beginnt die Verjährungsfrist mit dem Schluss des Jahres 2002. Nach drei Jahren, mit dem Ablauf des 31. 12. 2005 tritt die Verjährung ein.

Übergab der Schädiger dem G eine gefälschte Visitenkarte und konnte deshalb erst im März 2003 ermittelt werden, beginnt die Frist erst mit Ablauf des Jahres 2003 zu laufen. Wird der Täter überhaupt nicht ermittelt, läuft für den Anspruch wegen der Körperverletzung eine objektive Frist von dreißig Jahren (§ 199 Abs. 2 BGB). Die Frist beginnt in diesem Fall aber nicht mit Ablauf des Jahres zu laufen, sondern mit dem Schadensereignis. Ansprüche wegen des beschädigten Fahrzeugs verjähren dagegen nach § 199 Abs. 3 Nr. 1 BGB schon zehn Jahre nach ihrer Entstehung, ohne Rücksicht auf die Entstehung in 30 Jahren (§ 199 Abs. 3 Nr. 2 BGB).

5. Verjährungshindernisse

a) Neubeginn der Verjährung (Unterbrechung)

§ 212 BGB regelt den Neubeginn der Verjährung (vor der Schuldrechtsreform Unterbrechung der Verjährung genannt). Die Verjährungsfrist beginnt neu zu laufen, wenn der Schuldner dem Gläubiger gegenüber den Anspruch durch Abschlagszahlung, Zinszahlung, Sicherheitsleistung oder in anderer Weise anerkennt. Gleiches gilt, wenn eine gerichtliche oder behördliche Vollstreckungshandlung vorgenommen oder beantragt wird. **630**

b) Hemmung der Verjährung

In bestimmten Fällen ist die Verjährung gehemmt. Das bedeutet, dass der Zeitraum während dessen die Verjährung gehemmt ist, in die Verjährungsfrist nicht eingerechnet wird. Das Gesetz nennt in den §§ 203 bis 208 BGB zahlreiche Hemmungsgründe. **631**

Nach § 203 BGB wird die Verjährung durch Vergleichsverhandlungen über den Anspruch oder die anspruchsbegründenden Tatsachen gehemmt, bis eine Partei die Fortsetzung der Verhandlungen verweigert. Die Verjährung tritt frühestens drei Monate nach dem Ende der Hemmung ein (§ 203 Satz 2 BGB).

Die Hemmungsgründe des § 204 BGB beruhen auf Handlungen, die der Rechtsverfolgung dienen. Würde durch Klageerhebung die Verjährung nicht gehemmt, müssten zahlreiche Klagen am Ende abgewiesen werden, weil während des Prozesses die Einrede der Verjährung begründet wäre. Darauf kann der Beklagte nicht hoffen, weil nach § 204 Nr. 1, 2 BGB der Zeitraum ab Zustellung der Klage (§ 253 ZPO) bis sechs Monate nach der Rechtskraft der Entscheidung nicht in die Verjährung eingerechnet wird. Nach § 205 BGB ist die Verjährung gehemmt, wenn dem Schuldner aufgrund einer Vereinbarung mit dem Gläubiger ein vorübergehendes Leistungsverweigerungsrecht zusteht (dilatorische Einrede). Eine Hemmung tritt nach § 206 BGB ein, wenn der Gläubiger innerhalb der letzten sechs Monate der Verjährungsfrist durch höhere Gewalt an der Rechtsverfolgung gehindert ist. Aus familiären Gründen ist die Verjährung nach § 207 BGB gehemmt, damit Ehepartner oder Kinder ihren Partner oder die Eltern nicht verklagen müssen, um den Eintritt der Verjährung zu verhindern. Für Ansprüche wegen Verletzung der sexuellen Selbstbestimmung sind die Ansprüche bis zur Vollendung des 21. Lebensjahres des Gläubigers gehemmt. Lebt der Gläubiger von Ansprüchen wegen Verletzung der sexuellen Selbstbestimmung bei Beginn der Verjährung mit dem Schuldner in häuslicher Gemeinschaft, so ist die Verjährung auch bis zur Beendigung der häuslichen Gemeinschaft gehemmt.

Wird die Verjährung während der Hemmung unterbrochen, beginnt die neue Verjährung erst nach Wegfall des Hemmungsgrundes[30].

c) Ablaufhemmung

632 Bei der Ablaufhemmung wird der Lauf der Frist nicht ausgesetzt. Sie läuft weiter, führt aber nicht zur Verjährung, weil der Anspruch nicht geltend gemacht werden konnte. Eine Ablaufhemmung ordnet § 210 BGB für den Fall an, dass ein nicht voll Geschäftsfähiger ohne gesetzlichen Vertreter ist. Die Verjährung tritt nicht vor dem Ablauf von sechs Monaten nach dem Zeitpunkt ein, in dem die Person voll geschäftsfähig oder der Mangel der Vertretung behoben wird. Für Nachlassfälle gilt die Ablaufhemmung nach § 211 BGB. Danach tritt Verjährung eines Anspruchs gegen den Nachlass oder eines Anspruchs, der zum Nachlass gehört, nicht vor dem Ablauf von sechs Monaten nach dem Zeitpunkt ein, in dem die Erbschaft von dem

---

30 BGH NJW 1990, 826.

Erben angenommen oder das Insolvenzverfahren über den Nachlass eröffnet wird oder von dem Zeitpunkt an, in dem der Anspruch gegen einen Vertreter oder von einem Vertreter geltend gemacht werden kann. Nach § 213 BGB gilt die Hemmung, Ablaufhemmung und der Neubeginn der Verjährung auch für konkurrierende Ansprüche, die auf das gleiche Erfüllungsinteresse gerichtet sind.

6. Vereinbarungen

633 Nach § 202 Abs. 1 BGB kann die Verjährung bei Haftung wegen Vorsatzes nicht im Voraus durch Rechtsgeschäft erleichtert werden. Damit soll verhindert werden, dass die nach § 276 Abs. 3 BGB unzulässige Vereinbarung über den Umweg einer Verjährungsabrede umgangen wird. Darüber hinaus gibt es keine Beschränkung von verjährungserleichternden Vereinbarungen. Ausnahmen enthalten die §§ 475 Abs. 2, 479 Abs. 2 BGB. Für AGB gelten die §§ 307, 309 Nr. 8b ff. BGB. Ist ein Anspruch nach dem Gesetz unverjährbar, so sind über die Verjährung auch keine Vereinbarungen zulässig.

Für verjährungserschwerende Vereinbarungen bestimmt § 202 Abs. 2 BGB, dass die Frist nicht länger als dreißig Jahre dauern darf. Dabei ist diese Höchstgrenze zu berechnen nach dem gesetzlichen Verjährungsbeginn. Ob bei einer Vereinbarung über die Verjährung konkurrierende Ansprüche miterfasst sind, hängt von der Auslegung der Vereinbarung ab.

§ 21 Rechtsdurchsetzung und Rechtsverteidigung

Literatur: *Adomeit,* Wahrnehmung berechtigter Interessen und Notwehrrecht, JZ 1970, 495; *Alwart,* Zum Begriff der Notwehr, JuS 1996, 956; *Bergmann,* Die Grundstruktur des rechtfertigenden Notstandes (§ 34 StGB), JuS 1989, 109; *Bieder,* Das ungeschriebene Verhältnismäßigkeitsprinzip als Schranke privater Rechtsausübung, 2007; *Canaris,* Notstand und „Selbstaufopferung" im Straßenverkehr – Zugleich ein Beitrag zur allgemeinen Problematik des Notstands im Zivilrecht, JZ 1963, 655; *Dilcher,* H., Besteht für die Notwehr nach § 227 BGB das Gebot der Verhältnismäßigkeit oder ein Verschuldenserfordernis?, Festschr. f. H. Hübner, 1984, 443; *Hopt,* Schadensersatz aus unberechtigter Verfahrenseinleitung, 1968; *Hoyer,* Das Rechtsinstitut der Notwehr, JuS 1988, 89; *Kraffert,* Der Ersatzpflichtige im Falle des § 904 BGB, AcP 165 (1965), 453; *Kühl,* „Sozialethische" Einschränkungen der Notwehr, Jura 1990, 244; *Lenckner,* Der Grundsatz der Güterabwägung als Grundlage der Rechtfertigung, GA 1985, 295; *Müller-Christmann,* Der Notwehrexzeß, JuS 1989, 717; *Münzberg,* Verhalten und Erfolg als Grundlagen der Rechtswidrigkeit und Haftung, 1966; *Prittwitz,* Der Verteidigungswille als subjektives Merkmal der Notwehr, Jura 1984, 74; *Schünemann,* Selbsthilfe im Rechtssystem, 1985; *Teichmann,* Rechtsmißbrauch durch eine Klage – OLG Hamm, WM 1988, 1164 und BGH WM 1989, 2689, JuS 1990, 269.

I. Gerichtlicher Rechtsschutz

634 Der Staat nimmt für sich ein Gewaltmonopol in Anspruch. Deshalb ist die private gewaltsame Durchsetzung des Rechts grundsätzlich rechtswidrig. Der Gläubiger darf seinem säumigen Schuldner das Geld nicht einfach wegnehmen, auch wenn er einen Anspruch darauf hat. Die zwangsweise Durchsetzung des Rechtes erfolgt durch staatliche Organe in der Zwangsvollstreckung. Sie setzt einen Vollstreckungstitel voraus, aus dem sich die Berechtigung des Gläubigers ergibt[1]. Wenn sich der Schuldner nicht freiwillig in einer notariellen Urkunde der Zwangsvollstreckung unterworfen hat, muss der Gläubiger klagen. Das Urteil ist Vollstreckungstitel und Grundlage der Zwangsvollstreckung (§ 704 ZPO). Wo die Vollstreckung ausnahmsweise ohne Urteil beginnen darf, kann der Schuldner mit einer Klage gegen die Vollstreckung geltend machen, das Recht des Gläubigers bestehe nicht (vgl. §§ 767, 797 Abs. 4 ZPO). Neben der Einzelzwangsvollstreckung gibt es für Gläubiger das Insolvenzverfahren, das zu einer Verteilung des haftenden Schuldnervermögens auf die konkurrierenden Gläubiger führt[2].

Da der Gläubiger in aller Regel sein Recht mit Hilfe staatlicher Vollstreckungsorgane erst nach einem Prozess durchsetzen kann, muss ihm ein besonderes Verfahren an die Hand gegeben werden, wenn die Gefahr besteht, dass das Recht vom

---

1 Einzelheiten bei *Jauernig/Berger,* Zwangsvollstreckungs- und Insolvenzrecht, 22. Aufl., 2007, RdNr. 15 ff.; *Baumann/Brehm,* Zwangsvollstreckung, § 10.
2 Das Verfahren ist in der InsO geregelt.

Schuldner vereitelt wird. Einstweilige Verfügung und Arrest haben die Aufgabe, die spätere Zwangsvollstreckung zu sichern (vgl. §§ 916 ff. ZPO).

II. Notwehr

1. Begriff und Bedeutung

635 Nach § 227 Abs. 1 BGB ist eine durch Notwehr gebotene Handlung nicht rechtswidrig. In der Notwehrsituation ist die Verteidigung eines Rechts oder Rechtsgutes durch Einsatz von Gewalt, die bis zur Tötung eines Menschen gehen kann, erlaubt. Was unter Notwehr zu verstehen ist, bestimmt § 227 Abs. 2 BGB, der § 32 Abs. 2 StGB entspricht: Notwehr ist diejenige Verteidigung, welche erforderlich ist, um einen gegenwärtigen rechtswidrigen Angriff von sich oder einem anderen abzuwehren. Die für einen anderen ausgeübte Notwehr nennt man Nothilfe.

2. Rechtswidriger Angriff

636 Notwehr setzt einen rechtswidrigen **Angriff** voraus. Unter Angriff ist ein menschliches Verhalten zu verstehen, das konkret geeignet ist, rechtlich geschützte Individualinteressen zu verletzen. Streitig ist, ob auch gegen Unterlassen Notwehr geübt werden darf. Die Einschränkung auf aktives Tun zwingt zu sophistischen Abgrenzungen zwischen Handeln und Unterlassen und ist deshalb abzulehnen.

Beispiel Parklücke: A setzt sich auf einen Privatparkplatz, um ihn der Freundin, die sich beim „Shopping" befindet, zu reservieren. Wenn sich A weigert, den Parkplatz freizugeben, dann handelt er rechtswidrig. Wer Notwehr nur bei aktivem Handeln des Angreifers für gerechtfertigt hält, wird eben darauf verweisen, A habe den Parkplatz versperrt und das sei aktives Tun[3].

637 Verteidigung ist nur gegen einen **gegenwärtigen** Angriff erlaubt. Gegenwärtig ist ein Angriff, der bereits begonnen hat oder unmittelbar bevorsteht, aber noch nicht vollendet wurde. Hat der Angreifer seine rechtswidrige Tat vollbracht, ist der Gegenangriff allenfalls Rache, aber keine durch Notwehr gerechtfertigte Handlung.

Bei dem Angriff muss es sich um einen **rechtswidrigen** Angriff handeln. Kann der Angreifer selbst auf einen Rechtfertigungsgrund verweisen, scheidet Notwehr aus. Dagegen ist es unerheblich, ob der Angreifer schuldhaft handelte.

---

3 So *Soergel/Fahse* § 227 RdNr. 1.

3. Erforderliche Verteidigung und Verteidigungswille

638 Die Verteidigungshandlung muss nach h. M. von einem Verteidigungswillen getragen sein[4]. Kennt der Angegriffene die Notwehrsituation nicht, wird ihm die Berufung auf das Notwehrrecht versagt.

Beispiel Jäger: Die Jäger A und B befinden sich im Morgengrauen auf der Jagd. A will den B aus Eifersucht erschießen. Noch ehe er abdrücken kann, wird er von einem Schuss des B getroffen. B hat den herannahenden A mit einem Wildschwein verwechselt. Wenn A den Schuss überlebt, kann er Schadensersatz nach § 823 Abs. 1 BGB verlangen, wenn man bei der Notwehr einen Verteidigungswillen voraussetzt. Das ist zweifelhaft. Die Frage ist, was dem B eigentlich vorgeworfen wird. Man kann ihm nicht vorhalten, er hätte die Verletzungshandlung unterlassen sollen. Der Vorwurf der Unaufmerksamkeit ist ungeeignet, den Schadensersatzanspruch zu begründen, weil B erst recht geschossen hätte, wenn er den rechtswidrigen Angriff erkannt hätte.

639 Gerechtfertigt ist nur eine Verteidigung, die erforderlich war, um den Angriff abzuwehren. Wer sich mit einem Faustschlag verteidigen kann, darf nicht zur Pistole greifen. Bei der Erforderlichkeit ist nicht der Wert des angegriffenen Rechtsguts und des durch Notwehr verletzten Gutes zu berücksichtigen und in ein Verhältnis zu setzen, denn bei der Notwehr beruht die Rechtfertigung nicht auf einer Güterabwägung wie beim Notstand. Nach Art. 2 Abs. 2a MRK darf ein Angreifer nur zur Verteidigung eines Menschen vorsätzlich getötet werden. Ob dieser Rechtssatz bei der Auslegung innerstaatlichen Rechts Bedeutung hat, ist zweifelhaft[5]. Das Notwehrrecht wird von der h. M. eingeschränkt beim Angriff schuldlos Handelnder (Kinder, Geisteskranke)[6]. Der alte Rechtsgrundsatz „Recht muss Unrecht nicht weichen" gilt deshalb nur eingeschränkt. Wird durch die Verteidigungshandlung zugleich das Rechtsgut eines Unbeteiligten verletzt, ist die Handlung nach der Rechtsordnung rechtswidrig. Eine andere Frage ist, ob sich der Angreifer bei der Haftung nach § 823 BGB darauf berufen kann. Auch kommt in diesen Fällen eine Rechtfertigung durch Notstand in Betracht.

Beispiel Der geliehene Anzug: A verletzt M, der ihn mit einer Axt zu erschlagen droht, durch einen Schuss. Wenn M bei der Tat einen geliehenen Anzug trug, der durch den Schuss beschädigt wurde, kann die Rechtmäßigkeit der Handlung des A nicht allein mit dem Hinweis auf die Notwehrsituation gerechtfertigt werden. Die Verteidigungshandlung darf nicht Rechtsgüter Dritter verletzen. Dass die mit dem Schuss gegen M notwendig verbundene Eigentumsverletzung rechtmäßig ist, ergibt sich aus § 904 BGB.

Wenn sich A nur gegen einen Diebstahl seines Hemdes verteidigt und dadurch den geliehenen Anzug des Täters beschädigt, handelt A rechtswidrig. Die Eigentumsverletzung ist nicht durch § 904 BGB gerechtfertigt und auf Notwehr kann

---

[4] Dagegen *Jauernig* § 227 RdNr. 6 gegen die Vertreter des Strafrechts.
[5] Verneinend *Jauernig* § 227 RdNr. 7; *MünchKomm/Grothe* § 227 RdNr. 17; anders zum Teil die strafrechtliche Literatur.
[6] Vgl. *Soergel/Fahse* § 227 RdNr. 40.

sich A gegenüber dem Eigentümer des Anzugs nicht berufen. Die Feststellung, A habe rechtswidrig gehandelt, bedeutet freilich nur, dass sein Verhalten gegen irgendeine Rechtsnorm verstoßen hat. Der verletzte Dieb könnte nicht Schadensersatz wegen rechtswidriger Körperverletzung nach § 823 Abs. 1 BGB verlangen, weil eine deliktische Haftung wegen Körperverletzung nicht damit begründet werden darf, der Täter habe fremdes Eigentum missachtet und deshalb rechtswidrig gehandelt. Die rechtswidrige Eigentumsverletzung ist für eine Haftung wegen Verletzung des Körpers nicht erheblich; es fehlt am Rechtswidrigkeitszusammenhang.

III. Notstand

1. Verteidigungsnotstand

Notwehr rechtfertigt die Verteidigung gegen menschliche Handlungen. Gegen Sachen, von denen eine Gefahr ausgeht, kann eine Abwehr durch Notstand gerechtfertigt sein. Wer eine fremde Sache beschädigt oder zerstört, um eine durch sie drohende Gefahr von sich oder einem anderen abzuwenden, handelt nicht widerrechtlich, wenn die Beschädigung oder die Zerstörung zur Abwendung der Gefahr erforderlich ist und der Schaden nicht außer Verhältnis zu der Gefahr steht (§ 228 Satz 1 BGB). Hat der Handelnde die Gefahr verschuldet, ist er zum Schadensersatz verpflichtet, obwohl er rechtmäßig gehandelt hat (§ 228 Satz 2 BGB). **640**

Beispiel Der bissige Hund: A wird von einem Hund angegriffen. Er wehrt sich durch einen Tritt und verletzt dabei das Tier. Ein Notwehrrecht hat A nicht, aber sein Handeln ist durch Notstand nach § 228 BGB gerechtfertigt. Zu den Sachen i. S. d. § 228 BGB gehören auch Tiere.

2. Angriffsnotstand

Nach § 904 BGB ist der Eigentümer nicht berechtigt, die Einwirkung eines anderen auf die Sache zu verbieten, wenn die Einwirkung zur Abwendung einer gegenwärtigen Gefahr notwendig und der drohende Schaden gegenüber dem aus der Einwirkung dem Eigentümer entstandenen Schaden unverhältnismäßig groß ist (§ 904 Satz 1 BGB). Der Notstand des § 904 BGB ist ein Sonderfall des rechtfertigenden Notstandes nach § 34 StGB. Der Eigentümer kann von dem rechtmäßig Handelnden Schadensersatz nach § 904 Satz 2 BGB verlangen. Streitig ist, ob der Handelnde auch dann ersatzpflichtig ist, wenn er mit seinem Eingriff das Rechtsgut eines Dritten schützte. Nach *Larenz*[7] ist der Begünstigte ersatzpflichtig. Nach der Rechtsprechung[8] haftet der Begünstigte, wenn der Handelnde zu ihm in einem Abhängigkeitsverhältnis stand. **641**

---

7 Schuldrecht II/2 § 85 I 1 b.
8 BGHZ 6, 105.

Beispiel Bergsteiger: A hat sich im Gebirge verirrt und droht zu erfrieren. Er bricht in eine Berghütte ein, um eine warme Jacke an sich zu nehmen. Das Handeln des A ist nach § 904 BGB gerechtfertigt. Da der Eigentümer verpflichtet ist, seine Güter aufzuopfern, kann er Ersatz verlangen (§ 904 Satz 2 BGB).

IV. Selbsthilfe

642 Ausnahmsweise gestattet das Gesetz die gewaltsame Durchsetzung oder Sicherung eines Anspruchs. Wird die Durchsetzung eines Anspruchs gefährdet, kann der Berechtigte eine einstweilige Verfügung oder einen Arrest beantragen. Wenn dieser vorläufige Rechtsschutz oder andere „obrigkeitliche Hilfe" zu spät käme, darf der Berechtigte zum Mittel der Selbsthilfe greifen. Als Mittel der Selbsthilfe nennt § 229 BGB die Wegnahme, Zerstörung und Beschädigung von Sachen, die Festnahme des flüchtenden Schuldners[9] und die Beseitigung des Widerstandes eines Verpflichteten. Voraussetzung der Selbsthilfe ist, dass staatliche Hilfe nicht rechtzeitig zu erlangen ist und ohne sofortiges Eingreifen die Gefahr besteht, dass die Verwirklichung des Anspruchs vereitelt oder erschwert wird (§ 229 BGB). Die Selbsthilfe darf nach § 230 Abs. 1 BGB nicht weiter gehen, als zur Abwendung der Gefahr erforderlich ist. Sie soll nur eine vorläufige Maßnahme sein. Deshalb ist bei der Wegnahme einer Sache oder Festnahme einer Person wegen einer Geldforderung oder eines Anspruchs, der in eine Geldforderung übergehen kann, ein Arrest zu beantragen (§ 230 Abs. 2 und 3 BGB). Einen Sonderfall der Selbsthilfe regelt § 859 BGB.

Liegen die Voraussetzungen der Selbsthilfe vor, ist das Handeln rechtmäßig. Bei einem Irrtum über die Voraussetzungen ist der Handelnde zum Schadensersatz verpflichtet, auch wenn der Irrtum nicht auf Fahrlässigkeit beruht (§ 231 BGB).

V. Grenzen der Rechtsausübung

643 Nicht jede Ausübung eines subjektiven Rechts ist rechtsmäßig. Nach § 226 BGB ist die Ausübung eines Rechts unzulässig, wenn sie nur den Zweck haben kann, einem anderen Schaden zuzufügen (Schikaneverbot). Die Rechtsausübung wird darüber hinaus durch die §§ 826, 242 BGB begrenzt.

---

9 BayObLG NJW 1991, 934, dazu Anm. *Schroeder* JZ 1991, 682 (Festhalten eines Lokalgastes).

Fünfter Teil
Rechtssubjekte

§ 22 Natürliche Personen

Literatur: *Baur*, J.F., Zum Namensschutz im deutschen internationalen Privatrecht unter besonderer Berücksichtigung des Schutzes der Handelsnamen, AcP 167 (1967), 535; *Beuthien/Schmölz*, Persönlichkeitsschutz durch Persönlichkeitsgüterrechte, 1999; *Brandner*, Das allgemeine Persönlichkeitsrecht in der Entwicklung durch die Rechtsprechung, JZ 1983, 689; *Büchler*, Die Kommerzialisierung von Persönlichkeitsgütern. Zur Dialektik von Ich und Mein, AcP 206 (2006), 300; *v. Caemmerer*, Der privatrechtliche Persönlichkeitsschutz nach deutschem Recht, Festschr. f. F. v. Hippel, 1967, 27; *Coing*, Zur Entwicklung des zivilrechtlichen Persönlichkeitsschutzes, JZ 1958, 558; *Damm*, Persönlichkeitsschutz und medizinische Entwicklung, JZ 1998, 926; *Degenhardt*, Das allgemeine Persönlichkeitsrecht, JuS 1992, 361; *Ehmann*, Zur Struktur des Allgemeinen Persönlichkeitsrechts, JuS 1997, 193; *Eichler*, System des Personenrechts, 1989; *Fabricius*, Relativität der Rechtsfähigkeit: Ein Beitrag zur Theorie und Praxis des privaten Personenrechts, 1963; *Forkel*, Allgemeines Persönlichkeitsrecht und „wirtschaftliches Persönlichkeitsrecht", Festschr. f. K.H. Neumayer, 1985, 229; *Gerlach*, Der Schutz der Privatsphäre von Personen des öffentlichen Lebens in rechtsvergleichender Sicht, JZ 1998, 741; *Hager*, J., Der Schutz der Ehre im Zivilrecht, AcP 196 (1996), 168; *Hattenhauer*, „Person" – Zur Geschichte eines Begriffs, JuS 1982, 405; *Hefermehl*, Der namensrechtliche Schutz geschäftlicher Kennzeichen, Festschr. f. A. Hueck, 1959, 519; *Heldrich*, Der Persönlichkeitsschutz Verstorbener, FS Heinrich Lange, 1970, 163; *Helle*, Der Schutz der persönlichen Ehre und des wirtschaftlichen Rufes im Privatrecht, 2. Aufl., 1969; *ders.*, Besondere Persönlichkeitsrechte im Privatrecht, 1991; *Hubmann*, Das Persönlichkeitsrecht, 2. Aufl., 1967; *John*, U., Die organisierte Rechtsperson, 1977; *Kläver*, Rechtliche Entwicklungen zum Allgemeinen Persönlichkeitsrecht, JR 2006, 229; *Klippel*, Der zivilrechtliche Schutz des Namens, 1985; *Medicus*, Zivilrecht und werdendes Leben, 1985; *Raschauer*, Namensrecht, 1978; *Scheyhing*, Zur Geschichte des Persönlichkeitsrechts im 19. Jahrhundert, AcP 158 (1958), 503; *Schlachter*, Der Schutz der Persönlichkeit nach bürgerlichem Recht, JA 1990, 33; *Schwerdtner*, Beginn und Ende des Lebens unter zivilrechtlichen Gesichtspunkten, Jura 1987, 440; *ders.*, Das Persönlichkeitsrecht in der deutschen Zivilrechtsordnung, 1977; *ders.*, Der zivilrechtliche Persönlichkeitsschutz, JuS 1978, 289; *Steindorff*, Persönlichkeitsschutz im Zivilrecht, 1983; *Schmieder*, Name – Firma – Titel – Marke: Grundzüge des Rechts an der Bezeichnung, JuS 1995, 119; *Wolf/Naujoks*, Anfang und Ende der Rechtsfähigkeit des Menschen, 1955.

I. Rechtsfähigkeit

Rechtsfähigkeit ist die Fähigkeit, Träger von Rechten und Pflichten zu sein. **644** Sie kommt allen **natürlichen Personen** (Menschen) und juristischen Personen (dazu unten RdNr. 661 ff.) zu. Dass natürlichen Personen ausnahmslos die Fähigkeit verliehen ist, an einem Rechtsverhältnis beteiligt zu sein, scheint selbstverständlich. Die allgemeine Anerkennung der Rechtsfähigkeit ohne Rücksicht auf die Individualität und ohne Rücksicht auf den Willen war für die Verfasser des BGB ein Gebot der Vernunft und der Ethik[1]. Weil der Gesetzgeber davon ausgehen konnte, dass darüber Konsens herrscht, hat er nicht wie ältere Kodifikationen ausdrücklich die Unzulässigkeit der Sklaverei und ähnlicher Herrschaftsverhältnisse von Menschen über Menschen ausgesprochen[2].

645 Von der Rechtsfähigkeit zu unterscheiden ist die **Handlungsfähigkeit**. Handlungsfähigkeit ist die Fähigkeit, rechtlich erhebliche Handlungen vorzunehmen. Ein Kleinkind kann keine rechtlich erheblichen Handlungen vornehmen, aber es ist Rechtssubjekt und kann Träger von Rechten und Pflichten sein. Bei der Ausübung der Rechte handeln die gesetzlichen Vertreter. Verfehlt ist es, die Rechtsfähigkeit als juristisches Verhaltensvermögen zu bezeichnen[3], weil bei dieser Definition Rechtsfähigkeit und Handlungsfähigkeit nicht zu trennen sind. Eine begriffliche Festlegung, die sich der Möglichkeit beraubt, zwischen Rechts- und Handlungsfähigkeit zu differenzieren, ist unzweckmäßig.

II. Parteifähigkeit

646 Dem Begriff der Rechtsfähigkeit entspricht im Prozessrecht die Parteifähigkeit. Parteifähig ist, wer Subjekt eines Prozessrechtsverhältnisses sein kann. Auch hier kommt es nicht auf die Fähigkeit an, selbst Prozesshandlungen vorzunehmen. Entscheidend ist, dass der Parteifähige Zurechnungssubjekt der prozessualen Rechte, Pflichten und Lasten ist. Nach § 50 Abs. 1 ZPO ist parteifähig, wer rechtsfähig ist.

III. Beginn der Rechtsfähigkeit

1. Vollendung der Geburt

647 Nach § 1 BGB beginnt die Rechtsfähigkeit mit der Vollendung der Geburt des Menschen. Vollendet ist die Geburt, wenn das Kind vollständig aus dem Mutterleib ausgetreten ist. Der genaue Zeitpunkt ist von Bedeutung vor allem bei erbrechtlichen Fragen.

Beispiel Erbfall: V ist gestorben und hat eine schwangere Frau hinterlassen. Das Kind stirbt während (vor Vollendung) der Geburt. Die Frage ist, ob das Kind Erbe

---

1 *Motive* I, S. 25.
2 Vgl. *Motive* I, S. 25.
3 So früher *MünchKomm/Gitter*, 3. Aufl., § 1 RdNr. 5 im Anschluss an *Fabricius*, Relativität der Rechtsfähigkeit, S. 31 ff., 43 ff.; dagegen zutreffend *Medicus* RdNr. 1040.

des V und seinerseits beerbt wurde oder ob es beim Erbfall des V nicht zu berücksichtigen ist.

Nach § 1923 Abs. 2 BGB gilt als vor dem Erbfall geboren, wer zu dieser Zeit gezeugt war. Diese Bestimmung will dem nasciturus das Erbrecht sichern, aber nur für den Fall, dass er lebend geboren wird. Da das Kind vor Vollendung der Geburt gestorben ist, wurde es trotz der Fiktion des § 1923 Abs. 2 BGB nie Rechtssubjekt und konnte deshalb auch nicht die Stellung eines Erben einnehmen.

2. Stellung des Ungeborenen (nasciturus)

Obwohl die Rechtsfähigkeit erst mit der Geburt beginnt, enthält das Gesetz einzelne Vorschriften zum Schutze Ungeborener. Nach § 844 Abs. 2 Satz 2 BGB entsteht ein Ersatzanspruch, auch wenn der Unterhaltspflichtige vor der Geburt des Kindes getötet wurde. Damit wird klargestellt, dass der Eintritt eines Schadens mit der Geburt zusammenfallen kann. Auch bei Verletzung der Gesundheit und des Körpers, die dem Kind vor der Geburt zugefügt wird, haftet der Schädiger, wenn das Kind geboren wird[4]. Bei der Erbfolge wird das zur Zeit des Erbfalls gezeugte, aber noch nicht geborene Kind berücksichtigt, sofern es später Rechtsfähigkeit erlangt (§ 1923 Abs. 2 BGB). Zum Schutze der Rechte des Ungeborenen kann schon vor der Geburt ein Pfleger oder Vormund bestellt werden. Die Bestellung des Vormunds wird aber erst mit der Geburt wirksam (§ 1774 BGB). Ein Unterhaltsanspruch kann schon vor der Geburt des Kindes durch einstweilige Verfügung gesichert werden (§ 1615 o Abs. 1 Satz 2 BGB).

648

IV. Ende der Rechtsfähigkeit

Die Rechtsfähigkeit einer natürlichen Person endet mit dem Tod. Maßgeblicher Zeitpunkt ist nach heutiger Auffassung der Gehirntod, der eintritt, wenn keine Gehirnströme mehr nachweisbar sind[5]. Die Gegenmeinung[6], die auch auf den Ausfall von Atmung und Kreislauf abstellen will, ist abzulehnen, weil sie die Möglichkeit eröffnet, den Todeszeitpunkt durch Einsatz medizinischer Technik zu manipulieren. Vermögensrechte gehen mit dem Tod kraft Gesetzes auf den Erben über (§ 1922 BGB), während Persönlichkeitsrechte erlöschen[7]. Die Angehörigen können zum Schutze des Andenkens eines Verstorbenen Unterlassungs- und Beseitigungsansprüche geltend machen (postmortaler Persönlichkeitsschutz), entgegen der frühe-

649

---

[4] BGHZ 58, 48; vgl. ferner BGHZ 8, 243.
[5] Zum Hirntod *Heun* JZ 1996, 213.
[6] *Medicus* RdNr. 1052.
[7] Vgl. BVerfG NJW 1971, 1645; nach a. A. wird das Persönlichkeitsrecht von den Angehörigen treuhänderisch wahrgenommen; vgl. *Schack* JZ 1989, 609 (614) m. w. N.

ren Rechtsprechung ist auch ein Schmerzensgeldanspruch nicht ausgeschlossen[8].

Beispiel Postmortaler Persönlichkeitsschutz[9]: Nach dem Tode das Grafen D rühmt sich die stadtbekannte Lebedame B, Tochter des Verstorbenen zu sein. Der Bruder des Grafen klagt gegen B auf Unterlassung dieser Behauptung, während der Sohn des Grafen den Dingen gelassener gegenübersteht und gerichtliche Schritte nicht für erforderlich hält.

Wenn der Kläger den Anspruch auf Verletzung seines eigenen Persönlichkeitsrechts stützt, ist die Klage zwar zulässig, aber unbegründet, weil die Behauptung der B nicht das Persönlichkeitsrecht des Klägers verletzt. Soll mit der Klage ein Angriff auf den Verstorbenen abgewehrt werden, ist die Klage unzulässig, weil die Prozessführungsbefugnis dem Sohn als nächstem Verwandten zusteht. Der Bruder darf sich nicht über den Willen des näher Verwandten hinwegsetzen.

Wenn eine Person verschollen ist, kann sie nach dem Verschollenheitsgesetz vom Amtsgericht für tot erklärt werden. Die Todeserklärung begründet nach § 9 VerschG die Vermutung, dass der Verschollene in dem im Beschluss festgesetzten Zeitpunkt gestorben ist.

V. Der Wohnsitz

1. Bedeutung

650 Wohnsitz ist die politische Gemeinde, wo sich der räumliche Schwerpunkt der Lebensverhältnisse einer Person befindet. Das Gesetz stellt ausdrücklich klar, dass ein Wohnsitz an mehreren Orten begründet sein kann (§ 7 Abs. 2 BGB). Der Wohnsitz ist in zahlreichen gesetzlichen Bestimmungen Anknüpfungspunkt für Rechtsbeziehungen. Nach § 13 ZPO wird der allgemeine Gerichtsstand einer Person durch den Wohnsitz bestimmt. Auch andere Verfahrensordnungen knüpfen die örtliche Zuständigkeit an den Wohnsitz (vgl. z.B. §§ 36 Abs. 1, 73 FGG). Bei Schuldverhältnissen richtet sich der Leistungsort nach dem Wohnsitz des Schuldners, wenn eine andere Bestimmung fehlt (§ 269 BGB). Auch das internationale Privatrecht knüpft in Art. 26 Abs. 1 Nr. 3 EGBGB an den Wohnsitz des Erblassers an, wenn zu entscheiden ist, nach welcher Rechtsordnung die Form einer letztwilligen Verfügung zu beurteilen ist.

---

8 BGH NJW 1974, 1371 (negatorischer Anspruch).
9 Nach LG Bückeburg NJW 1977, 1066. S. auch OLG München NJW-RR 1990, 1435.

2. Begründung und Beendigung

a) Gewillkürter Wohnsitz

Man unterscheidet den frei gewählten (gewillkürten) und den gesetzlichen Wohnsitz. Der gewillkürte Wohnsitz wird nach § 7 Abs. 1 BGB durch ständige Niederlassung begründet. Die Anmeldung beim Einwohnermeldeamt, die in öffentlich-rechtlichen Meldegesetzen geregelt ist, wird für die Wohnsitzbegründung nicht vorausgesetzt. Sie kann aber beweiskräftiges Indiz bei der Feststellung des Wohnsitzes sein[10]. Nur durch *ständige* Niederlassung wird ein Wohnsitz begründet. Deshalb reicht ein vorübergehender Aufenthalt zur Wohnsitzbegründung nicht aus. Aus der Zuständigkeitsregelung des § 20 ZPO geht hervor, dass auch bei einem Aufenthalt von längerer Dauer nicht notwendig ein Wohnsitz begründet wird. Der besondere Gerichtsstand des Aufenthaltsortes, der u.a. auf Studierende gemünzt ist, setzt einen Aufenthalt von längerer Dauer (§ 20 ZPO) voraus. Die Vorschrift wäre überflüssig, wenn bei längerem Aufenthalt stets ein Wohnsitz begründet würde.

651

Begründung und Aufgabe des Wohnsitzes setzen einen entsprechenden Willen voraus (zur Aufgabe vgl. § 7 Abs. 3 BGB). Auch wenn es sich dabei nicht um Rechtsgeschäfte handelt, sind die Vorschriften über Willenserklärungen analog anwendbar[11]. Das Gesetz stellt ausdrücklich klar, dass ein Wohnsitz selbstständig nur von einem Volljährigen begründet und aufgehoben werden kann (§ 8 Abs. 1 BGB). Eine Ausnahme besteht nach § 8 Abs. 2 BGB für Minderjährige, die verheiratet sind.

652

b) Gesetzlicher Wohnsitz

Für Kinder und Berufssoldaten wird der Wohnsitz durch das Gesetz bestimmt. Nach § 11 BGB teilt das Kind den Wohnsitz der Eltern, denen die elterliche Sorge zusteht. Haben die getrennt lebenden Eltern verschiedene Wohnsitze, hat das Kind mehrere Wohnsitze[12], es sei denn, die Eltern einigen sich darüber, wo das Kind wohnen soll[13]. Für Berufssoldaten begründet § 9 Abs. 1 BGB den Wohnsitz am Standort. Befindet sich der Standort im Ausland, ist der letzte inländische Standort maßgeblich. Früher hatte auch die Ehefrau einen vom Ehemann abgeleiteten Wohnsitz (§ 10 BGB, der in Westdeutschland erst am 1. 4. 1953 außer Kraft getreten ist).

653

---

10 BGH NJW-RR 1990, 506.
11 Zur Rechtsnatur *Soergel/Fahse* § 7 RdNr. 3: geschäftsähnliche Handlung; *Jauernig* §§ 7–11 RdNr. 2: Realakt und Willensakt.
12 BGH FamRZ 1993, 48; NJW-RR 1990, 1282.
13 BGH NJW-RR 1994, 322.

VI. Namensrecht

1. Bedeutung des Namens

654 Der Name dient der Kenzeichnung eines Menschen zur Unterscheidung von anderen Personen. Benutzt jemand einen fremden Namen, werden die Interessen des Namensträgers verletzt, weil die unter fremdem Namen vorgenommenen Handlungen dem Namensträger zugeschrieben werden. Auch wenn das Recht, einen bestimmten Namen zu führen, bestritten wird, muss sich der Namensträger wehren können. Das Gesetz schützt den Namen und gibt dem Namensträger ein subjektives Recht zum ungestörten Gebrauch (§ 12 BGB), das zu den besonderen Persönlichkeitsrechten zu rechnen ist.

655 Der Name besteht aus dem Familiennamen, der nach den Vorschriften des Familienrechts durch Abstammung oder durch Eheschließung erworben wird (vgl. §§ 1616, 1355 BGB), und dem Vornamen, den die sorgeberechtigten Eltern auswählen. Zum Namen gehören auch Adelsprädikate. Das ergibt sich aus Art. 109 Abs. 3 Satz 2 der Weimarer Reichsverfassung, der als einfaches Bundesrecht fortgilt. Nicht zum Namen gehören Ordensbezeichnungen und akademische Titel. Der Name, unter dem ein Kaufmann im Handelsverkehr auftritt, wird Firma genannt. Sie unterliegt den besonderen Vorschriften des Handelsrechts (§§ 17 ff. HGB).

2. Schutz des Namens

656 Wird das Interesse des Berechtigten dadurch verletzt, dass ein anderer unbefugt den gleichen Namen gebraucht, so kann der Berechtigte Beseitigung der Beeinträchtigung und Unterlassung verlangen (§ 12 BGB). Ansprüche bestehen nicht nur gegen denjenigen, der sich selbst den fremden Namen zulegt. Auch wer einen Dritten mit fremdem Namen bezeichnet, kann auf Beseitigung oder Unterlassung in Anspruch genommen werden. Eine Verletzung des Namensrechts wird ferner darin gesehen, dass Waren oder Einrichtungen mit dem Namensträger in Verbindung gebracht werden[14]. Ein Abwehranspruch besteht nach § 12 BGB nicht, wenn jemand seinen richtigen Namen verwendet, auch wenn er dadurch die Gefahr der Verwechslung mit einem anderen heraufbeschwört. Besonderheiten bestehen bei der Verwendung eines Namens im Geschäftsverkehr. Hier muss zur Unterscheidung ein Zusatz angefügt werden, um der Verwechslungsgefahr vorzubeugen[15].

657 Neben den Abwehrrechten kann der Namensträger bei rechtswidriger und schuldhafter Verletzung seines Rechts Schadensersatz nach § 823 Abs. 1

---

[14] BGH NJW 1963, 2267.
[15] S. dazu OLG Köln GRUR 1987, 935 (Rothschild).

BGB verlangen. Hat jemand durch Verwendung des fremden Namens etwas auf Kosten des Namensträgers erlangt, ist er dem Berechtigten zur Herausgabe nach § 812 Abs. 1 Satz 1 Alt. 2 BGB (Eingriffskondiktion) verpflichtet.

Der Namensschutz wurde von der Rechtsprechung erweitert auf Künstlernamen, Pseudonyme mit Verkehrsgeltung[16] und Namen juristischer Personen[17] sowie nichtrechtsfähiger Personenvereinigungen[18]. Auch ein Städtename oder der Name und das Wappen einer Universität sind geschützt[19]. Gleiches gilt für Geschäftsbezeichnungen (z.B. der Name eines Hotels) und den Domain-Namen im Internet.

VII. Andere Persönlichkeitsrechte, Allgemeines Persönlichkeitsrecht

Neben dem Namen sind weitere **besondere Persönlichkeitsrechte** geschützt. Nach den §§ 22 ff. KUG besteht ein Recht am eigenen Bild. Besonderes Persönlichkeitsrecht ist auch das Urheberpersönlichkeitsrecht (§§ 12 ff. UrhG), das die Beziehung des Urhebers zu seinem Werk schützt. So kann der Urheber eine Entstellung seines Werkes verbieten (§ 14 UrhG) und er hat ein Recht auf Anerkennung der Urheberschaft (§ 13 UrhG). Zu den besonderen Persönlichkeitsrechten gehört auch das Recht auf informationelle Selbstbestimmung, von dem das BDSG ausgeht.   **658**

Die besonderen Persönlichkeitsrechte erfassen nur einen Teilaspekt der Persönlichkeit. Um einen umfassenden Schutz zu gewährleisten, wird von der Rechtsprechung das **allgemeine Persönlichkeitsrecht** anerkannt[20]. Es ist als umfassendes Recht auf Achtung und Entfaltung der Persönlichkeit den absoluten Rechten gleichgestellt. Bei Beeinträchtigungen kann Klage auf Beseitigung und Unterlassung erhoben werden (analog §§ 12, 1004 BGB) und es ist ein Schadensersatzanspruch nach § 823 Abs. 1 BGB begründet. Ein auf Naturalrestitution gerichteter Schadensersatzanspruch ist der Anspruch auf Widerruf, der nur bei ehrverletzenden Tatsachenbehauptungen gewährt wird[21]. Bei Werturteilen kommt ein Anspruch auf Veröffentlichung des Unterlassungsurteils in Betracht[22]. Bei schwerem Verschulden gewährte die Rechtsprechung Schmerzensgeld nach § 847 BGB[23]. Diese Rechtsfortbildung contra legem wurde vom BVerfG gebilligt[24]   **659**

---

16 BGH NJW 2003, 2978 = JuS 2004, 157 (*Emmerich*).
17 RGZ 74, 114; BGH NJW 1994, 2820 = JuS 1995, 167 (*Emmerich*); zum Namensschutz der katholischen Kirche BGH NJW 1994, 245.
18 RGZ 78, 101.
19 BGH NJW 1993, 918 = JZ 1993, 1166 mit Anm. *Berger*.
20 BGHZ 13, 334; 26, 349 (Herrenreiter).
21 BGH NJW 1989, 774, 2941; BGH NJW-RR 1987, 754 = JZ 1987, 684.
22 BGH NJW-RR 1990, 1435.
23 Die Vorschrift wurde aufgehoben durch Gesetz vom 25.7.2002 (BGBl I S. 2674).

und gilt trotz der Neufassung des § 253 BGB, die das Persönlichkeitsrecht nicht erwähnt, fort. Das allgemeine Persönlichkeitsrecht ist ein Rahmenrecht. Die Rechtswidrigkeit eines Eingriffs wird nicht durch tatbestandsmäßiges Handeln indiziert. Das bedeutet, dass die Rechtswidrigkeit einer Handlung positiv durch eine Interessenabwägung zu begründen ist und nicht schon anzunehmen ist, wenn kein klassischer Rechtfertigungsgrund wie Notwehr oder Notstand ersichtlich ist.

Beispiel Polemik: Im Wahlkampf nennt ein Kandidat seinen Gegenspieler ein Unglück für das deutsche Vaterland. Der Angegriffene klagt auf Unterlassung. Die Klage ist unbegründet. Bei der Rechtswidrigkeit ist zu berücksichtigen, dass es um eine politische Auseinandersetzung geht, bei der den Streitenden das Recht auf freie Meinungsäußerung nicht verkürzt werden darf. Die öffentliche Auseinandersetzung ist hier das Mittel, Angriffe abzuwehren. Nur bei sog. Schmähkritik, die nur auf Verletzung abzielt, sind Ansprüche wegen Verletzung des allgemeinen Persönlichkeitsrechts begründet.

660 Das allgemeine Persönlichkeitsrecht wird dort herangezogen, wo spezialgesetzliche Regelungen unvollständig geblieben sind oder ganz fehlen. Es dient dem Ehrenschutz, dem Schutz der Intimsphäre[25], der Abwehr von Belästigungen (z. B. Werbesendungen)[26]. Auch das Recht auf Kenntnis der eigenen Abstammung folgt aus dem allgemeinen Persönlichkeitsrecht[27]. Schließlich sind Diskriminierungen als Verletzung des Persönlichkeitsrechts rechtswidrig. So kann eine Frau, die bei einer Bewerbung nur wegen ihres Geschlechts abgelehnt wurde, nach § 15 Abs. 1 AGG eine Entschädigung verlangen[28]; s. auch oben RdNr. 81. Das allgemeine Persönlichkeitsrecht dient nicht nur der Abwehr von Verletzungen der Person. Inzwischen sind vermögensrechtliche Aspekte des allgemeinen Persönlichkeitsrechts anerkannt[29] und es wird folgerichtig die Frage aufgeworfen, ob eine Zwangsvollstreckung in das Persönlichkeitsrecht zulässig sein kann[30].

---

24 BVerfG NJW 1973, 1221.
25 Vgl. BGHZ 73, 120.
26 BGHZ 106, 229.
27 Vgl. BVerfG NJW 1989, 891; dazu *Starck* JZ 1989, 338.
28 Die Rechtsprechung stützte das Ergebnis früher auf die Verletzung der Persönlichkeit, vgl. BAG NJW 1990, 67.
29 BGH NJW 2000, 2195 – Marlene Dietrich.
30 Dazu *Botsch*, Die Zwangsvollstreckung in das Persönlichkeitsrecht, 2007.

§ 23 Die juristische Person

Literatur: *Baecker*, Zur Nachprüfbarkeit von Vereinsstrafen, NJW 1984, 906; *Ballerstedt*, Mitgliedschaft und Vermögen beim rechtsfähigen Verein, Festschr. f. Knur, 1972, 1; *Beuthien*, Zweitmitgliedschaft wider Willen? Mitgliedschaftsvermittlungsklauseln im Vereinsrecht, ZGR 1989, 255; *Beuthien/Getsch*, Vereinsautonomie und Satzungsrechte Dritter – Statuarischer Einfluß Dritter auf die Gestaltung von Körperschaftssatzungen, ZHR 156 (1992), 459; *Birk*, Der Aufnahmezwang bei Vereinen und Verbänden, JZ 1972, 343; *Bork*, Wider die Rechtsfähigkeit der Wohnungseigentümergemeinschaft – eine resignierende Polemik, ZIP 2005, 1205; *Böttcher*, Die Beendigung des rechtsfähigen Vereins, Rpfleger 1988, 169; *Coing*, Die Vertretungsordnung juristischer Personen und deren Haftung gemäß § 31 BGB, Festschr. f. Fischer, 1979, 65; *Fabricius*, Relativität der Rechtsfähigkeit, 1963; *Flume*, Die juristische Person, 1983; *ders.*, Gesamthandsgesellschaft und juristische Person, Festschr. f. L. Raiser, 1974, 27; *ders.*, v. Savigny und die Lehre von der juristischen Person, Festschr. f. Wieacker, 1978, 340; *ders.*, Körperschaftliche juristische Person und Personenverband, Festschr. f. Kegel, 1987, 147; *ders.*, Der nichtrechtsfähige Verein, ZHR 148 (1984), 503; *Geißler*, Zukunft, Stillstand oder Geltungsverlust für die Durchgriffshaftung im Recht der GmbH?, GmbH Rdsch 1993, 71; *v. Gierke*, O., Das Wesen der menschlichen Verbände, 1902 (Nachdruck 1954); *Großfeld*, Die Anerkennung der Rechtsfähigkeit juristischer Personen, RabelsZ 31 (1967), 1; *Grunewald*, Vereinsaufnahme und Kontrahierungszwang, AcP 182 (1982), 181; *dies.*, Der Ausschluß aus Gesellschaft und Verein, 1987; *Habscheid*, Der nichtrechtsfähige Verein zwischen juristischer Person und Gesellschaft, AcP 155 (1956), 375; *Hassold*, Die Lehre vom Organisationsverschulden, JuS 1982, 583; *Heckelmann*, Der Idealverein als Unternehmer?, AcP 179 (1979), 1; *Heermann*, Die geplante Reform des deutschen Vereinsrechts, ZHR 2006, 247; *Hüffer*, Verein und Gesellschaft, 1977; *Husserl*, Rechtssubjekt und Rechtsperson, AcP 127 (1927), 129; *John*, U., Die organisierte Rechtsperson, 1977 (dazu *Hüffer*, ZHR 142 [1978], 186); *ders.*, Personenrecht und Verbandsrecht im Allgemeinen Teil des Bürgerlichen Rechts – Werner Flumes Buch über „Die juristische Person", AcP 185 (1985), 209; *Knauth*, Die Ermittlung des Hauptzwecks bei eingetragenen Vereinen, JZ 1978, 339; *Kollhosser*, Der Verzicht des rechtsfähigen Vereins auf seine Rechtsfähigkeit, ZIP 1984, 1434; *Kübler*, Rechtsfähigkeit und Verbandsverfassung, 1971; *Lehmann*, M., Der Begriff der Rechtsfähigkeit, AcP 207 (2007), 225; *Leipold*, Richterliche Kontrolle vereinsrechtlicher Disziplinarmaßnahmen, ZGR 1985, 113; *van Look*, Vereinsstrafen, 1990; *v. Lübtow*, Zur Theorie des Rechtssubjektes und ihrer geschichtlichen Entwicklung, Festschr. f. E. Wolf, 1985, 421; *Lukes*, Der Satzungsinhalt beim eingetragenen Verein und die Abgrenzung zu sonstigen Vereinsregelungen, NJW 1972, 121; *Martinek*, Repräsentantenhaftung, 1979; *Meyer-Cording*, Die Vereinsstrafe, 1957; *Mummenhoff*, Gründungssysteme und Rechtsfähigkeit, 1979; *Nitschke*, Die Anwendbarkeit des im § 31 BGB enthaltenen Rechtsgedankens auf alle Unternehmensträger, NJW 1969, 1737; *Oetker*, Der Wandel vom Ideal- zum Wirtschaftsverein, NJW 1991, 385; *Pfister*, Bindung an Verbandsrecht in der Verbandshierarchie, SpuRt 1996, 48; *Quante*, Das allgemeine Persönlichkeitsrecht juristischer Personen, 1999; *Raiser*, Der Begriff der juristischen Person, AcP 199 (1999), 104; *Reuter*, Der Ausschluß aus dem Verein, NJW 1987, 2401; *ders.*, Grenzen der Verbandsstrafgewalt, ZGR 1980, 101; *ders.*, Die Verfassung des Vereins gem. § 25 BGB, ZHR 148 (1984), 523; *ders.*, Verbandszweck und Rechtsfähigkeit im Vereinsrecht, ZHR 151 (1987), 237; *ders.*, Die Mitgliedschaft als sonstiges Recht im Sinne des § 823 Abs. 1 BGB, Festschr. f. H. Lange, 1992, S. 707; *Rittner*, Die werdende juristische Person, 1973 (dazu P. *Ulmer*, ZHR 140 [1976], 61); *ders.*, Rechtsperson und juristische Person, Festschr.

f. Meier-Hayoz, 1982, 331; *Sauter/Schweyer*, Der eingetragene Verein, 14. Aufl., 1990; *v. Savigny*, System des heutigen römischen Rechts, 1840 (Nachdruck 1981); *Schad*, Eingetragener Verein als Wirtschaftsverein?, NJW 1998, 2411; *Schmidt, K.*, Der bürgerlich-rechtliche Verein mit wirtschaftlicher Tätigkeit, AcP 182 (1982), 1; *ders.*, Entziehung der Rechtsfähigkeit bei unrechtmäßig eingetragenen Wirtschaftsvereinen, NJW 1998, 1124; *ders.*, Die Partei- und Grundbuchfähigkeit nichtrechtsfähiger Vereine, NJW 1984, 2249; *ders.*, Systemfragen des Vereinsrechts, ZHR 147 (1983), 43; *ders.*, Verbandszweck und Rechtsfähigkeit im Vereinsrecht, 1984; *ders.*, Der Vereinszweck nach dem Bürgerlichen Gesetzbuch, BB 1987, 556; *ders.*, Erlöschen eines eingetragenen Vereins durch Fortfall aller Mitglieder?, JZ 1987, 394; *ders.*, Eintragungsfähige und eintragungsunfähige Vereine, Rpfleger 1988, 45; *Schockenhoff*, Der Grundsatz der Vereinsautonomie, AcP 193 (1993), 35; *Scholz, R.* u. *Langer, S.*, Stiftung und Verfassung, 1990; *Schulte*, Juristische Person und Gesamthand: Fiktion und Mysterium, FS Großfeld, 1999, 1075; *Serick*, Rechtsform und Realität juristischer Personen, 1955, 2. unveränderte Aufl. 1980; dazu *Müller-Freienfels*, AcP 156 (1957), 522; *Seibert*, Die rechtsfähige Personengesellschaft, JZ 1996, 785 (Kurzbeitrag); *Stöber*, Vereinsrecht, 6. Aufl., 1992; *Stoltenberg*, Rechtsfähigkeit nichtrechtsfähiger Vereine, MDR 1989, 494; *Strickrodt*, Stiftungsrecht, 2. Aufl., 1977; *Ulmer, P.*, Zu einer neuen Theorie der juristischen Person, ZHR 140 (1976), 61; *Viehweg, K.*, Normsetzung und -anwendung deutscher und internationaler Verbände, 1990; *Westermann, H.P.*, Die Verbandsstrafgewalt und das allgemeine Recht, 1972; *Wieacker*, Zur Theorie der juristischen Person des Privatrechts, Festschr. f. E.R. Huber, 1973, 339; *Wilhelm*, Rechtsform und Haftung bei der juristischen Person, 1981; *Wolf, E.*, Grundlagen des Gemeinschaftsrechts, AcP 173 (1973), 97.

I. Übersicht

661 Neben den natürlichen Personen sind bestimmte Verbände und Zweckvermögen rechtsfähig. Das BGB regelt als juristische Personen des Privatrechts den rechtsfähigen Verein und die Stiftung (§§ 21 ff., 80 ff. BGB). Im Wirtschaftsleben spielen eine große Rolle die Aktiengesellschaft (§ 1 Abs. 1 Satz 1 AktG), die Gesellschaft mit beschränkter Haftung (§ 13 Abs. 1 GmbHG), die Kommanditgesellschaft auf Aktien (§ 278 AktG), die eingetragene Genossenschaft (§ 17 GenG) sowie der Versicherungsverein auf Gegenseitigkeit (§ 15 VAG). Daneben gibt es juristische Personen des öffentlichen Rechts, die in Körperschaften (Bundesstaat, Länder, Landkreise, Gemeinden, Universitäten), Anstalten und Stiftungen eingeteilt werden.

Nicht zur juristischen Person gerechnet wurden bisher Personengesellschaften (OHG, KG, PartG, EWIV). Allerdings war für die handelsrechtlichen Gesellschaften anerkannt, dass sie unter ihrem Namen Rechte erwerben und Verbindlichkeiten eingehen können. Das Gesetz bezeichnet nunmehr diese Vereinigungen als **rechtsfähige Personenvereinigungen**. Nach der Legaldefinition des § 14 Abs. 2 BGB ist die rechtsfähige Personengesellschaft eine Personengesellschaft, die mit der Fähigkeit ausgestattet ist, Rechte zu erwerben und Verbindlichkeiten einzugehen[1]. Die Frage, worin der Unterschied zwischen rechtsfähiger Personengesellschaft und juristischer Person besteht, ist ungeklärt. Zum Teil wird gefordert, die Unterscheidung aufzugeben[2], andere betonen einen Unterschied, der darin bestehen soll, dass die juristischen Personen Rechtsfähigkeit völlig losgelöst und unabhängig von Mitgliedern besitzen, während den als Gesamthand ausgestalteten rechtsfähigen Personengesellschaften nur eine personenabhängige Rechtsfähigkeit zukomme[3].

Lange Zeit umstritten war, ob auch die Gesellschaft bürgerlichen Rechts zu den rechtsfähigen Gebilden zu rechnen ist. Der BGH[4] hat in einer wegweisenden Entscheidung die beschränkte Rechtsfähigkeit der Gesellschaft bürgerlichen Rechts anerkannt. Auch im Prozess wird sie als beteiligtes Rechtssubjekt (Partei) behandelt[5]. Freilich bedarf es für die einzelnen Bereiche gesonderter Prüfung, ob die Rechtsfähigkeit anzuerkennen ist. Die *Grundbuchfähigkeit* der Gesellschaft bürgerlichen Rechts ist abzulehnen[6], weil durch die Eintragung der Gesellschaft statt der Gesellschafter das Grundbuch entwertet wird[7]. Veräußert jemand im Namen einer im Grundbuch eingetragenen Gesellschaft ein Grundstück, ist der Erwerber nicht geschützt, wenn sich herausstellt, dass der Veräußerer keine Vertretungsbefugnis hat. Wenn aber die Gesellschaft selbst einzutragen ist, können Rechtsgeschäfte nur noch mit Organen der Gesellschaft abgeschlossen werden. Ob der Handelnde Organ der Gesellschaft ist, lässt sich bei der Gesellschaft bürgerlichen Rechts keinem Register entnehmen, weshalb eine Schutzlücke für den Rechtsverkehr entstünde.

Der BGH hat in einem aufsehenerregenden Beschluss die Teilrechtsfähigkeit der Wohnungseigentumsgemeinschaft anerkannt, soweit sie am

---

[1] Vgl. auch § 11 Abs. 2 Nr. 1 InsO, wo die Personengesellschaften als Gesellschaften ohne Rechtspersönlichkeit bezeichnet werden. Damit legt der Gesetzgeber dem Begriff der Rechtspersönlichkeit eine andere Bedeutung zu als dem der juristischen Person und es kann jemand rechtsfähig sein ohne Rechtspersönlichkeit zu sein; kritisch zu diesem begrifflichen Wildwuchs *Lehmann* AcP 207 (2007), 240 ff.

[2] Thomas *Raiser*, FS Zöller, S. 469, 486; skeptisch auch *Köhler* AT § 21 RdNr. 7 a; *MünchKomm/Reuter* vor § 21 RdNrn. 9 f. m. w. N. Für die Beibehaltung der Unterscheidung *Lehmann* AcP 207 (2007), 244 f.

[3] So *Larenz/Wolf*, § 9 RdNr. 34, die Unabhängigkeit vom Schicksal der Mitglieder betonte bereits *Flume* ZHR 136 (1972) 177.

[4] BGH NJW 2001, 1056 = JZ 2001, 655 (Anm. *Wiedemann*); dazu *K. Schmidt* NJW 2001, 993; *Timme/Hülk* JuS 2001, 536; *Gesmann-Nuissl* WM 2001, 408; *Breyer/Zwecker* BauR 2001, 705.

[5] BGH NJW 2001, 1056.

[6] LG Aachen Rpfleger 2003, 496; *Brehm*, FGG RdNr. 638; *Vogt* Rpfleger 2003, 491; *Stöber* MDR 2001, 544; *Münch* DNotZ 2001, 535; a. M. OLG Stuttgart Rpfleger 2007, 258 (das praktische Erschwernisse einräumt) = JuS 2007, 593 *(K. Schmidt* mit einem guten Überblick über den Meinungsstand); *Wagner* ZIP 2005, 637 ff.; *Ulmer/Steffek* NJW 2002, 330; *Eickmann* ZflR 2001, 433; *Düring* Rpfleger 2002, 53.

[7] Zum Teil wird in Anlehnung an § 162 Abs. 1 Satz 2 HGB verlangt, dass neben der Gesellschaft die Gesellschafter hinzugefügt werden, *Nagel* NJW 2003, 1647 f.

Rechtsverkehr teilnimmt[8]. Damit wurde einer Organisation, die nicht als Gesamthand sondern als Miteigentumsgemeinschaft konzipiert ist, Rechtsfähigkeit zuerkannt.

II. Zweck der Verselbstständigung

1. Vereinfachung des Rechtsverkehrs

662 Die Anerkennung juristischer Personen beruht auf Zweckmäßigkeitsüberlegungen. Ein Verband, der einen überindividuellen Zweck verfolgt, kann leichter am Rechtsverkehr teilnehmen, wenn er selbst als Rechtssubjekt in Erscheinung tritt. Ohne Anerkennung der Rechtsfähigkeit könnte ein Verband selbst nicht Vertragspartner, Eigentümer, Gläubiger oder Schuldner sein. Alle Rechtsbeziehungen müssten mit den Mitgliedern begründet oder über Treuhänder abgewickelt werden.

Beispiel Jazzclub: Mehrere Personen schließen sich zusammen, um die modernen Entwicklungen des Jazz zu fördern und zu pflegen. Wenn die Mitglieder keinen eingetragenen Verein gründen, ist die Teilnahme am Rechtsverkehr nicht ausgeschlossen, aber umständlich. Nach herkömmlicher Auffassung kann ein nichtrechtsfähiger Verein nicht ins Grundbuch eingetragen werden[9]. Soll z.B. eine alte Villa als Vereinslokal erstanden werden, müssen entweder die Mitglieder gemeinschaftliches Eigentum erwerben, oder eine Person muss für die Vereinsmitglieder als Treuhänder auftreten[10]. Der Treuhänder würde in das Grundbuch als Eigentümer eingetragen, aber er wäre aufgrund eines schuldrechtlichen Vertrags verpflichtet, die Eigentümerbefugnisse nur im Rahmen des Vereinszwecks auszuüben.

Nach der **ultra-vires-Lehre**, die vor allem im angelsächsischen Recht vertreten wird, ist der Umfang der Rechts- und Handlungsfähigkeit auf den Zweck der juristischen Person beschränkt. Im deutschen Recht gilt jedenfalls für juristische Personen des Privatrechts im Interesse des Verkehrsschutzes diese Beschränkung nicht[11]. Die ultra-vires-Lehre betrifft das Außenverhältnis. Im Verhältnis zu den Mitgliedern begrenzt der Vereinszweck die Befugnis des Vorstandes. Ein Rechtsgeschäft, das gegen den Vereinszweck verstößt, ist zwar wirksam, aber es stellt gegenüber dem Verein eine Pflichtverletzung dar, die zur Schadenshaftung nach § 280 Abs. 1 BGB führen kann. Siehe auch unten RdNr. 680.

---

8 BGH NJW 2005, 2061= JZ 2006, 258 (Anm. *Grunewald*); vgl. jetzt § 10 Abs. 6 WEG.
9 BGHZ 43, 316, 320 (zum Vermögen der durch das BVerfG verbotenen KPD).
10 Dazu *K. Schmidt* NJW 1984, 2249 (2250).
11 Zur Begrenzung bei juristischen Personen des öffentlichen Rechts BGHZ 20, 119; zitiert in BGHZ 119, 237. *Otto v. Gierke* trat dafür ein, die Handlungsfähigkeit auch bei juristischen Personen des Privatrechts nur innerhalb des Zwecks anzuerkennen, Genossenschaftstheorie, S. 630 ff.

2. Beschränkung der Vermögenshaftung

663 Bei den Körperschaften des Handelsrechts wird mit der Gründung einer rechtsfähigen Gesellschaft auch eine Haftungsbeschränkung auf das Gesellschaftsvermögen bezweckt. Wer am Rechtsverkehr teilnimmt, haftet mit seinem gesamten Vermögen. Der Grundsatz, dass Gläubiger auf alle Gegenstände zugreifen können, die dem Schuldner gehören, folgt für die Einzelzwangsvollstreckung mittelbar aus § 771 ZPO und für das Insolvenzverfahren aus § 35 InsO: „Das Insolvenzverfahren umfasst das gesamte, einer Zwangsvollstreckung unterliegende Vermögen des Insolvenzschuldners, welches ihm zur Zeit der Eröffnung des Verfahrens gehört und das er während des Verfahrens erlangt". Die haftungsrechtliche Zuordnung eines Gegenstandes ist danach grundsätzlich mit der Rechtsinhaberschaft verbunden. Betreibt ein Kaufmann ein Handelsgeschäft als Einzelkaufmann, können die Gläubiger auch auf das Privatvermögen zugreifen. Wer dieses Risiko nicht eingehen will, kann eine GmbH gründen, die als juristische Person Träger des Unternehmens wird und im Rechtsverkehr auftritt. Den Gläubigern haftet nur noch das Gesellschaftsvermögen, während die Privatvilla und der teure Sportwagen, den sich der Kaufmann in besseren Tagen zugelegt hat, nicht dem Zugriff der Gläubiger unterliegen. Sie müssen sich an die Gesellschaft halten, die Vertragspartnerin und Schuldnerin ist und trotz der irreführenden Bezeichnung GmbH ohne Beschränkung mit ihrem gesamten Vermögen haftet. Ein Kaufmann, der seine Geschäfte über eine GmbH abwickelt, verliert im schlimmsten Fall die in das Gesellschaftsvermögen eingebrachten Werte. Die Risikominderung bedeutet Abwälzung der Verlustgefahr auf die Gläubiger.

Es liegt auf der Hand, dass der Einsatz juristischer Personen für die Geschäftspartner nicht ganz ungefährlich ist. Ein Unternehmer könnte versucht sein, Geschäfte weitgehend risikolos abzuwickeln, indem er sich einer vermögenslosen juristischen Person bedient. Dem beugt das Gesetz dadurch vor, dass die Verfolgung wirtschaftlicher Zwecke durch eine juristische Person grundsätzlich in der Form der Kapitalgesellschaft erfolgen muss, bei der als Ausgleich für die fehlende persönliche Haftung Vorschriften über eine Mindestkapitalausstattung bestehen. Das Stammkapital der GmbH beträgt mindestens 25 000 Euro (§ 5 GmbHG). Bei der Eintragung der Gesellschaft in das Handelsregister wird geprüft, ob die Sacheinlagen vollständig und die Bareinlagen mindestens zu einem Viertel erbracht sind (§ 7 Abs. 2 Satz 1 GmbHG). Für die Aktiengesellschaft ist ein Mindestnennbetrag des Grundkapitals von 50 000 Euro vorgeschrieben (§ 7 AktG). Nach der Gründung werden die Gläubiger durch Kapitalerhaltungsvorschriften (vgl. z.B. § 30 GmbHG) und insolvenzrechtliche Bestimmungen geschützt. Bei juristischen Personen findet das Insolvenzverfahren schon bei Überschuldung und nicht erst bei Zahlungsunfähigkeit statt (§ 19 Abs. 1 InsO).

664 Rechtsprechung und Wissenschaft haben darüber hinaus zum Schutze der Gläubiger Grundsätze einer Durchgriffshaftung bei juristischen Personen entwickelt. Danach haften Hintermänner, die eine juristische Person rechtsmissbräuchlich einsetzen, mit ihrem eigenen Vermögen[12]. Nach der Rechtsprechung[13] findet eine Durchgriffshaftung beim sog. existenzvernichtenden Eingriff statt. Ein solcher Eingriff liegt vor, wenn die Gesellschafter auf das Gesellschaftsvermögen zugreifen und dadurch die Funktion des Gesellschaftsvermögens als Haftungsmasse in erheblichem Maße beeinträchtigen.

III. Theorien zur juristischen Person

665 Die juristische Person war im 19. Jahrhundert Gegenstand eines lebhaften Theorienstreits, der durch zwei rivalisierende Denkansätze geprägt war, die **Fiktionstheorie** (*von Savigny*) und die **Theorie der realen Verbandspersönlichkeit** (*Otto von Gierke*). Gegenstand des Streites war zunächst die Frage nach dem Sein der juristischen Person. Während bei natürlichen Personen einem Menschen die Eigenschaft „Rechtsfähigkeit" zugeschrieben wird, ist unklar, wer bei juristischen Personen Träger dieser Eigenschaft ist. Die Fiktionstheorie ging davon aus, bei der juristischen Person werde das Subjekt lediglich fingiert und existiere nur in den Köpfen der Juristen. Demgegenüber vertrat *O. von Gierke* mit Nachdruck den Standpunkt, die juristische Person sei nicht nur ein gedachtes Subjekt, sondern habe eine reale Existenz. Vordergründig ging es um eine rechtsontologische Fragestellung, die in das Reich der Spekulation und unnützer Metaphysik zu führen scheint. Bei einem Juristen, der praktisches Denken philosophisch-geistreichem vorzieht, hinterlassen beide Theorien Zweifel. Sind Staaten, die verheerende Kriege führen, oder mächtige Aktiengesellschaften, von denen das Schicksal vieler Menschen abhängt, nur Fiktionen, wie die Fiktionstheorie behauptet? Wie muss man sich als Anhänger der Theorie der realen Verbandsperson die Existenz eines Verbandes vorstellen, dem nicht nur Rechts-, sondern auch Handlungsfähigkeit zugeschrieben wird? Ist die Handlung des Vorstandes wirklich eine Handlung des Verbandes? Müsste man nicht annehmen, der zum Vereinsvorstand Gekürte verschmelze auf mysteriöse Weise mit dem Verein und verliere sein Eigendasein? Wenn es bei den Theorien nur um die Seinsweise der juristischen Person gegangen wäre, könnte man den Streit getrost in die Dogmengeschichte verweisen. Aber in Wahrheit ging es nicht nur um rechtsontologische Probleme. Hinter der philosophisch anmutenden Frage nach dem Sein verbargen sich rechtspolitische und rechtsdogmatische

---

[12] Dazu BGHZ 68, 312; BGH NJW 1985, 740; *Serick*, Rechtsform und Realität juristischer Personen, 1955; *K. Schmidt*, Gesellschaftsrecht, § 9.
[13] BGHZ 149, 10; BGH NJW 2002, 1803.

Themen. Dass dem Menschen notwendig die Eigenschaft der Rechtsfähigkeit zuzuschreiben ist, war unstreitig. Die Frage war, ob auch Verbände, deren Existenz nicht abzustreiten ist, vom Recht als Subjekte zu behandeln sind[14]. Darüber hinaus wurden die Theorien bei der Lösung von Zurechnungsproblemen herangezogen. Noch heute wird die organschaftliche Vertretung von der echten Stellvertretung unterschieden. Die Ansicht, bei der organschaftlichen Vertretung handle nicht der Vertreter, sondern der Vertretene durch das Organ[15], beruht auf der Organtheorie, die von der Theorie der realen Verbandspersönlichkeit abgeleitet ist. Bei der Organtheorie wird deutlich, dass normative Fragestellungen im Theorienstreit ontologisch eingekleidet wurden. Wer nachgewiesen hat, dass ein Handeln des Vorstandes tatsächlich ein Handeln des Vereins ist, muss sich nicht mehr um die Frage kümmern, wie das Handeln der Vorstandsmitglieder dem Verein zuzurechnen ist.

IV. Allgemeine Entstehungsvoraussetzungen

Das Entstehen der juristischen Person ist heute überwiegend nach dem **Normativprinzip** geregelt. Das Gesetz stellt bestimmte Voraussetzungen auf, zu denen die Eintragung in ein Register als Publizitätsakt gehört. Wenn die gesetzlichen Voraussetzungen erfüllt sind, entsteht die juristische Person. Es hängt nicht von der Ermessensentscheidung einer Behörde ab, ob einem Verband Rechtsfähigkeit verliehen wird.

666

Für wirtschaftliche Vereine und ausländische Vereine, die im Ausland nicht rechtsfähig sind, gilt das **Konzessionssystem** (§§ 22, 23 BGB), nach dem Rechtsfähigkeit durch eine Ermessensentscheidung der Verwaltungsbehörde verliehen wird; siehe auch unten RdNr. 675.

667

V. Der rechtsfähige Verein

1. Begriff des Vereins

Der Verein ist ein auf Dauer angelegter Verband, in dem sich Personen zur Verfolgung eines überindividuellen Zweckes zusammenschließen. Die Besonderheit vor allem gegenüber schuldrechtlichen Rechtsverhältnissen ist die Verselbstständigung des Zwecks, der als Organisationszweck von individuellen Zwecken der Mitglieder losgelöst ist.

668

Beispiel Kunstverein: Kunstliebhaber wollen die bildende Kunst in ihrer Heimatstadt fördern. Sie gründen deshalb einen Kunstverein, der nach der Satzung

---

14 Zu diesem rechtspolitischen Aspekt vgl. K. Schmidt, Gesellschaftsrecht, § 8 II 3.
15 Jauernig § 26 RdNr. 1.

den Zweck verfolgt, Ausstellungen, Vorträge und ähnliche Veranstaltungen zur Förderung der Kunst zu veranstalten. Durch die Vereinsgründung wird erreicht, dass die Kunstförderung nur noch vom Bestand des Vereins abhängt, aber nicht mehr von bestimmten Personen. Für den Verein, der über mehrere Generationen hinweg bestehen kann, sind die jeweiligen Mitglieder austauschbare Größen.

2. Gründung

a) Satzung

669 Die Gründung des Vereins geschieht durch Errichtung einer **Satzung** (Verfassung), deren Inhalt durch die Gründer bestimmt wird (§ 25 BGB). Nach § 57 BGB muss die Satzung den Vereinszweck, den Namen und den Sitz enthalten. Außerdem muss sich aus ihr ergeben, dass der Verein eingetragen werden soll. Enthält die Satzung diese zwingenden Bestandteile nicht, wird ein Antrag auf Eintragung vom Registergericht abgelehnt. Die Satzung soll weiter Bestimmungen enthalten über den Eintritt und Austritt der Mitglieder, über Mitgliedsbeiträge, die Bildung des Vorstandes und über die Voraussetzungen, unter denen die Mitgliederversammlung zu berufen ist, über die Form der Berufung und über die Beurkundung der Beschlüsse (§ 58 BGB). Die Grenzen der Satzungsautonomie ergeben sich aus § 40 BGB, der die abdingbaren Bestimmungen einzeln aufzählt.

b) Rechtsnatur des Gründungsaktes

670 Die rechtliche Einordnung des Gründungsaktes ist streitig. Nach der von *Otto v. Gierke* begründeten Normentheorie handeln die Gründungsmitglieder kraft ihrer Verbandsautonomie und setzen auf dieser Grundlage objektives Recht. Diese Theorie schwingt noch in der vom BGH vertretenen korporationsrechtlichen Betrachtungsweise nach, die zwar den Gründungsakt als Vertrag wertet, aber mit der Entstehung des Vereins eine rechtliche Verwandlung postuliert. Aus dem Vertrag wird eine eigenständige körperschaftsrechtliche Norm des Vereinslebens[16]. Nach anderer Ansicht handelt es sich bei der Satzung um einen organisationsrechtlichen Vertrag, der diese Eigenschaft auch nicht dadurch einbüßt, dass der Verein in Vollzug gesetzt wird. Wie bei anderen Verträgen darf der Entstehungstatbestand nicht mit dem Vertrag als Regelungsgehalt vermengt werden. Entstehungstatbestand ist ein rechtsgeschäftlicher Akt, auf den grundsätzlich die Vorschriften über Willenserklärungen anzuwenden sind[17]. Mit der korporationsrechtlichen Betrachtungsweise versucht die Rechtsprechung, den Gründungsakt von den Gründern und deren individuellem Willen abzulösen. Das sollte aber nicht mit einer eigentümlichen Verwandlung der

---

16 BGHZ 47, 172 (179 ff.).
17 *Soergel/Hadding* § 25 RdNr. 17 m. w. N.

Verfassung in eine körperschaftliche Norm erklärt werden[18]. Vielmehr ist bei Anwendung der Vorschriften über Rechtsgeschäfte zu berücksichtigen, dass der Organisationsvertrag einen Verband konstituieren soll, der einen überindividuellen Zweck verfolgt.

Beispiel Vereinsausschluss: K wurde durch Beschluss des zuständigen Organs aus dem Pudelzüchterverein ausgeschlossen. Nach der Satzung des Vereins konnten Beschlüsse über den Ausschluss durch ein befristetes Rechtsmittel an den Ehrenausschuss angefochten werden. Die Ehrengerichtsordnung, die sich der Ehrenrat aufgrund der Satzung selbst gegeben hatte, bestimmt u.a., der Ausgeschlossene habe die Kosten des Verfahrens zu tragen und der Ausschuss entscheide über die Veröffentlichung des Beschlusses. K macht geltend, die Ehrengerichtsordnung sei unwirksam. Der Beschluss des Vereins sei deshalb wegen Verfahrensmängeln unwirksam.
Der BGH[19] beurteilte die Wirksamkeit der Verfahrensordnung nach den Grundsätzen, die auch für Satzungen herangezogen werden. Die Regelungen über die Veröffentlichungsbefugnis und Kostentragung waren nach Ansicht des BGH unwirksam, weil sie als Grundentscheidungen nicht von dem für Satzungsänderungen zuständigen Organ getroffen wurden. Eine Anwendung des § 139 BGB lehnte der BGH ab, weil eine Vereinsnorm vom Parteiwillen losgelöst sei. Die Unwirksamkeit einzelner Bestimmungen führt danach nicht zur Gesamtnichtigkeit der Verfahrensordnung.

Mängel des Gründungsaktes (z.B. Willensmängel einzelner Gründer) berühren die Wirksamkeit der Satzung grundsätzlich nicht. Es gelten die Regeln, die zur fehlerhaften Gesellschaft entwickelt wurden[20]. Voraussetzung ist, dass der Verein durch Eintragung oder Aufnahme der Tätigkeit das Stadium der Gründung verlassen hat[21]. **671**

Die Regelungen der Satzung unterliegen nicht den Vorschriften über AGB (§ 310 Abs. 4 BGB), aber einer Inhaltskontrolle nach § 242 BGB.

c) Vorverein

Mit dem Gründungsakt entsteht ein Vorverein, auf den die Bestimmungen über den nichtrechtsfähigen Verein (§ 54 BGB) anzuwenden sind. Der spätere rechtsfähige Verein tritt als Rechtsnachfolger in alle Rechte und Pflichten ein, die durch den Vorverein begründet wurden. Gläubiger müssen sich an den Verein halten und können nicht mehr nach § 54 Satz 2 BGB auf das Vermögen einzelner Vereinsmitglieder zugreifen, die für den Vorverein tätig waren. **672**

---

18 Vgl. *Jauernig* § 25 RdNr. 2, der vor unbedachter begriffsjuristischer Ableitung warnt.
19 BGHZ 47, 172 (180) = NJW 1967, 1268 (1271).
20 Dazu *K. Schmidt*, Gesellschaftsrecht, § 6 II.
21 Vgl. OLG Düsseldorf NJW 1990, 328 (329).

d) Eintragungsverfahren

673 Der Verein ist in das Vereinsregister bei dem Amtsgericht einzutragen, bei dem der Verein seinen Sitz hat. Das Eintragungsverfahren ist eine Angelegenheit der freiwilligen Gerichtsbarkeit (§§ 159 ff. FGG). Nach § 59 Abs. 1 BGB hat der Vorstand den Verein zur Eintragung anzumelden. Der Eintragungsantrag ist von allen Vorstandsmitgliedern zu stellen, auch wenn nach der Satzung Einzelvertretungsbefugnis besteht[22]. Die Vorstandsmitglieder handeln als Vertreter des Vorvereins[23]. Eine Pflicht, das Eintragungsverfahren einzuleiten, besteht nur gegenüber dem Vorverein. Dem Antrag sind beizufügen die Satzung in Urschrift und eine Abschrift sowie eine Abschrift der Urkunden über die Bestellung des Vorstandes (§ 59 Abs. 2 BGB). Wird die Anmeldung zugelassen, so hat das Amtsgericht sie der nach Landesrecht zuständigen Verwaltungsbehörde mitzuteilen (§ 61 BGB). Die Behörde erhebt Einspruch, wenn der Verein nach öffentlichem Vereinsrecht unerlaubt ist oder verboten werden kann (§ 61 Abs. 2 BGB) An den Einspruch ist das Registergericht gebunden. Der Verein kann die Entscheidung der Verwaltungsbehörde beim Verwaltungsgericht mit der Anfechtungsklage anfechten.

674 Eingetragen werden Name und Sitz des Vereins, der Tag der Errichtung der Satzung sowie die Mitglieder des Vorstandes. Beschränkungen der Vertretungsmacht des Vorstandes und Bestimmungen, welche die Beschlussfassung des Vorstandes abweichend von § 28 Abs. 1 BGB regeln, sind gleichfalls einzutragen (§ 64 BGB).

e) Beginn der Rechtsfähigkeit

675 Inländische Vereine, deren Zweck nicht auf einen wirtschaftlichen Geschäftsbetrieb gerichtet ist, (**Idealvereine**), werden mit der Eintragung rechtsfähig. Der Idealverein ist nicht notwendig gemeinnützig. Ob ein Verein gemeinnützig ist, bestimmt das Steuerrecht (§§ 51 ff. AO). **Ausländische Vereine**, die nach ihrem Heimatrecht rechtsfähig sind, werden auch im Inland als juristische Personen anerkannt. Für ausländische Vereine, die nach fremdem Recht nicht rechtsfähig wurden, besteht die Möglichkeit, einen Antrag auf Verleihung der Rechtsfähigkeit im Inland zu stellen (§ 23 BGB). Auch Vereine, die einen wirtschaftlichen Zweck verfolgen (Wirtschaftsvereine), können die Rechtsfähigkeit nur durch staatliche Verleihung erwerben (§ 22 BGB). Wenn der Geschäftsbetrieb in der Form einer Kapitalgesellschaft oder Genossenschaft geführt werden kann, darf die

---

[22] *MünchKomm/Reuter* § 59 RdNr. 3; a. M. *Kirberger* ZIP 1986, 346. – Anders bei der Eintragung einer Satzungsänderung, vgl. BGH NJW 1986, 1033.
[23] Vgl. BGHZ 107,1 = NJW 1989, 1610; BayObLG NJW-RR 1991, 958; dazu auch *Brehm*, FGG, RdNr. 207.

Behörde die Rechtsfähigkeit nicht verleihen, sonst könnten die Schutzvorschriften des Gesellschaftsrechts durch Flucht in den Verein unterlaufen werden. Dieser Subsidiaritätsgrundsatz verstößt nicht gegen Art. 9 GG[24]. Die Bestimmung des § 22 BGB ist nur anzuwenden, wenn der wirtschaftliche Geschäftsbetrieb Hauptzweck des Vereins ist[25]. Ein Wirtschaftsverein liegt vor, wenn der Vereinszweck darauf gerichtet ist, gegenüber Nichtmitgliedern entgeltliche Leistungen zu erbringen. Bei entgeltlichen Leistungen, die nur gegenüber Mitgliedern erbracht werden, liegt ein wirtschaftlicher Geschäftsbetrieb dann vor, wenn die Tätigkeit zur Erwerbstätigkeit der Mitglieder gehört. Die Merkmale des Wirtschaftsvereins werden von Arbeitgeberverbänden und Gewerkschaften nicht erfüllt.

3. Mitgliedschaft

a) Erwerb und Verlust

Die Vereinsmitgliedschaft wird erworben durch Beteiligung am Gründungsakt, durch Beitritt oder durch Rechtsnachfolge, falls die Satzung abweichend von § 38 BGB eine Übertragung der Mitgliedschaft vorsieht. Der Beitritt begründet die Mitgliedschaft durch einen Vertrag zwischen dem künftigen Mitglied und dem Verein[26]. Die Satzung kann auch eine einseitige Erklärung[27] oder eine besondere Form vorsehen. **676**

Nach dem Grundsatz der Privatautonomie kann der Verein frei darüber entscheiden, ob er einen Bewerber aufnimmt. Die Satzung kann aber einen Rechtsanspruch auf Mitgliedschaft begründen. Ausnahmsweise besteht ein Kontrahierungszwang, wenn der Verein eine Monopolstellung oder eine überragende Machtstellung[28] hat und wenn der Bewerber durch seine Ablehnung unbillig benachteiligt würde. Ein Anspruch auf Aufnahme ergibt sich in diesen Fällen aus §§ 826, 249 BGB. **677**

Beispiel Karriere: Assessor A plant nach dem Examen seine berufliche Karriere. Er meint, es könne in der Verwaltungslaufbahn im Freistaat Bayern förderlich sein, wenn er der CSU beitrete. Sein Gesuch um Aufnahme in die Partei wird abgelehnt, weil A vor Jahren im Wahlkampf für die SPD tätig war. A ist der Ansicht, die CSU habe in Bayern eine derart mächtige Stellung, daß ein Aufnahmezwang bestehe. Die Ansicht des A ist unzutreffend. Der BGH[29] lehnt bei politischen Parteien zutreffend einen Aufnahmezwang ab, weil nach § 10 Abs. 1 PartG die Organe der Parteien über die Aufnahme frei zu entscheiden haben.

---

24 *K. Schmidt*, Gesellschaftsrecht, § 24 II 2 m. w. N.
25 Zum Nebenzweckprivileg BGH NJW 1983, 569f.; *Heckelmann* AcP 179 (1979), 13.
26 BGHZ 101, 193 (196).
27 *Medicus* RdNr. 1114; *Larenz/Wolf* § 10 RdNr. 107.
28 Vgl. BGHZ 93, 151 (IG Metall); dazu *Reuter* JZ 1985, 536. S. auch KG JuS 1993, 420 (*K. Schmidt*).
29 BGHZ 101, 193 (200) = NJW 1987, 2503 (die Entscheidung betrifft nicht die CSU); dazu *Henke* JZ 1987, 1080.

678 Leidet die Beitrittserklärung an Willenmängeln, kann sie angefochten werden. Die Anfechtung hat aber nach h.M. entgegen § 142 BGB keine rückwirkende Kraft[30], wenn der Verein bereits ins Leben getreten ist. Das Fehlen der Geschäftsfähigkeit kann dagegen ohne Einschränkung geltend gemacht werden.

Die Mitgliedschaft in einem Verein kann auch von einer juristischen Person erworben werden. Die Mitglieder des Vereins, der sich einem Dachverband anschließt, werden nicht ohne Weiteres Mitglieder des übergeordneten Vereins. Durch sog. Mitgliedschaftsvermittlungsklauseln soll die Mitgliedschaft im übergeordneten Verband begründet werden, um die Satzungsgewalt des Dachverbandes auf die Mitglieder der angeschlossenen Vereine zu erstrecken[31].

679 Die Mitgliedschaft **endet** durch Austritt, Ausschluss oder durch Auflösung des Vereins. Das Recht zum Austritt kann in der Satzung nicht ausgeschlossen werden (§§ 39, 40 BGB). Eine satzungsmäßige Kündigungsfrist darf nach § 39 Abs. 2 BGB höchstens zwei Jahre betragen. Die Austrittserklärung ist eine einseitige empfangsbedürftige Willenserklärung. Der Ausschluss kann als Vereinsstrafe in der Satzung vorgesehen werden; zur Rechtsnatur s. unten RdNr. 684. Enthält die Satzung keine Regelung, kann der Verein ein Mitglied aus wichtigem Grund ausschließen. Dabei ist der Grund konkret zu bezeichnen, damit eine gerichtliche Kontrolle möglich ist[32].

b) Inhalt der Mitgliedschaft

680 Der Ausdruck „Mitgliedschaft" wird in einem mehrdeutigen Sinn verwendet. Mitgliedschaft bezeichnet das Rechtsverhältnis zwischen Verein und Mitglied. Man nennt aber auch die daraus resultierende subjektive Rechtsposition Mitgliedschaft. Sie wird als sonstiges Recht i.S.d. § 823 Abs. 1 BGB geschützt[33]. Bei Verletzung der Mitgliedschaft kann ein Ersatzanspruch gegen den Verein entsprechend § 280 Abs. 1 BGB geltend gemacht werden[34].

681 Die Rechte, die in der Mitgliedschaft ihre Grundlage haben, werden in allgemeine Mitgliedschaftsrechte und Sonderrechte eingeteilt. Zu den allgemeinen Mitgliedschaftsrechten gehört die Befugnis, an der Willensbildung des Vereins in der Mitgliederversammlung teilzunehmen (Organschaftsrechte) und das Recht, Vereinseinrichtungen in Anspruch zu nehmen (Genussrechte).

---

30 *Soergel/Hadding* § 38 RdNr. 10.
31 Zur Problematik *Beuthien* ZGR 1989, 255.
32 BGH NJW 1990, 40.
33 RGZ 158, 248 (255); BGHZ 110, 323 (327).
34 BGHZ 110, 323 (327).

682 Die Satzung kann einzelnen Mitgliedern Sonderrechte einräumen. Dabei kann es sich um organschaftliche Sonderbefugnisse oder um besondere Genussrechte handeln. Die Sonderrechte können nach § 35 BGB nicht ohne Zustimmung des Begünstigten durch Beschluss der Mitgliederversammlung beeinträchtigt werden[35].

683 Die Mitgliedschaft begründet auch Pflichten. Die Mitglieder haben den in der Satzung festgelegten Beitrag zu leisten. Darüber hinaus bestehen Treuepflichten zum Verein. Soweit die Satzung einzelnen Mitgliedern keine Sonderstellung einräumt, gilt im Verhältnis zu den Mitgliedern der Grundsatz der Gleichbehandlung.

c) Disziplinargewalt

684 Viele Vereinssatzungen sehen die Möglichkeit vor, gegen Vereinsmitglieder ein Disziplinarverfahren einzuleiten und eine Vereinsstrafe zu verhängen. Die Vereinsstrafe wird von der h.M. nicht als Vertragsstrafe eingeordnet[36]. Eine Herabsetzung der Strafe nach § 343 BGB wird deshalb abgelehnt[37]. Die Vereinsstrafe unterscheidet sich von der Vertragsstrafe nur dadurch, dass sie ihre Grundlage nicht in einem Vertrag, sondern in der Satzung hat. Versuche, der Vereinsstrafe eine besondere Qualität beizumessen, sind verfehlt. Wenn *Larenz* die Besonderheit damit begründet, die Vereinsstrafe bringe typischerweise eine Missbilligung zum Ausdruck und sei Reaktion einer sozialen Gruppe auf ein Verhalten eines ihrer Mitglieder, das mit den Gruppenanforderungen in Widerspruch stehe[38], werden aus sozialen Gegebenheiten unzulässig normative Folgerungen gezogen. Die Praxis der Vereinsstrafe kann freilich als Verkehrssitte bei den §§ 157, 242 BGB zu berücksichtigen sein. Der Ausschluss aus dem Verein in einem Disziplinarverfahren ist rechtlich als Kündigung des Mitgliedschaftsverhältnisses aus wichtigem Grunde zu qualifizieren[39]. Soweit sich der Verein auf den allgemeinen Grundsatz stützt, dass Dauerrechtsverhältnisse auflösbar sind, wenn ein wichtiger Grund vorliegt, der eine weitere Fortsetzung des Rechtsverhältnisses nach Treu und Glauben unzumutbar macht, bedarf es für den Ausschluss keiner Satzungsermächtigung[40].

685 Disziplinarentscheidungen des Vereins unterliegen nach der Rechtsprechung nur einer eingeschränkten Kontrolle durch die staatliche Gerichts-

---

35 Vgl. BGH NJW-RR 1969, 542 (zum Gesellschafter).
36 Vgl. *Larenz*, 7. Aufl., § 10 IV; dagegen *Flume*, Die Vereinsstrafe, Festschr. f. Bötticher, 1969, 101; *Larenz/Wolf* § 10 RdNr. 116.
37 Für Analogie *Medicus* RdNr. 1122.
38 *Larenz*, 7. Aufl., § 10 IV.
39 *Flume*, aaO; vermittelnd *Reuter* NJW 1987, 2401.
40 Vgl. BGH NJW 1990, 40; *K. Schmidt* JuS 1998, 266.

barkeit[41]. Begründet wird dies mit der Vereinsautonomie und dem Hinweis auf die freiwillige Unterwerfung unter die Disziplinargewalt des Vereins. Der Betroffene kann danach nur geltend machen, Verfahrensvorschriften seien verletzt worden, die ausgesprochene Strafe sei willkürlich, offenbar unbillig, gesetz- oder sittenwidrig. Geprüft wird ferner, ob die Maßnahme in der Satzung eine Grundlage hat[42]. Auch bei Maßnahmen politischer Parteien können nach der Rechtsprechung sachliche Einwände nur beschränkt erhoben werden[43]. Voll nachgeprüft werden die Tatsachenfeststellungen des Vereins[44]. Eine Beschränkung der Tatsachenprüfung kann nach Ansicht des BGH nicht damit begründet werden, das Mitglied habe sich freiwillig der Vereinsgewalt unterworfen. Die Unterwerfung unter die Strafgewalt des Vereins bedeute noch nicht das Einverständnis, Strafen für nicht begangene Taten zu erleiden. In welchem Umfang Vereinsstrafen nachzuprüfen sind, ist eine Frage des materiellen Rechts, das dem Verband einen Ermessensspielraum einräumen kann. Verfehlt ist es, aus einer Verbandsautonomie einen rechtsfreien Raum abzuleiten.

Beispiel Burschenschaft: Student S ist Mitglied in einer Burschenschaft, die es ihren Mitgliedern zur Pflicht macht, eine Mensur zu schlagen. Der Mensurkonvent, der über die Gültigkeit einer Partie zu entscheiden hat, erkennt die Mensur des S nicht an, weil er einem Hieb des Gegners ausgewichen ist. Gegen diese Entscheidung klagt S beim Landgericht. Der Entscheidung des Vereinsorgans liegen soziale Normen zugrunde, die für einen Außenstehenden schwer nachvollziehbar sind und objektiv die Funktion haben, eine von der übrigen Welt abgegrenzte Vereinswelt und -wirklichkeit zu konstituieren. Der Richter darf sicher nicht mit seinen „externen" Wertvorstellungen einen Vereinsbeschluss korrigieren. Das ergibt sich aus der satzungsmäßig begründeten Befugnis, eine Ermessensentscheidung zu treffen, die das Gesetz auch sonst kennt (vgl. §§ 315 Abs. 1, 317 Abs. 1 BGB). Bei der Frage, ob die Grenzen des Ermessens überschritten wurden, sind neben einer Vereinsordnung die sozialen Normen des Verbandes als Verkehrssitte zu berücksichtigen.

Der Disziplinargewalt des Vereins unterliegen grundsätzlich nur Vereinsmitglieder, weil nur sie der Satzung unterworfen sind. Dritte können sich aber durch Rechtsgeschäft dem Regelwerk eines Verbandes unterwerfen[45].

Disziplinarmaßnahmen werden in vielen Vereinen und Verbänden von Disziplinargerichten verhängt. Sie können in der Satzung unterschiedlich ausgestaltet werden. Ist das Gericht zur Entscheidung unter Ausschluss des ordentlichen Rechtswegs berufen und ist es als unparteiliche Instanz organisiert, handelt es sich um ein Schiedsgericht im Sinne der §§ 1025 ff.

---

41 Dazu BGH NJW 1997, 3368. In der Literatur wird dies überwiegend kritisiert; vgl. *K. Schmidt*, Gesellschaftsrecht, § 24 V 3 f; *Medicus* RdNr. 1124; *Larenz/Wolf* § 10 RdNr. 119; *Flume*, Juristische Person, § 9 IV.
42 Zum Prüfungsumfang BGHZ 21, 370; BGHZ 47, 381 (385) = NJW 1967, 1657; BGH NJW 1991, 485 m.w.N.
43 BGHZ 75, 158 (159) = NJW 1980, 443.
44 BGHZ 87, 337 (344) = NJW 1984, 918; dazu *Leipold* ZGR 1985, 112; *Baecker* NJW 1984, 906.
45 BGH NJW 1995, 583.

ZPO. Wo diese Voraussetzungen nicht vorliegen, sind die §§ 1025 ff. ZPO unanwendbar[46].

Bei Vereinen, die wegen einer **Macht-** oder **Monopolstellung** einem Aufnahmezwang unterliegen, erkennt die Rechtsprechung ein weitergehendes Prüfungsrecht an[47]. Bei einem Ausschluss wird geprüft, ob eine sachliche Rechtfertigung besteht. Wenn die freie Entscheidung über die Aufnahme eingeschränkt ist, kann der Ausschluss nicht mit Rücksicht auf eine Verbandsautonomie der Beurteilung der Gerichte entzogen sein. Der BGH billigt dem Verein zwar einen Ermessensspielraum zu, der aber nicht weiter geht als bei Entscheidungen über Aufnahmeanträge.

686

4. Organisation

a) Grundlage

Die Organisation des Vereins ist in der Satzung geregelt, die von den Gründern errichtet wird und später der Disposition der Mitgliederversammlung unterliegt (§ 33 Abs. 1 BGB). Bei der Ausgestaltung der Vereinsverfassung sind die Mitglieder grundsätzlich frei. Regelungen dürfen aber nicht gegen die guten Sitten, Gesetze oder zwingendes Recht verstoßen (§§ 134, 138 BGB). Nachgiebig sind nach § 40 BGB die Vorschriften der §§ 27 Abs. 1 und 3, 28 Abs. 1, 32, 33, 38 BGB.

687

b) Organe

Der Verein benötigt zur Bildung eines Willens und zu dessen Vollzug Organe. Man unterscheidet Willensbildungsorgane, Leitungsorgane und Aufsichtsorgane. Das BGB regelt nur den Vorstand und die Mitgliederversammlung, die in erster Linie Willensbildungsorgan ist. Der Vorstand führt die Geschäfte und vertritt den Verein nach außen. Die Vertretungsbefugnis kann durch Satzung mit Wirkung gegen Dritte beschränkt werden (§ 26 Abs. 2 BGB); ein Beschluss des Vorstandes, der keine Grundlage in der Satzung hat, ist dafür nicht ausreichend[48]. Auch bei einem Vorstand, dem mehrere Personen angehören (mehrgliedriger Vorstand), ist das Organ vertretungsberechtigt. Die Willensbildung erfolgt durch Beschlussfassung nach den §§ 28 Abs. 1, 32, 34 BGB. Handelt die erforderliche Mehrheit der Vorstandsmitglieder beim Abschluss eines Rechtsgeschäfts (Aktivvertretung), ist es unschädlich, wenn kein förmlicher Beschluss gefasst wurde[49]. Zur Passivvertretung ist jedes Vorstandsmitglied befugt.

688

---

46 BGH NJW 2004, 2226 = JuS 2004, 926 (*K. Schmidt*).
47 BGHZ 102, 265 (275); BGH NJW 1991, 485; dazu *Hadding/van Look* ZGR 1988, 271.
48 BGHZ 119, 379.
49 *Soergel/Hadding* § 28 RdNr. 9; *Palandt/Heinrichs* § 26 RdNr. 6.

689 Wird der Umfang der Vertretungsbefugnis in der Satzung abweichend von § 28 Abs. 1 BGB geregelt, ist eine Eintragung in das Vereinsregister erforderlich (§ 64 Satz 2 BGB). Fehlt die Eintragung, ist die Satzungsbestimmung nicht unwirksam, aber etwaige Beschränkungen können einem Dritten, der davon keine Kenntnis hatte, nicht entgegengesetzt werden. Das Vereinsregister genießt negative Publizität. Die von § 28 Abs. 1 BGB abweichende Regelung der Vertretungsmacht und Änderungen in der Vertretungsbefugnis (Wechsel der Organmitglieder), die nicht eingetragen sind, können einem Dritten nicht entgegengehalten werden, wenn dieser keine Kenntnis hatte. Eingetragene Änderungen muss ein Dritter grundsätzlich gegen sich gelten lassen. Er kann aber einwenden, die Eintragung sei ihm unbekannt geblieben und seine Unkenntnis beruhe nicht auf Verschulden (§§ 68, 70 BGB). Beruht die Regelung der Vertretungsmacht auf einer Satzungsänderung, kommt es nicht auf die Kenntnis des Dritten an, weil Satzungsänderungen erst mit Eintragung in das Vereinsregister wirksam werden (§ 71 BGB).

690 Die **Mitgliederversammlung** entscheidet in allen Angelegenheiten, die nicht einem anderen Organ zugewiesen sind. Zu den wichtigsten Aufgaben gehört die Bestellung des Vorstandes (§ 27 Abs. 1 BGB). Die Gültigkeit eines Beschlusses setzt voraus, dass der Gegenstand bei der Einberufung bezeichnet wird (§ 32 Abs. 1 Satz 2 BGB). Es entscheidet die Mehrheit der erschienenen Mitglieder (§ 32 Abs. 1 Satz 3 BGB). Stimmenthaltungen gelten nicht als Ablehnung eines Antrags; sie werden bei der Auszählung nicht mitgerechnet[50]. Ein Mitglied ist nicht stimmberechtigt, wenn die Beschlussfassung die Vornahme eines Rechtsgeschäfts mit ihm oder die Einleitung oder Erledigung eines Rechtsstreits zwischen ihm und dem Verein betrifft (§ 34 BGB).

690a Die Organe **haften** gegenüber der juristischen Person. Für den Vereinsvorstand ergibt sich die Haftung aus § 27 Abs. 3 BGB. Eine Haftungsminderung wie bei der Gesellschaft bürgerlichen Rechts (§ 708 BGB) sieht das Gesetz nicht vor. Bei Vereinen mit nichtwirtschaftlicher Zielsetzung ist die Haftung eines ehrenamtlich tätigen Vorstands nach arbeitsrechtlichen Grundsätzen zu beschränken. Wird er einem Dritten schadensersatzpflichtig, hat er gegen den Verein einen Freistellungsanspruch[51], dessen Umfang von den konkreten Umständen (Verschuldensmaß, Schadensgeneigtheit, Versicherbarkeit) abhängt. Ansprüche gegen den Vorstand scheiden grundsätzlich aus, wenn die Mitgliederversammlung eine Entlastung erteilt hat. Die Entlastung enthält den Verzicht auf Ersatzansprüche, die bei sorgfältiger Prüfung erkennbar waren[52]. Ein Anspruch auf Entlastung besteht

---

50 BGHZ 83, 35.
51 BGH NJW 2005, 981; BGHZ 89, 153; *Röckardt* JuS 2005, 783.
52 BGHZ 106, 202, anders § 120 Abs. 2 Satz 2 AktG.

nicht. Der Vorstand kann aber negative Feststellungsklage über etwaige Ersatzansprüche erheben[53]. Die Mitgliederversammlung kann schon bei Amtsantritt des Vorstandes eine Haftungsfreistellung beschließen und die Haftung auf Vorsatz beschränken oder die Einstandspflicht auf eigenübliche Sorgfalt begrenzen.

5. Haftung des Vereins

a) Zurechnung organschaftlichen Handelns

Nach § 31 BGB ist der Verein für den Schaden verantwortlich, den der Vorstand, ein Mitglied des Vorstandes oder ein anderer verfassungsmäßig berufener Vertreter durch eine in Ausführung der ihm zustehenden Verrichtungen begangene, zum Schadensersatz verpflichtende Handlung einem Dritten zufügt. Liest man § 31 BGB genau, wird deutlich, dass es sich bei dieser Vorschrift um keine eigenständige Anspruchsgrundlage handelt. Der Tatbestand der Norm setzt nämlich voraus, dass das Organ eine zum Schadensersatz verpflichtende Handlung begangen hat. Ob die Handlung zum Schadensersatz verpflichtet, ist nach den schadensersatzrechtlichen Bestimmungen zu beurteilen. Die Bedeutung des § 31 BGB liegt in der Zurechnung organschaftlichen Handelns. Auch außerhalb des Schadensersatzrechts ist das Handeln der Organe als Handeln der juristischen Person anzusehen. So erwirbt der Verein Besitz, wenn ein Organ die tatsächliche Herrschaft über eine Sache begründet.

691

b) Haftung im Schuldverhältnis

Der Verein haftet für eine Verletzung **vertraglicher Verpflichtungen** nach allgemeinen Vorschriften. Voraussetzung ist, dass eine Person handelte, die ihm zuzurechnen ist. Für Erfüllungsgehilfen haben juristische Personen wie natürliche Personen nach § 278 BGB einzustehen. Streitig ist, ob § 278 BGB auch dann anzuwenden ist, wenn ein Organ handelte. Für Organhandeln wird nach einer verbreiteten Meinung § 278 BGB durch § 31 BGB verdrängt[54].

692

Beispiel Platzfehler: Der Tennisclub Rot-Weiß hat einen Platzwart angestellt, der die Aufgabe hat, für die Verkehrssicherheit der Tennisanlage zu sorgen. Ein Gast, der eine Spielberechtigung erworben hat, verletzt sich, weil er aufgrund eines Platzfehlers stürzt.
Vertragliche Anspruchsgrundlage ist § 280 Abs. 1 BGB. Der Verein haftet, wenn er durch einen Erfüllungsgehilfen eine Schutzpflicht verletzt hat. Der Platzwart ist Erfüllungsgehilfe und dem Verein nach § 278 BGB zuzurechnen. Eine Zurechnung nach § 31 BGB kommt nicht in Betracht, weil der Platzwart nicht Organ des

---

[53] OLG Köln NJW-RR 1997, 483 = JuS 1997, 658.
[54] Vgl. *K. Schmidt*, Gesellschaftsrecht, § 10 IV 3 m.w.N.

c) Außervertragliche Haftung

693 Besondere Bedeutung hat § 31 BGB für die **außervertragliche Haftung**, weil der Verein für seine Repräsentanten ohne Entlastungsmöglichkeit einzustehen hat. Natürliche Personen, die sich eines Verrichtungsgehilfen bedienen, können sich der Ersatzpflicht nach § 831 BGB durch den Beweis sorgfältiger Auswahl und Überwachung des Gehilfen entziehen.

Im Beispiel „*Platzfehler*" haftet der Verein nicht nur wegen Verletzung des Vertragsverhältnisses, sondern auch nach den §§ 31, 831 BGB. Der Platzwart ist Verrichtungsgehilfe, für den der Geschäftsherr einzustehen hat, weil mangelnde Aufsicht oder fehlerhafte Auswahl vermutet wird. Den Tatbestand des § 831 BGB hat der Vorstand erfüllt, der den Platzwart angestellt hat. Für den Vorstand, aber nicht für den Verrichtungsgehilfen, haftet der Verein ohne Entlastungsmöglichkeit nach § 31 BGB.

694 Die Rechtsprechung rechnet Handlungen dem Verein auch dann zu, wenn der Handelnde nicht Mitglied eines Organs ist und auch nicht zum besonderen Vertreter bestellt wurde, sofern dem Handelnden ein Aufgabenbereich eigenverantwortlich übertragen ist (uneigentliche Vertreter). Daneben wurde die Fiktionshaftung entwickelt[55]. Die Rechtsprechung geht von einem körperschaftlichen Organisationsverschulden aus, wenn eine wichtige Aufgabe von einer Person wahrgenommen wird, für die eine Entlastungsmöglichkeit nach § 831 BGB besteht. Der Verein wird so behandelt, als habe er den Handelnden zum besonderen Vertreter bestellt[56]. Aufgrund der Fiktion wird das Handeln nach § 31 BGB zugerechnet. Die Begründung eines Ersatzanspruchs mit der Fiktionshaftung ist gesetzwidrig, weil es nicht in der Macht des Richters steht, fehlende Anspruchsvoraussetzungen zu fingieren.

Beispiel Fiktionshaftung: Ein Verlag, dessen Träger eine juristische Person ist, will ein Buch veröffentlichen, das sich mit der Vergangenheit des X beschäftigt. Da diese Vergangenheit wenig rühmlich dargestellt wird, will sich der Verlag absichern, um nicht in einen Prozess wegen Verletzung des allgemeinen Persönlichkeitsrechts verwickelt zu werden. Der Verlag legt das Manuskript einem presserechtlich ausgewiesenen Anwalt vor, der die Ansicht vertritt, das Buch könne nicht beanstandet werden. Nach dem Erscheinen klagt der betroffene X gegen den Verlag auf Schadensersatz. Der Verlag will den Entlastungsbeweis nach § 831 BGB antreten. Der BGH[57] zog die Grundsätze der Fiktionshaftung heran und begrün-

---

55 Dazu *Hassold* JuS 1982, 583, 586.
56 BGH NJW 1980, 2811; zur erforderlichen Kausalität des Organisationsverschuldens BGH NJW 1982, 1144 (1145).
57 NJW 1980, 2810 (2811).

dete damit die unbedingte Einstandspflicht des Verlags für die fehlerhafte Beurteilung des Manuskriptes durch den Anwalt.

Die Vorschrift des § 31 BGB beruht auf der Überlegung, dass ein Verband, der nur durch Organe handeln kann, auch die Schadensrisiken tragen soll, die mit diesem Handeln verbunden sind[58]. Dieser Gedanke rechtfertigt die analoge Anwendung des § 31 BGB auf alle anderen juristischen Personen[59] des Privatrechts und des öffentlichen Rechts sowie auf die OHG, KG und Gesellschaft bürgerlichen Rechts[60]. Auf die Repräsentantenhaftung des § 31 BGB wird ferner die Haftung der Insolvenzmasse für schädigende Handlungen des Insolvenzverwalters gestützt[61]. 695

Eine analoge Anwendung des § 31 BGB auf natürliche Personen lehnt die h. M.[62] ab. Aber auch bei natürlichen Personen kann die unbedingte Einstandspflicht deshalb begründet sein, weil die Person nicht handeln kann (Kleinstkind als Unternehmer) oder nicht handeln will und einen Aufgabenbereich völlig selbstständig einem Gehilfen anvertraut. Hier sollte eine Repräsentantenhaftung anerkannt werden. Die analoge Anwendung des § 31 BGB ist methodisch weniger angreifbar als die Versuche, Ansprüche auf ein Organisationsverschulden zu stützen. 696

6. Ende des Vereins

Das Gesetz unterscheidet die Auflösung des Vereins und den Verlust der Rechtsfähigkeit. Unterschiedliche Folgen sind an die Unterscheidung jedoch nicht geknüpft. Mit Auflösung oder Entzug der Rechtsfähigkeit fällt das Vermögen nach § 45 Abs. 1 BGB an die in der Satzung bestimmten Personen. Wenn es an einer Bestimmung des Anfallberechtigten fehlt, fällt das Vermögen eines Vereins, der nicht ausschließlich Mitgliederinteressen diente, an den Fiskus, der es wie bei einem Erbfall im Wege der Universalsukzession erwirbt. Die Vorschriften des Erbrechts sind entsprechend anzuwenden (§ 46 BGB). Wenn das Vermögen nicht kraft Gesetzes auf den Fiskus übergeht, findet eine Liquidation statt (§ 47 BGB). Der Verein bleibt vorerst Vermögensträger; aber er befindet sich in einem Abwicklungsstadium. Die Anfallberechtigten erwerben nur einen Anspruch auf Auszahlung eines Überschusses (vgl. § 49 Abs. 1 Satz 2 BGB). 697

Der Verein endet, wenn alle Mitglieder wegfallen[63], ein in der Satzung bestimmter Endtermin eingetreten ist, die Mitgliederversammlung die Auflösung beschließt oder eine Auflösung durch die zuständige Verwal- 698

---

58 Vgl. *Motive* I, S. 103, wo aber von Vertreterhandeln die Rede ist.
59 OLG Hamm NJW-RR 1988, 784 (785).
60 *MünchKomm/Ulmer* § 705 RdNr. 217 m. w. N.; anders noch BGHZ 45, 311 (312) = NJW 1966, 1807.
61 *Jauernig/Berger*, Zwangsvollstreckungs- und Insolvenzrecht, 22. Aufl., 2007, § 43 RdNr. 24.
62 Vgl. *MünchKomm/Reuter* § 31 RdNr. 18; *Soergel/Hadding* § 31 RdNr. 8; anders *Martinek*, Repräsentantenhaftung, 1979, 225 ff.; *Nitschke* NJW 1969, 1737.
63 Vgl. *Larenz/Wolf* § 10 RdNr. 124.

tungsbehörde verfügt wird. Die Auflösung und Liquidation führen zum Verlust der Rechtsfähigkeit[64]. Die Rechtsfähigkeit geht ferner verloren, wenn er im Insolvenzverfahren liquidiert wird (§ 42 BGB), die Rechtsfähigkeit durch die Verwaltungsbehörde nach § 43 BGB entzogen wird und wenn das Registergericht eine Verfügung nach § 73 BGB erlässt.

VI. Der nichtrechtsfähige Verein

699 Der nichtrechtsfähige Verein unterscheidet sich vom rechtsfähigen nur dadurch, dass er nicht als Rechtssubjekt in das Vereinsregister eingetragen ist. Die Organisationsstruktur gleicht der des rechtsfähigen Vereins. Auch der nichtrechtsfähige Verein verfolgt ein überindividuelles Interesse und ist typischerweise auf einen wechselnden Mitgliederbestand angewiesen. Dennoch sind nach § 54 Satz 1 BGB auf den nichtrechtsfähigen Verein die Bestimmungen über die Gesellschaft anzuwenden. Die stiefmütterliche Behandlung des nichtrechtsfähigen Vereins ist zum Teil historisch zu erklären. Der Gesetzgeber wollte erreichen, dass sich Personenverbände der Rechtsform des rechtsfähigen Vereins bedienen, um eine Kontrolle durch die Verwaltungsbehörden zu ermöglichen. Heute wird die Verweisung auf das Gesellschaftsrecht als unzeitgemäß und sachwidrig empfunden. Die h. M. trägt dem Rechnung und wendet trotz der Verweisung in § 54 Satz 1 BGB weitgehend das Vereinsrecht analog an.

700 Eine im Vordringen begriffene Ansicht will dem nichtrechtsfähigen Verein Rechtssubjektivität zuerkennen. Danach sind nicht die Mitglieder in ihrer Verbundenheit als Gesamthand Eigentümer oder Forderungsinhaber, sondern der Verein selbst. Ein Unterschied zur juristischen Person besteht nach dieser Ansicht nur darin, dass der nichtrechtsfähige Verein nicht in jeder Hinsicht einer juristischen Person gleichgestellt wird. So betont *K. Schmidt*, der nichtrechtsfähige Verein dürfe im Verfahrensrecht mangels Publizität nicht als Rechtssubjekt behandelt werden[65]. Geht man von einer Rechtssubjektivität des nichtrechtsfähigen Vereins aus, müsste eigentlich der Verein als Eigentümer in das Grundbuch eingetragen werden. Nach h. M.[66] ist der nichtrechtsfähige Verein jedoch nicht grundbuchfähig. Einzutragen sind die Mitglieder mit einem Zusatz, der auf die Mitgliedschaft im nichtrechtsfähigen Verein hinweist (§ 47 GBO).

---

64 Vgl. *Larenz/Wolf* § 10 RdNr. 125.
65 *K. Schmidt*, Gesellschaftsrecht, § 25 II 1 b; kritisch zu dieser Überlegung *Brehm* ZZP 101 (1988), 228 f. Für die Gewerkschaften hat der BGH entgegen § 50 Abs. 2 ZPO die aktive Parteifähigkeit anerkannt, BGHZ 42, 210.
66 OLG Zweibrücken NJW-RR 1986, 181; *Brehm*, FGG, RdNr. 638; *K. Schmidt*, Gesellschaftsrecht, § 25 II 1 b; a. M. *Konzen* JuS 1989, 20 (mit Einschränkungen für Grundbuchfähigkeit).

Das Vereinsvermögen steht den Mitgliedern gemeinschaftlich zur gesamten Hand zu. Es haftet für Schulden, die in Verfolgung des Vereinszwecks begründet wurden. Auf das Privatvermögen der Vereinsmitglieder können Gläubiger nicht zugreifen. Das ergibt sich daraus, dass der Vorstand eine beschränkte Vertretungsmacht hat, die ihn nur berechtigt, eine Haftung für das Vereinsvermögen zu begründen. Das Handeln der Organe ist dem nichtrechtsfähigen Verein analog § 31 BGB zuzurechnen. **701**

Aus einem Rechtsgeschäft, das im Namen eines nichtrechtsfähigen Vereins vorgenommen wird, haftet der Handelnde persönlich. Sind mehrere für den Verein aufgetreten, haften sie als Gesamtschuldner (§ 54 Satz 2 BGB). Die Parteien können diese Folge ausschließen, weil § 54 Satz 2 BGB nur dispositives Recht enthält. **702**

Nach § 50 Abs. 2 ZPO ist der nichtrechtsfähige Verein passiv parteifähig, d. h. er kann verklagt werden, aber mangels aktiver Parteifähigkeit kann der Verein keine Klage erheben[67]. Ausnahmen bestehen für Klagen, mit denen der Schuldner die Zwangsvollstreckung abzuwehren hat (§§ 767, 771 ZPO). Zur Vollstreckung in das Vereinsvermögen genügt nach § 735 ZPO ein Titel gegen den Verein. Die Regelung des § 50 Abs. 2 BGB wird zunehmend kritisiert und es wird zum Teil contra legem die aktive Parteifähigkeit des nichtrechtsfähigen Idealvereins angenommen. Bei wirtschaftlichen Vereinen soll es dagegen bei § 50 Abs. 2 BGB bleiben, damit ein Zwang zum Erwerb der Rechtsfähigkeit ausgeübt wird[68]. **703**

Das Recht des nichtrechtsfähigen Vereins hat sich weitgehend vom Gesetz gelöst. Es ist unbestreitbar, dass bei der Rechtsanwendung den Besonderheiten des Vereins Rechnung zu tragen ist. Aber die Bestrebungen des Gesetzgebers, den eingetragenen Verein gegenüber dem nichtrechtsfähigen zu bevorzugen, sind rechtspolitisch nicht überholt. Es ging nicht nur um Benachteiligung unerwünschter politischer und religiöser Vereinigungen. *K. Schmidt* weist zutreffend darauf hin, dass auch für Rechtssubjekte eine gewisse Publizität zu fordern ist[69]. Dies gilt nicht nur, wie *K. Schmidt* annimmt, im Verfahrensrecht, sondern auch im materiellen Recht. **704**

VII. Die Stiftung

Stiftungen sind rechtliche Organisationen, die einen Zweck mit Hilfe eines Vermögens fördern sollen. Die Stiftung wird durch das Stiftungsgeschäft errichtet. Es genügt eine einseitige schriftliche Erklärung (§ 81 **705**

---

67 Für Parteifähigkeit contra legem *Soergel/Hadding* § 54 RdNr. 33 m. w. N.; a. M. *K. Schmidt*, Gesellschaftsrecht, § 25 IV 1.
68 *MünchKomm/Reuter* § 54 RdNr. 22, 26.
69 *K. Schmidt*, Gesellschaftsrecht, § 25 II 1.

Abs. 1 BGB). Daneben besteht die Möglichkeit, das Stiftungsgeschäft in eine Verfügung von Todes wegen (Testament oder Erbvertrag) aufzunehmen (§ 83 BGB). Rechtsfähigkeit erlangt die Stiftung erst durch staatliche Genehmigung (§ 80 BGB). Auch während des Bestehens untersteht die Stiftung einer staatlichen Rechtsaufsicht, die landesrechtlich geregelt ist.

706 Die Verfassung der Stiftung wird, soweit sie nicht auf Bundes- oder Landesrecht beruht, durch das Stiftungsgeschäft bestimmt (§ 85 BGB). Für die Organe gelten die Vorschriften des Vereinsrechts (§ 86 BGB).

707 Die Stiftung wird mit Eröffnung des Insolvenzverfahrens aufgelöst (§§ 86, 42 BGB). Sie erlischt bei Ablauf einer in der Verfassung bestimmten Zeit und durch Aufhebung durch die Verwaltungsbehörde (§ 87 BGB). Mit dem Erlöschen fällt das Vermögen an die in der Verfassung bestimmten Personen (§ 88 BGB).

Sechster Teil
Fristen, Termine und Sicherheitsleistung

§ 24 Fristen, Termine und Sicherheitsleistung

Literatur: *Jauernig*, Wann ist das Grundgesetz in Kraft getreten?, JZ 1989, 615; *Kobler*, Die Fälle der Sicherheitsleistung im Bürgerlichen Gesetzbuch – Normgründe, Erfüllungszwang und einstweiliger Rechtsschutz, ZZP 102 (1989), 58; *Littbarski*, Aktuelle Fristenprobleme des Zivil- und Zivilprozeßrechts im Spiegel der höchstrichterlichen Rechtsprechung, 1983; *Ostler*, Die gesetzlichen und richterlichen Fristen von einer Woche – ein Anachronismus, ZRP 1981, 59; *Ziegeltrum*, Grundfälle zur Berechnung von Fristen und Terminen gem. §§ 187 ff. BGB, JuS 1986, 705.

I. Begriffe

Unter **Termin** versteht man einen Zeitpunkt, an dem ein rechtlich erhebliches Ereignis geschehen soll[1]. Demgegenüber bezeichnet der Ausdruck Frist einen Zeitraum, innerhalb dessen eine Rechtshandlung vorzunehmen ist. Man unterscheidet gesetzliche, richterlich bestimmte und rechtsgeschäftliche Fristen.

II. Gesetzliche Regelung

1. Anwendungsbereich

Das Gesetz enthält in den §§ 186 ff. BGB allgemeine Auslegungsvorschriften für die Fristberechnung. Sie gelten für gesetzliche, richterliche und rechtsgeschäftliche Fristen (§ 186 BGB). Von Bedeutung sind die Vorschriften auch im Prozeßrecht, das Verweisungen auf das BGB enthält (vgl. § 222 Abs. 1 ZPO). Aus Art. 2 EGBGB ergibt sich, dass die §§ 186 bis 193 BGB in allen Rechtsgebieten gelten, einschließlich der Gebiete, die dem öffentlichen Recht zugerechnet werden[2].

2. Fristbeginn

Ist für den Anfang einer Frist ein Ereignis oder ein in den Lauf eines Tages fallender Zeitpunkt maßgebend, so wird bei der Berechnung der Frist der Tag nicht mitgerechnet, in welchen das Ereignis oder der Zeitpunkt fällt

---

1 Vgl. *Soergel/Niedenführ* § 186 RdNr. 6.
2 Vgl. GemS OBG BGHZ 59, 396.

(§ 187 Abs. 1 BGB). Die Frist beginnt erst am folgenden Tag, damit nicht Bruchteile eines Tages bei der Fristberechnung zu berücksichtigen sind.

Beispiel Gesetzesverkündung: Der Gesetzgeber stellt das Schwänzen von Vorlesungen unter Strafe und bestimmt, dass das Gesetz mit Verkündung in Kraft treten soll. An dem Tag, an dem das Gesetzblatt ausgegeben wird, schwänzt S die Vorlesung. Er meint, dies sei die letzte Gelegenheit, sich straflos langweiligen Vorträgen zu entziehen. Wann ein Gesetz in Kraft tritt, beurteilt die h.M. nach § 187 BGB. Das bedeutet, dass der Tag der Verkündung nicht mitzurechnen ist, wenn das Gesetz keine andere Regelung enthält[3]. S konnte deshalb straflos die Vorlesung schwänzen.

711 Ist der Beginn eines Tages der für den Anfang einer Frist maßgebende Zeitpunkt, so wird dieser Tag bei der Berechnung der Frist mitgerechnet. Das Gleiche gilt von dem Tag der Geburt bei der Berechnung des Lebensalters (§ 187 Abs. 2 BGB).

3. Fristende

712 Eine nach Tagen bestimmte Frist endigt mit dem Ablauf des letzten Tages der Frist (§ 188 Abs. 1 BGB). Eine Frist, die nach Wochen, nach Monaten oder nach einem mehrere Monate umfassenden Zeitraum (Jahr, halbes Jahr, Vierteljahr) bestimmt ist, endigt bei Berechnung des Fristanfangs nach § 187 Abs. 1 BGB mit dem Ablauf desjenigen Tages der letzten Woche oder des letzten Monats, welcher durch seine Benennung oder seine Zahl dem Tag entspricht, in den das Ereignis oder der Zeitpunkt fällt. Ist der Fristbeginn nach § 187 Abs. 2 BGB zu bestimmen, endet die Frist mit dem Ablauf desjenigen Tages der letzten Woche oder des letzten Monats, welcher dem Tag vorhergeht, der durch seine Benennung oder seine Zahl dem Anfangstage der Frist entspricht (§ 188 Abs. 2 BGB).

Beispiel Fristende: Ein Urteil wird am 4. 4. zugestellt. Die Berufungsfrist ist eine Monatsfrist und beginnt mit Zustellung des Urteils (§ 517 ZPO). Der Fristbeginn hängt von einem Ereignis (Zustellung) ab. Es liegt somit ein Fall des § 187 Abs. 1 BGB vor. Daran knüpft § 188 Abs. 2 BGB die Folge, dass die Frist an dem entsprechenden Tag des nächsten Monats abläuft. Die Berufungsfrist endet deshalb mit Ablauf des 4. Mai.

713 Beginnt die Frist mit dem 31. eines Monats, fehlt es an einem entsprechenden Tag des nächsten Monats, wenn dieser nur 30 Tage hat. Für diesen Fall bestimmt § 188 Abs. 3 BGB, dass die Frist mit dem Ablauf des letzten Tages des Monats endet.

714 Ist an einem bestimmten Tag oder innerhalb einer Frist eine Erklärung abzugeben oder eine Leistung zu bewirken und fällt der bestimmte Tag oder der letzte Tag der Frist auf einen Sonntag, einen staatlich anerkannten

---

3 Vgl. *Soergel/Niedenführ* § 187 RdNr. 11; lesenswert *Jauernig* JZ 1989, 615 zur Frage, wann das Grundgesetz in Kraft getreten ist.

Feiertag oder einen Sonnabend, so tritt an die Stelle eines solchen Tages der nächste Werktag (§ 193 BGB). Eine entsprechende Regelung enthält § 222 Abs. 2 ZPO.

4. Weitere Berechnungsvorschriften

Unter einem halben Jahr wird die Frist von sechs Monaten, unter einem Vierteljahr eine Frist von drei Monaten, unter einem halben Monat die Frist von 15 Tagen verstanden (§ 189 BGB). Ist ein Zeitraum nach Monaten oder nach Jahren in dem Sinne bestimmt, dass er nicht zusammenhängend zu verlaufen braucht, so wird der Monat zu dreißig, das Jahr zu dreihundertfünfundsechzig Tagen berechnet (§ 191 BGB). Unter Anfang eines Monats wird der erste, unter Mitte des Monats der fünfzehnte, unter Ende des Monats der letzte Tag des Monats verstanden (§ 192 BGB). Im Falle der Verlängerung einer Frist wird die neue Frist von dem Ablauf der vorigen Frist an gerechnet (§ 190 BGB). Die Fristverlängerung spielt vor allem im Prozessrecht eine Rolle. So kann z.B. die Frist für die Berufungsbegründung nach § 520 Abs. 2 Satz 2 ZPO vom Vorsitzenden auf Antrag verlängert werden. **715**

III. Sicherheitsleistung

Das Gesetz sieht in verschiedenen Bestimmungen eine Sicherheitsleistung vor, die eine Pflicht zur Sicherheitsleistung oder ein Recht zur Abwendung von Rechtsnachteilen begründen. Macht der Schuldner ein Zurückbehaltungsrecht geltend, kann der Gläubiger die Einrede durch Sicherheitsleistung überwinden (§ 273 Abs. 3 BGB). Weitere Fälle enthalten die §§ 321, 738 Abs. 1, 775 Abs. 2 Nr. 1, 843 Abs. 2, 1039 BGB. Auch durch Rechtsgeschäft kann das Recht oder die Pflicht zur Sicherheitsleistung begründet werden. **716**

Die §§ 232 ff. BGB enthalten allgemeine Vorschriften für die Sicherheitsleistung. Nach § 232 BGB kann Sicherheit geleistet werden durch Hinterlegung von Geld oder Wertpapieren, Verpfändung bestimmter Forderungen und beweglicher Sachen, Bestellung von Hypotheken an inländischen Grundstücken und Verpfändung hypothekarisch gesicherter Forderungen. Die Stellung eines Bürgen ist nur subsidiär zulässig (§ 232 Abs. 2 BGB). Im Falle des § 273 Abs. 3 BGB ist Sicherheitsleistung durch Stellung eines Bürgen ganz ausgeschlossen. Der Bürge muss ein angemessenes Vermögen besitzen und im Inland seinen Wohnsitz haben (§ 239 BGB). **717**

Das Verfahren der Hinterlegung ist in der Hinterlegungsordnung geregelt. Zuständig als Hinterlegungsstelle ist das Amtsgericht. **718**

719 Die §§ 232 ff. BGB sind nur auf Sicherheitsleistungen, die aufgrund materiellrechtlicher Vorschriften zu leisten sind, anzuwenden. In der Praxis wichtiger ist die prozessuale Sicherheitsleistung zur Vollstreckung aus einem vorläufig vollstreckbaren Urteil oder zur Abwendung der Zwangsvollstreckung (§§ 708 ff. ZPO). Sie ist in den §§ 108 ff. ZPO geregelt.

Anhang

§ 25 Anleitung zur Falllösung

Literatur: *Armbrüster*, C./*Leske*, S., Hinweise zur Bearbeitung vertragsrechtlicher Klausurfälle, JA 2002, 130; *Belke*, Prüfungstraining Zivilrecht, Band 1, 2. Aufl., 1995, Band 2, 2. Aufl., 1992; *Beljin*, S., EG-Recht in der Fallbearbeitung, JuS 2002, 987; *Berg*, Übungen im Bürgerlichen Recht, 12. Aufl., 1976; *Braun*, Der Zivilrechtsfall, 3. Aufl., 2006; *Brehm*, Fälle und Lösungen zum Allgemeinen Teil des BGB, 2. Aufl. 2002; *Brox*, Zur Methode der Bearbeitung eines zivilrechtlichen Falles, JA 1987, 169; *Brühl*, Die juristische Fallbearbeitung in Klausur, Hausarbeit und Vortrag, 3. Aufl., 1992; *Deckert/Middelschulte*, Hinweise zur Klausurtechnik im Zivilrecht, JuS 1997, L 65; *Diederichsen/Wagner*, Die BGB-Klausur, 10. Aufl., 2007; *ders.*, Die Anfängerübung im Bürgerlichen Recht, 3. Aufl., 1996; *Eltzschieg*, Die Anfängerklausur im BGB: Kernprobleme des Allgemeinen Teils in der Fallbearbeitung, 3. Aufl., 2007; *Fabricius*, Der Rechtsfall im Privatrecht, 4. Aufl., 1984; *Früh*, Bürgerliches Recht in der Fallbearbeitung, JuS 1993, 825; 1994, 36, 212, 486, 759, 937; *Fahse/Hansen*, Übungen für Anfänger im Zivil- und Strafrecht, 9. Aufl., 2000; *Fritzsche*, Fälle zum BGB Allgemeiner Teil, 2. Aufl.,2006; *Hopt*, Falllösungstechnik für Beginner, Jura 1992, 225; *Kerbein*, B., Darstellung eines Meinungsstreits in Klausuren und Hausarbeiten, JuS 2002, 353; *Köbler*, Die Anfängerübung im Bürgerlichen Recht, Strafrecht und Öffentlichen Recht, 7. Aufl., 1995; *Kornblum/Schünemann*, Privatrecht in der Zwischenprüfung, 9. Auflage, 2004; *Lackmann*, Der Zivilrechtsfall in Prüfung und Praxis, 2006; *Lindacher*, Fälle zum Allgemeinen Teil des BGB, 4. Aufl., 2005; *Lindacher*, Fälle zum Allgemeinen Teil des BGB, 4. Aufl., 2005; *Martinek*, Grundlagen-Fälle zum BGB, 2000; *Niederle*, Standardfälle Zivilrecht: Zur gezielten Vorbereitung auf die ersten Klausuren im BGB, 2005; *Olzen/Wank*, Zivilrechtliche Klausurenlehre mit Fallrepetitorium, 5. Aufl., 2007; *Peters*, BGB – Allgemeiner Teil, 88 Fälle mit Lösungen, 2. Aufl., 1998; *Prütting/Stern/Wiedemann*, Die Examensklausur, 3. Aufl., 2007; *Quittnat*, Der Privatrechtsfall, 6. Aufl., 2005; *Schramm*, Klausurentechnik, 8. Aufl., 1990; *Rauda*, 25 Fälle BGB-AT: Klausurtraining mit Lösungen im Gutachtenstil, 2007; *Rossmann*, 20 Klausuren für die Zwischenprüfung: Zivilrecht, 2006; *Schwab*, Falltraining im Zivilrecht, 2. Aufl., 2005; *Schneider*, W.-F., Die Zwischenprüfung im bürgerlichen Recht, 1988; *Michalski*, Einführende Übungen zum Zivilrecht, Teil 1, 3. Aufl., 2003, Teil 2, 1998; *ders.*, Übungen im Zivilrecht für Anfänger, 2. Aufl., 1999; *Schwab/Löhnig*, Falltraining im Zivilrecht, 2. Aufl., 2005; *Taege/Mester*, Übungen zum bürgerlichen Recht, 1. Aufl., 2004; *Tettinger*, Einführung in die juristische Arbeitstechnik, 3. Aufl., 2003; *Teubner*, Die Examens- und Übungsklausur im bürgerlichen Recht, Strafrecht und öffentlichen Recht, einschließlich der Verfahrensrechte. 4. Aufl., 1995; *Werner*, O., Fälle mit Lösungen für Anfänger im Bürgerlichen Recht, 11. Aufl., 2004; *Wenzel*, Fälle zum BGB I: Allgemeiner Teil, Schuldrecht Allgemeiner Teil, 2. Aufl. 2005; *Wieser*, Übung im Bürgerlichen Recht für Anfänger, 4. Aufl., 1991; *Wörlen*, Anleitung zur Lösung von Zivilrechtsfällen, 8. Aufl., 2007; *Wolf*, E., Anleitung zum Lösen zivilrechtlicher Fälle, JuS 1961, 353 ff.; *Wolf*, G., Bemerkungen zum Gutachtenstil, JuS 1996, 30.

Anhang

I. Bedeutung

In der Klausur und bei Hausarbeiten wird meist die Lösung eines Falles verlangt. Das systematische Wissen anzuwenden fällt Anfängern (aber nicht nur diesen) manchmal schwer. Das mag die Erklärung dafür sein, dass viele Studenten und Studentinnen bis zur Examensvorbereitung glauben, die Methode der Falllösung sei eine ganz besondere Wissenschaft, auf die man allen Fleiß lenken müsse. Es werden Aufbauschemata auswendig gelernt, weil die Prüfer anscheinend darauf bestehen, dass Kandidaten ihr Wissen in einer bestimmten Reihenfolge darbieten. In Wirklichkeit ist die Methode der Fallbearbeitung nicht schwer zu erlernen. Viele Fehler, die als „Aufbaufehler" angekreidet werden, sind in Wirklichkeit sachliche Fehler und lassen sich nur durch eine eingehendere Beschäftigung mit dem Stoff vermeiden.

Beispiel Anfechtung und Auslegung: Ein Kandidat prüft in der Klausur die Anfechtung einer Willenserklärung wegen eines Inhaltsirrtums nach § 119 Abs. 1 BGB und kommt danach auf die Auslegung dieser Erklärung zu sprechen. Der gerügte „Aufbaufehler" beruht nicht auf Verletzung formaler Aufbauregeln. Es liegt ein sachlicher Fehler vor, der mangelndes Verständnis offenbart. Beim Inhaltsirrtum ist zu prüfen, ob der Erklärende eine falsche Vorstellung von der objektiven Bedeutung der Willenserklärung hatte. Die objektive Bedeutung ist durch Auslegung festzustellen. Deshalb kann es nicht richtig sein, nach den Ausführungen zum Inhaltsirrtum auf die Auslegung einzugehen.

II. Grundsatz

Bei der Fallbearbeitung ist ein Gutachten anzufertigen, das möglichst zielstrebig die Frage beantwortet, zu der Stellung zu nehmen ist. Das Gutachten darf keine Ausführungen enthalten, die nur Wissen demonstrieren, aber zur Lösung der Frage nichts beitragen. Damit ist eigentlich eine Selbstverständlichkeit angesprochen, denn auch im Alltag sollten wir Mitmenschen, die eine Frage an uns richten, nicht als Publikum für ungebetene Vorträge missbrauchen. Wer sich in einer fremden Stadt nach dem Weg zum Bahnhof erkundigt, ist verärgert, wenn der Befragte die Gelegenheit nutzt, sein Wissen über Bahnhöfe auszubreiten.

Gegenstand der Frage in Klausuren und Hausarbeiten ist eine Rechtsfolge. Rechtsfolgen werden durch Tatbestände erzeugt oder verhindert (s. oben RdNr. 30). Zu prüfen ist deshalb, ob die Voraussetzungen der Rechtsfolge vorliegen und ob Einwendungen begründet sind.

Beispiel Anspruchsgrundlage: Im Sachverhalt ist geschildert, dass Händler A dem B schriftlich ein Fass Wein angeboten hat. B hat das Schreiben des A zunächst nicht beantwortet. Nach vier Wochen schreibt B, er freue sich auf die Lieferung. A ist der Meinung, er sei nicht zur Lieferung verpflichtet.

Offensichtlich soll der Bearbeiter die Frage beantworten, ob B gegen A einen Anspruch auf Lieferung des Weinfasses hat. Der Anspruch ist eine Rechtsfolge, die durch einen Tatbestand erzeugt wird. Als rechtserzeugender Tatbestand kommt ein Kaufvertrag in Betracht. Nach § 433 Abs. 1 BGB ist der Verkäufer zur Übergabe und Übereignung verpflichtet. Die Prüfung beginnt deshalb mit folgendem Satz: **B hat gegen A einen Anspruch auf Übereignung und Übergabe eines Weinfasses, wenn zwischen A und B ein Kaufvertrag zustande gekommen ist.** Nun wird geprüft, ob der Kaufvertrag vorliegt. Der Vertrag kommt unter Abwesenden durch Angebot und Annahme zustande. Dass ein Angebot vorliegt, ergibt sich aus dem Sachverhalt und ist nicht näher zu begründen. Auch eine Annahme liegt offenbar vor. Die Frage ist nur, ob B das Angebot rechtzeitig angenommen hat. Auf diesen Punkt haben sich die Ausführungen zum Vertragsschluss zu konzentrieren: „A hat B ein Angebot unterbreitet, das dieser angenommen hat. Ein Vertrag kam aber nur zustande, wenn die Annahme von B rechtzeitig erklärt wurde. Nach § 147 Abs. 2 BGB kann der einem Abwesenden gemachte Antrag nur bis zu dem Zeitpunkt angenommen werden, in welchem der Antragende den Eingang der Antwort unter regelmäßigen Umständen erwarten darf". Jetzt folgen Ausführungen zu der Frage, ob die Annahme verspätet war. Wenn der Verfasser der Ansicht ist, die Annahme sei zu spät erfolgt, stellt er fest, dass kein Kaufvertrag zustande gekommen ist und deshalb kein Anspruch auf Lieferung besteht. Der letzte Satz des Gutachtens enthält die Antwort auf die Frage, die am Anfang aufgegriffen wurde: **Also hat B gegen A keinen Anspruch auf Lieferung eines Weinfasses.**

Dem Gutachtenstil wird manchmal die **historische Methode** der Falllösung gegenübergestellt. Bei der historischen Methode wird die im Sachverhalt geschilderte Geschichte chronologisch geprüft. Im Beispiel „Anspruchsgrundlage" würde zunächst untersucht, welche rechtliche Bedeutung das Schreiben des A hat, dann würde das Antwortschreiben geprüft usw. Bei der historischen Methode wird nicht wie beim Gutachten jedes aufgeworfene Problem in einen Zusammenhang mit der Ausgangsfrage gestellt. Das bedeutet aber nicht, dass es methodisch falsch ist, bei Vorüberlegungen einen Fall im Lichte der Fragestellung chronologisch zu prüfen. Die historische Methode ist bei den Vorüberlegungen vor allem dann zu empfehlen, wenn es um die Inhaberschaft eines Rechts geht.

III. Einzelheiten

1. Die Fragestellung

Wenn das Gutachten eine präzise Antwort auf die Fallfrage geben soll, dann muss man sich zunächst darüber klar werden, welche Frage gestellt ist. Keine Probleme werfen Arbeiten auf, die eindeutige Fragen formulieren (Hat A einen Kaufpreisanspruch gegen B?). Manchmal wird nur allgemein gefragt, wie die Rechtslage ist oder was einer Person zu raten ist. Die Bedeutung solcher Fragestellungen ergibt sich aus dem geschilderten Sachverhalt. Wenn zwei Personen um das Eigentum an einer Sache streiten, dann will der Aufgabensteller offenbar wissen, wer Eigentümer ist.

2. Die Anspruchsgrundlage

Vielfach wird gelehrt, man müsse das Gutachten mit der Anspruchsgrundlage beginnen. Das ist eine Verallgemeinerung, die zu Missverständnissen führen kann. Mit einer Anspruchsgrundlage beginnt die Arbeit natürlich nur dann, wenn nach Ansprüchen gefragt ist. Man beginnt die Arbeit mit der Prüfung des Tatbestandes, aus dem sich die Rechtsfolge ergibt, nach der gefragt ist.

Beispiel Eigentumserwerb: Im Sachverhalt ist geschildert, dass der minderjährige M ein Buch an K verkauft und übereignet hat. Wenn die Frage lautet: „Wer ist Eigentümer des Buches?", dann beginnt die Arbeit mit dem Satz: K ist nach § 929 BGB Eigentümer des Buches geworden, wenn er sich wirksam mit M über den Eigentumsübergang geeinigt hat und wenn ihm das Buch von M übergeben wurde. Die Prüfung beginnt nicht mit einer Anspruchsgrundlage, sondern mit einem Erwerbstatbestand.

3. Anspruchskonkurrenzen

In den meisten Klausuren ist zu klären, ob eine Person von einer anderen etwas verlangen kann. Zu prüfen ist, ob ein Anspruch besteht. Oft lässt sich das Begehren auf mehrere Anspruchsgrundlagen stützen. Bei der Anspruchskonkurrenz sind vertragliche Ansprüche vor gesetzlichen Ansprüchen zu prüfen. Es ist zweckmäßig, zunächst die Vertragsbeziehungen zu prüfen, weil sonst die Gefahr der „Verschachtelung" besteht. Bei einem Herausgabeanspruch nach § 985 BGB ist zu prüfen, ob ein Besitzrecht besteht (§ 986 BGB). Das Besitzrecht kann sich aus Vertrag ergeben (z. B. Mietvertrag). Wer mit dem dinglichen Herausgabeanspruch beginnt, muss im Rahmen dieser Ausführungen das Vertragsverhältnis prüfen. Das ist unzweckmäßig und führt zu einer unübersichtlichen Darstellung. Bei Schadensersatzansprüchen kann eine vertragliche Haftungsbeschränkung vereinbart sein. Es ist deshalb zweckmäßig, mit vertraglichen Ansprüchen zu beginnen, weil sonst im Rahmen des Deliktsanspruchs der Vertrag zu prüfen ist.

Beispiel Haftung: Fahrer A verschuldet einen Verkehrsunfall, bei dem ein Gast verletzt wird. Ansprüche ergeben sich aus Vertragsverletzung (Werkvertrag), Delikt (§ 823 Abs. 1 BGB) und aus Gefährdungshaftung (§§ 7, 18 StVG). Jede Anspruchsgrundlage ist gesondert zu prüfen und als eigener Gliederungspunkt in der Arbeit kenntlich zu machen. Man beginnt mit den Vertragsansprüchen.

4. Umfang der Ausführungen

Manchmal enthält der Sachverhalt Vorgaben, die nicht näher zu prüfen sind. Wenn es z. B. heißt: „A hat von B einen gebrauchten Mercedes gekauft", dann ist es verfehlt, den Kaufvertrag zu prüfen. Aus dem Sachverhalt ergibt sich nämlich nicht, von wem das Angebot ausging und wer die Annahme erklärt hat. Deshalb genügt die Feststellung, dass nach dem Sachverhalt ein Kaufvertrag vorliegt.

Beispiel Einwendung: V hat K ein Darlehen über 100,– Euro gegeben. Zwei Monate später kauft K bei V ein Radio zum Preis von 100,– Euro. V erinnert K an seine Schulden. Darauf zahlt K 100,– Euro. Wenn im Gutachten zu prüfen ist, ob V einen Darlehensanspruch geltend machen kann, genügt die Feststellung, dass der Anspruch entstanden ist. Geprüft wird dann, ob der Anspruch durch Erfüllung erloschen ist. Diese Rechtsfolge ergibt sich aus § 362 BGB. Voraussetzung ist, dass die Leistung bewirkt wurde. Auf welche Schuld die Zahlung des K anzurechnen war, folgt aus § 366 BGB.

5. Gutachten und Urteilsstil

Urteile werden anders abgefasst als Gutachten. Der Richter beginnt seine Begründung mit der Feststellung: „Die Klage ist zulässig und begründet". Er kommt gleich zur Sache und teilt das Ergebnis mit, das anschließend begründet wird. Beim Gutachten steht am Anfang eine These, die untersucht wird: „A hat gegen B einen Kaufpreisanspruch, wenn zwischen A und B ein Kaufvertrag zustande gekommen ist". Auch die Zwischenschritte, die es im Laufe der Arbeit zu begründen gilt, gehen von einer These aus: „Ein Kaufvertrag ist zustande gekommen, wenn B das Angebot des A rechtzeitig angenommen hat". Wo eine knappe Begründung ausreicht, sollte man auch im Gutachten den Urteilsstil verwenden.

6. Es fragt sich

Bei einem Gutachten müssen die Ausführungen stets erkennen lassen, weshalb eine Frage aufgeworfen und erörtert wird. Wenn zu prüfen ist, ob A gegen B einen Kaufpreisanspruch hat, darf die Arbeit nicht mit dem Satz beginnen: „Es fragt sich, ob ein wirksamer Kaufvertrag zustande gekommen ist". Man sollte angeben, weshalb es darauf ankommt. Der Kaufvertrag ist zu prüfen, weil er Entstehungsgrund des Anspruchs ist.

7. Äußere Gliederung

Die Gliederung der Arbeit sollte auch äußerlich durch Absätze und Überschriften sichtbar gemacht werden. Das gilt auch für Aufsatzthemen. Manche Gymnasiallehrer verlangen von den Schülern, dass sie eine Gliederung anfertigen, die aber im Aufsatz nicht erscheinen darf[1]. Es mag beim literarischen Essay als unfein gelten, dem Leser durch eine äußere Gliederung ein gewisses Entgegenkommen zu zeigen. Für juristische Abhandlungen gelten solche Regeln nicht.

---

[1] Darauf hat mich *Nicola Heim*, früher Schülerin in München, hingewiesen.

IV. Beispiel

Sachverhalt

F begibt sich zu Weinhändler G, um seinen Vorrat wieder einmal aufzufrischen. G bietet F zehn Kisten des italienischen Weins „Barolo" zu einem besonders günstigen Preis an. F, der sich nebenher mit seiner Freundin unterhält, hört nicht richtig zu und meint, G habe ihm Bordeaux angeboten. Da er französischen Wein liebt, erklärt er gegenüber G, der Wein möge geliefert werden. Der Wein wird geliefert, während sich F auf einer Geschäftsreise befindet. Deshalb erkennt F erst zwei Wochen nach der Lieferung, dass er nicht den Wein bekommen hat, den er vermeintlich bestellt hatte. Er ruft bei G an. Am Telefon meldet sich N, die Nachbarin des G, die gelegentlich in der Wohnung des G Blumen versorgt. F bittet, dem G auszurichten, dass er den gelieferten Wein nicht bezahlen werde, weil er Bordeaux bestellt habe. N verspricht, die Nachricht weiterzuleiten, vergisst ihr Versprechen jedoch. Am selben Tag schickt F ein Schreiben an G, in dem er darum bittet, den Wein abzuholen. In dem Schreiben heißt es: „Der Vertragsschluss beruht auf einem Missverständnis. Ich wollte keinen Barolo, sondern Bordeaux." Der sofort eingeworfene Brief wird G wegen eines Poststreiks erst zwei Wochen später zugestellt.

G ist der Meinung, F habe den gelieferten Wein bestellt. Den Protest des F hält er für verspätet. Er verlangt Zahlung.

Lösung

G hat gegen F einen Anspruch auf Bezahlung der Weinlieferung nach § 433 Abs. 2 BGB, wenn zwischen ihm und F ein wirksamer Kaufvertrag geschlossen wurde.

1. Vertragsschluss

Der Vertragsschluss setzt zwei korrespondierende Willenserklärungen, Angebot und Annahme, voraus. Das Angebot des G ist nach der Vernehmungstheorie wirksam geworden, wenn F es akustisch wahrgenommen hat. Nicht erforderlich ist, dass er das Angebot inhaltlich richtig verstanden hat. Deshalb hat G die Lieferung von Barolo wirksam angeboten, obgleich F aufgrund seiner Unaufmerksamkeit den Barolo für Bordeaux gehalten hat. Die Aufforderung, den Wein zu liefern, konnte G nach Treu und Glauben nur als Annahme seines Angebots, F Barolo zu verkaufen, verstehen. Da Angebot und Annahme inhaltlich übereinstimmen, ist zwischen F und G ein Kaufvertrag über die Lieferung von Barolo zustande gekommen.

2. Nichtigkeit nach § 142 Abs. 1 BGB wegen Irrtumsanfechtung

Der Vertrag ist rückwirkend nichtig geworden, wenn F seine Annahmeerklärung wirksam angefochten hat (§ 142 Abs. 1 BGB). Voraussetzungen hierfür sind eine rechtzeitige Anfechtungserklärung und ein Anfechtungsgrund. Nach dem Sachverhalt kommt eine Irrtumsanfechtung nach § 119 Abs. 1 BGB in Betracht.

a) Inhaltsirrtum

F befand sich im Inhaltsirrtum gem. § 119 Abs. 1 Alt. 1 BGB, wenn er sich bei Abgabe der Annahmeerklärung von deren objektiver Bedeutung falsche Vorstellungen gemacht hat. Da F die Annahme auf ein Angebot über Bordeaux erklären wollte, G seine Erklärung aber als Annahme von Barolo verstehen musste, irrte F über den Inhalt seiner Erklärung.

b) Kausalität des Irrtums

Dieser Irrtum berechtigt nur dann zur Anfechtung, wenn er subjektiv und objektiv erheblich ist. Der Irrtum des F ist subjektiv erheblich. F hätte bei Kenntnis der Sachlage nicht erklärt, er wolle Barolo kaufen. Der Irrtum ist auch objektiv erheblich, weil F bei verständiger Würdigung des Falles diese Erklärung nicht abgegeben hätte. Dass F keinen italienischen Wein gekauft hätte, ist nicht als launenhaft anzusehen.

c) Anfechtung durch den Anruf bei G

Eine Anfechtungserklärung könnte in dem von N entgegengenommenen Anruf bei G zu sehen sein. Voraussetzung ist, dass er zum Ausdruck gebracht hat, er wolle das Rechtsgeschäft wegen eines Willensmangels nicht gelten lassen. Ob der Ausdruck „Anfechtung" verwendet wird, ist nicht entscheidend. F erklärte gegenüber N, er habe Bordeaux bestellt, deshalb zahle er den italienischen Wein nicht. Damit machte er nicht erkennbar, dass er den Vertrag wegen Irrtums anfechten will[2].

d) Anfechtung durch den Brief an G

Eine Anfechtungserklärung nach § 143 Abs. 1, 2 BGB ist im Brief an G enthalten. F weist auf ein Missverständnis hin und will aus diesem Grund den Vertrag nicht gelten lassen.

---

[2] Wer dennoch eine Anfechtungserklärung annimmt, muss zur Frage des Zugangs der Erklärung Stellung nehmen (N als Empfangs- oder Erklärungsbotin) und bereits hier die Einhaltung der Anfechtungsfrist prüfen.

Die Anfechtung ist aber nur dann wirksam, wenn sie rechtzeitig erfolgt ist. Nach § 121 Abs. 1 Satz 1 BGB muss die Anfechtung unverzüglich erklärt werden. Die Frist beginnt mit Kenntnis des Anfechtungsgrundes. Da F unmittelbar nach seiner Rückkehr von der Reise das Schreiben an G absandte, wurde die Anfechtungserklärung rechtzeitig abgegeben. Dass der Brief wegen des Streiks mit einer Verzögerung von zwei Wochen zuging, ist unschädlich, weil es nach § 121 Abs. 1 Satz 2 BGB auf die rechtzeitige Absendung ankommt. Die Anfechtung ist somit wirksam.

Ergebnis: Da F seine Annahmeerklärung wirksam angefochten hat, wurde der Vertrag rückwirkend unwirksam (§ 142 Abs. 1 BGB). G hat deshalb gegen F keinen Anspruch auf Zahlung des Kaufpreises nach § 433 Abs. 2 BGB.

Gesetzesregister

AGG
7: 533
18: 533

AktG
1: 661
7: 663
41: 490
278: 661

BeurkG
6 ff.: 344
8: 224, 344
9: 224
13: 224, 344
17: 70, 344, 347, 553

BGB
1: 59, 647
1 ff.: 17
2: 281
6: 93
7: 650, 651, 652
8: 309, 652
9: 653
12: 611, 654, 656, 659
13: 568 a
14: 568 a
21 ff.: 661
22: 667, 675
23: 667, 675
25: 669
26: 425, 688
27: 687, 690
28: 674, 687, 688, 689
29: 23
31: 2, 691, 692, 693, 694, 695, 696, 701
32: 105, 687, 688, 690
33: 687
34: 688, 690
33: 687
34: 688, 690
35: 682
38: 676, 687
39: 679
40: 669, 679, 687
42: 698, 707
43: 698
45: 697
49: 697

54: 672, 699, 702
57: 669
58: 669
59: 673
61: 673
64: 674
68: 689
70: 689
73: 698
77: 343
80: 705
80 ff.: 661
81: 705
83: 705
85: 706
86: 706, 707
87: 707
88: 707
90: 208, 569, 570, 573
90 a: 582
91: 578, 579
92: 580
93: 585
94: 586, 587
95: 586, 588
96: 856, 589
97: 590, 591, 592
98: 591, 592
99: 593, 594, 595
100: 596
101: 597
102: 597
103: 598
104: 34, 94, 101, 274, 275, 276, 425
104 ff.: 91, 309
105: 94, 130, 181, 272, 275, 277, 278, 280, 432, 439, 479, 624
105 a: 276
106: 281, 425
107: 272, 283, 285, 287, 291, 292, 494, 521
107 ff.: 284
108: 95, 101, 144, 183, 234, 297, 298, 300, 302, 361
109: 297, 302
110: 294, 295, 296
111: 104, 297, 298, 358, 499, 521
112: 293, 303, 304, 306
113: 293, 305

Gesetzesregister

116: 137, 189, 190, 191, 194, 294, 435
166 ff.: 44, 91
117: 137, 189, 192, 193, 194, 412, 435
118: 132, 133, 137, 189, 191, 194, 237, 240
119: 18, 41, 46, 131, 135, 136, 137, 147, 158, 194, 195, 196, 197 198, 201, 202, 203, 205, 206, 207. 208, 209, 211, 212, 214, 215, 217, 219, 221, 222, 234, 262, 189, 233, 234, 237, 404, 424, 473, 515, 545, 568, 572
120: 169, 199, 200, 226, 233, 237
121: 233, 613
122: 132, 133, 158, 189, 191, 200, 213, 237, 240, 239, 241, 242, 254, 404, 435, 473, 526, 545
123: 18, 122, 189, 244, 248, 249, 250, 252, 253, 254, 260, 265, 262, 264, 336, 438
124: 251, 261, 613
125: 22, 193, 348, 351, 352, 354, 356, 412, 495, 543
126: 51, 339, 340, 341, 342, 345
126 a: 341, 342
126 b: 341, 342
127: 51, 342
127 a: 345
128: 345, 531
129: 345
130: 152, 153, 162, 163, 172, 181, 184, 525, 527
131: 181, 182, 183, 277, 278, 292
132: 178
133: 33, 195, 401, 403, 410, 529
134: 50, 80, 83, 310, 311, 312, 313, 314, 316, 391, 687
135: 363
136: 363
137: 336a, 336 b
138: 34, 50, 76, 77, 80, 83, 122, 264, 319, 320, 321, 322, 323, 330, 331, 333, 334, 335, 336, 391, 455, 476, 687
139: 124, 192, 348, 366, 367, 368, 369, 370, 372, 373, 374, 376, 377, 381, 452, 566, 670
140: 236, 271, 369, 375, 377, 379, 380, 381, 382
141: 383, 384
142: 122, 267, 269, 271, 356, 473, 678
143: 103, 153, 265, 473, 613
144: 234, 385
145 ff.: 18, 33, 91, 510, 512

145: 518
146: 521
147: 523, 524
148: 522
149: 522
150: 521, 528, 529, 539, 545
151: 106, 154, 186, 414, 439, 529, 530, 531
153: 525, 528
154: 337, 356, 542, 543, 539, 540, 541
155: 539, 544
157: 33, 380, 401, 402
152: 106, 531
153: 106, 531
154: 337, 356, 542, 543, 539, 540, 541
155: 539, 544
157: 33, 380, 401, 402, 403, 529, 684
158 ff.: 362, 386, 390
158: 39, 387, 388, 396, 616
159: 388
160: 39, 393
161: 39, 364, 395, 396, 397, 615, 616, 617
162: 389, 392
163: 39, 398
164: 96, 100, 101, 169, 200, 426, 427, 428, 429, 492
164 ff.: 91, 429
165: 432, 439
166: 432, 435, 436, 437, 438, 449
167: 101, 153, 160, 428, 433, 449, 451, 453, 454
168: 454, 456, 458, 459, 431
170: 292, 462, 465
170 ff.: 468, 564
171: 95, 292, 454, 463, 464, 465
172: 160, 227, 292, 464, 465
173: 292, 462, 463, 464, 564
174: 485
175: 464
177: 95, 101, 144, 190, 442, 447, 448, 478, 481, 482, 483, 494, 564
178: 484
179: 442, 448, 459, 465, 473, 481, 486, 487, 488, 489, 490, 491, 493
179: 200
180: 104, 297, 485, 499
181: 288, 289, 290, 477, 478, 479, 480
182 ff.: 91, 292, 388, 494
182: 104, 153, 292, 300, 480, 494, 496, 499, 503
183: 292, 300, 494, 498
184: 298, 301, 361, 388, 442, 478, 482, 494, 497, 504, 522

185: 111, 112, 397, 445, 501, 502, 503, 504, 506, 507, 569, 616
186 ff.: 709
186: 51
187: 274, 710, 711, 712
188: 712, 713
189: 715
190: 715
191: 715
192: 715
193: 714
194: 612, 625, 627
195: 622, 628, 629
196: 628
197: 628, 629
198: 628
199: 629
201: 629
202: 633
203: 631
204: 631
205: 631
206: 631
207: 631
210: 284, 632
211: 632
212: 630
231: 632
214: 619, 622, 625
216: 625
218: 613
226: 643
227: 635
228: 640
229: 642
230: 642
231: 642
232 ff.: 17, 717, 719
232: 717
239: 717
241: 19, 32, 510, 603, 612
242: 236, 324, 350, 354, 372, 375, 553, 643, 684
243: 579
249: 86, 355, 486, 533, 677
249 ff.: 40
251: 582
253: 56, 659
254: 242, 489
269: 650
271: 33
273: 619, 716, 717
276: 32, 33, 633
278: 692, 249

280: 19, 32, 38, 158, 240, 263, 355, 393, 468, 487, 489, 526, 662, 680, 692
281: 38, 95
283: 38, 393
285: 612
286: 19, 33, 35, 95, 96
305 ff.: 550, 552, 553, 568
305: 550, 562, 563
305 b: 550, 562, 563
305 c: 559, 564, 565, 568 a
306: 374, 566, 568
307: 234, 236, 560, 563, 565, 568a, 633
307 ff.: 549
308: 143, 186, 524, 557
309: 186, 551, 557, 568a, 633
310: 553, 557, 568a, 671
311: 5, 84, 158, 240, 263, 355, 468, 487, 489, 510, 526
311 a: 38, 111, 124a, 230, 435, 511
311 b: 192, 193, 330, 345, 348, 349, 352, 411, 452, 453, 495, 511, 542, 553
311 c: 591
311 d: 180
312: 180, 316, 318
312 c: 591
312 d: 180
312 e: 151
313: 229, 230, 423, 553
315: 46, 513, 541, 685
315 ff.: 511
316: 3, 513, 541
317: 85, 685
320: 623
320 ff.: 19
321: 716
322: 619
326: 393
328: 250, 434
343: 684
346: 141, 602
349: 103, 613
351: 103
355: 180, 314, 370
356: 341
357: 341
362: 507, 620, 621
376: 184
388: 104, 391
389: 108
397: 115
398: 110, 156, 387, 509, 510
399: 494

403: 345
405: 193
407: 23
409: 95
413: 108, 510
415: 95, 494, 495
416: 95, 144
419: 287, 289
433: 6, 33, 34, 107, 509, 602, 612
433 ff.: 19
434: 230
434 ff.: 211, 529
437: 38, 49, 214, 234, 418, 418, 481, 529
438: 420, 628
439: 529
442: 214, 435
447: 529
449: 388, 389, 616
453: 572
545: 388, 389
455: 144
456: 537
475: 633
479: 633
480: 37
491 ff.: 316
494: 349
495: 180
510: 95
516: 532
518: 22, 286, 289, 345, 349
525 ff.: 390
545: 144
550: 337, 347
555: 50
566: 287, 289, 347, 478
611 a: 13, 81
611: 107
612: 144, 513
623: 341
625: 144
626: 613
630: 341
631: 18, 107
632: 18, 42, 144, 513
634 a: 628
651: 578
651 g: 628
651 m: 628
657: 103
662: 451
670: 482
672: 460

674: 459
676: 546
677 ff.: 316, 482
683: 482
688: 286
693: 286
705: 380
731: 581
738: 716
752: 581
758: 627
761: 341
766: 341, 349
775: 17, 716
780: 116, 341
781: 116, 341
783: 578
793: 116
812: 20, 113, 115, 117, 121, 122, 268, 291, 335, 436, 495, 526, 534, 542, 611, 657
812 ff.: 20, 352
816: 504, 505
817: 335
818: 23, 291, 436
819: 436
823: 1, 2, 30, 40, 47, 79, 88, 89, 263, 313, 355, 534, 610, 611, 612, 617, 627, 629, 638, 639, 657, 659, 680
823 ff.: 20
826: 86, 263, 319, 355, 533, 643, 677
827: 252, 273
828: 252, 273
831: 693, 694
836: 287
839: 2
843: 716
844: 648
847: 659
854 ff.: 88
854: 92, 93
855: 100, 445
856: 93, 94
873: 91, 108, 510, 511, 576
876: 498
880: 498
883: 364, 617
898: 627
902: 627
903: 4, 21, 582, 604, 611
904: 60, 63, 639, 641
924: 627
925: 192, 205, 373, 390, 391, 411, 442, 617

926: 591
928: 103, 184
929 ff.: 100, 101, 108, 109, 112, 113, 114, 120, 205, 267, 291, 326, 363, 388, 396, 435, 445, 479, 500, 501, 509, 510, 511, 576, 615, 616
930: 396
932: 111, 112, 269, 396, 435, 500
946 ff.: 93
948: 88
950: 505
953 ff.: 597
958: 618
959: 94, 106
965: 93
985: 122, 612, 627, 628
987 ff.: 534
990: 436
994: 436
1004: 2, 12, 21, 611, 612, 659
1006: 44
1018: 589
1039: 716
1059: 375
1067: 580
1071: 498
1075: 580
1084: 580
1086: 580
1120: 591
1280: 95
1355: 10, 655
1357: 430
1365: 494
1366: 388
1369: 388
1410: 345
1477: 581
1564: 25, 613
1565: 43
1566: 43
1588: 67
1589: 603
1615 o: 648
1616: 655
1626: 5
1629: 278, 428, 434
1643: 278, 308, 390
1666: 8
1708: 648
1746: 345
1774: 648
1793: 278
1819 ff.: 278

1821: 390
1829: 308
1831: 104
1832: 104
1837: 91
1903: 284
1909: 288, 289, 479
1915: 278
1922: 154, 649
1923: 647, 648
1945: 184
1975: 600
2042: 581, 627
2085: 374
2195: 374
2229 ff.: 103
2229: 273
2247: 106, 340, 350
2276: 345
2282: 345
2296: 345
2333: 13
2334: 13
2348: 345
2371: 345

BJagdG
1: 618

DRiG
25: 64

EGBGB
Art. 2: 311, 709
Art. 3 ff.: 24
Art. 26: 650
Art. 55 ff.: 24

EGZPO
3: 27
14: 24

EheG
1: 273
13: 184, 391
29: 18
32: 18, 205
33: 18

EnWiG
6: 86

ErbbaurechtsVO
12: 587

EVO
3: 86, 533

FGG
7: 185
11: 185
20: 609
36: 650
73: 650
159 ff.: 673

GBO
3: 575
13: 617
17: 617
20: 345
29: 343
47: 200

GWB
20: 86
33: 86

GenG
17: 661

GewO
56: 316

GG
Art. 1: 73, 76, 279
Art. 2: 12, 75, 87, 319
Art. 6: 72
Art. 9: 78, 675
Art. 11: 77, 74
Art. 14: 12, 571
Art. 20: 56, 64
Art. 34: 8
Art. 74 Nr. 1: 2, 8
Art. 74: 8

GmbHG
7: 663
11: 490
13: 663
30: 663
35: 478

GVG
13: 2
132: 65

HGB
12: 343
15: 471
17: 339
17 ff.: 655
49: 469
50: 469, 475
53: 471
54: 470, 564
56: 470
73: 341
74 ff.: 374
346: 413
362: 144, 532
377: 95
453: 86, 533

KSchG
1: 13
13: 319

KunstUrhG
22 ff.: 611, 658

LuftVG
21: 86, 533

MRK
Art. 2: 639

MuSchG
9: 218

PartG
10: 677

PatG
2: 319

PbefG
22: 86, 533

PostG
7: 7

ProdHaftG
2: 572

Schweizer Obligationenrecht
Art. 1: 512

SiG
2: 341
2 ff.: 341

StGB
32: 635
34: 641
263: 90, 263

StVG
7: 629

UrhG
12 ff.: 658
13: 658
14: 658

UWG
1: 319

VAG:
15: 661

VerschG
9: 649

VwGO
40: 2

VwVfG
53: 509
54: 9
57: 9
62: 9

Weimarer Reichsverfassung
Art. **109:** 655

ZPO
13: 650
20: 651
42: 626
50: 27, 646, 703
52: 273, 304
108 ff.: 719
139: 626
166 ff.: 178
176: 451
204 ff.: 631
222: 709, 714
253: 23, 631
259: 394
261: 23
262: 23
270: 233
286: 346
292: 44
292 a: 341
331: 622
371: 341
383: 603
415 ff.: 346
440: 341, 346
445: 22
516: 712
519: 715
557: 24
704: 634
708 ff.: 719
735: 703
765 a: 319, 582
767: 262, 634, 703
771: 591, 617, 663, 703
797: 634
803: 577
811 c: 582
865: 591
884: 578
887 ff.: 26
916: 394
916 ff.: 634
935 ff.: 394
1040: 121

ZVG
20: 591

Sachregister

Abgabe 152 ff.
- Bedeutung 162
- durch Boten 161
- empfangsbed. Willenserkl. 156
- mündlicher Erklärung 157
- nichtempfangsbed. Willenserkl. 152, 155
- schriftliche Erklärung 157
- vor unzuständiger Behörde 185

Abhanden gekommene Willenserkl. 158
Ablaufhemmung 632
Abschlussfreiheit 82, 533
Abschlusszwang 85
Absolutes Recht 611
Abstrakt
- äußerlich 119
- inhaltlich 119

Abstraktes Geschäft 113
Abstraktionsgrundsatz 119, 451
- Überwindung durch § 139 BGB 373

Adelsprädikat 655
Allgemeine Geschäftsbedingungen 143, 336, 547 ff.
- Aushang 55
- Auslegung 561 ff.
- Bedeutung 547 ff.
- Begriff 550
- Bestätigungsklausel 564
- Einbeziehung 554
- Einseitige Erklärung 551
- Individualabrede 562
- Individualprozess 560
- Inhaltskontrolle 549
- Irrtum 567
- Kaufmann 557
- Kenntnisnahme 556
- Notarieller Vertrag 553
- Schriftformklausel 563
- schriftl. Bestätigung 564
- Stellung 553
- Teilunwirksamkeit 369, 374
- Totalnichtigkeit 566
- Verbot geltungserhaltender Reduktion 369
- Verwendungsabsicht 552
- Allgemeine Handlungsfreiheit 319

Allgemeiner Teil
- Übersicht 17

Analogie 62
Änderungskündigung 391
Andeutungstheorie 411
Aneignungsrecht 618
Anfechtbares Rechtsgeschäft
- Bestätigung 383

Anfechtung 189 ff.
- Allgemeine Geschäftsbedingungen 568
- Amtsempfangsbedürftiger Willenserklärung 265
- Ausschluss 234 ff.
- unter Bedingung 266
- von Dauerschuldverhältnissen 270
- Rechtsfolgen 365
- Scheinerklärung 158
- Schweigen 147
- u. Sittenwidrigkeit 336
- Verpflichtungsgeschäft und Verfügungsgeschäft 268
- Wirkung 267 ff.

Anfechtungserklärung 265
- durch Klageschrift 233
- rechtzeitiger Zugang 233

Anfechtungsfrist 233
- bei arglistiger Täuschung 243
- bei Drohung 261

Anfechtungsgrund bei arglistiger Täuschung 243
Anfechtungsrecht
- Verzicht 383

Angebot 513
- Teilbarkeit 528
- Zugang 539

Angriff bei Notwehr 636 f.
Angriffsnotstand 641
Annahme 528 ff.
- Änderung 521
- Einschränkung 521

Erweiterung 521
Pflicht 533
- durch Schweigen 532
- durch Unterlassen 532
- Verzögerung 522

Anscheinsvollmacht 467
Anspruch 612
Antrag 513
- Ablehnung 521
- Abwesender 524

411

Sachregister

- Änderung der Umstände 520
- Anwesender 523
- Bindung 518
- Erlöschen 521 f., 531
- Geschäftsunfähigkeit des Antragenden 525
- Tod des Antragenden 525
- überkreuzender 528
- unbestimmter Personenkreis 514
- verspätete Annahme 521 f.
- Widerruf 518 f.

Anwartschaft
- Aus bed. Verfügung 396

Anwartschaftsrecht 615 ff.
- Deliktsschutz 617
- gutgläubiger Erwerb 617

Arbeitsrecht 67
- Gleichheitsgrundsatz 81

Arglist 247
Arglistige Täuschung 243 ff.
Anfechtungsfrist 251
Verhältnis zur Sittenwidrigkeit 264
Arteria poplitea 559
Artvollmacht 450
Aufklärung 52
Auflage 390
Auflassung
- Bedingungsfeindlichkeit 373
- Form 345

Auflassungsanwartschaft 617
Auflassungsvollmacht 192
Auflösung des Vereins 697 f.
Auftragsbestätigung 148
Ausgleichsquittung 175
Ausländer 174
Auslegung 195
- Empfangsbedürftiger Erklärungen 404 ff.
- Erklärungen an die Allgemeinheit 406
- Falsa demonstratio 408
- Formbedürftige Erklärungen 411 f.
- Gesetzliche Regelungen 401
- Grenze 410
- und Irrtumsanfechtung 424
- Nicht empfangsbedürftiger Erklärungen 407
- Parteiwille 399
- Von Rechtsgeschäften 399 ff.
- Satzungen 406
- Verhältnis zur Umdeutung 380
- Verkehrssitte 413 ff.
- Vertretergeschäft 435
- Der Willenserklärung 128

- Ziele 400
- Zurechenbarkeit, Erkennbarkeit von Umständen 405

Auslegungsgrundsätze 410
Auslegungsmethode 400
Auslegungsregel 540
- f. Bedingung 388

Auslegungszeitpunkt
- Abgabe 407
- Zugang 406

Ausschluss der Anfechtung 234 ff.
- bei Gesellschaftsverträgen 235

Ausschluss
- der Haftung 242

Ausschlussfrist 613
Außenvollmacht 449

Bedingung 386 ff.
- Arten 387
- auflösende 387
- aufschiebende 362, 387
- aufschiebende bei Verfügung 364
- Auslegungsregeln 388
- Bedeutung 386
- Begriff 386
- Gestaltungsrecht 391
- Rechtswirkungen 388
- Rückwirkung 388
- Schadenshaftung
- Unechte 390
- Vereitlung 392
- Zulässigkeit 391

Bedingungsfeindlichkeit 391
Bedingungszusammenhang 123
Befristung 398
Beschluss 105
Beschränkt Geschäftsfähige 272
- Ablehnung des Antrags 521

Beschwerdebefugnis
- Subjektives Recht 609

Besitzaufgabe 93
Besitzbegründung 93
Besitzdiener 100
Besonderes Persönlichkeitsrecht
- Namensrecht 655

Bestandteile 584 ff.
- Grundstück 585
- wesentliche 585

Bestätigung
- eines anfechtbaren Rechtsgeschäfts 383 f.

Bestimmtheitsgrundsatz 112
Betreuung 284
Betriebsbezogenes Geschäft 444

Sachregister

Beurkundung 344, 542
– Annahmeerklärung 531
Beweislast 35
Bewusste Willensmängel 190
Bindung
– Vertrag 511
Blanketterklärung 227
Blankounterschrift 340
Bote
– Geschäftsunfähiger 432
– Haftung 490
– ohne Botenmacht 490
Botenschaft 170, 431, 439
Bürgerliches Recht 12, 1
– Abgrenzung vom öffentl. Recht 3 ff.

Causa 113, 115
Computer 150

DDR 68
Digitale Signatur 339
Dilatorische Einrede 619
Dingliche Einigung 511
Dingliches Recht 573, 611
Diskriminierung 660
Dispositives Recht 48
– ergänzende Vertragsauslegung 416 ff.
Dissens 127, 538 ff.
– Irrtum 545
– offener 540
– versteckter 544
Dritte
– Täuschung durch 249
Drittwirkung
– mittelbare 78
– unmittelbare 78
Drohung
– Anfechtungsfrist 261
– Irrtum über Rechtmäßigkeit 260
– Kausalität 255
– Mit Strafanzeige 259
– Widerrechtliche 252 ff.
Duldungsvollmacht 466
Durchgriffshaftung 664

Echtheitsvermutung 346
EDV-Anlage 523
Ehefähigkeit 273
Ehrenwort 352
Eigenschaften
– einer Person 215
– einer Sache 206 ff.
– Unmittelbarkeit 207

– Wertbildende Faktoren 207
Eigenschaftsirrtum 201 ff.
– dingliche Geschäfte 205
– Eheschließung 205
– Einordnung 202 ff.
– als Erklärungsirrtum 201 ff.
– als Motivirrtum 202
– Verhältnis zur Sachmängelhaftung 214
Eigentumsvorbehalt 388
Eingriffskondiktion
– Namensrecht 657
Einigung 510
Einigungsmangel 538 ff.
Einkaufsbedingungen 558
Einrede 619
– Geltendmachung 621
– im Prozess 622
– Prozessuale 624
Einseitige Willenserklärung
– Insichgeschäft 480
Einseitiges Rechtsgeschäft
– u. Genehmigung 297
– Zustimmung 499
Einwendung 620
Einwilligung 93, 292 ff.
– Begriff 494
– Rechtsgutsverletzung 309
– Widerruf 498
– Wirkung 497
Einwilligungsvorbehalt 281, 284
Einzelvertretung 540
Einziehungsermächtigung 507
Einwilligungsvorbehalt 284, 277
Elektronische Form 341
Elektronischer Geschäftsverkehr 151
Empfängerhorizont 404
Empfangsbote 199
– Auswahl durch Erklärungsboten 199
– Ermächtigung 170
Empfangsermächtigung 507
Empfangszuständigkeit 291, 507
Entstehung des BGB 66
Erbbaurecht 587
Erbrecht 21
Erfüllungsgeschäft 291
Ergänzende Vertragsauslegung 416 ff., 446, 541
– Grenzen 422
– hypothetischer Parteiwille 417
– Verhältnis zum dispositiven Recht 418 ff.
– Verhältnis zur Umdeutung 380

Sachregister

– Verkehrssitte 419 ff.
– Wegfall der Geschäftsgrundlage 423
– Zeitpunkt der Auslegung 423
Ergänzungsnorm 18
Ergänzungsregel 513
Erklärung unter Abwesenden 158 ff.
Erklärungsbewusstsein 131, 142, 175, 198
– fehlendes 198
– Zeitpunkt 151
Erklärungsbote 199
Erklärungsfiktion 144
Erklärungsgehilfe 149, 226, 439
– Abgabe d. Willenserklärung 226
– Herstellung der Willenserklärung 226
Erklärungsirrtum 197
– Irrung 197
Erklärungstheorie 188
Erklärungswille 131
Erläuternde Auslegung 416
Ermächtigung 501
– Arten 507
Ersatzberechtigter 238
Ersatzgeschäft bei Umdeutung 377 f.
Erwerbsgeschäft 303
Essentialia negotii 539
Europarecht 81 a

Faktischer Vertrag 534
Falsa demonstratio 140, 193, 225
– Auslegung 408 f., 411 f.
Falschbezeichnung
– d. Vertragspartners 448
Falschübermittlung 199
– Absichtliche 200
– Anfechtung 199
– falscher Empfänger 200
– versehentliche 199
Falsus procurator 481 ff.
– beschränkt Geschäftsfähiger 489
– Dinglicher Vertrag 486
– Einseitige Erklärung 485
– Haftung 486 ff.
Familienname 655
Familienrecht 21
Fehleridentität 122
Festofferte 536
Festplatte 573
Fiktion 41
Fiktionstheorie 665
Firma 655
Forderungsrecht 612
Form 337

– Ablehnung des Antrags 521
– elektronische 341
– Option 537
– Vollmacht 453
– Zustimmung 496
– Zweck 346
Formfreiheit 337
– d. Vollmacht 453
Formmangel
– Kenntnis 352
Formulierungslücke 60
Formverstoß
– Heilung 349
– Schadensersatz 355
– vereinbarte Form 356
– Verfügung 354
Formvorschriften
– Änderungsvertrag 348
– Aufhebungsvertrag 348
– gesetzliche 338 ff.
– gewillkürte 338
– Nebenabreden 348
– Schriftform 339
– Täuschung 351
– u. Treu und Glauben 350
– Verletzung 348 ff.
– Vertragsschluss 356
Formzwecke 346
Freiwillige Gerichtsbarkeit 71
Frist 708 ff.
– Annahme 522 f.
– Beginn 710 f.
– Berechnung 709 ff.
– Ende 712 ff.
Früchte 592 ff.
– Mittelbare 595
– Verteilung 597

Geburt 647
Gefälligkeitsverhältnis 546
Gegenstand 569 ff.
– Begriff 569
– Person 571
– Sache 570
– Urheberrecht 570
Geheimer Vorbehalt 190
Geistige Grundlagen 69
Geliebtentestament 321
Geltungserhaltende Reduktion 567
Geltungstheorie 188
Gemeinrecht 10
Genehmigung 361
– nach Annahmefrist 522
– Begriff 494

- behördliche 494
- falsus procurator 482
- Fiktion der Verweigerung 483
- Verfügung 497, 504
- Widerruf 302
- Wirkung 497
Genehmigungsbedürftigkeit
- Durch Rechtsgeschäft 494
Generalvollmacht 450
- Unwiderrufliche 455
Generaleinwilligung 293
Gerichtsstand 650
Gesamtakt 105
Gesamthandsvermögen 601
Gesamtvertretung 450
Geschäft für den, den es angeht 445
Geschäftseinheit 124, 368
- Stellvertretung 452
- zwischen Verpflichtungs- und Verfügungsgeschäft 373
- Geschäftsfähigkeit 272 ff.
- beschränkte 281 ff.
- relative 276
Geschäftsgrundlage
- beidseitiger Irrtum 229 ff.
- besondere gesetzl. Regelungen 230
- Fehlen oder Wegfall 229
- subjektive 229
- Vertragsauslegung 230
Geschäftsherr
- Zurechnung von Gehilfen 249
Geschäftsunfähigkeit 274
- Antragender 525
- Folgen 278
- gegenständliche 276
- partielle 276
- Stellvertreter 439
Geschäftswesentliche Eigenschaften 212
Geschäftswille 135
Geschäftszweck 417
Gesetzesanwendung 29
Gesetzesbindung 64
Gesetzliche Vertretung
- Anscheinsvollmacht 467
- u. Verfassung 434
Gesetzlicher Vertreter 307
Gestaltungsklagerecht 613
Gestaltungsrecht 110, 613
- Anfechtungsrecht 267
- Bedingung 391
Gestaltungsurteil 25
Gewährleistungsrecht 214
- Verjährung 214

Gewalt
- unwiderstehliche 253
- Gewohnheitsrecht 54, 64
- Gläubigergefährdung 332
- Gleichheitsgrundsatz 80
- Grundbuch 575
Grundrecht 72 ff.
- Drittwirkung 75 ff.
- Schutzfunktion 79
Grundrechtsartikel
- als Verbotsnorm 316
Grundstück 575
Grundstückgleiche Rechte 575
Gutgläubiger Erwerb 396
- Anwartschaft 617

Haftung des Vereins 691 ff.
Handeln in fremdem Namen 427
Handeln unter fremdem Namen 447, 490
Handelsbrauch 413 f.
Handelsregister 471
Handlung
- als Grundkategorie 88
- rechtsgeschäftliche 89
- rechtsgeschäftsähnliche 95
- unerlaubte 89
Handlungsfähigkeit 273, 645
Handlungsvollmacht 470
Handlungswille 130
Hemmung der Verjährung 631
Herrschaftsrecht 611
Historische Rechtsschule 54 f.
Hypothekenhaftung 591
Hypothetischer Parteiwille 371, 373, 378, 417

Idealverein 675
Individualprozess 565
Informationelle Selbstbestimmung 658
Inhaltsfreiheit 82
Inhaltsirrtum 195 f.
Inhaltskontrolle 336, 549
Innenvollmacht 449
Insichgeschäft 477 ff.
- einseitige Willenserklärung 480
Institutsgarantie 606
Interessentheorie 4
Internationales Privatrecht 24, 650
Invitatio ad offerendum 128, 515
Irrtum 136, 137, 144, 187
- bei Abgabe der Erklärung 194 f.
- beidseitiger über Geschäftsgrundlage 229 ff.

415

Sachregister

- über Berechnungsgrundlage 220
- Eigenschaftsirrtum 201 ff.
- Erheblicher 194
- Erklärungsirrtum 197
- über Erklärungszeichen 197
- Inhaltsirrtum 195 f.
- Kausalität 195
- Motivirrtum 217
- notarielle Beurkundung 224
- über Rechtsfolge 218 f.
- Stellvertreter 435
- subj. und objekt. Erheblichkeit 232
- Verschuldeter 194

Irrtumsanfechtung
- vertragl. Risikoverteilung 234

Juristische Personen
- Beschränkung der Vermögenshaftung 663 f.
- Durchgriffshaftung 664
- Entstehungsvoraussetzungen 666 f.
- des öffentlichen Rechts 661
- des Privatrechts 661 ff.
- Theorien 665
- Zweck der Verselbstständigung 662 ff.

Kalkulationsgrundlage
- Erkennbarkeit 221

Kalkulationsirrtum 220 f.
Kaufmännisches Bestätigungsschreiben 147, 482
Kausales Geschäft 113
Kausalität
- der Drohung 255
- des Irrtums 195, 232
- der Täuschung 248

Kenntnis
- der Anfechtbarkeit 269
- des Nichtigkeits- bzw. Anfechtungsgrunds 242

Klagbarkeit 394
Klagebefugnis
- subjektives Recht 609

Knebelungsvertrag 328
Kodifikation 52 f.
Kollision 476
Konkludentes Verhalten 126
Konkurrenz
- Anfechtungsrecht und Schadensersatzansprüche 263
- mehrere Anfechtungsrechte 262

Konsensprinzip 5, 84
Kontrahierungszwang 86, 533
Konversion 375 ff.
Konzessionssystem 667
Kreditvertrag 333, 335

Lasten 598
Legaldefinition 34
Leichnam 574
Leistungszweckbestimmung 117
Liberalismus 69, 71
Lucida intervalla 277
Lücke 53, 58

Mailbox 168
Materielles Recht 22
Mehrstufige Vertretung 493
Mehrvertretung 477
Menschenwürde 76, 327, 330
Methodenlehre 34
Minderjährige 281
- Arbeitsverhältnis 305
- Dienstverhältnis 305
- Erfüllungsgeschäft 291
- Erwerbsgeschäft 303
- Grundstücksschenkung 289
- Leistungsannahme 291

Missbrauch der Vertretungsmacht 475 f.
Mitgliederversammlung 690
Mitgliedschaftspflichten 683
Mitgliedschaftsrecht 614, 681 f.
Mitgliedschaftsvermittlungsklauseln 678
Mittelbare Früchte 595
Monopolstellung 331
- des Vereins 677, 686
Motivirrtum 217

Nachteil bei Drohung 252
Name 654 ff.
- Schutz 656
Namensrecht 611, 654 ff.
Nasciturus 648
Negatives Interesse
- Schadensberechnung 239 f.
Neuvornahme 383
Nicht rechtsfähiger Verein
- Parteifähigkeit 704
- Rechtssubjektivität 700, 704
Nichtigkeit
- Bestätigung 383
- Gesetzesverstoß 312
- Rechtsgeschäft 267, 358 ff., 376, 382
- Teilnichtigkeit 366 ff., 381
Nichtrechtsgeschäft 130, 193, 360

Normativprinzip 666
Normiertes Schweigen 144
Normlücke 60
Normsetzungsbefugnis 322
Notarielle Beurkundung 344
Nothilfe 635
Notstand 640
Notwehr 635 ff.
– Angriff 636 f.
– Begriff und Bedeutung 635
– Unterlassung 636
– Verteidigung 638 f.
Nutzungen 596

Offenes Handeln 502
Offenkundigkeit 430
Offenkundigkeitsgrundsatz 440, 444
– Durchbrechung 446
– Teleolog. Reduktion 446
Öffentliche Beglaubigung 343
Öffentliches Recht 1
– u. Absolutismus 9
– subjektives 609
– Verselbstständigung 9
Offerte 513
– Ad incertas personas 514
Option 536
Optionsrecht 536
Optionsvertrag 536
Organisation des Vereins 687
Organisationsverschulden 694, 696
Organtheorie 665
Organtransplantation 574

Parteifähigkeit 646
Peremptorische Einrede 619
Person 644
– natürliche 644
Persönlichkeitsrecht 611, 658 ff.
– allgemeines 659
– besonderes 658
– Erlöschen 649
Persönlichkeitsschutz
– postmortaler 649
Pfleger für nasciturus 648
Postmortale Vollmacht 460
Potestativbedingung 389
Prioritätsgrundsatz 112
Privatautonomie 13, 48, 69, 82 f., 187, 194, 342, 347, 441
– Anfechtungsrecht 206
– Auslegung 399
– Beschränkung 81, 83
– Einschränkung 373

– Garantie 87
– u. Sittengesetz 319
– Stellvertretung 434
Privatrecht 1, 14
Prokura 469
Protestatio facto contraria 534
Prozessfähigkeit 273
Prozessführungsermächtigung 508
Prozesshandlung 125
Prozessrecht u. materielles Recht 22, 25
Prozessstandschafter 508
Prozessvollmacht 450
Punktation 540

Realakt 92
Recht
– am Bild 611
– relatives 612
Rechtlicher Vorteil 285
– Insichgeschäft 479
Rechtsausübung
– Grenzen 643
Rechtsbedingung 390
Rechtsdurchsetzung 634 ff.
Rechtsfähigkeit 273
– Beginn 647
– Ende 649
– natürliche Person 644
– Gesellschaft bürg. Rechts 661
– Verein 675
Rechtsfolge 30
Rechtsfolgeirrtum 218 f.
Rechtsfolgenverlagerung 429
Rechtsfolgeverweisung 37 f.
Rechtsfolgewille 134
Rechtsfortbildung 55, 63
Rechtsfrüchte 594
Rechtsgegenstände 569 ff.
Rechtsgeschäft 88 ff.
– abstraktes 113
– bedingtes 386 ff.
– befristetes 386 ff.
– Bestätigung eines anfechtbaren R. 385
– Bestätigung eines nichtigen R. 383
– Einseitiges 103
– Einteilung 102
– Empfangsbedürftiges 106
– Fehlerhaftes R. – Rechtsfolgen 358 ff.
– Form 337
– Inhaltsschranken 310 ff.
– kausales 113, 358 ff.

417

Sachregister

- sittenwidriges 323 ff.
- Teilbarkeit 367
- Unwirksames 358 f.
- Willenserklärung 98

Rechtsgeschäftsähnliche Handlung 95, 309
Rechtsgrundverweisung 37
Rechtsgut 610
Rechtshandlungen 91
Rechtshindernde Einwendung 620
Rechtsinstitut 606
Rechtskraft
- Materielle 24
Rechtsobjekte 569
Rechtsquellenlehre 52, 54
Rechtsreflex 608
Rechtssatz
- unvollständiger 34
Rechtsschutz 634
- Insolvenzverfahren 634
- Zwangsvollstreckung 634
Rechtssicherheit 421
Rechtsstaat 9, 64
Rechtsverhältnis 602 ff.
- Beendigung 605
- Begründung 605
Rechtsvermutung 44
Rechtsvernichtende Einwendung 620
Rechtsverteidigung 634 ff.
Rechtswegzuständigkeit 2, 11
Rechtswidrigkeit
- Bewusstsein der R. 260
- der Drohung 256
- Irrtum über die R. 254
- Persönlichkeitsrecht 659
Regelungslücke 61
- bewusste 422
Registereintragung 471
Relative Unwirksamkeit 363
Relatives Recht 612
Repräsentantenhaftung 695 f.
Repräsentation 431 ff.
Repräsentationsprinzip
- Durchbrechung 437 f.
Repräsentationstheorie 434
- Wissenszurechnung 435
Resolutivbedingung 387
Restriktive Auslegung 62
Richterrecht 64

Sachen
- Arten 575 ff.
- Begriff 572 ff.
- bewegliche 575 f.

- Eigenschaften 208
- teilbare 581
- Tiere 582
- unbewegliche 575 f.
- verbrauchbare 580
- vertretbare 578
- zusammengesetzte 584
Sachenrecht 21, 611
Sachfrüchte 593
Sachgesamtheit 583
Sachinbegriff 580, 583
Sachmängelhaftung 214
Satzung
- Inhalt beim Verein 669
- Organisation 687
- Rechtsnatur 670
Satzungsautonomie 82
- Grenzen 669
Schadensersatz
- Prozesskosten 241
- Verletzung d. Namens 567
Schadensersatzpflicht bei Anfechtung 237 ff.
Schaufensterauslage 515
Scheinbestandteil 588
Scheinerklärung 158
Scheingeschäft 192 f.
Scherzerklärung 191
Schikaneverbot 643
Schlüssiges Verhalten 126
Schmähkritik 659
Schriftform 339
- Gewillkürte 342
- Vertrag 341
Schriftformklausel 357, 563
Schuldknechtschaft 329
Schuldrecht 19
Schutzhüllenvertrag 530
Schwarzarbeit 315
Schweigen 139
- Fingierte Erklärung 484
- Normiertes 144
Selbstbedienungsladen 517
Selbstbestimmung
- Begrenzung, Vertrauensgrundsatz 195
Selbstbindung 78, 84
Selbsthilfe 642
Selbstkontrahieren 477
Sexualleben 334
Sicherheitsleistung 716 ff.
- Arten 717
Sicherungsabtretung 373
Sicherungsvertrag 328, 332

418

Sittenverstoß 319 ff.
Sittenwidriges Rechtsgeschäft
- Umdeutung 379
Sittenwidrigkeit
- Abstraktes Geschäft 326
- Änderung der Rechtsprechung 324
- Änderung der Wertvorstellung 324
- u. Anfechtung 336
- Beurteilungsgrundlage 323
- u. Inhaltskontrolle 336
- Kreditvertrag 333
- Monopolstellung 331
- Ratenkredit 324
- Sexualleben 334
- Sicherungsvertrag 328
- Verhältnis zur arglistigen Täuschung 264
- Verstoß gegen Menschenwürde 327
- Zeitpunkt 324
Software 530
Sonderprivatrecht 14
Sondervermögen 600
Sozialrecht 13
Spezialitätsgrundsatz 112
Spezialvollmacht 450
Sprache des BGB 59
Sprachrisiko 174
Stellvertreter
- Kenntnis 432
- unbekannter Vertretener 442
- unbenannter Vertretener 441
- Wissen 432
- Wissenmüssen 432
Stellvertretung
- Aktive 426
- Bedeutung 425
- Gutgläubiger Erwerb 435
- Mittelbare 429
- Offene 430
- Passive 426
- Rechtsfolgen 429
- Unmittelbare 429
- Voraussetzungen 427 ff.
- Wirkungen 427 ff.
Stiftung 705 ff.
Strohmann 192
Subjektionstheorie 5
Subjektiv öffentliches Recht 609
Subjektives Recht
- Arten 611 ff.
- Bedeutung 609
- Begriff 607
Subjektstheorie 6
Suspensivbedingung 387

Systematik der Handlungen 97

Taschengeldparagraph 295
Tatbestand 30
- rechtsgeschäftlicher 99
Tatbestandsverweisung 37 f.
Tathandlung 92
Tatsachen
- rechtshemmende 624
- rechtshindernde 624
- rechtsvernichtende 624
Täuschung
- durch Dritte 249
- Kausalität 248
- unmittelbarer Rechtserwerb eines Dritten 250
- über Tatsachen 244
- durch Unterlassung
- des Vertretenen 438
Täuschungshandlung 244
Teilbarkeit von Rechtsgeschäften 367
Teilgeschäftsfähigkeit 303 ff.
Teilidentität bei Umdeutung 377
Teilnichtigkeit 366 ff., 381
- quantitative 369
Teilunwirksamkeit 366 ff.
- allgemeine Geschäftsbedingung 369, 374
- Eines Rechtsgeschäfts 366 ff.
Telefonische Erklärung 163
Telefonisches Angebot 523
Termin 708 ff.
Testament 340
Testierfähigkeit 273
Textform 341
Theorie der realen Verbandspersönlichkeit 665
Tiere 582
Tod
- Adressat 527
- Antragender 525
Todeserklärung 649
Totaldissens 539
trade-terms 413
Transparenzgebot 560
Trennungsgrundsatz 118
- Vollmacht 451
Treu und Glauben bei Auslegung 401 f., 404
Treuhandgeschäft 192
Typenzwang 50

Übereignung 99
Überkreuzende Anträge 528

419

Sachregister

Überraschungsklausel 559
Umdeutung 271, 369 ff., 375 ff., 384
Umfang
– der Aufklärungspflicht 246
– der Haftung 239
Umgehungsgeschäft 192, 318
Unanfechtbare Erklärungen 234
Ungeborene 648
Ungelesene Urkunde 222
– Sprachkundigkeit 223
– Vertragsklausel 224
Unklarheitenregel 565
Unterbevollmächtigter
– Haftung 493
Unterbrechung der Verjährung 630
Unterschrift
Untervertreter 491 ff.
– Haftung 493
– Insichgeschäft 480
Unwirksamkeit 358 ff.
– relative 363
– schwebende 361 f., 370, 736
– Teilunwirksamkeit 366 ff.
Urheberrecht 570
Urkunde 340

Verband
– Übergeordneter 679
Verbandsautonomie 685 f.
Verbotsgesetz
– ausländisches 311
– Begriff 310 ff.
Verbotsnorm 311
Verdecktes Geschäft 193
Verdecktes Handeln 502
Verein 668 ff.
– Aufnahmezwang 533, 677, 686
– ausländischer 675
– außervertragliche Haftung 693
– Beginn der Rechtsfähigkeit 675
– Disziplinargewalt 684 ff.
– Eintragungsverfahren 673 f.
– Ende 697 ff.
– Fiktionshaftung 694
– Gründung 669 ff.
– Haftung 691 ff.
– Liquidation 697
– Mängel des Gründungsaktes 671
– Mitgliederversammlung 688, 690
– nicht rechtsfähiger 699 ff.
– Organe 688 ff.
– Organisation 687 ff.
– Organisationszweck 668
– rechtsfähiger 668 ff.

– Satzung 669 ff.
– Verlust der Rechtsfähigkeit 698
– Vertragliche Haftung 692
– Vorstand 688
– Zurechnung organschaftlichen Handelns 691 ff.
Vereinsautonomie
– gerichtliche Kontrolle 685
Vereinsmitgliedschaft
– Ausschluss 679
– Erwerb und Verlust 676 ff.
– Inhalt 680 ff.
Vereinsrecht 67
Vereinsregister 673, 689
Vereinsstrafe 864
Vereinszweck 668, 675
Verfügung 107 f., 112
– aufschiebend bedingte 364
– bedingte 395
– des Nichtberechtigten 500 ff.
Vertrag 509
– Wollensbedingung 389
Verfügungsbefugnis 111, 500
– Genehmigung 505
Verfügungsermächtigung 501
Verfügungsgeschäft 107 f.
Verfügungsverbote
– behördliche 363
– rechtsgeschäftliche 336a f.
Verhandlungsgehilfen bei arglistiger Täuschung 249
Verjährung 625 ff.
– Auseinandersetzungsanspruch 627
– Ausnahmen 627
– Beginn 629
– beschränkt Geschäftsfähige 632
– Deliktsansprüche 629
– falsus procurator 486
– Fristen 628 ff.
– Gegenstand 625
– Geschäftsunfähige 632
– Grundbuchberichtigungsanspruch 627
– Hemmung 631
– Herausgabeanspruch 627, 628
– Hindernisse 630 ff.
– Hinweispflicht 626
– Nachlasssachen 632
– Neubeginn 630
– Rechtsfolge 625
– Stundung 631
– Unterbrechung 630
– Vereinbarung 633
– Zweck 626

Sachregister

Verjährungsbeginn 629
- Deliktsansprüche 629
Verjährungsfrist 628 ff.
- Dauer 628
Verjährungshindernisse 630 ff.
Verkehrskreis
- unterschiedlicher 415
Verkehrssicherungspflicht 1
Verkehrssitte 413 ff.
- Schutzhüllenvertrag 414
- Vereinsstrafe 684
Verkehrswesentliche Eigenschaften 209 ff.
- Verhältnis zum Fehler i. S. v. § 349 BGB 214
Verkehrswesentlichkeit 209 ff.
- bei Eigenschaften einer Person 216
Vermögen 599 ff.
Vermögenshaftung 599
Vermutung 41
Verpflichtungsermächtigung 507
Verpflichtungsgeschäft 107 f.
- Abstraktes 115
Verschollen 649
Verteidigung 638 f.
Verteidigungsnotstand 640
Vertrag 105, 509
- beschränkt Geschäftsfähige 299
- Beurkundung 542
- faktischer 535
- familienrechtlicher 509
- Genehmigung 300
- öffentlich-rechtlicher 9, 509
- Wettbewerbsbeschränkender 341, 347
- Als zweiseitiges Geschäft 509
Vertragsauslegung
- ergänzende 416 ff.
Vertragsfreiheit 82 f.
- Einschränkung 70
- Grenzen 78
Vertragsprinzip 84
Vertragsschluss 512 ff.
- falsus procurator 481
- sozialtypisches Verhalten 534
- ohne Vertretungsmacht 481
- Warenautomat 516
Vertrauenshaftung 145, 353, 443
Vertrauensgrundsatz 187
Vertrauensschaden 239, 404, 526
- entgangener Gewinn 239
Vertretener
- Bestimmung 443
Vertreter s. Stellvertreter

Vertreter ohne Vertretungsmacht 481 ff.
- AGB 564
Vertretergeschäft
- Formvorschrift 432
- u. Vollmacht 433
Vertretung
- organschaftliche 665
- ohne Vertretungsmacht 481 ff.
Vertretungsbefugnis
- Fiktion 458
Vertretungsmacht 428
- Missbrauch 475 f.
- Verzicht 457
Verwechslungsgefahr
- Name 656
Verweisung 37 f.
Verwerfliche Zweck-Mittel-Relation 259
Verwerflichkeit
- der Mittel 257
- des Zwecks 258
Verwirkung 145
Verwirrung 275
Verzicht
- auf Anfechtungsrecht 234
Verzögerung
- Annahme 522
Vollmacht 190, 449 ff.
- Abstraktionsgrundsatz 451
- Anfechtung 472 ff.
- Arten 449 f.
- Begriff 449
- Erlöschen 454 ff.
- Grundgeschäft 458
- kausale 439
- Insolvenz 458
- Kundgabe 463
- Mitteilung 463
- postmortale 460
- Rechtsschein 465
- Tod 460
- Trennungsgrundsatz 451
- unwiderrufliche 455 f.
- verdrängende 451
- Vertrauensschutz 462 ff.
- Widerruf 454
Vollmachtserteilung 101
- als Wirksamkeitsvoraussetzung 433
Vollmachtsurkunde 464
Vollständigkeitsklausel 563
Vorgesellschaft
- Haftung 490
Vorname 655

421

Sachregister

Vorsatz bei Drohung 252
Vorstand 688
– Entlastung 690 a
Vorverein 672

Warenautomat 516
Wegfall der Geschäftsgrundlage
– Ergänzende Vertragsauslegung 423
Werkexemplar 570
Wesentliche Rechtsfolge 218
Wettbewerb bei Vertragsgestaltung 548
Widerrechtliche Drohung 252 ff.
Widerruf
– des Erben 180
– unwiderruflicher Vollmacht 456
– einer Willenserklärung 179
Widerrufsanspruch 660
Widerspruchspflicht 145, 532
Willenserklärung
– amtsempfangsbedürftige 106, 184
– arbeitsteilig erstellte 149, 227
– Begriff 91
– Blankounterschrift 340
– Definition 125
– EDV 150
– empfangsbedürftige 153
– fehlerhafte 187 ff.
– konkludente 139
– maschinell erzeugte 228
– nichtempfangsbedürftige 153
– objektive Bedeutung 196
– Schweigen 139
– subj. Tatbestand 129, 138
– subj. Vorstellung 196
– Tatbestand 126
– Unbestimmte 127
– unter Anwesenden 172
– Widerruf 179
– Wirksamkeit 152
Willensmangel 187
– Vereinsbeitritt 678
– des Vertretenen 438
Willenstheorie 188, 434
Willensvorbehalt 134
Wirksamkeitshindernisse 101
Wirksamkeitsvoraussetzungen 101
Wirtschaftsverein 675
Wissen
– des Stellvertreters 435
Wissenszurechnung 435 ff.
– Besitzerwerb 436
– Gesamtvertreter 435
– gesetzlicher Vertreter 438
– Organmitglied 435

– Verhandlungsgehilfe 435
– Vertreter ohne Vertretungsmacht 345
– bei Weisung 437
Wohnsitz 650 ff.
– Begründung 93, 650
– gesetzlicher 653
– gewillkürter 651
– IPR 650
– Minderjährige 652
– Studierende 651
Wohnungseigentum 586
Wollensbedingung 389
– Vereitlung 392
Wucher 335, 369

Zeitungsinserat 516
Zubehör 590 ff.
– Zwangsvollstreckung 591
Zugang 152 ff.
– unter Abwesenden 163, 173
– Allgemeine Geschäftsbedingungen 186
– unter Anwesenden 163, 173
– beschränkt Geschäftsfähige 182
– Brief 166
– Einschreibebrief 166, 167
– Elektronische Post 168
– Empfangsbedürftiger Willenserkl. 152
– Empfangsbote
– Förml. Zustellung 178
– Geschäftsunfähige 181, 277
– Mailbox 168
– Rechtzeitigkeit 164
– Sprachrisiko 174
– Stellvertreter 169
– Urlaub 166
– Vereinbarung 186
– Vereitlung 176
– Verzicht 186, 529
– Verzögerung 177
– Vollmachtmitteilung 463
– Voraussetzungen 164 ff.
– des Widerrufs 183
Zugangsfiktion 186
Zurechnung bei Täuschung 249
Zustellung 178
Zustimmung 494 ff.
– Bedeutung 494
– Einseitiges Rechtsgeschäft 499
– falsus procurator 481
– Form 496
– Rechtsnatur 495

- Verweigerung 496
- als Wirksamkeitsvoraussetzung 494
- Wirkung 497
Zustimmungserklärung 496
Zwangslage
- Irrtum über 254
- psychische 253
Zwangsvollstreckungsrecht 577
Zweck-Mittel-Relation

- verwerfliche 259
Zweiseitiges Rechtsgeschäft
- Vertrag 509
Zwingendes Recht 48

BREHM
Allgemeiner Teil des BGB

Schriftenreihe
Rechtswissenschaft heute